丁汝昌年谱

戚俊杰　编著

山东大学出版社

图书在版编目(CIP)数据

丁汝昌年谱/戚俊杰编著.—济南:山东大学出版社,2016.9

ISBN 978-7-5607-5625-7

Ⅰ.①丁… Ⅱ.①戚… Ⅲ.①丁汝昌(1836—1895)—年谱 Ⅳ.①K825.2

中国版本图书馆 CIP 数据核字(2016)第 236184 号

责任编辑:刘森文
封面设计:牛 钧

出版发行:山东大学出版社
社 址 山东省济南市山大南路 20 号
邮 编 250100
电 话 市场部(0531)88364466
经 销:山东省新华书店
印 刷:济南华林彩印有限公司
规 格:720 毫米×1000 毫米 1/16
30.25 印张 495 千字
版 次:2016 年 9 月第 1 版
印 次:2016 年 9 月第 1 次印刷
定 价:68.00 元

序

北洋舰队是清季海军中最大的一支现代化舰队，装备新颖，训练精良，官兵素质整齐，曾一度被英国泰晤士报评为世界海军的第八位，执远东海军之牛耳。这支舰队的司令(提督)即是丁汝昌(1836～1895)。在汝昌率领之下，北洋舰队活跃于西太平洋上，北达海参崴，东至仁川，南抵南洋群岛，并获西方海权国家的好评。

尽管丁汝昌巡行万里，保卫海疆，尽忠职守，辛劳备尝。可是在任职期间亦非一帆风顺。首先是他并非海军出身，未曾接受过现代的海军教育与专业训练，因而常为人所诟病。再者亦为军中受过新式海军教育的年轻军官所不服而心存轻视，孤寄于群闽之上，号令难以贯彻执行。

对于李鸿章任用丁汝昌，一般皆以其任用私人，处事不公。实则李鸿章亦曾经过全面的考量而非感情用事。一者依据清朝的制度，官员之任用皆有一定的程序，循阶而进，不可逾越。当时北洋海军的年轻军官多系新进人员，资历尚浅，贸然重用，有违体制。再者军中具优秀将才之资者并不多，如刘步蟾与林泰曾两位总兵，他们的个性皆稍嫌怯懦或粗糙；而邓世昌资质虽较优，但仅能为副将，且曾犯规记过，并不适大任；故而军中几无可用之将才。兼之丁汝昌曾为李鸿章旧部，知其忠勇善战，曾立有战功，以之统率北洋海军较可信赖。而丁汝昌于奉命接统北洋海军之初，亦深知西洋船炮构造之精、运用之妙、战斗力之强，远非中国传统的长龙、舢板之所能及，故而处处虚心学习，留意观察，随时接受新资讯，经历一段时日亦能渐窥新式海军之窾要。及至英籍北洋海军总查琅威理抵任，丁汝昌与其朝夕相处，相互配合训练达六年之久，号称为“军中二提督”。由于长期耳濡目染，亲身经历，对于战舰操纵驾驶之术、行军布阵之法，均渐能心领神会，增加不少的识见。尤其是在分赴英、德接舰之时，更是利用机会参访其先进的船厂、基地等有关海军设施。根据英国外交部档案记载，他在英籍教练葛雷森等三名顾问陪同下，曾参观之地达 14 处之多。其中计有海军供应基地、格林尼茨皇家海军学院及医院、卡山船坞、朴次茅斯造船坞、皇家朴次茅斯船厂、不列颠尼亚练船中心、皇家造船厂、乌理治亚伯军火工厂、恩菲尔轻型武器兵工厂、朴次茅斯要塞等。其后又在德国参访伏尔铿船厂，并观看正为中国建造中的铁甲战船，因而眼界大开。于任职期间又曾多次奉命率舰赴韩仁川，支援对日交涉；前往南洋访问宣慰侨胞；巡弋中国海防，经过将近二十年之经验与磨炼，此时汝昌亦非昔日吴下之阿蒙，足以担任提督一职而无愧。

从 1895 年 8 月美籍教习马吉芬在美国纽约《世纪绘图月刊》50 卷 4 期上所发表的《鸭绿江战争》(大东沟战役)一文中，可知鸭绿江海战实可分为两个回合：前一回合由于中国战略的失误，为日所乘，以快舰对中舰突袭，击沉"超勇""扬威""经远""致远"四舰，以致损伤惨重。日军于得手后原已向南缓缓撤退，可是此时汝昌为向日军报复而督率"定""镇"二铁甲在后穷追不舍，日军乃回头再战，是为第二回合，战况异常激烈，中舰固然中弹累累，伤亡枕藉，可是日舰亦遭受到相当的损失，甚至其旗舰"松岛"号中弹几乎沉没。海战自午后 3:30 战至 5:30，历时 2 个小时，期间炮声隆隆不断，直到双方炮弹用罄，方才罢战息兵回防。由此可见汝昌非但不畏战，且勇于求战，坚持到底，无忝厥职。而马吉芬时为"镇远"舰副舰长，曾亲身参与此一战役，并因此受了重伤，其回忆录应属可靠，而非一般道听途说者可相比拟。

不料，大东沟海战后，朝臣不察，以战败之责全归罪于丁汝昌，纷纷上书朝廷请求严惩。幸得英籍帮办洋员马格禄出面，再由天津海关税务司德璀琳上电恭亲王奕䜣，请求勿将丁汝昌拿问，以观后效。并声称："丁提督如拿问进京，全师各洋人将全行散去，即本帮办亦不服。""丁提督去后，军民大乱，万一倭军到此，水师要隘必至无人拒敌。"因此，丁汝昌始得幸免。其后鸿章为保全北洋实力，命汝昌将舰队撤至刘公岛。日舰将之包围，水陆环攻，汝昌坚持不屈，死守待援，历时月余，终因援兵不至，无力再战，始以服毒自尽，以身殉国，结束其悲剧的一生。关于汝昌晚节一事，史书记载颇有差异，以致后之学者对于他是生前投降，抑或是死后投降，有各种不同的说词，使其忠贞事迹是非莫辨。直到近年权威学者戚其章教授为解开此一谜团，将有关资料进行比对、分析与研究，方使其真相大白。

戚俊杰先生原为威海市中国甲午战争博物馆创建者，首任馆长。以其旺盛的精力与任劳任怨的精神，竟将一座荒废已久的北洋海军基地(刘公岛)，于短短二十余年的惨淡经营，建设成一座规模宏伟、美轮美奂兼具历史文化与爱国教育多功能的现代化博物馆，堪称奇迹，令人叹为观止，十分可佩。

然先生尚不以此为自足。仍于公余之暇从事有关甲午战争史的学术研究。除主编该馆馆刊之外，并编有《北洋海军研究》《甲午纵横》《丁汝昌集》《勿忘甲午丛书》《北洋海军新探》等。而其著述则有《不辱使命，航海壮举——丁汝昌、林泰曾等赴英接带“超勇”“扬威”二舰始末撮要》《略述丁汝昌在逆境中之作为》《刘步蟾年谱》《林泰曾年谱》等。近又拟将前所发表的《丁汝昌年谱》，汇集成帙，益之以丁汝昌殉难之后至平反期间情况的追踪，且拟将研究丁汝昌的文章，以及其他学者对丁汝昌之死不同观点的文章作为附录，另尚有其寻访丁汝昌后裔及相关情况之资料，再加上有关图片，洋洋洒洒，粲然可观。使丁汝昌之生平、行事、忠勇事迹、爱国精神大白于世。对于近代中国海军史之学术研究实为一大贡献，后之研究北洋海军及丁汝昌者，必以此书为取资焉。

王家俭

2014 年 10 月 26 日于加拿大温哥华

目　录

年　谱

附　录

年谱

1836年（清道光十六年） 一岁

11月18日（十月初十日），丁汝昌出生于安徽省庐江县丁家坎村。其父丁灿勋，其母向氏。

1837年（清道光十七年） 二岁

母亲向氏去世，不满周岁的丁汝昌由其祖母抚养。

1839年（清道光十九年） 四岁

四月，其祖母鲍太夫人仙逝。

1843年（清道光二十三年） 八岁

入乡私塾上蒙学，开始学习文化知识。

1846年（清道光二十六年） 十一岁

由于庐江一带水灾严重，江潮倒灌，道殣相望，丁汝昌被迫辍学。

1847年（清道光二十七年） 十二岁

在家乡附近白石天河的白立河渡口，为远亲徐姓人家放老鸭，闲时也摆摆渡子，以维持生计。

1851 年（清咸丰元年）　十六岁

父丁灿勋病故。孤苦无依的丁汝昌又开始帮族叔做豆腐，仍过着“劳而无直”的清苦生活。

1854 年（清咸丰四年）　十九岁

太平军攻占庐江城之后，丁汝昌参加了太平军。

1860 年（清咸丰十年）　二十五岁

清军攻打安庆，丁汝昌随程学启投入湘军曾贞干营。

1861 年（清咸丰十一年）　二十六岁

冬，曾国藩令其门生李鸿章招募淮军，并特拨湘军程学启“开”字二营加入淮军，丁汝昌又被编入淮军行列。

1862 年（清同治元年）　二十七岁

4 月 5 日（三月初七日），丁汝昌随程学启在安庆乘雇来的外国兵轮开赴上海，与太平军作战。是年秋天，丁汝昌、程学启、刘铭传与太平军大战于四江口，丁因作战勇悍，被刘铭传调入“铭”字营，乞置帐下，充当哨官，统领亲兵百人。旋又改统马队，升任营官。

1864 年（清同治三年）　二十九岁

举家由庐江县石头镇丁家坎村迁至巢县高林乡（现巢湖市居巢区散兵镇）汪郎中村。

1865年(清同治四年)　三十岁

续娶湖北安陆府钟祥县太学生魏湘清三女儿为妻。魏氏出身书香门第,聪颖贤惠,深得丁汝昌宠爱,随身最久。

5月7日(四月十三日),丁汝昌随铭军在山东龙堌集围攻捻军,取得大胜。

11月7日(九月十九日),丁汝昌随铭军在山东葛店一带进击捻军,铭军分兵三路合击,丁汝昌率先带兵勇冲入捻军阵中。

11月29日(十月十二日),丁汝昌奉铭军分统刘盛藻之命,率队在河南省扶沟拦截打击被围的捻军,直至将此股捻军击败。

1866年(清同治五年)　三十一岁

2月(十二月),都司丁汝昌随铭军参加了援鄂的激战,并从捻军手中夺取了黄陂县城。战后,曾国藩为铭军将领请赏,隶属于刘盛藻部的丁汝昌也名列其中。

4月7日(二月廿二日),清廷谕准:"都司丁汝昌请以游击尽先补用,并赏加副将衔。"

1867年(清同治六年)　三十二岁

5月15日(四月十二日),丁汝昌与冯汝霖率部队击败了赖文光所率之兵卒。

5月26日(四月廿三日),丁汝昌等因打了胜仗被李鸿章奏请报奖。在《各军追贼黄安铭军迎击大胜折》中写道:"……刘盛藻督过河,赖逆率众迎拒,冯汝霖、丁汝昌击败之。"

11月19日(十月廿四日),丁汝昌率军追击捻军至江苏赣榆城下,并将捻军首领任柱消灭。

11月30日(十一月初五日),丁汝昌因追剿捻军,消灭捻首任柱有功,经刘铭传核实,被李鸿章奏请给奖:"副将衔尽先游击丁汝昌均以拟请赏加勇号。……丁汝昌并请以参将补用……"

1868 年(清同治七年)　三十三岁

8 月(七月),以军功授总兵,加提督衔,赐协勇巴图鲁勇号。

1871 年(清同治九年)　三十六岁

1 月 6 日(十一月十六日)起,记名总兵丁汝昌、蒋希夷等,各率马队百余名,分别前往延安、定边一带察看地势。

1872 年(清同治十一年)　三十七岁

3 月 21 日(二月十三日),其原配钱夫人去世,终年 34 岁,葬于安徽省无为州小鸡山(今安徽无为县严桥镇)梅花地。

10 月 26 日(九月廿五日)之前,驻防陕西长武的铭军统带、总兵丁汝昌在长武先后向李鸿章禀报称:甘军杨世俊所部马队,在马营监溃变,裹协(挟)颇众,由秦州东窜清水,欲犯陕疆。曹克忠亲率马步七营于九月初七日由扶岐大路往堵,先锋官潘万才率邠州(今陕西彬县)铭军先锋马队由小道迎击,将溃勇人马六百余悉数收抚。

10 月 29 日(九月廿八日),清廷批准署陕甘总督穆图善"亦请将总兵丁汝昌、副将潘万才所带铭军马、步八营暂缓遣撤"的奏请。

1874 年(清同治十三年)　三十九岁

丁汝昌仍奉命随铭军驻守陕西一带。

是年春天(二月),他积极响应陕西邠州直隶知州吴钦曾的倡议,与铭军将领共同捐资重修邠州大佛寺。

6 月中旬前(五月初六日前),因铭军裁编,丁汝昌被撤委任,原由不清。他所担任的铭军"右军统领改派王贵扬接办"。对此,李鸿章还专门于 6 月 19 日致函铭军统领刘盛藻,对接替丁汝昌的王贵扬"能否胜任,仍望随时察酌"。

1875年(清光绪元年) 四十岁

5月(四月),丁汝昌同刘盛藻、阎光显等捐资重修的陕西省彬县大佛寺竣工。丁汝昌的名字被刻在《重修大佛寺碑记》和《监修大佛寺官员及董事绅民各工匠姓名碑记》中。时任陕西邠州直隶知州吴钦曾所撰的《重修大佛寺碑记》中,记述了丁汝昌等铭军将领捐资重修大佛寺的善举。在《监修大佛寺官员及董事绅民各工匠姓名碑记》中,丁汝昌当时的官衔全称和勇号是"钦加提督衔遇缺题奏总镇统领铭右全军协勇巴图鲁"。名列监修大佛寺官员第三位,排在刘盛藻和阎光显之后。

此碑为1875年维修大佛寺纪事碑。时任邠州知州吴钦曾看到大佛寺石窟年久失修,遂发愿维修。但由于连年战争,民不聊生,官府与当地民众皆无力遂愿。适逢来陕西平定捻军和回民起义的淮军将领丁汝昌、刘盛藻、潘万才等驻扎在彬县一带,看到大佛寺损毁的情况也有维修的心愿,于是就商议由淮军独任其举,一年时间完工,以记其事。

该碑为圆首碑,石灰岩质,高1.86米,宽0.68米,厚0.15米。碑首刻有云龙图案,碑额篆刻"皇清"二字,碑文为印刻楷书。(该照片和文字说明皆由倪国圣先生提供)

附 重修大佛寺碑记

邠州城西二十里,有大佛寺,冠盖天下,秦胜境也。甲子夏,予服官来秦军事,正与每思一瞻仰焉,而辛无由,心常耿耿。庚午九年,补授此缺。癸酉夏,捧履任,越一日即往礼拜。见佛像神光逼注,毛发悚然,使我畏而敬、敬而感者久之。但其台榭倾颓,廊庑塌落,神座尘封,佛像苔长,予触目凄然,即动修葺之念。奈地方疮痍未复,措资维艰,而自愿无力,有志未逮。访诸父老士庶,佥曰:"通衢大道,所过名公巨卿多动好善之念,或因时世境地所限,而卒不果。且曰:佛之灵昭然。前贼分屡逼城下,几乎坠陷,仗佛力护佑,得以保全。倘我公能设法重修而补葺之,则佛之福我邠民更无量矣。”正与驻防水帘洞通带淮军马队潘协戎万才商议，劝捐修整，适总统淮军六安刘方伯盛藻自乾按邠阅所部马队，相与晋，接送大佛寺瞻仰佛像，顿萌善缘。余以前愿相告，恐劝捐为难。而方伯大发慈悲，允以淮军独任其举。即饬营务处阎观察光显、丁提督汝昌、潘协戎万才、刘参戎学风偕予董其事，以监修。遂取吉于甲戌二月，庀材鸠工，洗其尘而扫其苔，倾颓者振与之，塌落者筑砌之。东边新建官厅三间，焕然为之一新，渐次落成。忽于七月，刘军奉调移师海防，都戎杜景贤留此监修，倘迟至数月，又成虚愿，岂非我佛之灵何能若此乎！斯役也，乐善好施不惜巨资者，刘君及所部各将士也；不辞劳苦能有始有终者，阎君、丁君、潘君、刘君、杜君及邠州都戎张君应宿也；诱之劝之，使我有志而竟成者，邠州父老绅士；拔贡刘濬川，廪生武述文，生员周铭，职员马德玉、齐廷佑、程员、李肯堂、杜清、朱晓、杨蕃，乡老王照、张福贵、赵益怀、王仲魁、何有等，怂恿而有以成之也。至创自何代、修自何年，则前有黄公之碑在，无俟乎予赘述也。予因今日落成，欣然大遂其愿，顾乐书之，以俟后之君子，特为志。钦赐花翎四品卫、即用知府、特授邠州直隶州知州吴钦曾撰，儒学生员郡人周铭沐手敬书，郡人王应铨摹泐。光绪元年岁次乙亥清和月谷旦立石。

1877年（清光绪三年）　四十二岁

11月26日（十月廿二日），直隶总督兼北洋通商大臣李鸿章向清廷上报奏折，禀请将记名简放提督丁汝昌给咨赴部引见。其详细内容为：

> 军功保举记名提镇各官，前经兵部奏明定章，令各督抚大臣查明在营在籍，遵照迭奉谕旨，出具考语，送部引见等因。兹查有记名简放提督丁汝昌，于同治元年投效淮军，历充铭军营哨、统带各官，转战南北，剿平发、捻各逆，靡不奋勇当先，迭保以总兵遇缺尽先题奏，并加提督衔。九年随提督刘铭传赴陕援剿，委统铭字右军，十一年九月剿抚甘肃奇营溃勇，尤为出力，经前陕西抚臣邵亨豫保奏以提督记名简放，旋经部驳。续由邵亨豫奏，奉同治十三年正月十一日朱批：丁汝昌仍著照原保以提督交军机处记名，请旨简放。该部知道。钦此。旋于是年四月交卸离营，并无经手未完事件。兹由营务处海防翼长遇缺题奏按察使丁寿昌禀请给咨赴部引见等情前来。臣查丁汝昌忠勇朴实，晓畅戎机，训练严明，堪胜专阃之任。该员系记名简放提镇人员，除照章给咨赴部引见听候简用外，理合附片具陈，伏乞圣鉴。谨奏。

11月29日(十月廿五日),光绪皇帝即御笔朱批军机大臣奉旨:知道了。钦此。

12月中旬(十一月上旬),被撤委任、赋闲三年的丁汝昌接到兵部公文,给资赴部,军前听命。

12月23日(十一月十九日),奉召进京的丁汝昌,经兵部带领引见朝廷,奉旨:发往甘肃差委。

12月25日(十一月廿一日),丁汝昌在京受到光绪皇帝和慈禧太后的召见,奉旨发往甘肃差遣。之后丁汝昌诚惶诚恐地上交了叩谢天恩折:

> 钦加提督衔遇缺题奏总镇统领铭右全军协勇巴图鲁丁汝昌,奏为恭谢天恩仰祈圣鉴事。本月十九日经兵部将奴才带领引见,奉旨:发往甘肃差委,钦此。窃奴才籍隶皖北,一介庸愚,于同治元年投效淮军,转战江、浙、皖、楚、东、豫、直隶、陕、甘等省,洊擢今职,涓埃未报,兢惕方深,兹复渥荷圣恩,准予发往,闻名之下,倍切悚惶。伏思甘肃为边檄之区,提督有专阃之责,奴才滥厕行间,深惧未克胜任,惟有矢勤矢慎,勉竭驽骀,以期仰答高厚圣慈于万一,所有奴才感激下忱,谨缮折叩谢天恩,伏乞皇太后皇上圣鉴,谨奏。光绪三年十一月二十一日。

离京回程途中,丁汝昌去天津拜见直隶总督李鸿章。李鸿章对他讲:“吾今欲立北洋海军,乏人统率,尔如能赴英国学习海军,毕业归来,当以此任相属。”此后,丁以伤病复发为由,免赴甘肃任职。

1879年(清光绪五年)　四十四岁

11月29日(十月十六日),直隶总督兼北洋通商大臣李鸿章因筹建北洋海防急需人才,奏请将丁汝昌留北洋海防差遣:

> 再,记名提督协勇巴图鲁丁汝昌,久随臣军转战南北,统带铭军,剿平粤、捻各逆,迭著战功。嗣因交卸营务,光绪三年秋间给咨赴部,十一月二十一日蒙召见一次,奉旨发往甘肃差遣,复因回籍措资,行至天津伤病复发,呈请咨部展限在案。臣查该提督丁汝昌,干局英伟,忠勇朴实,晓畅戎机,平日于兵船纪律尚能虚心考求。现在筹办北洋海防,添购炮船到津,督操照料,在在需人,且水师人才甚少,各船管驾由学堂出身者,于西国船学操法,固已略知门径,而战阵实际概未阅历,必得久经大敌者相与探讨砥砺,以期日起有功,缓急可恃。臣不得已派令丁汝昌赴“飞霆”等炮船,讲习一切;新到各船,会同道

员许钤身接收。该提督颇有领会,平日借与中西各员联络研究,熟悉风涛,临事或收指臂之助。合无仰恳天恩,准将记名提督丁汝昌留于北洋海防差遣,以资造就。理合附片陈明,伏乞圣鉴训示。谨奏。

12月2日(十月十九日),光绪皇帝朱批,军机大臣奉旨:著照所请。兵部知道。钦此。自此,丁汝昌正式投身北洋海防建设。

1880年(清光绪六年)　四十五岁

10月7日(九月初四日),奉李鸿章之命,丁汝昌、葛雷森、许钤身等赴英国,并奉命在山东登荣水师艇船兵弁中挑选300名,认真操演,以备统带新购碰快船所用。

12月3日(十一月初二日),督操丁汝昌,洋总教习葛雷森,管带林泰曾,副管带邓世昌,大副蓝建枢、李和,二副杨用霖,正管轮黎星桥、陈学书,副管轮王齐辰、陆保,管队袁培英、何桂福,医生江永、杨星源,文案池仲佑、马毓藻、马元恺、解茂承,洋管驾章斯敦及舵工、水火勇夫、杂役224人前往英国,接带新定购的"超勇""扬威"两快船。

12月6日(十一月初五日),率队登上"丰顺"轮船,下午3时许,船由西沽启行,各兵船升炮并挂彩旗相送,是夜停泊大沽口。

12月7日(十一月初六日),晴天有风,丁汝昌及众人乘船出港口,过南北炮台,西北风越刮越狂,船在颠簸中继续前行。

12月8日(十一月初七日)8时许,乘船过烟台,入夜风雪愈紧,午夜船过黑水洋,天上时月时雪,船继续前行。

12月9日(十一月初八日),乘船冒雪航行,夜间抵达茶山,仍艰难航行。

12月10日(十一月初九日)8时许,丁汝昌率众人抵达上海吴淞口后,即令定制勇役号衣、靴鞋并旗帜。是夜,丁汝昌与马毓藻、马元恺、解茂承和江永诸君去上海万安楼客馆入住。

12月15日(十一月十四日),丁汝昌下令将勇弁分为两班:一由林泰曾、蓝建枢、杨用霖率领;另一班由章斯敦、邓世昌、李和率领,从"驭远"船借洋枪160杆,每日赴吴淞校场会操,新招来的升火等人也随同水勇操演行队。

12月23日(十一月廿二日),丁汝昌、葛雷森偕马毓藻、解茂承、江永在上海乘法国公司轮船先行赴英,拟验收诸事齐备后,其余人员赴英国接收。

1881年(清光绪七年) 四十六岁

2月10日(正月十二日),丁汝昌、葛雷森等抵达英国伦敦。

2月11日(正月十七日),丁汝昌、葛雷森、金登干在伦敦的住处进行了很长时间的交谈,拟定出本次赴欧洲考察学习海军建设的计划,并打算2月14日去纽卡斯尔察看定购的“超勇”和“扬威”两艘军舰。

2月14日(正月十六日),丁汝昌、葛雷森、金登干前往纽卡斯尔参观考察。

2月15日(正月十七日),丁汝昌、葛雷森及金登干在纽卡斯尔参观考察。

2月16日(正月十八日),丁汝昌一行继续在纽卡斯尔参观考察先进的军事工业及海军舰船。

2月17日(正月十九日)下午,丁汝昌一行结束在纽卡斯尔的考察学习,乘车前往伦敦。几天来,他对本次的考察访问比较满意,并用热烈的言辞对一切都表示欣赏,尤其对英国的军工产业表现出极大兴趣。通过考察,丁汝昌对金登干提出,中国水手用的亨利-马提尼式步枪太少,要求按英国军队中人和枪的比例配给,即每人配1支枪。因此,新订购的“超勇”和“扬威”两舰所配枪支应由原计划的40支改增至60支。另外,还要求军舰上要有大量用作鸣放礼炮用的火药以及若干步枪用的空包弹等。

2月18日(正月廿日),丁汝昌、葛雷森、金登干等回到伦敦。是日,驻英国公使曾纪泽收到陈松生转交丁汝昌的信函,商请外交部门照应各地游历及兵船升换龙旗等事。

2月19日(正月廿一日),丁汝昌在伦敦住处书写赴英国以来的考察报告。

2月20日(正月廿二日),丁汝昌从英国发来电报,令全体人员可以在四月内到达英国。

2月24日(正月廿六日),督操丁汝昌在清国驻英国公使曾纪泽的帮助下,去英国外交部回见了格兰维尔勋爵。会见时总教习葛雷森上校也在场。丁汝昌要求英方对参观考察英国军舰修造所、舰船、兵工厂等地方提供方便。

45岁的北洋海防督操丁汝昌在英国纽卡斯尔照全身坐照。(本照片由陈悦提供)

2月25日(正月廿七日),丁汝昌、葛雷森、金登干前往纽卡斯尔,验收所订巡洋舰上的大炮。

2月28日(二月初一日),丁汝昌、葛雷森及金登干仍然在纽卡斯尔参加对巡洋舰大炮的检验和试放。

3月1日(二月初二日),丁汝昌一行仍然在纽卡斯尔参加大炮的检验工作。检验是当着伍尔威治的一位炮兵官员的面,由诺布尔船长主持进行的。

3月11日(二月十二日),丁汝昌通知葛德立说,李中堂(指李鸿章——编者注)要求他为丁在英国考察期间提供方便和支持。因为金登干太忙,丁汝昌要求葛德立能陪同其参观英格兰银行、造币厂、邮政局等其他可以考察的地方。

3月12日(二月十三日)早上6点多钟,丁汝昌、葛雷森等在伦敦车站迎接曾纪泽一行公使,并到使署拜见了公使。随行的解砚庄、马玉斋、江禹门也参加拜见。

3月13日(二月十四日)上午,再次到使署拜见曾纪泽,交谈时间很长,中午又参加了陈松生的宴请,下午2时宴会结束。丁汝昌、陈松生、曾纪泽、马清臣在下客厅交谈。傍晚5时许,曾纪泽松生又到丁汝昌住处交谈极久。

3月15日(二月十六日),丁汝昌、松生到使署与曾纪泽交谈甚久。

3 月 17 日(二月十八日)傍晚 6 点多钟,丁汝昌、葛雷森及随行人员到使署客厅,参加驻英公使曾纪泽举办的筵宴。曾纪泽亲自陪同,至晚上 10 点多钟离开使署,返回住处。

3 月 18 日(二月十九日)天晴,丁汝昌再次到使署拜访曾纪泽,出席了大使举行的宴会,并座谈良久。

3 月 19 日至 3 月 21 日(二月廿日至二月廿二日),丁汝昌在葛德立的陪同下,参观了格林威治医院、格林威治天文台和水晶宫。

1881 年,赴英国接带“超勇”“扬威”军舰的丁汝昌,参观考察英国的医院。这是当时英国报纸上的插图。(本图片由陈悦提供)

3 月 25 日(二月廿六日),丁汝昌在伦敦收到李鸿章的来信,告知已经委托赫德为赴英国接船的官兵提供资金保障。

3 月下旬的最后几天,丁汝昌在英国伦敦王宫受到英国国王的接见。

4 月 5 日(三月初七日),丁汝昌在伦敦出席了英国方面专门为他举行的招待会。之后,他接受了金登干的建议,立即前往法国和德国考察,待第一艘巡洋舰正式验收的日期定下来,就立即返回英国。

4 月 8 日(三月初十日),丁汝昌与葛雷森在阿里文税务司的陪同下,在德国的柏林参观考察。之后,还去了什切青观看了大型铁甲舰和克虏伯工厂。

4 月 11 日(三月十三日),丁汝昌一行抵达德国的那不勒斯,在那里进行了参观考察。

4 月 13 日(三月十五日)下午,丁汝昌一行结束本次在德国的考察,回到伦敦。

是日晚上,丁汝昌带解砚珊与葛雷森再次到使署看望曾纪泽。

4 月 15 日(三月十七日)上午 9 时许,丁汝昌在住处接待了来访的曾纪泽与霭堂,交谈甚久。

4 月 16 日(三月十八日)晚 6 时许,丁汝昌、葛雷森、解砚珊到使署与曾纪泽共同用餐,席散,他们又交谈许久。

4月18日(三月廿日),丁汝昌、葛雷森等在德国伏尔铿船厂观看了正在建造的铁甲舰后,返回伦敦。

4月22日(三月廿四日),丁汝昌与金登干在葛德立的陪同下前往英国海军部,会见凯古柏海军上将(Cooper Key)、豪斯顿·斯图尔特海军上将(Houston Stewart)及设计师巴纳贝(Barnaby),观看了英国最新型军舰的图纸和模型。

这种战舰装有4门18吨的大炮,每侧2门,装在炮塔里,还有几门较小的火炮。战舰长315英尺,宽61英尺,吃水24英尺,排水量7388吨,轮机马力8000匹。炮塔用10英寸厚的钢铁复合板作保护,外面有一层木头,再外面还有一层铜,整个战舰只有中部用一圈类似的装甲钢板来保护。时速可达15海里,造价为40万英镑。

4月25日(三月廿七日),丁汝昌登上停泊在罗窠可(Low waiker)的"海琛"船上,下午将船移泊9里以外。

4月26日(三月廿八日),丁汝昌下令,自即日起,水勇等早晚站班点名。

4月27日(三月廿九日),丁汝昌令各执事按日办公如兵船。

4月28日(四月初一日)上午,应丁汝昌之请,曾纪泽为其校试双眼望远镜良久。

5月4日(四月初七日),丁汝昌在"海琛"船上召集全体人员开会,下令自即日起,给水勇人等假日休息。并让葛雷森请洋人意淡顺、拍可俩人为教习。

5月17日(四月廿日)晚,应邀率弁勇前往纽卡斯尔戏场观看马戏。全体官弁水勇雇马车五辆运送,沿途当地观者拥挤不开,当地20名巡捕骑马随车护送。戏场中约有3000人观看演出。午夜戏毕,各勇悉到戏场中肃队而出,乘马车归。

5月20日(四月廿三日),下令挂牌禁止当地人来船参观,本军弁勇亦停假。

5月24日(四月廿七日)下午,丁汝昌到使署看望驻英公使曾纪泽,并与公使久谈。

5月26日(四月廿九日)下午5时,丁汝昌、江禹门、葛雷森、邓世昌、杨用霖、马清臣、陈松生应曾纪泽之请吃便饭。席散,又交谈甚久。

是日,令将病故水勇袁培福葬于当地官山墓地,管驾官及水勇皆临穴送葬,并立墓碑永作纪念。

5月28日(五月初一日),令将5月25日夜11时死亡的水勇顾世忠葬于官山墓地,参加人员及葬礼相同,两墓紧接为邻。

5月29日(五月初二日),下午5时许,丁汝昌及陈松生与使署僚友,邀请曾纪泽及马清臣、葛雷森吃便饭,晚8时许席散。

5月30日(五月初三日),晴天,丁汝昌在居室接待驻英公使曾纪泽,两人交谈甚久。

6月1日(五月初五日),为中国农历端午节。是日上午,丁汝昌与陈松生着便衣到曾纪泽处拜会,交谈甚久。

6月2日(五月初六日),丁汝昌到使署,在湘浦室拜访曾纪泽并与其交谈甚久。

6月5日(五月初九日)下雨,因昨天收到公使栗诚弟在京病故的电报,丁汝昌与陈松生到使署当面向曾纪泽表示慰问。

6月8日(五月十二日)下午,丁汝昌偕葛雷森到使署与曾纪泽公使交谈后,再次前往纽卡斯尔。

6月9日(五月十三日),丁汝昌与林泰曾应邀赴议政院出席纪念火车发明人百年诞辰宴会,当地官员及名绅才士400多人参加盛会。

6月28日(六月初三日),丁汝昌规定:自即日起,给水勇票每日40张,准许本地40人持票来船游观,离船时即将票交回。

7月5日(六月初十日),因有癫狂妇女上船,丁汝昌决定停止发给水勇号票,自即日起禁止本地人上船参观。

7月10日(六月十五日)上午,丁汝昌偕林泰曾到使署看望曾纪泽并与之交谈。午饭后,公使清检赠送丁汝昌的礼物。

7月11日(六月十六日)下午,丁汝昌在使署子兴室与曾纪泽交谈。

7月12日(六月十七日),丁汝昌、林泰曾在金登干的陪同下,去温布尔登舰观看射击演练。同时,还出席了在温泽举行的志愿兵检阅仪式。

7月13日(六月十八日),在芳圃室,丁汝昌与曾纪泽交谈了很长时间。

7月15日(六月廿日),率人观察“超勇”舰试航。

8月2日(七月初八日),丁汝昌与葛雷森率洋员及第一班员弁勇丁登上“超勇”,另一班员弁勇丁及洋员管轮登上“扬威”。“超勇”“扬威”两快船船身长220英尺,宽31.9英尺,船吃水14英尺,装满煤达15英尺,马力150匹,装后膛大炮2尊,分装配在船头船尾,炮各重25吨,中号炮4尊等。

8月3日(七月初九日)凌晨1时,在纽卡斯尔迎接曾纪泽一行,见面之后,又乘车将公使关至阿莫斯庄炮局总办诺布尔的乡墅,安排好公使住下,丁汝昌与陈松生返回市内客店。上午近11时,又陪同公使一行先乘火车,再乘轮船,前往海口看船。12时30分登上"超勇"舰,阅看良久。下午1时30分,曾纪泽在"超勇"舰亲自升起龙旗后,丁汝昌即令开船试航并演放大炮。快船每小时尽力可行14海里,每昼夜烧煤45吨;若每小时行12海里,则昼夜烧煤28吨;若每小时行8海里,则用煤18吨。午后,快船停泊在查潞实勒(Jarow Siake)。

8月8日(七月十四日)中午,丁汝昌与在船接待前来送行的当地府尹,并接受送来的礼品及诸色机器相册。纽卡斯尔市的市长亲自给丁汝昌写了信,向丁汝昌致敬,并通知他,在是日举行的市议会上,一致决定在他离开泰恩和河之前向他呈献一份祝辞。丁如能见告接受这项祝辞,何时方便,在他的船上抑或在市政厅举行,市长将不胜感激。

北洋海防统领丁汝昌着官服的半身画像。(本图片由孙建军提供)

是日夜,丁汝昌赴伦敦拟往扉利茅(Piymouth)上船。

8月9日(七月十五日),丁汝昌与金登干来到伦敦,先去驻英国大使馆拜见。然后,开始进行礼节性走访英国的外交部、陆军部、海军部、商务部、港务局等。

8月10日(七月十六日),丁汝昌、金登干仍然由清国驻英国大使馆主管这项工作的凤仪陪同下走访有关部门。是日下午4时30分许,"超勇""扬威"两艘巡洋舰离开纽卡斯尔港,出海开航前往扉利茅。

8月11日(七月十七日)早饭后,督操丁汝昌乘火车由伦敦前往扉利茅办事。下午3时许,船到扉利茅抛锚,少顷,丁汝昌回到船上。

8月12日(七月十八日)晨,丁汝昌令"超勇"船挂英旗,升炮21响,贺英国王,当地炮台也升挂龙旗,答炮如数。"扬威"又升炮17响,贺英军提督,当地炮台亦照数回答。是日晚,纽卡斯尔官绅送来赞扬中国官弁勇丁的公文一份,认为中国水师官兵非常善良,在英许久,与本地绅民相处极好,此去各有恋恋不舍之情。

8月17日(七月廿三日)凌晨3时许,天晴,微微有风,丁汝昌下令起锚开航,"超勇"在前,"扬威"紧随其后,为节约燃煤,故每小时只行8海里。

8月18日(七月廿四日),天晴,令水勇人等按日操作如常。是日,船出英国海。

8月19日(七月廿五日)下午,督率"超勇"舰过葡萄牙界。

8月20日(七月廿六日),因未见"扬威"随行,令升旗询问过往货船,寻找"扬威"踪迹。

8月21日(七月廿七日),令等待"扬威",仍未离西班牙界,观沿海悬崖多炮台及灯楼。

8月22日(七月廿八日),天晴,炎热如盛夏,夜间有雾,率"超勇"船入行地中海。

8月24日(七月三十日),天气炎热,寒暑表90度,率"超勇"舰过鸦罗斋(Aiger)。

8月26日(闰七月初二日)晨4时许,丁汝昌接到"扬威"船旗语报告,炮首洋人柯落可病重。是日,天气酷热。

8月27日(闰七月初三日)晨,下令升旗问"扬威"船,洋炮首痊愈否,答曰病加重,中午船过冒他后,令船速每点钟9海里。

8月29日(闰七月初五日)天气酷热,率"超勇"舰继续前行,"扬威"又瞠后。

8月31日(闰七月初七日)傍晚,率"超勇"抵达波斯湾,晚8时船在港内停轮抛锚。

9月1日(闰七月初八日),待本地医生来船检验证实无疫症后开禁,两船交过苏伊士河,费共计2400元。丁汝昌在船接待来访的土耳其管带。午后,"超勇"装煤水完毕接"扬威"求救电报,丁汝昌令"超勇"前往救援。

9月2日(闰七月初九日)下午3时许,率"超勇"在距亚历山大80余海里处发现"扬威","扬威"管驾章斯敦报告,洋炮首柯落可已病故。丁汝昌令“超勇”连夜向“扬威”船上添装粮食与煤水。

9月4日(闰七月十一日)中午,督率“超勇”“扬威”两船抵达波斯湾。

9月9日(闰七月十六日)晨4时许,率两船进入苏伊士河,中午停航让行。

9月10日(闰七月十七日)上午9时,率“超勇”船出河下锚,又接“扬威”船“轮叶已坏,船停河中,不能行”的求救电报。

9月14日(闰七月廿一日)下午4时,下令起锚开航,“扬威”紧随其后,时速10海里,两船昼夜兼行。

9月21日(闰七月廿八日),督率两船出红海门,中午过亚丁口,行入印度洋。是日夜晚,丁汝昌与池仲佑披阅地图,还将详图一卷赠予池仲佑。

9月22日(闰七月廿九日),风大浪狂,督率两船谨慎行驶。

9月27日(八月初五日)上午9时,丁汝昌接到“扬威”旗语报告“机器微坏,停轮修理”,即令“超勇”停航等待。11时修复起航,快车速行,昼夜不停。

9月28日(八月初六日),天气清和,督率两船快驶,午后经迈乃柯岛(Minikal)。

9月30日(八月初八日)中午,率两船抵达锡兰,天气炎热。

10月2日(八月十日),天晴,率两船快行,时速达12海里。是日夜9时许,“扬威”船水缸舱失火,即令停轮以水龙扑灭。

10月7日(八月十五日)午后,率船过马六甲海峡。

10月8日(八月十六日),大雨,早晨5时许率两舰抵达新加坡,锚泊码头。是日,接待中国领事左子兴来舰参观。

10月9日(八月十七日),丁汝昌在船接待英总督来船参观。午后,又接待曾锦文来访。

10月10日(八月十八日)晨4时,起锚开船,以快轮速行。

10月12日(八月廿日)午后,率两船过西贡界,入中国海。

10月15日(八月廿三日)晨,过安南界,下午2时暴雨,抵达香港外洋,见有沉船和落水船员,即令停轮放舢板救人。是日晚9时,令船在香港灯塔山前下锚停泊。

10月16日(八月廿四日),天气晴朗,令文案池仲佑去香港招商局取李鸿章公文,下午4时,率两船入广东地界,夜间12时下锚江中。

10月17日(八月廿五日)清早,率船起航,沿途山明水秀。上午9时许“扬威”搁浅，急令“超勇”下锚相候，待至夜间12时水涨满潮，“扬威”方出，深港下锚。

10月19日（八月廿七日）上午9时，率领官弁水勇迎接两广总督张树声及满城文武各官来船参观，张总督还带来礼品慰问两船官兵。

10月20日（八月廿八日）下午5时，率两船抵达香港锚泊，是夜，接到李鸿章电令，因怕北方温低封河在即，令船不必闽广皆行，遂决定两船不入福州，直抵上海。

10月21日（八月廿九日），英国兵船升挂龙旗，鸣炮17响，欢迎中方；丁汝昌命“超勇”船挂英国旗，如数鸣炮以作答谢。

10月24日（九月初二日）午后，督率两船起锚开航，驶离香港北上，船昼夜兼行。

10月25日（九月初三日）夜11时许，率两船进入厦门港抛锚。

10月26日（九月初四日）晨，率两船出厦门港口，其时，风浪大作，船行艰难。中午时分，在寥遥下锚，午后，风浪愈狂，至夜不歇。

10月27日（九月初五日）晨，率船开航。是夜，仍为大风浪，船泊湄洲。

10月28日（九月初六日），率船冒风开行，夜泊海坛观音湾下锚。

10月30日（九月初八日），督率两船快行，上午9时过白犬山，下午1时过妈祖界，下午3时过笔架山，入夜过南关，乘月明仍行。

10月31日（九月初九日）凌晨3时许，率船过台州，中午抵达宁波，下午3时过茶山，傍晚5时后过灯船。

11月1日（九月初十日）晨7时，率两船抵达上海港下锚。令林泰曾、池仲佑与章斯敦、葛雷森在亚士客寓作出洋用款账目。

11月13日（九月廿二日），督率“超勇”“扬威”两舰离开上海，继续北行。

丁汝昌出任北洋海防督操后，1880年被派往英国接带军舰，并在欧洲考察学习各国海军建设情况。1881年秋季，他率部下200余人将在英国购买的“超勇”和“扬威”两艘姊妹舰顺利带回中国。

11月18日(九月廿七日),率两船抵达天津大沽。

11月22日(十月初一日),率两舰官弁水勇欢迎李鸿章到大沽验收两舰。率两舰载李傅相乘风破浪,行抵旅顺口,锚泊经宿。

11月23日(十月初二日),陪同李鸿章乘坐两船返回天津大沽。

12月2日(十月十一日),因统带"超勇""扬威"回国有功,李鸿章为丁汝昌、葛雷森、林泰曾、邓世昌等人请功嘉奖。同日,李鸿章还上奏,请以丁汝昌统领北洋水师,破格擢用。遇有水师提督缺出,即予简放。

12月4日(十月十三日),以巡海出力,赏记名提督丁汝昌换西林巴图鲁名号,并正一品封典。

1882年(清光绪八年)　四十七岁

4月25日(三月初八日),批准李鸿章奏请,决定派北洋水师记名提督丁汝昌与马建忠酌带兵船前往朝鲜,襄助签订《朝美条约》。

5月7日(三月廿日),丁汝昌率领"超勇""扬威""镇海"三舰载马建忠驶离烟台,前往朝鲜。

5月21日(四月初五日),派"镇海"船携带文报从朝鲜回国,汇报朝鲜与美国谈判情况。

6月8日(四月廿三日),完成原计任务,丁汝昌、马建忠率舰离朝鲜回国。

6月23日(五月初八日),因朝鲜与德国谈判通商,应朝鲜国王咨商,丁汝昌、马建忠率"威远"舰抵达朝鲜。

7月2日(五月十七日),丁汝昌、马建忠率舰由朝鲜回国。

8月7日(六月廿四日),因朝鲜发生"壬午之变",丁汝昌奉命前往登州,与广东水师提督吴长庆商议援助朝鲜事宜。

8月9日(六月廿六日),北洋水师记名提督丁汝昌与马建忠率领"威远""超勇""扬威"三舰起锚开航,前往朝鲜。

8月10日(六月廿七日),率带三舰抵达朝鲜仁川。

8月12日(六月廿九日)晨,丁汝昌乘"威远"舰由朝鲜起航,开赴天津。

8月14日(七月初一日),"威远"舰抵达天津大沽,丁汝昌向张树声汇报朝鲜局势。

8月15日(七月初二日),丁汝昌奉张树声之命,乘"威远"舰自天津大沽再赶登州，转饬吴长庆再次率军开赴朝鲜。

8月17日（七月初四日），丁汝昌、吴长庆率2营4哨共2000人分乘“威远”舰及“镇东”“日新”“拱北”等船，并由“泰安”船装载粮械军火前往朝鲜。

8月20日（七月初七日），丁汝昌、吴长庆率军队及诸舰船到达朝鲜仁川。

8月26日（七月十三日），丁汝昌、吴长庆、马建忠、袁世凯等扣留朝鲜大院君李昰应。次日，由南洋“登瀛洲”舰将其解送天津。

9月4日（七月廿二日），丁汝昌率诸舰船离开朝鲜，返程回国。

9月5日（七月廿三日），丁提督率各舰抵达烟台。

9月7日（七月廿五日），率领各舰抵达天津大沽。

9月14日（八月初三日），丁汝昌被任命为直隶天津镇总兵，统领北洋水师。

10月10日（八月廿九日），以平定朝鲜之变有功，李鸿章奏请赏记名提督、升授天津镇总兵西林巴图鲁丁汝昌穿黄马褂。

11月20日（十月初十日），为修船之事丁汝昌致信上海江南制造局的徐雨芝（即徐润）：

> 敝军“超”“扬”两快船，自上年由英来华过沪进坞后，迄今已历一载，船底遍生苔蛎。现已禀明傅相，饬两快船开赴沪上，进贵局船坞洗刷油漆。惟北洋水师各船进坞章程，凡船进坞只准油漆船身外水线以下船底，其余船身内外油漆等事，均由各船主自行备办，不得由坞动用工料。此次两快船进坞，亦请查照办理。其拆开修配等项，查系不可缓之需，应准就便由贵局坞内添配，以归简便。两船进坞后，倘船底钉眼板缝验有损坏之处，并祈饬坞加工修理，以昭妥慎。一俟工竣，即请将各经费数目详细报明傅相，并示知弟处为要。再，如船底油漆已竣，修配各件，倘未齐全，应即出坞等候。不得占驻坞内，以节经费。弟并奉傅相面谕，北洋现在无大船坞，凡吃水较深之船，以后均须进贵局船坞修理，令弟函致阁下，妥为经理。总期费节工坚各等因，特以附闻，即请查照办理为祷。再，两快船回北洋时，倘船中煤吨不敷，并乞酌拨应用，该价若干，请一并报明傅相，饬局归款可也。除另文移会外，肃此奉达。

1883 年(清光绪九年) 四十八岁

5 月 26 日(四月廿日),丁汝昌接到张树声转李鸿章要他率舰赴上海待命的电令。

5 月 28 日(四月廿二日),丁提督率“超勇”“扬威”“威远”三舰离大沽,前往上海。

6 月 6 日(五月初二日),奉李鸿章之命,丁汝昌率军舰赴香港与吴全美会合后,再前往廉州查探。

6 月 10 日(五月初六日),丁汝昌会同吴全美各率一舰驶抵廉洋,在钦州察看海口。丁汝昌旋回上海。

12 月 18 日(十一月十九日),以越南嗣王被杀,祸乱方殷,丁汝昌奉命统带师船,赴粤听从调遣。

1884 年(清光绪十年) 四十九岁

6 月 21(五月廿八日)日丁汝昌率“超勇”“扬威”“威远”“康济”四船齐集天津大沽口外,待命巡洋。

6 月 22 日(五月廿九日),率北洋四舰随李鸿章、张之洞、吴大澂、张佩纶驶离大沽,放洋巡阅。指挥各船“操演雁行、鱼贯各阵式,帆缆、灯旗各号令,及枪炮施放之法”。

6 月 23 日(闰五月初一日),率北洋诸舰船随巡阅大员驶抵旅顺口,察勘新筑炮台及营垒。

6 月 24 日(闰五月初二日),率船随巡阅大队抵达烟台。督率“超勇”“扬威”“威远”“康济”及“镇东”“镇西”“镇南”“镇北”“镇中”“镇边”等舰艇会操。

6 月 25 日(闰五月初三日),率舰船随巡阅大员到达威海卫,陪同李鸿章等观看演放鱼雷,察勘防务布置等。

6 月 26 日(闰五月初四日),率舰随李鸿章、吴大澂驶离威海湾,扬舲北上。

6 月 27 日(闰五月初五日),率舰船载李鸿章、吴大澂抵达天津大沽口。

6 月 28 日(闰五月初六日),率舰船驶离天津大沽,前往烟台驻泊。

7月2日(闰五月初十日),丁汝昌在烟台驻营。接天津营务处传奉李鸿章钧谕:法国与越南又启衅端,令将六镇火速派往大沽、北塘两口驻守;“超勇”“扬威”“威远”“康济”四船派赴旅顺驻守。

7月3日(闰五月十一日),派六镇火速前往大沽、北塘执行任务。还致信李鸿章,详细报告“镇西”“镇北”两炮艇大炮受伤,是因两船演放大炮装用中国制药,其坐劲太大,于大炮接节处震有微缝。并请李傅相批示如何处理此事。

7月4日(闰五月十二日)早,丁汝昌统带舰船抵达威海港,与刘含芳议事竟日。

7月5日(闰五月十三日)晨,率领“超勇”“扬威”“威远”“康济”四舰及威海两雷艇,又广艇一艘,装载鱼雷等件,由威海卫港起航,同日随行抵到旅顺口。

7月6日至7日(闰五月十四日至十五日),在旅顺分别与护军、毅军各统领履勘各处,协商讨论布防之事。

7月8日(闰五月十六日),为北洋水师备战各事项,丁汝昌在旅顺致信袁子九观察:

> 十四日“快马”来旅,递到赐示,敬悉种种。侄于十三日带同“康”“威”“超”“扬”由威北渡,并芗林观察交到两雷艇及广艇一艘,装载鱼雷等件,同日随行到旅,中途遇疾风,雷艇势甚岌岌。窃幸远托福庇,差喜无恙,进口即登岸到局。知宋军门尚在营口,当会晤王军门及毅军姜统领,告知他族食约等情。连日护、毅两军,均各悉力筹备。至各营有应拔调分防之处,须俟宋军门日内到旅顺方可定夺也。
>
> 敝军四船,“康”“威”尾泊西澳;“超”“扬”分两臂齐驻白玉山前。此间,山外沿海各处,迩日偕同在防诸公,涉降履勘。杳西澳之沙沽滩,两山之间,敌易内入,不可不倍加防范。兹已商同王提调,将接泥两船,上铺木板,于敝军拔边炮两尊,移置其上,乘潮拖至该处。抽拔练勇,随时看守,以作后路。水卡所有山径,应设陆卡之处,俟宋军门到防再商办也。
>
> 承询军糈,合计存船存岸足供两月之需。至应增领弹药,已函致东局及军械所,发交操江,捡无风天气载运前来。水师应需煤吨,除旅厂存储外,各船此次在烟均行装足。所有前次在烟定煤千吨,月内即可陆续运送到防。诸蒙存念,用谨奉告。
>
> 再前留六镇驻威演放大炮,“西”“北”装用中国制药,以坐劲太

大，于炮之接节处震有微缝。差后东旋，当即查明申报傅相。如何批饬，倘老叔先有所闻，敬请便中示悉为祷。

是日，为六艘“镇”船驻防及筹措弹、药以及“镇西”“镇北”两炮艇大炮受伤等事项，丁汝昌又发信给“镇中”管带林钟卿（林永升）：

六镇由烟西发，一路想均平善。当各照议分抵北塘、大沽矣。“西”“北”炮伤之事，于十一日曾将禀傅相，底稿由新关飞递寄交执事，想已接到阅悉矣。傅相若何办理，近日想已有信，务望详细告我为盼。

弟十二日早抵威海，与刘观察议事竟日。十三日带同“康”“威”“超”“扬”及威海两雷艇、又广艇一艘，装载鱼雷等件，同日随行到旅。迩日会同护军、毅军各统领，履勘就近沿海各处险要之区，已渐次筹备，均有大致。威防屯船于昨晚亦齐到旅顺也。六镇备用药弹，即望商同桐侯（叶祖珪），逐查某船某枪炮现存药弹若干，仍需增领若干，务即迅速查明开折，送呈东局，早为制办。大炮均改领外国贝博火药，兹均函致东局及军械所，届时即由执事具领前去，自当照发。外附去“镇东”“镇中”“镇边”在威海机器厂修件之具，望查照粘条，分别收交。

是日，为抢运旅顺基地四艘舰船之弹药等事，丁汝昌又发信给“操江”兵船黄孝明：

大沽别后即东发，船抵芝罘。泊未数日，即奉飞檄，当即遣六镇西渡。弟于十二日带同“康”“威”“超”“扬”到威与刘观察筹议竟日。十三日早复率各船及威海两雷艇、又广艇一艘，装载鱼雷等件，同日随行到旅。迩日会同护军、毅军各统领履堪各处，其险要之区，已渐次筹备，均有大致。现在旅四船药弹均须增领，兹已开折备函前来，望即持送东局。一面将“操江”“开至东局相近处停泊守候”。一经领出，即捡无风晴朗天气载运来旅，是为至嘱。此次业将此举附禀傅相矣。专此特布。

是日，为北洋舰队各船领取何种药弹等事项，丁汝昌又发信给刘献夫、张次韩两位观察：

昌于本月初十日在烟台营次，接到天津营务处传奉傅相钧谕：法越又启衅端，今将六镇炮船派赴大沽、北塘两口驻军；“超”“扬”“威”“康”四船派赴旅顺驻守，业经遵照办理矣。惟各船到旅后，亟应预备防守各事，连日已会同毅军、护军各统领布置一切，所有“超”

"扬""威""康"四船应添领各枪炮子药等件，特先行开折专弁函送贵局，请查照速为发给，由"操江"轮船转运来旅。是为至要！

至两快船大炮，此时似应专领外国火药为宜。昌知新城、大沽两处均存有外国贝博火药，务乞提至局中，照一百四十磅一响轻装装好，发给是幸。至六镇炮船应领子药，已函致"镇中"管带林守备，就近由贵局请领应用。惟六镇大炮，亦望发给外国火药为妥。俟各船子药领到后，再行补备公文，呈请察核备案。谨此奉恳。

为保证请领子药数字清楚，质量优良，还特外送领子药清折一扣、药袋信子样计大小三盒。

是日，为快速制作舰船所需料件等事，丁汝昌还发信给北洋水师船坞总办文芝轩：

昨奉手示，敬悉汽管及木杆等件，均蒙饬造，感荷无量。承另单开，询风雨表及铁练(链)两宗，现可通融挪用，无庸再购制也。"康济"请领木桶，并此次"超勇"请造大炮触门火钢机，均分别逐开尺寸，照绘图样，计二纸，附呈请即察照办理。前超、扬请制边炮铁螺丝桩共八个，曾经送样，蒙允照办。务祈饬匠从速造来，以便临时备用。至原桩旧有三洞，兹已询明该管带，请均无庸仿凿，俟领到时该船自行钻配，似亦更妥便也。

再前"康""威""超""扬"请贵处修配购置各件，凡已办，现来者可交"镇海""操江"，先后来旅之便一并寄下，万为祷切。手此敬复。

外附门火触样图、木桶尺寸单各一纸。

7月9日(闰五月十七日)，在旅顺与驻防营口乘"镇海"船到达旅顺口的宋庆，以及王军门、姜统领共商布防要事。是日，还在旅顺口会见率七舰齐集旅顺港口的英国水师提督，并陪同登岸，参观军事设施及布防情况。

是日，为招募选考华人管轮之事项，丁汝昌发信给"镇中"管带林钟卿(林永升)和"镇边"管带叶桐侯(叶祖珪)：

现在旅四船各西员，恐中法构兵，纷纷乞退。若辈近年在船供差，半属有名无实，早拟分别替去。今者自行远引，适巧相值，刻均乘"镇海"赴津矣。此间仍须添华管轮四名，方足供用。望执事于六镇挑选三管轮四名，即随"镇海"来旅。……至六镇所遗二管轮缺，于三管轮中考选充补；三管轮缺于管汽、油中考试。倘有足资录补者固妙，设均不堪胜任，或于沪上函招，或于津中就近选募，总期材职相称为要，断不可以凡冗塞责，致后误事。所有升募各弁薪粮，均从六月分(份)起支。其在船挑升者，原领薪水概于闰月底截止。务望妥慎办理。俟升募停妥，仰即详细申报前来，以凭备案。

再，吉必勋留津，倘不执意乞退，望设法维持，照旧供差，薪水仍照原议。若亦从众妄希，其去留任之可也。

是日，为快速捎带弹药和部分洋员去留之事项，丁汝昌又发信给“操江”船管带黄孝明：

此次禀中，业附告傅相。设津中差忙，未能前来，望将所领药弹交“镇海”带来。倘不能作一起装载，余者仍存“操江”，俟下次“镇海”来旅，再携寄也。第此次领发药弹，均责成执事经事，总要详细，免有误也。所有抬拨等费，共用若干，便中开清单，当转饬各船摊偿也。

再，此间各船西员，恐中法构兵，纷纷乞退。若辈技术平常，且多所要挟，不遣自去，计亦良得，刻已离船搭“镇海”赴津矣。惟管轮，此间殊形不符调用。除由“镇海”挑拨外，望饬“操江”大管轮，即搭“镇海”此次东渡之便来旅，弟拟以此员充补“康济”大管轮。至其“操江”原领薪水，暂先无庸注销。俟该员到旅改补开支后，其遗缺应如何办理，再函告也。

再，“康”“威”“超”“扬”前在船坞，有请修领各件未经发给者，“操江”船倘克来旅，望便过一问，有可发之件，一并带来为幸。

7月10日(闰五月十八日)，为保证能快速传递有关战备情况，丁汝昌致信方右铭：

“快马”到旅，递来文牍，均已照数收讫。关垂逾格，感激无量。弟到旅后，日与在防诸君合力筹备，粗有大致。昨者，宋军门已乘“镇海”自营来。名将识深，遇事有所禀承，藉得匡我不逮。英水师提督亦于昨率领七艘齐集旅顺，当与接晤，并进口登岸走阅数处。今晨已连樯齐发沽上，“镇海”亦同时展轮去津。敝军驻泊荒嶹，音讯梗悬，策同终夜，有求于幽室之中，须借重烛照，俾怅怅者日有所之也。俟后遇有紧急公文，仍祈遄递芗林观察饬“快马”一送，免得有误事机。素承殷眷，承平无事，犹且一体相关，况当危急之秋耶。知亦不僢赘述，烟台有何新闻，当祈便中走笔见示为盼。

同日，丁汝昌为快速传递战备情况及相关事项，再次致信刘芗林(即刘含芳)：

十四日自旅寄贡一笺，谅邀青及。弟自到旅后，日与在防诸君合力筹备。昨宋军门已乘“镇海”自营口来，名将识深，遇事有所禀承，藉得匡我不逮也。日昨英船到旅，当与英提督接晤，并进口阅视。今晨已齐发沽上，“镇海”亦同时开行去津。敝军远悬荒嶠，音讯殊形梗滞，俟后倘有紧要公件，仍祈惠饬快马代为一送，免误事机。是所拜祷。

7月17日（闰五月廿五日），为解决四艘“镇”船的经费之事，丁汝昌在旅顺写信给黄菊人、叶桐侯两位管带：

顷间“镇海”偕“中”“东”到旅，津中各事，得闻其详。积日悬系，借以稍释。今者“边”“西”“南”“北”既留大沽、北塘驻防，子药自当先事储足。前已函致东局及军械所，可由执事会衔，自行备文开折清领，望照前函办理为要。

刻下玉帛干戈判在旦夕，设遇事端，务期镇静。倘有碍难之处，必先须声明。在防各宪，切不可含糊唯诺，致有误于临时，是所至嘱。所有四船饷项，倘过六月望后，支发委员未能来津，每船可先向支应局各借湘平银一千两，以资应用可也。外致支应局函件，届时派委员持信前往，自可照发也。设可不用信，须交回，勿遗失也。

是日，为保证“镇海”船顺利及时地取到饷银，丁汝昌还特意致信支应局朱伯华观察：

兹恳者，现支发委员难即来津，所有留防大沽、北塘之“边”“西”“南”“北”四镇船，望贵处每船暂借湘平银一千两，共四千两，请归下次饷项划除。祈即发交去弁昭为幸。

7月18日（闰五月廿六日），为请领和添造送船用料件之事项，丁汝昌在旅顺致信大沽船坞文芝轩：

敝处前请贵坞配造四镇舢板格林炮座子八个，如已制好，望先发四个，交“镇海”附带来旅，给“中”“东”两船应用为盼。其余四个，并祈添造四个，共八个，工竣时，请就近发给“边”“南”“西”“北”四船祈领，是为至要。匆肃。奉恳。

今奉上：格林铜炮架四个；又铜螺丝三十二个，望查收。如便，即付回单为托。

是日，为严肃战前军纪等事项，丁汝昌还致信洋务委员马汉卿：

远隔芝晖，莫由话旧，一天两地，驰想为劳。近维勋劳并著，动定增绥，引领下风，时深远颂。前蒙赐荐试用管轮应剑泉，自闻防务吃紧之信，屡次乞退。五月间，复聒聒告病，因饬在威海调养。惟时弟正侍从傅相巡洋，既差竣来威。该员已杳不知其所之矣。正值军事旁午，在在需人，竟自不告而去，其有心规避之私心，益昭然可见。若径置之不问，深恐效尤者至，又将何以为辞？本拟具情详参，并请分别咨行南省，查解前来。以该员系蒙执事推荐，特先函商，即祈设法函催来防是幸。倘彼执意乞休，亦须明白销差，以免人言啧啧也。

是日，为北洋舰队船用燃煤之事，丁汝昌还急忙致信合顺彝堂说：

顷接来书，知前定太格西煤，竟成无望。当此军务吃紧之时，煤吨一节，颇关紧要。似此反复，在尔我知交，固无不可。若弟经据此情禀报中堂，诚觉不易措词也。第事已至此，若不从权办理，必至贻误事机。望速将金山煤装二百吨，可介煤装三百吨，赶运到旅，幸不可再事延宕也。尚祈格外费神，愈速愈妙，容面谕也。叶成忠处，不暇另函，祈便中代为达意，或将此信寄彼一阅，亦无不可。

7 月 21 日(闰五月廿九日)，为安置好既有技术又扎实肯干的洋员教习的工作，丁汝昌写信给管理北洋海军营务的罗丰禄(即罗稷臣)：

前琅总查及鲍察带同各洋管轮赴津，惟时帆缆洋教习嘉格蒙以中法和战未定，雅欲矫同照旧供差，弟亦爱其勤干，故留旅防，今彼闻边事日紧，且以身为英国水师官，未便在船。拟赴津暂避而又不忍素餐，兹特令其恭诣台麾。其人枪炮、帆缆致用之法均称洞悉。伏祈执事暂为安置，或送水师学堂襄教生徒，或送镇船暂住，均望能酌其宜可而委以安置。倘时局即获救定，自当仍饬回船。设事有迁延、渠谪欲回国，即祈转知支应局，将该员薪水截至销差之日止，概照发给。前以各西员乞退，所有应领薪水数目及有无川资等费，已移知支应局，届时祈询明核办可也。

再，前饬来学生张彦焘，业经派赴“超勇”学习各技。顷间，忽砼砼乞退，志决计坚，难以挽留。已予其船票，搭船赴烟，再趁乘商船南下。

7 月 28 日(六月初七日)，为保证驻守大沽、北塘四船官兵能照章训练，严格管理，丁汝昌发信给叶祖珪、黄菊人，通知他们：

“镇海”到旅防，接桐侯、菊人寄牍。均各阅悉。迩日子药等件当可领到，尤要迅速分拨到船为要，所需煤吨递各装足。薪饷一节，前附去致支应局函一件，知已收到。届时可持函去领，不致有缺用之虑。现防务日形吃紧，一旦临事，恃枪炮为战守之资。今在旅各船，每日上午操大小各炮，下午登岸操枪，逐日一船轮流打靶。执事等四船分防在远，除出口巡防外，逢在港内驻泊，须随时操炮打枪，多一日功夫,增一番纯熟,其各勉旃!旅防镇、快等船,自水线以上皆油瓦灰色,舢板及舱面呈露各件,亦油与船身一色,使敌不易窥见,仰亦照办为要。倘有事,夜时灯光必须掩蔽。执事既明水师纪律,处常处变,均宜格外细心。是为至嘱。

"镇西"二管轮遗缺,当此用人之际,自应遴员推补。既称管油林云卿堪以胜任,即准照升补。所有递遗各缺,俟选派停当,即行汇报。镇船洋管轮既已销差,机器舱从事诸人,尤须格外加意经理。倘有差误,外人贻笑不浅。务望随时饬告,奋勉将事。果从此而日起,有功不再借重西人,水师共图立自,何幸如斯耶!

天津有何闻见及各船迩日如何操作,均望随时遇便告我,俾免悬切为盼!

是日,为加强北洋舰船号密防守旅顺基地之事,丁汝昌又复信给德璀琳税务司:

辱承明教,纫感无极。法事决裂,战祸方兴。南北海防,岌岌有不可终日之势,法若连樯北寇,敝军实首撄其锋。旅顺炮台,尊意谓最不足恃,则水陆相辅之策,尤当思力争上游。执事于我军虚实,洞若观火。借箸而筹,动中窍要,钦佩之至。

旅顺现在情形,炮台既有增筑,士卒群思敌忾,法纵卷甲而来,讵能操必胜之算?惟仆驽下不材,谬率水军驻防口内,船寡质薄,要不能争雄海上。然以数十年国家豢养之身,随二老成将帅之后,后有援师,前临大敌,励我兵士,整我炮械,尚足以背水一战,万不致不战而先示人以怯也。抑更有说者,用兵之道,未言战,先言守;既能守,即能战,战守可恃。人事略尽,则又熟审夫天时、地理,以随机而应变。来书请将最坚固之船驻扎山口外以作炮台先声,用意极是。然旅顺山皆北峙,北风浪平,南风水涌,时际炎令,东南风多,是黄金山前不能下碇,固天时、地理所限,而不可以常理测者也。现惟日派船在海面二三十里之遥巡弋瞭望,以防敌之乘隙而来。口内各船留火以待,无警则分队以勤操练,有警则列阵而就指挥,如是而已。

汉随员(即汉纳根——编者注)精明勇敢,在所延各西员上,素所佩服,凡有可以会商之事,无不随时就商。适奉傅相手谕,亦以此为嘱,敢不遵办?执事明决爽直,其时有以匡所不逮,则感荷良深矣。专此布复。

是日,收到信函及所需船用料件后,丁汝昌又复信给文芝轩:

“镇海”来，奉到逮笺，并“康济”“超勇”所需天窗、铁镯等件，均已如数收讫。感荷之至，辰惟起居康胜，匡略并宣，至为颂慰。此间防务吃紧，深沟高垒，专待撕(厮)杀。水陆诸军，一闻寇警，人人有同仇敌忾之心，众志成城，或尤可以背水一战。然弟之举动，则惟出以“慎重”二字而已。津、沽必有要闻，便船过境，尚望赐我片言，是为至盼！又各船前托代制、代购之件，亦望随时觅便妥寄为叩。

是日，为防务急需药、弹等事项，丁汝昌又发信给张次韩：

前月既望，“超”“扬”“康”“威”请领备用药弹，曾肃寸缄，专足驰递。当恳献夫观察转达台右，谅邀赐察。差回，得东局函，并交局中现有之件先发给数种，余者云即赶办。今防务吃紧，各项需用孔亟。用将前次请领药弹一折，照缮附呈查核。并已发未发者均注明折内，乞即转至东局，将未经发给各项，从速制就。并祈阁下饬探有船来旅，即行寄下为祷。

再，前饬“镇东”林管带领来各项药弹，惟格林炮子误领哈乞开斯枪子，理宜缴换，嗣以旅顺水雷营需此枪子，当即发给应用，转移之，免得彼此又费周折，今仍祈将格林炮子核发一万颗。又马铁里枪子前领不过火者居多，今闻新购者已到，亦祈发给两万粒。统希设法早日寄下，俾资有济，万祷，万祷！

旅顺药库存储药弹一节，于去冬曾禀蒙傅相转行各局预为制办，运解来旅，以备不时之需。果于彼时陆续存储，刻下庶不致如斯迫切。烽烟日逼，武库不充，焦思无补，可为奈何！爱我者自当有以教之。旅顺水陆险要区，逐日均设防务范。兄迂疏寡效，窃幸与二三老成朝夕从事，是程是式，期无陨越，则幸甚焉。数行敬恳，不尽觋缕。

8月1日(六月十一日)，为海军舰船燃煤质量问题，丁汝昌在旅顺发信给许豫生：

“扬威”返旅，奉到逮笺，欣慰可量。承办东洋可介子煤一节，敝军原只须(需)贰百余吨，因现有开平、金山等煤足敷应用。而可介子煤不过偶时搀(掺)用而已。来书云已饬装四五百吨，似嫌太多，届时或工程局可以收买，当尽力设法销去也。法人有悔祸之心，比日海氛稍靖，大局或可无碍。沪江消息良便，得有要闻，尚乞惠告一二，俾新耳目。为盼！

是日，为舰船炮药短缺等事项，丁汝昌又发信告诉刘献夫：

本年闰五月十六日(7月8日)开折，函请贵局核发各项军火内，有两快船二十五吨大炮轻装外国炮药共一百二十响，每响重一百四十磅，现准军械所附运到旅。外国炮药共重一万四千磅，业经照数收讫。惟各船大炮轻、重装炮药，向系由贵局按照西法装袋发给，缘各船未能自办也。兹只发来炮药，且无药袋，不能应用，焦灼万分。故特专函奉达，务望速装超、扬两船大炮轻装外国炮药共一百二十响，饬由“镇海”附运来旅。并再添“中”“东”两炮船大炮轻装外国炮药共二十响；重装外国炮药共四十响，一并运旅，至为要紧。如贵局及天津各处均无外国炮药分拨装配，即请将轻、重各药袋照数配齐，饬派妥匠携带捆药袋之带子、药袋内木管并装药各样应用家具，速来旅顺装配，是所拜祷。事关军需紧急，务乞鼎力设法速赐核办。专候回示，不胜盼切！

再，前开领军火折内，有未发来者，如有若干，亦望附来为幸。

8月5日（六月十五日），丁汝昌与袁子九率“扬威”“威远”两舰巡视辽海海域，径抵大连湾。“复超乘便走金州，诣吊筱帅，并晤松亭军门”。

8月6日（六月十六日），为及时解决庆军的用船问题，丁汝昌发信告诉、方右铭道台：

“泰安”来旅，奉赐示，敬悉一是。……弟于月之望日，与子九观察乘扬、威两船巡视辽海，径抵大连湾，复超乘便走金州，诣吊筱帅，并晤松亭军门。据云，“泰安”此次由朝鲜旋役，所有驻东三营，有应行来金人员，及各要信物未及带来，胥甚焦盼。今庆军需船孔急，“海镜”尚未北来，不得不令“泰安”一行，暂资转运。诘且即著该船赴金，到后或赴烟台，或往朝鲜，已函致松亭审度办理也。特此谨达。

是日，因为驻防在大沽和北塘的4“镇船”急需饷银项，丁汝昌紧急发信给支应局朱伯华、胡云湄两观察：

敝军“边”“南”“西”“北”四船分戍桑乾，现需饷项，应即发给。惟敝处积日购发应用各项，曾随时抽款垫付，未及报领，一时难以周折。昨曾寄书驻沽镇船，拟先请贵局挪借湘平银四千两，由该船持函走领，暂行分用。俟时局稍定，当即派员赴津汇报历垫各款。届时即请查照扣销，免得此时别增一番周折。叨发之处，容后面谢。肃恳。台安

8月23日（七月初三日），为及时发放驻大沽各船制领项下，丁汝昌在旅顺发信给大沽船坞文芝轩：

上届“镇海”去津，促发一笺，度早邀英盼矣。辰维筹猷绥裕，动

定吉祥，至以为颂。乃者云湄因公赴津，道经沽上，所有各船制领项下，可以发给者，望就便饬交该管带载运来旅，并望分别给予发票，统寄敝处转发。其各船收单，亦留敝处转收、寄呈。因各船办事漠不经心，每有错忤岐（歧）出之处，似此则较有归束，而稽考亦无疏漏也。比日台事不审有无再举，宜趁其援师未集，极水陆之精锐，聚而歼旃。卓见以为然否？专肃。敬请勋安。

是日，为"镇西""镇北"船大炮和两船每日操练事项，丁汝昌还发信给"镇西"炮船管带黄菊人：

"普济"来旅，得手书，知前由"镇海"寄去一笺，已经收到。并知"西""北"大炮经葛果德验后，吴军门复带同两船出口演放。惟"镇北"炮管内以微有药锈，尚未验确有无改券。俟用橡皮器具验明后，仰即详细确报为属。第两炮此次既经放至，虽可迁就应用，终非完璧。俟后再遇放时，均须格外小心。每次放过，须即验视，不可玩忽，要紧，要紧！

葛果德檄饬镇船，照料轮机，望即转饬沽、塘两处驻船，均须随时照料，不得专驻一船，偷安希逸。此船上官弁人等，无事时应当作有事想，则操练一切自可努力加奋。船身内外及水手衣履宜洁净壮观，免贻人非笑，滋物议也。

迩日旅顺各船，每日上午操炮，下午操演后，抽暇端枪架〔一〕。昨已监视各船，次第打枪一周，中者均行施奖。其大离奇者，并亦加责。其驻沽、塘各船，宜逐日演端枪架，并应照章登岸操演。俟后各船会齐，既当合操较（校）验，分别奖责也。旅顺近拟号令，凡大沽、北塘驻船，应行照办者，已饬陈恩焘随时抄寄矣。

煤饷各册，前已函嘱造报。想能克日完竣，便中速为寄下是盼。月之二十后，拟派支发处赴津报领各款，须将各册汇总核对，乃得起行。所有应行造报册籍，宜先期寄到。要，要！琴、轩、桐俟不分别致函，将通行各节抄知照办可也。

是日，为舰船减员核定薪费之事，丁汝昌又致信给支应局胡云湄、朱伯华两观察：

前奉傅相檄开兵部议奏船政请裁减轮船薪费各节，饬商同贵局详细具复核奏等因。旋准咨函下询，惟时以防务突紧，在在均需筹备，未及拟复。兹查上年船政大臣张奏行裁减轮船名额薪费一案，业经核实裁定。并从去岁十月分（份）一律改支，已申咨在案。此次再四核拟，实无可变通裁减之处。伏祈贵局查照复文洽商各节，是否可行。请即核夺，转详是荷。祇复敬请台安。余惟赐照不既。

8月29日(七月初九日)，为加强驻防大沽、北塘海军官兵的备战观念，丁汝昌在旅顺发信给黄菊人：

"镇海"到旅，接到六月二十八日、本月六、七等日所寄各函，并洋、汉文单及灯旗、号折，均各收阅。饷项每船千金，共四千金，知已领出。续领火药，既经执事等屡次禀催，庶可克日发给。各船布置及操演各技，员弁既有志报国，各事尽心措置，自无不当。现南中已显开兵端，在防之人须将临阵对垒排场，时时悬诸心目，似此断不致有疏虞之患也。

四镇会操后，"西""北"大炮放后，逐验旧日惊缝，未尝有增，将就自放，自无不可。惟葛果德所称，"镇西"之炮或再遇药力太猛，缝痕成为一周，而炮更为坚固等语，信口胡说，如梦如呓。未闻有物日增疵累而转为足恃者乎！幸不可以其盲语滋惑。祈时仍须照前小心为要。

旗经号既经罗大人颁示，执事也将船上当用各号抄呈。至虑进攻开炮与否，尚无准令，此亦均为要紧之事，望即禀商罗大人，应如何办理，谅无不示告也。船前铁桅杆恐临时被伤碍事，所论不为无见，望执事酌度。倘北洋军耗紧急，即禀商吴、罗大人，就近指示办理。闽中事，津中当已闻确信，不赘述也。煤册造成，即觅便转〔觅〕威海。

林卿云既定于十一日补该船二管轮缺，应照造报之册办理，无庸更易也。

8月31日(七月十一日)，为北洋水师舰船用煤等事项，丁汝昌在旅顺发信给文报局黄花农：

防务倥偬，久未修候，缅怀英范，时切驰思。近维奕劳卓著，动定增绥为颂。兹恳者外，有寄江海关部观察公文一件、旗书一箱交"镇海"送呈尊处，便中祈附寄沪上为荷。

再启者：前奉傅相札，饬由贵局定购开平五槽煤一千吨，当即运送到烟，以便水师随时领用。前月"超""扬"两船已由烟台装得二百吨，后由"普济"运到旅防一百四十吨。〔一〕昨烟局陈敬亭兄函述执事来函云，除前两次装运三百四十吨外，其余之煤即由贵局径运旅顺。良甚妥协。现时变在旦夕，更祈设法速运前来，以资储备。是所至祷。

9月10日（七月廿一日），为及时制造水师弁勇训练器具等事项，丁汝昌在旅顺发信给大沽船坞文芝轩：

前琅总查曾开具洋单，呈请贵坞代制半截船式两个，并配桅缆等件，以备弁勇随时讲习，易于晓畅各件部位及应如何安置结束等事。曩由贵坞领到者仅船式两具，所有应用零件均未发交。祈即查照前开洋单，逐件制就，遇便寄下。是为至祷。

外附呈镇“东”“中”两船收单，祈察收是幸。

9月17日（七月廿八日），为购买军粮之湘平银之事，丁汝昌发信给支应局朱伯华、胡云湄两位观察：

远隔英晖，时殷葵篆。近维勋祉咸亨，至以为颂。敝军上年由贵局借领购备军米湘平银一万两，咨明于本年分四季扣缴。春、夏两季业经扣湘平银五千两在案。所有本年秋、冬两季应扣缴湘平银五千两。因现在军务紧急，添购军米存储需款甚巨，拟请尊处缓至明年春间再行核扣，以免缺乏掣肘。务乞俯准，并令严委员到贵局面陈一切。手此，奉达。

9月19日（八月初一日），为能及时配齐毛瑟枪的紧要配件等相关事项，丁汝昌在旅顺写信给制造局张次韩观察：

“镇海”来旅，带到毛瑟枪一百杆，当即如数收讫。惟该枪仅有光枪，所有枪头、插刀、皮带、子盒等各零件，均属乌有，万乞设法，即行赐寄，俾归有用为叩。又此所领间毛瑟枪亦已不少，惟尚需备用法条，能寄一百条最妙。风声日紧，远仗良筹，翘瞻海云，如鹤之跂。肃此。

9月23日（八月初五日），为呈送华文北洋海疆全图之事，丁汝昌在旅顺致信山东巡抚张曜：

窃总兵久托仁屏，未有叩谒。日前闻宪节临驻烟台，始得以巡洋之役，鼓轮南发，随父老而识旌旗，行辕躬叩，如小草之依大树。教诲亲承，仰戴庆幸，非言可喻。回旅后，布（部）署水师船、垒各事，又越旬日。正拟虑禀藉达孺忱，乃蒙训函远锡，倍承眷注。祗奉之下，感铭无似。伏念大人，匡时韩范，名世皋夔。拥节钺以专征，卜其猷之克壮，挽银河而洗甲，定迅扫夫妖氛。翘首鹰扬，夔足而舞。旅防水陆各军，日夕严备，同力御侮。法若连艅北寇，群思背城。偌所有临敌机宜，军情缓急，惟恃韬钤指示，俾共祗遵。兹附呈华文北洋海疆全图一卷，似尚足以寓目，尤祈察纳。谨此复禀。恭请勋绥，并叩节禧。统祈垂鉴。

9月28日(八月初十日),为运送北洋水师所需枪炮之配件等事项,丁汝昌在旅顺发信给张次韩:

昨由贵局批交"泰安"解到弹引等件,均照单验收,与原数相符。惟查此次蒙所发各项,尚需配领数种,方足以资施放。不然,用时致邻偏废。兹将核定配领各件,另缮清折随并,即祈核发,遇有便船速行批解来旅为叩。再,前允惠拨格林、糯等飞等炮,便中亦祈一并饬寄,尤为翘盼。前发批单及敝处收单各一纸,一并附呈。敬望赐察。

再启者:贡言笺久待发,适"利运"来旅,奉两翰均敬读悉。毛瑟佩带及钩簧等件共计两箱,业收到,惟刀头未蒙发下。水师所领毛瑟等枪均配有刀头,遇事可期相辅并用。此次仍祈执事饬配毛瑟刀头百支,遇船寄下为祷。蒙发格林炮四尊并轮架等件已给"康济""威远"两船应用。一俟贵局船架配发后,再行将此次所收轮架等件移交旅顺军械库收存。"利运"即欲起碇,容日再补送公文寄请备案也。糯等飞俟由宁局拨到,敢祈遇便饬寄。祗复。

再,毛瑟枪皮腰带点后缺少一根,祈便中补发寄下外,原批解单及收单各一纸,祈察纳。又格林炮批、收单各一纸,亦祈察入为盼。

10月4日(八月十六日),为北洋水师舰船所需开平煤之事,丁汝昌在旅顺发信给黄花农:

昨由烟台寄一笺并文信,想察入为之转递。顷间利运到旅,奉手示藉悉近祉,增绥为颂。承示"利运"此次运饷船价一节,现以未奉定章,不悉应如何付给。来函谓将有公牍前来,一俟接到,应若何给报,再为函告也。开平煤吨前屡次函请设法速运到旅,今奉相檄责以拖泄。今尊处业奉相檄,务祈格外费神,设法遄运旅防。是为至祷。于此祗复。

10月13日(八月廿五日),为部分返还运煤空袋等事项,丁汝昌在旅顺发信给招商局黄花农:

"利运"到旅,奉手书,敬悉。前泐函并公文等件,业蒙察照饬送。感甚,感甚!此次运到开平五槽煤四百吨,已照收。卸煤袋计五千七百条,合上次普济存旅煤袋二千三百五十二条,两次共计八千零五十二条,本拟齐行寄去,只以人少日促,未及尽行倾倒。兹特点检空袋四千个先行奉缴,余俟下次运煤之便再携寄也。至于前者水脚一节,由津至旅运饷并搭坐共银一百三十两,及由旅至营口购水师应用各件，并搭坐银二十三两一钱五分两，共应付行平银一百五十三两一钱五分，均交“利运”账房先生收楚矣。诸多费心，实深铭感。

同日，为早日备齐舰船急需使用的料件，丁汝昌在旅顺还发信给大沽船坞的文芝轩：

前敝友马君来津，曾上书一通，附“扬威”请制炮耳铁箍木式，并“超”“扬”“中”“东”请领包护水力机铁皮及螺丝钉等件各单，谅邀青眼，迩经荩履，绥和为颂。兹复寄呈“扬威”二十五吨炮所用进退铜水门图式木样，祈惠饬照造两个，以供急需，以(从)速为妙。再，“镇中”春季进坞请领未蒙发给之三十五尺尺长水龙软管一条，及三十五吨炮用黑白棕洗炮刷各一个，并“扬威”炮耳铁箍，四船铁皮螺丝钉，以及在旅各船请领未发各项查有造成者，均祈遇船寄下。当兹多事之秋，贵坞制造知必日繁，第所开各件，果非刻下急需，断不再三渎请。应恳饬催，均行赶办齐楚，从速发下，免临时有误也。所有发单均望汇寄弟处，再行转发各船，不致或有差池是祷。

近闽中叠传电音，法人复据基隆、淡水等处，继又有分艘北来之说，未知是否佛张？倘有确闻，更祈笔及惠示为盼。

再，“海镜”船九月初来津，所领各件，当乘此便着人取走。

10 月 20 日(九月初二日)，为“海镜”船损坏料件如何简便快速修理等事，丁汝昌在旅顺发信给大沽船坞文芝轩总办：

上月廿五日交“利运”寄呈一笺，并“扬威”炮机铜门木式，当邀省鉴。迩经勋履，绥畅为颂。兹复有恳者，顷接“海镜”柯管驾申称，该船历次损坏各件，开单呈请修换，当饬洋员往查，将万不可缓之件，先准咨办。并将机舱内件应如何修换情形，开具详文一纸，另开通准各项华文折一扣，送请贵坞派员查勘，俯照办理。所有折内各项，能即予修领者，请赐询该船，在津差竣共花几日？即仅其时日先将要件饬工赶工。至一时未能凑手者，亦祈速饬造购，俟该船再游沽上，到时即可兴办。寒信日紧，不月余将冰冱，若由敝处先禀傅相，一经周折，恐有延误，幸所领修各件，经剔后所剩无多，请即由尊处办理、禀报自无不可也。前历领待发各件有业经造购者，祈并检交去弁王游击带下是祷。此恳。

10 月 22 日(九月初四日)，为洋员用煤和东局新制火药之使用等诸多事情，丁汝昌在旅顺复信给“镇西”炮艇黄菊人(建勋)管带：

“利运”到旅，接初一日寄发之函，备知种种。“扬威”炮机图式业附函内寄船坞文总办，望即转饬葛果德往坞会商，从速赶办，寄来为要。葛果德用煤一节，较定每月一炉，应烧若干煤，核数发给，造册时注明葛果德烘火用可也。不可任其信意乱烧，致蹈应糜之咎。至船艘拟用铁环挂锚练护船一节，据称美国曾用此法，寻绎是说，多增一层，自稍资保重。第未审船身转动尚能是否照旧灵便，此节亦宜筹及。望执事等加意审夺，倘于战事果实有裨，即行领圈照办可也。亦须禀商罗、吴两军门为嘱。

东局新制火药既经王少卿拦阻，未以船炮试放，想彼亦深以为此药不足恃也。第未审炮台之炮以此药放后，究竟较前所制之药奚若，烟色是否黑重，放后仍否挂膛，坐劲较前稍杀否？望探明告我。所置的水雷、旱雷览图均了悉，颇为周密，马江口有此布置，法人断不能逞志无忌也。三等水手遗缺，张文悦倘足胜任，即准照补。从九月一日起支。其练勇当饬"威远"拨给。遇有兵轮去津，即令前去。各船进坞应办各事，均须谨慎办理，日后守冻，亦须照常认真操练。船之内外及官弁水手人等，均宜整齐洁净。想执事共事有年，即分防两地，当无不加倍勤谨，共务时艰，副我素望焉。此复。

秋季饷项赶速造齐寄旅为要。又及：抄电已收到，日后尚望汇寄，以资较对。

同日，因清缴煤袋之事丁汝昌还发信给招商局黄花农：

"利运"到旅，奉手示，藉悉前缴煤袋四千个，并水师搭人运物水脚一并收讫。付寄文信均照单点收，分别存送。煤二百吨，并亦照收。附去煤袋四千零五十二个，含前缴四千个，共八千零五十二个。"普济""利运"前两次存旅煤袋，一律缴清。此次两千四百袋，容下次"利运"来旅再携寄也。

10月23日（九月初五日），为水师人员乘船须按章程办理之事，在旅顺发信给天津关道盛杏荪（盛宣怀）观察：

上月十三日曾肃一笺，当邀青眼。旋于念廿八日奉大咨，普、利两艘运费各条均祗悉。惟查章内四条所载，各局所、总办委员免收水脚，从人亦分别免收等语。伏查水师平日搭船，曾照七折水脚历给在案。兹当多事之秋，往来事益较多，且该两船既为兵驳，则水师人员搭坐，似应亦照局所一律办理。第以普、利船章系由尊处核定，故特函商，可否水师人员搭船一同局、所免收水脚。倘荷俯允，祈即知照该管人员，日后得以照行，俾昭平允是幸。手此敬商。

10月24日(九月初六日),为"康济"舰制作大舢板之事项,丁汝昌在旅顺发信给大沽船坞总办文芝轩:

初二日"海镜"赴津,曾饬王游记寄呈一笺,并"扬威"锚链孔木式一个,谅邀青照。"康济"请制大舢板,计当做成,并祈将篷索、桨篙及桨叉并所有应用各件一并配齐,饬校妥贴(帖),统一交"海镜"带来是祷。专此祗恳。

同日,他还接到李鸿章来电,令带其"超勇""扬威"两舰到天津,面商一切。

10月25日(九月初七日),为袁营务处拟调"操江"船二副之事情,丁汝昌在旅顺发信给"操江"船黄孝明管带:

昨得大沽来信,知"操江"已禀定为镇船后路,甚是稳妥。前日锦州榆关之役想已旋返。此时北洋风涛颇厉,往来海上,总宜格外留神为嘱。顷袁营务处拟调"操江"范升福前来察看,倘可留用,当有公事续至也。兹特望先嘱该二副,赶紧附"海镜"来旅。至二副一缺,则请暂为留住,恐不合式,仍当令其珠还也。

10月29日(九月十一日),丁汝昌在旅顺再次接到李鸿章来电,令其即带"超勇""扬威"两舰去津候示。所留旅顺各船弁勇,暂交刘含芳代为统率管束,不得推诿延误。

10月30日(九月十二日),为水师舰船所需水力机料件之事项,丁汝昌在旅顺发信给大沽船坞总办文芝轩:

"超""扬""中""东"所领包护水力机各件,除由"镇海"解到诸项外,据各管带禀称,尚须请领数种方可够用,并开单前来。兹复汇开清折一扣,并洋文单二纸,即祈饬造,统交"镇海"下次来旅之便寄来是祷。

11月16日(九月廿九日),为南下两舰油刮船底及如何结算等事项,丁汝昌发信给上海的龚观察:

远隔豸辉,时深钦挹。只以军事倥偬,久疏修候,歉仄何似。迩维荩画丕昭,纡筹有备,奏肤在即,蕲颂维殷。法逆猖獗,为天地所不容,深愿合队南征,刃此犬羊之众,上酬国家豢养之恩。傅相以北洋师艘分防各口,遇事调置,均关紧要,兼以德提督万里城前来报效,斯员亦甚有机谋,故此次"超""扬"南行,令其督同林、邓两管带前往会哨,合谋进剿。第该二船须先在沪祥生厂油刮船底,傅相嘱,恳阁下就近代为照料。船上万不可少之件,方许修换,必须仅船油底时日办完竣，一经出坞，即可开行。所有进坞一切经费用，由该厂开交两管带会详弟处禀行支应局，由银号汇寄该厂清款。特此奉布，伏冀关垂，心感曷似，容后图谢。此肃敬恳。

同日，又发信给吴安康(征三)军门：

军务旁午，日昃不遑，久未修候，兼道渴慕，南望旌麾，钦钦在抱。敬维伟略匡时，张军戡乱，即听铙唱，曷既鼓长钦。法逆猖獗，为神人所不容，深愿与君偕作，刃此犬羊之众，上酬国家豢养之恩。月之望前，奉相檄赴津禀商抽拨师艘，若何与贵军会哨南行之事。适德提督万里城来华，既面傅相，闻"超""扬"两船克日南征，彼坚请畀任，带同林、邓二管驾前赴南洋合队，相机会剿。时傅相以弟南行，北洋各艘易生手主持，恐有未协，正裁夺间，见万提督输诚效命，遂仍饬弟坚防旅顺，俾水师有所归束。第当多事，株守一隅，未能振臂前驱，同事疆场，殊自愦愦。然傅相筹思至再，知必计出万全，惟有摩厉(磨砺)以须，敬俟后命。将者"超""扬"南来，该管驾等从军海上虽已有年，阅事不多，达变恐非所长。故傅相谆嘱万提督，一切机宜令其随时指示。并谕转恳麾下维持共济，凡于大局有裨之举，尽可彼此参商，合志为行，庶可以少胜多，副各宪力济时艰之至意。在弟素叨厚爱，谊等同胞，今者合师为一，谅无不关垂于格外也。倚槊布肌，不尽觑缕。

李与帅，祈代道下悃，叩荩履。不另具肃。

11月下旬(十月上旬)，在旅顺发信给德璀琳税务司：

顷"镇海"来，奉到手书，敬悉琅总查前托海关造册处代印之兵船每季报单计十四种，既经印就，运津存关，请即饬交便轮带来旅顺。倘无便轮，可暂存尊处，俟明春冰津当走领也。专此，即请台安。

再启者："超勇"西管轮拜列亚昨由津附"镇海"回旅，请辞差，业与言明薪水截至西历十一月底止，嗣后无须再由贵处代领薪水矣。该西员本自上海招募而来，当与言定除办差截支薪水之外，毫无别项回费、船价、半俸等各种瓜葛。望乞察照。

11月29日(十月十二日)，为解决舰船入冬前急需之料件，在旅顺发信给船坞总办文芝轩：

"威远"来沽，接香(芗)林观察来旅。该船尚有急需各件请领，开折前来。查各件均系前咨领在案未蒙发给者，刻下当已制楚，敬祈饬该管人员查齐给领。倘仍有未现成应购成各件，即祈于上海老顺记购买停妥，并函致该铺寄至烟台合顺再转运来旅应用。封河在即，此一变通，免有濡滞。沽口四船递进泥坞，倘有万难从缓应行修配各件，尚祈准其照办。至于各船应行备用各项，冬令贵处事倘制闲，似亦不妨饬匠预制如何？

12月8日（十月廿一日），在旅顺发信给大沽船坞总办文芝轩：

“普济”到旅，奉惠笺。至前贡一言并折，均邀察及。折开各件业蒙捡取，可即代购之件，函知上海顺记照寄烟台合顺转交。一俟收到，当即折报。至螺丝拿、小轮遮浪布围、尖圆头铁锐三项，容俟明春面告再为制办，免得尺寸不谱，致有差池。冬令旅防各船，倘有急需之件可以函购者，当即遵示开寄叶成忠兄代办可也。此次寄来铁锐一个，当交“威远”管带，据称虽较重磅，尚可迁就应用，业饬照领矣。

台事寂然无闻，料我军尚可撑抵。若法逆得稍逞志，早煽惑闻听矣。敝洋严防如昔，一切尚平适。附告。

12月9日（十月廿二日），在旅顺收到“泰安”船带来吴兆有、袁世凯的信件，简要告知了朝鲜发生“甲申事变”的情况。

12月10日（十月廿三日）上午11时许，在旅顺口致电李鸿章报告：

“泰安”船到，言朝鲜有事变，我军亦与日接仗。细情另禀，包封驰递等语，殊为骇诧。……日谋叵测，明系乘中法有事，寻衅图朝。恐祸更烈于越南。

是日下午1时许，又在旅顺续电向李鸿章报告：

十七（12月4日）盗刺闵泳翊未死，吴等分投弹压。十八（12月5日）兵迁朝王于他处，杀大臣尹泰骏等六人，相臣去柄，外署皆换日党。吴等欲入宫，朝人传王命力阻，日人即拥王回宫，各公使劝我兵勿动。吴等禀恳调重臣东渡。又，茅延年十九（12月6日）酉刻（下午5时）发函，传说王妃死，王未知存亡，朝兵入宫，杀日兵，吴等知会日公使入宫保护。吴、袁、张带队入宫，日兵先放枪，已接仗。闻仁川日轮开行，恐是回渡兵云云。

是日，还因所收煤吨数量不足之事，在旅顺发信给招商局黄花农：

前于役津门，值驾游申浦，未获承颜，一罄积抱为歉。适昨“利运”来旅，奉手翰，得悉元旋津郡。想动定增绥，勋劳卓著，定如所颂。查兵驳历次运旅之煤，头几次吨数颇足，前此两次磅卸时即稍有欠缺，只以所少无多，或搬运薄有洒漏亦未可知，故未以琐琐者又渎清听。此次“利运”解到之煤，照原批三百三十七吨，除“利运”留用五十吨外，尚应有二百八十七吨。据收煤委员来称，在船连磅数十包，与原报之数均短至十余磅之多，似此不得匿以不告。俟将舱洒磅煤收出，综数合计所短若干后，再析布。先沥布复。

12月11日（十月廿四日），在旅顺奉谕，准备统带北洋“超勇”“扬威”两快船前往朝鲜，与吴兆有相机应敌。

12月14日（十月廿七日），丁汝昌、袁保龄接李鸿章电：

内意似为黎前电所惑，今当着急，日即调兵，未必先与我为难。但马山口无陆军不稳，吴军恐难速，望将此电转方正祥，令其准备随丁镇俟“超”“扬”到偕行。到即登岸扼扎。清帅来后，再商调派，千万机密。

12月15日（十月廿八日），在旅顺又接李鸿章来电：

黎使电：竹添尚在仁川，昨广岛兵约七百，“扶桑”“比睿”二舰已发往。英电我军击退日兵，料彼此杀伤相当，事不易了。顷电龚催“超”“扬”速赴旅，勿候式及“澄”“驭”。雨亭（禹廷）准备带“威”“超”“扬”并挟方正祥营以行，勿过烟台，致涉张扬。到马浦观变相机，戒诸将勿出战，严守以待。清帅“利运”回即详报。法无转机，内不松劲。奈何！

12月16日（十月廿九日），丁汝昌、袁保龄又接李鸿章来电：

二十八日密旨：“目前办法，总以定乱为主，切勿与日人生衅。榎使谓，或由乱党煽惑，使我两国官不和，打架尚是小事等语。借此措词，或易了结。著吴大澂乘轮督队迅往，确查酌办，庶将领得所禀承，不致临事歧误。李鸿章仍将两快船调回，著照所请，俟船到即饬丁汝昌酌带队伍驶行等因，钦此。”据式百龄电禀，愿带快船北驶，其随弁温得力希等六人电请辞差，均不欲留南，鸿已电令仍随船来，禹廷当妥驾驭。龚报，二十九日未刻开行，计日到旅，即钦遵谕旨办理。并传知吴兆有、袁世凯等一体钦遵。

是日晚10时许，丁汝昌与袁保龄再次收到李鸿章来电：

“超”“扬”今午开行。清帅到拟雇轮由沽往。廷旨一意解散安抚，不与日生衅。谓营员所禀，未可尽信。雨亭（禹廷）到后，嘱诸将十分持重，待清至查办。

是日，因侦探马委员用采办煤务关防事，致信藻芬仁兄：

顷接来函，得悉种种。惟阅马封用采办煤务关防，殊为诧异。执事既充烟台侦探之差，则煤矿自应禀请妥人权代。是关防仅能用于煤窑，其于侦探毫无关系明矣。今竟公然而用，殊觉非妄。袁观察遇招摇辈每深恶而痛绝，此举被彼闻知，无不禀撤，贻荐者羞。纵属末节，深恐于执事终身事并多窒碍。第是关防系中堂所颁，抑系执事自镌者，别处探报尚有印用者否？望字知俾免悬系。俟后执事果有意充此侦探之差，无论发何处文件，从此万不可用。要紧！要紧！切托，切托！手此，即复。

12月17日（十一月初一日），丁汝昌与袁保龄在旅顺收到李鸿章来电：

袁、丁电悉。式等随“超”“扬”来，巫、炳、修、德弁四，袁、刘即妥为安置。鸿嘱日领事电外务，兵勿妄动，勿再添。但竹使叵测，我水陆宜加意严防，彼若犯水师，自须接战，切勿先发，日兵毙三十人，必有口舌。清帅已调“海晏”至榆关，候续昌至同去。丁码多误，勿再用。

12月20日（十一月初四日），为运煤清单和缺斤短秤越来越严重之事，丁汝昌在旅顺发信给天津支应局朱伯华观察：

前于役津门，匆匆一晤，未容畅陈衷曲，旋即东来。到防后，戎务倥偬，久未修书，一候起居，歉仄曷似！近维荩筹聿著，勋履延庥为颂。承嘱敝军各船领用及兵驳运旅招商局开平燃煤吨，昨各船及煤厂始将今岁至冬十月止，共领收数目核报前来。兹呈清折两扣，祈查照是幸。唯查利运十月廿日末批运来三百三十七吨内，过磅后计短十吨有零，已函知招商局来春便运照补，以符今岁收煤款目。折内仍照原数开具，俾免零星，一俟补足，再函告也。

南国干戈未弭，东藩倭又生心。今奉相檄，带同“威”“超”“扬”三船东渡，俟清帅至后，随同排解。今晚即由旅开行，倚装布肌，不尽觇缕。

是日，在旅顺给方右铭回信：

陈状书就未缄，适利运到，奉惠示，并赠琅物单及回刺，均收讫。谢谢！输值共槽平银四十九两五钱二分两，乘便寄缴，祈察收。朝鲜起乱颠末，吴孝廷来函述极详。兹摘要录出寄呈省鉴。“泰安”到旅后，据李都戎云，锅炉有疵，刻下正在修理，约尚须旬余功夫方可蒇事。弟今夜即督艘船东发，行李倥偬，笔难尽意，倚装禀复，余惟心照不宣。

同日，还给招商局黄花农写信：

前月廿三日寄呈一笺，谅邀青眼。近维升履，延庥为颂。“利运”

尾批运到之煤，经收煤委员公同该船提包面磅，共计短十吨一千二百九十五磅。请转知矿局，明春有船来旅，查照补足，以符今岁收煤款目。外附去公同过磅清单一纸，仰乞查收为荷。外文函共□件，尚冀费神饬送是叩。南国干戈未戢，东藩倭又生心。今奉相檄，带领“威”“超”“扬”三艘东渡，俟清帅至，随同调处。今晚即起碇开行。倚装布达。

12月21日（十一月初五日）子时，丁汝昌、式百龄率“超勇”“扬威”“威远”三船，运载方正祥庆军一营，从旅顺开赴朝鲜。丁汝昌即时电报李鸿章：

会同式百龄带“超勇”“扬威”两快船，“威远”兵船，又方正祥庆军一营，于初四夜由旅顺开驶，约初六下午可到朝鲜马山浦。其留防旅顺之蚊船、鱼雷艇暂交刘道含芳代管，祈代奏。

是日，为水师冬季拨款等事项，丁汝昌写信商请方右铭惠加斡旋：

“海镜”来，两奉笔简，悉前贡言上邀珠记。黄县沈石一节，仰承加颜如请，俾公有济。微特子九观察铭感不已，即弟亦深佩明公之宿诺也。兹子九观察复以拨款事，委弟介言，商请惠加旋斡。昨者傅相批由贵关拨银三万两归工程应用，牛司马东来先领到一万两，以工程现需孔急，津河又冱，冬内用项，重恃贵关。然亦知一时未易周转，接踵走领，似邻唐突。拟稍事从容，冀可从绰筹。注蒙加爱，故复冒陈。当不斥我越俎。馈琅威理件，承饬购将去，感甚。兹遣人至合顺购件，望示值，即由合顺照缴可也。百汇公司事，奉嘱后，旅泊之船经弟面语，后闻该公司陈际唐亲走冲算，当已清结。津中船已函催速办，至款目有无差池，我辈无从昭晰，惟一任经手人自相核结耳。侦探马委员接事后，耳其妄诞，已非一次，本拟札撤，现电报已通，冗虽可汰，已令卸委。倘再干谒，可饬隶人摈斥之，防其别生枝节。幸甚，幸甚！琐事渎聪，恍罪曷似？“超”“扬”两船已由南来，即日带同“威远”，连樯东发。吴清帅乘“海晏”拟由榆关起节赴朝鲜，急在排解不佞，庶有拊循，亦可稍轻肩任。知念附陈。东军后路接济，胥赖箸筹，素赋同袍，不喋喋也。此复。祗请台安。

敬再启：前由烟台新大号购定可介煤数百吨，今旅防需煤甚迫，已嘱该号俞巨川装运六百吨来旅，请饬关员届时验放是荷。勋绥。

12月22日（十一月初六日）下午4时许，率领“超勇”“扬威”“威远”三舰抵达朝鲜马山浦，令“超勇”“扬威”泊口门，“威远”泊港内，与方正祥登岸，并要求方立即扎营。

12月23日(十一月初七日)，丁汝昌下令舰船锚泊待命，率带侍从人等由马山浦前往朝鲜汉城。

12月24日(十一月初八日)，丁汝昌率带随员到达传历，“奉钧电：吴、袁等遵守不妄动”。

12月25日(十一月初九日)，北洋水师统领丁汝昌在汉城拜见朝鲜国王，并拜访各国驻朝鲜公使。

12月26日(十一月初十日)，丁汝昌结束外事活动，离开汉城，启程返回军舰驻泊地。

12月27日(十一月十一日)，丁汝昌与随员回到军舰。返程路上看到，仁川路梗，南阳路通。派遣洋弁赴仁川侦探获悉，仁川有日本军舰两艘，还有运送军火的商船。日本在月尾岛存煤粮，筑炮台，密布水旱雷。

12月28日(十一月十二日)，丁汝昌将本次在朝鲜的主要活动情况写成信件，让“海镜”船带给旅顺的袁子九，简要告知赴朝情况。初六日下午4时许，丁汝昌一行抵达朝鲜马山浦，“超勇”“扬威”泊口门，“威远”船泊港内，与方正祥登岸，方部立即扎营。“初七日趋朝京，初八到传历，奉钧电，吴、袁等遵守不妄动。”初九日汝昌见朝鲜国王，并拜各国公使，初十日起行，十一日回船。朝鲜京城平静，仁川路上梗阻，南阳路通，竹使有十二日带数十兵赴汉城之说，“朝特设馆俟之”。日商死多由朝鲜民人仓猝所为，日使未与我军叙两相击毙之事。遣洋弁赴仁川探察得知，日军有兵船两艘，由商船运军火极多，“并与月尾岛存煤存粮筑垒”，且密布水雷、旱雷。铁船一艘，带鱼雷艇，陆兵不甚多。又有探报来讲，观日兵船四艘，在沿海各岛分设。

该信函由“海镜”船于十五日晨送达旅顺袁保龄收。

1885年(清光绪十一年)　五十岁

1月1日(十一月十六日)，统带舰船驻扎朝鲜。

1月2日(十一月十七日)在朝鲜接译署来电：

曾侯谏电：闻法两舰赴高丽，恐袭我舰，希饬丁汝昌等豫(预)防，并筹接应。

1月13日(十一月廿八日)，在朝鲜写信给袁保龄，派“富有”船运到旅顺送达。告知朝鲜与日本二十四日定约五款：一、朝鲜遣使请罪；二、恤费十一万元；三、偿矶林大尉命；四、日使馆移建赔费二万元；五、日护卫营以使馆附地择定。

1月19日（十二月初四日），上谕称：朝鲜事局尚未大定，令丁汝昌等仍驻扎保护，北洋水师舰船尚难撤回。

1月21日（十二月初六日），统带北洋舰船仍驻扎朝鲜马山浦。

1月28日（十二月十三日），丁汝昌、式百龄在朝鲜接李鸿章电令：防备日军唆使法国舰船乘虚北犯，既要派舰出巡洋面，还要部署旅顺要防。

1月29日（十二月十四日）下午4时许，李鸿章电令丁汝昌可带快船巡洋，即回旅顺。此电寄旅顺袁道转清帅交"泰安"轮递。

2月3日（十二月十九日）下午，丁汝昌在朝鲜写给袁道保龄的信函，由"镇边"船送至旅顺。告知朝防无事，吴帅乘"康济"，巩军和绥军分乘"利运""普济"两船，约廿一、二启行。

是日晚9时许，丁汝昌率"超勇""扬威"两快船抵达旅顺，锚泊在旅顺口外，等候吴帅船过老铁山时随行去榆关。

2月12日（十二月廿八日），率领舰船陪同吴、续两使，起锚北行赴榆关，因海面浮冰连结，数十里一望无际，船身略有损伤，其势不能到关，只得改由烟台登陆。

2月19日（正月初五日），丁汝昌在旅顺收到李鸿章急电：

> 邵、龚道初四电，接"驭远"管驾金荣函称，初一早五点钟，"澄""驭"两船在石浦港内被法鱼雷轰沉，人未多伤。又"驭远"铁鬼力尺生回云：元旦"澄""驭"被鱼雷轰沉，两船仅见桅。法舰仍在石浦洋面游弋。又沪局电：上海法馆得信后，防我先发，均换俄旗，谣称即有战事云。

李要求丁镇、袁、刘道等有关方面加强戒备。

2月21日（正月初七日），丁汝昌在旅顺收到李鸿章来电：

> 总署初六日来电，本日奉旨："据曾国荃电称，'琛''瑞''济'三船回沪为妥。李鸿章电称，上海法馆均换俄旗，谣称即有战事各等语。'澄''驭'两船，甫经失事，'琛''瑞'、'济'三船势孤，应如何相机进止，著曾国荃、刘秉璋会商妥办。上海即有谣传，著曾国荃确探严防，勿稍松懈。钦此。"即转电南洋浙抚云云。闻石浦法船于初三午间去，"琛""瑞""济"似应赶饬回江口，快船生火足，即偶遇敌艅无妨。

3月上半月（正月下半月），为北洋水师官弁升迁和琅威理总查的待遇等事项，丁汝昌在旅顺发信给袁子九观察：

落灯风里，各自遄征，霓旌先一日抵沽，望尘莫及，我劳如何？满拟轻装趋津，叙谈各事。相电促发，仓卒回防，一腔欲言之隐，未由上达。从者或少滞津门，有一二事奉恳，代为婉求，相意俯准，实拜公赐。谨陈如下：

壬午(即1882年——编者注)，朝鲜保案随折略有数人，其余在事出力员弁都归续保案内，久经销搁。昨因庆军禀请水师本归一案，遂亦率尔渎请，未得邀允，不免向隅。查两次援朝，幸定变迅速，不尔则水师先撄其锋，较陆军为尤险，然鄙意图不在此，不过借朝案以生发耳。实则以南洋暨闽、粤水师均有零星附保之案，独北洋自创设至今，非遇战场难邀旷典。西例水师在海上三年得展一阶，在内港六年得升一级。现各船大、二、三副人等在闽厂只得过军功奖札，迄今别无官阶者不只大半，并有已充管驾仍只五品军功者，平日勖励诸员弁作何语？至此而不能稍有所赏，何以振士气致死命乎？抑前奉相札，东局学堂，读书三年，即得一官。而先由学生到水师，辛苦数年，反不如之。将来此等学生到船，水师官弁自惭形秽，何以督率之乎？况海运河工出洋，文报局之例保者不知凡几。以此相较，更觉难乎为情矣。颇闻官弁聚语，现无功名，设赴敌阵亡，亦难邀恤典，听之令人噤不能声。心甚愿将我辈所得功名全行销去，而一一让诸此辈，以鼓励其志气。我辈老而无用，本无需此。而中国水师惟此一点根苗，似不得不略加宽待以兴起之也。此其一。

洋员之在水师，最得实益者，琅总查为第一，葛雷森次之。其人品亦以琅为最，平日认真训练，订定章程，与英国一例，曾无暇晷。即在吃饭之时，亦复心手互用，不肯稍懈。去秋退处烟台，已经禀辞薪水，尚手订舢板操章，阅两月成书寄旅。此等心肠，后来者万不能逮。其不能助我打仗，实国法使之，其心可谅也。去冬濒离烟台时，贻示一书，略曰：水师已有一半功夫，未竟而去，耿耿此心有不能寝食者。若从此守住，则后来或可一线到底；若见异思迁，则前功尽弃。我深愿为中国出死力，奈国法不准。如中国能与我订立合同，常为中国水师之官弁，我所应得本国终身廉俸，中国亦能认给，则我亦不难舍英趋中，冲锋陷阵，惟命是听，盖我有妻子儿女，胥恃此也。我今身虽去此，心常留此。我现已升总兵，带大船，英国所有新法无不细心留意，将来中国有用得着我处，尚可效劳。我非贪中国厚禄，实此一片心未竟厥功，常引以为憾耳。其书如此，其心可知。然葛雷森业已优奖过，自无对不过他处，琅总查似尚缺然。如相意能念琅之勤挚，予以虚荣，并咨英政府称其勤能，是亦英国家之体面。将来海外之人投效中国者，定有一班才艺出众，名实相符之人。按琅亦深得各管驾、弁兵之心，于今尚有去后之思，可验诸口碑。此又其一。

以上二事似不甚紧要，然关系在根本之地，且吾公素深知之。幸得此中情节默记，伺便婉求，造福造命两无穷矣。此叩勋安。诸乞明鉴。

再，水师朝鲜保案，前已禀陈，奉批未准。汝昌窃思，自蒙相恩拔擢委任以来，毫无寸功，本不敢渎求及此，无奈此是从前之汇案。水陆原是一体，若不踵防军而力陈，无以服将士。中国水师譬如少年血气未定之时，宜赏罚提唱〈倡〉以作其气，而望其血气足用为将来战斗之资。现在各船管驾、大副之中，五品功牌甚多，自设水师以来，未曾保（褒）奖。如外洋各国水师，在海上三年、在内港六年得展一阶之例。更有水师学生，三年学满已保千把。他日所保学生皆须随此一班官弁操习、阅历，则学者职尊而教者、率者官卑矣，于事未甚妥便。望老叔设法婉转代为力陈，以鼓三军之气，是为至叩。日间惟望霓旌暨芗兄早回，汝昌拟请傅相准至大同江一视。盖马山口水师万不能恃为战守之地。亦设备亦无益处，港道四十余英里，设敌有船寄泊途间，我船即已梗阻。此意曾禀过傅相，一旦朝日再有事故，则此着最为紧要。卓见当亦以为然。专此敬叩勋安。统希亮察。

同期，为北洋水师舰船战备期间多用杂支等项，还发信给支应局朱伯华观察：

昨奉大咨，开杂支一项，历办成案，均不一律等语。查水师去冬杂支各款，惟暖水力机油、酒、毡及加赏勇丁衣服、备做药袋洋布茧绸、通语号灯等，有增购者，有另添者，因与成案大有异同。第当有事之时，又值饷绌之际，用不得不节，防不敢稍疏，即此上述各端，固已力求撙节，即时论势，诚有不得不如此者。诚为执事详陈之：

向者水师逢冬各船萃住一处，去冬尚有四艘分泊沽口，所用油、酒转增数倍，不察事机，第律成案，不免疑信相参也。夫酒、油灌入水柜，所以防冻，冻则滞而不活，然非操炮则不必灌。按历冬每月操炮仅二三次，故所用无多。去冬旅防无日不作临敌想，故炮机不得一时或滞，即油、酒亦须随时验加。机筒外露者尤须加护，故必裹以毡。若沾沾于必成案是符，设误一旦，上下交谪，咎奚以辞？且西员初意通注以油,核费不赀。复与在事研商,参(掺)酒合用,机幸无害。谓不节用,非所敢知。赏衣一节,以船及台了望、巡哨勇丁无论雪夜风天,不容稍有怠惰,若不薄加恤体,未足固其报效之诚。布绸之备,恐遇事药包用缺,而旅顺又无从购买,致误事机,不得不先事筹备也。号灯专为炮台与各船暗夜遇警通语而设,亦诚不可少之举。其余零星各件,多因防务吃紧增备者,似难以成案律也。

矧当时事多艰,自应共发天良,实事求是,又何忍稍涉浮糜耶?若洞察所及,或有未尽核实者,不妨抉而共证之。且水师应用各件,前屡面请傅相,在威在旅悉由子九、芗林两观察代为购发,未蒙允行。现军事不寝,日后应用各件恐有加于此时。弟甚愿引局外人肩承采办,贵处有娴于取材者,或由执事禀派,抑由弟处呈请,均所乐从。俾购、销推归一手,庶几担荷稍分,亦免滋物议,则受惠无穷矣。伏祈裁察。见示为幸。手此祗复,敬颂台安。余惟烛照不备。

同期,为修油"镇"船之事项,丁汝昌在旅顺又写信给大沽船坞总办文芝轩:

一昨小驻沽上,如飞蝗过境,辙累修年,感惭交并。领港小火轮过后如何开发?心念大德,用敢承问。"镇海"比日当可出坞,祈先饬"中""东"两船照章进坞油底。"中""东"竣事,"西""北"继之。"超勇"请制领各件,附去图折,乞赐阅饬办。有便船来旅,并乞寄交带来。

同期,为水师船用燃煤之事项,丁汝昌写信给方右铭观察:

"泰安"船递到手毕,读悉。前"海镜"运到英煤六十吨,权较无差。此次"泰安"船所运八十吨,过磅收竟核缺四吨。盖照料惰忽所致。"泰安"船前借用敝军五槽煤八十吨,兹查该船可介煤颇厚,已令就近拨还。俾宽展地步,运煤庶可增装,且较另购五糟煤运还,不惟少费周折,即购值、脚价均多轻减。再,此次综定烟地存煤,某行某种若干吨数,均祈兄饬查示,以便酌夺某种应某处用,某种应某处存,豫(预)筹储处,分别缓急,先后装运。且遇师船出海时,亦得饬其纡至领装,实纫公谊。迩日酒泉郡中当益热闹,伯伦醉倒凡几,曾一效仲子食鶂状耶?吵吵倭议,近寂无闻,必多棘手。倘奉电音,当录寄也。手此,祗复。敬颂勋安。

3月26日(二月初十日),为了解北洋水师六"镇"炮船备用轮机叶片是否制作完成,丁汝昌发信给东局负责人,询问"镇南""镇北""镇东""镇西”“镇边”“镇中”六艘炮船备用轮叶是否造成，以便他安排时间，遇便船捎带，派员走领。因为此前，丁汝昌曾呈送图样请东局照制。

是日，丁汝昌为应领廉俸马干等项之标准细目，又致信直隶藩台：

心切瞻韩，踵殷效许。驭叶舟而浮海，书滞鱼消；坐薇省以行春，情殷鹤跂。敬维镇青仁兄方伯大人，承流宣化，节用爱民，彰表率以澄方，廉声久著；荷褒崇而沛泽，宠眷为光。指晋封圻，心孚长鼓。兹恳者：弟自补津镇所有任内应领廉俸马干等项，已蒙咨核见复并粘寄详稿，内开应照前任周军门一律办理等因。惟某季应领若干，本营称前任均从行营咨领，无凭办理。拟请贵司饬科将本任每季应领各项数目抄寄一底，俾得遵照备文请领，免有舛误。曷胜铭感！忝叨寅末，当不吝南针之指也。此肃，敬恳。

是日，为洋员之间如何借还回费等事项，还致信天津营务处万青甫，坦诚而清楚地告诉他：

“扬威”旅防奉到逮简，拜悉种种。就审起居曼福，勋猷卓越，忭颂奚似。承示文得力希借汉纳根回费二千马一节，按此事原是式百龄一手经理。去冬文离旅赴沪时，仓猝不能领得回费，故向汉请商借垫给付，是存津之二千马，应悉数偿汉为是。至式借给文之五十四两，是私下授受，与回费毫无干涉。不过，前者麾下电询文在旅有欠款否。式始称有五十四两之事。故当日汝昌即电复汉垫回费并式借零款也。今博郎以式有信关照而汉垫银先尚不知，遂在存津回费中扣银归式，则汉少银五十四两将于何处取偿耶？式与文是同事，文回德仍在定远，式私款似应与文自相妥商归还。而存津之款交由式还汉，则解铃系铃均出一手，头绪较清。未审卓见以为何如？

再，汝昌自谬率水师以来，逋负累累，几至不成局面。去岁曾禀傅相，稍请与外洋各国兵舰酬应宴会之费，借得稍苏鲋困，盖外洋水师固有是例。乃傅相大为呵责，惭恧至今，而支绌益甚。龚引生兄一节，只好俟来津再为面商。以执事爱我，故敢尽吐肺腑。幸垂察焉。

是日，还收到袁子九观察发来调船之电，当日即复电。

3 月 27 日(二月十一日)，在旅顺发信给方右铭道台：

“泰安”去烟，贡简一通，计当达到。此番由尊处定购煤吨，所有在旅起脚费，现仍派朱游击广胜经理，拟令随时开呈冰案查核发给，以便日后并案报销，以归划一，当无不可。特此奉达。

再，昨子九观察来调船之电并复电呈察。

再启者:顷"泰安"来,奉复示并煤目一单,均祇悉。解煤一节,以本地商船协同转运,可期遄速,深合鄙衷。垫款日后何处拨还,即时禀请,尚不为迟。其应如何办理之处,乞尊裁筹议,会敝衔出禀,自无不可,似无庸先电请示也。尊意以为何如?密记煤既运来旅,无论何处领用,自当饬员一体照料。奥斯大利亚煤四百一十吨拟统留烟台,备兵船便中陆续领装,兹"扬威"到烟,望先饬发一百六十吨,交该船领用是荷。此复。

3月下旬(二月中旬),在旅顺又写信给方右铭观察:

"扬威"来,接读复示,祇悉。拟购滋大之煤,惟密记一种,业系留用。"扬威"此行,改发英煤一百六十吨。该船原呈煤条蒙掷还,业收到勾销矣。第此次尊处业经购定之煤,除和记英煤一千零廿吨及滋大密记煤六百五十吨外,别项煤吨是否仍有议定购留者否?伏祈便中晰示为盼。"超勇"到烟,倘定购项内无别煤可发,即仍饬拨英煤一百廿吨,交该船领装可也。昨子九观察来电,谓望日乘"普济"东来。现"泰安"解煤尚未卸完,明日当可竣事,已电复子翁。倘仍须"泰安"去,候电来再饬往也。倭议无闻。

4月8日(二月廿三日),在旅顺收到李鸿章转总署二十二日来电:

本日奉旨:"法人现来请和,于津约外别无要求,业经允其所请。约定越南宣光以东三月初一日停战,十一日华兵拔队撤回,二十一日齐抵广西边界,宣光以西三月十一日停战,二十一日华兵拔队撤回,四月二十二日齐抵云南边界。台湾定于三月初一日停战,法国即开各处封口。已由李鸿章分电沿海、云桂各督抚如约遵行矣。惟条款未定之前,仍恐彼族奸诈背盟,伺隙猝发,不可不严加防范。著传谕沿海各省将军、督抚,并云南、广西督抚及各路统兵大臣,督饬防军,随时加意探察,严密整备,毋稍疏懈,是为至要。钦此。"即转咨山东巡抚、盛京将军等。

4月上旬(二月下旬),为黄裳吉等人从优录用之事项,丁汝昌致信给周郁山观察:

昨者,袁观察子久(九)归自津上,盛道执事推恩锡类之忱,高谊薄云,镂镌心板。惟水师先后学生到来甚众,若一榜卷赐及第,恐难邀相公首肯。兹特另纸开呈黄裳吉等五名,恳从优悉以千总赏保之。五人者一充管驾,四系大副,均闽厂调来,历年在海上辛苦不少,驾驶、操练迥出诸生上。得蒙培育,吹送青云,他日观感而兴者,且将蔚然而起。水师臻臻日上,莫非公赐。握管狂喜,夔足而舞。敬叩勋安。统希亮照。不赐。

又发信给方右铭观察:

前随“超”“扬”寄呈一笺,计邀省鉴。兹该船回旅顺,奉逮简并禀稿,均读悉。草创讨论,备极周密。谨书行于尾,一者遵存,一者奉缴,祈察纳为荷。密记煤焦碎无油性,一吨仅能作半吨用,以发海泰,亦属迁就烧用,设非时势所逼,知执事断不购取。前议本齐运存旅,弟念质既不佳,再加一层运脚,尊处益大不合算,不如将未运者仍存烟台,俾两船就便装用。并非弟以惮烦推诿,查此等煤质外国兵船断不取用,我又奚必更费运赀耶?管见所及,用质高明,未识以刍言为然否?倘如所陈,禀稿筹款购买下,即祈椽笔更易,缮发可也。

南军乘胜克复谅山,薄海臣民无不闻声交庆,特将近奉电音,缮阅先睹为快,窃愿与执事共之。祗复。

再启者:顷复由芗老(刘含芳)处送到复示,现购煤数均祇悉。兹“超勇”复领到英煤一百二十吨,其余三百吨有零,拟此次“海镜”由高至烟时,请转饬统装来旅。一俟和记煤全数收齐,再行将驳卸等费汇报送请核销。

为此前未结旧账和此次来北洋水师应办何事,丁汝昌在旅顺致信给英国朋友葛雷森:

自分手后,曾寄信四五次,当均收到。从去岁下半年未得来信,时深想念。昨奉一书,知阁下已到上海,欣喜之至。前代购各物内,有数件无发单,故未报销。因此尊款未得找还。且此次阁下所开重领垫款大数不符,恐阁下忘记,俟晤面核对方可清楚。洋号一号款计洋一百四十四元,系光绪八年十二月间经阁下具领,同买洋毯各款一齐由支应局领出,望一查日记便知。再,去冬中堂商总税司,电约阁下来华。中堂并有公文前来,云阁下到北洋水师,应办何事相宜,著昌议复。昌愿先与阁下面商再禀,方为妥贴(帖)。惟日盼大驾北来一见也。老太爷、老太太、令妹想均平安,念念。此复。顺候升安。

4月16日(三月初二日),为及时清挖旅顺口航道,丁汝昌在旅顺致信给汉纳根:

旅顺口门有浅处,潮落时兵船出进曾有搁浅,想是当日漏未挖尽之故。去年经同琅总查面请足下到该处验过,嗣或因天将寒冷,挖泥船一时未能奏功。现在春融,正可动手,尚望赶饬举办,实拜君德。

即请台安。

4月17日(三月初三日),在旅顺发信给方右铭观察:

"海镜"来旅,奉手毕,知前递电报及交呈禀稿,均邀青眼。密记煤冒进刍言,仰荷采纳,足证彼此同心,钦佩曷似!"海镜"运来之煤尚未卸完,容收竣,当将前后解到和记英煤数目及驳费一并开折,送请察核。至不敷原定数目一节,该行既无煤可添,尊议拟于请稍时声叙,颇为简便,届时即祈主裁办理。

法事近有罢兵之议。兹将迩日电音萃录一折,附陈台鉴。弟早拟出海操巡,因驻大沽镇船应换旅防者今尚未到,俟二船至,将各事布置停妥,约望日前后可图良晤也。此复。

4月19日(三月初五日),在旅顺发信给支应局朱伯华观察:

兹恳者:"威远"船现在沽坞修理,该船应发饷项以迩日无兵船去津,此外又无妥便带寄,拟请贵局暂拨湘平银二千两,交该船来弁领取。所幸夏季薪饷届期不远,领时即请扣销。免此番周折,容当面谢。祇恳。敬请勋安,言不尽宣。

再启者:敝军各船领用及兵驳运旅开平煤,曾于客冬十一月五日将所收收目开折送请核查。惟折内十月"利运"所解三百三十七吨一批,曾短十吨有零,经函告在案,兹"普济"来旅均照数补来,特此达布。伏祈查照核销。

是日,为运煤及清缴运煤袋等事项又发信给招商局黄花农执事:

"普济"到,连披双鲤。知前寄包封业承饬送,感荷无量。矿局前短之煤,均照数收到。空包一百二十六个即交原船,一并奉缴。至"利""普"透用旅厂之开平煤,当附水师用煤册内一并报销。驳费已饬经管委员向守溪兄处走领归款。又"普""利"两船在烟购用合顺及招商局可介、太格西两项煤吨,业经执事商明支应局,归水师照款拨还,俟遇便当寄付也。矿局单开去年存旅煤袋数目与旅厂簿记稍有差池,容核对明晰,随后开送清折,同时寄缴。先此奉达。

4月25日(三月十一日),为妥善解决"威远"舰不同等级水手空缺之事,丁汝昌发信给"威远"管带方伯谦(益堂):

"威远"水手空缺,亟宜由本船勇内按班推补齐全,其递遗三等水手空缺,即以四镇船头等练勇调补;镇船遗缺,即以"威远"二等练勇拔升。俟升调停妥,即行分晰开报前来。至二等练勇空缺,暂勿庸募,待归队后当由屯船拨往也。工程局黄守溪现请假赴津,彼久病不痊,拟令杨钟昂一疗。设彼来,请即饬往走视为要。此询近祉。

5月3日(三月十九日),丁汝昌由塘沽抵达天津小住数日,处理有关公务。是日,李鸿章电报译署,拟派丁汝昌带兵船前往朝鲜巨磨岛察探英国军舰占领此岛的动静。

5月13日(三月廿九日),丁汝昌由天津返回大沽。

5月14日(四月初一日),为求船艇火药存储妥帖无恙,丁汝昌在大沽发信给吴乐山统领:

远隔雄辉,久疏鳞讯。江云渭树,载劳如河。近维柳幕夙薰,荩猷日盛,定如所颂。第十九日到津小住数日,昨复旋沽。法人求成,近闻约已议定。北洋师船久未合操,拟二三日内带领镇船东驶,率同旅顺等艘巡视各口,藉温旧演诸阵。伏查"边""南"火药,尚存庙中,迩来日晒风燥,殊切悬系。闻贵营药库颇有空隙地,拟将该两船火药移寄于内,既形妥贴(帖),设遇有事,仍可就近取用。除函商沅圃军门外,谨勒数行奉恳,伏请惠饬照料,容图面谢。此颂勋安。不尽缕缕。

是日,又发信给唐沅圃军门:

昨在沽防,奉手教,祇悉。"边""南"住塘拆修,仰承照拂,心感良深。敬审柳幄迎薰,荩猷丕焕,式如所颂。第十九日到津小住数日,昨复旋沽。近闻法衅胥弭,约事就成。北洋师船久未操巡,拟二三日内带领镇船东驶,率同旅防等艘巡视各口,藉温旧演诸阵。伏查"边""南"火药存在庙中,且迩来日晒风燥,殊且悬系,闻乐山兄储火药处颇为宏阔,拟将"边""南"火药附存于内,既较严密,设遇有事,仍可就近取用。兹派弁前来,如蒙允可,请派数人帮同移置。则感无似矣。此恳。

5月16日(四月初三日),丁汝昌奉命率带"超勇""扬威"两舰抵达朝鲜巨文岛察看。

5月18日(四月初五日),率带两舰抵达日本长崎,就便拜晤英国远东舰队司令陶威尔海军提督(H. Dowell)。

5月19日(四月初六日),在长崎致电李鸿章:朝鲜派严世永及德国人穆麟德(P. G. Von Mollendorff)附轮前往。巨文岛现有英兵船六艘、商船二艘驻泊。水雷在船未下,三月二十七日,英水师提督令在山顶树英旗,英政府怕英、俄失和,故来暂守。

是日,丁汝昌还商议朝鲜的严世永及德人穆麟德,再由他们函询英国海军提督，并索得复函。

5月20日（四月初七日），在长崎致电李鸿章称：

连晤英提督，往复理论，意尚和平。昨昌商由严、穆将诘问语再函询，索得手复云：奉命所部据守此岛，想政府意欲暂借用。已将尊意电达政府，回电到，即函告会。拟明早回朝，见王后内渡云云。

5月21日（四月初八日），率带两舰于早上起航回朝鲜，拟见朝国王后返回中国。

6月上旬（四月下旬），为“操江”船去上海船厂维修之有关事项，丁汝昌发信给北洋水师营务处马汉卿执事：

昨奉电示，祇悉一是，“操江”赴沪各节，兹拟大略缕陈台听。

一、该船无须携带之件，拟存大沽栈房，留一队长、一水手，须随时照料。火药存曜廷兄处。

一、汪管带赴沪督修，拟派“操江”二副带一水手头随往，帮同照料。

一、“镇海”不时供差，拟派“操江”三副暂住该船，随时供差。

一、“操江”水手俟日内点名后，老弱者拟酌赏口粮遣去，精壮者仍随何管带驻“康济”操练，俟后或拨赴铁甲船，或仍归“操江”，较新募水手庶为得力。

一、“操江”饷项仍归何管带自行领发，裁出水手截旷，亦仍由该管带造册呈送银钱所查核。

以上各节，倘有未达帅听者，执事谒见时，便代陈之。此达。

6月上旬（四月下旬），为规范各船遵章请领零星小件等事项，丁汝昌发信给大沽船坞总办文芝轩：

顷间在沽各镇船呈到本年春季由贵坞请领各项清折，详加披阅。其应归公费购买及旅顺备有存储者，该管带漫不加察，随意领取，一经报销，不免有干驳处也。往者曾以防务吃紧，曾谓零星小件遇有损坏而用之迫者，应准该管带自行备文请领，免得周折有误。今外衅就弭，似应循旧办理。俟后各船除煤吨准由管带自行呈单请领外，所有船上应用各项，须经昌处核准，移照贵坞，再行发给是幸。手此祇达。

6月12日（四月三十日），为能及时清理在英国购物账款之事项，丁汝昌再次发信给英国朋友葛雷森：

前请代购水师应用各件陆续收讫，该价本拟早为寄还，惟查内有数件无发票者，且阁下重领应缴之款数与原案不符，是以达之未即举办。前寄阁下信中业详陈矣。兹奉复字并将购件统数开单前来，惟重领之款与敝处开数是否相符未曾提及，而物价核归又未便再延时日。查单开物件与收数尚符合，统计应折付规平银二千一百六十七两八钱零一厘。除双眼千里镜一枝（支）应折规平银六十两，系马管带托购，俟交还再行寄送外，其余规平银二千一百零七两八钱一厘，业禀陈傅相批准，由支应局拨交汇丰银行统寄尊处。倘逕日不至，请向该行催取照收可也。至重领之款，即祈细逐查，应缴若干，望示复，以便核数多少。再，酌恳代购千里镜等件，藉可清此款目。彼此相交数载，取信最深，款项交涉，无不妥晰。第此重领款目与阁下面结后，未审又有何用去之处，并恳彻底查明见示，尤为盼切！

是日，为规范各船领取燃煤之手续，丁汝昌发信给大沽船坞总办文芝轩：

水师各船，前由贵坞领取煤吨，闻均为持片走领，据此存案日久，恐有舛错。已饬各管带，俟后均宜备具钤领。并已领之煤，领字亦应逐补，送请备案。原呈片单，届时祈发回各船销去。特此奉达，伏祈查照施行为叩。

是日，为"操江"船水手之薪水发放的标准，丁汝昌还发信给周郁山观察：

顷奉手毕，祗悉种种，并感无量。"操江"事复据该管带面述尊意，水手等须给减半薪水一节，弟固知如此办理方符定例，第随往监工及留者，或径赴"康济"随操练供差，既属如常，薪水似未便照减半发给。若将不去者通留大沽，在岸操练，照定例办理自无不可。惟"操江"水手历海有年，且铁甲舰来华，需人孔亟，似未便令其涣慢，俾资得用。伏祈酌采一是，会敝衔上禀傅相核夺办理。弟拟明日带艘东发，偏劳之处，知感容后图谢。弟颂勋安。附叩午禧百益。

6月13日（五月初一日），丁汝昌带船由大沽起锚开航，驶赴朝鲜马山浦。

6月17日（五月初五日），为医生曹茂祥的工作去向及薪水发放标准及时间事，丁汝昌又发信给周郁山观察：

前奉电示，嘱令医生曹茂祥改归练船学习，当即传知该生遵照。旋据曹茂祥禀称，愿在旅供差，不欲赴津各等语。业经电复执事在案。顷接来电，备悉一切。自应令该生乘便船到烟台，搭商船赴天津听候驱策。该生每大建月薪水三十两，至本年六月份止，弟处已由支应局领来，现均发交该生携带到津。请查照面询，备案施行可也。专此，奉达。即颂勋安。统希亮察不尽。

是日，又发信给潘梅园观察：

前系缆津门，秩聆清馨，并蒙甘旨盛陈，食德钦如，感快无量。弟抵沽后，以料量各船事件，复勾留数日，于初一日甫发棹东来。葵篷招谅，蒲觥竞爽，未得叨陪左右，怅也何如！过节后即拟连樯放海操巡，藉观测辽阳一带各口，须尽兼旬，当可竣事。并有恳件，前者敝军镇船轮叶曾呈样请贵局照制，春间奉献夫观察示及，业经做成。拟下次镇船进坞时领换试用，伏祈饬该管人预为备齐，以便届时走领也。祗谢。敬颂台安。附叩午厘百益。

6月18日（五月初六日），为提前准备快船电光灯之事，丁汝昌发信给洋员德国人汉纳根：

前存尊处快船电光灯，望转知职是西员，统为修理洁整。此番巡海归来，拟即日仍携来船安配应用。缘日后须不时周流海上，是物良不可少耳。特此预恳。

6月19日（五月初七日），发信给刘含芳道台：

接奉华章，谨聆一是。敝厂于三月间，代收尊处由津运来之开平五槽煤，实数为一百九十二吨半，除阁下先后四次共借五槽煤一百二十四吨，又可介子煤十五吨，二共一百三十九吨外，敝厂仍存尊处五槽煤五十三吨半。用以复闻。肃此，敬请勋安。

7月8日（五月廿六日），丁汝昌统带"康济"等船驶离朝鲜马山浦，西行返程回国。

7月10日（五月廿八日），丁汝昌在威海短暂停留，抓紧时间处理近一个月来的紧要公事。

7月11日（五月廿九日）下午，丁汝昌统带"康济"号练舰，由威海卫港前往烟台，是日晚到达。

7月12日（六月初一日），丁汝昌率带舰船在芝罘（即烟台）装煤添水。又派"镇西"炮船运载朝鲜官员南廷哲等人前往大沽口。并命令"镇西"船在大沽口等候至初六日，再把南廷哲一行送回烟台。

是日，丁汝昌收到周郁山发来之信函及调派医学生往复文函综折。鉴于时间紧迫，他当天即在烟台写信给周郁山观察：

顷奉赐笺，并调派医学生往复文函综折，均敬读悉。足证执事刻意于事前，自不轻移于事后，钦佩曷似！该生来船当差，借资历练，较与他处似多获益。故前次曹生乞留之请，弗忍拂也。今执事仍宗前议，饬三生结侣偕来。执事既曲意成全，昌胡不乐于踵事呼？第驻东庆军撤防在即，当尊相示前往照料，而此次请巡北洋各口，尚有未历之区，逆计两举，微一月功夫不能葳事回威。望饬知该生等，于六月底至烟探听船泊之区，自易前来。至该生薪水一节，曹生前已有在案，在船当差，薪水自可照章接领。周、何二生其薪水改归水师领发之处，应请咨明支应局存案。敝处亦望赐一公牍，以凭照办是幸。昌刻到之〈芝〉罘装煤，两三日即可东发。知会附陈。手此敬复。

7月13日(六月初二日)，丁汝昌率带舰船仍在烟台添煤装水。

7月14日(六月初三日)晚，丁汝昌率带“康济”舰由烟台起锚开航，前往朝鲜马山浦。

7月15日(六月初四日)，丁汝昌率带“康济”舰抵达朝鲜马山浦。

是日，丁汝昌在“康济”舰上写信给朝鲜官员金允植：

上月念(廿)六日由马山带“康济”船开行后，过威海料理公事，二十九日始到烟台，“扬威”快船亦于是日同时抵烟。因“扬威”不能进大沽口，弟复派“镇西”炮船于本月初一日送霞山(即南廷哲，朝鲜王朝高宗时期文官)诸君赴津矣，并令“镇西”在沽口内候至初六日送霞山兄到烟。又令“扬威”在烟候至初八日，换送来马山浦。一切妥当，请尊释念。两次寄闵云楣(即闵永翔，朝鲜高宗王朝时期文臣及闵氏戚族主要人物)兄各物件，已另派人送去天津，不致有误。

弟现于本日仍乘“康济”到此驻候，我兵撤防后再定行止。近日汉城内外，想均安谧如常。念念。肃此先布，敬颂勋安。诸惟台照，不具。

7月20日(六月初九日)，丁汝昌在朝鲜马山浦与乘“扬威”船刚刚抵达的南霞山(南廷哲)会晤。

7月21日(六月初十日)，丁汝昌在朝鲜马山浦发信给茇南(陈树棠)观察：

昨晚南霞山乘“扬威”至，晤后渠即赴王京。“图南”“利运”两艘今晨亦至，利运顷已进口。接奉相示，当即遵照办理。先同庆军到旅，转即赴津。明日令“扬威”驶至仁川驻泊，借探消息。庆军去后，所有王城内外情形，是否别有动静？均祈随时详示，寄交“扬威”转递是幸。此次原拟至汉城一走，相谕促归，只得遄速西发。容事竣东来，再图良晤。外将相示照录一纸，附呈秘察。详告云养知之，俾洞颠末，免凭应揣索，益重枢忧也。外人不可轻告，机事不密则害成，祈加意为叩。手此，代躬办行。祇请荩安不尽。

9月14日（八月初六日），为招募北洋水师舰船管油、管汽的熟练人员，丁汝昌致信马建忠：

前蒙函询招募铁舰应用人等、在津濒行时，曾匆复一揄交花农兄附递，当邀青及。兹查管汽、管油两项，〔务〕饬陆子总便中选募，综核全数，仍形缺乏。除生（火）夫百名已函恳代募外，所有应需管油、管汽四十名，仍乞费神饬招。至应如何办理之处外，另具公牍，祈查照分别施行，是所翘盼。设管油、管汽一时未易尽得熟手，难以如数，即略少几名亦无不可。种种偏劳，口口称感。手书祇达，敬请台安。

10月4日（八月廿六日），丁汝昌与津海关周道接李鸿章电报：

刘步蟾二十五日来电：奥艇卸楚。"定远"明早开驶，如钧定沽外验收，请预定送德弁等回国之船，并饬员弁舵水齐集接收。以免迟留之费云，希即妥办。

10月6日（八月廿八日），丁汝昌与津海关周道及支应局等接到李鸿章来电：

竹筠廿七电："济远"机器又坏，须停修。伏谓管轮不慎，拟请饬"镇远"正管轮速往新加坡经理，候酌。乞即汇三舰款万镑，荷炮全运找价三千镑云。望分别酌办，径电竹使。

10月11日（九月初四日），丁汝昌与津海关周道收到大沽转来李鸿章之来电：

拉合同前令荫昌译出，并各弁合同洋文，面交丁镇，已电署再查。德税司请雇商局船遣送，想未妥，改雇禅臣。三艘轮机、电灯等皆新式，德请酌留廿余人，半年为限，认真教练，期满遣回，务察商妥办。醇邸拟明春赴沽，登舰看操，须于冬内操熟。鸿望后回，即往勘试。

10月28日（九月廿一日），丁汝昌、周馥等登上"镇远"舰，进行初次勘验之后，该舰换旗。

10月29日（九月廿二日），丁汝昌、周馥等奉命勘查验收"定远"舰。同日，"定远"舰换旗。

11月2日（九月廿六日），丁汝昌与周馥奉李鸿章之命，带领教习洋弁前往大沽口，对10月31日（九月廿四日）抵达大沽口的"济远"舰进行详细勘验。

11月8日（十月初二日），丁汝昌认真落实李鸿章交办的相关事项。

是日，“济远”舰换旗，洋弁人役雇禅臣船于晚上起锚开航，送他们回国。

11月17日(十月十一日)，丁汝昌陪同李鸿章等前往大沽，验收购自德国的“定远”“镇远”“济远”三舰。“定远”与“镇远”为姊妹舰，每船长298.5英尺，宽60.4英尺，吃水19.6英尺，排水量7335吨，马力6000匹，时速14.5节。装有305毫米口径克虏伯大炮4门，150毫米口径克虏伯炮2门，机关炮10门。“济远”舰长236英尺3英寸，宽34英尺，吃水15英尺8英寸，排水量2300吨，马力2800匹，船速15节。装有8.5英寸炮2门，6英寸炮1门，机关炮7门。验收结果证明，均与合同相符。

11月18日(十月十二日)，丁汝昌与周馥陪同李鸿章登上新舰，起碇开航出洋，驶行至旅顺，舰速尚稳。

11月19日(十月十三日)，丁汝昌陪同李鸿章履勘旅顺口东、西两岸炮台。

11月20日(十月十四日)，丁汝昌陪同李鸿章乘新舰返回大沽口。

12月14日(十一月初九日)，丁汝昌统率铁快船南下，前往上海等地。

1886年(清光绪十二年)　五十一岁

1月6日(十二月初二日)，丁汝昌率领诸舰抵达妈祖澳。

1月14日(十二月初十日)，丁汝昌在厦门电报李鸿章称，铁快船前遇大风，舰船摇摆度分别为:“定远”19度、“镇远”18度、“济远”35度、“威远”45度。

5月1日(三月廿八日)，丁汝昌统带八舰由大沽起航东发，且行且操，前往旅顺。

是日，为有关人员遇案列保之事项，丁汝昌致信恳请盛宣怀观察:

前在沪上，快领教言。别后，想鼎履增绥，起居安吉，至以为颂。弟抵北洋后，各事猬集，日无宁晷。兼以日内醇王莅止，一切均须筹备，鸠拙日形，深虞陨越。尚乞南针时赐，俾有遵循，是所叩祷。

恳者:县丞方履泰，前承金诺，遇案列保，感激无似。昨奉电示，知以力不从心，作为罢论。兹闻朝鲜一带电线工竣，保案将开，不审能鼎力推爱，格外成全否?特再开衔条一纸，去函奉求，务乞俯赐荐列，俾该员得进一阶，则沐戴鸿施，不独身受者已者。肃此，奉恳。敬颂勋安。鹄候玉音。不具。

5月2日(三月廿九日),率带北洋八船或操或行,是日抵达旅顺口。

5月4日(四月初一日),统领舰船由旅顺开往大连湾,逐日合操水阵。

5月8日(四月初五日),率领合操水阵之八舰回到旅顺口。

5月9日(四月初六日)清晨开始,丁汝昌率领舰队与旅顺炮台守军合操。各船均在口门外海面设靶,按炮演放。操演结束后,即率领舰队西渡快驶。

5月10日(四月初七日),丁汝昌率带舰队平安顺利地抵达沙外后,立即将近期操训情况写信告知周郁山观察:

> 上月廿八由沽带同八艘东发,且操且行,廿九到旅顺。初一由旅顺开往大连湾,逐日合操水阵。初五开回旅顺,初六日晨合旅岸炮台及敝军合操,各船均口门外海面设靶,按炮演放。竣事即西渡,顷已抵沙外,一切均属平顺,差慰远怀。
>
> 旅顺布置情形,子九观察有函详达。台右鱼雷阵图,濒行向芗林兄索取,未蒙掷下。想画竣即在旅顺装裱,亦未可知。敝军前由甘、陈眷去阵图,当已由执事会同稷臣监视绘装停妥,纫感良深。第此图册系由执事统数代呈傅相,抑系仍发交敝军分进之处,敬望裁酌示知,俾得遵行。
>
> 现以醇邸临阅在迩,所有在沽内外各船,一切应备事件并添装煤斤等事,须亲监视,赶早齐料停妥,俾接差时得以从容将事,庶免陨越。但事重绪繁,非亲过心目不释于怀。迩日贱躯又陡冷陡热,得将要差支持完竣,不蹈丛脞,则幸甚也。现拟暂不赴津,俟王毂莅止敝军。应行仪节及一切事宜凡卓见所及者,均恳随时先行见示。载祷载感!再,学生考语容差竣详核奉覆。

是日,为保证大阅期间各事项准备充分,丁汝昌又写信给罗稷臣:

> 上月念(廿)八由沽率艘东发,由旅而大连湾,会操数日。顷抵沙外,一切均托平敉,足慰绮存。前由甘、陈二公眷去阵图,想已由执事会同郁翁监视绘裱停妥,纫感良深。第此图册系由执事与郁翁代呈傅相,抑系由敝处分进之处,祈商得郁翁见示为叩。所绘阵图,前曾恳除应呈定数外,再多绘一份,寄敝处备考,当蒙允办装竣,祈即掷下为荷。其工料价格,统望笔告。乐童请代制号衣,做成即请点交去弁带回,价值一并见示。再,前会衔遣留德员禀移各稿底,乞亦捡交,乘便携下,以便转行。醇邸临阅在即,所有各船应备各件,非亲过心目

不释于怀，刻不暇赴津，所有敝军接差应行各节，凡卓见所及者，敢祈随时示知，盼切，感切！

5月14日（四月十一日），写信给船坞总办文芝轩：

兹"镇远"请领小轮船锅炉用英尺一寸零十六分寸之五径小烟管、绢漏家伙一副，又舱面煤舱铁盖二个，又打铁炉风箱嘴一个。附该船呈绘各图，即祈饬照制发为叩。

5月16日（四月十三日），丁汝昌与诸文武官员在北郭外红桥新建木码头处迎接醇亲王。是日，醇亲王在海光寺拈香后，传见了各军统领提督周盛波、唐仁廉和北洋水师统领丁汝昌等。

5月17日（四月十四日），为尽快实施"操江"船添设房间，丁汝昌写信给船坞总办文芝轩：

顷据"操江"王管带面称，前琅威理与郁山观察、德税司曾议将该船添设房间，倘郁翁及德司业与执事言及，祈即饬添装为叩。

5月18日（四月十五日）凌晨2时许，丁汝昌率北洋"定远""镇远""济远""超勇""扬威"五舰并南洋派来合操之"南琛""南瑞""开济"三舰乘潮出大沽口，船队分为左、右各四艘，为"海晏""保大"两船护航。北洋水师之"镇东""镇西""镇南""镇北""镇中""镇边"六炮艇尾随前行。是日，行560里，傍晚6时许抵达旅顺口。

1886年5月20日，醇亲王奕譞在北洋大臣李鸿章的陪同下巡阅北洋海防至旅顺时，王传谕："在事文武，上至提镇道府，下讫护卫队长，人各照一相（像）"。时为北洋海防统领的丁汝昌拍摄了这张照片。（中国甲午战争博物院藏）

5月20日(四月十七日)晨7时许,丁汝昌与周馥引领英国驻烟台领事官宝士德及其水师提督哈密敦,还有各兵船军官11人,参见醇亲王、爵相,见毕合影。上午9时,丁汝昌率"定远""镇远""济远""超勇""扬威"五舰,与南洋"开济""南琛""南瑞"三舰会集旅顺黄金山之南水深处,演阵打靶。各船旋转离合,皆视统领旗语为号,无不如响斯应。是日,各兵舰演炮共百余处,放鱼雷一具,水雷八具,药弹之费,约需万金。

5月21日(四月十八日)下午2时许,率带北洋水师诸舰随阅操大队起碇开航,前往威海卫。军舰过庙岛,见海市。"楼台隐见,林树扶疏,树外若有数僧翘首立迎,逾时始散。"是日晚9时许,抵达威海卫,行程为310里。

5月22日(四月十九日)晨7时许,丁汝昌督率北洋水师"镇东""镇西""镇南""镇北""镇中""镇边"六炮艇打靶。之后,陪同醇亲王乘"镇东"炮船前往锚泊地勘验"定远"铁甲舰。

上午9时后,丁汝昌统领北洋各船护卫阅操大员起碇开赴烟台港。下午3时抵达烟台,各兵船护航行驶148里水路。下午5时许,丁汝昌、周馥、罗稷臣、德璀琳带领法国海军提督理尧年及其官弁40余人,在"海晏"船上拜见醇亲王及爵相等。

5月23日(四月廿日)凌晨1时许,统领北洋舰队护卫阅操大队起锚开航,展轮返回大沽。上午9时,海上有微风,傍晚6时许,抵达大沽口。是日,海上航行643里。

5月24日(四月廿一日),舰队锚泊在大沽,丁汝昌与诸将领在船面议定各管驾回船,并对琅威理总查即将来华任职应办之事进行商谈。

5月25日(四月廿二日),在天津面见李鸿章,报告琅威理即将来津等有关事项。李中堂当即批示,并让丁汝昌代为转告。

是日,丁汝昌致信告诉琅威理:

> 昨在船面定各管驾回船,阁下即来津等语,顷已将各情面禀中堂,谕及转告阁下,现以王爷在津事忙,未能商议各事,请阁下于中历四月二十八九等日来津,得以消停妥议应办各事。各船主待送王爷起节后即行回船。各船应添煤吨数目,俟该各船具领前来,祈饬各船派妥人到坞过磅,此事已与船坞言明矣。煤送到船,更望费神招呼,令其从速装卸。再,后有要紧事件,自当随时书告。兹派差官来船取应用各件,乘便驰布。

6月2日(五月初一日),北洋海防统领、天津镇总兵丁汝昌等,奉旨著交部从优议叙。

6月4日(五月初三日),在天津面见李鸿章,汇报请示北洋水师建设的相关事宜。

6月5日(五月初四日),为今后各船打靶通用中国造子弹之相关事项写信给张次韩:

日来事绪并会,深拟与君作竟日之谈而不可得,怅也何如!恳者:昨奉中堂面谕,日后敝军各船打靶宜勤,用子弹较多,俟后凡操,通用中国子弹。留洋制之弹以备不时之需等因。伏查各船东局制弹本属无多,局中是否均有存储,未能尽悉。敢请执事函致东局查照。各船等炮中,惟"定""镇""济"三舰尤为要紧,除已经制有存储外,设有某炮未曾制弹者,即请速饬照造,以备届时领用。

6月11日(五月十日),收到袁慰廷(世凯)发回的信函资料。还收到"威远"舰水手多疾的来电。

是日,丁汝昌与琅威理在大沽口收到李鸿章电令:

胶州湾是否宜作水师口岸?如何布置?约估需陆军几何?经费若干?望至彼处详细勘度速复。

6月12日(五月十一日),为安排好"威远"舰回国和两镇船赴朝鲜驻防等事项,丁汝昌写信给袁世凯:

昨奉逮简,振笔宏奖,自惟凉德,鲜实以副,且读且恧。惠示各节,足征洞察时局,既深且远。眼高于顶,心细如发,复圣闻一知十之程,不图足下已可跂及之也。甚羡,甚佩!醇邸阅操,一切幸免陨越,差慰远怀。

"威远"昨来电,水手多疾,已禀蒙傅相,批准饬"西""北"两镇东来更替。一旦经抵仁,即乞速饬"威远"内渡,以便将前拔应差弁勇,令其回船当差,俾免旷误。惟"西""北"两船,力小质薄,难膺巨任,此行驻仁,第能为贵署在海口稍壮声势。若以跑差,恐途中遇风,无大船以左右之,致遭不测。愿明公加意体察焉。为幸!弟前以从差十余日,积件甚繁,刻便赶紧清结。夏秋之交,或可东渡一晤。

6月14日(五月十三日),为确保"海镜"船赴南方执行任务顺利准时,特写信给"海镜"船新任管带黄星池:

顷准津海关道周,由德律风言及闽抚刘,电催"海镜"速开赴长江裕溪口候遣,嘱昌传知等因。惟行船以煤足为要,倘须上煤多少,即具领送交船坞,克日运装。再,拟于何日开行。务必电请津关道周批示，遵办为要。即颂时祺。

6月15日（五月十四日），为“海镜”海船上煤及薪饷发放时限，急忙写信给文芝轩：

“海镜”急须赴南，无煤难行。该船饷既发至六月底止，煤似亦可发给。望发给二百吨。令该船具领速即运送，俾免留滞是叩。

6月16日（五月十五日），为及时修好“镇远”舰吊雷艇木架铁夹，丁汝昌写信给刘含芳：

顷据“镇远”林管带面称，该船吊雷艇木架铁夹伤损，未能合用。请贵局代制一个，以便从速起艇。外单并样附上，即祈饬工赶制应用是叩。

6月20日（五月十九日），为洋员消差回国之费用及诸舰公费之事，丁汝昌在烟台致信给罗稷臣：

德医智伯登现请销差回国，该弁到津，即乞查照合同，将应赏一月薪水及川费并额饷，应于何日截止，请主稿会敝衔禀请傅相查核，由尊处算给开发。再，该医前领转饬宝星札今晨缴回，应可注销，祈于会禀中附陈是叩。

三舰公费会禀事如何？奉批候办孔急。前两次电询，未蒙赐复，而该船非奉的示，总未敢开手筹办。窃恐时日太久，必多误事。窃恐时日太久，必多误事。其禀批可否之处，速望示知，俾照饬也。翘盼万万！此恳。

6月22日（五月廿一日），丁汝昌率带舰船由烟台抵达威海，令各舰抓紧做好赴胶州的各项准备。是日，还收到周馥的信函。

6月23日（五月廿二日），为捐资重修大沽涤神庙之事，丁汝昌在威海卫复信周郁山：

昨日于之（芝）罘舟次，奉逮简，敬承壹是。大沽海神庙经阁下倡劝重新，今复立碣镌名，期传不朽。尤足征有善必彰，慎终如始之至意。钦佩曷似！兹遵将敝军各船前捐五百银数分晰开折，呈乞察饬办理为感。明日由威走胶州，倚装祗复。

是日，为“定远”和“镇远”两艘铁甲舰上坞油修之事，丁汝昌又致信德璀琳税务司：

津门别后，在沽小住即东来。中途于旅防勾当公事停桡数日，昨者由之（芝）罘达威。翼日仍须带领各艘去胶州察测港道，相去日远，相思得弗增剧耶？敝军“定”“镇”急需筹备进坞，前执事云香港有坞，并允电商，刻下计当得有回电。可否之处，希即遄告，递交烟台新关存交，俾可早为定夺，免致临时瞻顾有误。是盼！手此，敬恳。

是日，为“定远”和“镇远”两艘铁甲舰筹备进坞及乐童号衣所需款项等事项，丁汝昌还致信罗稷臣：

月之十九日在烟台贡德医销差一书，计达签室。兹恳者：“定”“镇”两舰须速筹备进坞。前合执事暨郁山观察会电眉叔，妥商祥生厂是否出据能保该两船入坞无碍一节，刻下曾接回电否？得有确信，方可预为定夺，免届时瞻顾有误。倘仍未来复电，仍祈从速电催，能否之处，必须一言为定。即乞遄示，递交烟台文报局转交。盼切之至。

再，前由尊处代办乐童号衣及装潢阵图各款，以准执事函叙，需款前曾挪付，刻下当蒙会禀领出。日内津中恐有用款，祈存备，届需时当另有函走领也。手此先达。

6月24日(五月廿三日)，为“定远”和“镇远”两艘铁甲舰去祥生厂上坞须办保险事，丁汝昌写信给周郁山：

顷奉电示，祥生厂事当即电复，谅邀青瞩。伏念祥生厂坞初次承入此等巨舰，所可虑者坞基质弱，设有不测，患即匪鲜。设该厂诚有把握，允以此两铁甲舰制价保险，自可照办。外附琅威理所议一纸，祈译阅。

是日，丁汝昌与琅威理统带舰船开赴胶州湾，开始察测港湾、航道等项。

7月8日(六月初七日)，结束对胶州湾的测试和察考，丁汝昌统带舰船由胶州湾返回威海卫。

7月9日(六月初八日)，丁汝昌统领舰船抵达烟台，添装燃煤。

是日，为请领鱼雷应用家伙等事项，丁汝昌致信刘含芳：

威海一别，南北帆飞。君登群玉之巅，环肥在掌；我取崂山之道，岛瘦同情。两境相形，得而艳且妒耶？执事总理海陆等军军械事宜，昨已奉到相檄，当武备修明之际，得明公手挈要纲，从兹敹敿之事日精，而军士之气益作。侧身北望，倾庆无量！弟昨由胶州到威，以勾当各事稍作停顿。今抵烟台装添煤斤，一经至齐，即带同各艘巡阅勾丽东鄙一带口岸。此恳者：昨据福来舍请领鱼雷应用家伙等件，并经琅威理开具洋单前来。兹并附呈，即祈查照饬造，交“镇中”寄下是荷。

东役内旋，再赴旅顺点交敝军各械。面贺荣喜。

外洋文单一纸。再，鱼雷大副张国庆来旅养病，病愈应留何处，容面商。

是日，就"定远""镇远"两舰不能去香港上坞之事，丁汝昌再次致信德璀琳税务司：

昨奉答章，谓香港坞尚须改造坞底龙骨等事，当即会商琅公威理，据云彼已知该坞不能入此巨舰。船图似亦未便轻与人看，只得暂作罢论。特此奉复。

是日，为"康济"练舰增添操用各件之事，丁汝昌又致信恳求文芝轩：

"康济"现作为专练水手之船，其应添操用各件，昨已开折前来。兹特照录清单，即祈查照饬办。一经齐备，遇有便船，务恳饬交随带前来是祷。外清单一纸。

是日，为制造各船炮弹及船上各件事，丁汝昌还致信潘梅园：

"康济"练船现以阿摩士庄新购十二磅子炮应用，素常炸弹缺乏，恳请制备一千颗。惟查此项炸弹，船已无存，特捡此炮所用子母弹一颗，请饬照子母弹圆径制素常炸弹一千颗，以备领放。惟弹系初造，先乞告知该管人，暂制二三颗寄下一试。合用与否，奉报后再行照领数齐造也。

再，镇"中""边"三寸一分径十三磅子炮，亦请制素常炮子一千一百五十颗。查此项炮弹，贵局现有存储者，不另送样，即祈饬照速制。何时齐竣，仍望见示，以便备具领字往取。

再，前贵局为镇船所铸轮叶，春间"镇中"入坞时，已经换试，与原有一切均甚相同。奉闻。

再，敝军副统领琅威理另有函致贵局洋员斯觉尔，请制水勇操练刀十八把。何时造成，示知，当再备领查取。

是日，为派船渡载在堂学生出海练习鱼雷事，丁汝昌及时复信吕庭芷：

昨奉大牍并鳞笺，均敬读悉。贵堂派出学生出海练习鱼雷，属抽船渡载，俾该生等历各口演试，足征启迪多方，使臻实践。当即商同琅威理拨派"镇中"前来，泊近船坞左右，恭候指挥遣示。一经事竣，乞即饬该船回防是幸。

是日，为运煤驳卸等款和杂费结算等事项，丁汝昌致信袁子九：

前商局运煤驳卸等款，业属朱广胜赶向该局索取，照归尊款。以前曾议有定章,凡商运送水师各口煤斤均包上,惟杂费均归彼自行发报。刻下已否寄来?念念!搬运军械一项,已发交朱广胜,照奉主计之案,当蒙核纳。此颂台安。

7月12日(六月十一日),丁汝昌、琅威理在烟台接李鸿章来电:

已电东海关道拨给银五千两。前袁世凯电,初四有俄兵船由元山赴永兴湾。顷又接袁电:我船如东去,凯拟约韩臣同赴永兴,查看形势,议开口岸。汝何日可抵元山?应电袁酌办。吴钦差函称:俄勘界巴使,颇愿我船至海参崴游历。到崴后,可径由崴电吴,届时酌定,几船内渡,几船赴崎油修甚妥。

7月15日(六月十四日),致信盛宣怀观察:

前随帅节旷游,得共棹海天,极旬余之缱绻,快何可量!嗣经旋役,道出芝罘,因抱寒疾,未遂抠庆蒲长,抚衷良怍。恳者:敝处友人同宗马君名琛,钦仰仁风,已非一日,昨远道来威,特以投辕报效为谋。孑然请谒,恐邻唐突,乞与一言为介。弟察其人尚非委琐一流,倘赐见不乖所许,可量材而议以任焉。

弟拟望后带六艘至东洋各埠操巡,屈计归前当在巧节左右也。祇勒奉干。

外附衔条行察。

7月16日(六月十五日),为北洋舰船添用各件之事项,丁汝昌在威海卫致信文芝轩:

昨由"镇中"寄呈一笺,当邀青及。启者:今春"定""镇""济"在沪添用各件,其大宗业由马眉叔一律办。嗣后"定""镇"两舰又由义昌行续添零件,前曾面商该款由尊处领发该行,即作为敝处由贵坞领用,以期划一报销,当蒙核准。昨义昌函询此款,届来领时,即祈查照该行所执"定""镇"两船收据,发给是幸。

兹明日即东发,所有"康济"进坞应用大宗,具列所禀折内,其届时略添小宗,一时未能周及。除折开外,倘须添必不可少小件,仍祈酌发为叩。

7月18日(六月十七日),丁汝昌、琅威理率"定远""镇远""济远""威远""超勇""扬威"六舰从威海湾起航,开赴东洋一带操巡。

是日,为近期东巡和旅顺澳坞之事,丁汝昌致信袁子九观察:

"济远"来,奉复教。剖示各节,读之如雪亮胸次。勾丽之行,以尊家小,既谓有俄船在永兴湾一带测量水道,中国亦宜有师艘前往一走。且将此意径达相聪，当已早奉行知。时以履勘胶州，不得不置此役于后也。昨于芝罘舟次，又承相檄，吴清帅将由珲春抵海参崴，饬抽船往迓。拟东藩事竣，仍全队纡达该口，届有缺煤之船，即赴长崎装添，余艘均从使节内渡。修船一节，尚未执定也。

旅顺既为水师发轫之区，又极韬钤自出之地，聚星辉映则霄行熠耀，深愿常托余光，得有路皆昭，不迷所向。不谓役役踵接，请益虽殷，而离群动久，得弗悒然。澳坞之事，远承下问，当即缕述琅公，知彼意以一成不变关系匪浅，若必曲画参详，期无纰缪，亦诚如尊言非笔墨所能尽也。容东役蒇事，当急整归帆，趋承指导，借以逐商一切。数行祗答。

是日，为北洋水师开保一节，又致信盛宣怀观察：

顷奉手毕，并次旌太守履历、衔条，均已照收。敝军开保一节，刻下仍未奉相帅准奖明文。纵得邀恩开办，亦诚如尊示所云，人多额缺。即军中有缺人员，尚恐不到十分之三也。今承谆属，倘届时有纤微可以设法之处，必为力图，但刻下未敢预为操券。会开保时，无论是否得如前途之愿，必当专函奉告也。借便勒复，即颂台安。附条函件已转交。

二十日带六艘至东洋一带操巡，归期当在巧节以后，附陈。

是日，还复信刘芗林观察：

“济远”来，奉赐复并子九观察码头议楮，均敬读悉。当即逐语琅公知照“济远”，到旅无论遇有何事，便留一二日奚不可者，况要公乎？弟属克日旋来，缘与沪行定煤约期装运，元山爽日必多饶舌。所幸迟仅一朝，驶稍加劲，当不致误。

水师学堂禀调船艇，区区一镇船讵能多增二十余人哉？公之雷艇百倍慎重，断不轻易假手于人。“镇中”之去，一以帅促紧迫，一因有紧要公件须驰送耳。兼弟东行伊迩，不暇聒聒置论，然未发之鄙衷知必有隐合尊意之处。今得炯示，不爽毫厘。心印神交，则异域俨若一堂矣。

澳之南码头，琅云惟彼前议之处可筑以起煤。至起重码头或分或合，胥特期公与子九叔相地裁定耳。

敝军药弹等库，多系各船已领自存之件。经弟饬存者无多，已饬稽查处委员赶造清册，呈送其管库。是否应易，容面商办。外子九叔原函附缴。

7月21日(六月廿日),丁汝昌、琅威理率带铁舰快船六艘,抵达朝鲜釜山一带海湾。

7月23日(六月廿二日),丁汝昌、琅威理率带六舰到达朝鲜元山,测量永兴湾一带港道。

是日,丁汝昌在朝鲜元山写信给袁世凯:

三韩、东鄙之游,久蓄此念。然当事绪繁并之会,先其所后,要非始顾所及耳。乃羽书电示,一再相嬲,并告及星麾亦东指元山,意俄人必有骇人观听之事,公将托略地以为辞而辱密勿谋之不佞乎?不图征帆既张,复奉驺从不往元山之电。仆则中心不得,而行亦徒劳。蒙署东来,将使我问诸水滨乎?白驹苗藿,溯切伊人,引领西倾,惟呼负负。弟于二十二日到元山,拟日内驶永兴湾测量港道;下月初一即开赴海参崴迓吴清帅内渡。走笔状怀,敬颂燕绥。外寄津、沽两要电,祈即饬发为叩。

7月25日(六月廿四日),在朝鲜元山致信禀报吴清帅(即吴大澂):

窃汝昌于本月初十日在烟台奉相电谕,及宪台勘界将竣,行由珲春起节赴海参崴,航海内渡,饬抽快船往接,并开钧示,已使领中国兵船赴崴游历等因。奉此,时总兵甫调集六艘,将有勾丽东部之行。当于十七日由威海展轮,二十日到釜山,二十二日到元山,测量永兴湾一带港道。定七月朔仍带六艘由元山赴崴恭迓星旆,借资阅历。惟六船中有数艘须就近至长崎刮、油船底,并装添煤斤等事。宪台行期若近,当泊崴数日,借效前驱,一并南发,过釜山后再分道而东。设起节尚有时日,拟抽"超""扬"两快船牢泊海参崴,听候钧命。则总兵到崴后,仅二三日测对港道,即留"超""扬"驻崴守候,其余四艘当先带赴长崎勾当一切。是否之处,伏候批示,饬速寄崴,以便遵照。

7月31日(七月初一日),丁汝昌与朗威理率带六舰由朝鲜元山永兴湾开往海参崴。

8月5日(七月初六日)左右,丁汝昌与琅威理率带六船抵达海参崴,与从三岔口回珲春过海参崴的吴大澂见面。期间,丁汝昌主动与俄帅联络,俄海军部尚书巡阅到海参崴,亦前往拜访北洋水师统领丁汝昌。

8月6日(七月初七日),丁汝昌带船送吴大澂抵达摩阔崴。

8月7日(七月初八日),率带"定远""镇远""济远""威远"四舰开赴日本长崎,留下"超勇""扬威"两舰在海参崴等候吴清帅,待勘定俄界事毕驶回。

8月10日(七月十一日),在日本长崎向李鸿章致电,报告"定远""镇远"两舰油修船底的时间及花费。

8月13日(七月十四日),丁汝昌率四舰在日本长崎上坞油修。是日,中国的水兵上岸购物时因语言不通发生纠纷,遂与日本警察冲突,造成日本警察1人受伤,中国水兵1人受伤。

8月16日(七月十七日),在长崎收到李鸿章来电:

十一电到,即饬汇万元。廿可出坞,速赴仁川。韩密送文凭,求俄保护。袁正与争论,我船须到在俄前。

是日,丁汝昌在日本长崎电报李鸿章:

十六,水手放假,二成登岸,散在各街买物。至八点余,日查多人近前寻衅,日巡捕数百将街巷堵住,逢人便斫,满街民持刀追杀,致死五名,重伤六名,轻伤三十八名,无下落五。

8月18日(七月十九日)晚,丁汝昌在长崎收到徐使转李鸿章来电告诉他,长崎有中国理事,应催令诘问长崎县,并致电钦使查办。让他仍要料理油修舰船之事,争取速赴朝鲜仁川。

是日晚8时多,丁汝昌、琅威理发电向李鸿章报告,"定远"今日出坞,暂不便离开长崎,"镇远"暂缓进坞。"济远""威远"二十二日开赴仁川。恭候指示。

8月19日(七月廿日)上午,丁汝昌在长崎收到李鸿章来电称:

"济""威"赴仁,令由袁调遣。吴安康四船二十一开赴仁。日捕事徐必商办。"镇"宜速进坞修。韩如有事,"定"再去。东电为水阻,闷甚!

8月20日(七月廿一日),丁汝昌在长崎收到李鸿章转驻日使节徐承祖来电:

昨接外务复称,我兵先毙捕一名,旋派捕弹压,复被我兵遮路刃伤,日民不平助殴,致伤多命等语,与理事电称迥异。虽明知日狡,然理称恐亦不尽实。现日廷派员赴崎会审,我亦派参赞杨枢往查,相机商办,请电丁与英人郎克商觅西洋证人,或延状师,庶不再吃亏云。立照办。

8月21日(七月廿二日),丁汝昌在长崎致电李鸿章称,"镇远"舰约二十七日出坞。伤者着人经理讼。拟与琅威理留在长崎处理诉讼,其余人等不如全归。徐使派员了结。"济远""威远"因大雾未能赴仁川,天气转好后即开航。

8月22日(七月廿三日),在长崎收到李鸿章来电,告诉他袁世凯盼丁汝昌去朝鲜甚切,"镇远"修竣即带船速去朝鲜。诉讼事归徐承祖派员妥办。担文须二十六日有船去告知杨枢。"威远""济远"速开赴仁川,与吴安康妥商办理。

8月26日(七月廿七日),丁汝昌、琅威理在长崎收到李鸿章来电:

担文到,晤商决定妥,留证候质,即带"定""镇"赴仁川。但俄外部云,韩无送文凭事,恐仁船多,韩更惊慌,抵仁后察看无事,或商吴安康带四船他往,汝留一二船驻仁,余即回烟旅、候令。韩电仍未通。

8月27日(七月廿八日),丁汝昌、琅威理在长崎收到李鸿章来电:

西洋报讥我军在崎上岸滋事损威,实由约束不严。船内无医药何也?醇邸函告:英使谓如华有兵轮停泊巨文岛,英国可让。并询巨文岛左近有可择要常驻处否?由崎赴仁应绕赴巨文,察勘形势再禀复。琅与英兵官熟,谅无嫌疑。祈妥商。

9月2日(八月初五日),丁汝昌离开长崎前,写好恳请蔡伯昂代致长崎县令之函稿,函稿的主要内容如下:

师船寄泊此间,计将两旬有余,承照之处,得弗言感。明日本军门带船回国,所有十六日晚我弁兵被贵治捕民等砍击死伤一事,已经彼此互验,两无异词,均已存案。昨我政府钦差,特派参赞并律师前来,与我领事会同执事诘判此案原为慎重起见。两者曲直已昭在耳目,若以理论自易完结,在执事亦当一本大公平情剖事,在下有过不可文,而有司立论尤不可偏。夫是则案可望速结,历气于以消,邦交于以固。望(左)执事慎自图之耳。我勇伤不能行者,仍留此寄养,恳加照拂为盼。不日拟仍带在事各船来崎,届时再面伸谢。走笔留上书,余意心印。右致崎令简略,祈酌裁代达为叩。

9月3日(八月初六日),率带舰船自日本长崎起航,前往朝鲜巨文岛、仁川港,完成李中堂交办的差事。

9月9日(八月十二日),率带诸船由朝鲜回到烟台,立即料理各船之事。

9月10日(八月十三日),为了给四艘"镇"船刮底、除垢、油漆及换件等事项,丁汝昌在烟台致信文芝轩:

东行先于六月间连寄三笺,当邀青眼。弟月之六日由长崎起身,中途绕阅高丽南海两口,刻已到烟。敝军"西""北"两艘久住东藩,船底苔蛎颇厚,兹特乘暇令其来沽刮垢、加油。其缺少断难从缓零件,祈查照所开准其添换。“镇北”并请换小烟管,查难迁就,已允照办。该二船工竣后犹须出海操巡,总期从速蒇之为叩。又“中”“边”两船来沽,祈饬照“东”“南”章程入泥坞存放。惟彼两船底亦须刷油,零星需件择要亦略准添换,总期设遇需时,放出即可应用乃得。伏望格外分劳核夺办理。至祷,至祷! 后叙长崎情形并贺节。

是日,为“镇中”和“镇边”两炮船之军械和火药的安全储存等事项,还致信罗曜廷:

敝军“中”“边”两船现入泥坞存放,所有宜慎军械均须移存岸上。惟火药一宗,机房未及存储,敢祈麾下于库中饬匀隙地,为我暂置。恃在知交,当不惮烦也。

是日,丁汝昌统领在烟台收到李鸿章来电:

徐钦差十三来电:顷接崎电称,担云日证百四十人,如我证不全来,日执一面词抵赖,此案不能了。请电北洋,自今日始三礼拜内,宜饬证全来崎,否则不但输,且为万国笑。船主乃要证,尤须来。船来多寡,请酌云。现在崎养伤七人,余证丁知等语。请电丁带全证按期来崎,免担借口等语。此案关系紧要,汝你等既在崎闹出坏样,若不如期带全证往致输,定行参办。

9月11日(八月十四日),丁汝昌在烟台复电李鸿章,立即派船赴仁川,换“济远”舰回烟台,带重要证人赴长崎。

9月12日(八月十五日),在烟台致信周郁山观察:

前在崎曾将倭捕与我寻衅各节缕陈一笺,由沪转寄,当邀聪省。弟于十二日到烟,以料理各船事,未能来津,然倭案中节节隐情,有必须面陈相听者,先为执事一详道之。担状师称,此案据理质办当不能输。但望中堂、徐星使威照于上,彼气乃挺,结案乃易。尤愿密饬水陆军有暗中准备之状,阳为机密,阴可倭知。一气也我盛彼自馁,阴狡不敢施。事蔑不济。此在崎濒行担状师嘱面禀帅听者也。再,琅威理当事出之时,亦以倭人随处逐砍我兵,并暗使民艇不渡等事为非。未几,忽一意袒倭。盖英领事住崎年久,朋比倭人,而又恃琅在北洋掌水师大权,此案无论如何办理,中国总允了结,断不能决裂。故长崎县与英领事恒暗与琅谋,迨我参赞、状师至,每议此事,彼竟张言,不尠不在倭人。其委曲求全,惟恐打仗之情显暴于外。即担状师亦深鄙之不愿与议,谓倭人见此情状,我即幸不输,亦多饶舌。曾嘱弟速调琅归。时方奉相饬去仁川之电,以即离长崎故未禀办。而状师、参赞等已将其情达徐星使，第未审曾电傅相否也。种种作梗，笔难殚述。祈谒相时先为择要代陈。弟质本无用，自知难胜重任，今遭此事，敢不知罪？惟当加劲办案之时，不能不镇健心神，力撑局面，以杜外议沸腾，方免掣肘。果能我占上风，完结此举，当泥首相前，禀请参撤，得以返我田间，闭门思过，诚为晚年之大幸事也。拉杂书此，不尽所云。

再，此次拟令刘步蟾择"定""镇"要证各二十名，"济""威"各十名同去。乞代请中堂专电，饬弟亲带乘"济远"赴崎，余船留威海，令琅威理督率操练。如有要事，电林泰曾与琅商办。外附长崎领事与徐星使来往各电，祈阅后应否呈相一析，酌办。

9月18日(八月廿一日)，丁汝昌统率带"济远""南瑞"及重要证人，于烟台港起航，前往日本长崎。

9月24日(八月廿七日)，丁汝昌在长崎致电李鸿章汇报案情进展情况，认为办理颇得手，日人虽然狡诈，但已有所畏惧。担文律师讲，若我政府作劲，更容易赢得诉讼。

10月1日(九月初四日)，丁汝昌在长崎致电李鸿章汇报兵分西路的工作打算。经与担文等相商，认为证人不能回。令刘步蟾率住"南瑞"舰，约束候审。担文认为汝昌久住长崎，日必揣我无备，拟初六日晨带"济远"舰回威海，将继续提供出证者10余人，仍由"济远"舰载运至长崎，换回在此地驻泊的"南瑞"舰。

10月5日(九月初八日)，在长崎收到李鸿章来电：已交汇丰银行3000元，船速修竣。

10月13日(九月十六日)，丁汝昌率带"济远"舰由长崎开航返程回国，愈行而风愈紧，遂迎浪北驶，以便就近打探"超勇""扬威"两舰的消息。

10月14日(九月十七日)，带船驶抵朝鲜釜山，停泊站锚，了解近况。

10月15日(九月十八日)，率船驶离朝鲜釜山港，继续西行，返航回国。

10月17日(九月廿日)，率船抵达威海卫，抓紧处理紧要公务。

10月25日(九月廿八日)，为安排好留在长崎证人的事情，丁汝昌在威海写信给杨星垣、蔡伯昂：

十六日由崎开，愈行而风愈紧，随迎浪北驶，以就近探"超""扬"消息。十七日直达釜山，泊一夕，复西发，二十日到威。居东日久，积事繁会，逐件理料，几有日昃不遑之势。幸敝军一切尚称平敉，足慰远麾。"济远"添煤竟，昨由烟归。续调人证已照单开交方管带载去。该船到崎后，即可换"南瑞"归来。前留"威远"学生四名，除十六日在岸弹压一名仍留崎备质外，余应令回船学习。迩正培植水师人材之际，故不使其久荒正业。吴敬荣并在崎人证，其已会审及不堪作证者，亦均提交子香督率随"南瑞"回防供职。且"济远"窄隘，留人太多，必致拥挤生病也。其应留要证，已饬由方益堂在船约束，弁勇有事登岸，尚祈严饬署捕随时招呼，免致言语不通因疑生事。万祷、万祷！至誊写洋文，如此去作证之冯二副外，"济远"三副并学生均可轮往。操管准之，此次应行调回员生人数似觉有赢，谅亦足供驱策。伏祈查照所开，俾替换归来，免各旷职是叩。属购件已照单办齐附呈，祈查收。弟拟下月初绕烟去津，到后应有奉告之事。再行电达。

是日，丁汝昌率带舰船抵达烟台港。为驻朝鲜釜山领事之人选易人之事，他在烟台写信给驻朝鲜的公使袁世凯：

役疲奔走，事倍纷挐，久未陈书，一达衷曲，渭树江云，我怀曷已！执事处震撼危疑之地，勤修内攘外之功，探赜钩深，荩劳可想。弟自夏间釜山一别后，北趋海参崴，又南折长崎，事出歧嶷，此行为最。倭人在崎与我兵寻衅一节，谅执事已耳得其略。彼主我客，我兵赤手登岸，彼捕伏兵于暗，一呼四合，不旋踵已挺刃塞途。我兵有先时欲归者，海滨民艇率皆不渡，其有心为仇，显然可见。曲直所在，亦不白可知。乃我所延担状师至与彼状师公同会审，问甫数人，倭供有当日我捕有刀，中国水手未曾带刀等语，彼状师气阻辞竭，遂称疾停讯。八月末旬，彼政府又换一状师来后，惟两相会询要证，候将供录齐，再评辩定案。

弟此次十六日由长崎乘"济远"归，中途遇风，随迎浪北驶，距釜山不远，因就便探听"超""扬"消息。十七日径达该口，泊一夕，复西发，二十日到威。顷间来烟，泊二三日，仍赴津门一行也。弟今岁两游釜山，与署领事陈复初谈论时事，彼答词井井有条，交涉事宜且甚谙明，迥异于时矜躁者流。见与釜山各处往来，俱颇融洽。闻执事将调该员赴元山，查釜较元人多事繁，不若仍留此老成熟手踵理釜事，庶为妥贴(帖)。愚见所及，不安缄默，愿高明裁察之为幸。

敬再启者：各国公使、领事驻扎他口，有文信人物，无论遇有何国兵商等船，均可附寄。是为海上通例，断不能推却不带。南船即须归去进坞，此次拟禀请傅相"南琛"去后，派"镇海""操江"轮驻朝鲜。俟后尊处文信过有他国之船西来者尽可托其携寄，要事则有电可通。设有必须专送之件，再抽船一走。以冬来风浪日劲，少走一次，即免担一次之心，亦节省一次费用。执事料事过我，当亦鉴及之。附状。

10月末（十月初），丁汝昌与琅威理等率舰绕行烟台，停泊二三日处理军务，即开航驶往天津大沽。

11月10日（十月十五日），丁汝昌与琅威理在天津当面请示李鸿章称，琅威理明春欲休假回国，令选管驾及弁目，偕带分往，每船再酌雇洋管轮2～3人帮驾。拟于2月底启程，前往英国和德国接带中国定购的"致远""靖远""经远""来远"四舰。是日，李鸿章已将此意见电告驻德国、英国之许景澄、刘瑞芬二位公使知晓。

11月12日（十月十七日），丁汝昌在天津致信张次韩：

军械已收到，大咨随后补寄，以便核对是幸。舢板七生半炮架敝军各船均有，惟未安配。承示绘图，未知需此之故，即望详示，寄烟文报局转交，以便遵办。再，敝军在东局军械，前奉执事面告，应由献翁处颁清折寄下。刻下需此孔急，祈老弟为之促请，亦速寄烟为叩。十月十七津。

是日，因为船坞泥水过深，腐蚀损船底尤甚之事，丁汝昌还迫不及待地致信高仲瀛：

四镇在坞，泥水过深，较之泊河，伤船底尤甚，目击之下，焦灼万状。祈饬该管人赶将坞中泥水撤净，即油船底。罩篷亦宜赶早搭起，庶船底、船身得资保护。再，敝军各阵旗现又稍有变通，兹附去新改旗图一本，不日拟禀请制旗帜。迨帅行贵坞，祈即查照此次所呈图式制办为幸。十月十七津。

11月16日（十月廿一日），丁汝昌在旅顺收到李鸿章来电称：

刘钦差来电：英厂两船明春二月告成，琅宜早来，每船添雇船主、管驾较妥。许电亦云洋面各驶，统带不及照应，拟雇船主照管行驶，与前议华员管带，另雇洋弁帮同驾驶二三人不同，即询商琅。华员管驾，洋弁帮驾，究可靠否，恐各厂主不敢保，固须另议妥章。速复。

11月20日（十月廿五日），丁汝昌与琅威理在旅顺致信高仲瀛：

敝军此番在沽，由贵坞领取煤吨，据"扬威"经查禀称，有一运船短少六吨者，业将该船户送交贵坞，且蒙允下次照补。嗣又经洋管轮通查，除已短六吨不计外，其余运到者共尚少三十四吨，尚祈阁下传集当日运船各户，及经手雇船司事赐讯查追，设该人等不认偿缴，即请费神将各人户名姓开下，以便查明票办。日后运拨各船之煤，祈仍查照原章，由驳船公司装拖出送驳船，大可多装，且用轮拖亦甚遄速。若用民船零星运送师船，即碍难多抽人照料。设有未周，弊端即出。日后倘蒙依照用驳船拖送之章，固甚安贴。设有未便，仍用民船装运，敝军即未敢派人往押，惟俟煤径到船，即在船磅收计吨数也。弟等为杜弊敌事起见，请明公核办见示焉。为幸！手此，即颂台安。

11月30日（十一月初五日），为北洋水师添购手枪等事项，丁汝昌在威海致信刘含芳：

前者执事饬琅威理开敝军所需手枪数目，彼误将应需毛瑟枪数目录去。兹查日后须添手枪，并四新船到华所需，统计添购手枪六百枝，一概足用。至操用及备存子弹，祈仍查照前交军械折内手枪项下所记子弹章程添购是幸。外将枪并弹样各捡一奉上，收察备考为叩。承借刷印人，颇资臂助，当给犒二十金为添蔬酒之一助。"西""北"两船赴旅，请验军装，著附便令其旋去。吴江枫落，我棹欲南，回首辽阳，从倚无任。

又附启：一书甫就缄，适"镇海"来，连奉三翰，均敬读悉。承寄鱼雷各件并洋文单，当即唤福来舍前来，令其逐阅。据称均系收拾、起卸家伙，并非放雷应用之件，现经起到艇船。一俟"操江"来接福来舍，仍拟统数交福随解贵处存放。俟来春到旅，再为点发各船。琅云皆非现时应用之件，故如此办理庶有归束。洋文单一并奉缴，容点收时统取可也。船存军械册已送齐，兹先令"镇北"船驰送，借请点验军装。俟"北"来威，再着"西"赴旅，分两回走，存烟文报可以无滞。为在旅诸君筹者不为不至耳。弟汝昌附状。

12月下旬（十二月初），丁汝昌统领舰船驶往南海海域操巡训练。

1887年（清光绪十三年）　五十二岁

1月16日（十二月廿三日）中午，北洋水师统领丁汝昌、总查琅威理等由吴淞口致电李鸿章报告称：

前议禀定四新船雇佣西员，本拟管轮由各厂保荐，水师官拟雇通英文语者于驾练相宜。昨宪谕德船用德人，应遵办，惟每船机舱并舱面均不过八人，现议由北洋抽带德水师官二，管轮二，英管轮一。又派马吉芬去，因学生在一船可教习，回时沿途亦充一水师官，共抽六人去,可省六七千之谱。两厂雇人,须俟琅威理到厂考验后禀商钦差,再立合同,免多人数虚糜。

是日下午4时许,丁汝昌、琅威理在上海收到李鸿章复电:

由北洋现用洋弁内抽带六人,可省费六七千,自应照办。惟德弁宜派在德船,临时再由琅禀商钦差添雇。

1月18日(十二月廿五日),丁汝昌、琅威理收到李鸿章来电:

曾侯复巴兰德函,声明:前汝等条陈内各船雇用洋人,已酌定限制,此次若由德国家简员帮同办理,亦不能更改。原订限制,想巴必照我竟电复本国,将来即由伏厂荐人,琅须禀商许钦差告知外部,合意与否其合同应由琅照原条陈妥订,德弁通英语者由琅挑拣。琅俟罗觉司到再起程。抑先行?

2月2日(清光绪十三年正月初十日),丁汝昌电报李鸿章称,长崎事件中,我兵除伤毙8名外,查各船因伤成废者4名,经洋医验明,还有4名仍在长崎医院治疗,是否成废,须请蔡领事核查落实。

2月18日(正月廿六日),丁汝昌在吴淞口收到李鸿章来电称:

德厂合同第十款,船主大副为伏厂合意者,该厂必保固船之工料。又管轮一正二副,必归伏厂所荐。前禀由琅酌雇管轮帮驾,实与该厂合同不符。今德国家允代简择管轮帮驾,不愿英人搀越,应密嘱琅但居统船之名,不管德船雇员行海之事,亦可不担德船由德抵华之责成。其雇德员合同,或由许钦差与德国酌订。此意可用洋文密致琅知照。要谕林永升、邱宝仁沿途行驶,均听德员帮驾主意,免致中途有失,伏厂不认保固。德船限四月二十三、五月二十五分期验收。许函谓弁兵四月初旬到德,可同往看验。

2月22日(正月三十日),丁汝昌统领南下舰船在上海港停泊站锚。是日因起大风并下雨,下令各船官弁水勇悉心护船。

2月23日(二月初一日),因风大,丁汝昌下令舰船继续在吴淞口避风,推迟开船北上的计划。

2月27日(二月初五日),丁汝昌统带水师舰船北上。先后抵达威海、烟台、旅顺等地。

3月8日(二月十四日),丁汝昌统带舰船抵达天津大沽。

3月18日(二月廿四日),丁汝昌统带水师舰船由大沽起碇,开赴旅顺料理各事项。

3月25日(三月初一日),丁汝昌统带水师全军各船由旅顺抵达威海卫港。

3月26日(三月初二日),丁汝昌在威海写信给前往英国、德国接带"致远""靖远""经远""来远"四舰的琅威理总查:

前条陈各节,并由槟榔屿、锡兰惠寄两信,均已收到。兼谂行李初发时,途遇北风,船甚摇动,过香港当必随处稳渡。昨者获悉阁下已抵达欧洲。阖府当各平安为颂。余在沪本定二月初一日开船,因正月卅日即起大风并雨,至二月初五始展轮北来,过威海、烟台、旅顺,至十四日始到津。中堂于二月十七因办陵差事赴北京,约本月二十前可以回津。余上月廿四日由沽起身,又到旅料理各事,住两日,昨日带全军来威海。调度弁勇出洋之事,已奉中堂电谕:刘钦差来电,英两快船于中历四月廿后同时试行,闰月初"华勇"若到,即可过船云云。"图南"船本月初五日准来威海,该船到后赶即拨人到船开行。条陈各节,余能做到之事,必照议办理。有未尽行者,俟阁下回华再为商办。各船操演各技,均照章加劲练习,俾日就精进。罗觉斯已去旅顺,与刘道台相处尚觉合宜也。附告望放心。此复。

现大连湾移铭军十一营驻防,威海移绥军八营驻防,金现(线)顶房归营中居住。刘公岛拟盖之房,刻已买好地基开工矣。

是日,丁汝昌还收到烟台盛宣怀道台转李鸿章之来电称:

"来远"月朔下水。琅请电丁军门。德船不能在合同期前齐备,请饬员役于西六月十五后到英云。"图南"已否定期开驶,到英、德须久候,奈何。

4月5日(三月十二日),丁汝昌在烟台收到好博游税务司来函,告知北洋水师洋弁锡伦司、费纳宁两位在上海医院养病的有关情况。两人医疗费用支出明细单也随信收到。

4月6日(三月十三日),为及时清结两位洋员的医药费和船费,丁汝昌写信给好博游税务司称:

昨在烟得贵税司来函,知前敝军洋弁锡伦司、费纳宁在沪医院养病,共药、饭规平银二百十四两,详单均收。又查该两弁病愈后由沪北来搭船一节,昨经招商局前来索价,计规银五十两,未曾发给。以系贵处经手,似仍托贵处代交,免有歧误。兹托义昌行拨去规平银二百六十四两,送到时,祈除还去医院一款外,余五十金,祈将船价一并转交清结。费神容谢。款到并赐收条。

是日,为处理好此项事情,丁汝昌又致信樊世勋称:

昨在烟奉书，今午“图南”到，又奉来示，清单、提单一并收到。米千包及旗帜四包、军衣两箱，一齐提察，统交出洋邓营务处照入。诸渎清神，感之不尽。兹复有恳者，昨接沪好博游税司来书，敝军两洋弁在沪医院养病等费，共应规平银二百一十四两，又查两洋弁病愈后由沪北来搭船费规平银五十两，前后两款共应规平银二百六十四两，当日均由好税司经手。祈贵处暂拨规银二百六十四两，并外一函，均饬妥送好税司办理。送去索一收单，此款容日再缴尊处。

4月8日（三月十五日），收到李鸿章来信，主旨是要丁汝昌统筹兼顾，合理调配使用出洋接船人员。

4月9日（三月十六日），致信在英国接船的琅威理：

三月初二日由烟台发寄一书，计此时当已过新加坡矣。“图南”十二到威海，所有应拨出洋名目，均照前与阁下所议办理。惟陈恩焘、刘冠雄，昨奉中堂来札云：出洋监督称，陈恩焘随测量船放洋学习，刘冠雄甫派枪炮船学习，若令遽归，前功尽弃，未免可惜等语。余念该二员既有心力学，当改派吴敬荣为“靖远”大副，林文彬为“来远”大副，一并前去。前云令陈三副出洋一节，今既拨去吴、林，而“定远”副船主接带“扬威”，李鼎新又病大沽，“定远”水师官实不够用。阁下倘必须人随身传布号令，查前南洋尚有两水师官出洋学习，可商诸周监督，调回一人应用亦可。队长一节，前阁下云出洋无需此人，兹每船派一巡查去。又阁下当差前随罗哲士去旅，“图南”到威后，曾派船到旅调彼出洋，罗哲士执不肯放，故又令夏先生当差，另觅一人随同前去，均望查照。“图南”明日起行，该船到英，“致远”“靖远”换旗，及到德，“经远”“来远”换旗等，均望电告。“来远”工程望随时请钦差催厂，早竣为幸。我军所购军械，应随“图南”带华者，均望费神查看查看，以期适用。余事有未言及者，均询邓营务处便知。

5月28日（闰四月初六日），丁汝昌统领舰船赴东洋巡阅操训结束，由东返回威海湾。此次操巡，丁汝昌抱病甚剧，虽积极医治，犹未稍见痊愈。

5月29日（闰四月初七日），为北洋水师机器厂及“扬威”“济远”“定远”三船所需各种料件之事，丁汝昌致信高仲瀛：

不聆雅教，两月有赢，我怀西倾，遐想殊甚。近维禔履冲和，当如所颂。兹恳者：敝军机器厂及“扬威”“济远”“定远”三船现需各项料件修配一切，兹乘“康济”去津领饷之便，汇开一折前往走领。祈查照发交该船,此次归来之便带下应用是祷。

同日,为及时领回操练应需各项军火并节约运费等事项,丁汝昌还致信张次韩:

> 一别两月有余,我怀西倾,遐想殊甚。近想台履泰和,至以为颂。昌昨由东归,抱病甚剧,迩日医治,犹未稍见痊可。故此次未能赴津一倾积抱,殊甚闷闷。兹恳者:现饬"康济"赴津领夏季饷项,所有该船应需操练各项军火,借乘此便,请领应用。外开清折,祈先查照。设有不齐,可将现成者发给,余者陆续便中饬取。经领齐后,再行补送文领备案。再,敝军严委员去津领饷,至大沽时,祈赐借轮艇一渡是幸。

6月12日(闰四月廿一日),丁汝昌得到林泰曾报告称,"镇远"舰轮机舱备用料件已无存储,请及时采办。

6月13日(闰四月廿二日),为"镇远"舰轮机舱备用料件事项,丁汝昌在威海致信高仲瀛:

> 昨据"镇远"林管带禀称,该船轮机舱备用料件业已无存,开具款目清折,请由贵坞照制领用等情。经弟复核,均系机舱平日应领存储之件,应当准其领备应用。兹特照开原折,外图式二张,领单三纸,统祈查照饬造。俟经齐竣,赐示走领。

6月17日(闰四月廿六日),为及时领回所需各料件,丁汝昌再次致信高仲瀛:

> "利运"来,奉赐告。知前上尺书已邀台察。兼承注念殷拳,感真无量。近维荩履冲和,局猷昌炽,且颂且仰。承示发给敝军厂、船请领等件,"康济""湄云"俱未装来。当传"康济"管带面加询斥,据称彼船候至十八日将煤装齐,见所领各件未曾到船,遂即开行。查尊示系于十七日运送沙外,恐或经运人偶稽致舛也。至"湄云"虽船小不能多载,亦须将情节禀明,乃径不理而去,殊为可恶!容该船到威,自当有以示儆。兹者"威远"去沽,所有前请领各件及此次"威远"尚有领件,均请饬发交该船带下。
>
> 贱恙仍未见轻,承念。谢谢!大咨并读悉。外折一扣。

6月20日(闰四月廿九日),丁汝昌致信王松森称,北洋水师"定远"舰水勇张林龙、"济远"舰水勇周荣福均已病故,已通知该故水勇家属领取灵柩,请查照发给。

6月下旬(五月初),丁汝昌收到琅威理由英国发来的电报称,水师需件，在华难买者打算在英购买，需银万两，望请示。

6月24日（五月初四日），为稳妥处理琅威理在英国购买水师需件事项，丁汝昌致电李鸿章建议称，查询何项物价，开单送至刘星使处，核明后电报国内定夺。

7月2日（五月十二日），为顺利运回威海机器厂所添购之新机器，丁汝昌致信恳请盛宣怀称：我军威海机器厂近年因船多制造任务日繁，前禀报傅相批准，再添购机器，配合应用。据说现已解运至烟台，兹派“威远”船前往收装，请让值关人员验放是幸。

是日，为将所领不适用之料件能够退回去，丁汝昌还致信高仲瀛：

“威远”归，奉赐翰并前机厂及各船请领各件，均照来折分饬点收。惟查机厂木料，核与原请数目或有多者，或有不足者；“定远”白棕绳亦非原请之物，未能合用。一俟遇船去沽，再行将舛误各项汇折呈察，将未能合用之件并请退换。先此奉闻。再，承示要威海请制舢板尺寸，兹特绘去图式，祈饬造为幸。舢板随带零件均需配齐，桅篷请发料，该船审度自制可也。并据该管带称，前此沽时曾将若何制造情节详告葛兰。图中倘有未逮之处，祈赐询葛洋员便知。

7月11日（五月廿一日），丁汝昌致信王松森：

上月廿九日曾寄一笺，饬该故勇家属领取“定远”张林龙、“济远”周荣福之柩，当蒙照发。兹“镇远”升火殷武妻子前来禀请领柩，特泐涵交付。祈查照发给。该故勇柩，书“镇远升火殷武浙江宁波府鄞县人”即是。查果育善堂系属公地，谅无应用房地租等事。惟管堂人照料一切，倘应需零星酒资，谅所费无多。设有此例，祈酌裁告之领柩人，薄酬其力可也。俟后遇有领柩人，均可如此办理。此达。

7月16日（五月廿六日），丁汝昌将写给刘含芳的快信交给“操江”船管带，并令其带去后面呈。

是日，他还收到周郁山的来电称，以德威尼现议开船，路令凯仕（即林泰曾）或别人去旅顺协商办理。

7月17日（五月廿七日），丁汝昌致信刘含芳观察：

昨由“操江”带去一笺，当已达到。昨接郁山兄电，以德威尼现议开船，路令凯仕或别人去旅商办。兹派“济远”方管带前来，一切祈指示与尼妥商为叩。承示派学雷学生，兹令王学曾等四名前往，外另具名单。祈查照指授精微。幸甚！再，前敝军垫发密勒克一款，尊处当早领出，现附呈清单，祈核交“济远”领回带下，了此一段公案是望。

手此，祇达。

7月21日（六月初一日）上午9时许，丁汝昌在威海致电李鸿章报告称：

接琅威理闰四月十八来函："致""靖"五月初二、初四，"经""来"五月初十、二十五均可试轮。拟六月半四船齐集英泊士莫海口，令员弁游历练船各厂后，约六月二十三左右可展轮回华，并带一大雷艇来云。

是日，还接到枪炮教习洋员鲍察的报告称：五月中旬水师操训演放克虏伯炮时，所用铜螺丝拉火有炸断等弊病。已将炸坏的三十一支拉火随书面报告上报查验。

是日，他还接到北洋水师七艘舰船请领各件的开折。

7月22日（六月初二日），为东局所制铜拉火之质量问题，丁汝昌致信张次韩：

昨据枪炮教习洋员鲍察禀称，前月十四、五、六等日演放克鹿卜炮，所用铜螺丝拉火有炸断等弊。并将所坏三十一枝（支）随禀呈请查验前来。查此项军火系由东局所制，用将该洋员原禀照录，并炸坏拉火卅一枝〈支〉寄呈查核转致为幸。

是日，为"镇北"船领取料件等事，丁汝昌还致信高仲瀛：

上月十二寄书，计邀赐察。入伏以来，维荩履冲和为颂。昨据"镇""济""超""扬""康""西""北"七船开折，请领各该船需用各件，经弟核减外，其必须应用紧要者，择准汇录一折，寄呈查照核发。惟"镇北"船小不能装载多物，祈先检现有小件头发给，其余仍乞饬照备齐，日后遇有大船去沽，再请陆续发寄为幸。再者，闰月末旬，"镇远"绘图请制机舱用件，刻如工竣，请交"镇北"带下。外附呈"超勇"螺丝拿及辘饼套管图共两张，祈查照饬造。

7月23日（六月初三日），丁汝昌在威海接到盛宣怀在烟台发来的急电，告知"保大"船在荣成成山头海域附近失事，要求速派水师舰船帮助援救。丁汝昌当即派"威远""扬威"两船前往救援。并令该两船管带以救人为先，倘彼船还需帮助打捞货物等事，必须令其点验交收明白，而且自己船只必须慎重作业，确保安全。

7月30日（六月初十日），丁汝昌接到李鸿章来电，准许林泰曾率带六船赴大连湾操练。

7月31日（六月十一日），为北洋水师舰船请料件及旅顺港西澳掏挖清淤等事，丁汝昌在威海卫致信刘含芳观察：

恳者：兹各船请领夏季操用并补足额两项军火子药等件，用汇一折，请由尊处先行函达天津军械所，设有不现成之件，应恳豫（预）为制备，何时齐楚，系由何处请领，届时仍请尊处示悉，以便遵照备文趋领。昨奉大咨，电灯填表一节，兹令林管带面请指教，应如何办理方为妥贴（帖）之处，即乞剖示饬办为幸。匾对均承代制，心感良深。惟弟届示订之期，恐难到旅，现已属凯仕到旅赴尊处取下，代躬拈香悬挂，用商明公可乎否耶？

西澳洵挖清淤事，亦奉相谕，届六月十八日为第一起收工之期。届时应令铁舰管驾赴旅量验，绘图分送等因，已嘱凯仕等轮往禀商，遵示办理。船澳口门一节，昨据方管带详陈所见，另具公文，咨令仰商诸郁公酌夺。所陈是否可用，仍由两公主稿会禀办理，免有歧异。费神之处，容恙脱体，再统伸谢。

在威各船，久未出操，中怀焦灼，已非一日。日前，“威”“扬”两船以帮同“保大”捞救货物，并为驰送烟台等事既经完竣，各船拆洗机舱并船身内外油饰之事亦了。于昨电蒙相准，令林管带帅（率）同六船赴湾操练。知念附陈。

8月7日（六月十八日），为使“康济”舰能顺利领取料件事，丁汝昌在威海致信高仲瀛予以说明：

兹“康济”去沽接郁山兄，祈将各船前请之件“镇北”所不能载者，运交该船带下。外尚有此船请领各件，一单计六宗，查有现成者亦交“康济”带下。

8月14日（六月廿五日），为妥善处理“保大”沉船救援的后续事项，丁汝昌复信盛宣怀称：

日前奉手告，聆悉种种。嗣以无便船去烟，未能即复，深以为怅。“保大”事于本月初三接执事由烟来电，当即派“威”“扬”两船前往援救，并属该管带等以救人为先，倘彼船挽帮同捞货等事，必须令其点验交收明白，自己船只必须慎重等语。去后于初四该两船回威，据称人客已由“通州”载去，沉去货物“保大”船主请我船代为捞运，惟须乘潮落之时乃能动手。兼彼时不时起雾，而彼处又为商船必经之水道，故仅捞得五十余件，且询悉“拱北”即到成山。遂归。所有载来之货，均经“保大”船主等过验明晰，然后起运。时敝军机器厂英国管轮葛果德亦同去监视，物到船均列舱面，舱下各处一概搜查，并未翻出匿物等情。到威后，弟又令该管带等通查一次，然后使“威远”并送烟局，并取有收单前来，当即据情并单禀陈傅相矣。至来书所虑，不给赏项有扣留物件等弊，窃以兵艘为人运转等事，非涉公事概不能装，即涉公事断无讨赏之例。若以无赏遂即匿物，水师虽隘，行同市侩，执事或别有见而云然也。弟虽详察至再，恐百虑一疏，有不如执事过人灼见者。兹者“威远”林管带来烟，特令其趋谒崇阶，望再详细赐询为幸。书中有未及道者，亦嘱该管带一一面陈之。乞垂省不尽。此复。

8月16日(六月廿七日)，丁汝昌收到盛宣怀在烟台来电后，立即复电告知，遵嘱派“超勇”“扬威”两船前往听候调遣。

8月17日(六月廿八日)，为慎重处理成山附近渔民捞取“保大”沉船货物之事项，丁汝昌坦诚致信盛宣怀：

昨接要两船坐往荣成之电，当即电复，谅邀青及。兹派“超”“扬”两船前往，以候指挥，惟成山为商船必经之路，雾天需防，且遇大南风必须开出洋面。该两船官弁水勇人等应令在船，各慎其守。第此行果邀德导礼齐，化为无事诚幸。设有意外之变，在水中御击，并须用枪炮一切事宜，该船主已属其不准轻举妄动，一应候遵命而行。执事亦似宜慎审事机，相与因应，总以预筹日后结局地步为妥。倘有可善全之方，即不必过迫以威，恐因莠毙良，有投鼠忌器之悔耳。愚见所及，不敢缄默，乞高明裁察行之。

8月22日(七月初四日)，丁汝昌收到王松森于六月初六日寄给他的书信。

8月23日(七月初五日)，为已故水勇灵柩无亲属前来请领之事项，丁汝昌复信王松森：

昨得六月初六日寄书，知前奉两函俱已达到。周福荣、张林龙、殷武三柩，均承费神发交该家属领去，感甚。兹者“镇远”杨林家属及“定远”李长无亲属前来请领该二人之柩，用修函开单交其面呈请领，祈查照单开，饬发是幸。

9月2日(七月十五日)，为急需油底之事致信高仲瀛：

“西”“北”前请示进坞油底一节，五月廿一日曾奉电复：“镇海”刚进坞，七月中来坞代油等。因昨知“镇海”业已出海，于本月十二又经电询，未蒙赐复。惟该两船急需油底，究竟贵坞何时有空，祈速电示，以便饬往。

再，“镇西”此次入坞，机舱须换烟管，祈预饬筹备为幸。

是日，为已故勇役之灵柩事，丁汝昌再次致信王松森：

昨奉复书，知杨林、李长元之柩业蒙饬交去人领回，感甚。兹镇远差役天津人赵焕启之父前来请领该差之柩，特付函前去，祈照发为幸。其余各柩，弟当催饬各家属前来，俟到即令走领。

办公出力人员，以弟处向未自发功牌，荣后遇机，当汇禀中堂核赏。单谨存。此颂升安。

9月7日（七月廿日）李鸿章奉四月初四日上谕保举将士，奏保荐举丁汝昌、唐仁廉、李长乐、周盛波、宋庆五员。

9月11日（七月廿四日），丁汝昌收到刘含芳来信并速阅。

是日，又复信刘含芳：

顷得复教，捧诵紬绎，转滋惶惑。因恐有今是昨非之谬，极力追思，仅记移款作捐一事，专请以尊处匀去军米之价，转拨移公款作公举，窃以绝无訾议。至在沪代购零星一节，系私款耳。区区之款，转眼即逼，公代付捐输，虽无索偿之迹，却显然有索偿之心。往者，公常以怕得罪人一语见誉于弟，岂怕得罪人者而实有此事乎？此弟之所以自信无疑也。贵人善忘，胡不取怀中记事珠一加摸索耶？前言余意，申明以复。

9月12日（七月廿五日），丁汝昌收到刘含芳来电后，主要就西澳第一期量验工图的有关事项，提出了主导意见。

9月16日（七月廿九日），为旅顺西澳第一期量验工图之尺寸事，丁汝昌致信刘含芳：

接廿五日来电示，西澳第一起量验工图，以林管带等所绘为准，以后专由各舰量测后，彼此会报各等因，敬悉。妥甚惟林管带所绘图中水尺与尊处呈送李傅相工图内水尺不符。弟处拟不再禀送，以免两歧，是否之处，务乞见复为幸。

再，前准大咨并奉傅相照饬，令三舰管带及炮弁等，八月间赴大沽炮台会齐试验炮药一节，应于何日前往，届期请先期电知，以便照办。专此，奉达。

是日，为保证林春顺顺利把“定远”已故水手林宗宾（即林春斌）之柩搬运回家，丁汝昌还致信负责此事的王松森：

昨以饬搬差役赵焕启之柩，曾具寸笺，谅已早邀青鉴。兹有林春顺往搬“定远”水手林宗宾即林春斌之柩，特予一函，祈即查明饬交搬回福州。是为至幸。诸费清神,心感无似。专此,奉达。

再,下次请将台甫示知。

9月19日(八月初三日),为是否交卸北洋水师统领之事,丁汝昌致信周郁山:

顷承逮简,知前奉去一笺及禀稿均邀而瞩读。两页书始以禀而忧,继以批而喜。明公关切之挚,流露于不及觉者,则鄙人益支持甚苦矣。然宪恩高厚,奉批后益自愧惶,惟有谨遵札谕各节,恪慎办理。林镇代统后,一切当祈推爱指导。知休戚相关,已非一日,今日之事,尤须借重长才,固持大局,是私衷所切感者耳。武备学生,“康”“威”两船垫办伙食,计“康”五十两,“威”八十四两。兹将该两管带呈到原折转奉,祈查照核报是幸。

今早又奉相电:不准交卸。原电并批,汇钞一纸附呈。祈察。初四又及。

是日,丁汝昌还收到张次韩来信得知,要求挪十五生地克虏伯炮用黑饼药以备试验。

9月20日(八月初四日)晨,丁汝昌又收到李鸿章电令,“不准交卸”。丁统领将来电并批示,汇钞一纸附呈周郁山。

是日,为抽提药弹试验之事项,丁汝昌还致信张次韩:

昨奉逮简,挪十五生脱克鹿卜黑饼药以备试验一节,当即照饬抽提,以便解送。旋据敝军林营务处禀称:“定”“镇”两船所配十五生脱炮,每船应配火药二十出,前年以此项火药不敷,每船只领八十出,除操演用去外,现两船仅存九十出,若再拨去三十出,所存似更太少。禀请核夺等情前来。查各船额存药弹向有定章,以备不时之需。前各船领存及操用两项药弹已形不足,六月间曾开折向芗翁处请领,迄今尚未发到。存既无多,似宜稍存慎重。然大沽试药事亦紧迫,用特拨去二十出,交“康济”解送曜廷处,届时应用可也。

正封函时,“康济”送到请领军火折件。兹照录一单请发,俟领到再补公文。

是日,为舰船维修之事项,丁汝昌还致信高仲瀛:

兹“定远”“威远”“超勇”“康济”四船现有空闲,应行修配。各项需用物料开折前来请领。经弟核拟,将可从缓者一并剔去,仅将刻下必须之件汇折送请查照发给。有现成者,即交“康济”回威之便带下。再,“定远”炮盘螺丝须请修,改派洋管轮克鹿库亲送前去,应如何修理，由该管轮到坞面陈。

9月21日（八月初五日），为送试验黑饼药之事项，丁汝昌致信罗曜廷：

昨接次韩来书，借十五生脱炮黑饼药三十出，以备芗翁到沽试验。查敝军此药所存无多，兹匀得二十出，计两箱，交“康济”寄呈尊处代存。次韩处亦另有函达矣。

10月9日（八月廿三日），为旅顺船坞之事项，丁汝昌致信刘含芳：

收工、试药两事，电示派船前往，曾即电复，谅邀俯察。兹令凯仕带六船前去，环卫台旌，借承心法。澳工一节，必须彼此会量尺寸乃可符合。前奉折请领军械事，次韩来函已知照尊处。尚有需样之件，已嘱凯仕面陈，如何办理，祈亦面示。

是日，为保证炮艇能尽早进船坞修理之事项，丁汝昌还致信高仲瀛：

“西”“北”两船前奉示，令八月初十左右来沽接修，当遵照饬往。兹闻两船入坞，尚属无期，所深焦灼。第以秋风日劲，多迟时日，不惟归途未便，且于操务有旷。伏望查饬速令入坞，俾得及早回防。未入坞先不妨预令动手将零件动手修理，庶出坞后，不至又延时日也。敝军所领各件，即赶照折核明遄复。

10月10日（八月廿四日）晨，为去大沽舰船添装燃煤事，丁汝昌又致信高仲瀛称：

“扬威”机舱并舱面应需各件，经核后汇抄一折送请查发。内有现成者即点交该船此次来沽之便带下，余者下次遇船再寄可也。再，此次“定”“镇”“济”“威”“扬”去沽，如有应行添煤之船，已嘱其开条请领，单到即祈查照运发。煤船用大驳船方妥，并请派人到船监视磅收，免舛。

10月11日（八月廿五日）上午，丁汝昌在威海收到李鸿章来电：

琅二十一苏士河来电：因拖鱼雷艇缓行，致延时日，计十月十七日前不能抵沽，乞准各船在中国南省海口操练过冬。德税司欲请琅先带两船于十月初抵沽查验，两船拖艇缓行。我谓不妥，全军须琅统率操行。德又请在香港驻操。我意或有小修洗处，在港稍停，似宜厦门度冬，操路更广。如此则所雇洋弁明春至沽，方能酌遣，糜费稍多，汝再妥酌电复。

11月17日（十月初三日），丁汝昌在朝鲜仁川收到李鸿章来电称，琅威理初二日在新加坡电报行程，初三日开行，望丁统领加带兵弁在香港等待备用。李中堂希望丁汝昌酌办。

11月29日(十月十五日),上午8时许,丁汝昌发电给刚刚寄泊香港油麻地之滨的北洋四船,告知新船官弁水勇,李中堂令在厦门过冬,并让邓世昌营务处去广东省禀商。

12月4日(十月廿日)晨,丁汝昌致电锚泊香港的琅威理,函促新船早赴厦门相见。船上员弁欣欣相告:"统领在厦门,吾辈不日见吾统领矣。"

12月10日(十月廿六日),丁汝昌率领"定远""镇远""济远""超勇""扬威""康济""威远"等舰,在厦门海口迎候远航回国的"致远""靖远""经远""来远"四舰。

是日傍晚6时,丁汝昌从"定远"入舢艇鼓棹来迎琅威理及四船管带,相见后同登"靖远",四舰管驾进谒丁军门。

12月11日(十月廿七日)上午9时,风大浪高涌恶,丁汝昌来到"致远"舰答拜。午后,登岸偕邓世昌营务处到银行小坐交谈。

12月12日(十月廿八日),风息浪平,中午时分,丁汝昌下令移船,"定远"先进港口,距山五十码下锚,"来远""济远""康济""镇远""扬威""靖远""致远""威远""超勇""经远"相继入港下锚。

是日晚,丁汝昌邀新船管驾等在"定远"用饭。晚6时多,四船管驾都到,丁汝昌手执名单口询情形,不到半个小时,将四船各执事商派妥帖。晚7时,琅威理至,遂入座。"定远"管带刘步蟾,洋员翻译夏立士、于思诒和"镇远"管带、兼营务处林泰曾也同时参加欢迎晚宴。

12月13日(十月廿九日)上午,丁汝昌派人将"利生"船票送给于思诒,并告诉他下午4时开船,行李须早送到船。是日午间,丁汝昌在"定远"再次接待了前来话别的于思诒。

12月19日(十一月初五日),丁汝昌在厦门致电李鸿章报告,琅威理认为学生上英船无谓,英国在远东无新式炮械,并多驻商口,相待客气,不如在本军学习切实。再者,英提督亦无函来。请中堂裁示。

12月20日(十一月初六日),在厦门收到李鸿章的复电:琅威理讲英国在远东船无新式炮械,不及在本军学习切实,亦有理。提督若有函来,姑作宕缓之词。但本军舰船须切实教练。

1888年(清光绪十四年)　五十三岁

3月中旬(二月上旬),丁汝昌率领舰队结束南方冬季训练,回到威海卫港。

3月下旬(二月中旬),率领船队开赴天津大沽,向李鸿章报告验收新购军舰情况,验收结果证明各船与原订合同相符。"致远""靖远"长250英尺(注:此为垂线间长度,总长应为267英尺),宽38英尺,吃水16英尺,排水量2300吨,马力7500匹,航速18节,装有210毫米前后主炮3门,150毫米炮2门,6磅炮8门,速射炮6门,鱼雷发射管4具。派林鸣埙、张启正、陈和庆监造。"经远""来远"各长82米,宽12米,吃水5米,排水量2900吨,马力5000匹,航速15.5节。装有210毫米口径炮2门,150毫米口径炮2门,75毫米口径炮2门,鱼雷发射管4具。派曾宗瀛、裘国安、黄戴监造。

4月25日(三月十五日),丁汝昌率领新购"致远""靖远""经远""来远"四舰与北洋水师各兵船同阵驶抵天津大沽口沙外下锚。

4月27日(三月十七日),丁汝昌在大沽口接到"操江"船管带报告,请求添置舱面及机舱配件。

4月28日(三月十八日),为"操江"管带领取应用各件事项,丁汝昌在大沽口致信高仲瀛:

> 久违雅教,常系于怀。近维凡事,绥密为颂。兹恳者:昨据"操江"管带面禀,该船海上奔走差使,舱面及机舱各件必须添易妥贴(帖),以期得用,并开清折前来。经查该船所开各件,均系现所应需,自当准其请领。用将该船所呈原折奉上,祈饬该管人从速备齐,发交"操江"管带领取应用为幸。外折一扣。

4月30日(三月廿日),为制靶须用至关重要等件,丁汝昌致信高仲瀛:

> 敝军各舰现有应行领修添配各项,惟制靶用等件尤关紧要。兹汇开一折送呈,即祈查照饬速备妥,以便遄领应用。外折一扣。

5月5日(三月廿五日)傍晚5时,丁汝昌率领水师官弁在大沽迎候出海验收新购军舰,并查勘北洋各口防务的李鸿章一行。

5月6日(三月廿六日)下午2时许,丁汝昌率领北洋海军各舰由大沽口沙外起航,随李鸿章查验新舰,并巡视旅顺、大连湾、威海卫等地的海防建设情况。

5月7日(三月廿七日)上午8时,丁汝昌率带舰队抵达旅顺口,勘视新建造但还未完工的大船坞。夜晚,陪同李中堂观看各船放电光巡灯。

5月8日(三月廿八日)上午8时,丁汝昌陪同李鸿章至西澳勘验"致远""靖远""经远""来远"四快船和新购鱼雷艇。上午11时许,在雷桥观看演放鱼雷三枚。是日夜晚,又令各船演放电光巡灯。

5月9日(三月廿九日)上午8时许,陪同李鸿章至棉药库、水师药库、陆师子弹库、元葆房水师子弹库等处勘验视察。

5月10日(三月三十日)上午8时许,丁汝昌陪同李鸿章乘坐"定远"舰驶至大连湾口外,测试"致远""靖远""经远""来远"四船速率。中午12时,在船上用餐。下午4时许,军舰驶抵柳树屯。

5月11日(四月初一日),丁汝昌陪同李鸿章阅视鱼雷艇操练演习。中午、晚上均在"定远"舰用餐。是日晚6时许,率全军各船随李鸿章一齐开赴威海卫。

5月12日(四月初二日)上午,丁汝昌统率北洋各舰抵达威海卫。下午,陪同李中堂视察祭祀台、北山嘴炮台地基。是夜,令北洋各船放电光巡灯。

5月13日(四月初三日),丁汝昌等陪同李鸿章乘小轮艇勘视刘公岛南北(即东泓与黄岛)炮台基、日岛炮台基,赵北嘴(即皂埠嘴)、龙庙嘴各炮台地基,至刘营行膳,下午4时驻节刘营。

5月14日(四月初四日)上午7时许,丁汝昌陪同李鸿章登上"定远"舰,率北洋诸舰由威海开往烟台,沿途阅视海军操阵,过崆峒礁各船迭开巨炮击之,炮弹所及,石破天惊。船开烟台未下锚。

5月15日(四月初五日),丁汝昌陪同李鸿章乘"定远"舰,并督率北洋各船前往天津大沽。早6时许,经过登州(今蓬莱)时,宋军登岸,船队继续北上。

5月16日(四月初六日)上午7时许,丁汝昌率舰队抵达大沽沙外下锚。

是日,狂飙猝起,波涛翻腾,李鸿章换乘"快马"轮艇进入大沽口。

5月17日(四月初七日),为"镇远""济远""致远""靖远"四舰及威海机器厂需领各类料件事,丁汝昌致信高仲瀛称:

> 敝军"镇""济""致""靖"四船及威海机器厂有需用各项,开折请领前来。兹汇开一折,祈查照分别购制发给。所领各项,除四船已饬

其自行前领外，其机厂所用木料，先祈饬照备齐，“康济”行即来沽，俟船到后由该管带代为点领。已函饬知照，届时尚恳饬该管司事统数累齐，运送该船照收是幸。附折一扣。

是日，为新购“经远”“来远”两船短缺鱼雷之事，丁汝昌在大沽口又致信许竹筼星使：

日昨傅相出海勘验四新船，谕及“经”“来”两船，查合同内每船应有鱼雷十二具，前据该两舰管带声称，每船实领到十一具，计共短少两具。未知究竟归于何处，抑系该厂原未送来，尊处当必有底可稽。祈请查明见示，以便禀复。琐渎钧聪，不安之至。

前嘱令亲附保一节，昨已列案汇禀，不日当可出奏矣。附陈。此叩。素履不赐。

是日，为北洋舰队八舰上煤及“定远”“镇远”两舰药弹舱应须修理等事项，丁汝昌又致信高仲瀛称：

兹“定”“镇”两船药弹舱应须修理，请领各项木料，特汇开一折。俟该船派人到沽，即祈饬发为叩。又各船现须上煤，计八船共一千九百三十五吨，望即查照折开，速饬人装运沙外分交。外折一扣。

5月22日(四月十二日)，为北洋水师各船领煤节约经费和免费周折，丁汝昌在大沽致信朱伯华称：

水师领煤一事，曩者悉由塘沽矿局拨送船坞，敝军再由船坞请领。今晨与花农商定，俟后水师用煤，径向塘沽具领，或按季、按年由该局将领单汇送贵局，与敝军煤册校对核销。所领之煤，仍由该局运送到船磅收。至运费一节，在口内上应付若干，口外上应付若干，均祈与花农面订可也。如此办理，既免周折伤煤，亦可稍节经费。

再，各船械、饷全底一本附呈，祈费神着人共抄两份：一代呈中堂，一转致次韩是幸。前恳本镇廉俸事，一切均祈代劳妥办。俟下大人节临，兄仍到津一行，届时面领可也。

5月25日(四月十五日)，丁汝昌在大沽致电刘含芳，请他帮助将“致远”“靖远”“经远”“来远”四新船子弹等应行送样者，捡一份交给“镇海”船带到天津送张次韩处查收。

5月26日(四月十六日)，为栗色等药在船装袋及请领各类枪支等事项，丁汝昌在大沽致信张次韩：

日前两奉惠言，均敬读悉。敝军请领各项军火一折，均蒙分别签示，尤深心感。“定”“镇”“济”三舰定购钢弹等项何日可到？候示再领。其余原折请领之件，除存旅局另行请领，以及在局仿造未成，候成再领外，其贵局暨东局条签有存者，当即分饬各船先行遵照走领。至于三十半生炮用栗色药一节，已据所试情形办稿，克日即咨冰案查核，应请知会东局归有存项下一例照发为幸。

又，栗色等药装袋一节，查西国兵船向无在船自行装袋之例。以船上无宽静处，设稍遗渗，关系非轻。有不得不请局代装之势，敢祈会衔禀请，行知东局，一律装发。至各项药袋应行送样之处，容饬各船详细声明，再请查照转咨立案，仿制可也。

又，"快马"带来毛瑟枪二百杆及随带各件，均照单点收，发交"致""靖""超""扬"四船分领。已饬四船收后具领前来，俟领字到齐，当即送呈。前交到六出手枪一枝，昨经琅威理试放，据称颇为精坚灵捷，即乞查照前定之数饬购。其随枪若干子弹，以及枪鞘、子盒、皮带均须随带齐全，于购单内伏望载明为妥。

又四新船子弹等项应行送样者，昨已电芗林捡出一份交"镇海"带津送呈，到希查收。

5月30日(四月廿日)，在大沽驻泊时，丁汝昌收到李鸿章来札，告知部议补发"定远""镇远""济远"三船所垫公费，必须补送该船详细日记。

5月31日(四月廿日)，为补发"定远""镇远""济远"三舰亏垫公费之事，丁汝昌在大沽致信朱伯华称：

昨奉相札，部议补发"定""镇""济"所垫公费并须补送日记一案，尊处当已奉到行知。惟查补发三舰亏垫公费一节，经罗稽臣会商以核对款目，当将三舰由十一年十月起至十二年四月止，未加公费以前日记，涉及所用公费各项开折，统送贵局核办在案。嗣三舰所呈海军衙门日记，系由十二年秋季起才按季造送，惟记中只记载行船等事，未曾叙及公费用项一层。此次部查日记，若照海军之式一例造送，用费无以核起。再更新式又与海军日记两歧，转为不妥。兹令敝军林营务处及"济远"方管带来津，商请钧裁。禀请咨复，总以不必造送为妥。若必须遵照部议，应如何办理方臻妥贴(帖)之处，当望详细示知，以便遵办。

是日，为旅顺鱼雷匠海马病故之恤费和制定北洋海军章程等事项，丁汝昌还致信罗稷臣：

旅顺鱼雷匠海马病故一节，查合同内若因公身故，赏给四个月薪水。现与琅威理议妥，回费及一个月折半薪水概不发给，拟共赏四个月薪水以示体恤，祈查照办理为幸。

再者，兹凯仕、益堂赴津与诸公共议章程，是创制始基，似宜统筹先后全局，立言于一成不变之地方妥。执事中外情形，胸明如镜，且同学英俊，多在水师，在此更张，开日后展布之路，伏望手挈要纲，曲画其间，当无不乐悉臻美备也。

6月3日(四月廿四日)，为制定水师章程事及"康济"舰改鱼雷练船之事，丁汝昌在大沽致信周郁山观察称：

日前叠走津门，议订海军章程，虽晤教至再，均匆遽未能尽言，甚以为怅。会议水师章程事，昨饬林营务处及"济远"方管带去津趋谒，台下谅已数晤。惟该员西国事务虽稍明晰，而于中国内地各节，未经谙练，一切尚望手挈要纲主持其间，采其可取者实为断不可少者，补入之可耳。

弟到沽以来，逐日与仲瀛筹议船事，现已议有规模。六镇事先仅出海两艘，速行修理。其余留沽四船赶紧将坞工做竟，所有应修各件，统俟入坞再行动手。闽船琅议仍照前估之条办理外，尚有续添各件已开单交由仲瀛，俟估定再与公参酌行之。

"康济"改鱼雷练船一节，昨据耶松厂作(做)工人端尼门估计，照折开各项，须银二万三千余两，并云先一月可将各件一律备齐，船到后再一月工夫足以安配，总计阅两月均可完竣。又据沽坞所估，其价不相上下，惟工竣日期不能相同。兹端尼门去津，仍望费神逐核原估各价，倘有过昂处，不妨当面驳减。议定后，再祈面禀帅听，并恳将沽坞所估情形亦为上陈，或赴沪修，或在沽办，候帅定夺后，统祈电知弟。以芗林屡次电催，到旅商事，不便久留，一切偏劳，纫感以之。

6月上旬(四月下旬)，为新购四船药袋之样品送交之事，丁汝昌致信张次韩：

前者在沽，由"快马"送到毛瑟枪二百杆并随带各件，当经分交"致""靖""超""扬"四船，业经奉复。兹该四船将关领陆续送齐，并特汇去，祈查收存案是幸。

计关领四纸。

再启者：日前奉赐电知，四新船药袋之样未经镇海带去。兹捡四船应行在岸装袋之药，计四出，仍由芗林兄转致。俟经寄到，即希转知东局照样装齐，一并解旅顺备领。外单祈察。

单开：

二十一生大炮重装药一出（“致”“靖”“经”“来”通用）；

六寸径边炮轻、重装药各一出（“致”“靖”通用）；

十五生边炮重装药一出（“经”“来”通用）。

6月13日（五月初四日），丁汝昌致电刘含芳，请他转达告知各员弁，及时填造履历呈报上级。

6月14日（五月初五日），为北洋水师各船请领火药及零件箱事，丁汝昌致信刘含芳：

兹者，“定远”“致远”“靖远”“经远”“来远”五船请领火药，附去关领五纸，祈查照并饬该管委员照发。又有前交存贵处各项零件箱，拟先取五箱，业经琅威理将应需某箱开单交威远船林管带认领，亦祈饬该管人发给为幸。其余各箱仍恳代存（后又改除棉纱一包、两大箱外，余零件箱均交威远带来）。此次威远去旅考试新班学生，借厦抡才，前邀俯允，心感良多。兹者前往，尚希照拂，俟考毕当即旋防。请领各件，望饬一并发交此便带威。是祷！

昨请转知各员造送履历一电，当已达到。

外关领五纸，计关领：

“靖远”领一号火药五百磅；

“经远”领粗粒火药三百磅、三号火药四百磅；

“来远”三号火药七百磅；

“定远”三号火药五百磅；

“致远”一号火药五百磅。

再启者：“经”“来”两船应领年操军火折前已送呈，兹将“致”“靖”年操军火折及“致”“靖”“经”“来”应存备战军火折计共三扣汇送，祈查照为幸。弟昌附状。

6月18日（五月初九日），为接船保员应送简明履历之事，丁汝昌致信周郁山称：

接船保员应送履历一节，武职中有须向闽中查取札底者，一时恐不能到。刻文职底业已累齐，兹开折送请查核。惟送部是否即此式，以及可否先将此折汇详报部请批，统祈主裁办理。折内伯华及李襄国倘亦应送履历，希由尊处催取填入。王仁宝已电芗老索寄执事，俟到，请亦补到武员履历，俟到齐，再寄呈。

再，“镇海”船一切薪粮，前经执事会同禀请，改同水师一律，惟冬季应赏棉衣及遇有病故员勇人等烧埋银两，该船未能如一，殊觉向隅。矧其海上辛苦，近与水师各船亦颇相埒，可否曲予矜全，将此两节俯照敝军各船章程一律立案，俾同鼓舞群情，均沾实惠。执事履新在即，不妨将此一段公案仍出公手，以补其偏，想持平有素者无不乐为也。

帅饮食迩能照常否？仍祈随时电示为盼。外附清折壹扣。

6月20日（五月十一日），丁汝昌在威海接李鸿章来电得知：朝鲜汉城因丢失孩童之事谣言甚多，令他酌派"超勇""扬威"两船前往仁川查探，并会同驻朝公使袁世凯妥为办理。丁汝昌遵电照办。

6月21日（五月十二日），为两船开赴仁川后之有关事项，丁汝昌在威海卫致信袁世凯称：

十一日奉相电，汉城以失孩事谣言甚多，令酌派"超""扬"两船前往仁川查探，并会同执事妥办等因。旋准询船之电，当即复电，谅邀鉴及。兹拨"超""扬"两船往仁，倘须水勇赴汉城，每船约抽一二十人去，择从事妥慎的水师官一二人领带前往，并派差官张得旺随同照料，惟该弁等口岸交接多有未谙，到岸后一切悉听指麾约束，勿使稍有大意，致外人借口生端。是为至要！船泊港内与岸相近，船主不可离船，恐遇大风有拖锚等事，无人主持，诸多未妥。已将各节大略电禀帅听矣，祈查照行之。

6月25日（五月十六日），为及时制造炮靶及修造子弹舱等事项，丁汝昌在威海致信高仲瀛：

"定""镇""致""靖""经""来"六船须制炮靶，以及修做子弹舱等件，开折请领各项前来。兹汇开清折送上，祈查照核发。附刘公岛新造鱼雷厂应领四项，亦恳请一并照发。

6月30日（五月廿一日），为说明送呈管轮、驾驶日记各两本之真实情况，丁汝昌致信朱伯华：

兹送呈管轮、驾驶日记各两本，系敝军每月造呈海军衙门、中堂处两种底式。其呈中堂者，内开官弁人等花名，均据当时现有人数开列，与饷册一样，非照额设数目，敢祈详察。余俟面商。

7月18日（六月初十日），为舰船所存火药和"康济""威远"两船赴闽省改修等事项，丁汝昌致信刘含芳：

一昨津门之行，饫承绪论，足沃我心。虽有平原十日之聚，而假榻援餐未免有烦东道，不觉悦心之后而愧心起也。比维新猷日著，萃履时绥，当如所颂。子弹表已饬各船核对，一俟核妥再行咨送。"六镇”“康”“威”屯船现存火药，业经查明，汇折呈察。周礼等履历出身已催补到，另文咨送。郁翁所要号衣书，捡两本附去，祈转寄为荷。

前会禀“康”“威”赴闽改修一案，已否奉批？惟该船须先去闽厂勘估，未审帅意拟令何日前往？倘有定夺，仍恳探明先为见示，俾得及早预备，免临措办不及，又延时日。是为至祷！附火药一折，号衣书两本。

7月25日（六月十七日），为了解怡和洋行转运阿摩士庄厂之料件事，丁汝昌致信张次韩：

一昨小住津门，饫聆雅颏，兼叠叨扰，快忭交萦。此维起居曼福为颂。承示阿白吉尔地轮所运阿摩士庄厂续配“致”“靖”暨雷艇、“超”“扬”装药器具并各项共三箱，刻下未知已由怡和洋行转运来津否？俟到，蒙点验后并校量克鹿卜三十生半、十五生炮用量子弹器具以及前膛炮尺等件。俟东局试用毕，一并恳饬运解旅库存储，奉咨后，再派船去旅点收可也。

承寄两单均谨存之。

8月2日（六月廿五日），致信高仲瀛：

“超”“扬”两船锅炉座年多未换，有朽烂处，行船殊恐未妥。兹该两管带请领木修换，祈发一寸厚一尺阔柚木，“超”一百五十尺，“扬”二百尺，以资应用是幸。

同日，丁汝昌收阅罗稷臣的来信，并就葛果德一节复电说明。

8月3日（六月廿六日），为数名洋员之事，丁汝昌致信罗稷臣：

昨奉手翰。葛果德一节业电复，当邀青及。枪炮教习雷登费纳宁前在“康济”，昨拨刘公岛住岸教操；希勤司仍在“镇远”。惟该教习等，水师无论某船某处均可派往，兹不过就现在居差之所折以奉告耳。

8月11日（七月初四日），丁汝昌督率北洋诸舰在旅顺与大连湾沿海操巡。是日，李鸿章电谕丁汝昌、琅威理，令其速派快船赴台湾基隆解围的电报，因连日大雨，水涨电断，电信不通，丁、琅两人没有收到李中堂的来电。

8月12日（七月初五日），丁汝昌督率舰船继续巡洋操练。是日，李中堂再次电谕丁汝昌和琅威理，令其速拨快船，专为送信、探事，并要求立即复电报告派出何船前往，但因水涨电断，丁、琅两人仍未收到李鸿章的来电。

8月16日(七月初九日),丁汝昌率带舰船继续训练。是日晚,丁汝昌在大连湾收到由"威远"专船送来的李中堂两次来电。初四来电为:

台湾刘爵抚来电称,连接后山禀报,番变杀官,并围攻卑南大营。山路遥远,非由海道不能通信调兵。台湾船少,请速派快船两只来台,前往查办解围。急切待援,务求饬船速开到基隆为要云。酌派何船前往,即禀复核办。

初五日来电为:

台抚刘电:请拨快船,专为送信、探事,装兵另有商船。卑南、花莲港均靠海边,可以泊船,请速派,事过可回云。既专为送信、探事,船须稍快。应派何船?即复。

是日晚,丁汝昌因大连湾至营口电报不通,便立即命令"致远""靖远"两舰赴烟台添装煤粮,电禀中堂,候示饬行。

8月17日(七月初十日),为"致远""靖远"两船去烟台添装燃煤事,丁汝昌在大连湾致信陈敬亭称:

"致""靖"两船过烟需煤,俟该船到烟,计应装添多少,由该管带开条赴贵局走领。即祈查照发给,速为磅上是幸。

同日,为两快船饷项等事,丁汝昌还致信盛宣怀:

连奉帅电,饬派船赴台湾。兹拟派"致""靖"两船前往,惟该两船饷项未及赴津请领。祈由贵关暂借库平银壹万两,交"致远"邓管带手领。此款或由支应局划销,或由弟处日后拨还均可。此恳。

同日,丁汝昌还为军火之事写信给茅少笙:

现派"济远"到旅请领各船军火,俱各备关领,即祈查照发给是幸。又芗林兄昨有函来,由贵库取枪炮通用火药三千磅,计五十箱,系盛杏荪兄用,亦望查照送交"济远"便带烟台。

外附去试过二十一生并十五生炮子(芗林兄曾嘱试后捡回备验),望查收存库是幸。

8月18日(七月十一日),丁汝昌率舰船抵达烟台。立即致电李鸿章报告:

初九晚,"威远"到湾,接初四、五两电,因湾至营电不通,即派"致""靖"两船到烟电禀,并添煤、食,候示饬行。昌亦到,因沙河线断,专马送周村。昌禀。十一午自烟发。

同日,丁汝昌在烟台又及时复信盛杏荪:

顷奉复示。前允借银两以济饷需,感甚!惟据该管带面称,加色之银发饷未便。尊款一节,可作罢论,前信即请钩(勾)销为幸。

8月20日(七月十三日),丁汝昌与琅威理在烟台收到李鸿章来电:

事过旬日,不知台湾后山情形若何?已电刘抚,如必须派往,再令“致”“靖”前去,希在烟预备候调。丁统不带去台,能否放心,即电复。

是日,为“定远”舰去大沽领取四船料件和添煤等事项,丁汝昌在烟台致信高仲瀛和顾廷一两位:

兹敝军“定”“镇”“超”“扬”四船有修配应用各料件,开折请领。经核对后汇录一折,祈查照发交“定远”船此次到沽之便,携带去威应用为幸。再,“定远”应添煤吨,俟该船钤领到,应添若干,祈转饬照发。

折一扣。

8月21日(七月十四日),为统带舰船前往台湾做好一切准备,丁汝昌在烟台复电李鸿章报告:

两船早备候,现军中无甚要事。惟“康济”修改,“敏捷”派人,“威远”验修配炮,四“镇”入坞定章,想琅与林镇可商办。昌明日上午回威候示,速带前往。

是日晚间,丁汝昌又收到李鸿章发来的复电称:

“敏捷”派人,“威远”验修配炮等事,须与琅及林镇妥商定议,俟台电复调,即饬汝速带往。

8月22日(七月十五日)上午,丁汝昌率带舰船由烟台抵达威海卫刘公岛。

是日夜晚,丁汝昌在威海收到李鸿章来电告知:

省帅(刘铭传)十三电:来电敬悉。卑南被围半月,消息不通,望船眼穿。昨日始得快船自英来台一只,已派装兵前往救援,不知该处存亡。北洋兵船两只,务饬速来送信、探事云。汝即带“致”“靖”两船速去。操防各事,饬琅与林镇妥商办理,俟卑南事就绪即回。

8月23日(七月十六日),丁汝昌在刘公岛致电李鸿章报告:

汝昌去后,操练各事,由琅威理与林泰曾认真会商妥办。公事归林镇代(印代行)。

是日晚6时许,丁提督在刘公岛再次致电李鸿章报告:顷奉调,即带两船开行,到基再报。

8月26日(七月十九日),丁汝昌率带“致远”“靖远”两舰抵达台湾基隆港。

8月27日(七月廿日),丁汝昌前往台北帅府拜见刘铭传并与刘帅商定,两快船将来一派澎湖,一泊基隆,既可保信息长通,又能声威亦壮。之后,他立即返回基隆登船开往卑南。

是日,丁汝昌致电李鸿章,报告十九日、二十日行动,卑南情形俟探明确切后再致电报告。

8月28日(七月廿一日)上午9时许,丁汝昌在基隆致电李鸿章报告:

到基奉省帅电令赴台北,即往谒,饬两船一住澎湖,送吴、万两军信,一住基,送李提督信。今午昌带两船赴卑南晤各统领,商定若干日往返一次。现卑南自陆兵到后,虽击入山,尚在剿抚。余回基再电。

8月31日(七月廿四日)下午3时许,丁汝昌在基隆致电李鸿章:

廿一到卑时,均出队,昌就队与商,半途队回,悉距卑廿里。吕家望等社尚未安抚。廿一攻剿,官兵亦有伤亡。各统云,尚须添兵。"致""靖"商定七日往返一次。"靖"由卑已往安、彭,"致"刻回基。查后山一路,无妥处泊。花莲港距卑九十迈,惟西南风可暂泊,余须飘洋。苏澳、成广、卑南亦同。

9月8日(八月初三日),丁汝昌奉刘铭传面谕,带船去卑南,将两快船之快炮,各起船架助清军会剿。

9月9日(八月初四日),丁汝昌在基隆致电李鸿章称:

在卑各统领,攻吕家望未克。昨奉省帅面谕,令昌去卑。将两船快炮,各起船架会剿等因,明早开,俟到卑如何商办,有船回基再电禀。

9月10日(八月初五日),丁汝昌率"致远"舰到达卑南,立即会晤吴、张两统领,商定先将"致远"舰两尊快炮卸运至张营。

9月11日(八月初六日),丁汝昌在卑南亲赴前线,会晤李、万两统领,商谈制订剿抚方案。

9月13日(八月初八日),丁汝昌在卑南致电李鸿章报告称:

昌初五到卑,"靖远"尚未到。晤吴、张两统领,先将"致远"快炮两架起至张营。次日赴前敌晤李、万两统领商一切。明日将炮拖至万营攻剿,俟吴镇兵齐,再前进。省帅令昌暂住卑。日后情形,下次船来再报。

此电由“靖远”船带至基隆发出，八月初九日傍晚 6 时许，李中堂收到。

9 月 14 日（八月初九日），丁汝昌督率“致远”官兵将炮拖至万营架起，配合陆军进攻会剿。

9 月 21 日（八月十六日），丁汝昌、邓世昌、叶祖珪督率两舰官兵协助陆军攻破吕家望。

9 月 22 日（八月十七日），丁汝昌在卑南电报李鸿章称：

吕家望于十六日攻破，番甚强悍，各军均有伤亡。“致”“靖”共阵亡副头目一名，水兵伤八名。各统领仍留昌在卑数日云。

9 月 27 日（八月廿二日），丁汝昌仍驻守在卑南前线助剿。收到并阅看刘铭传转来李鸿章的来电：

丁协攻番社，已告海署。现奏定北洋水师章程，拟请简提督实缺，尊处附奖听便。一军统将，实难久离，望饬九月回北料理，封河时巡南洋。

9 月 30 日（八月廿五日）下午 4 时许，丁汝昌与吴、李两统领乘“致远”舰回到基隆港。

是日傍晚 5 时许，丁汝昌在基隆致电李鸿章报告：

刻与吴、李两统领乘“致远”回基，明日往见省帅。吕家望攻破后，以良吞百余金。大庄尚须办，惟各军伤病颇多，暂住养息。查台有差艇三，可资运送。我以有用之船久奔走，误操可惜。近屡起大风，昨日尤险。揆此间意仍欲再留两船，俟见省帅如何示再禀。

10 月 1 日（八月廿六日），丁汝昌由基隆前往台北请见刘铭传，候示下阶段行动安排。

是日，丁汝昌在台北收到李鸿章来电告知：

昨因汝断难久留，电知省帅，已复允。北洋水师经制定章，二十五海署奏，奉旨准，亟须开办。琅威理来津，面称目疾，请假回国，允俟汝回营再行，决难再缓。应说告省帅，克日北旋，并来津面商一切。

10 月 2 日（八月廿七日），丁汝昌在台北致电李鸿章报告：

奉谕即呈省帅，阅后面准昌先回，必须仍留一船候大庄事定再北旋。明日派“致远”去卑，将在岸炮起回基，昌乘回北。留“靖远”在台否，祇候示遵。

10 月 3 日（八月廿八日），丁汝昌令邓世昌管驾“致远”船前往卑南，将在岸之舰炮装船安好返回基隆。

是日，丁汝昌收到李中堂复电：

可乘"致远"北旋，暂留"靖远"。俟大庄事定即回，勿逗留，并报省帅。

10月10日（九月初六日），丁汝昌乘"致远"舰回到北洋。自8月23日带两舰赴台湾至今返回北洋，历时共49天。

10月20日（九月十六日），丁汝昌因修船料件之事致信大沽船坞的高仲瀛和顾廷一：

兹敝军"定""镇""超""扬"四船有修配应用各料件，各开折请领。经审核后汇录一折，祈查照发交"定远"船此次到沽之便，携带去威应用为幸。再，"定远"应添煤吨，俟该船钤领到，应添若干，祈转饬照发。

是日，丁汝昌还就料件请领之事致信大沽船坞：

兹查"敏捷"请领各项，尚有未经贵局发给各件，现需甚迫。用将未领到各种逐开清折并洋文单一纸，即望查照发交"定远"此次来沽之便，携带去威为幸。

10月25日（九月廿一日），丁汝昌接到"敏捷"船管带禀报称，该船尚缺铜号两支。

10月26日（九月廿二日），丁汝昌就"敏捷"船铜号之事致信张次韩：

"敏捷"练船昨经该管带禀称，尚短铜号两支。尚祈查照发给兵船所需铜洋号两支，交去弁带回由弟发给该船，俟回威再饬补具关领送旅顺存案可也。

11月19日（十月十六日），丁汝昌因带船赴台湾助剿，攻克卑南后山番社有功，被刘铭传报请赏给头品顶戴，"致远""靖远"两快船官兵也被报功行赏。

11月23日（十月廿日），为破格加恩应遵命造具履历及儿子请保赏职之事项，丁汝昌致信禀报刘铭传爵帅：

敬禀者：

窃汝昌前于本月十六奉宪台札开汇奏攻克后山番社，丁汝昌拟请赏给头品顶戴，并应造具出身履历，立等咨部各等因。奉此。伏念汝昌自束发入伍即隶帡幪，叠邀擢拔，始有今日。前以协剿叛番，不过周旋鞭弭，敢云稍报涓埃，乃蒙特奖之非常，矛头衔于极地。自惟凉薄，何实以副？既加破格之恩，第永弗谖之矣。其应遵饬造具履历，除"靖远"已电饬该船先后请奖七员由闽就近呈送外，所有汝昌及随带员弁并“致远”计随折二员，应造六份，前续交吴、李两提督代呈。十四文武衔名计造十四份，一并附呈鉴核汇咨。所有汝昌仰邀恩奖，感激下衷，以及遵饬造具履历各缘由，理合肃禀。恭请
崇安，伏乞垂鉴。

沐恩汝昌谨禀　廿日

再禀者：汝昌自从军以来，凡三十年，备历险艰，绌于赢蓄。长子读书甫见成效，不幸夭亡，仅余中子年已及冠，虽经童试，难必成名。昨承友人顾念，为捐江苏县丞，拟恳宪台附入后山案内，赏保一阶。汝昌身被厚恩，已难报称，又何敢以细小上渎钧聪？第以晚年一线之延，得不代图地步，为日后生发之路。知宪台加爱有素，造就尤深，故敢冒昧为请。附呈衔条，伏乞钧察。再叩
爵绥。

汝昌谨再禀　十月二十日

12 月 17 日（十一月十五日），丁汝昌被任命为北洋海军提督。

北洋海军提督丁汝昌半身便装照。

12 月 21 日（十一月十九日），为呈报请奖各名衔履历本之事项，丁汝昌提督在厦门又致信禀报刘铭传爵帅：

窃汝昌前于十月廿日曾肃寸禀，叩谢恩施。附呈汝昌并邓管带随折保案，应送履历各三本，以及交由吴、李两提督代呈拟保文武十四员履历各一份，当蒙鉴核。嗣准邵藩司及营务处先后咨称，请奖人员俱应各造履历三本，汇请核咨等因。汝昌当即分饬各该员，其已造送一份之解茂承等十四员各补送两份，共二十八本；“靖远”回防，据称除该管带履历三本已自禀呈宪鉴外，其余刘冠雄等六员各遵造三份，共十八本；其续经禀请之丁葆翼一员以及由万、张两统领代请之

蓝建枢等三员履历,兹亦饬各造三份,共十二本,一并附呈。是否同蒙恩准附奖之处,出自格外鸿施,不胜爱戴悚切之至!

外将先后请奖各衔名以及两起造具履历本数,分别详开清折,附呈赐察。理合肃禀。恭叩

爵绥

外清折一扣,履历五十八本。

1889 年(清光绪十五年) 五十四岁

丁汝昌坐镇的北洋海军旗舰——“定远”号。德国制造,7335 吨,马力 6000 匹,航速 14.5 节,火炮 22 门,设有鱼雷发射管 3 枚,军舰定员 329 人,管带(即舰长)为刘步蟾。(该图由陈悦提供)

3 月初(二月初),北洋海军提督丁汝昌率舰队由上海起航,驶回北洋驻泊。

3 月 7 日(二月初六日),丁汝昌收到汉春转来刘铭传的复电云,保案春末夏初出奏,张九的保案由北洋海军提督丁汝昌送呈。

3 月 8 日(二月初七日),为张九保案及汉春部下之洪、唐两弁保案事,丁汝昌再次致信禀报刘铭传爵帅:

后山一捷,各处函托附保衔条如九秋落叶,扫却不尽。明知事有限制,故每有托函当即婉谢,怨谤之兴所不敢计也。张纫翁令弟佩绪,旧岁曾有友人函托附保,汝昌因请保人员已觉溢分,不敢冒渎。昨汉春兄转到宪台复电云,保案春末夏初出奏,张九兄保案令汝昌送

呈。兹谨将张公衔条、履历一并遵寄。又汉春部下洪、唐两弁亦函挽代求列保,第有一同附呈。祈酌察行之。肃禀。再叩

爵绥　　　　　　　　　　　　　　　　　　沐恩汝昌谨再禀

3月22日(二月廿一日),为及时清结北洋海军在复州圆台子订购燃煤剩余之款事,丁汝昌致信复州朱得轩司马:

前敝军饬朱游击在复州圆台子订购煤斤后,该窑未能交足原购煤数,余银应令缴还一案,案曾蒙贵前任陈司马代为讯追,迄今尚未了结。伏望阁下俯查前情,饬其速缴,以期从早结案为幸。此恳。

3月25日(二月廿四日),丁汝昌率带"定远""经远"两舰抵达大沽,锚泊于沙外海域。

3月31日(三月初一日),丁汝昌提督在天津致电海署禀报称,二月初由上海回北洋,廿四日带"定远""经远"两舰泊大沽沙外。"济远""来远"在上海船坞油修未回,"康济"船在福州船政改修,其余舰船均在威海卫操练。

是日,还在天津复信东局沈、潘、刘、张四位管事:

昨奉手毕,祗悉一切。客岁尊复装药各节,并签出四条一笺。时将南行,当在威防传知各船遵照,并函复贵局,俟来春再为办理。未经见收,不知浮沉何处。今准函示各项,容事竣再饬各船照办。

4月1日(三月初二日),为仍按原议结果起运装卸水师燃煤事项,丁汝昌在天津复信唐景星(即唐廷枢):

手毕及咨稿读悉。查敝军订用贵局煤斤,若何起卸,记原议并入其中,照办已久,从无他说。今乃大作变更,此款无从消纳。此后烟、威两口交收煤斤,无论敝军有无码头,仍由尊局包送到堆煤处所。至各船领用由煤堆复运到船之费,概由敝军自认。烟台煤栈一时亦难自设,且贵局在烟发售煤斤亦不仅水师一处,似宜照旧办理,未为不善,不必又作一番举动也。

尊咨大稿奉缴,无须另备文牍。希俯照行之。

4月4日(三月初五日),丁汝昌在天津拜谒李中堂,回答李鸿章询问闽省船厂及"龙威"船的有关事项。

4月5日(三月初六日),为了解裴荫森何时启程北上及所带两项图纸等事项,丁汝昌在天津致信福建船政大臣裴樾岑(即裴荫森)节使:

"新正"由闽起程直抵歇浦(指黄浦江),勾当快船进坞,往将一月始归北洋。昨来津谒相,询及闽中情形,昌对以尊者谕及"龙威"约四

月齐竣，台旆尚欲乘以北来商筹闽厂经费之事。相问新坞及广东订造快船情形，驾如北来，希望将两项图说带下为幸。起节有日，先赐一电，昌在威海迓楼船随从去津，以便傅相咨询一切。届时伏祈行尊过威，幸得接迓为前导之趋。“康济”工程如何？是否先来？抑系同“龙威”一齐北来，恳赐示数行为叩。

4月8日（三月初九日），为请假及生病未到之学生的归队事项，丁汝昌在天津复信吕庭芷：

前次津门曾诣堂奉候，值公出未获一罄，怀抱为歉。后承枉顾，又失迎迓，尤极惭恧，惟荩履佳善为颂。请假之管轮学生除刘、周、汤、赵四生尚未来津外，其张葆蓉等十五名今蒙来船。查在单开郭之骏一名尚未随来，称系临时患病，应准赶速调治，俟刘国桢等四名到津，请饬该郭生随同到船供职，不得久旷致误。

同日，为所需作样品的子弹之事项，丁汝昌提督还在天津大沽致信张次韩：

在津诸多叨扰，兼承惠派小轮，合军士卒全无濡滞之虑，感戢尤深。所需作样子弹，一时照数捡奉，实来不及。兹先将急须作样之哈乞开士各样子弹等件，饬令“定远”查所有者各捡两颗附呈。外具清单，祈查收为幸。

计开清单：

哈乞开士四十七密里钢子二颗（撞信与五十七密里同，未配，毡垫无），铜壳二个；

三十七密里开花子二颗，群子二颗（座子太大，与铜壳不对），钢子二颗（撞信子未配），铜壳二个，毡垫二个；

五十七密里开花子二颗，群子二颗，钢子二颗，钢子二颗，铜壳二颗，撞信子二个，毡垫二个。

4月11日（三月十二日），丁汝昌统带“定远”“经远”两舰，由大沽口起航，抵达威海卫。

4月12日（三月十三日），丁汝昌在威海致电李鸿章报告称，由大沽口带“定远”“经远”船已抵达威海卫。至此，北洋海军各船除“镇南”“镇西”在沽油底外，余船均驻操威海，将新章程规定之重要事项清理完结，再报出海操巡计划。

4月13日（三月十四日），丁汝昌在威海刘公岛收到吴征三（即吴安康）来信。

这是坐落在刘公岛中部偏西的北洋海军提督署，即“海军公所”，或称“水师衙门”，建于1887年，坐北朝南，有三进院落和东西跨院，占地面积近2万平方米。1985年3月正式对外开放，1988年被中华人民共和国国务院公布为全国重点文物保护单位。

4月14日（三月十五日），丁汝昌在威海给吴征三复信：

> 昨由津门旋威。奉手谕，祗承一切。藉谂雄师已安旋沪上，维勋履胜常为颂。敝军鱼雷大副林立金，现已禀请咨补中军中营守备，业经奏准在案。甫行定章，旋又轻易更动，自问殊不成事。昨已饬邓管带速电该员，克日来防。望执事得此信后，倘彼仍未动身，即恳转饬星夜北来，以重职守。倘执事诚以该弁为贵军不可少之人，须禀南洋大臣咨明北洋大臣达部开缺，似尚可办。日后敝军遇有本船升调本船之缺，仍应禀请咨明办理。既曰南北一家，更须事归一律也。祈老哥俯察行之。是幸！此复。

4月15日（三月十六日），为洋员销差回国之薪水、路费的结算等事项，丁汝昌在威海致信罗稷臣：

> “镇远”德员总管轮脱刻销差回国，其应领薪水截至西历四月底止。其应赏一个月薪水以及回德上等舱位船价，伏请查照定章付给。两项是否以前领过，亦望查明再行核发。至应行分别详咨之处，会衔与否？并希查照向日成案一律办理。了当后，敢望示复为叩。到威后，逐饬纠办新章饷册以及查核资俸等事，俟略有眉，即带领各船出海操阵，驶至大连湾演炮打靶，并逐试鱼雷。“威”“敏”两练船拟先令出海，在北洋一带驶练。知念附陈。

4月19日（三月廿日），为两艘练船请领航海应备要件事，丁汝昌在威海致信大沽船坞高仲瀛、顾廷一：

> 兹令“威远”“敏捷”出海操，有需领之件饬先过沽上。查“敏捷”前经该管带禀请行海应备要件急须（需）候领者外，照开一折，祈即查照发给，俾资应用为幸。

同日，为“威远”船领到新购十生地零半之炮，未曾随带炮表之事，又致信张次韩：

月之初九日曾泐一书，并附哈乞开士作样子弹，外具清单交“快马”寄上，当蒙照数收入。兹复由“经远”查取四十密里快炮钢弹、开花弹各两个，又前面嘱全军格林作样品子弹，兹查取共六个，外具清单一并奉去，统祈点收。再，“威远”前由贵局领到新购十生零半炮未曾随带炮表前来，致放炮一切无从查考。伏望根查捡交“威远”林管带为幸。倘原来随炮并无此件，可速致函该厂补送前来。“威”“敏”两船出操过津，已属如短军火，具关领由尊处请发，祈查照。

列单详开如下：

格林炮子三包，一包两颗（“康”“威”同，“超”“扬”“六镇”同，“致”“靖”同）。克鹿卜伯四十密里快炮（钢弹两个，开花弹两个，开花弹两个，毡垫、撞信全）。

同日，为及时呈送各种药袋作样品及仿装等项，丁汝昌又在威海致信东局沈葆靖：

月朔在津曾答一笺，当邀察及。承属送各种药袋作样仿装一节，昨由念归威，当饬各船将未经送样者，分别药袋、袋式捡呈前来，并将装法情形一律注明。所呈袋中有药者应由贵局装就发给，无药者请照制空袋发由敝军自装。

外具清单并药袋、袋式各一箱，统祈查照，见收示复。

外折一扣，药袋一箱。

同日，为安排吕文经工作事及迈思脱调赴“镇远”舰事，丁汝昌在威海又致信罗稷臣：

兹令“威远”“敏捷”出海操练，先过沽上借领应需各件。吕文经在贵处应办事件如已办完，即请知照前往“敏捷”，仍食该员原领薪水。到该船暂行大副事，随同出海，俾可研究北洋练船操艺程途，日后得以遴用。希查照转知为幸。

“镇远”总管轮衣甫兰脱销差前已函告，当邀省识。兹将“定远”迈思脱调赴“镇远”继办衣事附闻。

是日，为“定远”舰领到焦炭缺少数目甚为悬绝事，丁汝昌在威海还致信大沽船坞管事：

前由贵局请领焦炭五十吨，经发交“定远”五吨，到威过磅，仅三吨有奇，数目甚为悬绝。祈饬查。“西”“南”进坞，如“东来”时，祈各发两船焦炭每十吨带威应用为幸。

外“威远”请领各件清单，祈照发。

4月23日(三月廿四日)，北洋舰队春季训练即将开始，丁汝昌在威海致电李鸿章报告称：今日“威远”“敏捷”两船出海，在北洋一带操训。余船廿六日演阵，到大连湾打靶、操鱼雷。“康济”船在船政修改，据该管带电称，五月底方可竣工。南洋各船北驶会操的时间，吴安康来电称：下月初来威海会操。

4月25日(三月廿六日)，丁汝昌提督率北洋海军“定远”“镇远”“济远”“致远”“靖远”“经远”“来远”“超勇”“扬威”九船离开威海，举行巡洋演阵，并前往大连湾打靶、施放鱼雷等。

4月26日(三月廿七日)，丁汝昌统率北洋舰队抵达大连湾，捡军火粗备之炮，先行打靶。

是日，为请鱼雷教习福来舍前来会同校演鱼雷事，丁汝昌在大连湾致信刘含芳：

三春将尽，适当稍暇，亟须乘间一操。刻带各艘齐集大连湾，捡军火粗备之炮，先行打靶。然后校演鱼雷，尚须请福来舍前来会同考验，望转知，即请去船来湾为祷。尊处倘有仍须该员之处，事竣即送回旅。

各船请领军火一节，兹先将额存一项查有欠缺各件应行补足数目汇开一折，送请核发。其军操应需军火数目曾与执事议有定章在案，敢祈查照咨会，运解来旅。约在何时齐到，请先期示悉，以便专船走领，以备军实而重操防。实深同幸！此恳。

外清折一扣(原折送岸抄未送还日记)。

再启者：“定”“镇”打靶所存黑药未能合用，兹将该两船三十零半生各检八出，十五生各检十二出送呈，请查照饬换黄药，速交“来远”带湾候用打靶。倘贵局惠允抵换，固属省事；若有未便之处，只得将送去黑药作为缴项，由贵局照数给一收条，发下黄药作为领项，随后令两船补具关领送请备案，酌裁行之。为幸！

五船素常炸弹一概缺乏，用外国所购钢弹打靶，未免可惜。便中咨提军火时，先将此项注明急需，期可速运。

现试鱼雷尚须罗哲士前来帮同校验，允可即转知同福来舍即乘来远前来为幸。操竣，如暇过旅，再面谢。

4月29日(三月三十日)，丁汝昌给刘含芳发去书函文件，包括禀呈军功作把总、外委奉批全案，以及履历格式等。

4月30日(四月初一日),为本年年操应需军火及南船北来会操时间等事项,丁汝昌在大连湾致信旅顺刘含芳:

昨由马递驰寄一书,并抄禀军功作把总、外委奉批全案,以及履历格式,知已否达到。

"来远"到湾,欣承手示及分示表单,均敬阅悉。旅库无存等项,蒙即筹办,纫感良深。俟"利运"装载来旅,祈查运到某件,赐函见示,以便专船一齐请领,免得零星散涣,难归划一也。此批军火,前函声专系补足各船欲存缺数。其本年年操应需军火,前议定数具在冰案,仍恳费神预为知照津,遇船续运来旅,以便汇领为幸。

蒙单开取样各件,已饬知各船,容查送前来再呈上可也。鱼雷木靶尚在威海,日后遇便当即运缴。呈去黑药已蒙饬存,并准如数换到栗色饼药。甚感,甚感!

南船北来会操,有电清和六日由沪起程。弟原拟初八由湾回威,台从既偕祝老来湾,甚喜一晤,得商各事。候驾一日,初九再为南渡也。

福来舍之事,查原来饭资每月九十元(此项仍按月给领),后经该弁与琅私议每月只需三十两,弟方据其所拟禀办。今如公言,须另为设法。俟回威倘有可以置议之方,胡不乐该员益加鼓励耶?

陈文祺,敝军除号衣书外,别无给事,一经蒇事,即令回旅供职。并陈。祇复。

5月4日(四月初五日),为请领物件有图样或无图样之事,丁汝昌在大连湾复信刘含芳:

遇顺来,敬承手毕,聆悉种种。前见寄一单,仅查取三宗。素有存样,送祈查照。其余均无存样。现在行次,匆促难以绘图。望阁下先仅有样者办理可也。外分别开具一单并祈登入为幸。

单开送样各件:

救生球用方蓝火号一个;

"定远"名电拉火、"济远"名电气,均铜螺管电火一个(带线);

电信子一个(雷用)。

无样各件:

电信引火帽;

速着火引(洋火罐用);

慢着火引(慢着火引、引火绳同一物);

铜碰引(配长火号用)。

手火罐(洋火罐、火罐同一物)。

5月5日(四月初六日),丁汝昌在大连湾致电李鸿章报告,北洋舰队各船操巡打靶,演试鱼雷已经完毕,明日即起航回威海。

5月6日(四月初七日),丁汝昌统率参加操演打靶的北洋舰队,由大连湾起航,开赴威海卫。

5月9日(四月初十日),丁汝昌在威海卫基地致电李鸿章报告:顷接吴安康电,各船修理方竣工,现因水小,须在十五日可出口北来。

5月10日(四月十一日),丁汝昌在威海收到德璀琳税务司来信,其中还有怡和洋行的有关单据。

5月11日(四月十二日),为北洋海军乐童教习薪水事及怡和商船撞船单据等事,丁汝昌在威海复信德璀琳:

昨展来函与怡和各单,均阅悉。乐教习事,在湾曾电复,当陈省览。乐童须俟五月领饷船便载赴津门,教习薪水数目即照原议,届该童开学之日,方能起支。惟查照办理为幸。

怡和事,"济远"方管带称,按公法行船碰泊船规条,一切花费均应归行船付偿。在沪时,曾公同状师与该行议明、照办各等情。查怡和与水师素称谂好,似此区区之款原不必一味认真,然曲直既以公法为衡,担文及管轮两酬款自应仍归该行一例照给,公论使然,非故吝也。洋单一并缴还,望照转达,实纫公谊。

5月13日(四月十四日),丁汝昌在威海收到萨镇冰由船政发来的电报称,"康济"舰鱼雷机筒若回北洋配装,甚费事,恳请速将该机筒寄运闽厂装配。

5月14日(四月十五日),为正确使用石胆及给功牌各弁逐名汇录呈报之事项,丁汝昌在威海致信刘含芳:

所呈石胆如何用法,前函曾经陈明。嗣"镇西"管带归,据称:公当作在手弹丸,逐日摩娑(挲),未曾钻取内含清液一为点试,殊觉非当。

号衣书已画就,精致已极,微陈生之力不及此也。惟尊处旷公多日,自问殊不近情耳。谢谢!兹派"镇西"送彼去旅,石胆用法已嘱其面陈,祈按法一试,俾期速效。敝军前作屯船两艇早经腾出,除护军拨用一只外,余者一只应请派人驶去应用。弟所请出各等品功牌,现拟将历年发给某某各衔名,汇案禀请咨部。除本军得有功牌之弁勇等，已由弟处查取外，所有贵营先后由弟处发给功牌各弁，即祈饬开姓名、籍贯、年岁以及现供何差，一并逐名汇录一折寄下，以凭合案出详。

又海军提标欲设军械两员，其游击一员已会议，拟请以副都统成鹤借补；其守备一缺，拟请以阁下前议之郝弁升署。该弁出身、年籍、三代履历，即祈饬照赶造，速送前来，以凭禀办为幸。

再者，昨据"康济"萨管带电称，据辛格立云，鱼雷机筒若在北洋配，甚费事，恳电寄闽等情。查此项机筒，前由尊处购买。约何时可以寄闽，敢祈详示。缘"康济"各项工程五月间一例告竣，候配鱼雷筒即可北来也。此恳。并望见复，以凭转饬知照。

5月23日(四月廿四日)，丁汝昌在威海复信复州朱得轩司马：

承附示欠交军煤一案，查商人本属不报，以致前后不能相符，究由该委员办事荒唐，认人不的。但此事已在冰案，应如何归束之处，即恳准情酌理。片言析之，总期从速了结。是为至幸。

5月24日(四月廿五日)中午，丁汝昌在威海致电李鸿章报告："威远""敏捷"两船昨回威海。南洋各船二十日抵达烟台，尚未来威海。

5月25日(四月廿六日)，丁汝昌在威海致电李鸿章报告称，吴安康率带南洋"寰泰""镜清""开济""保民""南琛""南瑞"六船，于昨晚抵达威海湾。南、北洋舰队应如何会操，容细商。等到各号令明悉，方可出海操巡。

5月29日(四月三十日)，丁汝昌在威海刘公岛上的北洋海军提督署里，与林泰曾、刘步蟾两位总兵研究北洋海军号衣图说。

5月30日(五月初一日)，为北洋海军号衣图式之事，丁汝昌在威海致信罗稷臣：

海军号衣，迄无良法。昨日两镇拟来图说一本，兄公同商核，尚称粗妥。惟念体制攸关，必须斟酌尽善。不然，人之多言，将有起而议之者。故特专函赍送，惟祈详为考校，损益折中。如有简明之法，尤望惠赐删改。一经完妥，希面陈帅鉴，请示施行。倘蒙谕可用，即将就近付之剞劂。若应须公牍呈送，仍希由尊处会衔，禀请相帅转达海署酌夺，分别颁行中外。诸望费神，实纫公谊。

同日，为北洋海军机器厂废铜熔造配制零件等之事项，丁汝昌又致信大沽船坞负责人：

敝军机厂配制零件，有可以废铜熔造者，望将贵坞所存由船底揭下废铜板捡发十吨，交“经远”带威应用。敝军装水之船当已工竣，卸煤驳船是否开工？均祈见示。承制水鼓，亦交“经远”带来。再颂节釐。

是日，为改装的“敏捷”船压载铁等物资，丁汝昌还致信东局负责人：

敝军“敏捷”练船本系货船改配，昨巡洋归来，据该管带禀称，行驶海上，底舱太轻，多有未妥，请添压载前来。查此次原来装货之舱，现改住勇，未便以沙石压载。因念贵局当不乏已经作废之铁，无论何件，乞饬发五十吨，交“经远”运威，俾资压载为幸。设本无存，望即见示，当再禀请购买也。

5月31日（五月初二日），丁汝昌在威海收到李鸿章来电：

船政裴来电：“龙威”钢甲舰海试洋，升大火，每点钟得四十二中海里，极为坚稳灵动，惟右边机器在洋面折损小螺丝两个，业在壶江修整完好，驶回次；该船镶配工程尚须两个月。闽无谙练管驾，应恳中堂，或派管驾官一员，带驾驶、管轮人等来闽上船；或即派“康济”萨都司管带赴津，则敝局当另派出洋学生黄鸣球暂带“康济”。立盼电复云云。应否即派萨都司管带“龙威”来津验试，希妥核复。

6月1日（五月初三日），为及时改善“敏捷”练船底轻不稳之弊端，丁汝昌在威海又致信大沽船坞管事：

“敏捷”练船本系装货之船改配屯勇，究形底轻。昨者巡洋归来，据该管带禀称，驶行洋面遇风多有未妥。拟将最关紧要之处，吁请修改前来。已嘱琅威理带同敝军机器厂洋匠前往勘验，据称机厂可以代修。应需料件已令该船开单前来，照抄奉去，祈查照发给，交“经远”舰带来为幸。

6月2日（五月初四日），为培训合格的北洋海军军乐团事项，丁汝昌致信德墔琳税务司：

前承允尊处代教乐军一节，兹饬该童等随“经远”前来，所有人名、饷册以及在册人等夏季三个月口粮、饷银同时带去。又，教习津贴，每月京平银一百两，先付三个月，共京平银三百两，一并嘱由敝处中军送交尊处妥存，按月查照发给。自该童到津开学之日起，以五个月为度。请饬该教习一律教精，以便届时令撤回船校演是幸。至该教习尚有津贴两个月二百两，俟秋间再乘领饷之便寄去。诸费清神，容日后到津面谢也。

外乐童名、饷册壹本并饷银。

同日，为及时请领新式六出手枪之事，丁汝昌致信张次韩：

客岁蒙交下新式六出手枪，经琅威理试放后，曾于去夏四月十六函复可用，并将原枪缴回，恳照购五百支。应带若干子弹以及随枪之枪鞘、子弹盒、皮带均须齐全无缺，刻下此件倘已购到，希即点交“经远”此次去津之便带来。随后另文咨请备案。

6 月 3 日（五月初五日），因南洋舰船索要《北洋海军章程》之事，丁汝昌致信张次韩：

四月廿五南洋到威，连日集商会操各节，故不暇赴津。一俟将应需号令演有大致，即行合队出海操巡。海军章程南洋见索，昌已无存，望即捡十部，交此次领饷之便带下。

各船军械日见繁增，必须责有攸归，方足以昭慎重。所有章程额设军械游击一缺，即拟以前者所议之成都统禀请借补；守备一缺，以旅顺之郝芗升署。以需人孔亟，行即禀办，特布。祈分别转知。

又德三（即张文宣）处需小轮艇以供载运，敝军小轮遇风不能涉远，查船坞新造小轮一只，当已工竣。可否禀请派归北洋护军应用，望主裁办理。

刻饬中军严守去津领饷，出沽入沽望派“快马”一渡为幸。

6 月 4 日（五月初六日），为所购舰船机器详细图纸等事项，丁汝昌致信刘含芳：

节前得清和廿及廿四所惠两书并大稿折件，均敬读悉。机器图事已照询琅公，据称西国船厂无论何人造船应给图式均随船附去，此外零星分图，纵彼国家购船，概亦不能遍给等情。询子香，称亦相同。

陈文祺条陈阅悉，若逐将机舱所有之件一例持画，纵置船在坞，亦不易办，况或行或泊之际耶。日后图画一节，只能将舱面、机舱不时修换以及原有备用各件查取绘图，以便届用仿造可也。

昨稷臣来电，前会禀请调画图闽生八人已动身来烟，饬遇顺前去一接，或仍派“镇西”往渡到旅，统归尊处主裁。派坞定章后，应饬往某处画图，日后再为举办。缘刻下敝军船上既无闲处可置，岸上亦无室足以敷陈，惟有仍请麾下定夺后再分派。

“超”“海”前仅取彼船备用轮叶代换一次，并未留图。艇船早已饬将应行修换零备妥，前赴石岛阜矣。旅顺公所逐望费神，空心石不钻而锤，恐水溢于不及觉矣。

原寄稿、折各一件，奉缴。此次敝军随“镇西”请领零星军火，祈饬查照领字发给。

6月7日(五月初九日)为调北洋海军学生张步云供差一事,丁汝昌在威海复信丁笛梅:

昨准来牍,祗悉。拟调敝军学生张步云供差一节,已饬该生遵照前去,勤慎将事,一如原船。贵船既调该生,必察其尚属可用。倘过船后,从公碍劳,遇有三副等出缺,应请酌补,免得久充无职之差,于公未便也。其现支薪粮每月十四两,敝处发至五月十五日止。自五月十六日起,再由贵船接发,以昭划一。查该生在北洋练习多年,今开学生之缺,赴尊处之调,日后教养悉赖麾下,伏希加察为幸。此复。奉缴大版。

6月15日(五月十七日),为南洋舰船北来会操御敌等事项,丁汝昌在威海复信九帅曾国荃:

敬禀者:

窃提督顷承复谕,顿释离衷。方悚惶滋妄语之愆,荷栽植且因材而笃。感同身受,矢永心藏。恭维宫太保爵爷鼎祻萃豫,颐福恒丰,仰跂燕誉,弥深夔舞。周都司德润多年,介胄一旦权符,微蒙破格裁成,依旧投闲落莫(寞);该都司受恩既渥,自必报效竭诚。尚乞策励时加,俾得黾皇无怠。

吴镇安康带领各船来威海后,逐日两军以小轮艇会演各阵,并于夜间加操御敌各法。所有行海应用号令一经就熟,约在本月下旬当可巡阅各口。俟定准出海之期并应巡阅某口之处,届时当会同吴镇电禀上闻。知关燕念,谨附陈之。肃禀。恭展谢忱。虔叩爵绥

提督汝昌谨禀　五月十七日

6月18日(五月廿日),北洋海军提督丁汝昌与南洋总兵吴安康在威海致电李鸿章报告:

拟二十四日同北船约同开烟台添煤购物后分两队,林泰曾带"镇""济""超""扬"并"南琛""南瑞""保民"七船,在北洋各口操巡,约一月回威;昌与康率带"定""致""靖""经""来"并"寰泰""镜清""开济"八船去朝鲜沿海各口,并至海参崴一带操巡,约两月回威。两队到有电报之处,随时电禀。"敏捷""镇西""镇南"三船留威,轮流出口操练,"威远"拟先会去朝鲜一带操巡并量水云。

同日,丁汝昌与吴安康收到李鸿章来电:

电称分路出巡、合操，甚妥。釜山、元山各处访查，俄船拟在何处屯煤？海参崴前有不准两三船同时进口之说，妥商办理。回时详报一切。

6月21日（五月廿三日），为北洋海军乐童教练及另购乐器等事情，丁汝昌在威海复信德璀琳税务司：

“经远”归，奉答告，具悉。乐童及教习三个月薪费俱荷照收，并嘱教习认真教演，感可胜言。承已代修乐器，计费五十五元。现以巡洋在即，容归来再为办理。尊意拟另购乐器一节，容操竣去津晤面后，再会同查验议办不迟也。

同日，为请领料件及请领废铜板等事项，丁汝昌又复信大沽船坞的顾廷一与高仲瀛两位观察：

“经远”归，奉答章，祇承种种。水船两艘收到“敏捷”领件，除角铁及铁板各项贵处无存未发外，余者均饬该管带照寄开之折点收。承询驳煤船一节，查此件，前经琅威理同此次所制水船同案，禀蒙相帅面允准办，当即一并绘图送交贵坞制办。今水船已成，仍请查照水船成案一律办理为幸。此次请领废铜板，敬悉尊处无存。俟后倘有储蓄，务恳代留十吨，以便遇用再领可也。

同日，为协商将废水柜就近代拆成片以方便使用一事，丁汝昌还复信东局负责人：

“经远”旋威，奉赐复，祇聆种切。并蒙发到补足前案数目之压载废铁，计有十吨之谱，业经收讫。惟此次请领废铁，承示有废水柜数件，块然一物，甚赘，未复。念尊处炉锤广运，可否饬近代拆成片，俾适于用，如何？否则，不能用之炮子等件亦可。

再启者：顷奉赐缄，恭悉海军衙门另调机匠接充昆明湖轮船管机，贵局嘱由敝军拣选赴补一节，现查有陆保一名，在北洋兵船管轮多年，六年简曾随赴英接带快船，为人甚属老成。特派前往祈察可否，再为禀送。该弁履历已嘱自呈。

6月22日（五月廿四日），丁汝昌在威海将分队操巡训练各节，致电告知刘含芳。是日，北洋海军提督丁汝昌与南洋的吴安康带领舰队开赴烟台。

6月23日（五月廿五日），丁汝昌与吴安康率北、南洋舰船抵达烟台，为舰船添装煤水并购物。

同日，丁汝昌在烟台致信旅顺刘含芳：

一昨在威，曾将分队操巡各节，由电布告，当邀省览。现已到烟，将应用各节添足，弟即会同征三带八艘去三韩东南各口，并北至海参崴走阅一周，约两月工夫，当可旋役。凯仕会同南洋各管带，合七艘，周历北洋各口，并嘱过旅西澳船位一节，如可试泊，祈就近嘱凯仕详细量度，加意一试为幸。其余有敝军应办事件，亦请一并转嘱，缘弟暂且无暇赴旅也。

敝军历领毛瑟枪子，屡屡演放，铜管开裂者不一而足。上月末旬，“镇远”交由洋教习鲍察试放，以铜管爆裂，将枪膛来复线炸坏，枪首并亦挺起。当令各船将所存毛瑟子每箱取数十颗试放，不过火者间或一有，而铜管炸裂者大率有三分之一。查半系光绪十一年起历年所造者。似此情形，平时操练用时留神，庶几不致自伤。若经临事，诚恐有误。兹特令“镇远”将放过裂管及未放原枪子各捡一百颗，祈查照饬一验试，应如何办理为宜之处，希决裁之为幸。现各船拟将存之毛瑟枪子呈缴，倘贵局有运到者，先请酌换若干发交去旅各船领回以便试放，实纫公谊。至枪子管裂详情，已嘱凯仕面陈。祈赐询为幸。

6月27日(五月廿九日)上午8时许，丁汝昌提督收到李鸿章电令：

朝鲜东海各岛，于大局颇有关系。应就便酌派各船分赴韩东各岛，详询土名，测绘图说呈核。

6月29日(六月初二日)，丁汝昌在朝鲜致电李鸿章报告称，统领南北洋八船已抵达朝鲜仁川。

7月2日(六月初五日)，北洋海军提督丁汝昌率带一行人等到达朝鲜汉城。是日，朝鲜国王接见了丁汝昌和吴安康等人。

7月5日(六月初八日)，丁汝昌、吴安康等在朝鲜致电李鸿章报告：

八船明早开韩东一带测操，均不能通电，俟月底到海参崴再电呈。请转海署云。

7月6日(六月初九日)，丁汝昌与吴安康率带北洋及南洋八艘舰船驶离朝鲜仁川港，开赴朝鲜东海一带测量、操训。

7月17日(六月廿日)，丁汝昌和吴安康率领北、南洋八船由朝鲜巨文岛开赴元山一带，准备添足燃煤及水等所需物品。

7月19日(六月二十二日)，丁汝昌提督在朝鲜釜山致电李鸿章报告称：

廿各船由巨文岛开元山。过釜山外，因电报，令“威远”进口泊两日。到元山俟煤添齐，“经”“寰”来威，余船去图们江一带测操数日，再分两船去海参崴，两船到穆湖崴，余船留元山交刘镇督率操练。到崴再报。请电海署云。

8月10日（七月十四日），丁汝昌率带诸舰抵达朝鲜釜山，各船借此添装燃煤。

同日，丁汝昌在釜山致电李鸿章报告称：

各船顷到釜装煤，约十八开驶。“定”“寰”“威”途中尚测看三两处，余船邓世昌先带回威。日记并晤韩王情形，俟昌来津面呈转送。请电海署云。

8月23日（七月廿七日），丁汝昌、吴安康率带北、南洋舰船安全归来，结束了历时2个月的操训巡洋及测量考察活动。

8月24日（七月廿八日），为各船请领袋装药及“敏捷”船请领压载废铁等事，丁汝昌在威海复信东局管事大人：

昨巡洋归，两奉惠书，只承一切。蒙贵局装制“定远”“威远”“敏捷”“超勇”“扬威”并枪炮学堂边炮药袋五种，共三十出。兹“镇西”来津，即祈捡交该船领回试用。至每种仍请代装若干，俟各船将此次袋药赶紧试放后，当再函布。前派赴贵局陆保蒙赏资回防。足征宽以敦下。查该弁谨朴有余，故有时讷于言语，谓有疯症而派充要任，断不敢唐突乃尔也。昌团栾（圆）节拟赴津一行。示及改派周姓一节，容面商办。

再者，“敏捷”请领压载废铁一事，蒙示有炮子坯廿余颗，甚感。亦请饬交“镇西”领下为荷。至水柜创开费工既多，第有徐图商办。琐事费神，下怀纫切。

8月30日（八月初五日），丁汝昌提督收到张次韩寄来的书信及应用炮册一帙。

8月31日（八月初六日），为“威远”船十生脱半第六号炮所应用炮册之事项，丁汝昌及时复信张次韩：

昨奉赐书，并蒙寄下十生脱半第六号炮所应用炮册壹帙。查此项系前昌代“威远”函请尊处转向该炮厂找补之件。兹蒙饬取发下，甚感。已交该船遵领应用矣。

9月2日（八月初八日），为“经”和“来”机器管能及时领取之事，丁汝昌致信盛宣怀：

前德国伏尔铿厂运到“经”“来”应用机器汽管五束，每束三枝，共十五枝，现存贵关。兹特着人走取，即祈饬该管人检交，运防应用为幸。

同日，丁汝昌提督率带北洋舰队三船由威海起航，前往旅顺。他命令北洋海军左翼总兵兼“镇远”舰管带林泰曾，督率余船在威海坚持操练。

9月3日(八月初九日)，丁汝昌率带“定远”“康济”“威远”三船抵达旅顺口锚泊后，致电李鸿章，报告近期行程及北洋舰队的训练计划。

9月6日(八月十二日)，为“镇南”船需用各件及威海机器厂请领焦炭二十吨等事项，丁汝昌致信大沽船坞管事：

敝军“镇南”需用各件开折请领前来。兹照誊一折送请查照，捡现时有存之件先行发下。又威海机厂请领焦炭20吨，统希饬交“经远”此次来沽之便带回为幸。

同日，为及时发给“敏捷”船请领压载炮子坯20余吨事，丁汝昌还致信东局管事人：

前“镇西”来津，蒙发交装袋火药三十出，业经照数收到。惟“敏捷”应需压载炮子坯二十余吨，该船未经带下。兹“经远”来津，祈费神饬交走领人带运，以便归威发交该船应用。此恳。

9月7日(八月十三日)，为“定远”舰修制时所需各项木料事，丁汝昌致信大沽船坞管事：

兹敝军“定远”船有应行修制等件，所需各项木料开折请领前来。特照抄一折，祈查照仅现有者发交该船先行应用为幸。

9月13日(八月十九日)，为“操江”船舱面及机舱修配所需料件之事项，丁汝昌又发信给大沽船坞管事：

昨据“操江”王管带禀称，该船舱面及机舱在在有应行修配之处，并开折请领料件前来。经核后，除另留底存案外，兹将原折送请查核，请饬该管人照款发给，以便应用。

同日，为“经远”管轮朱金标履新职时之薪水给支数目，丁汝昌又亲自发信给东局管事人：

承调周传谦一节，昨已面陈其详，蒙允改派，俾期合宜，且免偏废。兹有“经远”管轮朱金标者，操艺尚熟，容止较胜陆保。惟该弁在“经远”月支薪水五十两，倘蒙遴可，能照原支给领，免费筹画固好，倘实有未便，然照尊处原定之数，殊觉难敷用度。尚祈裁酌加惠，俾该弁无竭蹶之困，可期勉力供差，心无他虑也。所有该弁履历已嘱面报，至祈俯察为幸。

9月17日(八月廿三日),北洋海军提督丁汝昌接到李中堂转来醇亲王奕譞来电:“丁提等巡海宣威,官兵安旋,甚慰。图说均阅。丁晤韩王,答语得体。”李中堂传谕嘉奖丁汝昌。

9月18日(八月廿四日),为朱金标调任新职之薪水及“靖远”舰补考人员事,丁汝昌发信给“靖远”舰叶祖珪管带:

前据禀言船二管轮朱金标懒惰等情,当经调赴“定远”。“定远”查看,旋据“定远”管带及总管轮复称,查验数月,人尚无甚毛病,惟操艺不足大船之用耳。兹海军衙门饬调管轮,已由东局禀派前去。该弁薪水算至八月底止。一律付清开缺。应考补何人,俟昌回威核办。

9月23日(八月廿九日),丁汝昌、刘步蟾奉命在天津与李中堂讨论志锐的奏折内容。是日,李鸿章即将讨论的情况函报奕譞,认为志锐奏折内容与北洋现行办法大致相同,只是经费不足,未免捉襟见肘,拟施行印花税。

9月24日(八月三十日),为如何处理“定远”舰水手吴立祥扎伤东海关轿夫褚二之事,丁汝昌在天津致信盛宣怀:

前于五月末旬舟过芝罘,濒行之际,贵署轿班前来喊冤,当即传询。据称名唤褚二,被水手以随身携带割绳刀扎伤,而所与斗殴水手并未扭带前来,水手姓名彼又茫然不知。时值阁下因公远行,弟亦即发棹东渡,何从会讯?而该轿班呶呶不休,弟当即付养费十元遣去,并告以俟查明后即送贵处讯究。后即通饬严诘,查得为吴立祥者,在“定远”充当水手,籍隶天津。本拟此次来烟会同究治,而台从尚须迟日来烟,惟有将吴立祥押交贵处,阁下到烟可彻底研究,抉其纠葛,从严惩办,为日后效尤者戒。阁下有总办营务之责,矧我辈共事有年,素无畛域之分,伏望破除情面,俾无遁饰,以了此案为幸。

9月25日(九月初一日),丁汝昌率舰船由烟台抵达威海港后,立即发电通告,请东局代制药袋,以备急用。

9月26日(九月初二日),为朱金标事和速造十五生药袋300个等事项,丁汝昌在威海致信东局负责人:

日昨抵威后,先发电通告,谅邀赐鉴。朱金标刻令其遄速搭轮赴津趋诣贵局,敬听指挥,送供要差。伏望加以训导,俾得明澈规模,免有忽略。该弁薪水已发至八月底截止。开去原缺,另有遴弁禀补。尊处禀给该弁薪水,即于九月起支可也。

昨电请贵局代制十五生药袋三百个,需用孔急。祈惠饬速造寄旅局存，以便就近走领。

前在津叩扰盛筵，附此鸣谢。又叩。

同日，为做二号通语旗、吊床、绳环及水手帆布衣袋等事项，丁汝昌又致信樊时勋：

信到后望代做二号通语旗两付(副)，水手帆布衣袋一百个，吊床二百个，旗纱、帆布均须结壮，赶紧开制，仅本月十五前后寄烟应用为幸。吊床、衣袋、绳环一切均要配齐，旗子绳亦要配妥，外再带升旗绳一捆前来。

10月4日(九月初十日)，为洋员加薪、号衣图书及吕文经工作等事项，丁汝昌在威海致信罗稷臣：

前在津面议，责成较重。各洋员会详酌请加薪一节，兹查"定远"二管轮阿壁成，"经远"四管轮区尔，因该两船现仅有此德国管轮各一员，已是洋总管轮名目。现议阿壁成月加银二十两，区尔月加银十五两，合二员原领议加全数，以准原一外总管轮薪水，仍复较减不少。又"经远"枪炮教习哈卜们，专教全军克虏鹿卜炮操用各法，颇尽心力，月加银十两，均拟自西历十月份起支，敢祈查照会列敝衔一并详请可也。

号衣图书望从速手裁议定。吕文经事，候"龙威"到威防试验定夺后，再另函通知。

10月7日(九月十三日)，丁汝昌提督在威海致电李鸿章报告，江南各船，明日去烟台装煤，20日内可回到上海。

10月8日(九月十四日)，丁汝昌在威海收到张次韩书信及械器局转交的炮用药袋。

10月9日(九月十五日)，为收到十五生药袋及如何发放之事项，丁汝昌提督在威海复信张次韩：

昨奉赐书并械器局交由尊处寄到十五生炮用药袋三百个，如数收到。信发去后，某船应用若干呈交关领前来，一并备齐寄奉，或就近交旅局转奉存案亦可。

10月11日(九月十七日)，丁汝昌在大连湾致信刘含芳：

敝军旅顺煤厂经贵局历年收发各处煤斤数目，前曾咨请赐核，有无不符，未蒙见复。惟该厂虽经移交，须俟尊处核复方可出禀。敢祈查照，从速见复为幸。

又，贵营千、把履历，即请饬催速为备齐外，某人某职，现充某差，应补某缺，祈费神逐名汇开一折随履历交下，以凭照办，免有参差。十九日先专船过旅，两件办蕆，请交此船带来为盼。又，昨由天津军械所寄到十五生炮用药袋三百个，发去后，各船先后呈送关领前来。兹汇捡送请查照，咨告津局为幸。

弟到湾后，拟克日先行打靶，较试鱼雷，候“龙威”廿日过抵湾，即试定速率，并验轮械。一经竣事，即趋旅防，就商阁下办理验收各节。先此奉告。

外关领五纸，计“定”“镇”各八十五个，“经”“来”各三十五个，“济”六十个，共药袋三百个。

10月13日(九月十九日)，丁汝昌在大连湾复信刘含芳：

醒臣来，奉手告，祗聆。壹是画图各节，当遵示照料。日来打靶并试鱼雷，候“龙威”到，无论去津与否，必过旅与君会商一切，计时约在十日之内。

兹各船领装十五生炮药，特派弁带勇前去，祈饬该管人照料称装，各装若干，俟该船呈报，再令补具领状送请存案。再各船倘有零星军火者，呈有关领前去，祈查照饬发为幸。

同日，为快速处理贼船堵劫商船等事项，丁汝昌还在大连湾致信金州都统连捷庵(即连顺)：

日昨获聆伟论，快慰良深。今午归船，准刘芗林观察咨称，贵治平岛南、里岛北有贼船堵劫商船各等因。查海图未曾载该二岛之名，未审平岛即系所谓小平岛者，伏祈详示该岛系何厅何州县所属，坐落何处。倘有熟悉该处之人，请饬派来船尤为妥贴(帖)。当可派艘前往一巡。借可详探情形以及贼去踪迹。即祈查照赐复，以便遵办。

10月22日(九月廿八日)，为及早筹备明年打靶所需炮弹、药袋及龙威船试速率等事，丁汝昌在大连湾致信刘含芳观察：

兹查各船有几项炮弹未经各局储备者，特逐开清折，希查照或制或购，宜早筹置。缘此次打靶已是各船通融挪用，来春应操必须先行请领，诚事之不可缓者也。今岁各船仍须领取尊处有储备各药弹，已饬具领状前去，祈查照饬发。又请领各项药袋，东局当有制存者，另开清折，祈咨照寄旅，以便到时专船来领，备带南行，前派去装药人等当已竣事，乞饬随船来湾为幸。

各船打靶等事已毕，仅“镇远”鱼雷尚未试完，然亦旦晚事耳。“龙威”廿三由泸开，不久当可到湾，速率试详，即趋旅就商一切，先布。

10月27日(十月初四日),丁汝昌致电李鸿章报告称:

"龙威"由沪开,日久不到。闻由沪来商船云"龙威"在淞抛锚,有进坞修理之说。查该船前在闽时,未出口即回修理一次,今又耽延,断不可靠。丁等即料理赴南洋操巡,"龙威"若来,无人收管,望速饬无庸北来为要。

10月29日(十月初六日),丁汝昌、琅威理致电李鸿章报告:

"龙威"出闽过沪即屡坏机器,恐成病骥,为海军日后糜费大累。若将就留用,船行大帮,一船出病,各船停候,耗费不轻。昌等筹商,如试验,机器果不合法速率,不能合班够用,未便收留。今年各船巡洋路远,二十后必须南行,未便再待。该船在沪两礼拜收拾,能否北来,仍未可定,在沪能验而未能收,预备事多,亦难归队,故前电请开春北来,拟请核复示知。

10月31日(十月初八日)上午9时,丁汝昌、琅威理在烟台收到李鸿章来电:

"龙威"船在沪能验而未能收,预备事多,亦难归队。所拟极是,已电船政查照。将来过沪时察看,如不合用,切勿将就为要。

同日中午时分,丁汝昌在烟台又接到李鸿章来电:船政电:

"龙威"船身及双轮机毫无弊病,只因小抽水机、小抽汽(气)机屡次修改,是以耽延。顷接上海许令贞干来禀,二十六开行,系小抽汽之机轴折伤。此件无备用,须回沪制配,因顺便进坞看底,俟丁统领南下时即随北军巡洋,明春随同北上,亦易知其良窳。求钧电饬丁提督,先于巡洋时勘验,随时电闻,以纾廑系云。昨电似尚未接到。将来过沪勘验后再议随同巡洋与否。

11月6日(十月十四日),为"康济"船在福建修理期间官弁水勇公费及俸饷开支问题,丁汝昌在威海致信支应局李勉林、刘献夫、胡云湄三位:

"康济"在闽修理一案,昨奉帅行知,内开贵局核议公费俸饷以八十四日照奏。大修章程公费月支六十两俸饷,按五成支给各等因。似此办理,准例而言,已觉从宽。惟奉行知照行该船后,经该管带前来面称:官弁俸薪较多,若照八十四日天之议扣支,尚易弥缝;水手人等食用如常,而操作之外逐日帮同做工,辛苦既增,若口粮再照扣支,已用者半归亏累,微特办多掣肘,亦且难洽舆情。查该管带所称,确系实情,昌亦觉无词可解。若置不问,酌情似缺。若再详请,仍发核议，往返周章，徒乞灵于笔墨，亦殊无味。且“康济”因作鱼雷练船有改修之举，较别船修理似觉稍有区别，用将细状缕陈，拟请除官弁宗照尊议办理外，其水手人等口粮，仍恳设法详请，照原额支给，通归截旷划销，用示体恤，实为公便。昌非敢以聒聒为能事，势逼处此，不得不有烦渎尊聪。想诸君素重袍泽之情，自有以察及愚衷而乐为之请命也。可否之处，尚请速为赐示。倘应另备公牍，候示再办。

同日，为“经远”“来远”两船及时领回装药空桶以备再用，丁汝昌在威海致信张次韩：

客秋“经远”“来远”有装去二十一生炮药，计两船，共二十桶。药经试竣，其空桶该船尚须领回，备随时装药之用。兹由该船派人走领，祈饬查捡发交其带回为幸。

同日，为“敏捷”船压载铁和“康济”船水雷八具的发运事项，丁汝昌提督还在威海致信东局沈葆靖：

前在津曾蒙面允，再拨废铁三十吨归“敏捷”压载之用，又水雷八具归“康济”学生操练之用。兹“经远”去津领饷，饬其乘便趋领，祈饬查照发给为幸。

再，前由芗林兄处转请代制药袋，亦交“经远”带来。

外附呈“威远”送克鹿卜十生半炮用铜螺丝拉火样一个，祈查收。

同日，为已故两洋弁之归费、恤银及休假洋员折半薪水计发时间等事，丁汝昌提督在威海还致信罗稷臣：

前者在津，曾面恳代劳算付曩者旅顺病故之雷匠汉马，以及“致远”病故之管轮恩雪两洋弁归费、恤银一节。迩者该弁家属屡来函询，敢请查照合同核夺。发交汇丰银行兑交夏立士转寄该弁家属，以结此事。恩雪倘无合同，即查照汉马合同酌办为幸。

再者，德鱼雷教习福来舍及英炮首古巴，均请假六个月，从西历十一月十六日起给与折半薪水。祈查照办理。

再，敝军号衣书由尊处核议进呈后，其底本望寄一份交下，以便此次暂照制穿。日后倘小更易，略改亦未甚费事也。

同日，丁提督在威海又致信大沽船坞负责人：

兹经远去津领饷，应由贵坞领用各件，饬其乘便请领。昨据该船开折前来，内开火砖三百块，又钢刮刀五十把，并附图样前去。祈饬查照，发给应用为幸。

同日，为“康济”船官舱改装房间及旅顺公所应用家具铺陈等若干事项，丁汝昌在威海还致信刘含芳：

昨者，在烟台奉两书，未及裁复既旋威防。“利运”又带到惠言，均各读悉。“康济”官舱改装房间一节，因现管驾住处业形逼仄，若连学生并住后舱，则管驾办公、食饭、会客又更置何处？查中国及西国学生派入师船，睡吊床者颇不乏有，而管驾与学生杂居一处，却又向无此说也。矧如此巨工，威厂亦未易旋斡，第有缓筹之可耳。琅兼统意亦相同，用陈裁察。旅顺公所应用家具铺陈等件，先购后禀，恐日后未易核销。容到沪后通行估价后，再斟酌办理。承嘱到新加坡各节，自当奉为矩矱，甚感。嘱购南木材料等件，倘到台湾时日不紧迫，易于购取，必当遵办，令侄南旋，届时应乘何船为便，容面告知。至台旆南指，俟船行订有准期，必电告也。

11月17日（十月二十五日），为“超勇”“扬威”两船修添电灯之事项，丁汝昌致信海光寺制造局：

敝军“超”“扬”两船修添电灯一节，秋间在天津曾与琅威理面陈帅听。示及贵局可以制造，无须往外洋购买等因。兹逐开清折，并将外洋约估价值一律注录。倘荷查照允制，便中可饬霍良顺前来该两船察看，有应行量绘图式各节，就近即可办理。并请由贵局核估价值若干，见示后，再行开办是幸。

外清折壹扣。

11月27日（十一月初五日），为北洋舰队冬季训练计划之安排，丁汝昌在威海致电李鸿章报告称：

“定”“镇”“致”“靖”“经”“来”六船，拟初七日由威海卫直开上海。“济远”“超”“扬”三船，同日开，绕胶州到沪。“威远”十三日亦由威去沪。琅威理与昌熟商，各船今冬必须进坞。一则船底苔蛎过多，二则远去费煤。到沪如何办理，再电禀。留威海者“康济”“敏捷”“镇南”“镇西”并练勇学堂，已令“康济”管带萨镇冰督率操巡。如北洋冬令沿海倘有意外之事，以及机器厂商明威海水陆营务处，牛道代为指示。请电海署云。

11月29日（十一月初七日），丁汝昌、琅威理率领北洋海军诸舰，由威海起航，开赴上海。

12月2日（十一月初十日），丁汝昌提督与琅威理总查率领北洋舰队的“定远”“镇远”“致远”“靖远”“经远”“来远”六舰抵达上海吴淞口。

12月12日（十一月廿日），丁汝昌、琅威理等在上海勘验福州船政局制造的“龙威”舰。勘验结束后，致电李鸿章报告驶验详情称：

“龙威”出海，驶验三点钟之久，往返推算，风差水溜每点钟均未过十一海里，如火舱人尽得力，再用好煤，当可过十一海里。船身长英尺一百九十七尺，宽英尺四十尺。船头吃水十三尺四寸，船尾吃水十五尺。煤舱可容二百吨，全船吨载、炮位、煤斤配装齐备，计二千二百吨。舱深二十二尺。至抽水机在沪修理后，虽两次出海，未坏。拟请裴大臣更向外洋另购一副备用，以昭慎重。现仍留该船驻沪数日，将应有添改之处，逐一细查，并派洋管轮一名，随该船赴闽，更将机器折验，并赶办添改工程，以便明春一同北来云。希另购抽水机备用。

12月14日（十一月廿二日）晚，丁汝昌在上海收到李鸿章来电称：来电照办，已转电船政大臣。

12月17日（十一月廿五日），丁汝昌在上海收到李鸿章来电告知：

船政电：“龙威”经丁军门出海驶验，拟向外洋另购抽水机一副备用。该船由沪回闽，并派洋管轮一名同来，将机器折验，并赶办添改工程，以便明春随舟师北来。均照办云。

12月29日（十二月初八日），北洋海军提督丁汝昌在上海就舰队近期操训计划致电李鸿章报告称：

林镇率“镇远”“靖远”“来远”三船初九日开赴基隆，绕后山。汝昌率“定远”“致远”“经远”拟十二日开赴基隆，过澎湖，均在台南安平会齐赴香港。方伯谦侯“济远”出坞，率同“超勇”“扬威”巡闽、浙海口，过福州到香港。另饬“威远”出海，赴浙、闽一带海口测操。请电海署云。

1890年（清光绪十六年）　五十五岁

1月2日（十二月十二日），丁汝昌率带“定远”“致远”“经远”三舰由上海起航，前往台湾基隆。

1月4日（十二月十四日）午后，丁汝昌率带北洋三舰抵达基隆口外，由于风狂浪大，口内狭窄，军舰不能进入口内，故改变航行方向，开赴澎湖。

1月5日（十二月十五日）上午10时许，丁汝昌率带“定远”“致远”“经远”三舰抵达澎湖后，致电李鸿章报告：十二由沪开，十四午后抵基隆外，浪大口内狭，不能进，改向行，刻抵澎湖。

1月7日(十二月十七日),丁汝昌提督致电李鸿章报称:林泰曾率“镇远”“靖远”“来远”三舰十二日下午2时许抵达基隆抛锚,因连日大风,未能开绕后山,现已电告调来澎湖归队后,“定远”“镇远”“经远”“来远”四舰直去香港,“致远”“靖远”两舰,因台湾巡抚刘铭传来电告知,万镇在恒春剿番,嘱派该两舰绕至恒春一带声援。

同日,丁汝昌在厦门致信盛宣怀观察:

别忽三月,渴念无似。遥维起居增吉,勋履胜常,至以为颂。弟碌碌海上,建树毫无,所幸各船操巡适堪以慰告远注耳。“定”“镇”两舰赴港进坞,已于望日返抵厦门。拟日内带领各船开往福州马祖澳度岁;正初赴沪,二月初间方可北上。敝军驻威各船,往来烟旅,一切尚求格外照拂为感。

附恳者:叶亮卿兄保案,两次奉旨,日期先后颠倒。前曾赴烟面求,已蒙执事无为禀请更正。刻下亮卿以前次保案根底未清,未敢于他处邀奖。务乞阁下早为设法禀请更正,是为至要!其两次保案缘由,前已开过节略呈送尊处,兹不令其再送矣。专此附恳。敬颂勋安。诸惟惠照百益。

1月11日(十二月廿一日),丁汝昌在香港致电李鸿章报告:“定远”“镇远”“经远”“来远”四舰现已抵达香港。请电海署。

1月18日(十二月廿八日),丁汝昌在香港致电李鸿章报告称:

“定”“镇”油底修配。连日核议,估定照章在坞日期外,每船拆验轮轴,在坞须多八天,并零星修理,共需二万四千余元,合上午修费加倍。坞内现有船。约新正初五,“定远”可进坞云。

2月8日(清光绪十六年正月十九日),丁汝昌在香港致电李鸿章报告称:

“定远”廿二方能出坞,“镇远”是日即可进坞。“超”“扬”两船进坞油底并验轮轴、修配等事,共估费八千余元。粤督派“广甲”来港,嘱代验估修,并奉公文,“广甲”修竣,照北洋章程随队北上操练云。

2月22日(二月初四日),丁汝昌在香港致电李鸿章报告称:

“镇远”初七出坞,“超”“扬”即可同进坞。昌拟初六带“致”“济”“经”“来”四船出洋,操巡南海一带,约二十内回香港。“定”“镇”“超”“扬”四船在港操修,琅威理与两镇督率妥办。请电海署云。

2月24日(二月初六日),丁汝昌率领北洋舰队的“致远”“济远”“经远”“来远”四舰由香港起航,赴南海一带海面操练巡航。

3月20日(二月三十日)前,丁汝昌率领“致远”“济远”“经远”“来远”四舰操训、巡历南海各口后,回到香港。

3月21日(闰二月初一日),丁汝昌率领“定远”“镇远”“济远”“致远”“经远”“来远”六舰前往西贡、新加坡、小吕宋各口访问。

4月14日(闰二月廿五日),丁汝昌在新加坡致电北洋大臣李鸿章报告:北洋海军六舰在新加坡锚泊,受到欢迎,更令当地华人兴奋异常。

4月15日(闰二月廿六日),丁汝昌率北洋六舰离开新加坡,前往小吕宋操巡阅历。

4月22日(三月初四日),丁汝昌率带北洋诸舰抵达小吕宋之后,立即致电李鸿章报告,刻“现抵小吕宋,本月初十内赴香港”。

4月28日(三月初十日),丁汝昌率带舰队回到香港,装添燃煤。是日,他致电李鸿章报告:刻回香港,赶紧装媒,约十八日开赴福州,去船政料理粤东新制船只之事。

5月6日(三月十八日),丁汝昌率领北洋舰队诸船及“广甲”船离开香港,前往福州船政。

5月8日(三月廿日),北洋海军提督丁汝昌率带北洋舰队六舰并“广甲”舰抵达福州马尾,赶办“龙威”船及粤船各事。

是日,他在福州船政致电李鸿章,报告舰队近况,以及在船政的各项要事,并计划月底开赴上海。

5月16日(三月廿八日),丁汝昌率带舰队离开福建,开赴上海。

5月19日(四月初一日),丁汝昌率北洋海军“定远”“镇远”“致远”“济远”“经远”“来远”六舰,并广东的“广甲”及新接管的“龙威”,共八艘船,平安抵达上海。其后立即致电向李鸿章报告,等各事料理清楚后即回威海。开航时间大约为初十日内。

5月27日(四月初九日),丁汝昌因统带海军巡护察勘海洋辛苦,醇亲王府邸寄电李鸿章称:

> 丁提等宣威海国,为中国快举,惟念我将士劳勩,不能亲为慰劳耳。祈便中代达,俾众欢欣。已令柴麦具禀详述。醇具。佳。庆澜转禀。

5月29日(四月十一日),丁汝昌提督率八舰抵达威海后,立即致电李鸿章报告,称“定远”“镇远”“致远”“济远”“经远”“来远”“平远”(“龙威”改为“平远”)、“广甲”诸船已安全抵达威海卫。

6月2日(四月十五日),丁汝昌接到由庆澜、李鸿章转交的醇邸电谕:

丁提等安旋,极慰。希转嘱绘一威海全局并提督署及泊船处一图,要中国渲染画法,可悬之壁间者为快。醇具。望庆澜转禀。

6月3日(四月十六日),丁汝昌致电李鸿章称:

屡蒙奖谕,将士闻知皆有愧感。饬绘威海海军基地地图事,已遵照赶办。是日,李中堂已将丁提督来电转刑部潘庆澜呈复。

位于刘公岛水师学堂西北角的戏楼。

正式开学于1890年6月4日的刘公岛水师学堂正门(2003年修复)照片。北洋海军提督丁汝昌兼任水师学堂总办(即校长)。

6月5日(四月十八日),丁汝昌细心听取“扬威”舰管带关于该船维修的方案和所需料件,并将领折收下。

6月6日(四月十九日),为“扬威”舰请领木料之事,丁汝昌在威海致信大沽船坞的顾廷一和高仲瀛:

昨据“扬威”管带面称,该船有应行修理各项,需用木料,开折请领前来。计领一寸厚、一尺阔柚木一百五十尺，四寸厚、一尺阔柚木十尺，四寸厚、一尺阔松木二百尺。望查照发交。此次“经远”来沽之便，带威应用为幸。

1890年孟夏，刘公岛绅商为表彰北洋海军提督丁汝昌，树立了“柔远安迩”德政碑。该碑现存立于刘公岛龙王庙东侧殿内。

6月18日（五月初二日），因为不能上缴原领银票之事，丁汝昌提督及时致信朱伯华：

去冬南去巡洋时，曾由贵局发给敝军中军汇丰银行银票据一纸，以便沿途持此取款。兹者来津领饷，理宜随缴，惟临行匆遽未曾捡带。第有俟回防后，即饬捡寄前来。特布奉告。

6月21日（五月初五日），丁提督就印信及关防之事，致信李勉林与朱伯华：

查敝军各员由部颁发印信、关防一节，历奉帅允，均由贵局派员随时代领转给。兹先后领到者计有六颗，其已奉文业由贵局领尚未发给者，先后计有七颗。应请惠饬妥便送下，俾得明日先行携带回防。又已奉公文尚未经贵局走领者计有四颗，未知刻下已领来否？希见复为幸。兹分别开具清单一并附去，祈查照为荷。

计清单一纸，计开：

提督银印一颗；

中军左营副将；

中军右营副将；

左翼右营参将；

右翼右营参将；

精练前营游击；

以上六颗均先后收到。

中军参将；

左翼左营副将；

精练左营游击；

精练后营都司；

后军前营都司；

后军右营都司；

鱼雷左一营都司；

以上七颗均已由贵局领来，尚未发给。

左翼总兵；

右翼总兵；

中军中营副将；

右翼左营副将；

以上四颗均奉公文，贵局是否领到？祈查照回复。

7月16日（五月三十日），丁汝昌提督在威海收到周郁山来信，讲述陈兆翱须会衔禀请咨调之有关事项。

7月17日（六月初一日），为相关人员之安排及操训等事，丁汝昌在威海致信旅顺之刘含芳观察：

昨者，郁山兄来函，述及陈兆翱须会衔禀请咨调。应如何禀办之处，似宜由兄与鲁卿兄主稿会弟一衔可也。设有应商情节，俟晤面再办亦可。卞判军调鱼雷学生一节，当初在闽时并未见商于弟，今帅有电谕，应拨若干，即望主裁办理。

嘱拨驾驶学生两名，兹选得林葆怿、曾瑞祺往供差委。该生在敝军每名月支薪水银十八两，祈查照从六月初一起由贵局开支。

天津二班驾驶学生冯琦等十六名，经派赴枪炮学堂学习后，应继学雷艺，已拨往“康济”，嘱其随同教习刻励讲求。附告。并希查照。

初五拟径赴湾打靶、操雷，届时仍祈嘱罗哲士、福来舍乘“康济”到湾，帮同操练为盼。操事不可再缓，若操竣得暇，当可过旅一晤。奉此，祇达。

外，郁山处来一函，祈察。

7月18日（六月初二日），为“平远”舰边炮试验及刘公岛水师医院等诸事项，丁汝昌在威海致信周郁山廉访：

久别而后，不图此行得以相从，启戟缱绻半月之久。对海天之浩淼，聆绪论之纵横。补救情殷，启发兼至，曷胜纫佩！惟隘居菲食，方愧有辱嘉客，乃书来称谢，更益汗颜。

"平远"边炮既已定购，第有俟安配后于风浪中行试一次，倘前后过不相称，再图改易头炮。若能俟所雇英教习到后酌办，是为最妥一着也。江夏一节，过旅当遵嘱剀劝，力所得而挽回者，靡不委蛇至画耳。各船公费、药费已照章尊议办法行知矣。陈兆翱事，亦容不日赴大连湾打靶道经旅顺时，再商同芗、鲁二公呈请咨调可也。

伊尔文昨已到威，一切当妥为招呼。但医院应行等事，弟日居海上，且不时涉历各口，势难兼顾，归星斋兄（即牛昶昞）就近一例筹办，较为周至。顷伊医已到院，遍阅一过，归至星斋处，与谈许久。据称大规模甚妥，惟验室嫌多。现拟仅留两间，余六间改作别用。此外尚有细微数节稍须参酌，非甚关紧要者耳。

勾丽巡洋一节，俟由湾打靶归来，再请帅示定期举行。

由津起节后，想早平安抵署。月余积件，在兄举重若轻，固不觉其繁紊。然旬日之内，亦周公所期无逸时耳。手此，祇达。

7月19日（六月初三日），为洋员休假事，丁汝昌提督致信罗稷臣和潘子静：

顷据"威远"舰洋教习倪尔森禀称，现因体气不和，请假三个月登岸调理，并请预支西历本年八、九、十、十一四个月薪水，俾资料理等情。查该教习教练学生，竭虑殚精，年来颇称得力，薪水较之鲍察辈未见为优，屡请加增，均未允办。兹者之请，若不从权体谅，殊未足维系其心。复念老班学生现划拨学雷艺，新班学生秋令方可到船，乘间少休，于公未误，薪水不过先数月挪用，似当可行。人既得用，宜少从宽。此外洋员均不得援以为例。又，"济远"总管轮华甫曼请假六个月回德，于华历本月初三日准假去烟候轮回国，应给该洋员六个月折半薪水并回国川资，祈查照合同办理。倪、华两西员之请，昌已面允准给。书到，希即费神将其两项之银核明，兑由汇丰银行交付可也。

7月20日（六月初四日），为南洋水师弁勇学习炮艺之事，丁汝昌提督致信吴征三：

前者，贵军拨派弁勇十二名，归敝军练勇学堂学习炮艺一节，顷据洋教习鲍察声称，内仅三名可期进益，余者九名资质太钝，徒劳无补。拟请自行至贵军各船挑选九名更换，冀图早收成效。是否可行，祈麾下面示该教习遵办可也。

7月22日（六月初六日）晨，丁提督统带南、北洋各舰，开赴大连湾操练打靶并演放鱼雷。

是日，他致电李鸿章报告：今早带同南北各船，赴大连湾打靶并演鱼雷。“敏捷”已单令出海操训，“平远”“镇南”两船留威海操练。

7 月 27 日（六月十一日），为皇上两旬万寿设筵之事，丁汝昌提督在大连湾致信烟台盛宣怀：

归从歇浦，两过芝罘，近步门阑，每劳南顾。元旋后动履胜常，定如所颂。弟日昨带同南北各艘到大连湾打靶，计二十左右方可以蒇事，拟即连樯渡烟。

今岁恭逢皇上二旬万寿，届日仍拟在烟设西筵，请居烟从公及敝军在船各西员，一体同庆。所冀欢联中外，齐效山呼，合举觥筹，鸣休海隰。在公总理海防营务，此番盛典，似应会列台名。作此公举，外观威重，更见翕然。一切用费悉由弟处准备，不须廉泉一滴。但张宴之所，须检洋餐房之最恢阔清洁者，菜品也须美备，应请派一委员预为招呼。敝军严中军现亦在烟台，应于何日（系廿六抑廿八）举行，即望就近示悉，以便两员会同商定，免临时仓促，致不整齐。为幸！

敝军计共有四十人，届时由弟处会名招呼。烟台中外官员之应请者，希酌定若干人，即由尊处会名，分别具发柬信可也。裁定后，更望先示数行见告。为盼！

届日应须旗帜，乐军均由弟处先时部署齐楚，以便移岸应用。此外尚有何项须加润色之处，凡卓见所及者，仰望赐告。尤幸，尤幸！专恳。

7 月 28 日（六月十二日），为商调罗哲士参加打靶及增拨鱼雷学生等事，丁汝昌提督在大连湾致信旅顺的刘含芳：

“操江”来，奉朔日惠书，内云前月廿六发电饬罗哲士来旅，至今未奉回音等因。查此电廿九接到，当即复电，何至公初一发信之时尚未达到耶？或电局延搁，抑师丹善忘耶？殊令鄙人徒呼负负。各船不熟鱼雷之鱼雷大副曾与罗哲士议过此节，据讲通查有不甚谙练者，派到“康济”学习亦易收效，自无须更送入堂矣。俟由湾操竣后，即可办理。远荷拳念，心感以之。

前嘱派驾驶两学生备充雷艇大副，曾拨林葆怿、曾瑞祺两人，于月之朔当修书交“康济”带旅。后曾瑞祺抱病请缓。一俟稍痊，即仍饬到旅供驱策也。刻驾驶学生四处分拨，靡有孑遗。委再拨二名，第有俟新班学生到船再办。

再，陈兆翱事容当面商办。如台从廿日内到湾固好，不然廿外操竣乘经、来起锚之便，到旅顺就商亦可。

8月23日(七月初八日)，为广东省炮台建设与海军训练等事，丁汝昌致信禀报李筱帅：

粤省据要添筑炮台，前蒙见谕，拟由北洋调员驻守一节，侄五月间在津曾面陈相听，示及届时需员，当可遴派前往。“广乙”“广丙”工程，似不宜督催太迫，恐其塞责，日后增修，转滋繁索。如北洋之“平远”，可为先鉴。不如稍宽时日，雷炮到齐一律安配完善，弁勇拨定即可随队出操。不然，收船一时，配械又一时，两起动作不免琐屑迁延，旷时靡费。管见所及，希裁察行之为幸。

“广甲”随操数月，一切均有大致。增以教习、水勇，帮同训练，一经谙熟，庶资分布于将来。惟事多创办，幸余参将尚能加意讲求，认真督率，历时未久，具此规模，亦殊难得。兹先令南去，过沪运炮到粤，借以清理积事。该船尚有零星修配，应请饬赴闽厂，乘间整妥。侄十月过闽，即可归队操巡。再，余参将前因挂误被议，今恭逢恩诏，当可循例开复，伏骥鸿施格外，准予奏复原阶，启其自新之路，彼更力图奋勉，竭其报效之忱。知亦宽以驭下者所乐许也。另具呈文，尚乞赐察。林国祥帮同练伍，尚属碍劳。倘邀加恩擢用，固足以示鼓励。设一时无委任之处，第俟广乙、丙告成，再图安置可耳。至“广甲”在北洋所领薪饷煤斤等项，乞饬下善后局，查照该船案报款目与北洋支应局早日划结，一律核销是幸。

8月26日(七月十一日)，为妥善处理北洋海军总教习琅威理辞职之事，丁汝昌提督致信罗稷臣：

琅威理二次来华，查系由出使大臣知照，外部委派前来。今彼告退，未知尊处是否请帅咨驻英大臣致谢外部。设仍未办，即乞查照前案缘由，或面陈，或禀请，速作酌夺，上达帅听，以期事有结束，以符原案也。至须函禀，应行会列敝衔之处，亦祈主办是幸。手此，敬恳。

8月31日(七月十六日)，丁汝昌收到李鸿章转来上海船坞刘康侯来电，告知船坞七月底可供使用，请派“致远”舰来上海等候。

9月1日(七月十七日)，为“致远”舰去上海坞修之事项，丁汝昌致信上海船坞刘康侯管事：

昨奉相帅转到尊电，本月底船坞可暇，“致远”舰可来上海等情况。当时即饬该船克日摒挡南去，借重贵坞，以资整顿。所有船底应行修理之处，概由该管带自行觅工购料，妥为办理。至达坞需用支船木料以及刮油锤冶或缺之器，并乞惠准假用，用毕照缴。倘有大意损失，应令该船照样购赔。昌已饬邓世昌管带留心督作，尚望推情照拂，俾可早日蒇事北旋，实纫公谊。费神之处，容冬令到沪再图面谢，手此，祗达。

9月4日（七月廿日），为妥善处理总教习琅威理辞退之事，丁汝昌提督再次致信罗稷臣：

十一曾布恳禀帅咨薛星使致谢外部一函，当邀青及。是否已办？顷奉帅云，英外部有撤回罗哲士等各情。意必听信琅威理一面之词，致有是议。盖琅威理辞退情由，外部迄今不知底细。此次拟请帅于致谢文内将琅告退原折一并录叙其中，外部得了然原委，当无异词。罗哲士办事勤慎，似可不必与琅同去留，借以示中国用人未始优劣无别耳。刻即带船东行，匆匆不及详述。帅处已电禀，如何示下，希费神酌斟妥善之术行之。

同日，北洋海军提督丁汝昌率带“定远”“济远”“开济”“寰泰”“超勇”“扬威”起航，出巡朝鲜仁川、天冠山及釜山。

9月17日（八月初四日），丁提督率南北洋诸舰抵达朝鲜釜山后，立即致电李鸿章报告称，“定远”等六舰刻抵朝鲜釜山，俟“镇远”六舰齐集，装足煤吨，确定开船日期再报。

9月21日（八月初八日），因为“靖远”舰遭遇风暴受伤，丁汝昌在朝鲜釜山致电李鸿章报告：

“镇远”一队抵釜。叶（祖珪）管带称：上月二十七晨，“靖远”与“南瑞”由海参崴开回元山，途中天始晴静至午，风雨骤至，入夜愈猛，骇溜横拍。“靖远”舵力不抵，迷濛中被涌山侧，斜掠而过，船首铁冲外甲擦偏，右帮铁板一块伤三小孔，当即用铅钉补。到元报由林镇验明，昌亲复验无异。该船虽值风溜致伤，究由驾驶不慎，请仍如“致远”案办。时未一年，“致”“靖”相继遇险，统将德薄，事故多歧，统俟事竣，趋津伏候宪示，免再误于日后也。

10月7日（八月廿四日），北洋海军提督丁汝昌命令左翼总兵兼“镇远”舰管带林泰曾，率“镇远”一队由朝鲜起航回国。

10月8日（八月廿五日），为北洋舰队涉历莫湖葳之“来远”舰见闻及舰队下一步操巡计划事，丁汝昌在朝鲜釜山致信驻朝鲜公使袁世凯：

仁川濒行，得长言书。迫促之顷，当稽裁复，殊惭不敏。东来煦越两旬,惟台候胜常,至以为颂。敝军涉历莫湖崴之“来远”舰,月之七日旋抵釜山。据称上月廿五、廿六等日,曾至西水罗温贵等处,就居民而探询各情。所称俄之防兵于分界处驻有马步兵三千左右;入内日长岭子,有守卡兵二十名;再进日晖春河,有马步兵八千左右;温贵一区未闻有俄人开垦、通商等事,仅有华人在此负贩者三四人耳。其访闻大略如此。兄由仁川展轮曾过古今岛小泊,然后来釜,煤船幸得应期而至。惟因大风耽延数日,未能起卸,不得不姑作徘徊。从知到处去留,诚有定数存乎其间,非人力所可转移也。“镇远”一队昨已先令回防,“定远”等船于明后日亦可启行。惟此番东来,在望云山,皆得重寻陈迹,而多情旧雨,未容一握言怀,不少于悒。

巨文岛拟归途行过一阅。又及。

10月11日(八月日八日),丁汝昌率领舰队返回朝鲜仁川。

10月14日(九月初一日),丁提督率舰队抵达威海卫,结束了历时40天赴朝鲜沿海的操训演练。是日,他收到上海船坞刘康侯的来信,告知“致远”舰的修理情况。

10月15日(九月初二日),为受伤之“靖远”舰前去上海上坞抢修之事,丁汝昌在威海致信上海船坞的刘康侯:

昨由东海旋役,接奉赐复。“致远”各节,深荷关垂,感何可量!藉谂局务发皇,著猷卓越为颂。恳者:此次“靖远”东赴海参崴一带操巡,归途暴风急雨,彻夜不休,迷朦(蒙)中致被奔溜涌至山侧,幸得斜掠而过,将头锋擦歪,并船右铁板间有挂伤之处。当电请傅相,仍借贵坞一修,计邀转达。兹令该船前往,一切工料仍照“致远”由该管带自行承办赔修。至应用家伙有缺手之虞,更祈惠予借用,设有损坏应令赔补。遇事统希推情照拂,是为至祷。

10月29日(九月十六日),根据圣上旨意,丁提督奉命派北洋海军“济远”“经远”“来远”三舰开赴天津,载继昌、崇礼前往朝鲜,祭奠太妃。三船二十二日开行,二十四日下午1时许抵达朝鲜仁川,3时护钦使登岸。

11月7日(九月二十七日),丁汝昌、周馥、刘汝翼奉李鸿章之命,前去验收旅顺船坞全部工程。旅顺海军基地修船大坞长41丈3尺,宽3丈7尺8寸。大石澳东、南、北三面共长401丈6尺8寸,西面拦潮石坝长93丈4尺,水深2丈4尺。在船坞周边建造修船各类工厂9座,铁码头一座。验收人员一一认真勘验。

11月18日(十月初七日),为旅顺司理船需用洋员之事,丁汝昌复信刘含芳、龚鲁卿:

前道出旅顺,叨扰盛筵,尚未遑修缄陈谢。顷"镇海"来,奉手示,祇悉壹是。承嘱派司理船洋员,查敝军"镇远"巴兰柏现请假回国,计年尾方可归船;贾礼达既谆欲期满回国,而理船亦不可一日无人照料。因查敝军有前经傅相派来随军差遣之吕文经,人颇勤慎碍劳,于行船一切章程亦称谙熟,兹特令其前往,伏望赐察,可暂委其代理。幸贾礼达期满尚有月余工夫,该员先可随同学习,况冬令出入口岸船亦无多,贾去令其去接替当无不可。倘该员察可胜任,来年再为酌加薪水,俾专责成,即无庸更易洋人。设有未尽周到之处,容巴兰柏销假,再派往更替可也。此复。

11月23日(十月十二日),为六艘"镇"炮船赶早修配等事项,丁汝昌在威海复信顾廷一:

"中""边"来威,奉手示,读悉。藉谂台候胜常,式如所颂。前存船表九架,蒙交蓝管带携带来防,当已照收。并饬妥置,随时较(校)验,以备日后之需。在坞四船,据黄裳治、蓝建枢等先后声称,"东""北"虽在坞日久,而历请油修整理之处,若不及时兴作,诚恐届用之时,猝不及办。"西""南"行海日久,其应行修理等项,尤宜赶速动手,各臻完备方妥,伏望查照,详加勘验,饬工合作。总期船身得资保重,舱面机舱须修须配要宗,乘暇整理齐全,无论何时调用,不事弥缝即堪应手。斯为至幸!手此,祇恳。

同日,丁提督还为"平远"舰制造炮座等事项,复信张次韩:

谭生鼎和来,奉手告,祇悉壹是。承询"平远"新购之炮,应由何厂制座一节,查敝军机器厂前议制各船新购等炮之炮座项内,"平远"仅有一磅子炮座二具,业已汇请准批购料兴造。兹将原请自制各炮架,抄送查照。惟"平远"新购等炮,种类尚繁,除一磅炮座二具一项由敝机厂自制外,其余炮位应行配座者,宜归何厂制造为便之处,即祈酌夺主办为幸。谭生应画各船等炮图式,已知照各管带照料分别绘竣。兹仍由该生一律携归,前蒙惠派"快马"渡饷,诸荷费神,心感无量。祇复。

外已禀制炮座单一纸。

11月30日(十月十九日),为威海灯塔管理人员之事,丁汝昌在威海致信德璀琳:

威海灯塔由新关派人管理一节，前电复约在西历正月初一日当可前来接管。继复来书，一并承悉。吕文经前因旅顺理船需人，当饬前去。敝军灯塔复由“康济”遴管油一名，加派练勇二名，暂行照管。一俟新关派人到后，即由此人查看原管人等是否能资照料，再定去留，此复。

12月1日(十月廿日)，为洋员罗哲士请假期间之薪水发放及领取军火等事，丁汝昌致信旅顺刘含芳：

顷据罗哲士来船声称，英领事转到该国钦差来电，外部饬其回国等情。突然作事举动，其为琅威理作祟可知矣。似此情形，自有未便强留之势，当即面询罗哲士，是否仍愿来华？彼称可暂请假六月归去作速弥缝，当即旋转。弟见其情词肫恳，当告以操务吃紧，久旷非宜，既情愿仍归供职，即准假四月，克日回国。查敝军西员请假回国通例，假期内给予折半薪水，来往川资悉由自备。今罗哲士去，弟已允照此例，幸所费不过七百金之谱。即或被阻挠而不归，有此余润，使事后追维，亦足示中国怀柔之意。祈俯酌行之。余有未尽事宜，仍祈查照合同所载办理为幸。所有不及缕述，琐节俱嘱萨管带面陈。希赐详询。

又，敝军试炮家俱前经尊处携去照绘图式，想早用毕。兹因戴孝见处急需此件试验新炮，用遣哈卜们前去走领，更望饬人会同查点照交。又敝军须领零星军火以备操练，但所应需者未审贵库是否有存储，用饬该船各派炮首一名前往检视，希饬司库人为之先导。倘所需之项适有存储，可从权先令该炮首等便领前来，后赶照补领状，固多简便。否则，随后持领走取亦可。如何办理为宜之处，乞明示萨管带转饬遵照。

郝乡事已出详，候批到即照咨告。方凤鸣既不南行。前次公文一并奉缴查收。

弟南行伊迩，须候“康济”归来始能起程，该船到旅事竣，希令速旋为盼。

12月7日(十月廿六日)，丁汝昌在威海致电李鸿章报告：

“定远”“镇远”“济远”“经远”“来远”五船拟二十八日开沪巡南洋，余船在威海令邓世昌督率操练。因“致远”底已油，“超勇”“扬威”留北，开年进旅坞，以省糜费。请电海署云。

刘公岛上的北洋海军大铁码头。

12月8日(十月廿七日),为刘善选、王学廉、蔡灏元等人调动、养病之事,丁提督在威海复信吕庭芷:

顷刘善选来威,奉复翰,敬承一是。刘生已饬其到堂接办教习之事。王学廉即令起程赴津,敬供驱策。王生薪水应于十月三十日由敝军截止,刘生薪水于十一月初一日由敝军起支。至刘生在贵处挪备寒衣之款三十金,当饬由该生一经领到应支薪水,自行缴还,较为简便。伏望查照是幸。蔡灏元现由该管带据情呈请病假,已批发照准。薪俸按定例办理,现已到烟医养,但未知是否去津。花农原书奉缴,希将各情转致为幸。

12月9日(十月廿八日),丁汝昌督率北洋舰队"定远""镇远""济远""经远""来远"五舰起航,前往上海并至南洋操巡。

12月31日(十一月廿日),为威海机器厂应用料件照例放验免税之事,丁汝昌在上海致信盛宣怀:

别后瞬又月余,渴想之私,与时俱积。惟近履冲和为颂。兹由沪运威敝军机器厂应用各料件,该物到烟,祈饬关查照各单,照例放验免税是幸。弟明日由沪去闽小泊,仍须赴粤料理两铁甲进坞等事。知念附陈。此恳。

外单祈察。

是日,为慎重使用团龙五色提督旗之事,丁汝昌还认真严肃地致信吴征三:

查敝军团龙五色旗,当奏定章程时曾知照各国,为海军提督专用旗帜,昭昭在人耳目,未便别有通融。至南洋纵不俟奏设海军提督,拟相效用未始不可,但必须南洋大臣咨明总理衙门,通行各国再行张挂，方足以昭慎重。不然，漫无知觉，体制纷更，既紊外观，必滋疑议。设有遇而问之者必且无辞以解，若谓今是昨非，徒以人言旋复变幻，尊威所系，尤觉难堪。麾下久领水师，仪度一节，尤所深究，或有察不及此者，犹赖加意为之发明，不致贻外人诮。海军之幸，亦同袍之幸也。明日赴闽，图晤当在来春。走笔达悃，未尽区区。统希亮察，尤为至望。

1891年（清光绪十七年） 五十六岁

1月1日（十一月二十一日），丁汝昌率北洋舰队由上海起航，前去福建沿海。

1月20日（十二月十一日），丁汝昌在香港致电李鸿章，报告舰队情况。

是日，丁汝昌接到北洋大臣李鸿章回复电令：

真电悉。“定”“镇”两舰赶紧油修，明正即须预备东巡日本之事。知府联兴调粤，起早到镇搭轮，有要函交带，灯节前必到。吾三月初十后出海，该军当先期赶回，庶不误差。

1月25日（十二月十六日），丁汝昌在香港接到李鸿章来电：

俄太子明春来华，二月二十三至香港。拟派快船二只，由香港随护赴广州、福州、上海、汉口、烟台。闻伊带俄快船四只，我船须能同阵随行，似“致远”“靖远”为宜。汝先期调集，约束严明，勿贻讥笑。至汝赴日本，何时由港径去，计游巡东洋各口，事竣回津接我，勿误三月初十之期。希筹定随时电复。

1月27日（十二月十八日），丁汝昌在香港致电李鸿章报告：

谏电敬悉。与两镇商，宜先筹随护俄太子及大阅事。如促巡东洋，碍难周历细阅，本军船亦无暇调齐整备。拟俟大阅。后，再游巡东洋各口，缓急两宜，庶副钧意。可否，候示再筹备。

是日下午4时许，丁汝昌在香港收到李鸿章复电：

巧电悉。俄太子只须（需）派两快船随护。汝等既以时促，难分巡东洋，缓至大阅后再去亦好。可先函电伯行知悉。兵轮在外，恐操练规矩懈怠，该提镇当时时振奋精神，勤苦督率。

1月28日（十二月十九日），丁汝昌在香港致电李鸿章报告：

啸电敬悉。护俄太子，遵命派“致”“靖”，惟“致远”在威，俟船由港开，电调到沪，严明一切。沿海随护，“致”“靖”相宜，长江似宜用“寰泰”“镜清”。如宪议均用“致”“靖”，昌到沪，须与马道商拨引港。“定”“镇”油修，明正初四五可竣，静候联守信到即开。汝昌叩。效。

1月29日（十二月廿日），丁汝昌在香港收到李鸿章来电：

俄太子约二月二十三日到香港，再往广东、澳门等处。“致远”俟二月初调往港，取齐候随护俄储，三月初赴沪，初八开往汉口。届时春水渐长，“致”“靖”自可入江，与马道商拨引港。若中途有水浅处，即停候随同出海。此系北洋专派之差，不分疆界，无庸借用他船。

2月9日（正月初一日），北洋舰队五艘军舰在香港驻泊，丁汝昌与五舰官弁在“定远”舰上举行团拜。

2月25日（正月十七日），丁汝昌率北洋舰队五舰从香港启行，开赴福建沿海。

2月27日（正月十九日）下午，丁汝昌督率北洋舰队五舰抵达厦门港。

2月28日（正月廿日），丁汝昌率带北洋舰队离开厦门，前往上海。

3月5日（正月廿五日）晚，丁汝昌率带“定远”“镇远”“济远”“经远”“来远”五舰抵达上海吴淞口外。

3月9日（正月廿九日），丁汝昌在上海致电李鸿章报告称：

据在沪俄领事、俄船主云：太子由本国乘坐大快船二只，吃水二十八尺，均不得进上海口，在倍岛寄泊，换驻“亚西亚东部”，吃十二尺水船往汉口。查“致”“靖”吃水十七尺五，只能随大快船进止。如随俄浅水船进长江，现约计只可至芜湖一带止。又，我船校彼船快慢不同，每至一处，倘俄船快，我船只可后到。是否候电示，饬两船赴港？

是日夜晚10时许，丁汝昌在上海收到李鸿章来电指示：

俄使及洪、许两使电：俄太子往福州、上海、汉口，拟不往烟台。“致”“靖”两船，应仍照原议赴港候接护，即随伊大快船进止，可不深入长江。俟伊回沪往日时，“致”“靖”北来归队，联兴亦附船随行。我拟改于四月出海校阅舰队矣。

3月18日（二月初九日），丁汝昌致电李鸿章报告：赴南各船，除“致远”“靖远”由沪去香港候接俄太子，“平远”留福州随护雷艇北来，余船均回威海。

3月21日（二月十二日），丁汝昌率带北洋诸舰抵达威海卫。

3月25日（二月十六日），为“超勇”“扬威”两船油修等事，丁汝昌在威海致信刘含芳、龚鲁卿：

久未聆教，渴想之积，高于陵阜。近维动履冲和，至以为颂。昌于十二日抵威，积件既须清理，而应行预筹各事，率多不容姑置者，须克日料量停妥。乃可赴津。故亦不得即时过旅，晤话一切，良用歉然。兹先遣"超""扬"两船前往进坞，除照例油底外，设有零星修理之件，已饬该两管带捡必不可缓者，开折呈请察验，分别饬办。工竣后可汇入此案，一例开报。该两船倘不能一齐进坞，其候修一船，应祈先饬勘验，乘空并可修理零星，似此可期早数日蒇事也。由沪带来竹竿、旗纱，兹乘此便带去。希查收为幸。

3月26日(二月十七日)，为"定远""镇远"两主力舰需修炮弹之事，丁汝昌在威海致信刘含芳：

前敝军"定""镇"两船所领未能合用之三十零半生之炮弹，曾送恳贵局代为刮修，刻当已蒙饬匠修整就。兹著哈卜们携带校量器具前往相度，有已堪合用者，希饬交"超""扬"带威，以便相帅大阅打靶应用。是为至叩！此恳。

3月30日(二月廿一日)傍晚，丁汝昌抵达天津。

3月31日(二月廿二日)，因"镇中"炮船大炮麻布药袋事，丁汝昌在天致信沈品莲、张蓉轩：

昨滨暮抵天津，事绪纷沓，容日后再图聆教。恳者：敝军"镇中"炮艇阿摩士庄三十五吨英尺十一寸口径二十四倍身长前膛炮，现需轻装麻布药袋七出计十四个又轻装木药桶七副计十四枝。旅顺此件无存，应请先由贵局照发应用，随后再饬补具关领，送交旅局转咨备案。此恳。

4月1日(二月廿三日)，为旅顺口西老铁山建设航行灯塔事，丁汝昌在天津致信赫德总税司：

奉天旅顺口向为北洋海军艘常川之所，兹经贵关于口门右首设立灯塔，行驶良多俾(裨)益。惟查口西之老铁山为赴该口轮船必经之路一带，奔溜甚急，值夜暗昏雾时每恐误事，似宜添设灯塔一座，使人昭昭，较为慎重。不惟兵轮称便，且日后商轮也不乏往还，亦可恃以无虞。拟仍归贵关一律建置，派人看管。如承允可，希速见复。以便呈请中堂咨照贵总税司核夺饬办。勒此奉商。

4月20日(三月十二日)，为"定远"铁甲主力舰图纸事，丁汝昌在威海致信刘含芳、龚鲁卿：

前得台电，索取“定远”船图，已捡取三张交平津船由东海关带呈，计当达到。兹复据左翼林镇呈送该船船图一张，比前图尺寸较准，层次亦觉分明，请送备阅。特函交“平远”李管带便呈，敬资采用，此达。

5月1日（三月廿三日），为寄银两和下月北洋海军大阅之事，丁汝昌致信盛宣怀：

前过芝罘，值台从尚未旋辕。近瞩戟衙，莫由图睹。积抱相思，徒劳徙倚。近闻袍帷也告元旋，惟弟二三日带各艘到大连湾打靶，一时未能趋候，殊甚惆然。

恳者：陈次旌太守入都晋引，来函缺费。弟现寄京平银二百两为助。渠云请交由贵处可以汇寄。昨者已递函都门通知。兹将银项奉上，希照收代致。至托，至托！

朗帅闻下月朔由济南起节东来，十三可由登州乘轮去旅，会同相帅举行大阅。附陈。

同日，丁汝昌还为近期赴大连湾打靶和参加大阅之事，致信旅顺的刘含芳：

“平远”旋防，奉手告。敬悉壹是。不日拟带领各船到大连湾打靶，计划在廿八、九可抵该处。并拟于廿五、六令“康济”去旅，望将贵处鱼雷靶惠借一用。即饬交该船先载到湾，预为安妥，会全军一到，即可演放。贵营鱼雷艇可否能连樯过湾，借资会操之处，伏望酌裁。弟下月初四、五可由湾到旅，正好与台从结侣赴津。至嘱帅大阅时，祝三宫保（即宋庆）、鲁弟（即龚鲁卿）暨公拟坐“康济”一节，届时当无不可通融也。顾言之怀，统容面罄。此复。

再启者：前承函告，天津军械总局索取十生特半子母弹用膛内药袋并引信等样，兹照来单分别捡取寄呈，外开清单祈查照咨送。又，敝军各船先后开折请领军火等项，以备相帅大阅打靶之需。兹汇录一折，即希惠饬检查，分别逐备。此行赴湾打靶，子药等件设或略有不足，即由湾派船先领缺用者数宗，余者在大阅前必专船一律走领。望费神知照该管人早作料量，俾免有误，则盛情所逮，直与辽渤同周矣。附此，敬恳。

外送样品清单一纸，领军火折一扣，祈查。再，请领军火折内，有数项恐机器局有未尽得其详者，均各附样前去，于项下注明。

5月5日（三月廿七日），丁汝昌率领北洋舰队开赴大连湾操训打靶。

5月11日(四月初四日),北洋海军督率丁汝昌北洋海军各舰完成操演项目后,率队抵达旅顺口。

5月18日(四月十一日),丁汝昌下令“济远”“康济”“平远”三舰开赴烟台,接山东巡抚张曜来旅顺。是日晚7时,三舰起航。

5月23日(四月十六日),丁汝昌提督统率北洋海军“定远”“镇远”“济远”“致远”“靖远”“经远”“来远”“超勇”“扬威”“平远”“康济”“威远”“广甲”各舰,郭宝昌统领南洋“寰泰”“南琛”“开济”“镜清”“南瑞”“保民”六船,随李鸿章、周馥、刘汝翼等由大沽乘舰出海,进行海军校阅大操。

5月24日(四月十七日),丁汝昌统领北洋海军各舰随校阅大臣驶抵旅顺口。

5月26日(四月十九日),丁汝昌陪同李鸿章等查看旅顺新建大石坞工程。旅顺大坞的建成,可供北洋舰队舰船随时入坞修理,而不必远借异国船坞。

5月28日(四月廿一日),丁汝昌统领北洋舰队开赴大连湾时,“各舰沿途分行布阵,奇正相生,进止有节”。是日夜晚,六艘鱼雷艇演试袭营阵法,各舰整备御敌,攻守极为灵捷,颇具西方海军战法之妙。

5月29日(四月廿二日),丁汝昌统领北洋舰队驶往三山岛,并调集各舰鱼贯打靶,均能于行驶之际命中舰靶。还以三艘铁甲舰、四艘快船、六艘鱼雷艇演放鱼雷,各船均能中靶。

6月1日(四月廿五日),丁汝昌统率北洋舰队随校阅大队到达威海卫。先陪同李鸿章阅看威海湾南北两岸及刘公岛、日岛诸炮台,以及铁码头、水师学堂等。之后,他调集各军舰部分弁勇登岸,操演陆路枪炮阵法。操演精严快利,旋转如风,为各处洋操之冠。他还命令“威远”“敏捷”“广甲”三船操练风帆,均能便捷。是日夜间,丁提督又下令舰队全军万炮齐发,无稍参差。西方人观之亦皆称羡。

6月5日(四月廿九日),丁汝昌统领北洋舰队各舰随巡阅大队开赴胶州湾。

6月6日(四月三十日),丁汝昌统带各舰由黑水洋抵达胶州海澳,陪同李鸿章详勘海湾。他们勘后认为澳内周围百余里,可泊大队兵舰。

6月8日(五月初二日),丁汝昌督率北洋各舰随李鸿章由海道北上,驶抵烟台。

6月9日(五月初三日),丁汝昌率带北洋海军各舰随李鸿章由烟台开赴天津大沽口。午后,途中骤遇飓风,直至中夜。船身摇晃,倾侧进水,危险殊常，所幸无恙。

6月19日（五月十三日），丁汝昌致电李鸿章报告：

遵奉百谕，带"定""镇""致""靖""经""来"六舰，于二十日开赴日本长崎，添煤后由内海直去东京，俟晤公使，再定游历沿境各口。事竣回军，顺阅大阪、神户等处。请电星使转致日本外交部。

是日，丁汝昌还致电李鸿章报告：请电星使（即李经方），知会长崎领事，代雇内海妥熟领港六人，中须有西国人三名。李中堂即日电告驻日李使。

6月24日（五月十八日）前，为"平远"舰油修及弹药之事，丁汝昌致信张楚宝：

兹遣"平远"赴津，所有前为该船购备各炮，仅现到者，并随炮一切零件，均恳饬查齐楚发给，以便乘此次到旅入坞之便，一律配妥。并望给予批单，期易点收。该管带亦得遵照所开名目，补具领状。再，新领各炮应需子弹，外具请单，希照发为荷。此恳。

6月25日（五月十九日），为北洋海军舰船修理与弹药等事，丁汝昌致信刘含芳、龚鲁卿：

明日带同"定""镇""致""靖""经""来"六船前往东洋一带操巡，所有留防之"平远""济远"，当令先后乘间前去进坞。兹先饬"平远"赴旅，除油底外，其此次由津新领各炮，并祈惠饬连座一律安配妥贴（帖）。一经工竣，即电调"济远"前往油底。此外，倘该两船有零星修换，由该管带择要开折送请查核饬办。东去各船，计七月望前当可回防。届时坞应有空，再饬其陆续前往油底。至两蚊船，向在沽坞油修。今旅坞告成，自应归并一处，事方一律，惟廷一处，却恃蚊船为大宗工程，舍此则局务益觉难支，今拟仍照旧办理，想两君亦乐以余波及晋国也。

再启者：福来舍请假及续留盖房各节，已详请办理。稿另咨，到希察存。添造定雷浮埠一节，既荷会衔函禀，感戢之至！希即作速办理为幸。

再，前"超""扬"两船在贵库所领装好三十七毫里哈乞开士开花子各一千颗，子膛内均未装药，应请饬知该管库补给前来为幸。

是日，为"平远"舰炮子样品之事，丁汝昌再次致信张楚宝：

前承嘱索取"平远"炮子样品，当饬该管带照捡备呈。计克鹿卜二十六生特二口径八长铜箍钢弹及硬铁弹各一颗，兹该船来天津领炮,借便送呈,希查收转送,以凭照造。

是日,丁提督又因铜管轧火之事,致信刘含芳:

前"致远"由贵局领到六寸径炮用铜管轧火二百支,当经该船试放两支,据称口径太小,且放时窜火。因恐误事,未便迁就应用。并将原领未放之一百九十八支,及已放之空壳两支,又附去英国原购之铜一轧火合支,以并作样合请缴送贵局,知照东局俯加考验,照样仿制等情。用将呈到各项,发交敝军郝守备便中解旅,到希查照酌办为幸。

6月26日(五月廿日)清晨5时,应日本政府的邀请,北洋海军提督丁汝昌乘坐北洋舰队的"定远"舰,率带"镇远""致远""靖远""经远""来远"共六艘军舰及军官候补生在内总计1460余人,同时拔锚自威海卫港驶出,直接前往日本之马关海峡。六舰在海上航行途中,一概取单纵阵形,航速约行10海里,目的是便于舰队操练。

舰队出发之前,丁汝昌命令副将、"济远"舰管带方伯谦率锚泊威海之各舰按章程操练;还命令"威远""敏捷"两艘练习舰于本日出港,令学生及兵勇等人练习各自的技艺,不得废弛。

6月27日(五月廿一日),天气晴朗。丁汝昌率带北洋舰队于上午8时30分许,驶过了朝鲜西南之黑岛。这一天,北洋舰队六舰终日望见朝鲜半岛南方海中的济州岛。

6月28日(五月廿二日),天气晴朗,早晨7时许丁汝昌率领北洋海军六舰,经过壹岐岛,午后2时许,舰队抵达日本马关西口,各舰一并投锚寄泊。已而李经方公使派遣日文翻译罗庚龄率西洋引水员3人、日本引水员2人来到"定远"舰,传李公使之命,乃分遣各引水员于各舰。下午3时拔锚,北洋舰队六舰鱼贯而入马关港。海峡两岸数处炮台,尚有旧式者,或为新建而未筑成者。而台上未升国旗,且未见军兵,故未发祝炮,也无答炮。之后即见两岸绿荫如画,所到皆然。他国所见之风景,无此之妙也。傍晚5时北洋舰队六船驶入内海,各舰正列投锚门司,此地距离马关大约5海里。

6月29日(五月廿三日)清晨5时,天阴下雨,丁汝昌下令拔锚,舰队六船鱼贯航行,航速大约9海里。航行沿途所经岛屿纡回,时见村落,屋瓦如鳞,颇为清洁。唯海湾甚狭,若绕岛而行,或山穷水尽,人几疑无路可通。若不细观海图,不能善辨往来之路。加之近此海潮流颇急,屈曲之甚,以舟行此,当大加慎重。下午5时许,舰队诸船通过麻租郡岛外。傍晚6时30分许，各舰共于犬岛东南投锚。

是日午刻，李鸿章收到丁汝昌寄给海署的电报："昨抵马关寄泊，今早赴神户。"是日夜里10时，李鸿章把总署来电寄日本神户交北洋海军丁汝昌收：

本日奉旨："李鸿章电奏已悉。日本既有意修好，著严饬丁汝昌加意约束将弁兵勇，不得登岸滋事。长崎前辙，俄储近事，皆应切鉴。其巡历情形及回伍日期，并著随时电奏。钦此"。务即照办。

6月30日（五月廿四日），天气多云，清晨5时许，丁汝昌率带北洋海军六艘军舰依次出港，鱼贯行驶，航速大约9海里半。上午11时，舰队过播磨洋，附近各岛田地大多肥美。中午过后，突下大雨。下午4时30分，舰队到达神户，各舰二行投锚，"定远"舰鸣放祝炮21响。此时日本一小型军舰亦与同处，适入船渠，正在修缮，且新旧两炮台亦未备大炮，以是未放答炮。下午5时，日本海军士官访问"定远"军舰，谢以答炮延迟。中国领事官洪遐昌、大阪副领事官、日本语和西洋语翻译及随员数名登上"定远"舰，前来拜谒。

7月1日（五月廿五日），神户的天气时雨时晴。六舰管带遵照丁汝昌命令，同时抓紧时间装煤。上午洪遐昌领事来到"定远"舰上，介绍日本兵库县知事前来拜访。上午11时，丁汝昌登陆上岸，前往领事馆拜访，答谢昨日来到时的礼仪接待。是日中午，领事在领事馆设宴款待丁汝昌。下午5时50分，日本军舰"葛城"号进入港口，放祝炮17响以示祝贺之意。北洋舰队的"定远"舰奉命亦答炮17响，以作答礼。一会儿，日本海军"葛城"舰舰长海军大佐町田实隆登舰来访，北洋海军提督丁汝昌在舰上予以接见。

7月2日（五月廿六日），雾雨交替。令各舰继续抓紧时间装煤。兵库县知事今天有来访之约，后因为雨太大，遣人辞之。是日，三帮商（即在日本经商的福建人、江苏人和广东人）董某等人登上"定远"舰，前来拜谒北洋海军提督丁汝昌等。

7月3日（五月廿七日），天气多云。各舰添装燃煤完毕。上午9时，丁汝昌等人赴日本海军"葛城"舰，答礼舰长。"葛城"舰町田实隆舰长请求代替神户炮台答炮，北洋海军提督丁汝昌表示允许。丁汝昌回到"定远"舰后，"葛城"舰即放祝炮21响，以答"定远"舰前日祝炮。上午10时，丁汝昌登陆上岸，拜访兵库县知事周布公平。中午12时，丁汝昌一行在法国宾馆接受三帮商董某的宴请款待。下午3时30分，兵库县知事周布公平及参事官大岛邦太郎来"定远"舰答礼，北洋海军提督丁汝昌予以接待，并请他们参观“定远”舰各炮台。

是日，丁汝昌还亲眼目睹：葡萄牙一艘军舰由上海来日本入港访问，答礼如例。当时，陆上轻(氢)气球升登，众人观之。

7月4日(五月廿八日)凌晨4时30分许，丁汝昌率带六舰舳舻相衔，驶出神户港，因为是阴雨天气，舰队航速为10海里。此次出港航行，为了节约经费，丁提督准许“定远”和“镇远”两舰各雇请引水员一人，其余各舰皆不用。是日午后，天甚为黑暗，而且风力颇强。以至于前面航行的船不能辨别后面的船影。

7月5日(五月廿九日)早晨7时，丁汝昌率带北洋舰队驶过神子元岛灯台下。午后1时许，六船驶过富津及浦贺海峡。丁汝昌观察到，该海峡为东京之锁钥，其宽广仅2海里，左岸依山筑炮台6～7座，右岸在礁石上建设炮台3座，又在中央建炮台1座，方圆甚宽广，极为坚固，惟在礁石尾部还有1座炮台没有建成。下午3时10分，北洋海军提督丁汝昌率各舰安全抵达横滨，令“定远”舰发出旗号，其余五舰随旗令而变换队形，驶入横滨港口投锚。英国、美国在该港的军舰各放礼炮17响，以祝贺丁提督率北洋舰队进入港口。北洋舰队的“定远”舰先鸣放祝炮21响，以表示对日本的祝贺之意。日本海军负责接待的“高千穗”舰亦鸣21响礼炮作答。继而又放祝炮17响，以贺提督。“定远”舰为之答炮，并依照前后顺序向英国、美国之军舰答炮。须臾，美国旗舰舰长庄询来“定远”舰拜访，日本、英国两国军舰亦以军官访问。我国领事黎汝谦及东、西洋语翻译官及随员数人一并来舰拜访。又有驻扎日本东京书记官吕增祥亦来到“定远”舰，告诉说李公使已从东京前来横滨相迎。丁汝昌立即登岸前往横滨海岸20番地Grand Hotel的中国驻横滨领事馆，与李经方公使相见并协议诸事。是日晚，黎领事于署中设宴款待丁提督一行。是日深夜，丁汝昌一行才回到船上。

是日，丁汝昌将舰队情况及时致电李鸿章，报告舰队安全抵达横滨的有关情况。

7月6日(六月初一日)，有大风雨。早7时，看见英国一艘军舰出港，葡萄牙的一艘军舰入港。上午9时许，日本海军少将、常备舰队司令长官有地品之允少将等人前来拜访丁汝昌。上午10时后，日本海军参谋部长井上良馨少将、日本海军省军务局长伊东佑亨少将特地由东京前来拜访北洋海军提督丁汝昌。之后，英国军舰两位舰长、美国三等提督等人也先后相寻来访。丁汝昌均予以礼貌接待。午后天气晴朗，丁汝昌带人前往日本海军“高千穗”舰并各国军舰回访答礼。之后，上岸稍作休息。下午5时，丁汝昌秉火车前往东京。下车时，少经方公使率随员前来迎接，并陪同丁汝昌访问日本交多大臣榎本武扬子爵。之后去往公使馆。当天晚上，本公使在馆内请了提督用多，并请榎本大臣出席。

另据日本媒体报道：在横滨停留时，丁汝昌还拜访了神奈川县的知事。此外，他还到照相馆里去购买日本各地风景照片数十张及相片秒簿一册。除了上述活动外，他很少外出。因此外界评论，对于游逛等事项，丁汝昌提督是十分谨慎的。

1891年夏季，北洋海军提督丁汝昌率北洋舰队六舰访问日本时拍摄的照片。（此照片由陈悦提供）

7月7日（六月初二日），东京的天气是半晴半阴。李经方公使偕北洋海军提督丁汝昌乘马车前去拜访日本总理大臣松方正义、宫内大臣土方久元、内务大臣品川弥二郎、内大臣德大寺实则、海军大臣桦山资纪等10多位日本重要人物。

是日，日本《东京日日新闻》对北洋海军提督丁汝昌作了如下的报导：

丁汝昌氏的服装及容貌

该氏的穿着并非军服，而是一般的支那服。帽子是普通支那文官所戴之式，为上部较宽，有红色的缨子，顶上附有各种饰玉的礼帽。年龄五十二三岁，身材高大，皮肤较黑，提督的风采十足。

7月8日（六月初六日），上午天气晴朗，李经方公使偕丁汝昌提督前往各国驻日本公使馆访问。下午3时许，又陪同丁汝昌前往东京的学校及监狱等场所考察。丁汝昌认为：其规模悉数效法欧美之法，管理皆能井井有条。

7月9日（六月初四日）天气晴朗，上午10时，丁汝昌召集各舰管带，皆穿着大礼服，偕李经方前往皇宫拜谒日本天皇。日本天皇本来拟于昨天出海避暑，闻中国北洋舰队入港，特为之延期行幸。李公使先偕丁汝昌提督谒日本天皇，行最敬礼。此日，日本天皇穿着陆军军服，带佩剑，立问清国皇上圣安。丁汝昌提督谨奉答皇帝万安，次恭问日本天皇圣安。日本天皇为之慰劳，并问何时由本国出港，又问航海中天气如何，丁汝昌提督依次据实奉答。日本天皇曰："劳其辛苦，且宣：数年来贵国军舰久已未来我国，此度来游，朕实满足，且固两国邦交，厚友谊，常彼此军舰往来频繁善。"丁汝昌提督庄重答曰："频年专往韩、俄及南洋诸岛巡航，竟无暇来游贵国，此度奉我皇之诏东来，本为修旧好。外臣之喜，何物无以过之。尔来敝舰队亦将分队年年来航贵国，以益加厚邦交。"日本天皇大为高兴并嘉赏之。寻接着又接受各舰管带拜谒，日本天皇又予以慰劳，并问军舰出港之期，丁提督奉答，尚需逗留数日。日本天皇颇为喜悦。李经方公使、丁汝昌提督遂率六舰管带再行最敬礼后，退出。之后，李公使偕丁汝昌提督前往拜谒时任参谋总长的陆军大将有栖川宫炽仁亲王和时任"高雄"舰舰长的海军大佐有栖川宫威仁亲王（他是有栖川宫炽仁亲王的异母弟弟）。下午2时许，丁汝昌和李经方又去拜谒时任近卫师团长的陆军大将小松宫彰仁亲王。

是日夜晚，日本海军少将有地品之允在芝山红叶馆设宴款待北洋海军提督丁汝昌一行，北洋舰队六舰共有20多人参加了这次活动。宴请席间，双方快谈纵横，十分尽欢。

是日，日本《国民新闻》又对北洋海军提督丁汝昌进行了报导：

> 丁汝昌氏乃安徽省庐州人，为人豁达大度，最初隶属淮军，跟随李中堂征讨长发族与捻子族有功，擢为直隶天津镇总兵，不久迁为北洋水师统领。朝鲜之乱之际，又出征有功，遂被任命为北洋水师提督。实则该民自明治二十一年十二月十七日，因支那海军不振而自赴欧洲视察，归来之后十年间从事厘革，颇有功绩。李中堂极爱其才，部下及一般人员亦钦慕其风采云云。今年四十五六岁。

7月10日（六月初五日）微微下雨。上午，丁汝昌在李经方的陪同下，先后访问了日本司法大臣大木乔任、农商务大臣陆奥宗光、文部大臣田中不二磨、递信大臣后藤象次郎、东京府知事蜂须贺茂韶、枢密院议长伊藤博文、式部长锅岛直大等10多人。下午2时许，前往拜谒时任参谋本部职员、陆军少将北白川宫能久亲王。然后前往后乐园参加外事活动。此时，日本外务大臣榎本武扬为了欢迎北洋舰队的访日，在东京小石川炮兵工厂内的后乐园举行招待北洋舰队的盛大游园会。园中曲折郁苍，水石清幽，榎本武扬大臣招请日本海陆军将官、各省大臣等共同参加。北洋海军提督丁汝昌及管带3人、各舰官弁20多人，清政府驻日本公使李经方，以及公使馆一行人员也被邀请出席。参加这次游园会的日本人有：栖川威仁亲王、枢密院顾问官胜海舟，以及政府中的高级官员和陆、海军将领，亚细亚协会会员，以及新闻工作者计90余位。此次园游会特为北洋舰队访日而设，所以西洋人无一人参与交往。园游会上，受邀参加的日本汉学家、文学家依田学海向丁汝昌赠送了他预先准备的古诗《赠大清国水师提督禹亭丁公》。学海称颂了丁汝昌之前平定长发族、平定朝鲜内乱的功绩，咏有“尝传剪绿林，更闻服丽朝”之句，可见园游会文化交流之盛况。散会后，依照榎本武扬大臣之向导，与陆海军各将校共赴陆军炮兵工厂，观看步枪射击。用枪之中既有单发枪，又有7响连发枪，药匣较小，弹丸较大，用无烟火药发射之，可穿透数尺之木板，而以上皆系日本人自制。此日的观摩，丁汝昌颇有感想，他在日记中记录了此次观看的情况，并认为日本极其重视兵器的研发与制造。

是日傍晚5时30分，丁汝昌一行又参加了日本亚细亚协会在芝区的红叶馆召开的联谊会。该协会会头为榎本武扬大臣，李经方公使则为其副会头。该协会设立以来已有两年时间，每年春、秋两季，日本、中国、朝鲜三国会员相集为文酒之会。今日乃为北洋舰队访日入港，会头特开此会，以申明联络之意。参加此会的宾主共数十人。

在东京期间，丁汝昌与李经方致电李鸿章报告：

> 方已偕昌、六管带见日王、亲王，其海宗、外部各特开茶会。昌拟在船茶会一次答礼。十二三开赴神户、长崎，顺道阅各海口后回威海。

7月11日（六月初六日）早晨6时，李经方公使与丁汝昌提督乘火车离开东京前往横滨。到达横滨港，丁汝昌一行遂回“定远”舰。此日各舰弁目以下休假，允许他们登陆上岸。此日上陆地者数百人。下午，丁汝昌提督访问横滨地方官，李经方公使于下午4时乘火车回东京。是日入夜，三帮商董某在中华会馆宴请北洋海军提督丁汝昌一行。

7月12日(六月初七日)天气晴朗。中午12时30分,丁汝昌一行应邀再次乘火车去东京。下午4时,丁提督一行应日本友人高松保郎之招请,观看日本演剧。关于高松保郎其人,丁汝昌曾经有记述:

高松保郎为日本的一臂义士,数年前其朋友被冤枉判罪,将处极刑,高松保郎欲雪其冤,自赴公堂,自断一臂,以诉其冤。于是,其朋友免罪,人皆敬服保郎义举。

高松保郎,原名义智,江户人。自断臂后,致力于医疗事业,1888年在东京开设药店"爱生馆",至今已发展成为规模庞大的医药企业。他与到日本的中国人多有交往,驻日本公使黎庶昌所作《书高松保郎断腕事》一文流传广泛。

7月13日(六月初八日)天气晴朗。丁汝昌在李经方的陪同下,前往参观农科大学,第一、第二两所医院,以及图书馆、植物园、天文馆等处。参观之后,丁汝昌感叹道:"规模宏敞,屋宇修洁,而人亦各勉其学,精益求精,不敢有怠。"中午12时,应日本海军大臣桦山资纪之招请前往精养轩,北洋海军来会者有提督丁汝昌和3位管带,以及各舰官弁20多人。此日,主人礼意殷勤,陈设精致。席半,起作颂词,祝贺我国皇帝及舰队各将校。丁汝昌提督等也离席以述谢辞。晚宴散会后,又纵览园景。下午5时许,炽仁、威仁两亲王特开茶会,以款待北洋海军提督丁汝昌,及以下各舰官弁20多人。丁汝昌一行先谒亲王,后参观王府,遂入宴。日本各大臣及海陆军诸将官皆着军装列座以陪客。晚上6时许,丁汝昌一行谢辞王府,乘火车回横滨后即回归"定远"舰。

7月14日(六月初九日),按照原定计划,丁汝昌和李经方要在"定远"旗舰上举办茶话会。是日天气晴朗。早上起床后,遵照提督的安排,官弁水勇在"定远"舰中张幔幕为装饰,专整诸般准备,又派遣小火轮及大小舢板至码头迎接客人。上午8时30分,李经方公使先率公使馆僚属到来。上午10时多,诸位客人应邀请而来,北洋海军军乐队击鼓吹号以迎接之,并且做到按时奏乐。此日来宾有日本北白川宫能久亲王为首的皇族及各大臣、枢密顾问官、政府各部门次官、陆海军将校、新闻记者等共300余人,此外各国公使、领事及系泊该港之英、美、葡三国六舰舰长军官,并东西官吏之家属等亦数十人,合计不少于400余人。来宾们或"观舰船,或饮酒,或座谈,或散步,各遂所欢"。而丁汝昌、李经方及以下官弁人等皆周旋其间,款待周到细致,诸宾皆极十分之欢。下午3时许,北白川宫能久亲王先辞去,"定远"舰立即放祝炮相送。诸客于是亦陆续告暇退去。5时许,李经方公使亦离舰回东京。是日下午1时,英国海军旗舰入港,放祝炮17发贺提督,丁汝昌下令“定远”舰答炮如数。

原任日本明治政府参议兼海军卿之职,现任日本枢密院顾问官的胜海舟及宫岛诚一郎一起出席了当天的联谊会。丁汝昌给予胜海舟以“海军大将之礼”的接待礼遇。《国民新闻》此后(7月16日)报道,当众位宾客散去之后,胜海舟与丁汝昌“把臂相谈,一见之下犹如旧识一般”。胜海舟,又名胜安芳,日本海军元老。曾任幕府军舰奉行、海军奉行并、陆军总裁,明治政府外务大丞、兵部大丞、海军卿等职,此时任日本枢密顾问官。他在丁汝昌率北洋海军官兵访问日本时与丁汝昌相识,由于两人在创建各自国家海军的过程中有许多共同感受,交谈过程中极为融洽,遂成为知交。日本《国民新闻》在1891年7月16日用了较大篇幅刊登了如下的报道:

胜伯(即胜海舟)被以海军大将之礼相待

众位宾客散去之后,仅余下胜安芳伯爵与宫岛诚一郎氏二人。伯爵与丁把臂相谈,一见之下犹如旧识一般。伯爵将离开军舰之时,丁提督以海军大将之礼相送,奏乐悦耳,礼炮雄壮,并特别派遣小蒸汽船将伯爵送上岸,时为下午4点钟顷。据说伯爵亦引以为荣。

胜伯惊叹

参观之前觉得也没有什么了不起,可是参观以后,正所谓百闻不如一见,实在是吃了一惊呢。这条军舰不错——是相当不错的军舰呢。新闻记者都是些没划过船的先生们,因此也分不清船的好坏,但是也得好好参观这艘相当优良的军舰,警醒沉睡的世人啊……胜伯如是谆谆教诲。

胜伯俄然畏惧

以前一直小瞧那些家伙,但一见今日那威风堂堂的样子,我可是突然吓了一跳呢。那种架势,实在比起预想的还要高了一层(发达之意)呢。胜伯亦敬畏地如是说到。

在江藤淳、松浦玲编辑的《冰川清话》第139页至140页中记载了丁汝昌的谈话内容:

尽管今日我国海军无足观者,甚为可羞,但鄙人对将来抱有期望,惟有自己努力而已。鄙人曾奉李氏之命,率二百余名学生赴英国留学,与该国军官相处,略微习得海军之事。归国之后,如果仅同此二百名学生创设今日之海军,若说是儿戏也不为过。此事李似亦清楚，常向我言道，今日之海军，一事未成，以十年为期，必须达到大成。而今日之事，实不足为彼时之基础。

胜海舟在《冰川清话・丁汝昌》中这样写道：

在舰内观摩，没有遗漏任何一处。整体上收拾得相当整齐，日常用品之类没有一样是外国制品，纯用支那制品，实在令人佩服。军服也折了西洋服与支那服的样式，丁指着自己的穿着向我示意。

另外，由于感动于丁汝昌的礼遇、“定远”号的雄姿以及对丁汝昌的友情表示感激，胜海舟向丁汝昌赠送了自己写作的和歌与汉诗。其中和歌云：“虽有一水相隔，也忘不了与君的情谊。”汉诗则云：“铁舰数百尺，逐鲸大东洋。握手烟波里，我望邻谊祥。”据《冰川清话・丁汝昌》中记载：“被邀上军舰，受到了各种礼貌的款待，为表一片冰心，以和歌一首外加宝剑一口赠与彼人。”

7月15日（六月初十日）早上7时，丁汝昌率三舰管带及各舰官弁20多人登陆上岸，乘火车前往横须贺军港参观考察。日本海军大臣先派海军大尉1名护送丁提督一行。今天天气晴朗，大家心情很好，乘车时不时地观看车外景色。路上行程大约1个小时，只见铁路时而铺在地面，时而穿过山涧或隧道，新开琢的洞函总计7～8处，其隧道长短不一，其最长处数十或数千米不等。丁汝昌感叹道：“想铁道布设之初，当穿山通路，其费用实多。”

上午9时火车到达横须贺。下车后，驻横须贺军港司令福岛敬典少将派属官来迎，并准备小火轮等以待渡海。军港司令已穿着军装候迎丁汝昌提督一行，延行至司令部举行一些礼仪活动，然后开始参观考察军港、舰船、各类工厂、医院，以及军港的保护设施等。

参观结束，福岛敬典少将邀请北洋海军提督丁汝昌一行共进午餐，款待期间，宾主尽欢。宴席之间，福岛敬典少将说：

日本天皇常行幸此地，与诸官吏研究一切利害得失，别其勤惰，慰其劳苦，故当事者亦以上意所属，赏罚分明，各竭力致精，献技图报，是以事成较易。

下午3时，丁汝昌一行告别福岛敬典司令，又乘火车返回横滨，马上回到“定远”舰。

是日回舰后，丁汝昌与相关人员回顾了白天考察的一些具体情节：

观览墙壁上所挂之船图及木造船模型，大小新旧约二十多艘，侧面、正面、断面等俱备，了如指掌。寻巡览各工厂，大抵与福建船政局之趣同，然其监督之整严，其职工之勤勉，又其制造之盛大，远在福建之上，而所属职工三千余人，日夜锤琢之声隆隆喧耳。次观三座船台，台上钢板船式，其一较大，略三千余吨，重要之处护以铁甲，速力每一小时十七海里，所备大炮中最大者为阿摩士庄六十八吨炮，起工以来已近二年，今年当竣工矣。据日本军官之说，二年前于法国造船所制此种军舰二艘，今台上所造者乃本法国制造所之制图试造，以巧拙相较，又量费用多少。铁甲虽自外国购求，然钢板则自制炼。而年内日本又添此种军舰三艘，以张其军势。又其一较前者稍小，大抵一千余吨，至明年亦竣工。港中停泊军舰新旧共八艘，其中一大舰大抵载四千余吨，顷始进水云。又一艘军舰与我“超勇”之式同，昔于阿摩士庄造船所制造，今正于港中修理。又小舰一艘，速力二十海里有奇，是则于横须贺制造者，其学习制造工事，实可谓不遗余力。次观大小船渠三座，皆以方石筑造，其大者长五百零二尺四寸，广九十四尺五寸，深三十八尺；其中者长三百零八尺五寸，广四十五尺三寸，深四十五尺；其小者长百十九尺五寸，广二十五尺，深九尺。时船渠中适有日本军舰一艘、英国军舰一艘、日本商船一艘修理，盖横须贺船渠虽为本国海军所设，然外国军舰商船亦得入内修理，计日给资。船渠左右两旁有一港，设鱼雷营，各鱼雷艇皆系泊其中。按横须贺军港设立在吴、佐世保之先，经营甚久，各工场皆完备，故造船、修理等皆于此港。港内虽稍小，然水深口狭，利于扼守，诚东京门户第一要港也。船渠中昔时用西洋人，近来皆裁撤之，一切工程，日本人皆能自办。其制造技艺精益求精，孜孜日以上达。由此观之，日本海军勃兴，他日不难与欧洲诸国并驾矣。次观览病院，一切布置皆效洋风，极甚清洁，正副军医共十余人。我国各所医院，到底皆不能及之也。

7月16日（六月十一日），丁汝昌以北洋海军提督之名与公使李经方联名在“定远”舰上设茶会，专为款待日本上、下两院议员及横须贺将校诸氏并英国司令官以下各将校。日本外务大臣榎本武扬和日本贵族院、众议院的两院议员，政府有关部门首长，横须贺将校与英国海军将校及新闻记者200多人被邀请参加。参加茶会的人士欢聚一堂，相互交流，举杯道贺，对加深中日两国之间的友谊和了解，收效颇多。

日本美术作品，表现的是1891年北洋舰队访日期间在“定远”舰上举行茶会的情景。（此图片由陈悦提供）

上午10时30分许，丁汝昌派“定远”舰的小汽艇到宫内省招待所迎接被邀请者前去“定远”舰。当日，在此相集合的贵族，贵、众两院议员有156人。因船小人多，乃改乘大汽船到达“定远”舰。丁汝昌、李经方二人立于该舰门口，与来宾们一一握手寒暄。参观“定远”舰时，由北洋舰队的军官担任解说，陪同来访的人员参观军舰内外，展示了北洋海军的友好与亲善。

被邀请参加此次活动的尾崎三良，是日本的法律专家，他历任太政官左院、法制局、参事院，是第一次松方内阁法制局长官、贵族院议员。他在1891年7月16日的日记里写道：

来宾们一一握手寒暄。于是巡视舰内上下各处，巨炮四门，直径一尺，长二十五尺，为我国所未有。士兵们都能操英语，一一作以说明。此外，海军乐队奏乐，而乐谱皆是英国式的。舰内之清洁，决不次于欧美诸国舰队。中午以自助餐款待。至下午一时左右，离舰告辞。此时，军舰鸣二十一响礼炮，以示送行。归航时，风浪澎湃，船艇摆荡，时有潮水浸入，衣帽被淋湿者数次，好容易才到达了英国码头。登岸后直往车站，搭一时二十分左右的火车回东京。

7月17日（六月十二日），丁汝昌提督下令各舰做好离开此地的准备事项，准备明日开赴神户海域。

是日，日本《时事新报》刊登文章报道：

两院议员观"定远"

贵族、众议两院议员二百数十名按预定应丁提督、李公使之招，昨日观支那军舰"定远"于横滨海面。该议员诸氏抵该舰在午前11时顷，通一名刺，主人丁、李两氏则在入口之旁行一礼，先导至休息所，后巡览辖下之模样。

自7月6日，丁汝昌率北洋舰队一行官弁到达东京，至7月17日，丁汝昌先后与中国驻日本公使馆商谈访问的有关事项；拜访各部门大臣；参观考察文部省、大学、集治监、监狱等；参观东京府厅，谒见日本天皇；参观横须贺军港、造船所、学校和机关等。期间，丁汝昌也按有关礼仪，两次在"定远"舰上设宴招待日本皇族、诸大臣、海陆军将校、贵众两院议员以及国内外名人。

7月18日（六月十三日），丁汝昌率北洋舰队开赴日本神户海域。

是日，日本《时事新报》报道：

议员之感动

前十六日，贵众两院议员百七八十名应丁汝昌氏之招，赴清舰"定远"巡视其舰内外。更于归途过"高千穗"，兹又受导览其舰内部。据议员之言称，今日于我第一可堪依赖之军舰如"高千穗"者，若与"定远"相比较，论其坚牢，论其大小，无处可及。彼较我为劣之点，惟水兵之体格不甚强壮耳。且目下之战争，乃以器械之精粗决胜负者。事到如今，我需要坚牢之军舰数艘之感觉，人皆如此。众人互以如右之事为言，以消归途火车中之时间。

7月19日（六月十四日），天气晴朗。丁汝昌率带北洋舰队仍取昨日阵形而行。下午5时，北洋舰队六舰到达日本神户兵库地方，领事洪遐昌率下属官员来"定远"舰拜见丁汝昌提督，告知李经方公使已经乘火车来到本港等候。丁汝昌即刻登陆上岸，急赴旅馆商议诸事。

是日，丁汝昌向李鸿章致电报告：全军回神户兵库地方，十九日开往长崎。

7月20日（六月十五日），天气多云。丁汝昌下令各舰开始装煤。下午，北洋海军提督丁汝昌登陆上岸，走访兵库县公署及相关客人数处。

7月21日（六月十六日），天气晴朗。上午，丁汝昌继续上岸访问客人数处。各舰遵照提督命令，于当日装煤完毕。

7月22日（六月十七日），天气多云。上午，日本海军"千代田"舰舰长海军大佐千住成贞前来“定远”舰拜访北洋海军提督丁汝昌。日本军舰“千代田”上午8时鸣放礼炮17发祝贺北洋海军到访。“定远”舰答炮如数以回敬。“千代田”舰是英国阿摩士庄造船所制造。乃今年春天由欧洲回航者。该船长300百尺,速力为16海里,有桅杆3支。下午,丁汝昌前往“千代田”舰回答谢礼。下午4时,丁汝昌一行登陆上岸,赴兵库县知事周布公平之邀请。参加此次约会的有丁汝昌提督、李经方公使、各舰管带、翻译官、随员等数十人。宴席中间,宾主互述贺词,以致敬意。

7月23日(六月十八日)中午,三帮商董某在旅馆宴请丁汝昌和李经方。下午,丁汝昌回到“定远”舰上。

7月24日(六月十九日),天气晴朗。上午8时,李经方公使、洪遐昌领事以及随员等人来到“定远”舰上送别,上午9时,他们辞舰,“定远”舰即放祝炮送之。北洋舰队各舰即时出港,向马关行进。晚上7时30分,北洋舰队在麻祖岛投锚。在此,惟有“定远”和“镇远”两舰聘用引水人员。

7月25日(六月廿日)午前4时,丁汝昌下令各舰拔锚,仍然张单纵阵而行。午后2时,率带北洋舰队六舰抵达八代岛投锚。丁汝昌提督率随员及各舰官弁20多人,召西洋引水人1名,均乘“致远”舰开赴吴港。吴港乃非开放港场,英国人亦未尝测量之。日本人以地势佳胜,于此地设军港。外国人若无地图,不易入其港内。丁汝昌提督欲观览此港内,与日本海军省谋求观之。海军省诺之,特派海军大尉志贺某来舰指导一切,甚感盛意。日本人甚为重视地图秘密,志贺大尉来时亦不敢携带地图,但他在该地任职多年,故能熟知地理,无复需地图矣。军舰航行沿途无暗礁等危险,惟港门水流甚急。晚上7时30分,寄港严岛,有海军练习舰两艘,舰员奉将官之命来访,并述开宴之意。

7月26日(六月廿一日),天气晴朗。上午8时丁汝昌率舰出港开赴吴港。8时30分,船过海军兵学校所在地,9时30分,抵达吴港投锚,放祝炮21发,日本军舰“千代田”答炮,继之亦放祝炮17响祝贺丁汝昌提督,“致远”舰为之答炮。少顷日本海军“金刚”舰舰长来访。上午10时,丁汝昌率邓世昌及官弁30多人登陆上岸,中途遇到日本海军中将子爵中牟田仓之助、海军少将山崎景则及军官30多人,盖为访问“致远”舰而来,丁提督婉言辞之,乃引导丁汝昌一行到达船渠参观。该船渠已建成者长450尺,宽75尺,深30多尺,筑造时间仅仅不过两年,真可谓神速也。听说还要筑造两条船渠,一大一小。接着参观衙署及巨洋馆,只见屋宇宏壮,巍然耸天。前年日本天皇行幸该港之际,当行在之所云。稍作休息之后，丁汝昌一行又去参观各工场。只见已落成者，未落成者，包括机械所、帆缆所、模型所、铸镆所打镆所，而各工场职工总数达千余人。又参观海兵团，亦新筑之巨洋馆，地方宏敞，屋宇修洁，而楼凡三层，兵士1300余人在此。布置井井不紊，分班教导，均用日本人。而帆缆、枪炮、算术等皆分门别类，皆有翻译书。而名目则尚用洋语，说明则全用日本字。而燃火一途亦于团中学习，设火炉10余个，全与船中无异。以土炭换石炭，火夫列于炉前，将土炭投入炉中，炭充出之，仍投入如故。如此练习，诚可谓良法也。我军亦当效此法而行之。此外仍教以算术。而兵士之饭食，亦效洋法，用面包、牛肉等，故船上人员皆强壮少病。据在场日本医官说，以前吃米饭时，舰上人员多患脚气，今改变食法，此病遂绝其迹。

当天正午时分，丁汝昌一行看见兵士操练，军服鲜明，步伐整肃，而年龄都在20岁上下。接着，他们去参观医病院，看见医官10余人均降阶以迎接提督一行。医病院亦洋风二层楼，结构宏大，屋内清洁，大有欧洲气象。而其海兵团之规模与英国比较，似乎规模更大。丁汝昌感叹道：

> 日本以一小国而当事孜孜不倦，日谋自强。吴港既开建3年，其基础之精进，其步伐之快速，竟然可与欧洲比肩，令人一见而生畏敬奋发之心，实在不可限量。

参观考察完毕，日本海军中将一行招至将校集会所共进午餐，双方座谈1小时，丁汝昌提督辞行返舰，而日本中将以下皆礼意甚厚。先是，已于“严岛”准备宴会，欲款宴北洋舰队各舰。各将校等切留提督一行，丁汝昌以其厚意不忍心却之，乃允诺之。下午3时丁汝昌一行回到军舰，访问“金刚”舰舰长，既而赴“严岛”舰，而日本中将、少将等已先乘小火轮来到，等待丁汝昌提督乘舰入港来访。下午5时，丁汝昌提督率管带、官弁20多人登陆上岸，赴中牟田中将、山崎少将等之约。其时该将官以下已于码头来迎一行，遂导引提督一行，见古寺及舞乐，古音古节颇雅致。之后丁汝昌一行赴其宴会，灯火煌煌，酒筵丰盛，席间互呈颂词，尽欢而散。是日，日本海军兵学校卒业生数十人、陆上勤务之海军人等均来本舰观览。

7月27日(六月廿二日)，天气晴朗。下午1时，丁汝昌率“致远”舰出港，前往北洋舰队锚泊之地。志贺大尉仍在本舰指导。下午5时，“致远”舰抵达八代岛投锚。志贺大尉于是辞回，丁汝昌提督赠以缎锦，以谢其劳，遂乘小火轮去，提督仍回到“定远”舰。

7月28日(六月廿三日)早上6时，天气晴朗，丁汝昌率舰队各舰出港，仍成单纵队驶行。下午5时30分，北洋舰队过马关，抵达六连岛投锚。

7月29日(六月廿四日)早上4时30分,天气晴朗。丁汝昌提督率带北洋舰队各舰出港,仍是排成昨日之单纵队阵形,舰队航速10海里驶向长崎。下午6时30分多,舰队抵达长崎投锚,放祝炮21响,以表达敬意,日本海军"葛城"舰答炮如数,以示回敬。当时,日本军舰在港内的有"葛城""磐城""满珠"三舰。晚上7时30分,中国驻长崎领事张华洞及副领事鲁说并东西语翻译官、属员等人来"定远"舰谒见北洋海军提督丁汝昌。日本海军舰船也派遣军官前来访问。佐世保镇守府长官也派广濑海军大尉来"定远"舰访问,并且请丁汝昌提督赴该港参观,丁汝昌提督乃与该大尉约商前往日期。

是日,丁汝昌致电李鸿章报告:全军抵长崎。

7月30日(六月廿五日),天气晴朗。丁汝昌下令各舰装煤。张华洞领事来"定远"舰商议诸事项。已而日本海军"葛城""磐城""满珠"三舰舰长先后来"定远"舰拜访丁汝昌提督。佐世保长官亦又遣军官通问,并致延请之意。上午11时,长崎县知事中野健明来拜访丁汝昌提督。丁汝昌即时上岸先去长崎县登门答谢拜访,之后去中国驻此地领事馆访问答礼,然后回到军舰上。12时30分,日本翻译官吉岛俊明同三舰舰长及各舰军官20余人相率而抵达"靖远"舰,下午1时,丁汝昌一行乘"靖远"舰出港,开赴佐世保。"靖远"舰雇请引水人一位,广濑大尉也来"靖远"舰共同前往。下午5时到达佐世保,佐世保长官派遣司港官大尉来"靖远"舰作向导。5时30分投锚,"靖远"舰鸣放祝炮21发以表敬意。日本军舰"千代田"适在港中,乃发炮答谢。寻又放祝炮17发贺提督,"靖远"舰又鸣炮作答。日本海军少将、佐世保军港司令官坪井航三,海军大佐、佐世保水雷敷设部司令官小田亨,"千代田"舰长海军大佐千住贞均前来拜访。晚上6时30分,丁汝昌提督赴"日进"舰答礼,随即上陆,要拜访答谢日本中将、少将等,日本军官坚决谢辞,直接引导前往中将官宅访问。此夜于兹张宴相,北洋舰队列席者丁汝昌提督以及下属20多人,日本中将等礼意殷勤,情词欢悦,席间互呈颂词,以为酬答。此夜,丁汝昌一行皆宿于陆上,因为劝不得已,乃从之。

参观考察让丁汝昌感想颇多:按佐世保距长崎约40海里,六年以前为区区一寒村,居民也不过寥寥数十家,而今则民家2000余户,尚有渐次增殖之势。这里港口窄,港内广,而且水深,无沙礁等患,颇为胜地。这个军港未建设炮台。

7月31日(六月廿六日),天气晴朗。早上6时,丁汝昌一行已用完早餐，前去回访中将、少将、大佐等诸位将官，答谢昨日接待之礼。

此日，依照林清康中将之向导，丁汝昌提督一行阅览了日本海兵团、病院、仓库等，规模一如吴港。还有鱼雷营，因以路稍远未能前往参观。遂登小岛，参观船渠、建筑场。此处地基背山面海，有数小岛，自然包之，诚得适当之地势也。今已着手工事，以各岛之垒石，连成大澳。入澳之西北两岛之间，是为船渠。两旁开门，铁台交之，分两船渠。船若过长，则移铁台，为一大船渠。其内水余托（译者曰：托字未详，或非 meter 之译字欤?），船渠以外船舶出入之处水深 17 托至 13 托，澳内亦深大约 13 托。计可系泊船 10 多艘，其规模与中国旅顺略相似，但机械工厂等尚未起工，然日内亦当着手。

上午 7 时 30 分，丁汝昌一行告暇回“靖远”舰，8 时出港，广濑海军大尉与翻译官吉岛俊明两人共同随舰相送。中午时分“靖远”舰抵达长崎，丁汝昌提督仍回“定远”舰，访日本海军“葛城”“满珠”两舰长。下午 1 时 30 分，长崎县知事中野健明率僚属 4 人前来拜访。下午 4 时，丁汝昌率随员上陆，为行答谢之礼，并抵达领事馆商议相关事项。

是日，北洋舰队六舰装煤完毕。

8 月 1 日（六月廿七日），天气晴朗。上午，长崎裁判所（乃如中国之按察使）秋山源藏来“定远”舰拜访北洋海军提督丁汝昌，英国、俄国、德国、法国、美国五国领事也前后相寻来访。上午 11 时 30 分，丁汝昌一行登陆上岸，应邀赴三帮商董氏在小岛福屋之宴请。午宴结束后，丁汝昌一行前往各国领事馆回访答礼。下午 5 时许，丁汝昌提督应日本海军“葛城”“磐城”“满珠”三舰各将校在福屋之招请，前来与会者还有提督以下各管带、官弁等 30 多人，领事馆也有数人参加。酒过数巡，双方互献颂词，尽欢相别。

北洋海军提督丁汝昌着夏帽的半身照片。

8月2日(六月廿八日),天刚黎明,丁汝昌提督率各舰管带于军舰上望阙遥拜,恭祝圣上万寿无疆(次日乃是光绪皇帝生日)。上午8时,各舰行满舰饰相贺。日本军舰亦行满舰饰相贺。正午时分,各舰放祝炮21发,日本军舰也放之。是日中午,丁汝昌在"定远"舰上张宴以请诸位客人。前来参加宴会者有日本海军中将子爵林清康,海军少将坪井航三及其部下20多人,长崎县知事中野健明、参事官渥美、书记官中村、控诉院长人见、裁判所长秋山、警部长真崎及英国、法国、美国、德国、俄国各领事,"葛城""磐城""满珠"各舰舰长、军官,中国领事馆官员数人,还有北洋舰队中之洋员7人,有百余人,北洋海军提督丁汝昌率各舰管带均着正衣冠陪宴。宴席中间,日本中将、长崎县知事等起立恭述贺词,祝中国皇帝万岁,大家各举祝杯,提督与僚属谢之,并答贺词,亦举贺词。是日,双方敬献与酬谢交错,杯酒言欢,互尽十分之欢。下午4时席散客归,丁汝昌又带各舰管带及官弁20多人,应市会议长林耕作等百余人之招请,共赴茶会,这次茶会为商家特设,目的主要为通中日两国联络之情。

此夜,提督以下各赴中国领事馆之祝会,已而大雨如注。是日夜中,丁汝昌一行冒雨回到军舰。陆上升氢气球。

8月3日(六月廿九日),此地暴风雨,至午后渐渐停止。入夜后又开始下雨。丁汝昌原计划北洋舰队此日出港回威海卫,但因为风雨太大,遂未果。

8月4日(六月三十日),阴雨天气。丁汝昌拟定明天回国,他在长崎致向电李鸿章报告,北洋海军访日六舰明日由长崎起航回威海。并请转报海署。下午,丁汝昌率人登陆上岸,往各所致谢告别。

丁汝昌率北洋舰队六舰在长崎驻泊期间,拜访了长野知事;乘坐"定远"舰访问了佐世保,拜访地方裁判所长、控诉院长等人。他还在"定远"舰上招待知事家属、内外缙绅等人,并允许他们参观军舰的任何地方。

8月5日(七月初一),大雾,后下雨。视线很差,近旁之山均不能看见。不得已,丁汝昌只好又下令延期出港。是日下午,雨渐停,天稍晴,雾亦渐散。

8月6日(七月初二日),天气晴朗。上午10时30分,丁汝昌率北洋舰队六船同时出港,张单纵阵,训练而进,航速大约10海里。到了夜晚,海上起大雾,各舰互传信号行驶。

8月7日(七月初三日),洋面上仍然有雾,丁汝昌率舰队仍以8海里的速度前行,遇到雾尤浓时减速至6海里航行。上午10时30分许,大雾渐散，北洋舰队仍以每小时10海里的速度航行。

8月8日（七月初四日），天气晴朗。丁汝昌率带“定远”“镇远”“致远”“靖远”“经远”“来远”六舰继续航行。近中午12时许，天气俄变，风雨交叉而起，少顷即晴。午后阴雾，舰队继续航行。下午3时，北洋舰队过成山头；晚上7时许，丁汝昌率北洋舰队出访六船安全抵达威海湾。各舰照旧投锚，圆满结束了此次访问日本的活动。

此次北洋海军访日考察活动，自6月26日起至8月8日止，历时40多天，所到之处，尚称平善。

丁汝昌对于此次率舰队赴日本访问，事后在苍东巡日记中这样记载：

> 行船风向、罗经经纬度数、潮流、里程等随规则编纂之，各舰共按日限呈之，故不赘述。
>
> 谨按：日本蕞尔一小国耳，明治初年始诸般制度悉模仿欧洲，置海军，购军舰，又定开港等，迩来经过二十余年。今军港既已建设三处，一曰横须贺，二曰吴港，三曰佐世保。而工厂、船渠等最为完全，工作频繁，实以横须贺为第一；港口严密，海深且广，局面宏大，则吴港、佐世保俱在横须贺之上。虽诸建筑等尚未完备，然极力经营，其竣功（工）之期亦当不远。现在横须贺所属舰船，钢甲船一艘、铁甲船一艘、铁骨木皮船二艘、木质船五艘、帆船三艘；吴镇守府所属之分，铁甲船一艘、钢质船一艘、铁骨木皮船三艘、木质船二艘、帆船二艘；佐世保镇守府所属之分，铁甲船二艘、钢质船二艘、铁骨木皮船一艘、木质船二艘、帆船一艘。而海军军人凡一万一千四五百人，陆军军人凡二十八万一千二十人。又海军之预定额每年六百伍万叁肆千圓，陆军每年千八拾叁万叁千贰百圓。加之尚不敢惜经费，精益求精，目下于法国订购军舰二艘，又于本国造船所制造者三艘，皆年内或明年竣功（工）。据所闻，此外更欲购大舰数只，其意盖年年增值军舰，以渐次扩张海军。由此观之，其军务之勃兴实无可限量。
>
> 至其各制造所，东京则火药制造所、炼铁所、兵器制造所等，横须贺由（有）造船所，神户则鱼雷艇制造所，长崎则商船船渠，此外各制造所、船渠、学校等所设甚多，而任其事者皆能奋勉从事职务。其用人也，各就其所学，分科登用。其官制专效英国法度，以海军省经营海军一般。而海军文武大官，文官以才识超众，曾历游海外，精通各国事情者任之；武官从禄重功多之将官中任用，故气脉相通，事务能就绪。而诸武官则每在职三年皆与休假，使服陆上勤务，故休戚相

关，同心一志，复无他念。其无勤务者，与俸给半额以养其身家。若有事，直复原官，服从军务，以为接济。凡日本人最着力摹(模)仿，规则等之不完全者，时时变更以期整顿。设交代、恩给及预备等法，以是人才自不乏，而皆能存报国之诚，以张军威。

叩其所以能至此者，皆是各国务大臣历游诸外国，熟达其事情，知彼知己，择其善者行之。而其君主亦遍游国中，体察山川风土人情，时或亲临海陆诸军，知将士之辛苦与当事者责任之重，以慰劳之，又调剂之，赏罚分明，人心因之愈奋。而我中国则否，事多隔关，官必久任，受任愈重，塞责愈难。勤惰与共，人不知之，诚伪亦不辨。若有老朽不堪任事愿退官者，不曰刚愎自用，则曰辜负厚恩，外示经綮之优，其实则未尽鼓舞之善。加之将来俊杰之士无路可进，经验未深，转不足恃，其弊害实不胜言。譬如各省制造所，其始刻苦励精，其久但求不渝，故日新月异者，究不能及外国。元(原)来中国以幅员与及人数之上论，实冠绝地球，故人才非不多，财源亦非不广，而动辄人才财源共穷。到底外国任用一人，则得一人之力；费消一文，又收一文之益。得如今就我军舰而论之，其数似为甚多，然尚不如泰西强国十分之一；其经费亦似甚多，然与各国皆不惜巨款购求者，可知大相径庭。

今夫与日本之海军力比较，当在伯仲之间，然日本年购大舰，月增强盛，其陆军亦如是，勉期熟练，随地配置兵士，其法甚为严谨不可犯。然我各省要处所设防御，尚未完备，兵士之训练亦未精，到底不可与日本同论。今若观察日本之状况，事事皆可愧也。况其强盛，日本更胜；其研究，日本更精。而我若安于目前之海军，不讲进取之术，将来之事未易遽言。兹草东洋记事，不觉笔述及此。览者谅其愚忠，恕其憨直，不堪厚幸之至。

谨附识。

8月9日(七月初五日)，丁汝昌致电李鸿章报告，初四日全军回抵威海。是日，他给日本驻芝罘(即烟台)代理领事能势辰五郎送去感谢信函。感谢日本政府及军队对北洋海军此次访日的礼貌接待。

8月11日(七月初七日)，因舰船药袋率无纱底及维修舰船时间延误等事项，丁汝昌在威海致信刘含芳：

昨由东瀛归，奉手告三叠，均敬读悉。十生半药袋一节，查“威远”历用打靶者率由哈卜们经手自制，概有纱底。前送样请制之时，该船将纱质之袋用罄，因照做洋布袋一个，纱底处确剪纸贴注送转仿制。比以该船巡洋开行，匆遽之顷，势不暇再令更易，因迁就发寄。今制袋率无纱底，而原样贴纸并失，根究无从，自亦无庸置议。据郝芗禀复，亦与所查情节相同。惟郝芗既专司本军兵械，凡经手事件中有舛误，咎有难辞。弟已传至督船面加申饬，并着实劝诫。姑念其到军未久，捡点之件亦甚繁多，初犯小愆暂与宽恕。倘日后不加慎勉，定会尊衔禀请参撤。铜管轧火蒙咨照造，甚感。前缴手枪及子弹等未分装者，故形杂乱，已分别示惩矣。

弟初四由东回防，足之所至，一切尚称平善。离威四十余日，留防之船尚无一者入坞。前言东归之船可以接踵修饰，竟成虚望矣。此复。

8月19日（七月十五日），丁汝昌提督就日本舰船到旅顺时的接待事项及北洋舰队修船之事，致信刘含芳、龚鲁卿：

顷奉赐电，日船到旅各节，一一敬悉。此次“定远”等船去东，所历各口一切防局均礼遇有加，殷勤款接。今东艘由威北去，两公特治酒醴，宾主酬酢之仪，未稍偏废。虽有地提督未及受飨，亦足彰我国北路防军气脉周非融贯，使非洞熟时机，断不解此为曲全大局。深佩之至！“济远”继“平远”之后可以踵修，感甚。但未审该两船约某时可以一律完工回防，尚祈随时电示为幸。应奖医官咨会星斋兄酌办，径达献夫矣。

是日，为天津水师学堂毕业生出洋肄业之事，丁汝昌再次致信刘含芳：

顷接天津水师学堂函称，奉相帅札闻，下制军函商酌派学生第四届出洋肄业，帅饬由北洋选派十员等因。兹由津堂于正班毕业学生中择优拟派会商前来。查单开诸生除在敝军各船等名已饬遵照外，其郑得春一名现在贵军雷艇供职，敢祈预为饬知，会定有出洋准期再续布。

9月19日（八月十七日），丁汝昌收到李鸿章电令，速派北洋两舰赴沪驻防，以便腾出南洋舰船弹压反洋教活动。

9月25日（八月廿三日），丁汝昌遵照总署电令，派“致远”“靖远”两舰开赴上海暂时驻防。

10月11日（九月初九日），圣谕：照李鸿章请，以办海军出力，海军提督丁汝昌、总理水陆营务处直隶臬司周馥均著交部从优议叙。

10月25日（九月廿三日），丁汝昌收到刘含芳来电，拟由北洋海军派员赴东局，就近会同详试东局所造栗色饼药一事，已告知东局张蓉轩知晓。

10月26日（九月二十四日），为北洋海军派员去试验自制栗色饼药之事，丁汝昌提督致信张蓉轩：

贵局所造栗色饼药因在船未便试放，经芗林观察往复函商，由敝军派员前赴贵局就近会同详试。昨得芗林兄来电，已将此情转达尊听。兹乘“康济”领饷去津之便，特派敝军“扬威”林管带，带同英、德管炮两洋员等一并前往。到后，请惠饬该管人员照检数出，共同妥慎试验后，能否合用，已饬由该管带等逐细具陈。希查照可也。

10月30日（九月廿八日），因为学堂少数毕业学生怠惰等情，丁汝昌提督态度鲜明地复信罗稷臣：

顷奉翰示。陈如升一节，学堂造就一生，殚精费帑，成材信非偶然。既归水师，厚其饷糈，培其诣力，苟可充竹头木屑之选，讵忍视同弁髦，一任无归？惟该生始则派赴“广甲”，辄因怠惰被斥。采以舆论公评，核其行径，固己一是为甚，无足加怜。既而绕匝无依，复多方乞引，意经颠覆，当有悛心。不谓继到“南琛”，复萌故态。在船甘居人后，登岸任意优游，请假逾期，指不胜屈。继则一去不返，管驾遣人往招，传云尚多讹索之词。似此自甘暴弃，遂习狡猾之辈，纵免（勉）强收留，终难效用。不如任其所高，免染人于不丝也。

10月31日（九月廿九日），为官弁人员任用调动事，丁汝昌复信徐际云：

前得手告，贵船帮带大副曾缺，驾驶需人。拟拨“致远”鱼雷大副林立金充补，当即行邓管带核议具复。昨据该管带呈称，查有该船二副堪以升补是缺等情。既该船大副之缺有可胜任之员接替，林弁自可派赴前往，以资臂助。除咨复郭军门查照外，为此奉达。

11月5日（十月初四日），因焦炭运输及价格之事，丁汝昌致信黄花农：

敝军威海机器厂现需焦炭孔急，望嘱“北平”船迩日运煤赴烟时，便运三十吨前来应用。该价并请转知矿局，归敝军所用军煤项下，一律报由支应局核销。查此项焦炭，向由大沽领用，既多周折，亦殊散漫，后拟即照此章，较划一也。

11月20日（十月十九日），丁汝昌收到罗稷臣的来信，得知“泰安”船上坞修理之际，拟将其改为水师测量船，拨归北洋海军管理使用。

11月21日（十月二十日），为北洋海军测量船及学生升迁等事项，丁汝昌复信罗稷臣：

昨奉手告，意在乘此次“泰安”船修理之际，改归水师测量之选。不烦借助他山，足补北军为山一篑之缺。仰见荩画咸详，纡筹至深且远。维念测量一船，常行海上考核港道，事既繁艰，长日行船，所配人数尤须足资更替，方致有无虞之虑。查“泰安”一船揣所需经费，即照“泰安”额饷定章且虞不足，况“敏捷”则又较逊。恐牵就拟定，将来不免竭蹶之虑，似不如从长计议于未事之先也。今“敏捷”拟待明春改修，移设一议，正可稍宽时日。容与各管带参议大略，其未尽事宜，仍俟明春到津再与阁下面为审定详办也。

再，另示徐兴仓一节，查到船学生遇有差委补缺等事，惯例以考列名次在前者充补。不自奋勉，求人关说，已属非分。何况倚他族为干运之媒，若遂所图，不独长人妄冀之心，亦且于定章有背。吾仲个中人，当亦未见许可也。伏望设法婉复前途，是为至幸！手此，祇复。

是日，丁汝昌还就挪借资金长期未还等事，致信武津亭：

客冬在粤港，迭承见枉。云及晋引之事，势有难缓，需款一时颇费周转，嘱贷千金，俾得早日就道。行次本无存款，因见商再四，并云开春到沪，即行全数归还。当电上海义昌，在所存购物公款项下，拨付千金。迄将一载，尚未归付。惟事关公项，未便久悬。兹“广甲”去粤，友人有托付购物之款，已取以扣归前项。望台从将前者挪去千金即兑交余云龙，作为在粤购物之需。免又多费周折，务恳照办。至以为要！

11月22日（十月廿一日），为选用鱼雷管理人才和高山炮台所需子弹等事，丁汝昌复信刘含芳：

前奉手笺，管带雷营及管理雷具在在需人，嘱由敝处派往数生前去，俾资分任。当已择定五名听候调取，分别遴用。

至询高山炮台应需某种子弹较为得力一节，比因哈卜们随“康济”去津试药，故未得即时奉复。兹该弁回防，当将尊示所开各节逐细详询，据称钢子力足，尚在四十五度以内可穿铁甲，究不如带后引之钢炸弹击船易伤。若专击船面，取其伤人，则素常炸弹却为合用等语。附白，用备考核。

11月24日（十月廿三日），为购物银两及北洋舰队南去操巡等事项，丁汝昌致信周郁山：

昨奉手毕，知前上贺言已登藻鉴。委办晋祝屏幛，并荷照收。合前交去木段并此次屏幛，蒙作银五百两，除销去醇邸奠费外，仍交下行平银三百八十四两，昨已由领饷委员由津带归。查屏幛共需银二百四十四两，当遵示照留。其余一百三十六两，俟明春仍缴由张意堂观察处，便中寄还。木段一节，已当面谈过，不必计价，况所值无多。弟践前言，望兄首肯。

师船南去操巡，须俟教案定局，再请相帅指示举行。一俟定期，应走某处，再奉布也。

外单另登。

12月3日（十一月初三日），为安排好来北洋舰队补绘船械图纸人员的住宿及工作，丁汝昌提督复信刘含芳、龚鲁卿：

“扬威”旋防，奉手毕，敬承壹是。藉谂近履偕畅，至如所颂。陈牧带同学生书识前来补绘船械，当令同住“定远”。应画图式，已嘱陈牧逐日督率该生等，轮往各船细心摹绘机器各图。轮画某船，即派某船管轮辅以参考，均已分饬遵照。特此，奉复。

1892年（清光绪十八年） 五十七岁

1月5日（十二月初六日），为“超勇”“扬威”两船备用轮轴代存之事，丁汝昌致信刘含芳、龚鲁卿：

久未晤教，渴念良深。惟近履胜常，至以为颂。兹令“超”“扬”随“镇远”出海操练，便过旅顺。该两船各有备用轮轴一副，新由祥生厂取回。兹嘱送交贵坞代存，遇用再领。祈饬该管人妥收为幸。

1月11日（十二月十二日），为老家人收取租豆路经马口关突遭私行吊拷之事，丁汝昌致信无为州章干臣：

于役海疆，罕游治宇。缺裁笺而通候，缘事倥偬。仰抚字循声，闻讴兴起。敬维升华丕炬，履缳近麻。有令闻之施身，遂留碑于人口。景行雅苑，倾倒见私。

一昨得家书，知上月舍间遣人至州境圩乡往收应取租豆，归途道经马口关，该关视作贩商勒令报税。始以未悉情由，出而阻询之，亦属事之偶然。惟既经收租人陈明原委，依旧不加理论，转有私行吊拷等情。因念此项圩田经贵署纳课历交有案，而岁收米豆道出马口亦历有年，从未闻有报关之说。今彼意存勒索，且肆加威雪，为民上者曾为平情一剖析乎？但事之曲直自在公论，要亦不外洞鉴之中。惟是本户佃租运归本户，是否例合完关？即或拟以漏报，不过依例议罚，似不宜擅假刑威，倒悬酷掠。应请费神俯赐查询详细见复。倘蒙不惜片言得以补偏救弊，事归平允，即免咨关查办，更作一番周折也。手此，祇恳。即颂升安。附颂年禧。惟照不宣。

1月30日（清光绪十八年正月初一日），丁汝昌在威海卫港组织北洋海军官弁兵勇，举行过年团拜活动。

4月3日（三月初七日），为威海机器厂修整炉灶材料等事项，丁汝昌致信大沽船坞的顾廷一、高仲瀛：

前过沽上，近聆雅教，兼扰盛筵，愉感之私，匪言可罄。恳者：敝军机器厂修整炉灶需火泥五吨，火砖一千块，希饬备齐楚，四月间“北平”船来威送煤，发交该船载运来防应用为幸。

4月13日（三月十七日），为两艘主力舰大炮备用磨盘事，丁汝昌在上海致信何瑞堂：

前蒙示及许星使由德国代购“定”“镇”两船大炮备用磨盘，业运存尊处。今正曾经奉复，俟弟巡洋过沪就近走取。此书计当早登惠鉴。兹嘱“定远”派炮官偕同洋弁前往勘视，望费神查照原件共同点交。并希开示清单加派妥人一同运送吴淞，由“定远”水师官照单点收。除已知照该船照收外，专勒奉达。即祈查照，从速办理为幸。

4月30日（四月初四日），丁汝昌率北洋舰队开赴南方沿海巡操训练，是日抵达福建沿海。

5月1日（四月初五日），为老家人收取地租途经马口关遭难致起争端一事，丁汝昌在福建复信无为州章干臣：

日前船抵闽垣，由北洋防所转到复音，知去岁贡笺已邀省览。就谂弦歌乐只，声施烂然，指见隆隆，知不仅造福于吾邑也。前舍间运取租豆，经马口关留难致起争端一事，深感费心缕晰见示。税豆悉经关委免税放行，而运豆车夫亦无被关吊拷情事，执事即谓稽委员所称各情悉属微实，事过境迁，自亦不烦饶舌。今该关既云，日后遇运租谷过关，持刻通知，即照验放行，自不致再因歧惑而别生枝节。容弟巡洋旋役，即函致舍间，届时当饬取租人妥慎照办可也。祇谢。

5月9日（四月十三日），为南来各船维修及“定远”舰之舱面多有渗漏之錾舱等项，丁汝昌致信船政杨星垣提调：

此次随同来闽各船有应请修理之处，业经弟于所开呈清折内批准，送由贵局查照饬办。昨据“定远”禀称，该船舱面近来多有渗漏之处，应请饬匠前往一律鏨艌。并希增工赶作，俾得早日蒇事南下操巡。是为至恳！

5月12日(四月十六日)，丁汝昌收到船政杨星垣提调的复信。来信告知：“定远”“来远”两舰的维修工程，须至本月二十五或二十六日才可完工。

这颗紫藤是北洋海军提督丁汝昌亲手栽植，现仍存活于丁汝昌寓所中院。每年春季，百余年的老藤总是满树挂花，香气四溢，引来众多参观者争相摄影留念。

5月13日(四月十七日)，为修船工期被延误事，丁汝昌复信船政杨星垣提调：

前因各船工作纡缓，十三日曾布笺奉恳饬催，当蒙赐复迅速赶修，克如所约。心感之至！日昨复承笔告，“定”“来”两船须廿五、六等日方可完工。惟师船此行驻闽时日太久，拟候乙、丙二次试车毕即全队赴粤。该两船既不能于二十前一律考成，惟有恳饬该管员匠尽已开鏨处先行艌齐，继此则随鏨随艌。会定行期，设有未竟之作，惟俟旋北再图补缩可耳。手此，祇达。

6月23日(五月廿九日)，丁汝昌率北洋海军之“定远”“致远”“威远”“靖远”“经远”“来远”六舰抵达日本长崎。是日，丁汝昌即去拜访长崎县知事，还遍访控诉院、地方裁判所、长崎市役所等。

同日，丁汝昌还在日本长崎致电李鸿章报告：

六船二十九抵长崎，初四“致远”“威远”去横滨，回过神户。“靖远”“来远”同日开元山、穆湖崴、海参崴云。

6月24日(六月初一日)，丁汝昌率北洋舰队的官兵，在船上接待长崎县知事来访。而后，又令“靖远”舰和“来远”舰的管带去拜访长崎县知事，真诚表达中日友好的愿望。

6月25日(六月初二)，丁汝昌又安排“致远”“经远”“威远”三艘军舰的管带邓世昌、林永升、林颖启，前去拜访长崎县知事。

6月27日(六月初四日)，丁汝昌命令“致远”“威远”开赴日本横滨港，回过神户；令“靖远”“来远”起航，前往元山、穆湖崴和海参崴等地。

7月1日(六月初八日)，丁汝昌在日本长崎致电李鸿章报告：“靖远”“来远”昨日抵达海参崴，“致远”“威远”今日到横滨。李钦差(即李经方)昨由神户乘商船，明日到达长崎。

是日，丁汝昌还安排“致远”“威远”两舰的管带邓世昌和林颖启，前去拜访县知事和海关总税务司。之后，两管带还走访了清国驻日本理事府。

7月2日(六月初九日)，丁汝昌接待了前来拜访的李经方(即李伯行)公使。

7月3日(六月初十日)，丁汝昌前往中国驻日本公使馆拜访李经方及相关人等。

7月4日(六月十一日)，丁汝昌安排北洋海军右翼总兵兼“定远”舰管带刘步蟾，前往中国驻日本公使馆拜访。

7月5日(六月十二日)，丁汝昌及各舰管带在张领事的陪同下前往横滨知事官邸，参加横滨知事举行的招待会。是日，北洋舰队允许水兵上岸。

7月7日(六月十四日)，丁汝昌安排“致远”舰管带邓世昌和“威远”舰管带林颖启，前去参加日本海军新建造的军舰“秋津州”号的下水典礼。

7月8日(六月十五日)，丁汝昌命令北洋舰队的“致远”“威远”两舰驶离横滨港，前往长崎与“定远”舰等会合。

7月12日(六月十九日)，丁汝昌率北洋舰队的“定远”“致远”“威远”三舰拔锚起航，前往朝鲜釜山。而“经远”舰遵命直接从长崎返回威海卫。

7月16日(六月廿三日)，丁汝昌率“定远”“致远”“威远”三舰到达釜山，顺利进入港口。

7月23日(六月三十日)，丁汝昌率“定远”等三舰出仁川港口，起航返程回威海。

10月8日(八月十八日)上午8时，丁汝昌命令“济远”“平远”“扬威”三船同时由威海湾港出口西行，绕巡烟台、庙岛、祁口、大沽、北塘、营口、复州、长兴岛、金州、旅顺各口洋面，并限令他们九月初十以前到达大连湾，与提督会齐，举行大操。

是日，丁汝昌致电李鸿章，报告了北洋舰队此行的巡操计划。

10 月 26 日（九月初六日），丁汝昌乘“镇远”舰离开威海卫赴大连湾操巡，等候在旅顺船坞油底、维修之各舰竣工之后，集结会齐，即进行大操打靶。

11 月 20 日（十月初二日），丁汝昌结束在大连湾近一个月的打靶操演，率带北洋舰队回到威海卫。

同日，丁汝昌收到李经方从烟台、天津寄来的两封信和日本胜君（即胜海舟）的赠刀。

11 月 21 日（十月初三日），丁汝昌在威海致信李经方：

日昨由大连湾打靶归防，奉烟、津寄发两示，并日本胜君赠刀，均已收讫。敬悉星旆已安抵津门。当越崆峒，期可接晤，惜未前闻，至失交臂。忆夏东游，不惮蒙署，下致殷拳，论以公谊私交，正宜载驱沽上，尽数日缱绻，方惬于中。徒以甫旋防所，盈前积牍，亟待简披。而去留南北各艘，又须预筹分布，致羁就见之足，第有徙倚风前，徒呼负负而已。

敝军轮艇，上无房舱，下且逼仄，煤难厚积，马力亦单，用以常行，似非所宜。前见省三爵帅有惯走焦、巢等湖小轮一具，闲置沪滨。俟弟南去，当即为之商借，必可适用。万一中有窒碍，弟再另为设法，以图报命。

在东函恳一节，既叔牙能知我，又子产为惠人，还望于燕居定省之余，曼语及之。小儿葆翼蒙不摈斥，许列门墙。未遑负笈以从，并缺执贽之礼，统俟来春冰泮，相携赴津，再泥首于春风座次也。

11 月 22 日（十月初四日），为勘探开采复州之燃煤之事，丁汝昌致信盛宣怀：

昨率艘至湾、旅等处操巡，据复州童生王德阳禀称，有祖遗册地两处产煤，请饬查试办等情。当经访闻，居近防军曾亦有人前往履勘。佥云煤苗全露土外，上系碎炸，油性却好；下掘则苗尤茁壮，必蕴块煤。似此，若得人试办，将来于沿海水、陆防军未为无济。惟弟将南行，迫不暇及。因念明公于此道素精讨论，用将该生呈到禀图，乘千总孙振德去津之便，统寄奉商，望加核夺。如可见商试办，先祈面禀相帅，倘邀允行，即希俯察各节，会衔禀请，分咨奉天将军暨金州都统查照，并饬该处旗民妥为照料是幸。余有细琐，匆不备述。孙千总明知其详，希进之前一赐询焉，便可昭晰无遗。

外附原禀并图。

11月26日（十月初八日），为游击马金叙之事，丁汝昌致信许仙屏老师：

敬禀者：

窃门生远违绛帐，慕切丹忱。思鹄侍以无由，趋风路阻；更鲲洋之频涉，向日徒殷。恭维夫子大人功崇濬距，福在文章。召河流顺轨之休，清原正本；荷天宠酬庸之命，锡土铭勋。仰跂龙门，弥深凫祝。门生十年楼橹，终岁驰驱。日拙心劳，霜侵鬓短。赋鹈梁而每虞濡翼，羡鲈乡而无计息肩。第有困勉以图，幸无陨越，藉副我夫子平日厚期之意。

附恳者：游击马金叙曩与门生均发迹铭军，袍泽相依，患难相恤，垂十余年。为人果于任事，谋勇兼长。徒以运蹇牵盐，难逢伯乐，边隅伏枥，未已雄心。幸隶帡幪，乞加振拔。倘有可与进之地，请量施迁擢之恩。不特该员感激自效，即门生亦不啻同被春风（之风）矣。肃禀。恭叩

崇安。伏祈遴鉴。

门生丁汝昌谨禀

外附履历一扣，祈察。

11月下旬（十月上旬），为能杜绝人浮于事，丁汝昌复信吴挚甫（即吴汝纶）：

海疆奔走，无计追陪，怅翔泳之音疏，徒高张之梦结。正深遐想，适拜贲笺。捧诵之余，快同亲炙。敬谂声华藉甚，纂著侈然，继往开来，熔英陶俊。曾不数年而赵北燕南，文人蔚起。倾仰称颂，岂独私交？

承嘱李君，素知执事鉴赏非虚，使非矫绝当世，才藻过人，必不如此轻与宏奖，乐为推毂。惟敝军自设额缺以来，过江名士，丞然来思，十不一应，席为之溢。几经谢绝，犹觉人浮于事。而从玉斋之后者，颇有一二老成循序而进，甚亦足资接替。况弟力衰任重，急拟归耕，而亏累撄心，正不得不节私用，预作弥缝之计也。知者谅之，尚望宥予不逮。此复。

11月下旬（十月上旬），为近期率领北洋舰队南下巡操等事，丁汝昌复信周郁山：

昨由辽湾打靶回防，欣承手毕。履秋同涉简亵，方惭乃辱齿芬，

徒益颜汗。近闻台从西风匹马，溯走桑乾，履勘一带汛工。并在津门暂停车骑。缕指计之，刻下当卜元旋。伏维荩褆冲和，勋勤灼见，至为钦仰。

承嘱然与不然数语，使非关爱之切，何暇于理繁吐握之余，远贻药石，私心感奉，圭臬同兮。至云或有以为然者，是于不然中别增一解耳。自且未见为然，况他人哉？第有戒慎其将未然，补救其所已然者也。其然岂其然乎？愿质诸直谅之益友。

弟拟十月廿日后自乘“镇远”并酌带□艘舰船南行，遇有电局口岸可驰告所在消息。

世兄捷卷已照登如所示，分致并共喻作法励廉之意，不更袭寻常报馆之文。但仪不及物意，奚以将容另集思再伸贺臆。

马令至荷玉成，纫感同深。方伯处先祈道感，容再另函致谢。祗复。

12月1日（十月十三日），为“广甲”等舰北来操训及广东水师建设等事，丁汝昌致信上禀李筱（荃）帅：

敬肃者：

自别燕晖，煦经半载。缘鲲洋之频涉，致鲤讯之久稽。载仰龙门，尤增依恋。伏维柱福康绥，至为倾颂。

“广甲”等船北来，先后随至大连湾归队操练。虽为日无多，而逐演各技大致均就范围。惟查“广甲”原配横杆笨滞不灵，不便操练。当嘱余统带至粤禀请核夺，饬局更改。外派敝军帆缆洋教习随往，使监工作，以期妥慎。洋管炮哈卜们复派一同赴粤，了当前番未竟各事，诸有头绪，再令回防。惟洋人在华，一专信任，不少好大喜功，矜张无忌之弊，更望于见之时，励之以勤，无过优遇，庶足以杜骄肆之渐。

调用水雷弁兵，昨商同刘道，拨到三弁五勇悉交广甲带粤分布，暂资理料械具鱼雷。当立基之始，综领挈纲宜资熟手。侄曾日久留意，但不识左右是否有足胜任之员，统容冬令到粤，再面禀商一切。

夏间蒙示，胪举将材，为鞶鼓旧人稍辟显扬之路。相帅处秋间共举九人，闻年尾亦于平时月旦之中选胜奖进。但粤之谙悉洋务，行伍如余统带、杨中军、洵越等伦，颇不下人。想已秀之苗，素叨泽润，兹者自必加与培成，乐观其实也。

舍亲张志鳌，虽久役戎行，职微任薄，敢代妄希，若叙前劳，许与振拔，悉出恩施格外也。

再，余统带少从马槊，晚习楼橹，学非有本，究非之计。外海镇将，遇有相当之缺。倘邀俯念数载跋险之劳，与一隅兼摄之任，目前无更张迭，日后退有余地。则高厚所及，庶堪依托终身，其感激自效当何如也。

前韩王见赐参枝，质尚非劣，用捡红白两种，各拾斤，附备药笼之选，望赐纳为幸。肃此，恭叩

崇绥。余惟垂察。

世愚侄丁汝昌顿首　十月十三日

12月2日（十月十四日），针对各船未谙鱼雷技术之官弁培训及舰队下旬活动计划等事项，丁汝昌在威海复信旅顺龚鲁卿、刘含芳：

日前遇顺到威，敬承手毕，聆悉种切。拨到水雷弁勇其应赴粤中者，于今晨随"广甲"前去闽中两名，派往"威远"，候南下带交方牧可也。尧臣各节，面时必照所示一一转达。福来舍住旅，既以为便，冬令威无事，当饬其近麾右泊，核查所有各船未甚谙练雷奥官弁，临行前均饬派驻该船，专一讲求。福来舍并希随时谆嘱，按章程悉力教导。若似今岁之一暴十寒，亦觉有负责望。

威防积件，日来如理棼丝，粗有就绪，拟月之念五六日自乘"镇远"，外带六船南下。围炉粗暇，独走朔风，鸟倦知还，怀我不如，知己如君，何以见教？手此肃复。

12月3日（十月十五日），为挪用京平银五百两拟作公致奠金之事，丁汝昌致信天津支应局：

别从秋涨，煦见冰澌，徙倚朔风，怀人倍剧。近维台候胜常，至为倾颂。伯华中道殂谢，闻信怆不自胜。身后萧条，尤深凄恻。现敝军拟公致奠金，薄将助赙之意。惟弟等南行期迫，促不及办。伏望惠挪京平银五百两，并恳就近为之饬送，由来春正饷扣还。至恳，至恳！

12月14日（十月二十六日），为军舰大炮精校之事，丁汝昌致信刘康侯：

周流海峤，翔泳久稽。春树暮云，动劳渴慕。近维兴居纳祜，鼓铸宣勤，载企声华，至各远颂。

恳者：敝军"超""扬"两船前后大炮，因操放年久膛内铜环早形松溢，未尽适用。旅顺局新设修炮机器多有未备，而此项要工，似又未便姑置。因念贵局器利工精，兼有阿摩士庄洋匠驻厂照料，又为可

靠。因详请相帅行文贵局，代为验换。兹遣“致远”邓管带带同该两船前往。惟津河即冱，公又周转偶逢，敢望先饬相度动作，俾早工蒇归队操巡。至祷，至祷！此恳。

是日，丁汝昌乘“镇远”舰，率“济远”“威远”两舰，前往上海。

12月31日（十一月十三日），为保证北洋舰队冬季操训巡洋顺利规范开展，北洋海军提督丁汝昌督率“镇远”等三舰由上海开往福州。

1893年（清光绪十九年） 五十八岁

1月22日（十二月初五日），丁汝昌率带“镇远”“济远”“威远”三舰由福州抵达香港。

2月14日（十二月二十八日）丁汝昌率带三舰由香港回到厦门过年。

2月22日（正月初六日），丁汝昌率北洋“镇远”“济远”“威远”三舰由厦门抵达福州。

2月28日（正月十二日），丁汝昌率三舰由福州开往上海。

3月3日（正月十五日），丁汝昌一行到达上海。

3月8日（正月二十日），丁汝昌接李鸿章电令后，即派“靖远”“来远”二舰速赴仁川，会商袁道世凯，相机巡防、弹压邪教等。

3月17日（正月廿九日），丁汝昌率三舰离开上海，返程回北洋。

3月19日（二月初二日），丁汝昌率“镇远”“济远”“威远”三舰返回威海卫。完成了历时三个多月的南海操巡和相关任务。

3月20日（二月初三日），为所聘“康济”舰洋雷匠威廉的工作安排之事，丁汝昌在威海复信刘含芳：

日昨到威，曾驰电奉告，谅邀察及。台从在威海所留笔告，均各聆悉。兹者，柏森已考毕，威海雷营派“康济”送往大连湾。并福来舍亦随同该船便过旅顺，敢候委用。

“康济”舰洋雷匠威廉差期已满，敬请主裁。倘可不需此弁，可查照合同函致罗稷臣，将应给之费一并算付，遣去之。嘱向南中购件，遣杨发送呈，望照收，该价容面时再奉达也。弟拟初十日左右去津，归途倘事绪不繁，庶可纡道过旅，聆教益也。此达。

3月22日（二月初五日），为人事任用及赴天津时间等事项，丁汝昌在威海复信周郁山：

一昨猥以春期，远承布序，迫务交乘，不略细节。具征拳念，在远不遗也。载诵另笺，尤见详切。发函伸纸之既，不异抵掌一堂，近聆清颏也。惟新祺丕懋，至各倾仰。

马令前蒙曲予振拔，擢补大名。今读笔告，有元城之说。系已定之局，复有更易，抑纵笔疾书之顷，意得者言忘耶？元大现经陈守请互调署，暂不更动。盖虑马令初任首要，不似驾熟裕如，亦意中事。但该令虽从军海上，到省日亦非浅，问文言论，抚字催科，尚能不昧体要。特念亲老家贫，既有路展足，不便再令羁旧不前。前将经手案牍，又另委接替，使先回防，摒挡赴省，听候策遣。倘大名一时不便更张，台从有意以他缺调署，可否商请即以秘令底缺，暂委该员往署。日后迁移，不烦别作区处，不显修凿之痕，实属培成之力。是赖明旋斡其间，毋任抱空质以游焉。

伯华长才短驭，惋悼同深，身后萧条，尤增酸楚。敝军已公具五百金为赙，函恳支应局就近拨送矣。乐章俟由津旋，饬拟定后，再请公核。

前函称呼倒置，非不知谦不中礼，然营中习尚，往往皆然。盖不敢以一日之长，居之不疑也。袭俗近浮，敢复文过！惟古人以酒行罚者，如杜蒉、杨觯、太白之罚，依金如酒数，是受罚者饮，而行罚者治酒也。岂胸罗律例者，独于此例故作颠倒乎？惟俟相见，负荆待公，发如绳之尊，期以不醉无归焉。

各口炮台，经本营自行勘估，责有专归，有相形见绌之恐，庶能竭虑殚精，力求核实。局外人复勘，不过徒增一番粉饰虚文，盖亦空劳无补耳。公本内行，且以外行自逊，汝昌乎？在公所退让不遑者，亦我躬所不逮也。无见推许，拜赐良厚。月朔由南抵威，初十左右赴津，行李偶稽，望尘莫及，不无悒悒耳。

同日，为马令毓藻的任用之事，丁汝昌还致信裕寿泉方伯（即裕禄）：

远隔鸥程，稽瞻雅度，虽因时而通问，究联袂以无从。道阻思长，抑何可任？近维禔绥愉懋，亮绩莹煌，翘首谲晖，式为倾仰。

马令毓藻前蒙拔植，擢补大名，曾专笺驰布谢枕，度邀省鉴。兹者已令将积年经手案宗简料清结，另委接替。促之到省，听候使令。惟该员服勤海上将近廿年，虽久相从，依旧寒素，加以亲年垂暮，家景尤艰，或一淹沈，殊难为计。仗公提挈，犹之由瑟已许升堂，而入室步趋，尤赖不惜驱策之，旋有，以观其迈往之实也。幸甚，幸甚！

4月23日（三月初八日），丁汝昌针对以“敏捷”船换“海镜”船的质量勘验等事，致信刘含芳、龚鲁卿：

前道出旅防，饫聆伟论，兼荷行觞见召，属餍之余，快何可量！承见商以“敏捷”更换海镜一节，以窳易坚，以裨操练。他山之助，所惠诚多。兹派戴管带遵驶“敏捷”赴旅，并饬巴兰柏、司夸耶两洋员随同前往，就近候示勘视海镜。惟停泊水中，船底未能周览，启恳饬该管人员将该船拖带入坞，并请允派贾礼达会同戴管带等详细逐验后，再将全船应行修换各项，一律妥慎拟定，开折呈送核夺。并饬估计需费大数，即由尊处主稿，会列敝衔详请办理。是为至祷！

是日，为开办煤矿事，丁汝昌再次致信刘含芳：

再启者：前复州文童王德阳请转详试开煤矿一案，所与两公粗商大致，猝未及办。昨在津门，以杏荪（即盛宣怀）于开采功用素所讲求，爰公同商榷。据该生所呈情由，会同详请相帅，分咨办理。蒙批除照咨外，并应移会贵处，就近督令妥议章程各等因。当由杏荪备文，移请查照。因念该矿露苗既旺，若经试办掘有块煤，庶为轮船艘有备之储。今浮面碎煤，亦堪济沿海陆军炊爨之用。

明公凡于物有济之举，靡不力顾全局，乐予观成。兹者更望不惜纡筹，从长计议，俾不致中道而废。纫感公谊，实有同深。载勒奉达。

4 月 29 日（三月十四日），为朱世桢任用及薪水事，丁汝昌复信刘含芳、龚鲁卿：

顷奉函告，前由敝军挑备雷艇差委各学生，经贵处先后任用，各有据支俸饷外，惟朱世桢一名，尚未委差，仍应照给原领学生薪水，以资用度。查该生春季薪水，业由该管“威远”林管带照章承领前去，方待遇便寄交。兹承台诵，当令照缴前来。计该生春季应领薪水洋银四十二元，又京平银拾陆两。附饷单一纸，一并寄请查照转发是幸。

4 月 30 日（三月十五日），为朝鲜东学道起义及总署电报密码本之事，丁汝昌复信驻朝鲜公使袁世凯：

远隔使旌，无由把晤，思多置少，想同之也。前于“靖”“来”两船东去后，数承电示，均敬阅悉。昨两船蒙撤回防，复拜手毕。藉谂近履绥愉，侍祺康胜，至如所颂。

东学教匪，虚作不平鸣，技类黔驴，致起群魔之吠。恃明公应机电慰，得以弭患未形。韩人故习，惯起猜疑，每因自扰而多事。此风不移，终可虑也。

总署电本，往者曾蒙相帅发给一本。现遇电事须秘者，均通用电报新法。附告。复候星绥。不尽,不尽!

5月11日(三月廿六日),为威海机器厂锅炉铁皮加工事项,丁汝昌致信刘含芳、龚鲁卿:

敝军威海机器厂近年制造日繁,原来锅炉既形湫隘,历年亦久,难以合用。前禀蒙帅批准由该厂加大改制。现已逐渐兴工,惟锅炉铁皮一宗,该厂滚床质小力微,未能圆转合度。因念贵局机件均为巨制,滚床力必有余。拟派工匠携同料宗,乞借机力一为冶制。工作悉令派去匠人自行料理,约计十余日工夫当可告蒇。倘蒙俯允,应俟示复,再行饬派前往可也。

5月12日(三月廿七日)夜,丁汝昌在刘公岛收到李鸿章来电:

迭据袁道电,韩忠清道报恩县聚有教匪三四万,竖旗招人,声称驱逐洋倭倡义,韩王派员往谕解散,不听势须用兵。汉城人心骚动,深虑害及洋人,致生外侮,各国官商甚惊惶。仁川泊日本兵船二只,弁兵三百三十余人,华船只"操江"水手三十余人云。总署电询,"来""靖"两船在仁,须实力保护,不知已撤回也。务速派快船二只驶往,令其商候袁道调度,切勿大意,致有意外之变干咎。即速复。

5月13日(三月廿八日),丁汝昌致电李鸿章报告:已派"济远""经远"二舰夤夜添煤,明早开赴仁川。

是日,为炮子样品运送事项,丁汝昌还致信刘含芳、龚鲁卿:

顷奉函嘱,津局现禀开造四十七密里连珠炮子,由敝军索取原配开花子、钢子两种各十颗,以资作样。兹照饬由"济远"检取,如数交"镇海"带呈开花子一宗,并附有引信。十个装子铁箱便祈掷还,仍归该船应用是幸。查群子弹一项,原来均未配存。合并附陈。

同日深夜,北洋海军提督丁汝昌在刘公岛收到要李鸿章来电:

袁道勘电:今又迭劝速遣重臣,分赴宣赫抚解。接鱼允中本日电,该匪因乏粮,又闻大兵将集,甚悔窘,如开诚抚谕,可望渐散云。

随后,丁汝昌在刘公岛再次致电李鸿章报告:奉电晤商张镇(即张文宣),随带官兵120名午前开行。

5月25日(四月初十日),为开采煤矿等事项,丁汝昌复信连捷庵:

日前贵差及孙弁来,赍到手示,敬承一是。王德阳报效煤地一案,即禀帅批准其试办。并咨行奉省,通饬照料。由旅顺局总就近妥议章程,应俟芗林、鲁卿两观察督同拟定,详请批示后即可前往开采。似此办理,于前后案情,方谓相符。惟据王德阳禀称,以及孙弁并贵差面述，尊意或禀帅颁示，或由弟处发给札凭办理，较为有据。惟刻下未见定章明文，未便复以他议。迳言札文一节，初系敝处会同详办，不妨查照批准案情，行知遵照。明知该董无力承担，然又不得明归官办，其中应需佐理，不得不饬由自觅。意在尊处所派经管之人，包含该董之列，方觉不显迹象，期符原案也。遣来张弁在麾下从役有年，既令参画其间，出入必能可靠。倘察其素行足以信任，将来委二人从事其间，庶内可以固根本之基，外有以广生发之路也。统希酌裁主行。是为至幸！

是日，为试办煤矿制定章程条款是否妥当之事，丁汝昌还致信刘含芳、龚鲁卿：

王德阳呈请试办煤矿一案，经会详奉批后，于上月初八日曾附笺缕达并代恳各节，谅邀察及。昨该董来称，前在旅防曾蒙传饬详询各情，已将所拟试办节略，禀请核办。其间或许需增添，或许应删减，如何悉臻妥贴(帖)，敬望主裁定夺，就近饬示，俾该董早日得有遵循。至幸，至幸！

6月3日(四月十九日)，为用人之事项，丁汝昌致信奎乐峰中丞：

暮春祇报一笺，摅陈悃结，度邀赐察。入夏以来，伏维侍福康愉，政躬绥密，至为跂颂。

前嘱颂帅请谥各节，入告之章，文帅意涉犹疑，商恳归相帅奏请办理，阐美盛举，知所乐为。惟事属隔省，若经文帅牍商，会同入奏，措词有据，庶觉易于为力。本拟夏间赴津，借禀商公件之便，面陈斯举。惟因各船即须到旅进坞油修，而工程有应督同向局核议之处，倘稍缓时日，未见非宜。俟船工略有就绪，即飞棹至津，面陈帅听示下，果邀允可否也？

再，蒋令子蕃穷经致用，才艺优长，洵学优士也。自隶帡幪，深蒙嘉许。今值恩科，可否仰邀拔擢，委派内帘差使，以资劘切。悉出逾格鸿施，其感激自效当何如也。

嘱购东洋团扇，已致函托友搜索。一俟寄到，即奉供清赏。附肃。栽请台安。

是日，为验收刘公岛大铁码头的相关事项，北洋海军提督丁汝昌致信龚鲁卿：

码头验收一案，前已奉帅行知。嗣闻台旆初间游威，深冀会晤，交收不数日可期了当，涤樽扫榻，几于望眼欲穿。顷奉电示，悉以公忙，暂缓命驾。嘱敝处先行验收，派人接管。当偕星斋（即牛昶昞）至工周览。据匠头胡德三面称，雷桥应配铁练（链），尚有五六日工程。应候完竣，先派水师官到工，照折开逐对一次，仍俟驾至，再行核夺详复也。惟查码头桥面及委员居室或堆积未清，或存储繁置，若遽派人接管，两相夹杂，中多未便。应请派一专轮并饬该管人等，将工程积储各件扫数归结运旅，再归敝处接管差委经理，免在下无知之流生轇轕于事后也。手此，奉恳。

6月6日（四月廿二日），为宁局修整轮艇之经费核销及严加用人管观等事，丁汝昌复信李伯行：

沪滨邂逅，倾道襟怀，一判游踪，遂同劳燕，思多置少，此情想有同也。别后旌从殊昧审度，致稽通候，歉怀曷已！顷文报局转到婺尾自芜惠寄一示，附有宁局代修小轮费用清单，属归敝处挪款划还。惟自兴设旅坞，各船无论大小修理悉归承办，些许若非专禀，别无余款可以补苴。兹以零修细宗专案详办行局核议，必执近无成案为词，不无饶舌。查往者南船来北会操，不乏损缺零星，历经敝军机厂修整并案除销，未尝索交经费。特以军虽南北，谊若一家，事罔非公，何分畛域？今宁局代整轮艇，费因无多，可否由执事转达情由，请予销报，似不致因此不值之款而过较锱铢也。

前派去管轮学生查所造技艺，司理小轮不致或者竭蹶，乃竟迭出疵累，罔非漫不经心，放惰偷懒所致。倘仍不慎经管，所有修费当责令罚薪赔补。伏望转饬知照，并破除情面，严予董惩。设从此知儆，不再违误，免更易生手，又必长迟，两费周折。大旆北来在迩，果依旧不堪策用，拟俟晤面商办，未识尊意为何如耳。

6月7日（四月廿三日），为早日捡运及清理码头工程积件等事，丁汝昌在威海复信龚鲁卿：

昨“康济”回防，奉赐简并前派匠运去机厂锅炉铁板，已蒙贵坞帮同制就，均照收讫。非借重旋斡大力，安有如此奇速，纫感良深。

承嘱验收码头以及派人接管各节，前已函达，谅蒙察及。未审何日饬轮捡运工程积件，并大旆莅止准在何时，均为翘盼不已。祗复。

6月24日（五月十一日），为近期油修舰船之计划，北洋海军提督丁汝昌致信龚鲁卿、刘含芳、王毂卿：

兹派“致”“济”“靖”三船前去旅顺，所有紧要各工请分饬务于下月初十前蒇事赴沽。昌下月初六带“定”“经”“来”三船去津，以便相与会齐，候送伯夫人灵輀，并先期定日同伸祖祭之意。一经事毕，即率同该三船工旅入坞。惟当“致远”等离开旅之后，“定远”等未到以前，拟令“康济”“平远”乘间前往油修，庶坞既免空闲，而敝军例工亦可早日清结合队操巡也。手此，祗达。

6月29日（五月十六日）夜，丁汝昌在刘公岛收到李鸿章特命转交的伦敦来电：

英国“干巴丹”铁甲舰碰沉“维多利亚”兵船情形，顷闻该二船因列阵互换位次而相碰。“维多利亚”船当受碰之时，提督即令将该船向浅水处行走，可期设法保护。惟船首登时沉没，提督见无可救药，因下令曰：诸位请各救一己性命，我身为提督，船存与存，船亡与亡，无可逭也等语。提督立在天台上寸步不移，未几，船即翻覆沉没。当其沉下之时，闻有大炸裂声两次。

8月25日（七月十四日）下午，丁汝昌在旅顺收到李鸿章来电：

暹法六月二十一日和议达成，二十三日曼谷开港贸易。据新加坡黄总领事（即黄遵宪）禀，坡商盼望兵船前往游历，鼓舞人心。今冬南下，似可带数船前往新加坡巡历一次，有领事照应亦便。希酌夺复示。

9月19日（八月初十日），为已故洋弁丕三德的所遗衣物移交及薪水清洁等事项，丁汝昌复信英国领事阿林格：

“康济”回威赍到来书。知故弁丕三德所遗衣物等件，均经该船过烟时悉交贵处照收。并附来收单，已经照存备案。至该故弁应找薪银等款，昨经炮教习立克路司请转知天津罗营务处（即罗丰禄），查照合同，应给各款，仍兑付汇丰列入丕三德帐内，已行文通知照议办理矣。

是日，为三舰四快船请造备用锅炉的相关事项，丁汝昌复信李勉林：

前奉手毕。并应领备用万金，业经湄云黄管带如数解到，饬委照收。嗣奉会示，三舰四快船请造备换锅炉，议拟宽展年限各节。现有数艘驻旅油修，其中亦多有应归旅坞定持情事，拟不日乘东趋打靶之便，齐集会议详确，再奉复也。

10月4日（八月廿五日），为挑选所需驾驶与管轮学生之相关事宜，丁汝昌致信龚鲁卿：

前准贵处咨开应需驾驶管轮两项学生，以备雷营船艇接替差缺之用。当饬“威远”林管带挑选籍隶近省学生驾驶二名，管轮三名，备文咨送查照。惟查驾驶王宗墀、黄承勋两生，一者准假娶亲，一者应学炮艺尚未毕业，计在十月末一律竣事，即令赴旅顺听候遣用也。此达。

10月13日(九月初四日)，为修船之料件早日筹备等事，丁汝昌致信龚鲁卿：

又"靖远"船此行在湾打靶，锅炉汽管本皆旧朽，经此震动，多有渗漏，拟请贵局将所储该船备用烟管捡发三百条，另领火泥一千磅，以备回防自行修换。又称上两年由贵局请领未经发付之料件，因有信游历外洋，似宜早日筹备，以资应用。伏祈查照，一律补发是幸。原折附呈。此恳。

附折一扣。

计十七年(1891年)请领未发：

六股红铜绳三十磅；

六寸径阿摩士庄抵炮法条一个；

风袋一个；

窗门玻璃两打；

圆皮套电瓶四个(配大炮用)；

十八年(1892年)请领未发：

洗船器具箱四个；

铜水漏四个；

唐蒙顺量水深浅砝条一个；

克鹿卜二十一生验子钢环一副；

粗白铁绳廿磅；

帆布水龙管六十丈；

小轮并舢板辘饼六副；

起锚车盘棍一枝；

十寸径笠式电灯罩四个；

炮尺内小玻璃电灯十个；

炉坝砖二副，计一百四十块。

10月14日(九月初五日)，为"致远""济远"两艘快船锅炉图纸使用及管理等事项，丁汝昌致信龚鲁卿：

昨交"超""海"原差奉报一书附致，仰哥候函，未审曾邀省识否？"致""济"两船锅炉图，顷该船归队查取前来，派"康济"驶送前去。至祈查收。用毕仍希掷还是幸。此达。

10月16日(九月初七日),为南洋诸船北来操巡训练及官弁任用等事项,北洋海军提督丁汝昌致信李筱帅:

前于秋中,曾贡贺言,并附简别陈数事,兼展积忱,度邀垂省。比谂柱躬矍铄,庶政熙绥,至为倾颂。

粤船北来驻威海防地,随同操练将及两月。上月末旬举行秋操,插配敝军舰队驶巡至大连湾,轮日分队打靶。所有施放鱼雷及各项炮位取准程数,敝军十三艘中有一二支离不堪列等,纵余船不少超特而优劣悬绝,究愧未能一律。粤之三船,合校炮、雷两技,大率得有八成。能从此敏求无怠,乘时逐渐扩充,逆料将来可期屏蔽岭南,折冲境外,是非选任得人,力求深造,见效之速,鲜易臻此?

所有历蒙调用员弁,经敝军开去底缺,仰荷破格成全。陆路遇缺,随时曲予插补,如斯高厚,尤足结其报效之诚。惟余统带创办之始,苦志经营,轮舻奔驰,尤深岁月。频年四涉,熟悉一口情形,增一处联络。入有定款,出无常规,迹露支撑,不无亏累。查粤省外海水师,协镇一岁之中,居岸巡洋各居其半,虽在官守,不废操巡。余统带已蒙奏请准补,近或遇有相当缺出,可否俯予仁施,俾该员得沾加润之恩,用以示在上励劳之意。兹者之请,非缘受托,徇意进言,盖实察其简练所部,才长力果,游刃有余,用不避妄越之愆,而作此呫哔之请。知此区区,必蒙昭鉴而垂宥之也。祗请崇安。惟俯察不尽。

11月24日(十月十七日),为明年大阅旅防操演章程之详略等事,北洋海军提督丁汝昌致信刘含芳:

前奉手毕,并寄来岁大阅旅防操演章程,均敬读悉。敝部宜合蹈循前辙,逐细拟议。惟全军须从节船游行海上,或因风雾参差,临时不免骧有更置。至各船炮位数亦繁沓,若必开入阅章,须合大小齐列,亦断难于容与之顷,徐徐周览耳。

兹第有综其大略,拟缮数条,寄请渊察。设须续刊一律附入,尚望加之润色,以文粗疏之陋也。手此,祗达。

外附节略清折一扣。

11月26日(十月十九日),为人事任用及乔迁等事项,丁汝昌复信李伯行:

日前由辽渤秋操归防,欣展教言。谨悉伯太夫人已妥卜牛眠,奉归吉宅。吾兄慎终至尽,以云相称,斯为无忝,曷胜钦伏!惠荐龚君,缘许可充闲散书记，当于无可设法之中姑为尝试。不谓专任，实有难胜，帮同缮写，又复不惯伏案。闻报差旅顺等处，行乖检束，颇著劣声。因其志在援例满付二年薪水，一任所向也。

至云克家者，杏荪（即盛宣怀）派赴芜局，既难碍苦，弟处局面则更狭隘。此辈奢愿难偿，徒劳忘返，究何益耶？

嘱附保刘、方两君履历，遵留。届时相帅果许逾额列奖，自当有以报命也。此复。

11月27日（十月廿日），为向庐阳书院捐款之事，丁汝昌致信龚鲁卿：

前者，得庐阳书院首事张、李两公来书，并附来各处捐输收据，嘱昌转收。查旅防计尊处一纸，亲庆两军一纸，兹一并寄请台从，分别存纳转交。费神之处，心感以具。

12月11日（十一月初四日），丁汝昌收到龚鲁卿来信及新造铜螺丝拉火20支。

12月12日（十一月初五日），针对新制造鱼雷门火及炮拉火试放及人员调动等事项，丁汝昌复信旅顺龚鲁卿：

月之初四日奉赐函，准天津军械总局函送弟委所陈鱼雷门火及炮拉火节略清折，并新造炮铜螺丝拉火二十支。收讫后，当即发交陈游击，会同定远司炮员弁，分轻重装实，著逐一试放。又提旧存拉火十支，同时参试，以资考校。兹据开折具报，并将已试放新旧拉火共三十支，送请核转前来。

查此次新制拉火，其铜质已足与西国相埒而微有漏火之弊，盖居梢顶处未能一律磨平故耳。能再加砥砺紧练之工，守一成不变之法，历久不使或有减率，斯为足恃矣。其旧存拉火，若遽通缴，恐又乏用，容俟新制领到再易换也。

至于所议鱼雷门火，查敝军除由外洋随雷备储若干，历试无少参差，余系领自津局。但期日后仿制，考核表里，一如曩所送存西国原式，任所取试，万千如一，纵无字记，亦足擅长，似不烦因无关轻重之微过劳办难耳。以上各情节，酌复为幸。

承调许启邦，据该船管带声称，尚有经手未竣之事。俟该船便中巡洋过旅，当由林镇面陈其详。倚装草复。

外清折一扣，放过拉火三盒。

1894 年(清光绪二十年) 五十九岁

1894 年 2 月 18 日(正月十三日),以本年慈禧太后六旬庆辰,北洋海军提督丁汝昌被赏加尚书衔。

3 月 3 日(正月二十六日),丁汝昌统带北洋舰队六船行抵新加坡。当日在新加坡致电李鸿章报告:统带铁快六船,于正月二十六日行抵新加坡。

3 月 11 日(二月初五日),丁汝昌在新加坡致电李鸿章报告:舰队明日起程,前赴马六甲、槟榔屿等处,一礼拜后回新加坡。

3 月 12 日(二月初六日),丁汝昌率北洋六舰离开新加坡,前往马六甲、槟榔屿等处访问并操巡。

3 月 21 日(二月十五日),丁汝昌在新加坡致电李鸿章报告:定于本月十八日由新加坡开船北旋。

3 月 24 日(二月十八日),丁汝昌率带铁快六船由新加坡起航,开始起程回国。

4 月 27 日(三月廿二日),丁汝昌率北洋舰队安全返回天津。

5 月 4 日(三月廿九日),为荐保待补学生之有关事项,丁汝昌复信奎乐峰中丞:

> 前道出歇浦,喜接前旌,如出望外。极情倾盖,尤慰怀来。叨盛筵醉公瑾之醇,聆逸著胜善才之素。客虽不速,乐且未央。快意之遭,斯为难得。偻指计之,星旆早卜元旋。维侍福康荣,政躬绥密,至如远颂。
>
> 把总许济川即邀鉴别,自非闽中夤缘幸进一流。惟目前待补学生十分拥挤,洵难议任。谨当留意,徐以图之。大阅保案,例有限额。纵另请附列,而余波所及,实难委迈于源。乃自去冬至今,衔条四至,有百数十之多,悉如求给,岂力所能?怨府所丛,殊绌于计。承属二尹姚君,果旧有渊源,谊非可却,当曲为设法,以图报命。至该员履历,伏望转饬早日寄下,免临时促取不及,有违误也。

5 月 7 日(四月初三日),丁汝昌遵照李鸿章指令,即派驻防仁川的“平远”兵舰,分载韩兵赴格浦海口登岸,协助袁道聊助声势。

5 月 9 日(四月初五日)前,北洋海军提督丁汝昌率北洋舰队之“定远”“镇远”“济远”“致远”“靖远”“经远”“来远”“超勇”“扬威”九舰;记名总兵余雄飞带广东之“广甲”“广乙”“广丙”三舰；记名提督袁九皋、总兵徐传隆分带南洋之“南琛”“南瑞”“镜清”“寰泰”“保民”“开济”六船，在大沽口会齐成队。

5月10日（四月初六日），北洋海军提督丁汝昌率北洋舰队九舰与广东三船及南洋六船，随李鸿章、刘含芳、龚照玙等从大沽口起航，开赴辽东半岛之旅顺口。

5月11日（四月初七日），丁汝昌率北洋舰队诸舰随李中堂、刘含芳、刘汝翼、龚照玙等抵达旅顺口，与先期到达的“威远”“康济”“敏捷”合队集结，开始会操。

在此期间，北洋舰队各舰及广东三船沿途行驶操演，船阵整齐，变化雁行、鱼贯等阵形，皆能操纵自如。

5月15日（四月十一日），丁汝昌率带北洋舰队随会操校阅大队到达大连湾，进行打靶。

5月17日（四月十三日），丁汝昌率北洋舰队在大连湾操演打靶。是夜，以鱼雷艇六艘试演袭击敌营阵法，攻守多方，备极奇奥。

5月18日（四月十四日），丁汝昌指挥“定远”“镇远”“济远”“致远”“靖远”“经远”“来远”七舰及“广乙”“广丙”二船在青泥洼海域演放鱼雷，均能命中破靶。午后，南洋与北洋各船驶至三山岛依次打靶。各船皆于行驶之中，击穹远之靶，发速中多。

5月19日（四月十五日），丁汝昌率北洋舰队各船随同校阅大队驶抵威海卫。

远眺刘公岛全景。

5月21日（四月十七日），丁汝昌调集北洋兵舰小队官兵，登岸操演陆路枪炮阵法。演练灵变纯熟，快利无前，“各处洋操，实无其匹。”之后，又在刘公岛铁码头雷桥试演鱼雷，娴熟有准。是日，还命令“威远”“敏捷”“广甲”三船演操风帆，均甚灵熟。

是日夜间，丁汝昌指挥海军合操，水师全军万炮并发，起止如一。英国、法国、俄国、日本等各国海军，均以兵船来观，皆称北洋海军节制精严。

李鸿章亲笔题写的海军公所(即北洋海军提督署)匾额。

5 月 22 日(四月十八日),为复州煤矿开采之事,丁汝昌复信盛宣怀:

前走津门,值政体违和,未获一握为歉!近想日臻康胜,喜占勿药,殊系怀来。复州矿事,尊见既属相同,已会台衔详请分咨停办,底稿附呈,希书行备案。善观察处同日函复,详稿附之。

5 月 23 日(四月十九日),丁汝昌率北洋舰队随校阅大臣李鸿章一行驶至胶州澳,勘验北洋海防的规划。

5 月 24 日(四月廿日),丁汝昌率带北洋舰队随校阅大臣抵达烟台,并陪同李鸿章察考海防设施及建设情况。

是日晚,又率北洋各舰随校阅大臣起航,由烟台渡海北上。

5 月 25 日(四月廿一日),丁汝昌率北洋舰队送李鸿章抵达山海关登岸,此次海军校阅结束。

5 月 27 日(四月廿三日),丁汝昌率领参加校阅的各船回到威海卫。此次海军大阅,周回北海,不满兼旬,共计巡阅北洋口岸 6 处。

5 月 28 日(四月廿四日),丁汝昌就广东水师舰船参加北洋海军大阅情况,致信禀报李筱帅:

前粤船北来并大阅毕事,曾将大略先后电陈,庶邀赐察。近维柱躬康胜,至为远颂。汝昌二十一日送相节至山海关登岸,随带各轮于昨日回防。此行周回北海,不满兼旬,共计巡阅口岸六处。

相节体兴并健,勤若忘劳,龙马精神,有非常人所能及者也。当全队由大沽至旅而湾,演阵打靶,其时英、法、俄、倭各有兵轮睨视其旁,相帅意恐稍涉疏懈,不足以警众目。差幸将士就平日所学,殚精竭慎,俱能灵捷有准。深蒙嘉尚,喜形于色,他族亦颇交口称叹,若意料所不及者。在北洋海军尽十余年培植之功,有此片段可观之效,差云非懈,鲜异足称。

惟粤军创设未久,而周规折矩,侵骎骎乎有当仁不让,青胜于蓝之致。骤臻斯境，诚为难得。汝昌羁迹在北，岂控驭所能遥及！所恃余统带简练有素，劳怨不辞，既加振作于前，尤宜固持于后，该统带虽摄琼镇巡洋之责，例不容辞，刻署中一切当有头绪，敢祈饬知仍不时就近率同出海操巡，庶免散涣纷更，渐与沪、闽兵轮同归一辙，致负吾师缔造深远之至意。区区怀抱，知有不谋而合者矣。至三船管带，此次应校俱能谨小慎微，有怵人我先之志。纵前间有微过，已面加惩劝。此番军校能不稍贻夷服讥评，功过足谓相抵。其前应更置之员，姑乞推恩暂予仍旧。并责成余统带加意纠察，若仍复蹈前愆，再饬禀撤未为晚也。各军保案，相帅面谕，仍照前次成例办理。谨以奉闻。肃此。恭请崇安。附叩节禧。

5 月 29 日（四月廿五日），为北洋海军机器厂所需之火泥等事，丁汝昌致信开平煤矿张燕谋（即张翼）：

敝军机器厂应用火泥，向由贵局领用，列煤款项下一律划销。兹该厂尚须火泥十吨，乘“康济”赴津请饷之便运解来威，务乞见信饬送该船照收为幸。

5 月 31 日（四月廿七日），为支付煤款和捐款庐江试院等事项，丁汝昌致信樊时勋：

节后拟饬“威远”出海操练，历走东洋并海参崴各口，望知照长崎倪尔舜，该船应需煤吨，届时依领照发。再厢管备二百吨，又海参崴备二百吨，应由某商承办，俟船到自行到船通知。倘太费周折，虑不易办，望速字知，以便改由别口添取。所有各口取用煤斤，统俟装毕汇寄发票前来，再为付值。

再，刘献夫观察，昨允捐建庐江试院三千金，不日耕云去津领饷携取前来，拟交合顺汇寄尊处。俟款到，希妥交曹肯堂军门，转解庐邑付清。务望索取收条寄下，以便回报前途也。曹处，昨已先有函通知矣。

6 月 4 日（五月初一日），丁汝昌接到李鸿章电示，立即派北洋舰队的“济远”“扬威”二舰，开赴朝鲜的仁川、汉城等地保护商民。

6 月 5 日（五月初二日），因总部催收上缴折件等诸事，丁汝昌致信北洋营务处书办于晦若（即于式枚）：

一昨襄校莅威，事绪并会，地主之情多所疏略，至为悚愧。维动定增愉，纂著日侈，以忻以颂！

近奉部文，催缴朱批折件，敝处多有未谙。惟有仍乞费神主持，分饬代办恭缴。兹将历年所奉批折，全数寄请查核。其应缴者，即恳惠饬查照定章，办文附递，余者仍交董号房寄回。拟日后当缴折件，倘荷由尊处扣留，随时汇办，省费周折，则尤为感勒矣。但求将某事几件见示一纸可也。

外附历年收存折件一包，共三十七件。并分目清单一纸。又及：

恭谢天恩折三件；

皇上元旦天喜贺折三件；

皇上万寿祝折四件；

皇上圣躬万安折十一件；

皇太后元旦天喜折三件；

皇太后万寿祝折二件；

皇太后圣安折十一件。

以上共三十七件。

6 月 7 日（五月初四日），北洋海军提督丁汝昌与袁世凯致电“济远”舰管带方伯谦称：有日舰赴牙山之沔口，应于三舰中酌派一艘前往。遵照电令，次日辰刻，“平远”舰起航开赴牙山。

6 月 10 日（五月初七日），丁汝昌调派“龙镇”船，拟即附二小轮暂时赴牙山察看叶志超提督等兵驻处即回；设须水兵下岸，已商“济远”舰管带方伯谦，即派巡察刘登龙带兵前往汉城。

6 月 14 日（五月十一日），为荐保官弁之事，丁汝昌复信郑诚斋：

顷承手告，一一敬悉。藉谂整军之暇，督率卒五（伍），相度土工，俾军实根本之地，资以深固。贤劳之卓，同与不磨。钦佩之私，不容自遏。

至嘱附保罗、松两君，远重台命，力合效绵。惟当严核奖案之始，相帅因此审慎核保之谕，尤为谆切。纵实为新设之员，若未以衔名先行达部，此案亦率难列入。似此力不从心情状，执事近在津门，谅已昭晰，无俟缕陈。罗、松两君势亦乏术以报台命，见宥不逮为至幸焉。

荫司马事，前已函复坤、李两处，毕润侯兄，敝处人浮于事，苦无悬席。麾下居陆，倘易位置，则感有同深者矣。

原书并衔条奉缴。

6 月 16 日（五月十三日），为荐保官弁之事，丁汝昌复信李伯行：

清和十八，驰布一笺，寄芜湖招商局转达，度邀青睐。昨复联奉两示，均敬读悉。次旌太守曾于十七年附列奖案，相帅素所目稔，既经剔退，犹责以滥作人情，此次纵再列入，无非依样胡(葫)芦，徒为无益。况春间因瑞少司成一疏，谕旨极严，人数太繁，必干未便。钰卿之世兄，亦惟俟下届章程稍松再图报命也。

令弟印经叙者，查前交履历，系以考取知县，保选用同知，宿诺未践，时怍于中。此番无论若何拥挤，拟作计列请。但念事隔三年，现时履历是否更有升阶？望速捡寄下，以便照造汇详也。专达。

6月17日(五月十四日)，为举才荐保之程序步骤，丁汝昌复信何薪畬：

昨展赐书，见嘱免林西席邱君附保一节。论勉老同官既久，道义素钦，从不肯轻借齿唇，泛为援引。兹邱君之请，料非谊所容辞。况重尊属幸，阶非崇显，当于无可设措之中，委曲以图。惟值核奖法严之始，恐非以履历先行达部立案，临时不免被驳。望先转知将履历速为寄下，届时果有一线之隙可以为力，必有以偿其所愿也。手此，祗复。敬颂勋安。惟照不宣。

6月18日(五月十五日)夜，丁汝昌在刘公岛收到李鸿章来电称：

袁电：倭兵船在仁，华兵船本只“济”“平”“扬”“操”，而“扬”昨托故赴牙未回，“济”“平”又均赴牙，尚成何事！应请酌电丁，加添数只，壮我军胆云。应饬刘(步蟾)、林(泰曾)二镇，酌派一员，统带数船，速赴仁川，妥慎防护。

6月19日(五月十六日)，北洋海军提督丁汝昌派北洋海军左翼总兵兼“镇远”舰管带林泰曾，率带“镇远”铁甲船及“广丙”“超勇”两快船即刻起锚，开赴朝鲜仁川。

6月23日(五月廿日)，丁汝昌派往朝鲜的“镇远”铁甲舰和“广丙”“超勇”两快船到达仁川。弁兵约600人，均未便登岸。

6月24日(五月廿一日)，丁汝昌为荐保官弁之事，致信张小传：

前承专笺赐贺，非分之遭，谬荷宏奖，抚衷惭恧，益复不支，当祗裁伸谢，度邀青及。一昨复承逮简，读悉种种。就谂宣勤濬距，茂著贤劳，任巨持难，卜当告蒇，至为跂仰。

令亲马憧之大令，曩共一军，颇稔志趣。继闻抚宇晋中，窃欣得展素抱，不图权绶未久，转益穷愁。论旧日相从之谊，区处之责，岂复容辞？惟敝军近岁操业来投者几于无月不有，谢却未遑，后来旋集，以致投闲置散之辈随处嘈嘈，无术以应，惟有听之。然耳目所触，烦扰已复难堪也。尊嘱虽谆，骤难漫应，务望代阻其见枉之般，免重徒劳之役。是幸！祗复。敬颂台安。不尽缕缕。

是日，丁汝昌提督还收到总兵林泰曾从仁川发回国内的电报：

昨晚有现在船日兵登岸。往探领事，据云在船、在仁日兵定今夜进汉。“飞虎”船主并税务司来称，日因闻中国派兵六千，日内到汉，可往探阻，以免启端。泰约同刘理事、翻译官姓泰探询日本领事，兵因何乘夜入汉，听闻我国派兵六千，由日使电调进汉云。泰告以此信不确，故来说阻。如兵乘夜进汉，倘生事端，责归汝。日领事将此情形电禀日使，日兵仍进汉。闻日兵拟驻汉城七里外云。

丁汝昌从李鸿章寄译署的电报中得知，根本没有“派兵六千人去朝鲜”之事。

是日，丁汝昌又收到林泰曾自仁川发回国内的电报：

顷日领事复泰云日陆提称，昨夜阻进兵函六款：一、兵不聚汉城；二、兵驻汉江上流水便之处；三、因仁川水少，不敷兵马之用；四、恐仁川水少发瘟，蔓延于各国商民；五、此次进军决非有他意，故一半犹留在仁，全两国退兵之议成，即当立刻退回等云。然诡词难凭，慎防如故云。

6 月 25 日(五月廿二日)，为荐保官弁之事，丁汝昌复信吕秋樵：

稽亲淹雅，积有岁时。每溯前游，辄为神往。文旌内渡，度必道出沪江可期把臂，不图前后相左，欲白积抱，无由倾泻，枨触良多。昨承逮简，猥以非分之遭，辱言道贺，且感且恧。就谂黄节竟功归而宰治，专任固足以有为弹丸，若未以足展素抱。然行远自迩，登高自卑，知卓尔才华，固非目前一官一邑所可限也。通融之嘱，谊岂容辞？惟现当东藩不靖，事极倥偬。愧鲜闲情为之主券，暂搁不报，恐劳延望有误要需。用陈未逮之由，希再别为之计。知我者自当有以谅之。

汪君文溪附奖，亦非现所暇计，届时果于新例不背，庶可同登也。复贺。除喜，不尽缕缕。

是日下午 4 时许，丁汝昌收到林泰曾在仁川发回国内的军情电报：

“海定”已到牙，曾否遇倭，情形续报。风闻倭尚有五千将到，倭水陆共十队，我兵既添，未添大队海军，后路请速备大队船，合军更备，鱼雷艇“福龙”须饬出坞，“康济”装修水雷候进，并请调南洋船来。泰曾禀。

是日深夜，丁汝昌在刘公岛收到李鸿章的来电：

日虽添军，谣言四起，并未与我开衅，何必请战。林镇等胆怯张皇，应令静守，相机进止，岂可遽调回威示弱。现俄国出面愿为调处，或渐近就范。传语在外各船及威海水陆各将勤操严防。

6月26日（五月廿三日），为书信往来等事，丁汝昌在威海复信窦子桂：

载诵另笺，具荷关怀旧雨，在远不遗，无任感勒。翔泳久疏，不惟足下见异，即鄙人亦未尝不窃窃焉以为异也。在弟竟岁之中，或南或北，逐浪行踪，盖无匝月憩居之日，佳辰令节，每在风驰浪激之中，饰序套言不无脱略之处。然故旧言情之简，询事之笺，纵势迫稽时，断无竟置弗报之事。心交神交，古昔所重，岂在数行笔札之殷勤，遂可信视非秦越乎？

近年自设额缺以来，事之纷沓百倍。经日巡洋之役所在身先，故通问之笺，微缺朋友先施之义，盖事迫使然，非故有心疏懒也。然近四、三年内，亦未尝奉披一字，又何据以为答耶？交谊之疏密，岂在笔墨之繁简。若专恃此以言亲厚，不亦浅乎？

6月28日（五月廿五日），为新建之海军公所的室内装饰点缀等事，丁汝昌在威海复信鲁芝友：

官寄一隅，海山间阻，每怀风范，辄为神驰。比维政履绥愉，至如所颂。

弟昨岁冬初，督艘南下，南越度岁。复作汗曼越境之游。西抵锡兰海域，始行转棹内渡。迨至威防，已滨樱熟。复接踵举行大阅，未及专裁，翘颂端辰。方惭不敏，适拜嘉言，居谦推饰，恧益不支。首记循声，虽远在海隅，洋洋贯耳。欣仰之至，理剧余晷，临池之兴，颇复如前。旧时墨沈，遍洒蓬莱；片羽寸缣，都归纱缓；云烟比户，爰匹甘棠；风雅系思，过人远矣。

威海新建公所，四壁微有点缀，然绝少名贵伟丽之观，未足以资润色。若荷惠赐单款翰宝数幅，增绚花厅，益恋人流览矣。走笔道怀，载颂台安。

同日，丁汝昌还为推荐保举官弁等事项，复信毛芹圃少尉：

嘱致书粤中当道，注意至切，谊岂容辞？因念台从亦隔省实缺人员，骤赴粤中求差，横之事理，多未合宜。冒（贸）然作书，不惟难以邀允，反足见轻于人；且恐徒耗川资，徒劳无益。故迟至今，未敢轻试。昨复由义昌转到说片，再四思维，殊觉难以措词。

现值朝鲜多故，军事倥偬暂时尤不暇计及。惟俟冬令巡洋至粤，酌度情势为之先容，万一有允可之处，再勒告发装就道，免望空而走，有负胜游也。

敝邑考棚、育婴等举，悉借长才筹布，果经营有体，亦可声闻永著。分中裨益，似胜远迈驰驱耳。奉布诚膜。

同日，丁汝昌为运送粮煤及数项资金周转之事，复信樊时勋：

一昨两得来书，均已阅悉。韩事未定，“威远”暂时缓行巡洋。已荷知照倪怡恂，缓运北路之煤。甚妥。毛少尉事，已另函寄庐江面复矣。

再，此次军米两千包之价，及以前公需账尾，便中开清单统归耕云核付。惟机厂项五百余金，又发军捐庐江试院六百金，倘经肯堂取提尊处垫付后，并列入弟账，共两项悉数若干，开寄清单兑付，或以后由合顺与尊号往还款目中划扣，弟便就近归付该号亦可。酌裁见示为幸。

缫丝局弟前入本五千之股分(份)票，是否取出？并望示悉。外致陈敬斋谢赠茗一函，祈便寄他。

6月29日(五月廿六日)下午，丁汝昌在刘公岛收到李鸿章来电：

关东电阻。顷忽接袁由海参崴、长崎急电；日又添兵三千上岸，逼韩认非华属，否则失和，事甚急迫。又，闻日军拟发鱼雷艇轰我兵船。林等是否移牙山口？望派快船往探，或与龚道商派大号鱼雷艇速往巡护，事定即回。希妥酌。

是日晚间，丁汝昌在刘公岛又收到李鸿章来电：

日韩失和在即。仰蘧电告，日在英议买在东海大轮，并欲尽雇东方海面之轮运兵械。势将大举，我军应速预备。林镇廿三日电，仁港泊船，战守均不宜，拟以一二船驻仁探信，余船驻牙备战守。请速派雷艇三艘来牙，并派弁兵带水雷五十个，药线、电机，一切由商船速装来牙云。与尊电前所拟调度稍异。威防但令雷艇、炮船辅炮台太单，但牙防“镇”“济”等船，若有大雷艇防护，能否得力？路远是否能去？关东电仍未通，恐龚道尚未得信，殊焦急。望妥筹见示。

是日深夜，丁汝昌在刘公岛又收到李鸿章来电：

袁道廿四电：顷据仁川电称，风闻釜山现有倭兵二千，元山一千，随后将有鱼雷艇来仁云。

6月30日(五月廿七日)凌晨，丁汝昌在刘公岛致电李鸿章：

“平远”回韩，未接林镇来电，如何通电之处，请电告袁道速告林，即报情形。汝昌叩。

是日凌晨，因为矿局今后实难保障北洋舰队燃煤供应等事，丁汝昌又致电李鸿章，请求指示：

顷接黄道来电，矿局下次实难送煤，仁、牙用煤如何筹备？候示遵。

是日凌晨，丁汝昌在刘公岛再次致电李鸿章报告：

林镇要艇雷，已分电张道、龚道，惟龚尚无复电。"镇""济"等牢住牙山，纵备艇雷，万一失和，日必要截，音信、煤粮中阻，必被所困，兵分力单，两难济事。前请调"镇""济""广"回防，奉谕恐示弱，故未敢渎请，只得照林议筹备。愚见，水陆添兵，必须大举，若零星调往，有损无益。现拟仍申前请，将三船调回，与在威各船齐作整备，候陆兵大队调齐，电到即率直往，并力拼战，决一雌雄。倘蒙允可，艇雷暂可留威。请示遵办。

是日上午，丁汝昌在刘公岛收到李鸿章来电：

关东电仍未修通。速派专船函商龚道，并商戴道，暂派小轮二只，在烟轮替接送要电。余事可缓，俟关东电通即停止。

是日上午11时许，丁汝昌提督在刘公岛收到李鸿章复电：

龚电须经由关东，今阻断，如何能达，故嘱汝派船往送要信。林镇已移驻牙山口，袁电难通，更难送达林镇，仍由汝派一船往牙，与之察商。如虑该处煤粮难济，亦可调"镇""济""丙"暂回整备。其留牙船如何巡探接济，亦须妥筹办理，前后兼顾也。

是日下午1时许，丁汝昌在刘公岛致电李鸿章报告称：

沁电敬悉。遵派"康济"，明日开仁，带粮饷接应"超""扬""平"三船，令"超""扬"驻牙，"平""操"驻仁，两处常通音信。煤已运牙，三船上毕，余存岸，并饬林镇酌察。"镇""济""丙""康"四船分队陆续出口，取齐后开回整备。再，除鱼雷六艇外，尚有数艇，请饬龚道配人操练备调。汝昌叩。

是日傍晚，丁汝昌在刘公岛收到李鸿章下午4时之来电：

总署沁电，二十五日赫德来署言，接上海电，日有水雷船十二艘预备出口，不知何往。此船甚利害，应电各海军预防。又，龚使电，台湾尤紧要等语。应由尊处函电南洋、闽、粤并邵抚知照，不动声色，妥筹防范，以备不虞。日以重兵逼令韩王认非我属，意甚叵测，希密筹防。

是日夜10时许，丁汝昌在刘公岛收到李鸿章下午6时来电：

日外部告俄使，在韩之兵，如无他缘故，不先与华兵开仗。袁电，韩已不认华属，即行回国请兵。汝既派“康”“济”赴韩，应先往牙山，令林镇察看，如该处可稳扎，即将“平”“操”并扎牙，或再抽一船回，留三船与陆军联络，相机应变为要。

是日，丁汝昌在刘公岛为抽调小轮艇接送要电之事，致信刘含芳：

锦至关迩日电音中阻，帅甚焦急，谕商孝侯（即戴宗骞）抽小轮艇接送要电，惟因孝侯处艇力较弱，不免为风浪所滞。现商德三（即张文宣）改用孝侯处轮艇卸炮，抽遇顺去旅，加派镇边驻烟，专轮递两处要电。该船等在烟，凡关军情密紧之电，并望知照电局，万万两无停搁。是为至要！雷艇昨经禀帅，兹并商鲁卿（即龚照玙），酌调数只来威，俾资遣用。

公为创始元戎，如何筹配为精，在胸早有成竹。刻正各酬所知，补救时局之会，窃望协力兼筹，共济艰巨，知亦长才所乐从也。手此布肌。

是日，为合理调配在韩海军舰船驻防及确保通讯畅通等事，丁汝昌致信驻朝鲜公使袁慰廷（即袁世凯）：

韩事风波，半由未能慎始所致。然既势成骑虎，遏氛首重海军。能战之舰数本无多，若萃群力以待战命，临时齐伸伐挞，庶有以展效用之微长。若以有限之精英，各踞一隅，一经事起，彼族必图要截。彼时外军不足为战，内军不足为援，两力均单，岂能济事？现奉相帅电饬，将“镇”“济”“丙”暂调回防，齐作整缮，以备大举。留“超”“扬”“平”“操”分驻牙、仁，似此彼族在仁川水军，既无可生心，转足以滋其后路之恐。惟静气沉思，有以查照。至留仁、牙四船，须令两处轮驶通音。倘西路电阻，该船等应报军情，已函饬该管带等送仁川领事馆转致，抑或径送尊处，代为设法转达。务祈格外费神，妥为照拂。至祷，至祷！

觐宸兄可随“镇远”等船来防固妙，尊处果实借参筹，暂请留韩亦可，惟酌裁之。以海军半成之旅，动止辄关大局。爰因风便，倾诚相告，更祈有以昭鉴。是幸！此颂荩绥。不尽缕缕。

是日，为安全接送紧要电报事及快速修船刮底等项，丁汝昌致信龚鲁卿：

近日锦州至山海关电阻，尚未修通。帅甚焦急，谕商孝侯抽派小轮在烟接送要电。惟因孝侯处轮力较薄，现商德三改用孝侯轮艇卸炮，饬遇顺赴旅。加派“镇边”驻烟，轮送旅烟要电。一俟电通，再应他遣。昨商派鱼雷艇之电，谅未达览。兹将帅电及敝处迩日所发各电抄折附阅。

雷艇何时筹妥可以到威？并“定”“经”“来”船底太秽重行缓，若仅刮饰悉敷快干之油，大约某船至速须若干日？统希酌定见示，以凭计划是托。附抄电报底稿清折一扣。

7月1日(五月廿八日)，丁汝昌因毕氏来信所求之事复信毕润侯：

一自南中旋棹，无日不在接淅，倥偬启处不遑之局，故奉到函联，竟乏闲情逐一裁谢。纵弗腹诽，亦怍于怀。

嘱事前曾于致郑诚翁函中陈其崖略，度必代达。兹更图营务处以资津贴一节，迨时局不迫，稍臻清旷，容与孝老话闲，当代一提。惟度支日绌，所在皆然。纵不惮命驾之烦，亦恐难副操券之望耳。士品所重，以俭励廉，嗟若之兴，半由不节。与其驰情征逐，虚掷苞苴，正不如自密夸修，以致闻达。至先业所遗，非至鲜腆，量其出入，温饱无虞。若目前艰瘠，竟一如来示所云，则又非鄙人所敢知也。

承许磁具，耗值崇华，殊甚可惜。现边事纷挚，食不甘味，何多清兴作调羹之韵事？幸函止其落镌之工，免太耗凿空之费。然盛情所眷，自志于中，正不必沾沾焉仪多及物也。惟嘉言雅贶，在远频施。怅际时艰，骤无为报，良用恧然。顺颂近佳。借旧书芳板。

7月2日(五月廿九日)，丁汝昌及南洋闽粤各督抚收到李鸿章转总署来电，日本12艘水雷船预备出口，命各海军妥为预防。

是日，丁汝昌为筹备北洋舰队用煤等事项复信天津招商局总办黄花农(黄建筦)道台：

韩防兵轮煤吨，诸承代筹运济，心感之至。顷“利运”到威，赍到赐函。燕翁意，此后韩防需煤，不遑周转。拟径直运来威海，由敝军兵船自行转运赴韩等情，是持筹局务，极为周妥，而于急切军需，似涉淡漠。盖于作始兴矿之本原，未当深加体察也。西洋行军煤斤、军械，悉属所司随在筹运。师船则专谋御敌，此外无事旁扰心神，别分兵力。平时巡洋，一船舱储之煤亦仅资船之用，此外无复余地推广装存。有时度路远不敷，则用麻袋积舱面。为数亦甚有限，而操作一切便形成阻碍矣。

台从眼界较广，师船体要当识。大凡若一如百忍所议，力所兼顾不遑者，盖不待智者决之耳。昨已电请相帅核夺，仍望台从赞画预筹，以顾大局。愿赋同袍，有以努力焉。"利运"运械，当查敝军所领者已饬赶卸清楚，驶赴辽防矣。专勒奉复。即颂台安。惟爰照不宣。

是日，因朝鲜局势紧张，为保证海军从才发挥作用，丁汝昌为吕文经任用之事致信龚鲁卿：

吕文经屡次托人求差。昨又来禀，报效意极殷切。兹新由沽坞调出之"镇东""镇北"两船，尚有一管带未曾调派。惟现各食原薪，公费可另开支。日后入坞，仍各归本职。倘照此议，该员乐从，可速前来。迨韩倭事寝，设不欲归充原差，果有可设法之机，亦甚乐与位置，但未敢十分坚允耳。

7月3日(六月初一日)，丁汝昌为抢运军火等事项致信黄花农：

驻威海之绥、巩等军，需军火甚急，拟令利运将旅湾军装赶卸后，不再绕行营口，径直开赴天津装运到威海卫，以应急需，孝侯已电楚宝转达尊处矣。

是日，丁汝昌为北洋舰队主力舰之弹药、舰艇调动及维修等事项致信龚鲁卿：

津局寄尊处公文，知其中叙列敝军械目，因代存看，以便检收，并防紊乱，容目即将照收数目，分条缕开清单，咨送备案。再，"经远"回威，望饬将"定""镇"两舰三十零半生炮用铜箍开花子一百五十颗，十五生炮用四倍长铜箍开花子一百颗，检发该船一律携带来威应用。

再启者：顷"致远"到，奉答笺。所筹时局固为极稳之著，自当相机谆嘱也。两雷艇到，右一之艇间可随"靖远"带威，感甚。拟再加调"福龙"一艇，拟以两号不日随同游巡。留两号驻守威口，以资防范。一二日当电帅听也。示及每舰仅油快干油，约须五日为率。兹先令来远去旅入坞。能并力趱工，早得一二日工竣，尤所深盼。是在同袍，格外为助也。"来远"去四日后，当派"经远"续往。所有"致""靖"未曾分装之军火，可请饬交"来远"运威为荷。再"济远"昨由韩归，遇飓风，致将雷灯拍损，刻已在威厂修理。惟玻璃环该船未另储备用，敢祈贵局查有此项，亦交"来远"带下为幸。

是日，丁汝昌还就水陆运输兵力及如何控制局面等事致信刘子徽(即刘盛休)：

昨奉赐电，当即转烟台电复，度邀鉴及。倭寇军情，据前驻韩之舰船先后辑录大略，汇开清折，并译绘高丽全图一张，派船送旅交贵差驰呈密察，以备绥筹之采。

大军会剿，车马辎重若多，似由凤凰门进队，以义州为后路转运，平壤为中路转运，扼要分队堵守，前军长驱，庶为稳著，若悉由水路载往，设不便由内口登岸，遇风驳运则克日难期，不无匆遽沓纷猝手不及之虑。未必果遽臻此，然不得不预事周计也。根基立定，日后转运，由鸭绿江续运，当可无虞。

师船计陆兵大队开动，有明战之命即选锐向机，或占踞，或雕剿，必协力为助。就目前两势相衡，我不过船炮力数较单少耳。若以人力相衡，水军以一抵三，陆军则力复有溢，是素所深察确凿不移之势。纵彼器精利，我但于冲锋时运以巧计，断以果力，过此则不难所向披靡，并可以其人之道，还治其人之身也。仰跂建边勋，不得楚熇之卜。笔肃。祇叩勋安。

7月4日(六月初二日)上10时许，丁汝昌在威海致电李鸿章报告：

初十内征船齐，整备周妥，拟请带“镇”“致”“靖”“经”“来”“济”“乙”“丙”八船，探巡汉江、外冰洋、大同江一带，五六日回威，可否请再电龚道，添派“福龙”“右一”来威，拟两随队，两留威。均候示遵。汝昌叩。

是日晚上，丁汝昌在威海收到李鸿章于下午4时发来复电：

兵船时时要整备。汝拟初十内带八船操巡汉江、大同江一带，五六日即回，此不过摆架子耳。诸船派仁、牙两旬，竟不敢分一船往大同江。据袁道电，闻大同有日本兵船常巡驻，确否？大同江是我将来进兵要口，既往巡，即须在彼妥酌布置。备护陆军同去同回，有何益处？人皆谓我海军弱，你自问不弱否？龚侯“镇海”由旅载弁兵赴沽驾练“福龙”，似难克日就绪，你自与龚商办。

7月8日(六月初六日)，丁提督为舰队需用炮用大粒药及药桶事致信龚鲁卿：

查贵库所存“超”“扬”两船十寸口径炮用轻装大粒药二十九出，又十七年春“平远”请制廿六生大炮用药桶，造成若干，均饬检交“经远”带来为幸。

7月9日(六月初七日)，丁汝昌为借电灯及有关事项复信龚鲁卿：

“来远”回威，奉展惠言，敬承一是。惟允借电灯，遍检来件，独少此宗。想一时匆促，该管人忘记交付也。所幸“经远”不日归防，敢祈饬交带下为荷。炭精已荷电沪购办，能促其早日寄到应用，尤至盼切。此批军火已饬陈游击照单点收分给，其余待运各宗，均望转饬统数交“经远”带回。

朱猛履历、衔条收到，刻将应保衔名业造册出详。惟俟开保时，再将坐衔照更，当无不可。

吾仲令辰，前曾面订躬往称觞，骤以军事未克如愿，故遣小儿代展祝忱。薄仪又非专备，均愧不恭。乃承齿及，尤觉增人颜汗耳。手复。

7月10日（六月初八日）晚，丁汝昌收到李鸿章下午4时来电：

顷电粤督，总署庚电，奉旨：“前因邵友濂请调南洋兵轮三四艘赴台协助，当令刘坤一酌派备用。兹据电奏，南洋兵轮不敷分拨，拟调‘南琛’兵轮及‘威’‘靖’运船两号前往台防，恐难得力，请于北洋、广东再调数号赴台等语。著李鸿章电商李瀚章酌量派拨。钦此。”查北洋兵轮，昨已奏明依护各口炮台，巡防渤海门户尚可自固，现又分防朝鲜仁川、牙山各口，如和议不成，内意须声罪致讨，则雇用商轮装送陆军尤须得力兵轮护送，实未便远调台湾。“广乙”“广丙”暂留备调，“广甲”顷已赴威归队，以便远征。广东是否另有兵轮可派赴台？如“南琛”“威靖”之类，请就近酌调一二号，应命示复，以便汇奏。总之，中国新式得力兵轮，实不如日本之多，临事再东抽西拨，必如往年法越故事，徒滋贻误。

是日，丁汝昌还收到刘含芳本月初七日发给的书信。

7月11日（六月初九日），丁汝昌就时局近况以及如何应变等情况致信张楚宝：

今晨“利运”来威，带到赐询三电，读讫沉思，窃谓此种条陈，断非晓畅戎机，深察时局所出也。倭力固不足以匹泰西，然汉江左近内入要路，彼族已竭匝月布置，不无暗伏，固已悉占先着。而我亦由此等路，以铭、巩五千半济之师，未预图立足之地，骤驱深入，匆遽之顷，稍疏防测，堕彼暗算。兵力已虑非完，进剿更为吃力。此为胜算盖鲜谓然。

若进大队，似由凤凰门、大同江两路合剿，后路易固接应，转运不虞隔阂，前军长驱无后顾之虑。水师抽数舰占踞大同，以大队游击之师周回韩境西北一带海面，相机御剿，较为稳著。若大臆说，“超”“扬”而外，益两蚊船专驻牙山供护运船，而以全军精锐不使稍离汉城海口，或外出而击敌船，或内驶以护我运，在港倭艘，在岸倭伏，飞击而悉殄之。果累万倭众悉就奄奄，亦不劳若辈苦心筹此重兵就制伏耳。

论北、粤两军，谓可备战之舰十有一艘，而纷为肆应，意似未尽所长，而后分队，亲提登岸御守汉城，遂置船队于不顾耶？如所称，师船到汉城海口开炮攻击，则在陆之叶军、铭、巩等军必亦接仗，无论胜负则由凤凰门继进之，宋、左两军断不及联络以为策应，徒分兵力，复何为用乎？似此，诚虑水路精坚散涣纷歧，悉归一误而已。（自注：夫夫也，妄诞偾事，不自悛悟，贻笑贻害，正复无穷，又奚足与议耶？）若进兵以北路为妥，则调度悉归宋宫保（即宋庆），威望既足服人，谋虑鲜不周妥，无复可虞。或舒川、牙山如益陆兵，调度则悉归曙清。事权一，则心力易齐也。鄙见所及，罔避怨嫌，在彼所陈，或别有见是，在大帅详察是否，以决大计为至幸焉。

再陆军不习见洋人，近倭装疑西，骤难辨识。应转请照会该埠使臣、领事，当中东接仗时，须各览各国旗帜，并不得藏匿敌人，以防别有偾事。并将各国旗式并人类面目，详谕东征各军，一律通知。尤为至要！

顷复电，恐线阻不达，附开折请察。

是日，丁汝昌为烟台电报局的有关事项又复信刘含芳：

昨得初七日来书，知"福龙"会可到旅。至遴派管驾，公与鲁弟陶熔有素，必就所造精粗以序伦列，较汝昌知固多稔，当仍望会同酌定。托两君善任之功，以益我折冲之选，感何可言！

烟台电局往往电有讹错，偶尔询问，间或一答，若诘究稍繁，则几如十扣柴门九不开矣。某处线断，电至搁置以待，报时绝少。使非好问，盖亦无由知耳。平时事非迫促，一一与较甚亦惮烦，其与孝侯隐予曲全者已非一日。现军务吃紧，变在顷刻，依然不自警察，竟公然以"译者睡后未起"直言以复。局务之污糟，可以想见。若仍任意迨误事机，在杏荪亦难辞责备。论交非泛，岂容以姑息之微，重友朋之咎耶？势迫使然，良非得已。承嘱为之缓颊，既知后悔，固无不可。在昌既吐复茹，自相矛盾，殊觉难以措词。台从果实见该委为可靠，似不妨惠以鼎言于杏荪处，为之转圜。昌又何必固作恶人，独为呆事乎？希主裁行之为幸。祇复。

7 月 12 日（六月初十日），丁汝昌及其统帅的北洋舰队遭到侍读学士文廷式的批评。他指责北洋海军靡费千余万却不能一战；又说丁汝昌本庸才，"法越之役，避敌畏惧，至于流涕，俾以提督重任，实属轻于择人"；又指责其“海军驾驶，尽用闽人，党习既深，选材亦隘……又复赏罚不公，贤愚莫辨”。

7月13日（六月十一日）中午12时许，丁汝昌等人收到李鸿章来电：

汪使（即汪凤藻）蒸电，顷，密探报称：日以各国出劝，已定议撤兵和商云。祈转署。

是日，丁汝昌为北洋舰队燃煤运送、储存及相关事项复信黄花农：

顷奉手复。燕谋意，前北平运仁、牙等处煤斤，“扬威”“操江”两船仅装百十吨余，复载回威防，起卸不无吃亏等情。姑无论官局，纵属商局交易，长久计，累年赢，岂偻指可胜数哉？值兵事偶一吃紧，必亦加意维持，力图接济。兹者，言济商用，则兼顾居先；言济边防，则动虞途远。而锱盈铢绌，毫短厘长，犹复沾沾在齿，介介于怀，不亦过于褊浅乎？顷奉相电，威防务存煤万吨，丰积满荷不虞缺乏。设战事一起，分防之舰，若恃威厂存煤以资接济，而转运前路之舰，有非海军所可自筹耳。先勒实布，希便转达为荷。

7月14日（六月十二日）下午，丁汝昌在刘公岛收到李鸿章上午10时许来电：

平壤电局十一电禀：江口七十里名保山，无倭兵船。卑职该管东路二百三十里无倭兵。江中民船大小约共百余只云。

是日夜间，丁汝昌在刘公岛又收到李鸿章于傍晚6时来电：

汪使（凤藻）电：昨探未确，倭意俟韩善后定，乃能撤兵。内意拟将大举水师，应速筹布置：何船留防威海？何船派赴大沽，候护盛军赴大同江？汝自统何船，往冰洋、黄海游巡？“利运”装水雷、粮药，或另派商轮装煤，均随行。在船教习管轮洋人八名，及此外如愿上船，须预立合同，订明战时赏恤。至汝前请定赏罚章程，应照办。齐堂煤饬黄道觅购，不得速。雷艇用煤，可向龚道领取。一切议定，详细电复。鸿。以后来往要电，照新法减三字。

7月15日（六月十三日），丁汝昌为军舰维修和速筹燃煤、弹药等事致信龚鲁卿：

十一夜奉帅电，倭意伪韩善后事定乃撤兵，内意将大举。饬速妥筹雷艇用煤，购运猝难应用，由尊处暂为领取等因。所有‘定远’工程并‘福龙’‘左一’应火速备便各节，曾电达，当荷转饬遵照。兹著洋弁哈卜门去旅顺照料，起揭‘定远’炮盖应更置帆布罩以避潮锈。所需料件，谅与前次寄折“镇远”所请相同，均望逐饬照发。其各船不足药弹除未经购置不计外，就现有未经运到，择其急需各宗，饬陈游击开具清折，并另函知照司械刘委，请饬其检照检齐，交“定远”带威。其余因岛上无处存放，请暂存旅，候用再取可耳。

尊处所储雷艇合用之煤，无论松白、斋堂，祈饬两艇添满外，再请尽量筹付若干，悉装麻袋交“定远”运威，以备急需。至纫公谊，尤望分饬严催，俾“定远”及两艇能早一日则早一日，得早半日则早半日到威。是下怀至为跂盼切恳者也。“平远”到旅即请饬速油底，其余工程概不必做。一经油竣，著即迅驶回防。至托，至托！再昨由孝侯（即戴宗骞）交到清帅寄来谢寿函件，并报赠墨拓数事，附去。

是日下午，丁汝昌在刘公岛收到李鸿章上午10时许来电：

叶军现居绝地可危，拟十六派商轮大小五只往牙，将全队下船，驶洋后绕赴大同江，移扎平壤。必须兵船五艘护往，即留该兵船守江口，以便盛军续往，此为目前最紧要最急之事，望密派定，俟商轮过威海时同行。即复。

是日晚，丁提督在刘公岛为运煤商船及护航军舰等事致电盛宣怀：

“承平”下次装煤随行，若来得及，究不如“富平”船多载。五艘护送，已有拟议电帅。诸公如与参画，务熟权轻重，致全力收要著，始足有济。统候帅酌示遵行。再，可转诸电叶军，先数日视民船装齐，轮到即上，较妥速。若似当日进兵情形，陆续退回，尤不显迹。

7月16日（六月十四日）晚10时许，丁汝昌在刘公岛收到李鸿章于傍晚6时许来电：

叶提督元亥电：由船移平壤，是稳著，惟兵轮能保护，可恃渡洋，始无他虑。超军既上轮，用武无地，不敢担责云。商轮现已备齐，但你必须统海军大队，在牙山海口护叶军出口，一路同行，送入大同江口，担保必无他虞，我与叶始敢放胆为之。若但以游弋护迎为词，致有意外疏失，定惟水师是问。即速核复，转电叶知照。

7月17日（六月十五日），丁汝昌在刘公岛收到盛宣怀的来电：

胶州现有格鲁森五十三密里四十倍长快炮十尊，三十七密里三十倍长车轮快炮八尊，连弹子、无烟药均到齐。相谕知会尊处，可派船赴胶运来配水师用。罗稷臣云：炮架旅厂可造。除电鼎臣外。

7月18日（六月十六日），丁汝昌在刘公岛致电海关盛宣怀：

快炮费神，已派“康济”去胶运。“承平”候到暂留，筹有较大船，匆易。“美富”到，赶卸，当饬如期到旅。

是日，丁汝昌为能及时搬运快炮、车轮快炮及弹药等事致信时任山东登莱青镇总兵章鼎臣(即章高元)：

前随校节过胶，雄谈快抱，至慰渴怀。从行军士，兼承犒施至渥。甫经旋役，边警叠传，筹无为有不遑日昃，以致裁谢久稽。至为歉仄！迩维荩画宣勤，济艰有具，无任仰企。昨杏荪来电相谕，尊处有格鲁森五十三密里快炮十尊，又三十七密里车轮快炮八尊，弹子、无烟药均到齐，可派船赴胶运配水师用等因。当时即派"康济"往运。是日电达尊处，恳饬先行拨候。该船到后，所有随炮应用各件以及药弹等项，务乞悉数点付，开一清单交该管带，以凭验收。回缴存案。惟倭猖日甚，一经命下，便飞棹东征。所有快炮洵为行军急需，惟虑该船前去拨运，人力太单，务恳雄部健卒协力相助，总期全数从速早运到船，遄归以资应用。至为厚托！飞布。

是日，丁汝昌在刘公岛收到盛宣怀的复电：

"富平"船已往他处，"承平"船十五日晚开赴威海，望即留下，跟大队出巡。惟煤未装袋。请自办口袋另装。此间现无他船可拨，只有留下"承平"船法。请酌复。

7 月 19 日(六月十七日)，丁汝昌在刘公岛致电盛宣怀：

"承平"昨到，令候随行，候"利运"到，赶装水雷等件。八船升火须六点钟方可行驶。何日护商轮开赴某处，请探明，电告知，免临时耽搁。

是日中午，丁汝昌收到李鸿章于上午 10 时许来电：

现定叶军不北移，为筹添队，约十九、二十、廿一、廿二各开一船，内"爱仁""高升""飞鲸"均租用，挂英旗。"镇东"挂局旗，不过威海洋面，无须兵船护行，应由汝酌派兵船数只，届期往牙山海口外游巡，须俟四船人马下清后，再巡洋而回。总署现与英使议两国撤兵之法，尚未决裂。

是日，丁汝昌在刘公岛收到盛宣怀复电：

今早拟定英旗三船及"镇东"分期赴牙。相已电公，只要牙山口外数船游护。现英领事不允英旗装兵，已商英使，如仍不允，只好改用局船，仍须八船护送，定期再预电达。惟牙口民船只敷驳千人，仍拟先去一船，如有倭阻，下次再改舒川。相虑舒川无驳船，可否烟台密雇至威，再派"遇顺""利顺"拖送舒川，乞筹示。

是日，丁汝昌在刘公岛收到盛宣怀来电：

"致远"装炮到威后，请询船主，若无津货，即直放旅顺，乞电复。

是日，下午4时许，丁汝昌为运兵布防和威海水师基地防务等事致电李鸿章报告：

筱电敬悉。已派方伯谦带同"济远""广乙""威远"二十早开赴牙，俟四商轮人马下清，留"威远"往来仁、牙，换"扬威"随队绕巡回威。再，威防水师要地刘公岛，护军二营，台多兵单，有事堪虞。可否准添募一二营，以资固守。汝昌叩。

7月20日（六月十八日）下午，丁汝昌在刘公岛收到盛宣怀于中午12时来电：

十九江寿庵带两营坐英旗"爱仁"轮船赴牙，相谕调"遇顺"即往牙山口帮同起驳。已电鲁卿，饬"遇顺"先至威海再赴牙。如在威、烟，望就近催去，只须驳速，可放心。

同日，丁汝昌在刘公岛致电盛宣怀：

帅谕威防存煤万吨，现差甚远。"承平"本拟令随行，顷奉帅电令，酌派数船赴牙游巡，大队未动。倘矿局日内另有大船煤来，则令"承平"卸煤，返津再运，以免旷时；否则只好不动，留备要需。望询确示复。再，"致远"十五在威卸炮，即日晚出东口，绕西赴津矣。陆兵牙山口登岸，路远，请帅电叶，早多备驳船，免旷时日。

是日，丁汝昌在威海致电盛宣怀：

因叶电，只有驳船卅只，故十九先放"爱仁"一船，廿一再放"高升"，廿三再放"飞鲸"。贵部驻牙，须俟各船卸完，方能放心。英国尚介绍议和，似无他虞。

是日晚8时许，丁汝昌为运兵船的安排等事再次致电盛宣怀：

刻"利运"到，函件悉收。赴牙兵船陆续前往，又挂他旗，叶已备船候驳。昌遵帅谕派"济远""威远""广乙"三艘到牙巡护。舒川口生，雇船或难，似不必更张。"遇顺""利顺"拖驳宜于大同，若往舒川，路远不便。"威远"前二日由大同回，探无倭船。若何进兵，未奉帅电。"利运"本拟充装雷械随守大同，现动静未定，只好留俟。昌乏策万全，愚见前已尽达。外议听之，海军进止，专候帅裁。

7月21日（六月十九日）下午4时许，丁汝昌在刘公岛致电盛宣怀：

啸三电到，"遇顺"等拖船往舒川，道远不便，昨夜已电告玛。昌遵帅谕备筹三船，廿早九点开牙，俟人马下清后始巡洋而回。若有因旗更动，务飞速电告。俟得复方饬船行，切盼勿延。

是日，丁汝昌为新领水雷所缺之件及其他事项复信龚鲁卿：

前“定远”旋防，奉展手告。外现在无存请津赶运军火一折，并韩图各条，均已收到。其随“定远”运来各械，并解批两纸，当交陈游击遵照点收分给。俟将前后收发械件一律核对办楚，再将回批汇齐统寄备案，以归划一。至函请津局续运之件，一经由津起程，务祈先赐电音，以便预筹闲舰，届时取运，倘蒙知照，得以由津径运来威，则更为简速矣。津堂管轮学生李金声，奉函后即驰电通知，一经到威，当饬赴旅以供策用，“利运”此次由天津运来军火计两批单，其注归海军一批，当已就近点收。其哈乞开士五管炮弹等项一批，应俟“康济”明后日运胶炮回威，赴旅进坞之便，再拨交解去。总查轮机之余贞顺，亦令乘此便前往。

又，前由津领取水雷，备随大队著“利运”装赴大同江守口之用。查其中尚缺至不可少之件计四十宗，若不搜补齐全，则已领到者全为废物。曾于初七日开折函达楚宝请补，事越旬余，未一见寄。如此延缓，料必无存。顷闻贵处局储除用去外，充富仍多。兹开清折专船著王平前往走领。知我同袍，素敦公谊，必慨然以余波及晋也。微此，则战事一举，大同防具中无此首要，口门豁达，岂抽数十舰足资扼守乎，因缺微需，失此要键，他族中梗，且大意中微志所存，又落后着，岂非可惜！故不惮唇疲齿竭之烦，而呼吁他山亟为之助也。

所有行营新募雷兵所需各件，另缮一折，统祈查照，分别饬发，尤为感勒。

附清折两扣。

是日，丁汝昌又被庞鸿书弹劾，其奏称北洋海军提督丁汝昌日以冶游博戏为事，请饬北洋大臣严加管束。

是日，丁汝昌又致信龚鲁卿：

再启者：载诵另笺，具见廑系同袍。居静烛远，轻重利害，举能识及体要。盖以专尚血气之莫能为继也。汝昌非不知如此邻于唐突，然局外之论，固见为老当，局中行之，鲜不指为恇怯耳。今承眷示，用谨书绅。临时进剿，当审机以动。再颂荩绥。言不尽宣。

再启者：所拟由尊处补领水雷缺少之件，顷据王平称，折开之件，库中不能悉备，雷营尚有余存，本拟派该员持折前往请示捡领，惟因该艇禀定随大队同行，恐有延误。兹改派萨管带先行赴旅，请阅折后分饬雷库、雷营，会同萨管带果能克日捡齐，即通交“康济”运威。若仍需向津拼凑,便候"康济"出坞,再运来威。

7月22日(六月廿日)早晨,丁汝昌按原定计划派"济远""威远""广乙"三舰从威海起锚开航,再次开赴牙山执行任务。

是日上午,丁汝昌收到李鸿章来电:

沪道效电称:顷接长崎电,昨闻泊佐世保倭兵船十一艘出口,神户有兵千百五,候船赴韩云。

是日下午,丁汝昌在刘公岛收到李鸿章12时许来电:

近日倭情屡变,其兵船十一艘不知何向。大鸟逼韩逐叶军,恐叶危困,添队难登岸。汝须统大队船往牙山一带海面巡护,如倭先开炮,我不得不应,祈相机酌办。"承平"如未开,即令装煤随往;已开,则令"利运"装煤随往;此时不急,守大同江口水雷似可勿带,希速复。威防应留船协守。"爱仁"昨晚已开。

是日晚6时许,丁汝昌致电李鸿章报告:

廿午电顷敬悉。"济远""广乙""威远"今早已开。帅令大队赴牙,昌拟率"定""镇""致""靖""经""来""超""甲""丙"九船,雷艇二艘,并"承平"同行。惟船少力单,彼先开炮,必致吃亏,昌惟有相机而行。倘倭船来势凶猛,即行痛击而已。威防无船可留,请帅饬"扬威"速回,与"平远"四炮船、二雷艇聊辅炮台御守。牙山在汉江内口,无可游巡,大队到,彼倭必开仗。白日惟有力拼,倘夜间暗算,猝不及防,只听天意,希速训示。汤汽备便,候电即开。再,"康济"行驶太钝,本不济事,饬赴旅进坞,约十余日可竣。汝昌叩。廿酉。

是日,丁汝昌还就叶志超军的布阵、海陆协守、外事沟通及海军弹药配备等事致信盛宣怀和张楚宝:

前奉赐言,其须商榷者节经电复,当荷察照。就谂殚竭宵旰,旁参密勿,居静烛远,筹无遗纤。其分相帅忧勤,济时局艰巨,所裨良厚。心折之余,尤多跂仰。

东征陆师继增二千之众,粮饷军火随带,自必宽筹。叶军似宜在牙山左近,择扼要之区,深沟固垒,阳作久防之状,隐为牵制之师。迨西路大队进履京畿境止,两军足接声援,叶军再拥众而进,前抵后包,不惟临时最为得势,即先时悉就西路接应,无复他虞。纵彼先扑叶军,设难骤战,守料足措。惟大同一口,既为东征水军后路,又出关陆队中榷要纽,不及时水陆赶筹协守,良多未妥。两仲卓见,果以为然,望便中达帅定计,果允速举,则由平壤至铁岛一段电线,甚宜予筹添设。

再,陆军东进未能谙熟详情,应每军派一通晓西文语之洋务委员,设有他国交涉之事,两情不隔。在通商口岸,凡西国公使、领事公署,能抽华兵若干名驻同保护,尤觉得体,敦谊弭猜,然须先与商洽为宜耳。

现"济远""威远""广丙"已遣赴韩,其余供战九舰,束载静听明命以动。备领行军水雷应需尚缺三十余件,前已于初七日函请楚弟查照。兹复遣"康济"到旅商借,未卜何处得先措给也。五十七密里快炮应需方块大粒药,除前到两千磅外,尚短四千磅,洵现时孔迫之需。津中既能自制,谅易照给,迅运来威。"承平"船,据该船主云,每点钟仅行八迈,随军同行,未尽相宜,未审更有他术可施否?胶州炮已运来,分给备战之船尽三四日力以可安楚,尚称灵快,惜力稍薄耳。

7 月 23 日(六月廿一日)下午,丁汝昌在威海收到李鸿章上午 10 时来电:

廿电悉。牙山并不在汉江内口,汝地图未看明。大队到彼,倭未必即开仗,夜间若不酣睡,彼未必即能暗算,所谓"人有七分怕鬼"也。叶号电,尚能自固,暂用不著汝大队去。将来俄拟派兵船,届时或令汝随同观战,稍壮胆气。"扬威"可即调回。

是日,丁汝昌为抢修"康济"船及威海基地防务等项致信龚鲁卿:

兹派"康济"抽暇赴旅进坞,军中堪资运载仅恃此艘,希饬勘验,择要萃力趱修,能尽早在十日内工楚,早济军用,叨幸多矣。

再启者:海军进止,帅意日一变迁,殊令在下莫计所从也。昨者之电,意在令昌亲带大队赴牙,今日之电,复又迳庭。只有将应需所未备逐事通筹至足,以待调遣之明命耳。在威海之四艇,据蔡廷干禀称,若随大队东征,至少亦须三艇差足有济,已准如议办理。惟留守威防仅剩一艘,殊太单薄,应请再派一二中艇来威,以资助守为叩。

又,此间南口势敞雷少,拟练浮桩以防雷艇,惟需锚甚多,因念金州水师集船废锚颇堪适用,倘尚存置,许以挪用,计共若干,伏恳电示,以便派船往运。五十七密快炮仍急待方块大粒药四千磅应用,伏希电催楚宝遄寄。炭精尤望饬催,亦待之孔殷物也。事绪冗琐,忆起辄告,亦自笑其烦繁耳。请我仲一再察之。

7 月 25 日(六月廿三日),丁汝昌针对交办之相关事项复信于晦若:

"操江"过威,奉展手教。附来应进添贺表文计三包,均一一遵示盖印,并每份各备空白咨文带套四封,谆托"利运"邓买办慎重寄津董遇春代呈，至希检核饬办。应付表值已荷知照银钱所垫付，俟秋季赴津领饷，当嘱委亲诣台端，应何划归，请面示照缴可也。惟当溽暑，重累心神，感作之萦，非言可罄。边耗日紧，待命东征，匆复数行，欲言不尽。敬请筹安。

7月26日（六月廿四日），丁汝昌与戴宗骞在威海收到盛宣怀来电：“海晏”“丰顺”“新丰”“普济”“镇东”“新裕”各轮日内均从大东沟卸空赴沪，若过成山一路遇有倭船，必有所掳，求速派一兵船在威海口外轮行必经之路，阻止各轮，令即回津。千万切托。何船阻回，并求速示。

是日，丁汝昌在威海又收到盛宣怀来电：

盛军五营、毅军四营已入义州，廿四日早“新裕”“图南”“拱北”、廿五早“海定”，装兵赴大东沟，此四船及“致远”“图南”均令卸空回津。

是日，丁汝昌在刘公岛致电盛宣怀：

倭先开炮击我兵船，且将汉城、仁川华商监禁，我亦当有以处之。仍令在华倭人自如侦探，并不拦截倭商船，无此办法。应如何酌禀定夺？请议定示知。

是日晚间，丁汝昌接李鸿章下午4时许来电：

两电悉。汝即带九船开往汉江洋面游巡迎剿，惟须相机进退，能保全坚船为妥。仍盼速回。

是日，丁汝昌立即遵照李鸿章电令，率带北洋舰队起锚开航，离开威海开赴汉江洋面巡剿。

7月27日（六月廿五日），丁汝昌率带北洋舰队到达汉江口一带巡剿。

7月28日（六月廿六日），丁汝昌率带舰队往返汉江口外，未遇日本兵舰及商船。但因风大浪恶，舰船摇摆度大，特别是小舰及鱼雷艇航海十分艰难。

7月29日（六月廿七日），丁汝昌率带北洋舰队返回威海刘公岛，抓紧时间布置威海港湾的军事防务。为确保舰船能及时修理，他致电李鸿章报告：

战事方殷，赶制赶修甚夥，旅坞工匠恐不敷，请帅电龚道赶速酌添工匠，遇事迅办，免误赴机云。

是日，丁汝昌在威海还致电盛宣怀：

刻率队回威，相机再进。成山头电通，务乞饬该局，凡遇由东而来兵商各船，即时电告，切勿延误。至要。

是日晚，丁汝昌在刘公岛又致电李鸿章报告：

统带铁快各船，廿五、六日往返汉江口外，未遇倭兵商各轮，即于廿七日折回威海，布置防务。顷接烟台统将孙金彪电，昨德商船自韩来，谓途遇倭船，假用英旗，船身有经涂黑者。应请总署知会各国公使，如有兵船巡行北洋海面，望先告知，以凭辨认，免误事机云。

是日晚，丁汝昌在刘公岛再次致电李鸿章报告：

前因匆促率队东去，未及详询"济远"情形。兹已分诘管带、员弁、水手，均称二十三四点，"济""乙"由牙开，七点余遇敌，彼先开炮，三船聚攻"济远"，密如雨点，望台、炮架、三舵机均受伤，阵亡弁勇，初甚失势。"济""乙"炮力不及，敌远还炮不却，迨敌以一船横截"广乙"，"济"只剩十五生一炮，猛击命中，敌二船始折回，而"吉野"督船尾后，连追不止，"济"停炮诈敌，彼驶近拟擒我船，"济远"即猝发后炮，一弹飞其将台，二弹毁其船头，三弹中其船中，黑烟冒起，"吉野"乃移逃，四弹炮力已不及矣。查却敌保船，全恃此炮，水手李仕茂、王国成为功魁，余帮放送药、送弹之人亦称奋勇。昌已传令为首李、王赏银一千两，余众共一千两，告谕全军，以为鼓励。风闻提督阵亡，"吉野"伤重，途次已没。如果属实，查确后尚当照前定赏额划清补给，以昭信赏。"广乙"为敌隔断，弹雷力放，远难攻敌，迄今莫视，必被击沉。两船伤亡弁勇随再呈，请核办。汝昌。感。

是日，丁汝昌在刘公岛收到盛宣怀来电：

瞭望轮船事，须责成灯楼洋人，或由丁军门派专人带千里眼镜驻灯楼专司此事，方免延误。电报学生只好打电报也。乞速酌定。

7月30日（六月廿八日），丁汝昌在刘公岛又致电盛宣怀：

沁电悉。成山电局即派学生带兵勇各二名，携千里镜帮同瞭望，告由电局速报，各慎责成，伙费在局同开，若干日后总截付。希电饬灯楼洋员须饬其留意。

是日，丁汝昌在刘公岛为严防密察倭商在烟台悉取食品给养事致信刘含芳：

廿四亲督大队东征，原冀截冲寇船，麋其一二冠军者歼击之，庶徽足雪死士之冤仇，泄臣民之公愤。在汉江外搜巡海面将及两日，踪迹杳然。意欲直捣汉江，又虑中其暗伏。特以战舰无多，不得不加珍惜耳。漫巡无益，遂于廿七齐驶回防，拟将续行解到子药加添，再候帅命以出。近叠闻倭人在韩，食用悉取给于烟台，恃无匮乏。该领事虽经宵遁，倭商噍类，难保无逐利商民设计隐藏，暗中接济。不早严侦搜除，患遗匪鲜。应请多派委卒，四处密查，遇出入交接稍有可疑，立与究办。幸勿任轻忽视之。至恳，至恳！

是日，丁汝昌在刘公岛为军舰燃煤散碎，且烟重灰多无力，并碍伤锅炉之事再次致信张燕谋：

廿一曾交北平附陈一书，度邀鉴及。煤屑散碎，烟重灰多，难壮汽力，兼碍锅炉。虽在常时，以供兵轮且不堪用，况行军备战之时乎？曩次"利运"装来碎煤曾勉卸之，其半另供岸厂之用。其不肯骤为已甚者，无非从权顾交谊也。乃昨者所有运到包煤，方之"利运"所解者尤多不及。不料既经谆托，转不如不托之良也。系台从未及招呼，抑经管人专留此种塞责海军乎？包煤专备行军之需，若尽罗劣充数，实难为恃，关系之重，岂复堪思！自此续运，再为散碎，一面仍遣运回，一面电请相帅核办。幸勿怪言之不先也。事非可戏，得弗直陈？

是日，丁汝昌在刘公岛收到李鸿章来电称：驻日本汪公使二十六日来电告知，日本又派了十艘舰船，各带鱼雷艇，开赴朝鲜釜山、元山、牙山等处游弋。

是日夜，丁汝昌收到李鸿章于晚6时许来电：

"济远"接仗情形已悉。前已据方伯谦电禀，转电总署代奏。一炮如此得力，果各船大炮齐发，日虽有快船、快炮，其何能敌？汪使电称，日船在牙山受伤，未言提督亡、"吉野"沉。如无确实证据，岂能滥赏？或谓日快船有一二驶北洋者，又有谓日兵近万装船在长崎待发者，固未必确然。既撤使绝交，威防尤应勤探严备，各船仍常留火，官弁夜晚住船，不准回家，卧薪尝胆，诸将士当叶加申儆。闻叶军曾获胜，接济不通，水陆断绝，徒为闷急。

是日深夜，丁汝昌为威海湾南口防御之事致电李鸿章报告：

威南口太敞。刘公岛至日岛海面无水雷。海军精锐，"济"去旅修补，惟持六舰足战。倭行踪阴诡，暗夜或雾若以十余雷艇潜入，彼时台船大炮内击，转虞自伤。专恃在船小炮轰击，纵彼有伤沉，我船设有一挫，战更缺用。即通船竟夕瞭望，日备汤汽，锅炉易蚀，猝尔解锚，亦不及避。拟令"定""镇""致""靖""经""来"暂赴旅泊，深固放心，煤水亦便。昌在威照料留防各船。帅饬何日巡剿，一面饬昌，一面电龚，饬船前来，仍即亲带起行。现仍与张镇文宣于津、旅两处商凑水雷，并拟先制挡雷练（链）、木桩、设鱼（渔）网等件，备南口防艇之用，一经周妥，再禀饬六船回威。又派巡哨，无至快船报信，未及，彼或先至。若有能行廿余迈一艘，各船泊威亦可无虑。是否？乞示遵。汝昌叩。勘。

7月31日（六月廿九日）晚，丁汝昌在刘公岛收到李鸿章下午2时许复电：

正虑威海南口太敞，日多诡计，设黑夜以雷艇入袭，恐自扰乱。勘电拟令“定”“镇”“致”“靖”“经”“来”六船暂赴旅泊。汝在威照料，布置水雷及制挡雷练（链）、木桩、鱼（渔）网等件，所筹甚是，应即照办。但嘱六船到旅后晓夜仍须防备。德税司条陈南口宜添制挡雷铁练（链）、木桩，中系大船。已令罗道电商，可参酌妥办。大铁练（链）旅坞尚多，可借用，余需费若干，核实开报。快船二十余迈者前嘱仰蘧探购无获。

是日，丁汝昌在刘公岛为威海湾南口设防及六船去旅顺寄泊等事致信龚鲁卿：

威海南口太敞，且自刘公岛至日岛应布之水雷尚未备齐。经报，寇以雷艇两班出口，恐黑夜或雾天潜驶口内，纵船上小炮足可击沉。设我大船有一坐失，便吃大亏。且当战剿之际，力更虞其不足。昨电商相帅，拟暂将“定”“镇”“致”“靖”“经”“来”移泊旅防，较为周密放心。当奉电复，准行。兹令齐驶前往，会应巡剿。帅电尊处，速饬来威，所有往复电底抄折奉览。刻先设鱼（渔）网并木栏各一层，候雷件到齐，施布停妥，再调该各船回威。至所去船在旅，务望费神。应筹者代筹，宜禁者代禁。有请补领至不可少之件，酌给之。有关战事工程，约计不甚延时，猝尔开船不误，准修。应请弗徇情面，无分轸域，与自己人一体视之。至幸！

再启者：“来远”归，奉赐复。因该船速开，未曾入口，所有雷件及军火未及装来。幸“利运”由津装运军火来威，计明日可到，当促其卸楚赴旅装运。若不敷装，可加“康济”，护以两艇，作一次齐运来威。若仍未妥，届时先请电知，派一艘往迓可也，承允移用之锚并废练（链），均可乘便运来。

是日，丁汝昌为六船去旅顺时间及威海湾南口布防所需料件事致电李鸿章禀报：

“定”“镇”“致”“靖”“经”“来”六船，初五早遵谕开旅，晓夜防范，并雇船修理工程。威防南口拟先布水雷，次用鱼（渔）网，更用木桩，但料件未备齐。请电龚道速将旅坞废链废锚派“利运”载威云。

是日深夜，丁汝昌在刘公岛收到李鸿章来电：

顷德税司云，“重庆”船由沪来津，过成山头，见东边烟气迷漫，过庙岛西，又见一倭式大船在彼巡缉。“定”“镇”等船赴旅时，须在洋面游巡，探有倭船，即设法围击。

是日深夜，丁汝昌又收到李鸿章来电：

总署艳电：据欧使云，倭船在韩无铁甲，仅快船数艘来往仁川，闻中国兵船在威海不少，曾否以铁快等舰往击倭船等语。来电：丁提督寻倭船不遇，回威海，现拟如何调度？嗣后倭有来汉船只，似宜随时侦探截击。希电复，备上垂询云。望妥酌具复转奏。

是日夜，丁汝昌为海军秋季军费之事致电李鸿章报告：

海军秋饷未领，请帅电东海关刘道，备库平银二万两。昌如急需，派船往取，再电请划销，乞示复云。

8月1日（七月初一日），丁汝昌在刘公岛为部分员弁水勇改换工作之事致信龚鲁卿：

现“敏捷”待改海镜，所有“敏捷”原配弁勇、升火人等，万祈费神切商蓝管带察实。除在旅日有工作者，酌留其奉行做事，希均饬随“康济”来威应用。盖此间增备之事甚繁，悉派生手未尽靠也。再恳。

是日下午，丁汝昌在刘公岛收到李鸿章中午来电：

前雇英商“北河”轮船往仁川密探，顷回烟台电称：该船于朔子刻到烟。仁川英领事致裴税司函，西历七月廿七八号，即六月廿五六日，叶军屡胜，倭死二千多人，叶兵死二百余人。叶军现离汉城八十余里，汉城倭兵皆往敌，只留守王宫之兵。请税司速电中堂，催北路速进兵等语。又据“北河”船主面告裴税司云，已在仁川德兵船面见汉纳根，系逃在山上，先雇高丽渔船送信。德国兵船前往救回“高升”弁兵一百五十四名，现皆在德兵船等语。唐绍仪来信，已到英兵船矣。已电催卫（汝贵）、马（玉昆）、左（宝贵）统将，相机速进兵接应。

是日下午，丁汝昌在刘公岛又收到李鸿章中午来电：

叶军既获大胜，倭必添兵。总署催汝统带铁快各船，往仁川附近，截击其运兵船，机不可失。南口可责令张文宣等布置。“定”“镇”等不必赴旅，即督同起碇前去，相机截击，如倭船前击我船办法，甚可仿照，速去速回，保全坚船为要。

8月2日（七月初二日），丁汝昌统带北洋舰队的“定远”“镇远”等六舰第二次开赴朝鲜洋面巡洋剿敌。

是日中午，译署因叶军在朝鲜接济艰难等事电询李鸿章，查问丁汝昌的行踪及能力：

叶军接济，别无他路可通。若能以铁快等船，仍由牙山、水原、海口运送，尚可速达。丁提督前云，往返汉江口外，未遇倭船，折回威海，不知作何进止。倘令办理此事，能胜任否？希酌复。冬午。

8月3日（七月初三日），丁汝昌统带各船继续在海上巡剿。

是日中午，光绪帝谕旨由译署发给李鸿章，其中涉及北洋海军提督丁汝昌的内容为：

至叶军后路，久断接济，由于海军护运不能得力。前据电称，丁汝昌寻倭船不遇，折回威海，布置防务。威海僻处东境，并非敌锋所指，究竟有何措置，抑借此为藏身之地？丁汝昌屡被参劾，前寄谕令李鸿章察看，有无畏葸纵寇情事，著即日据实复奏，毋得稍涉瞻徇，致误戎机。如必须更换，并将接统之员，妥筹具奏。钦此。

是日，李鸿章将与丁汝昌商谈护送运兵船之意见致电总署报告：

冬午电悉。叶军接济难通，深为焦急。本欲用海军护运，屡商丁提督以我军无侦探快船为前驱，日于汉江口内布置已久，倘我深入，敌人暗投碰雷，猝出鱼雷艇，四面抄袭，我少快炮，船行较迟，恐坠奸计。若驰逐大洋，彼以船快炮速，我以炮大甲坚，明战可冀获胜；入内口则非稳著。我军精锐，只“定”“镇”“致”“靖”“经”“来”“济”七舰，不可稍有疏失，轻于一掷，大局所关，昌惟随时亲率七舰远巡大同冰洋，遇敌痛剿。近顾北洋门户，往来梭查，使彼诡计猝无所施等语，似系老成之见。该提督昨又带六船开赴朝鲜洋面，查有日运兵船南，来即行截击。叶军距各口内尚百余里，恐其无法运送。现拟与叶通密信，另设他法。

是日，丁汝昌、吴安康被礼部右侍郎志锐弹劾。志锐奏请将丁汝昌、吴安康拿交刑部审明正法（称吴在甲申之役自凿兵船，未置重典），还要求以在丰岛海战中轰坏日船的“济远”舰管带方伯谦接替丁汝昌之职。

8月4日（七月初四日），丁汝昌率海军舰队继续在大同江外海游弋巡查。

是日，北洋海军提督丁汝昌被吏科给事中余联沅奏请严惩，他还奏请御敌设防方略六条。

8月5日(七月初五日),丁汝昌率带北洋舰队回到威海卫。

是日,丁汝昌因威海至烟台电线突断及“广乙”船事致信刘含芳:

“乙”船水勇九名乘民船先至成山,内二名由陆前来报信,顷到威防。称该船在牙山外与倭接仗,船伤子尽。时倭船同逐“济远”,该船驶泰安内澳浅沙处,未即就沉。伤亡学生、炮弁各一名,水勇、升火等三十余名。余悉登岸。大副带数北路弁勇乘韩船取道关东一带内渡报信,尚然未至;其管带尚在泰安境上。惟刻下该船是否复被倭击,竟究浮沉,仍无确耗。业经据情电帅,惟自昨下午至今,威至烟线断未修楚。兹遣“镇边”前去送电转发。所有“乙”船应各察办之处,候帅复电再遵照酌行。罗哲士船当已至烟,所报有何闻见,祈详示为祷。

是日,为丁汝昌之战事,军机处电寄圣旨给李鸿章:

初三日电饬李鸿章察看丁汝昌有无畏葸纵寇情事,即日据实复奏。昨据该大臣复总理衙门电称,丁汝昌又带六船赴朝鲜洋面,尚未见接奉电旨复奏。丁汝昌前称追倭船不遇,今又称带船出洋,倘日久无功,安知不仍以未遇敌船为诿卸地步。近日,奏劾该提督怯懦规避、偷生纵寇者几于异口同声,若众论属实,该大臣不行参办,则贻误军机。该大臣身当其咎矣!著接奉此旨后,即日据实电复,不得有片词粉饰。钦此。

是日下午4时许,因丁汝昌遭弹劾事李鸿章致电译署:

昨奉江电谕旨,令察看丁汝昌有无畏葸纵寇情事。因丁汝昌已统六舰赴朝鲜洋面巡缉,先将筹办实在情形电复总理衙门转陈在案。顷奉本日电旨,饬即日复奏,惶悚莫名。……臣与丁汝昌不敢不加意慎重。局外责备,恐未深知局中苦心。海军全仿西法,事理精奥,绝非未学者所可胜任。且临敌易将,古人所忌,似宜随时训励,责令丁汝昌振刷精神,竭力防剿。如果实有畏葸纵寇各情,贻误大局,定行据实参办,断不敢稍有徇饰。请代奏。

8月6日(七月初六日),丁汝昌在威海收到由“利运”船带来龚照玙之信函。

是日下午,丁汝昌在刘公岛收到李鸿章紧急来电:

总署微电,奉旨:“初三日电饬李鸿章察看丁汝昌有无畏葸纵寇情事,不得有片词粉饰等因。钦此。”措折甚多,谕旨极严,汝当振刷精神,训励将士,放胆出力。如林泰曾前在仁川畏日遁走;方伯谦牙山之役敌炮开时躲入舱内，仅大、二副在天桥上站立，请令开炮，尚迟不发，此间中西人传为笑谈，流言布满都下。汝一味颟顸袒庇，不加觉察，不肯纠参，祸将不测，吾为汝危之。

是日下午，丁汝昌在威海又收到李鸿章中午来电：

总署歌电：叶军既挫，倭必专力于北路，至尤为要著云。闻叶军廿八失利，卫、马各军，初四抵平壤。仁川信告，倭派兵船赴大同江。汝此行何以不至大同江口？途间何以未遇倭船？岂真避敌而行？实不可解。已电饬卫等确探，如铁岛一带果有倭兵船驻扼，后患甚多。汝须预备带船前往击逐，仍留船驻扼，多设水雷为要。

8月7日(七月初七日)，丁汝昌为枪炮弹药、鱼雷料件及弁兵练勇等诸事复信龚鲁卿：

昨"利运"来，奉手示，读悉。运来雷件及"扬威"等补领军火，并楚宝电请尊处筹解之克鹿卜十五生阿摩士庄六寸口径等炮所需药弹、引信各宗一批，均已分饬该管员按照折批收发应用。"敏捷"练勇除拨付"济远"二十余人外，余者既经该船声称难以再抽，只得如请办理。惟承抽拨雷件，猝尔请匀，已料难各如数。台从已于无可设法之中曲为接济，而津中再望续运，度亦非易。以此拼凑零星带往前敌守口，断难济事。惟有竟交星斋(即牛昶昞)，就所有者匀配分布刘公岛至日岛一段，聊资拦蔽耳。手复。

是日，丁汝昌因近期谕旨严厉，清流党交替弹劾，再次致信龚鲁卿：

昨于中夜奉帅三电，谕旨严厉，言官交弹，昌固早料有此一段公案，于复上月，望属慎密缄，盖亦足察微志所在矣。大同江一口，当肇衅之始，叠经电请，并屡函楚宝恳为代陈，预筹水陆进踞协守，实见此着。水军中途有所驻足，陆军后路恃以疏通，并足以杜穷寇西窥之路。乃上月廿帅电谓为不急。而防守该口之具，必期悉臻严固，实非咄可立办。遂从此四处函索电搜，虽未尝搁歇此志，而阅期将近一月，所筹亦不过聊堪固围耳。今内意，事到临头遽以赴守大同为急务，多布水雷，而水雷究何从出耶？此外，如协守之陆队，防口之台炮，漫无筹议。在水军能出海远行之船，合坚窳计之，现仅得有十艘。此外势皆勉强，岂能足恃？兹者，似以东路辽阔之海，概以系之轻减数舶之师，不计数力，战守兼属，虽绝有智虑者亦为搔首也。数战而后，船若有一须修，复力单而无补。存煤及军械数本不丰，再冀筹添，立待断难应手。后顾无据，伊谁知之！

事已至此，惟有驱此一旅，搜与痛战，敢曰图功先塞群谤，利钝之机听天默运而已。所有后路各事，吾弟有一分力所能到者，切望曲念伯仲同袍之旧，力措接济，则感纫万万矣。

兹将自上月廿起以至目前与相帅往来电底汇录一折附阅。察有乖谬处，幸无吝其指摘焉。匆达。

是日下午，丁汝昌在刘公岛收到李鸿章中午来电：

顷见福来舍所开，猎船鱼雷带快炮八尊，未开价值，行廿八迈，极速，似小快船，倘不甚贵，可商订一只，包各件俱全。又，雷艇二只，每只约银十一万九千余两，连雷炮三、快炮四约共价银若干？祈询明是否现成，抑系定制？包运来华，何时可到？共计马克若干？福来舍尚忠诚，当不朦弊，即令电询确细，具复核办。如真得力，何能惜费！

是日，丁汝昌还就如何筹守大同江口防务等事，再次致电报告李鸿章。

8月8日(七月初八日)上午，丁汝昌在刘公岛收到李鸿章于晨6时来电：

虞电筹守大同江繁难，未尽稳妥。各口雷营均正在防守，岂能遽挪下雷？小火轮岂能远行？留一二船协守，必蹈牙山口覆辙！卫、马各军本单，距口尚远，岂能分扎？汝身为提督，于此等筹议，强人所难，不明大局。鄙意应统大队，由海径赴大同江口一带游巡，于口内外相机击逐倭轮及运兵船，并就近开赴鸭绿江口巡查，俾倭船不敢肆行窜扰，再转回威。一月内必须往来两次，则我局势稍固矣。

是日，北洋海军提督丁汝昌在刘公岛提督署，召开了由北洋海军主要将领及新任海军总教习汉纳根参加的军事会议，研究讨论出海远巡和近顾门户的行动计划。

是日晚间，丁汝昌收到李鸿章复电：

总署传圣谕，催询汝在韩洋面何事，勿得以煤水将罄，多方推托，致干重咎。左宝贵平壤电：铁岛有倭船往来，但无确数。倭快船岂能遽入北洋？学生胆怯，汝亦随之。今“威远”蚊船等偶一出巡旅顺、庙岛一带包管无事，违则参办不贷。

是日夜间，丁汝昌在刘公岛收到李鸿章晚6时来电：

兵船赴大同江，遇敌船势将接仗，无论胜负，不必再往鸭绿江口，恐日本海军大队船尾追入北洋，妥慎防之。

8月9日(七月初九日)晨，丁汝昌统率北洋舰队“定远”“镇远”“致远”“靖远”“经远”“来远”“平远”“广甲”“广丙”“扬威”十艘舰船开赴大同江巡击，仅留下“超勇”及三艘蚊船防守威海卫基地。

是日，丁汝昌又被御使安维峻奏请详查，是否遵旨进剿，现屯船何处。

是日，丁汝昌呈报防止日本海军借名假冒别国海军的呈文，由李鸿章向总署转呈上报。丁汝昌提出，为防日舰作假，挂其他国家旗帜，中国军舰在朝鲜遇见各国轮船，拟开空炮一声，示令停轮稽查。

8 月 10 日（七月初十日），丁汝昌率带舰队抵达大同江口外海，但未搜寻到日舰踪影。当日夜晚，舰队寄泊樵岛，并立即派出两鱼雷艇进口侦察，探巡至许岛时，因天色太晚，视线不清，两艇返航回队寄泊。

是日晨，日本海军舰队大小舰船二十艘，驶抵距离威海卫北口 30 里海面，与威海卫基地守军开炮互射。李鸿章接到威海守军的电报，立即电平壤电局，传令丁汝昌速带舰队回防，迎头痛剿倭船。

是日，丁汝昌没有收到整队速回迎头痛剿的电令。

8 月 11 日（七月十一日）清晨，丁汝昌又令“广甲”舰及两艘鱼雷艇进口行至铁岛探寻日舰情况。随后，丁汝昌即率大队舰船开往冰洋大小青岛游巡。至下午 2 时许，到各岛巡视之舰船，均没有发现日本海军舰船。是日夜晚，率北洋舰队仍回樵岛寄泊。“广甲”因港道生，泊狼岛。两雷艇直探至铁岛，无倭船。

是日中午，光绪帝针对近日威海接仗情形下达圣旨由译署来电：

> 本日奉旨：李鸿章奏威海接仗情形各电具悉。李鸿章已电饬丁汝昌回防迎剿。威海为南北要冲、津沽门户，应责成该提督实力严防。其余北洋沿海各口，亦应咸往梭巡，遇敌即击。至敌情变诈百出，飘忽靡定，著李鸿章随时相机调度，朝廷不为遥制。行军纪律，赏罚为先，畏葸者不可姑容，奋勇者亦须奖励，即如管驾“济远”之方伯谦，于牙山接仗时鏖战甚久，炮伤敌船，尚属得力，著李鸿章传旨嘉奖。……钦此。真午。

至是日夜晚，丁汝昌仍未收到令其回防迎头痛剿的电令。

8 月 12 日（七月十二日）晨，丁汝昌率带大队舰船向西巡剿，行至海洋岛附近，他接到了由海关巡船“金龙”号转递速回威防的谕令。丁汝昌立即率队起航返程，直驶回防。

是日下午 2 时许，李鸿章给还在率队巡剿的丁汝昌去电：

> 成山头电，汝已带船回防。连日倭船廿余只及民船十余，乘虚往来威海、旅顺肆扰，各处告警，并有赴山海关、秦皇岛截夺铁路之谣。

此正海军将士拼命出头之日，务即跟踪，尽力剿洗，肃清洋面为要，不可偷懒畏葸干咎。

8月13日(七月十三日)清晨6时许，丁汝昌率带北洋海军巡剿舰船回到威海，并令各舰连夜赶添煤水，迅速完成各种补给，以便待命出航。

是日上午8时许，丁汝昌在刘公岛就本次出洋巡剿概情致电李鸿章报告：

初十到大同江口，无倭船，寄泊樵岛，即令两艇进口探巡，至许岛，因晚回队。十一早，复令"广甲"并两雷艇进探至铁岛，大队随开往冰洋大小青岛游弋。未刻到各岛巡视，均无倭船，仍回樵岛寄泊，两艇及"广甲"戌末回队。"广甲"因港道不熟，在狼岛寄锚。两艇直探至铁岛，晤韩佥使安国良，云无倭船在港。惟今年五月十九来一兵船名"赤诚"，住一夜开去；六月二十又来一兵船，名"大岛"，当日出口。询陆军情形，均答不知。铁岛在平壤西南一百卅里，据蔡廷干查称，沿途至铁岛路险，内口港仄，水溜以后，铁岛碍难深入。十二早，大队西巡，将至海洋岛寄泊，未刻"金龙"洋轮到，奉传谕，即开。今早六点到威海，令各船连夜赶添煤水，齐速开西行剿逐，以清洋面。

是日上午8时许，丁汝昌在刘公岛致电李鸿章报告：

据福来舍称，鱼雷猎船每艘约需银三十二万两，如多购，每可省五千余两；大雷艇每艘约需银二十万两，多购，每艘省四千余两；约明雷炮、快炮一切俱全，六个月包送到华。并声言，每种须购六艘，方能得力等。查大小长短各数，目前已呈明云。

是日下午，丁汝昌在刘公岛收到李鸿章中午来电：

总署电，奉十二日旨："丁汝昌所带兵舰，现在何处？著李鸿章严饬令火速赴山海关一带，遇贼截击，若能毁其数船，亦足以赎前愆等因。"倭船是否远去，查明相机兜剿。少迟，须赴山海关、秦皇岛、洋河口一带，测探水势深浅，详复核办。

是日深夜，丁汝昌在刘公岛接到李鸿章于晚10时复电：

威防绥巩护军，各添一营，兵力已不甚单，除守炮台外，分顾就近陆路汉口游击，当能应付。且此后海军大队必不远出，有警，则兵船应全出口迎剿。彼装兵船只岂能肆志横行？此禀徒张皇而近畏葸，未便准行。

是日深夜，丁汝昌又收到李鸿章于晚10时许来电：

总署电：日船假英旗事，英使允电水师提督严查。中国兵轮与各国轮船相遇先放空炮一节，英使以为不可，仍照章用旗传语为妥，乞酌办云。自应照办。

是日深夜，丁汝昌、戴宗骞收到李鸿章于晚间10时许来电：

倭船究系何往？戴电：今早“大帮”南行，见我船，即退向北。丁又云：明日向西剿洗。岂回威一日，并未探确敌踪，即谓向西剿洗，又空走一遭，徒令各处疑惧耶？须顾全局，以出剿何时何处为宜，审酌定，即电知。

是日，军机处又传下圣旨：

丁汝昌巡洋数日，何以未遇一船，刻下究在何处，尚无消息。李鸿章已专船往调，著再设法催令速回北洋海面，跟踪击剿。该提督此次统带兵船出洋，未见寸功，若再迟回观望，致令敌船肆扰畿疆，定必重治其罪。

8月14日(七月十四日)清晨，丁汝昌再次率十舰二艇起锚航行，开始了自7月25日丰岛之战以来的第四次海上巡剿。

是日，丁汝昌致电李鸿章报告：

今早仍率十舰二艇出巡庙岛、洋河口、秦王岛、山海关，绕金州澳，约四日可进旅口。因昨日只择要添煤，必须在旅再添储煤、水，并有一、二船小修后再赴烟台，沿途巡缉，遇敌剿擒，冀清洋面。

是日，丁汝昌将北洋舰队各船上煤情事致电李鸿章报告：

昨六点回威，令各船连夜赶添煤炭，到今早开时，查只“定”“镇”各装一百吨，“致”四十，“靖远”十二，“经”“来”各五十，由商煤轮上；“平”“丙”各八十，“甲”廿，“扬”十二，两艇卅二，由码头上。系因码头拥挤，小工难雇，故所上无几。请准煤厂常雇小工一百名，平日预储，临时有用，可否？乞示遵。汝昌叩。

是日夜，丁汝昌收到李鸿章于晚6时许复电：

煤上齐，想已开驶。沿途细查，如有日船，必须痛剿。到榆关、旅顺便电报。煤厂准雇小工一百名，报明开支。奉旨令仰蘧定购阿摩士庄小快船一、智利现成快船二，均行二十余迈，包送来华。届时拟派洋员有胆识者管驾，弁勇须预筹调拨。

是日，北洋军械局总办张士珩、开平煤矿督办张燕谋、津海关道及总理后路转运事宜盛宣怀三人，通过榆关卞景云军门将所发电报转给丁汝昌。来电大意为：戴宗骞、卫汝贵嘱托将军火运送到山海关交给北洋兵船带回，但怕兵船难以装运，特派“图南”船赶在十六日装好，十七日开赴榆关随大队船赴驶威海。还有“四平”船装煤，船主不肯出口，或令来榆关随行，或请派船来大沽护送。

8月15日（七月十五日），丁汝昌率带十舰二艇继续在直奉洋面按行动计划巡查日船，并于当天晚上抵达榆关。

是日夜里，他下令快速测量秦皇岛和洋河口两处水势深浅，为加强北洋战备防务提供可靠依据。

8月16日（七月十六日），丁汝昌率带舰队继续在海上游弋巡查。

是日，丁汝昌在榆关致电李鸿章报告：

昨晚到。连夜派量两处水势，回称：秦皇岛西边一带浅沙，岛东至南礁石离岛二迈余，水深二至三托不等；洋河口宽约二丈余，枯潮约尺余，满潮七尺余，离口二迈余，深四五托不等。如备防，以洋河口为是。今晚开大沽，因“图南”装军火，“四平”载煤要保护，由沽过旅，随带“济”“威”“康”“边”回威。汝昌叩。

是日，丁汝昌又被礼部右侍郎志锐以贻误军机之罪奏请议处。其内容为：

丁汝昌始而失机不罪，令其带船出洋。倭人攻威海已四五日，未闻战舰折回堵截击之。倭人来时，丁汝昌先一日放洋，无不相遇之理；知其来而先避之，与之相遇而不击之，谓之无消息、非畏敌，将谁欺乎？李鸿章尚谓新进少年不足与论老成持重；于此观之，所谓“老成”者迟缓耳，“持重”者怯懦耳。丁汝昌如此玩误，朝廷若不迅发明威，立正军法，欲海军得力，恐未能也。

……

查倭人此次只精兵数千，余皆按户抽丁，攻威海之船共二十一艘，兵船八只外，皆商船。使丁汝昌折回而夹击之，焉有不胜之理？乃竟不知所之，至派船到海寻觅；律以纵寇，咎何辞焉？奴才近见征调甚多，此必危言耸听所致。伏愿皇上立定主见，不为所摇，败则立诛，胜则立赏，断无永远战败必须求和之理。此机一失，则自强难望矣。

是日晚，丁汝昌率带舰队抵达大沽口。

是日夜，丁汝昌在大沽收到罗荣光将军转译盛宣怀之来电：

相帅谕新购快船欲与阁下面商，明早到沽，请坐子轮至塘沽，再乘火车到津上院，是日晚即回沽。“图南”等船亦须十七日午后出大沽口。

8月17日（七月十七日），丁汝昌遵照盛宣怀来电之意，到天津面见李鸿章等人，共同协商研究新购快船及中日开战之后的局势问题。

针对朝鲜平壤战守局势，丁提督言道：

现宜稳守平壤，勿轻敌深入；再进，须取黄州谷山，免抄后。与倭对枪难取胜，须设伏出奇，大同江迤北海浅，平壤东北山高，但有人巡防，敌难来。

周馥、盛宣怀将丁提督所议于十八日电告驻平壤之卫汝贵。

当天晚上，丁汝昌便急匆匆从天津返回大沽口，率带北洋舰队护送“图南”等船，由大沽口驶往旅顺基地。

是日，河南道监察御史易俊奏请责令李鸿章对倭事通盘筹划迅奏功折中说：

委带水师统领丁汝昌，畏葸无能，闻风远遁，遂使牙山一隅，亦半为倭人有，凡我可进兵之处，皆一律堵御，以致左宝贵、卫汝贵、马玉琨等军均麇集平壤，不能飞渡。

8 月 18 日（七月十八日），丁汝昌率带舰队抵达旅顺口。

8 月 19 日（七月十九日），丁汝昌、龚鲁卿在旅顺收到盛宣怀来电告知，“新裕”船十九日下午 4 时许出大沽口。二十日早先到大连湾起卸军火，再到旅顺卸左宝贵炮 12 尊，请鲁翁代收，民船运往九连城。“新裕”船卸空后，即请丁军门令其返回天津。

是日，翁同和收到盛宣怀来电：

丁提督来津，已与约定，敌船再搁入北洋门户，即与海战，并多募英、德将弁以助闽人胆气。

是日晚间，丁提督率带舰队由旅顺再往大沽，护送“图南”船装运军火。

8 月 20 日（七月廿日），丁汝昌率带北洋舰队再次抵达大沽口。

是日，仍督率海军舰船在海上巡剿清查日本舰船。

8 月 21 日（七月廿一日），丁汝昌率队巡查到旅顺口，下令各舰连夜赶添燃煤，小修之船也须赶时竣工，以保证舰队明日继续出行。

是日晚，丁汝昌在旅顺收到李鸿章来电：

总署电，本日奉旨：“前据李鸿章电奏，倭船东去，海军各舰赴旅顺添煤，再赴烟台，沿途巡缉。今又数日，未据电奏。丁汝昌现在何处？倭船自东去后，有无消息，著即日电复。嗣后，海军各船巡至何口，即由该口电报。李鸿章将何时到口、何时起行、往何处转奏。再至别口亦然，不得数日无电，致劳廑系”等因。已先电复，仍随时详电，以凭转奏。

是日晚，丁汝昌在旅顺致电李鸿章报告：燃煤连夜赶添，须明午上齐，即陆续出外寄泊，晚开，绕烟到威。遵谕探剿。

8月22日(七月廿二日)上午，丁汝昌在旅顺收到李鸿章来电：

> 香港英人谓：北洋兵船须聚泊海面，不宜入口，缘兵舰须处活地，相机攻敌。若日攻各口岸，兵舰从口外拦截，与炮台内外夹击，可断其归路。各兵舰须联络一气，声息相通，不可分散，散则势孤，聚则气壮。舰在口外，使敌船莫能测我欲趋，声东击西，日防不胜防，乘其粮煤缺乏起而击之，无不胜云。颇有见。

是日白天，丁汝昌在旅顺口致电李鸿章报告：

> 各船定今晚开，绕烟台外，派船探威东无倭船进口。赶料理各要事，约数日后，再电请出巡探剿云。

是日晚9时许，丁汝昌收到李鸿章转译署来电：

> 本日奉旨："……倭船东去之后，再无消息，难保不别有诡谋。丁汝昌周历各口，迄无所遇。彼前者乘虚至威海等处开炮，既系避船而行，现在丁汝昌由旅顺开行，安知敌船不复来旅顺？务当料敌意向，侦敌踪迹，以冀适与相值，痛加截剿。旅、威两口对峙，为北洋吃紧门户，倘遇倭船临近，务须迎头奋击，勿令阑入一步，是为至要。钦此。"

是日晚10时许，丁汝昌率带北洋舰队起锚开航，由旅顺前往烟台。

8月23日(七月二十三日)晨8时许，丁汝昌率舰队到达烟台与威海之间海上寄泊。先令两鱼雷艇到威海东至成山一带海域探测敌船活动情况，又令"镇远""威远"两舰开进烟台港，装载威海机器厂与守口重要料件。至下午3时许，两鱼雷艇回来向丁提督报告：成山灯塔及沿岸渔民皆称，十多天未见日本军船。遂下令大队起锚开行，前往威海，是日傍晚率北洋舰队进入威海湾口。

自8月14日至8月23日，丁汝昌此次率队巡海缉敌，护送运弹、粮、煤货船历时10天。

是日晚6时许，丁汝昌在刘公岛致电李鸿章报告：

> 昨亥由旅顺外开，今辰到烟、威之间寄泊。"威远""镇远"两船进烟载威厂并守口要件。早间，先令两雷艇探威东、成山一带，申初回称，据成山灯塔并民船岸上民人均云，十余日未见倭船。大队随起锚，刻抵威海云。

是日，丁汝昌收到军机处电寄皇上谕旨：

倭船前在威海、旅顺等处施放空炮，旋即远扬，难保不乘我之懈再来猛扑。威海、大连湾、烟台、旅顺等处为北洋要隘，大沽门户，海军各舰，应在此数处来往梭巡，严行扼守，不得远离，勿令一船阑入。倘有疏虞，定将丁汝昌从重治罪。又闻，津郡倭奸最多，一经拿获，即应照例惩办，不准轻予开释，致堕诡谋。钦此。

8月24日（七月廿四日），丁汝昌在刘公岛为船用燃煤之事复信张燕谋：

连奉初八、十六寄言，均敬读悉。知前所陈煤屑难以迁就一笺，业邀台览，嘱代派司事收发煤斤，接逃走陈司事下手。查敝军厂委杨宾本可兼理，就近招呼。事属一体，无庸另开薪水，别增局费也。另具公文，希即查照。

至询三万吨是否敷用，纵绝大智慧者亦未敢横以论断。不常行、速行、齐行，则三万吨可以全数不动；若大队不时周巡，一次须添两千吨左右，则三万吨不过仅供十余次之用耳。新峒质既难齐，前嘱在威筛捡，何不可于出矿时，另将整块筛捡，单存一处？除先运老峒、五槽尽数外，再以新峒实经筛捡继运，未始不可备资接济。总之，不论新峒老峒，但求煤质整壮，能多运期必多运为妥耳。

大队不远行，倭船似不得骤来窥伺。招商局船近在北洋，自行来往矿船似亦无别。若每次运煤必须船护，数少则非徒无益；若护以全队，则一次所运之煤仅足供一次护行之用，这与不运有何特殊耶？日后倘须煤船随队远行，必设法护持，若大队仅巡烟、威、旅一带，煤船去旅来威，海面当可无虞。望高明有以审度，剖告各平船中外人等知之，当谅其非妄也。

再，威海机器厂需焦炭甚迫，前于初九曾电花农转告随煤船便运三十吨应用。久未见到，而待用颇殷，敢祈再遇煤船来威，饬照运寄为叩。

是日，丁汝昌为储备松白煤之事致电李鸿章报告：

松白煤必须千吨上下，留备缓急。烟台无存，闻上海有，每吨廿一两，运费等在外。可否托洋商代购运烟，交洋商收存，由水师拨运？祈妥筹具复。

是日，丁汝昌为戴理尔及新聘洋员薪水之事复信德璀琳：

十三及二十所寄两书，均皆诵悉。至承区画，纫感良深。戴理尔现与汉总查同住一处，当能辅助，尽展所长。应支薪水已悉，谅已由尊处知照罗营务处也。其有续至各员应给薪银，自亦一例由台从商同罗公，禀请相帅核夺办理。飞虎船虽由总税司饬其来威协办防务，足证畛域无分，急公好义至意。然非台从旋斡其间，焉得有此敏速耶？总税司处望为代达感忱，待经事竣，再专函奉谢。手此，并陈谢臆。

是日，丁汝昌又被御使钟德祥参奏。

是日，丁汝昌被侍郎长麟弹劾，称丁提督“退缩不前，巧猾推宕，并未在海中一战，但见倭船旗色，辄已飞扬……屡经言者论列，不待奴才烦渎矣”。

是日，丁汝昌又被广西道监察御使高燮曾弹劾，他奏请更易丁汝昌的海军提督之职，并在奏折中写道：

查威海卫与旅顺口为北洋第一重门户，所赖海军战舰往来邀击，阻其来舟，遏其归路。臣闻北洋定远、镇远等船，均称坚固，未使不可一战。倭人积年所购铁甲兵舰，多于我者无几，但倭海军勇，到处梭巡，我海军怯，壹意畏避，遂致海军道为其所阻。夫我海军之所以怯，非水师尽无用也，提督不得其人，斯军士不免迁延观望。倘倭人全力窥伺北洋，我之海军能否阻遏敌船，尚未可知。为第一重门户计，请皇上整顿海军，更易提督，责令李鸿章于北洋海军偏裨中切实保举数人，请旨定夺，毋许瞻徇情面，再误戎机。

是日，丁汝昌再次被河南道监察御使易俊弹劾，他在奏折中写道：

近有人自天津来者，佥谓水陆各军莫不同声痛恨丁汝昌之畏葸无能也。……不重治丁汝昌之罪，何足伸国法以快人心？即姑予宽，不加显戮，亦当从严惩处，即时更替，俾收海军之效。北洋名将林立，岂乏管驾之才？相应请旨严饬李鸿章速遴妥员接代，毋得执临敌易将兵家所忌之说，仍使滥竽充数，贻误军机。……

是日，军机大臣们在廷议讨论上述三份奏折时，也是辩论异常激烈。最后军机处的大臣们酌商的上报意见是：

查丁汝昌畏葸迁延，叠经诸臣劾奏，几于异口同声。应请旨将丁汝昌即行革职，戴罪自效；其海军提督一缺，请旨饬令李鸿章遴迁堪充海军之员，酌保数人，候旨简放。

8 月 25 日（七月廿五日），丁汝昌在刘公岛去电给盛宣怀：

“图南”明日回沽。现海上平静就好。大可知会矿局，赶调各“平”亟运煤来威。至要。

是日，丁汝昌在刘公岛收到盛宣怀来电：

燕谋云，老五槽日出煤二三百吨，不能大批装运，无庸局船，自难护送，总期封河前运完三万吨，明日“丙”“平”到旅，乞多备小工，起卸能快速，转运亦要快速。

是日，丁汝昌为“镇南”“镇西”两船修竣出坞及人员薪费支出等事项致信顾廷一：

“西”“南”两船，前承电复，业经修楚。兹派都司蓝建枢管带“镇南”，带同各船拨配及招募各员弁勇役等齐搭“图南”赴沽驾驶；其“镇西”即委潘兆培管带，均于八月初一起，照全船额饷开支。已详请中堂并支应局立案。惟该两船应由公费中购用之件，一时促购买难齐，贵处如有存储，望询该船应需某宗，暂为发给应用，该价若干，开与清单，以便日后领款照缴。两船久泊坞中，车之转动、炮之机括，须就近一试，再驶海外，遇用始较有准。已饬蓝都司督同演试。倘经试后设有差累，仍请饬照赶修妥固，早日旋防，实纫公谊。此恳。

8 月 26 日(七月廿六日)，丁汝昌为威海湾口防务部署之事项致信威海陆军统领戴宗骞：

本月十九奉帅文，据津关德璀琳税司禀称，奉总税允准，“飞虎”船主倪额森暂往威海，随同办理防口事宜，当饬该员即赴威海，将严防口门，阻遏鱼雷章程妥议。凡有益海防事务，务宜随时禀商，合同妥办各等因。兹查该员管带，业经开缺。应与以威海防口司名目。贵军防口以及水雷各事，如该员前往阅视，应请准与献议，以资采择。伏望俯赐查照。

再，昨据该员声称，现办北口栏木、铁练(链)，仍有不敷，曾见贵雷营有寸半径铁练(链)存放，拟请转恳暂允移用，以济急需。倘邀见诺，惠饬该营遵照。经用后，或损坏，当仍照购还也。

是日，翰林院侍读学士文廷式又上了奏请振刷军士激励帅臣折，指出：

丁汝昌屡经弹劾，罪状昭然；林泰曾、刘步蟾怯懦昏庸，情尤可恶。虽经严旨切责，而李鸿章护庇有加，以为临敌不宜易将。夫两军将战，自不便改易元戎；若丁汝昌等见风辄逃，永无临敌之时，安有易将之虑？如谓姑从使过，俾赎前愆。试问举朝大臣，孰能保其后效？有罪不罚，人谁畏威？倘使敌军仍来，正恐尺寸莫展。此海军之可虑者。

丁汝昌及海军高级将领，在奏折最后，他提出“应请旨特撤丁汝昌及林泰曾、刘步蟾三人，令李鸿章督饬海军，力图功效。

是日，北洋海军提督丁汝昌又被给事中余联沅在疆臣贻误大局沥陈危急情形奏折中弹劾。说“丁汝昌阘茸无赖，不能察之于平日；至临事之畏缩不前，又复曲为回护，而不立正军法以激励将士。是李鸿章之贻误大局”。

是日，光绪皇帝降旨：

海军提督丁汝昌，著即行革职，仍责令戴罪自效，以赎前愆。倘再不知奋勉，定当按律严惩，决不宽贷。懔之！钦此。

是日，因北洋海军提督丁汝昌屡遭弹劾、要求罢免提督等事，军机处电寄李鸿章谕旨：

前因叶军接济难通，李鸿章屡商丁汝昌，欲用海军护运，乃丁汝昌以恐坠奸计为词，迄不照办，以致叶志超孤军无援，几遭覆没。当“高升”轮船被倭击沉之后，该提督不敢前往追剿，辄以寻船不遇，遽回威海，迁延观望，畏葸无能，殊堪痛恨！本日已明降谕旨，将丁汝昌革职，戴罪自效。所有海军提督一缺，关系紧要，著李鸿章于诸将中悉心遴选，择堪以胜任者酌保数员，候旨简放。钦此。

8月27日(七月廿七日)，丁汝昌在刘公岛给盛宣怀去电称：

由烟赴登至猴矶岛，均内海，民船最为稳。粮如何？电复。

同日，丁汝昌在刘公岛收到盛宣怀来电：

粮事不知。猴矶岛用民船已询芗翁(刘含芳)。宣。

是日，丁汝昌为使码头起卸快捷方便等事项致电盛宣怀：

威只一码头，“致远”舱深口小，起卸甚艰，工贵时久。请嗣后商轮运煤交旅靠搁，起卸较便留威码头，俾矿局煤到速卸，免两延。昌。沁。

是日，因丁汝昌革职之事李鸿章收到译署来电：

本日奉旨：“现在倭船屡窥海口，海军防剿统将亟须得人。丁汝昌畏葸无能，巧滑避敌，卿贰科道，连章纠劾，异口同声。前据李鸿章电称，因叶军接济难通，屡商该提督用海军护运，辄以恐堕奸计为词，迄不照办。当‘高升’轮船被击后，正倭船纵横无忌之时，乃丁汝昌报称：统带各船于廿五、六日往返汉江口外，并无所遇，折回威海。其为捏饰，显而易见。按其先后迁延观望情形，参以众人公论，断难胜统带之任，若不早为更换，直待偾事之日，虽治以重罪，亦复何济于事。兹特严谕李鸿章，迅即于海军将领中遴选可胜统领之员，于日内复奏。丁汝昌庸懦至此，万不可用。该督不得再以临敌易将，及接替无人等词曲为回护，致误大局。懔之。钦此。”

8月28日（七月廿八日）上午，丁汝昌在刘公岛收到李鸿章来电：

龚道电，顷东沟委员电称，昨早卸米时，有红色船二只，似雷艇，在口外巡视探望，恐系日船。各军饷械甚多，均须由此道转运，必得水师时常游弋三山、海洋、大鹿各岛一带，庶保无虞云。东沟转运饷械只此一线，海路极关紧要，汝应酌带兵船速往梭巡，遇敌即击。威海仍留船协防，倘日船闻信西来，亦即迎头痛剿。朝廷责备甚严，勿稍玩忽。

是日下午，丁汝昌为保黄海海面运输安全复电李鸿章报告：

明早统“定”“镇”“靖”“致”“经”“来”“济”“平”等船往海洋岛，由大鹿、三山各岛巡查，遇敌即击。如见倭船西来，迎头痛剿。

是日，积极督导舰队备航出战的丁汝昌又被福建道监察御使安维峻弹劾，奏请谕丁汝昌来京声明其贻误军机之罪。安维峻在奏折中无中生有地写道：

尚书衔海军提督丁汝昌，性情浮华，毫无韬略，虽为海军统帅，而平日宿娼聚赌，并不在营中居住；且一登兵轮，即患头晕之疾。左右翼总兵林泰曾、刘步蟾，轻其为人，不服调度。该提督奉委进剿，乃声称未见敌船，借词退避。……丁汝昌实为罪魁，律以国法，岂复可容？……应请将该提督谕以来京陛见，面询机宜，俟到京后，再降旨声明其罪，庶不至激而生变。似此办理，较为稳妥。……

8月29日（七月廿九日），因丁汝昌的北洋海军提督职务实在难以更换，李鸿章在复奏折中指出：

提督丁汝昌叠被弹劾，屡蒙谕旨垂询，当此军事紧急之时，果有迁延避敌情事，亟应随时严参，断不敢稍涉徇护。惟现在密筹彼此情势，海军战守得失，不得不求保船制敌之方。敬为我皇上详晰陈之。及丁汝昌及各将领屡求添购新式快船，臣仰体时艰款绌，未敢奏咨渎请……盖今日海军之力量，以之攻人则不足，以之自守尚有余。伏读叠次电旨，令海军严防旅顺、威海，勿令阑入一步；又令在威海、大连湾、烟台、旅顺各处梭巡扼守，不得远离等因。……丁汝昌从前剿办粤捻，曾经大敌，迭著战功。留直隶后，即令统带水师，屡至西洋，借资阅历。创办海军，特蒙简授提督，情形熟悉，目前海军将才，尚无出其右者。各将领中，如总兵刘步蟾、林泰曾等，阶资较崇……且全队并出，功罪相同，若提督以罪去官，而总兵以无功超擢，亦无以服众心。若另调他省水师人员，于海军机轮理法全未娴习，情形又生，更虑偾事贻误，臣所不敢出也。……伏恳圣明体察行间情事，主持定断。臣不胜迫切悚惧之至。……

是日早间，丁汝昌率带北洋舰队驶离威海湾，前往三山、海洋、大鹿各岛一带，晚过海洋岛北寄泊，并派人询问岛民及船户是否见到倭船，均答未见。

8月30日(七月三十日)，丁汝昌率舰队开赴大鹿岛巡泊，途中分别看到陆军借用民船运送军火船五只，其中两只船是由大沽送运军米，另三只船是由旅顺运送军火。

8月31日(八月初一日)，丁汝昌率北洋舰队巡缉至光禄岛、三山岛等地的海域，夜晚到达大连湾后，接烟台探事西员来电称，旅顺北有两艘日本船。丁汝昌令北洋舰队当夜寄泊大连湾。

同日，丁汝昌等北洋海军高级将领又被编修张百熙弹劾：

海军统领丁汝昌迭经参劾，蒙恩贷其一死，虽仅予薄谴，亦足以激士气而警效尤。惟闻丁汝昌固属无能，而其左右翼总兵林泰曾、刘步蟾两员尤为庸懦无耻，调遣赴援之始，该总兵即战栗无人色，开轮后匿伏内舱不出。丁汝昌为所牵制，不得自由，以致恇怯退缩，为天下诟詈。今丁汝昌被参获谴，而林泰曾等仍今管带兵轮，未免同罪异罚，且使后来统领亦将为其所误，贻害非轻。相应请旨将北洋海军左右翼总兵林泰曾、刘步蟾两员一并革职，以为将弁庸劣贻误军情者戒。

同日，光绪帝降旨：

……丁汝昌暂免处分，著李鸿章严切诫饬，嗣后务须仰体朝廷曲予保全之意，振刷精神，尽心防剿，倘遇敌船猝至，有畏缩退避情事，定按军法从事，决不姑宽。……该提督仍应驰回威、旅一带梭巡固守，并随时勤加侦探，相机迎击，以期力挫敌锋，借观后效。钦此。

9月1日(八月初二日)晨，丁汝昌率带北洋舰队开赴旅顺附近海域，指派“致远”“经远”两舰及“左一”鱼雷艇到旅顺北一带探询日军舰船踪迹。

是日，丁汝昌在旅顺致电李鸿章报告：

廿九日自威开，晚过海洋岛北寄泊，询岛民并各船户，均云未见倭船艇。次日开赴大鹿岛泊巡，见陆军由旅运军火民船三只，由沽运米粮船两只。初一开，由光禄各岛一路探巡至三山岛，亦未见，晦泊大连湾。今早开旅外泊，明早回威。又，到湾后接烟台探事西员电，闻旅顺北有两倭船，今早已派“致远”“经远”并“左一”雷艇前去探询，俟回再报云。

同日晚，丁汝昌在旅顺致电李鸿章报告：

顷据“致”“经”回称，由老铁山驶至长兴岛，沿路探巡，均无倭船。昌准明早六点钟率各舰开威云。

9月2日（八月初三日）晨，丁汝昌率北洋舰队由旅顺开赴威海卫，并于当天傍晚抵达。

是日晚，丁汝昌在威海卫收到李鸿章来电：

仰蘧订购阿摩士庄新造快轮，价为五万二千五百镑，议明借旗包送威旅，雇用船中各项共五十四人皆水师出身。该船须绕大洋行五十日，煤、食及保险、借旗谢费全包，共三万二千镑。奉旨照准画押，二十日内即开行，约计十月中旬如平稳到威，届时预备验收，或于所雇英人中酌留管驾、大二副、管轮数人，余悉遣回。

是日夜，丁汝昌又收到李鸿章来电：

总署电：初二南洋电云，据闻时有倭船在中国洋面往来，间或闯进各口，迹近窥探，亦难免偷运粮食，偶遇中国巡轮，竟不知为倭船，并不过问，应请电饬各口，严密查拿，以杜绝奸宄等语。因来电系传闻之词，未便据以进呈，特照录前电奉闻，希密查速复云。查南洋轮船，并无巡海之事，所称“竟不知为倭船，并不过问”，自指北洋海军而言，是否“并不过问”，有则改之，无则加勉。吴清帅已由清江起旱，未知尚赴威督船进剿否？

9月3日（八月初四日）上午，丁汝昌在刘公岛收到李鸿章来电：

前龚使订购阿摩士庄鱼雷快艇，据称，长二百八尺，宽廿三尺，载重三百六十吨，每钟行廿迈，三寸七五口径廿五磅子快炮二尊，一寸八五口径三磅子哈乞开思炮四尊，鱼雷筒五个，船内应用各件全。惟怀德鱼雷须另配，议定价五万二千五百镑。

9月4日（八月初五日），丁汝昌接烟台刘含芳来电称：

中堂电谕：牙山以南有弁兵四五十，查确处，雇渔船往接，用费开报。

9月6日（八月初七日），丁汝昌在刘公岛收到李鸿章来电：

本日奉旨：“李鸿章议购鱼雷猎船，据清单内开，行程颇速，价亦合宜。著即于汇丰现存之二十万镑内购买四只。其每点钟能行二十八迈之说,究竟能如所言否?应如何试行验看?购船系由何人经手?是否即在德国购定?现在各国禁船出口,运送有无阻滞?均著李鸿章详细筹划,迅即电复。钦此。"前呈福来舍所开猎船,咨海署筹办,钦奉前因,望与福来舍切实逐层妥议具复,勿得稍有含糊。二十万镑约合银百四十万,能订购猎船几只,并议明。

是日,丁汝昌还收到李鸿章来电称:据伦敦来电报称,俄国现在派海军舰船向朝鲜进发。

9月7日(八月初八日),丁汝昌在威海收到周馥、盛宣怀来电:

今德公(赫德)密禀中堂,以现在长崎空虚,若我舰过成山由南而东直捣长崎,得胜即回扰仁川,来往不逾七八日,皆攻其不备,可以得手。现语值倭兵由元山、仁川等处上岸,又营韩南窟穴,船已分散。我以整攻散,以实击虚,是好机会,不可失等语。帅谕:"曙卿来电,倭兵正分路进逼,平壤危急。请海军助战或照赫德所拟办理,以寒其胆。"是否能办,命弟等密电尊处,请立即与汉纳根等妥筹。如果可行,请径禀帅夺。

9月8日(八月初九日),丁汝昌在刘公岛收到李鸿章来电称:英水师提督派兵船往探寻,倭兵船聚泊朝鲜全罗道南岸康津之天冠山地方,前有海岛,或名曰"莞岛",或称为"鹿岛",西口较宽,东口较狭,均密布水雷。

是日,丁汝昌在威海陪同吴大澂查看威海卫防地之防务情况。

是日,丁汝昌在刘公岛收到李鸿章来电:

"经""来"船尾需换十二生快炮,沪局前解四尊并子药,可提回速设。张(文宣)、刘(超佩)需炮,或用戴道处存沪局一百八十镑四尊,或借用营口十五生的、十二生各二尊均可。即与张文宣商妥,并告戴道、刘镇照办。即复。

9月9日(八月初十日),丁汝昌仍继续同吴大澂查看威海基地防务,包括威海卫之后路,认为沙港杉板皆可登岸,建议戴宗骞添募二营,分扎长峰、田村等处,并于沿海地带埋伏地雷、添筑短墙,布置甚密,再新增游击之师三至四营,对威海防务益于稳固。

是日,丁汝昌在威海收到盛宣怀来电:

昨相帅接曙卿来电,倭兵数万人进逼平壤,分队七千过江迎击。元山倭兵众多,欲犯后路,我兵回剿,势甚危急,乞添兵援应。相帅以新勇难战,电调子珍(刘盛休)四千由湾直赴东沟登陆,令弟先电尊处，预备由北洋全军护送，以期稳妥快速。一俟子珍电定行期，帅即电令起碇。乞示，以便调商船四艘一起俄行。

是日晚10时许，丁汝昌在刘公岛致电李鸿章、盛宣怀报告：

已派三船，十二送清帅赴沽，十四到旅归队。昌十三率全军赴旅，俟三船齐，十五统开湾，候帅令。

9月10日（八月十一日）晚，丁汝昌在刘公岛收到李鸿章来电：

顷电总署云：倭兵分路来犯，平壤、安州军情日紧，须添重兵。晋、豫各营，未知行抵何处，宣化、正定仅马队三营，零星无济。再四筹画，大连湾虽属要口，兵力可分，路亦就近，与刘盛休密商，抽拨铭军劲旅四千人，由盛道宣怀派商局轮船四、"利运"船一，全数装载，令提督丁汝昌带海军大队护往大东沟，一日可到，起岸后直指义州、安州，扼要堵剿，援应前敌，或免倭人抄后之虞。其铭军留守六炮台原兵不动，令久在铭军之得力统将赵怀业，带新募五营，趁轮前往大连湾填扎，布置防守，认真操练，可期前后兼顾。

是日，丁汝昌在刘公岛收到盛宣怀来电：

尊电帅阅。已电奏台端统全队到湾护送铭军至大东沟。查商局轮船前已到过多次，水深可泊，请即传询"致远"船主，可知其细。铭军四千人辎重不少，只能一起送往。但恐民船不多，非一日能上齐。海军须在彼候其全军登岸，方可回来。帅谕转达。

是日，丁汝昌为海军所聘洋员加薪之事给盛宣怀去电：

汉总查实军中在船奋勇洋员加薪一倍，留威办事洋员加薪五成。前函电稷臣禀帅，迄无复电。请询催即复，拱候勿延。

9月11日（八月十二日），丁汝昌指派北洋海军"致远""靖远""来远"三舰，护送在威海稽查海防防御事务的大臣吴大澂回天津。

是日，丁汝昌在刘公岛收到盛宣怀来电：

帅谕各洋员本请加倍赏恤，又请加薪，已令稷臣酌拟数目报闻。此事只须催稷臣可定。登州已派"拱北"往设水线，即在长山岛了望，设机通电。尊处宜派一位稳妥弁员驻岛瞭望。大千里镜有否？速示。

是日，丁汝昌为洋员加薪和派人去长山岛瞭望等事复电盛宣怀：

加薪事稷臣已复电。长山岛瞭望，敝处无人可派，亦乏大千里镜。前派学生赴成山，芗林据英领事电云，恐启敌疑，于灯塔不便。嗣只由灯塔洋人并电局瞭望电报。今长山、猴矶等岛宜仿成山办理。

是日晚，丁汝昌在刘公岛致电李鸿章报告：

明晚率大队赴旅，与龚道议配“经远”“来远”后炮等事。十五赴大连湾，候护铭军运船齐行。兵船大队停大鹿岛、大东沟居中处，备抵外窥，分饬炮船、雷艇随入驻护。兵船大队应驶巡大同江、青岛距成山中路处，兼顾门户，亦足遥顾运船，游巡一二日，仍回原处，候陆队下岸，再带同船艇等回威海。

是日，丁汝昌又收到盛宣怀来电：

长山岛无灯塔，已由津关商雇一人，购千里镜往办。今明日“爱仁”装义昌白煤千吨到威，请派人多用小工速卸，该轮急须来津。

9 月 12 日(八月十三日)，丁汝昌为舰用燃煤之质量事，再次致信张燕谋：

煤厂杨委本有月支薪银，今以帮同卸煤，事归一手，原为稍节公费起见，似无庸更益津贴也。迩来继运之煤仍多散碎，实非真正五槽。阁下虽经三令五申，而远在津门，因其事私相蒙混，发碎报块，恐足下亦未及周知。俟后若仍依旧塞责，定以原船装回，次始得分明，届时幸勿责置交谊于不问也。威厂存煤现仅六千吨之谱，军事一日不息，大队须不时出海，以图巡剿。秋将及半，计封河之期不过两月有余，必须加急多运。块煤一经告乏，则公患同深矣。此复。

是日夜晚，丁汝昌率带北洋舰队驶离威海，开赴旅顺。为确保海运航道平安，他率带北洋舰队主力舰船先绕道成山头一带巡弋后，再前往旅顺口。

为保证大小舰船准时会齐，他下令“超勇”“扬威”“平远”“广丙”“镇中”“镇边”“福龙”“左一”等航速缓慢的舰艇直接前往旅顺口。

9 月 13 日(八月十四日)，丁汝昌率带北洋舰队主力舰船抵达旅顺口。

是日晚，他接到了日舰两艘今晨 6 时驶近威海北山嘴炮台的警报。

9 月 14 日(八月十五日)，丁汝昌率带全军抵达大连湾集结后，令各船抓紧时间装煤。他则抓紧时间与舰队高级将领妥善筹议，如何兼顾护送运兵船及北洋海域航道安全等事。

是日下午 4 时许，丁汝昌在大连湾致电李鸿章报告：

顷商刘镇(指刘盛休)，约铭军明早齐开，令“超勇”“扬威”“平远”“广丙”“镇中”“镇南”六船、两雷艇随护运兵商轮赴大东沟。余船昌带，今晚开成山，绕青岛、大同江，十九早到大鹿岛，届时再酌办云。

是日傍晚，丁汝昌率带北洋舰队主力舰船巡缉成山角海域。

9月15日（八月十六日），丁汝昌率带北洋海军主力舰队抵达大连湾。令军舰抓紧时间补充燃煤等。

是日，丁汝昌在大连湾收到盛宣怀来电：

帅交删电，与矿局筹商赴运。据燕谋云：每月只能出老五槽七八千吨，随出随运。若欲预存为封河期内用，须搭运新五槽、九槽，方能多运至旅顺。多储自较近便，乞酌复。

是日，丁汝昌在大连湾又收到盛宣怀来电：

义昌白煤千吨，"爱仁"装好，十六沪开。船行甚慢，约十九、二十到威。已电牛心斋（昶昞）预起卸。乞再电留防兵船知照，该轮装运粤、沪军火甚多，二十能否派船至成山东迎探，乞酌。

是日，丁汝昌在大连湾再次收到盛宣怀来电：

大队未知何日能开？东沟过船不易，必须海军留护。卸空轮四，连"利运"五只，乞顺送旅顺，饬其自回天津。帅谕，拟再派商轮五，连"利运"六只，装送叶军门新招一千人，卫秩秋二千五百人，蒋衡之所带预军二千人赴东沟，仍须贵军护送。约计商轮回天津两三日即可开旅，届时请筹备在旅取齐。仍候示复。

是日，丁汝昌还分别收到安州聂功庭、义州吕道生的来电告知，日军已抄抢平壤之北区域，中国军队的运道被切受阻。

是日深夜，丁汝昌在大连湾收到李鸿章来电：

龚道十五电："金龙"午前探水回旅，该船主称：大同江内，并未见倭人形迹，铁岛上也未见倭人扎营，江西之海港枯潮水深仅六七尺，不能泊大船且险云。是大同江内外，尚无倭船，汝护送运船前去，勿太疑虑，俟铭军起岸，仍回威、旅，再护送运船一二次。平壤被围，安州吃紧，后路仍必须再添兵，以顾大局，免深入东省为要。

9月16日（八月十七日）凌晨1时许，丁汝昌率带北洋舰队的"定远""镇远""致远""靖远""经远""来远""济远""平远""超勇""扬威""镇边""镇中"，广东水师的"广甲""广丙"两舰，以及鱼雷艇"福龙""左一""右二""右三"四艘，护送装载4000余名陆军的"利运""新裕""图南""镇东""海定"五船，由大连湾起锚开航，前往东北方向的大东沟驶去。

是日午后，丁汝昌率带护航舰队抵达大东沟，立即派"镇中""镇边"及四艘鱼雷艇护送运兵船入口内侦察，运兵船驶入港中，按命令以最快速度卸载兵员。又令"平远""广丙"两船在口外下碇锚泊守候。舰队主力"定远”“镇远”“致远”“靖远”“经远”“来远”“广甲”“超勇”“扬威”十船则在距口外12海里的海面上下锚，严密监视附近海域情况，确保陆军平安登岸。

9月17日（八月十八日）上午，丁汝昌率带北洋海军官兵于早饭后举行了例行的升旗仪式，9时15分，又开始了一个小时的海上操练。

是日中午12时许，丁汝昌接到发现敌舰的报告后，立即下令起锚、站炮位，并于12时10分许，站在“定远”舰飞桥望台上率带十舰迎敌而驶。

是日中午12时50分，两军相距近5300米时，“定远”舰首先发炮打响了黄海大战的第一炮。3分钟后，日军也发炮轰击。“定远”舰的飞桥甲板被敌弹射中，正在督战的丁汝昌，左腿被夹挤在甲板铁木中，无法动弹，右脸和脖颈被炮火引燃衣服烧伤。

丁汝昌受伤包扎后，坚决拒绝进入舱内休息，坚持坐在舰上重要部位督阵，观看兵勇作战直至海战结束。

9月18日（八月十九日）晨6时许，丁汝昌率带参加黄海海战的北洋舰队诸舰抵达旅顺口。丁汝昌右面部及颈至右臂被炮火烧伤，左脚被挤压受伤，无法行动，被人抬下军舰。他及时布置各舰入坞修理，并于是日上午10时许，在旅顺将昨天海战情况致电李鸿章报告：

> 昨日在大东沟外，十二点与日船开仗，五点半停战。我军“致远”沉，“经远”火，或“超勇”或“扬威”一火一驶山边，烟雾中望不分明。刻督“定远”“镇远”“靖远”“来远”“平远”“广甲”“广丙”“镇中”“镇南”并两雷艇回旅，尚有两艇未回，“济远”亦回旅。当战时，我军先十船，因“平”“丙”“中”“南”四船在港护运，未赶上。后该四船均到助战。日军十一船（实为十二艘——编者注）各员均见击沉彼三船。日船快，炮亦快，且多，对阵时，彼或夹攻，或围绕，其失火被沉者，皆由敌炮轰毁。我军各船伤亡并各船受伤轻重速查再电禀云。

是日上午，丁汝昌带伤会晤龚照玙，商议抢修船舰之事。龚见丁汝昌右臂半边被火药烧烂，左臂为弹炸望台木板击伤，幸不甚重。

是日下午，丁汝昌在旅顺收到李鸿章来电：

> 接电，此战甚恶，何以方伯谦先回？（是因为龚照玙早上6时电报李鸿章时告知：“丑刻，‘济远’回旅”——编者注）各船损伤处，赶紧入坞修理，防日船复扰。北洋运兵船，在东沟恐日往拿，如“高升”故事，深为危虑。“左一”应暂留护，但不足御大敌，伤亡弁兵若干？并念。

9月19日（八月二十日），带伤督修舰船的丁汝昌收到军机处传谕圣旨：

……饬丁汝昌将各舰赶紧修复，以备再战。倭船数多于我，并图深入内犯，此时威旅门户及沿边山海关各口，十分吃紧，应饬分防驻守各兵弁，昼夜访查，严密防范，毋令一船近岸。……钦此。

是日，丁汝昌派“济远”舰前往三山岛牵引在此处搁浅的“广甲”舰出险，未获成功。

9月20日（八月廿一日），丁汝昌由于伤势恶化，头脚皆肿，两耳流血水，两眼不能睁并流黄水，皮肉发黑，疼痛难忍，心悸话多，无法自持。无奈之中只好致电李鸿章，禀请在两镇中择选一人代理提督职务。

是日，丁汝昌因伤势严重无法履行职责，致电李鸿章报告：

十八日与日接仗，昌上望台督战，为日船排炮将“定远”望台打坏，昌左脚夹于铁木之中，身不能动，随被炮火将衣服焚烧，虽为水手将衣撕去，而右边头面以及颈项皆被烧伤。彼时虽为人抬，上下不觉过重，现在头脚皆肿，两耳流血水，两眼不能睁开，日流黄水，脚日见肿，皮肉发黑，疼痛异常，言语稍多，心即摇摆不宁，无能自主。请于两镇中饬一人暂行代理，昌伤稍愈再行办事。

是日，丁汝昌与宋宫保、龚道台在旅顺收到盛宣怀来电：

“承平”“永平”“拱北”装送桂字、和字五营，今晚出口，到老铁山口，望派雷艇一迎，卸空即令夜渡回津。东沟五船无信，急甚。烟台电：英国有七轮至鹿岛外。“利顺”所见，英乎？倭乎？“金龙”已到，明日装工匠来。

是日晚8时许，丁汝昌奏请由两镇中选一人暂行代理提督职务的请求，由李鸿章上报到军机处：

查丁提督受伤后，伤发肿痛疼难支，自系实情。海军右翼总兵刘步蟾，经此战阵，稍有阅历，可否准令暂行代理全军事务，俟提督伤愈再照常办事，候旨遵行。请转奏。

9月21日（八月廿二日），伤口严重感染的丁汝昌不顾伤痛折磨，仍坚持督修舰船，处理紧急信函及要件。

是日，丁汝昌与龚观察在旅顺收到盛宣怀来电：

子珍（刘盛休）来电，五船尚在东沟。廿一早已电各船主，令进赵氏沟，但未知有无生机。可否求禹翁派鱼雷艇或求鲁翁派小轮沿边往东沟与各船主言之。感甚。

是日，丁汝昌与龚观察在旅顺又收到盛宣怀来电：

东沟廿日亥电：运船五只均在交师沟停泊，潮水深一丈五六尺，约离东沟锚泊处二十里以外。据民船报：有倭船数只在口外下碇。弟想，若是倭船，必已进击。顷芗翁电，英提督率七船东行，与“利顺”所见相符。此时鹿岛之船是英、是倭，无从知觉，乞速设法派雷艇在沟口外巡探。若无倭船，即令五船回津。否则，五船老守，必被进击。从此，北洋无运船矣！探信之船，请悬重赏。

9月22日（八月廿三日）上午，丁汝昌在旅顺收到李鸿章电：

总署电，二十二奉旨：“丁汝昌现患伤病，海军提督著刘步蟾暂行代理。丁汝昌赶紧调治，一俟稍痊，仍行接统。钦此。”希转告刘镇，妥慎代理，催船坞速修“定”“镇”，余以次修理，勿得贻误军情。

是日，丁汝昌遵照李中堂查明海军接仗详细情形的指示，发出了第二次海战详情电报：

十八与日开战，尔时炮烟迷漫，各船难以分清。现逐细查明，当酣战时，自“致远”冲锋击沉后，“济远”管带方伯谦首先逃回，各船观望星散，日船分队追赶“济远”不及，折回将“经远”拦截击沉，余船复回归队。“超勇”舱内被敌炮击入火起，驶至浅处焚没。“扬威”舱内起火，又为“济远”拦腰碰坏，亦驶至浅处焚没。查战时“定远”“镇远”舱内亦为敌炮弹炸烧，一面救火，一面抵敌，皆无失事。“超”“扬”若不驶至浅处，火即可救。“经远”同“致远”一样奋勇摧敌，闻自该管带等中炮阵亡，船方离队，如仍紧随不散，火亦可救。“广甲”管带吴敬荣随“济远”逃至三山岛东搁礁，连日派船往拖，难以出险，现用驳船先取炮位，再不浮起，只得用药轰毁。窃自日寇起衅以来，昌屡次传令，谆谆告诫，讲日人船炮皆快，我军必须整队攻击，万不可离队，免被敌人所算。此次“来远”“靖远”如不归队，“定远”“镇远”亦难保全。乃“济远”首先退避，将队伍牵乱，“广甲”随逃，若不严行参办，将来无以儆效尤而期振作。余船请暂免参。“定远”“镇远”异常苦战，自昌受伤后，刘镇步蟾尤为出力，所有员弁兵勇及各船阵亡受伤者，容查明禀请奏加奖恤，先此电禀。

是日深夜，丁汝昌在旅顺收到李鸿章来电：

“济远”管驾方伯谦应速撤任，派人看管，候参奏。昨有旨，令开擢林国祥。外国众论，咸称其勇敢出众，应即派充“济远”管驾，令其认真整顿，专文具报。

9月23日（八月廿四日），丁汝昌遵照李中堂吩咐，派人将已撤职的“济远”舰管带方伯谦拘押别室，等候参奏批复。

是日，丁汝昌与龚鲁卿在旅顺收到李鸿章来电：

各船除“定”“镇”赶修外，其余受伤轻者，尚能出口外傍岸游弋否？约有几艘，速电知。威海报：今早有日船二，在北口外四十里，未知何向？知我船伤不能出，故示威风，抑随后再有大队？禹廷须设法预备支持，即不能远出，须傍口外游巡，使彼知我并非束手也。

是日晚，丁汝昌、龚鲁卿立即复电李鸿章，报告舰船修理情况。

是日夜，丁汝昌、刘步蟾在旅顺收到李鸿章于当晚8时许发出的来电：

总署电，本日奉旨：“李鸿章电奏，查明海军接仗详细情形，本月十八日开战时，自‘致远’冲锋击沉后，‘济远’管带副将方伯谦首先逃走，致将船伍牵乱，实属临阵退缩，著即行正法。‘广甲’管带守备吴敬荣，随‘济远’退至中途搁礁，著革职留营，以观后效。钦此。”希即钦遵，将方伯谦即行正法具报。余照行。

9月24日（八月廿五日）晨，丁汝昌、刘步蟾遵旨下令，将方伯谦押解在旅顺黄金山下、大坞西之刑场上处斩。

是日午后，丁汝昌、龚鲁卿又收到李鸿章来电：

敬电悉。“平远”“广丙”“济远”“靖远”四船，务于十日内修好，在威、旅附近游巡。不然，日知我无船，随意派数船深入，到处窥伺，若再护送运兵船长驱直入，大局遂不可问，切勿迟误。四“镇”炮船无伤，应令同两大雷艇在口外附近巡探，略壮声势，未便置之不问。

9月25日（八月廿六日），丁汝昌与龚照玙商谈抢修军舰等事。丁恳请龚致电李鸿章，请将“镇远”“定远”等舰苦战出力将士，择优酌保数人，以资鼓励。

是日，丁汝昌在旅顺收到盛宣怀来电：

胶州借用快炮十八尊，原带弹子七千二百出，火药三千六百出，应否添办开花弹若干。闻此次海战缺乏开花弹。卅半生的、廿六生的、廿一生的大炮，需添开花弹各若干出？乞速电示赶办。

9月26日（八月廿七日），丁汝昌从龚照玙处得知，盛宣怀来电告知：锅匠、铜匠45名已上“承平”船，明天早晨开往旅顺船坞。另外，钳匠30名已派小轮艇送往新城上“拱北”船。唐局可挑锅炉匠15名、铜匠10名。请电致唐局，仍令前往协商挑选，与大沽船坞锅匠一并候示送往旅顺船坞。海战已经过去9天，增援修船的工匠却没有踪影，丁汝昌、龚照玙、刘步蟾虽然心急如焚，但却无能为力。

9月27日(八月廿八日)中午,为了支持丁汝昌鼓励士气的想法,李鸿章寄电总署:

……丁提督前请奏加奖恤,奉电谕余照行,丁未敢渎陈,嘱照玙电恳将“镇远”“定远”苦战出力将士,择优酌保数人,以资激励云。查汉纳根《战状纪实》一本,已抄咨两署,是日“镇”“定”战最力,功较多,可否请旨准保数员,以作士气。请转奏。

是日,丁汝昌与龚照玙为抢修舰船之事又收到李鸿章来电:

电悉。“济”“靖”“平”“丙”四船,何日修好,即报闻。信息日紧,即不能制敌,亦可在口外近边游弋,使彼知我非束手待毙。旨催修甚急,切勿任凭员匠疲玩。智利快舰,初尚议价居奇,后竟回绝,守局外例,或日嗾之。禹廷伤少愈否?“定”“镇”请奖数员,已电署代奏。龚应催各营赶紧操练,日必欲逞志于金、复二岛,只求于近处堵御,勿令深入坞边为要。

9月28日(八月廿九日)上午,丁汝昌与刘步蟾在旅顺收到李鸿章来电:

禹廷伤痕渐愈。前虽据情奏令刘镇代理,不过代折代行之式,旨令伤愈仍行接统。有此恶战,中外咸知。前此谤议顿消,望仍勉力视事,督催修理各船早竣,以后专在北洋各要口巡击,倭犹有忌惮也。

是日晚,丁汝昌在旅顺又收到李鸿章下午4时许来电:

总署电,二十九日奉旨:“前在牙山海面,‘广乙’管带林国祥以孤船当劲敌,战阵奋勇,力竭船沉,著暂行革职,委署‘济远’管带,以观后效。东沟之战,日船伤重,‘镇远’‘定远’将士苦战出力,著李鸿章酌保数员,以作士气。钦此。”希即钦遵办理。

是日晚,丁汝昌在旅顺再次收到李鸿章的来电:

总署来电:“广乙”管带林国祥是何官职?希即复禀。望速查复。

9月29日(九月初一日)午后,丁汝昌及黄、张、姜、程等相关统将在旅顺收到李鸿章来电:

各国探报均称,日派大队分路北犯,尤注意金州各岛左右,欲窜旅后路,毁我船坞,实在意中,各炮台须昼夜分班瞭望严守。宋帅前所布置长墙土炮台,令姜、程分队设守,一面督新勇勤操枪炮手法准线,以备急用。目下无队可添,惟赖诸将同心努力,支拄艰难。师船速修,择其可用者,时常出口外,靠山巡查,略张声势。雷艇应往小平岛及附近旅口各处梭巡,切勿违误。

是日，丁汝昌在旅顺致电李鸿章报告：查林国祥系花翎参将衔游击用，借补广东安营守备。同时，还就拦截海口之工程事请示李中堂。

是日夜，丁汝昌在旅顺收到李鸿章下午6时许来电：

东电悉。拦海口，工本浩大，先行局立案，将来能不浮于四万之数，尤为撙节，希饬核实查报。

刊登在英文报纸上的北洋海军提督丁汝昌坐画像。（该图片由孙建军提供）

9月30日（九月初二日）晨，丁汝昌、龚照玙等在旅顺收到李鸿章于昨夜10时寄发来电：

总署电，本日奉旨："昨据赫德接沪关密电，倭兵三队来华，头队指黄海等语。当经总署电知该大臣严防。倭船连日无动静。昨威海见船两只，东沟见船九只，测量探水，旋即驶去，难保非头队所遣前来探信。威、旅及内海各口防务，十分紧急，海军修补之船，须赶紧准备护口迎敌，各口扼守台岸之员，尤须联络声势，昼夜加紧严防，迎头截击，毋令一船近岸。其东沟口岸，即饬聂桂林、丰升阿督率所部，并知照铭、盛、毅各军合力防御，毋稍疏忽。钦此。"

丁汝昌立即将圣旨传至刘、林及其他部属知晓，要求大家尽力督修受伤舰船。

10月2日（九月初四日）下午，丁汝昌与龚照玙在旅顺收到李鸿章中午来电：

闻禹廷伤病未痊愈，甚念。汉纳根、马船主及管轮洋人皆谓"定""镇"择要修理，如炮台等，其木板舱房各件可缓，则数日便能出海。此二船暂往来威、旅间，日运兵船必不敢深入，关系北洋全局甚大。日决意以兵船护运陆兵二万，或旅顺左右各岛，或山海关一带，上岸滋扰。若刘步蟾等借修理为宕缓，误我大计，定行严参。禹廷虽病，当认真督催，勿为若辈把持摇惑。

10月3日（九月初五日），丁汝昌与龚照玙就赶修各船和所须弹药等事，致电李鸿章，详细禀报了存在的问题和修船所需的时间。

10月4日（九月初六日），丁汝昌与龚照玙在旅顺收到李鸿章于上午10时许来电：

歌电悉。东边电，日兵马步昨已至义州。英兵船由大同江回，谓日有运船二十六只，装满陆兵，待信即发。是其分路内犯，确有明征，不日直奉必有大警。"定""镇""靖""济""平""丙"六船，必须漏夜修竣，早日出海游弋，使彼知我船尚能行驶，其运兵船或不敢放胆横行，不必与彼寻战，彼亦虑我军蹑其后。现船全数伏匿，将欲何为？用兵虚虚实实，汝等当善体此意。"平远"炸弹及钢底圈，均须由西洋购运。"广丙"炸弹电询粤东有无存储，未复。各项开花子，督催日夜加工赶造。若海路曲梗难运，我军粮草弹药难运，尤为焦急。马船主（即马格禄）愿带头号雷艇往探，到旅可商办。

10月5日（九月初七日），李鸿章根据丁汝昌呈报的文件内容，奏请拟定《海军惩劝章程》，嗣后海军各船遇敌退缩即以军法从事，前敌冲锋尽力攻击者，虽军舰沉没焚毁，而船中将士遇救得生，准免治罪，仍予论功。

10月6日（九月初八日），丁汝昌、龚照玙在旅顺收到李鸿章来电：

总署初七日来电，本日奉旨："海军受伤各船，闻已陆续修齐，惟大船二只须月半始修好，未免过迟，著星夜加工办理。遇有敌船闯进，迎头截击；如攻扑口岸，须与炮台前后合力轰打，以收夹击之效，毋得借词延宕，致干咎戾。大同江口倭船廿六只，著探明去向复奏。钦此。"哈卜们数日内伤愈即回。汉纳根督催开花子加工，实难多解。鄙意出海可相机趋避，遥为牵制，彼运兵多船，稍有顾忌，应当不敢深入也。

10月7日（九月初九日），丁汝昌及北洋海军将士获悉，是日圣谕从李鸿章所请，嗣后海军各船有前敌冲锋沉焚而将士生还者，免治罪。

是日，受伤未愈的丁汝昌又被左庶子戴鸿慈弹劾，奏请将其立即罢斥。

10月8日（九月初十日），丁汝昌等人又被御史陈其章弹劾，陈奏请皇上立即对丁汝昌、卫汝贵、孙显寅处以典刑。

10月9日（九月十一日），丁汝昌因被人参奏在大东沟黄海大战接仗时，被日本炸弹打破望台，“臂受板伤，因流黄水，并非伤重难期速痊者比。而请假调理，竟可置身事外，请旨饬查”。所以皇上降旨：“著吴大澂确切查明，据实具奏，毋稍徇隐。”是日下午，在旅顺的丁汝昌、龚照玙与在大连湾的赵统领（即赵怀业）都收到李鸿章来电：

龚星使蒸电，倭计登大连湾岸夹攻。英法水师电语相同，望严防云。怀营新勇本来单，急切无重兵可添，深为焦系，须就现营设法布置。旅、湾相为犄角，有警时，互相援应为盼。水师六船，何日出巡？须往来旅、湾之间，俾彼大队运船稍有牵制。马船主愿带头号雷艇出探，应听其自择一艇，弁兵均归节制。德税司云，荐去洋员可用，上船相与议订合同，呈复。

是日，丁汝昌为及时拨付购货款之事致电李鸿章报告：

前奉准订购上海义昌松白煤二千吨，将次到齐，并机器厂多购备用钢铁等件，约过五万两，请由江海关拨库平银四万两交义昌，余俟各项发票到齐，造册报销找领。

10 月 10 日（九月十二日），丁汝昌战伤仍未痊愈。但因有人参奏他利用伤痛，请假调理，竟可置身于战事外，故皇上又下令四川提督宋庆确实查明复奏。

10 月 13 日（九月十五日）上午，丁汝昌在旅顺收到李鸿章来电：

订期出海，力疾上船，慰甚。“定”“镇”锚机，应饬坞赶制，随时赴换。钢底、钢圈及东局不能造之弹子，须俟外洋运到。近日尚无日船内驶，我海军出巡威、湾、旅一带，彼或稍有避忌，勿先自馁。据德税司称，汉纳根为人信服，惟以船上无用弁兵甚多，极为难处，非奏派汉以提督衔任海军副提督，赏穿黄马褂，不肯再上船。大鹿岛之战，虽赖汉出力，特旨已赏二等第一宝星，未便再奏。昨俄使述英水师提督派船往日坞察验，日仅受重伤，三船并未沉船。德则夸张汉功，并谓我船获大胜。又欲海军人材（才）任汉弃取，以能战为要，可用者留，否则撤退，此层汝独办不到耶！又请派该税司为总稽查，凡修船购械发饷用洋员，皆会同认真妥办。以上各节，汝斟酌可行与否，即电复。哈克们伤未愈，少缓即来。请求各船添快炮，容酌办。智利大快船肯卖，已奉旨饬龚使与商。

10 月 14 日（九月十六日）深夜，丁汝昌在旅顺收到李鸿章于晚 8 时许来电：

总署电，本日奉旨：“海军受伤大船二只，前经电谕，星夜加工修理，现在谅已修好，各船何日出巡洋面守护炮台？著李鸿章迅速电复。钦此。”何日出巡，至何处，仍以依护炮台为要。

10月15日(九月十七日)下午，丁汝昌在旅顺复电李鸿章报告：

汝昌足伤稍愈，仍不能步履。各船伤重且多，星夜加工修理，都未完备。拟一二日先带六船出口，并到威海添配子药，清理各要事后，再巡大连湾到旅顺。安配“定”“镇”起锚机器，容另电报。

10月16日(九月十八日)，丁汝昌、徐邦道、龚照玙在旅顺收到盛宣怀来电：

“镇”“拱”“图”三船未到，不知在何处避风。恐有不测，望即派“北河”及雷艇赴各岛探听。

10月18日(九月廿日)下午5时许，丁汝昌率带北洋舰队六船由旅顺口开赴威海卫。

10月19日(九月廿一日)，丁汝昌率带北洋舰队到达威海湾海军锚地。

是日，丁汝昌在威海收到盛宣怀来电：

有倭船九只在成山后，昨下午四点钟“美富”大沽开。请速派船出口，令“美富”暂进威海避之。“海定”昨送炮子到旅，望派人验收。

是日，丁汝昌为北洋舰队燃煤冬季储存等事致信张燕谋：

顷归威，奉手书，至承垂注，誉且过情，剽氛未殄，愧奋交炽，乃承奖藉，其何以当？军煤威旅两口示及封河前各运储万吨之谱，余悉运烟，并归合顺代储，以备敝军不时之需，自无不可。况业蒙帅允，其中应无梗滞。但款目如何核领，向由支应局主裁，请由尊处迳商当无不可也，复谢。

10月20日(九月廿二日)，丁汝昌在威海为加强荣成至威海南岸驻兵之事致电李鸿章报告：

昨晚成山电，据荣成报，石岛外十九日有日船九艘下锚，嗣开去七艘，至今尚有二艘在岛外往来量水。查南帮至成山百余里，设有动静，刘镇超佩亦不会及知，即知而兵力尚单，亦难远出。倘深入相抵为患甚多。山东兵有在威者，应请电商东抚(即李秉衡)，电饬该营在荣成、成山择要驻扎，庶彼有所慑，不至放胆横行。是否，乞示遵。昨已遣探，俟得确信再报。

10月21日(九月廿三日)，丁汝昌在威海收到盛宣怀来电：

尊电相已转鉴帅(即李秉衡，字鉴堂，故称鉴帅)。顷奉谕：“石岛倭船似系守截军火。应派侦探系何样兵船？能否用铁甲击沉之，为邓世昌等报仇。”已电鲁卿，派“北河”往探，驰告尊处。黑满明日禀辞。汉纳根当不能来，公宜邀之。

是日深夜，丁汝昌在威海刘公岛收到李鸿章措词尖酸的复电：

石岛距威海不远，仅倭船两二只，尔应速带六船往巡驱逐，徒虑其深入为患，何至胆怯至此。东兵在威，能否移扎成山，倭遂不敢放胆，海军竟不若东兵耶？

是日，李鸿章奏请奖励大东沟参战出力有功人员。丁汝昌被奏请交部从优议叙。

10月23日（九月廿五日），丁汝昌在威海致电李鸿章、盛宣怀报告，石岛一带现在没有日军舰船。

是日，丁汝昌因黄海大战受伤，被清廷以大东沟海战出力，准予议叙。其余被奏请者均获奖。

10月25日（九月廿七日）凌晨2时许，丁汝昌接到成山来电报告，南路遥见火光，有炮声。立即下令各舰升火，凌晨3时许，即率“定远”“镇远”“济远”“靖远”“平远”“广丙”及两艘鱼雷艇离港迎敌巡剿，出威海口时，发现有日军舰船二艘在口外海域游弋。日军船见北洋舰队出口，即开快车寻东北方向逃避。北洋舰队见追不上，便改赴成山一带海域巡查。

是日，丁汝昌在成山致电李鸿章报告：

丑刻得成山电，南路遥有火光炮声，当即饬各船急速升火，寅初出口，见两倭船由南驶北，当开满足齐逐，相距八千余码，彼遂转向东北急驶，各船合逐，至卯初远不见影。复转向成山里岛至石岛一带探察，无一倭船，刻已回威。

10月26日（九月廿八日），丁汝昌、戴宗骞分别在刘公岛与威海收到盛宣怀来电：

寇渡江，我兵溃，边门已危。张燕谋云：旅、威各存煤一万吨，烟台存一万吨，过冬想可敷用。局造子弹解威，或解旅？乞示知。

10月27日（九月廿九日），丁汝昌在刘公岛收到盛宣怀来电：

倭已渡江，我军退边门，彼此伤亡甚众。又有卅余船至复州交界处上岸，距湾百数十里。湾、旅电线恐为阻断。“北河”在威否？如旅电阻，须派“北河”送报赴烟。请告孝侯（即戴宗骞）。

10月28日（九月三十日）上午，丁汝昌在威海收到李鸿章来电：

赵怀业、徐邦道等电：现有民船百余只，装运日兵，并兵船三只，向大孤山一带前来，势甚吃紧。徐、赵等多系新勇，未经操练，甚为可虑。大孤山距威不远，希酌带数船驰往游巡，探明贼踪，以壮陆军声援。

是日中午12时许，丁汝昌在刘公岛致电李鸿章报告：

卅电奉悉。昌即率"定""镇""济""靖""平""丙"六船两艇，今晚赴旅湾，再探剿大孤山一带。惟昨晚旅电云，倭兵商船三十余只，在皮子窝东北。又，英船探称，倭带雷艇十余只，必以此拼我铁快各船等语。此行遇敌，惟有督率将士，尽力死拼，第船少械亏，胜负非所敢计，伏乞鉴谅。汝昌叩。卅午。

是日下午，丁汝昌率带已将煤水粮弹补给完毕的六舰二艇起锚开航，前往旅顺、大连湾等海域，寻剿日军船队。

10月29日(十月初一日)晨，丁汝昌率带舰队抵达旅顺口。在旅顺收到李鸿章昨夜晚发来的电报：

何时至旅？相机探进，不必言死拼。

丁汝昌立即致电李鸿章报告称，早间由威海到旅顺，下午开赴大连湾，相机巡防等。

是日下午，丁汝昌率带舰队由旅顺口开赴大连湾。

是日，北洋海军提督丁汝昌致电李鸿章报告：

昌前在大鹿岛力战受伤，蒙奏请假。前日由旅开威，昌力疾登船，督同诸将，调度巡防，尽心料理，未敢稍存推诿。现在腿肿未消，一足不能落地。然伤虽未愈，当此军情吃紧，惟求奏明昌力疾销假，率队出海巡剿。

是日晚6时许，李鸿章将丁汝昌电报寄往译署。

10月30日(十月初二日)傍晚，丁汝昌在旅顺致电李鸿章报告：

昨由旅开，北河在前，行至大连湾东"北河"折回。同寄泊口内马船主(即马格禄)过船云，我力过单，前去吃亏，无益。现回旅赶配"定""镇"起锚机。汝昌叩。

是日晚，丁提督得知旅顺船坞各局员司及匠人纷纷请求离旅回去，旅顺船坞管事者用尽激励、恫吓之法，求离者仍然坚持不为动。

10月31日(十月初三日)上午，丁汝昌在旅顺收到李鸿章复电：

"定""镇"起锚机何时配好？卫汝成明晚率带五营登商轮三只出海，殊不放心，汝须于初五日游巡老铁山前一带迎护。

是日上午，丁汝昌致电李鸿章报告：

德兵船主向福来舍云，刻下如一铁甲船及快船，包送来华，验收付价不误等语。如愿购，即电东海关道，就近与福来舍密议。

11月2日（十月初五日），清廷以北洋海军提督丁汝昌统带战船不能得力，所有前次交部议叙之案，著即撤销。

是日，丁汝昌在旅顺收到威海陆军统领戴宗骞的来电，告知倭船窥探北洋舰队基地的相关情况。

是日，丁汝昌、龚照玙在旅顺收到盛宣怀来电：

“海定”“图南”“广济”初五下午四点趁潮出海。“镇东”初六下午开，装有三十半生炮子，亦须保护。

是日晚，丁汝昌等在旅顺收到周臬司（周馥）关于凤城之南敌军兵力部署情况的来电。

11月3日（十月初六日），丁汝昌、龚照玙在旅顺收到盛宣怀来电：

马格禄云，“北平”船慢，不能送电报。请禹翁留一鱼雷艇交马格禄带，可送电信。允否？乞示。汉纳根在京，赫克满等在烟、威。

是日深夜，丁汝昌、龚照玙等又收到李鸿章来电：

历次电谕各节，应即遵照商办，勿得闻警稍存畏葸。丁提督现正在旅顺，如果敌人水陆前来进逼，兵船应驶出口，依傍炮台外，互相攻击，使敌之运船不得登岸，相机进退，一切机宜，预先妥为商定。奋勇效命者，先悬赏格，退缩逃散者，兵勇立即予以骈诛，官弁则禀请重惩。将此令遍示各营遵照。

是日，丁汝昌及驻金、湾、旅之黄、姜、卫、赵、龚、张、程、夏、徐诸将领收到盛宣怀来电：

请阅昨寄细图。貔子窝至金州路皆宽，惟有南关岭起，土成子止，宽止十里。中有山岭，形如蜂腰，西人皆称可守。若调十营扼扎山岭，多安炮位，平路多设地雷，当可紧守。一面再调兵力接应，如能守住南关岭，不使越过，统领、营官当邀破格恩爵，弁兵重赏银两，决不食言。如何布置赏罚之法，候示，即当详定立案。但南岭必须安炮。如果无炮可移，水师所借胶州快炮十八尊似可移用。如旅顺一失，海军亦不得了。卫达三（即卫汝贵）已拿问，其势，不能不拼，然舍南关岭不守，过此恐不能守。乞酌示。

是日，丁汝昌与龚照玙在旅顺收到盛宣怀来电：

“图南”“海定”“广济”卸空候弟电。即令赴登州装夏辛酉所带四营渡旅，并须海军护送，已电芗林（刘含芳）速办。要米粮、子药若干？速示。后恐阻塞。

11月4日(十月初七日)凌晨1时前,丁汝昌、龚照玙在旅顺致电李鸿章报告:

顷接周臬司电,有兵被掳逃回云,凤城迤南,倭分三路,每路五千云。揣倭意,必有扑湾计,可否速调劲旅数千,派轮由榆关迅渡松木岛登岸,扼金州北道,寇果来,拦腰截击,亦可联络湾军,合谋同剿,当可收效。乞宪夺。成字到四营。卫镇乘"广济",刻尚未到。

是日上午,丁汝昌等在旅顺收到李鸿章复电:

松木岛距榆关若干里?无渡船岂易登岸?禹廷岂毫无阅历,且榆关、津、沽何者为劲旅?焉得数千?"广济"至夜未到,岂有他故?焦急之至!

11月5日(十月初八日),丁汝昌在旅顺差人打探得知:

赵怀业、连顺、徐邦道主要防守在北路、东路,日军部队不走大路,凭借马队优势漫山而来,形势危急。大连湾形势吃紧,电线不通,旅顺船坞员司、工匠纷纷离去,食物亦无买处。

是日,丁汝昌在旅顺复信铭军统领吴瑞生(宏洛):

剽闻雄旆选锐北来,亟望一见。特以边烽日逼,搜海纷驰,致不得放棹津门,就领平倭之略。正深驰企,适展惠言。承注至殷,具见同袍之关切摛词扼饰,倍惭击楫之无功。推重过情,至为颜赧。腿伤未能即就平复,殊为焦急。惟以敌氛飘纵,丛棘于心,尤甚于不良于体也。或搜或剿,非身亲督队,别无作气之术。时艰至此,痌瘝敢复撄心?故于朔日力疾销假。惟能战之舰已减其四,集议购增,值复苛计,第有缮此烬余,勉兹衰质,竭其肱股,加之忠贞,或济或否,期亦未遑深计也。靖边陆军先我而动,始则声威桓赫,懋赏重重,乘胜班师,□我疆圉转为阒寂。宋帅老重过人,惟仗节未先,纷集之师,生熟参错,虑难骤期一气,麾下运勇于智,度越草伦,谅裕胜筹。幸多见教。为幸!此复。

是日,丁汝昌在旅顺就近期战争局势复信张楚宝、昆仲:

军事纷沓,奉唁之忱,仅藉片楮,用代躬诣,束帛之具,尤为不腆。方惭疏简,适拜赐言。所献戋戋,犹劳齿及。下怀怍恧,用益滋多。老伯佳城,经周步相度,当得吉壤。归窆计在何时?殊以为念。

寇烽日逼,军状绝少转机。海军东沟一战,船力本已单钝,猝减其四。"致""经"两船尤多干勇之士,悉就沦亡。良由鄙人智虑短浅、慭积德凉所致。虽倭船同有沉失,而折我"致""经"两号上战之舰,殒我邓君万夫雄特之将。飘纵倭氛，未能一鼓歼绝，痛棘于心，伊谁为助？久议增舰，复苛计值，迄无成说。然目前转机莫急于此，而从事其间者抑若平淡置之。现惟缮此烬余，竭此衰躯，效命以报，或济或否，亦复不遑深计也。智者或有胜筹，希有见教为盼！贱躯腿伤未平，事非身先更有难测，刻已力疾销假。附闻。

11月6日（十月初九日）凌晨1时前，丁汝昌急忙将旅顺局势致电李鸿章报告：

船坞工匠人等纷纷告去，不日恐有停工之势。水师在旅亦有三难：一、湾有失，敌必扑旅后路，我师船在口内，不能施展，无以为力；二、敌船来攻，口门窄小，不能整队而出，且"定""镇"必须俟潮，若过急，冲出不易；三、口外寄泊敌艇过多，夜间来攻，我船又少快炮，实难防备。请示遵行。昌叩。

是日上午，丁汝昌在旅顺收到李鸿章复电：

洋报，湾防用炮攻打，彼此伤亡甚多，殊可忧急。敌踪距旅若干里，旅本水师口岸，若船坞有失，船断不可全毁。口外有无敌船，须探明再定进止，汝自妥酌，勿得慌张胆怯，致干大戾。仍随时电知。

是日，丁汝昌在旅顺通过烟台刘含芳给盛宣怀去电：

湾吃紧，电不通，船坞工匠人等纷纷告去，不日恐有停工之势，粪道甚为难。现水师在旅亦有三难：一、湾有失，敌兵必捣旅后路，我师船在口内，不能施展，无以为力；二、敌船来攻，口门窄小，不能整队而出，且"定""镇"必须候潮，若遇急，冲出不易；三、口外寄泊敌舰过多，夜间来攻，我船尤少快炮，尤难防备。候示遵行。汝昌。

11月7日（十月初十日），丁汝昌得知圣谕：

现在贼逼金州，旅防万分危急，其登岸处在皮子窝，必有贼舰湾泊，俾往来接济。著李鸿章即饬丁汝昌、刘步蟾等统率海军各舰，前往游弋截击，阻其后路。……钦此。

是日上午，丁汝昌在旅顺分别与连都统、徐邦道、赵统领会晤，得知金州已被敌攻占。昨夜敌舰开至羊头洼打炮，敌军鱼雷艇甚多，并通过英国船传信，专要打沉"定远""镇远"两舰。丁汝昌与刘步蟾研究后决定，趁夜带舰队转移。

是日中午，盛宣怀通过烟台刘含芳给旅顺的丁汝昌、龚照玙去电：

贯理达、马格禄今夜赴旅，"镇东"装炮子、米粮，今夜十点出沽，望接护。唐沅圃、汉纳根候"北河"即来，章鼎臣八营由登州民船来南关岭，望速设法布置，多埋地雷为要。（此电丁汝昌是否收到，无法查实。因刘含芳收到此电后即给盛宣怀去电称：“连日北来民船，倭遇必搜。东路溃勇车船捉去不少，岂有成载往北之人可令放过？且兵与械一或搜获，其险可知。只几日，旅顺口羊头洼皆有倭船，行险而不能侥幸。”——编者注）

是日晚，丁汝昌、刘步蟾率带北洋舰队趁夜色昏暗由旅顺开赴威海卫。

11月8日（十月十一日）晨，丁汝昌率带舰队航行至长岛东海域遇日本舰队驶向旅顺方向，北洋舰队于天大亮时回到威海刘公岛。

是日上午，丁汝昌在刘公岛致电李鸿章报告：

刻抵威。昨上午在旅，连都统（连顺）、徐（邦道）、赵（怀业）统领先后来晤，徐军守十三里台卡，日兵连攻两日，初八夜包抄过卡后，因接应兵单，不能抵御，卡退城失，各营台被困，路见怀字营在双塔沟驻宿。又云：屡出向西军程提督（之伟）告急，未见进兵。连、徐、赵旋即回前敌。下午见有湾台兵至旅。据云：和尚岛三台均失等语。现关内无重兵出援，旅亦万难久支。旅坞已停工，“定”“镇”起锚机未配妥，“来远”工程只修一半，惟旅口陆路有急，各船不能展动为力，有损无益，前电已陈。又因湾、旅各统领恳速告急，故回威电禀，“丙”赶将紧要工程，在威厂设法修理。昌叩。

是日下午，丁汝昌在威海收到李鸿章复电：

真电并未声明旅口外有日船几只游弋，抑竟无日船。“来远”，据贾礼达云，虽未修好，可勉强行走，何以未禀明带出？（此时，李鸿章不知“来远”已被带回威海——编者注）昨电旨方令汝与刘步蟾带船往皮子窝设法雕剿，断其后路接济，力固不能，然如此仓皇出走，恐干重咎。宋帅率精锐四千人，今日由辽阳赴海、盖、复州一带援剿，亦缓不济急。程之伟兵单而弱，刘盛休溃军胆怯，更不济事，为之浩叹。欲渡兵运粮弹至旅顺接济，汝看有何法想？即复。

是日下午4时许，丁汝昌在威海就有效战法致电李鸿章报告：

屡闻日兵接仗情形，前阵以利武器攻击，又用包抄埋伏，所以获胜，且各兵身带干粮，日夜轮替接战。我兵过单，既不能作包抄埋伏之举，又饥疲困乏，无暇休息，稍有转动，即行失挫。请派久统马队者，统带马队数千，专司包抄敌人后路，而步队则宜裹粮分层，更番接战，庶不致误。昌叩。

11月9日(十月十二日)凌晨,丁汝昌在威海收到李鸿章于十一日夜10时发出的来电:

> 旅顺警急,朝旨严催派兵往援,并令章高元八营渡海,唐仁廉赴旅督守。寇在门庭,汝岂能避处威海,坐视溃裂?速带六船来沽,面商往旅拼战,渡兵运粮械接济,成败利钝,姑不暇计,尽力为之而已。刻即起碇,勿迟误。

是日,丁汝昌遵照李鸿章指示,下令各舰赶添煤水,快速补给后,立即起锚开航,开赴天津大沽。

11月10日(十月十三日),丁汝昌收到李鸿章于是日上午10时寄出的来电:

> 顷长山岛电报,昨夜日船数只灭灯,附近窥伺,势殊危险。我船中途相遇,恐已接仗,如未遇,则暂泊沽口外,严饬各船主早夜防备,勿为所算。汝仍来津与汉纳根等妥商,即行出口督率。

是日,丁汝昌率舰队抵达大沽口外锚泊后,立即前往天津,准备与李鸿章、汉纳根商量今后行动。

是日晚间,丁汝昌到达天津并立即拜谒李鸿章等。汉纳根认为:

> 铁舰挟运船前往,徒多牵制,运船必不可保,或令船主马格禄即吉芬同兵舰往巡则可,然亦险事,应俟马回再商。

丁汝昌则称:

> "定""镇"起碇机器铸铁工太大,是以尚未修妥,勉强行驶起锚,须三点钟之久,"来远"因伤重匠少只修一半,初十已将"定""镇"及"来远"一并带往威海,可纾圣廑。

是日晚8时许,丁汝昌在天津拜读译署来电:

> 本日奉旨:"……不知两月以来,丁汝昌所司何事,殊堪痛恨。'定远'为该军制胜利器,今据称水道狭隘,不能转动,似与'来远'均尚在坞中未出,倘被贼堵口,直不啻拱手赍盗矣。著丁汝昌即日前往旅坞,将两船带出。倘两船有失,即将丁汝昌军前正法。李鸿章当懔遵谕旨办理,谅亦无从再为捏饰。……钦此。"

11月11日(十月十四日),丁汝昌、汉纳根继续在天津与李鸿章面议战守事项。丁汝昌拟即率六舰由大沽开赴旅顺口外巡剿,遇敌即击,相撞即攻。他与汉纳根意见相同,认为若令护送运兵船,似无大益,适以资敌。

11月12日(十月十五日)上午,丁汝昌由天津返回大沽口,部署行动计划,做好开航准备。

下午3时许，率带北洋舰队由大沽开行，前往旅顺口巡剿日本舰队。

11月13日(十月十六日)晨6时许，丁汝昌率带舰队抵达旅顺口外老铁山附近海域，望见口外老铁山西北有船冒烟。上午9时许，舰队抵达旅顺口外抛锚，丁汝昌立即登岸会晤陆军各统领。丁汝昌与各军统领协商并建议，必须抽调奋勇弁兵组成迎剿突击队伍，或出墙巡剿，或支援吃紧之处，确保各军镇静严守。如能通过主动出击将占领小平岛之数百日本官兵驱逐，将会大大安定旅顺军民之心。

是日中午，丁汝昌得知崂峰嘴炮台外又有日本鱼雷艇数艘游弋。

是日下午，丁汝昌回到船上与众将领商议，鉴于洋头洼、小平岛等处敌人之鱼雷艇太多，我军舰船不宜在旅顺口外久泊，以免夜间失事。

是日晚6时许，丁汝昌率带舰队由旅顺口外起锚开航，开赴威海湾海军基地。

11月14日(十月十七日)凌晨3时许，丁汝昌率带北洋舰队六船抵达威海湾。刚刚进入拦坝口门的丁汝昌与刘步蟾即接到“镇远”舰擦伤的报告，立即下令将镇远舰开至浅滩，“定远”舰靠码头后，丁汝昌立即亲赴现场指挥抽水验伤。

丁汝昌见弹尽援绝，无力挽救北洋海军，为免资敌，下令炸沉北洋海军主力战舰“镇远”号，但已无人执行。该舰于1894年11月14日凌晨进入威海湾口门时，由于风大造成浮鼓航标移位，舰底被礁石划出三道裂缝。甲午战后，被日本掳去编入日本海军舰队。

是日早饭后，丁汝昌首先将旅顺之行致电李鸿章报告：

十五下午三点，由沽开行，次早六点，望见口外老铁山西北有船发烟；九点许六船到旅外抛锚。查知“金龙”“镇东”下午到旅，昌随即登岸晤各统领。据称：洋头洼、小平岛倭均驻雷艇，旅口外每日有兵船三两只游弋。今早洋头洼驻一兵船、五雷艇，见我船到始开去。并云：倭由湾来探马已到距旅卅余里之三间铺，小平岛倭亦有陆兵数百名。刻张(光前)、黄(仕林)两统领专守海前炮台，余五统领分守后路长墙。昌与各军商，须抽奋勇为迎击之师，或出墙迎剿，或策应吃紧之处，嘱各军镇静严守。抽选精锐，如能将小平岛股寇先行驱逐，藉定群心。惟昨午崂嵂嘴炮台外小平岛又有雷艇数艘，昌因两处雷艇太多，六船不能在旅外久泊，夜间恐至失事，昨晚六点开威海，今早三点已到。

是日上午，丁汝昌因"镇远"舰受伤致电李鸿章报告：

威口布雷，下有浮鼓，昨因风大水溜，浮鼓稍有移动。今早进口，"定远"在前，"镇远"在后，"镇远"擦伤，左帮进水，现饬驶近浅处，赶紧抽水，验实伤处，轻重如何，再速请电核办。汝昌叩。

是日晚上，丁汝昌在威海收到李鸿章复电：

"镇远"进口擦伤处，须赶紧抽水验明，在机器厂设法修补。前电转署，恐又有严旨调派，内意视旅极重。章镇(即章调元)已令由营口去，此外无援，仍赖汝率船时往游弋也。

是日，丁汝昌与戴宗骞为加强威海南路成山、石岛防务事项在刘公岛致电盛宣怀：

昌自旅回威，与宗骞熟商，南路成山、石钓岛一带实在空虚。封河后倭必改犯海南石钓岛，遇北风易登岸。威十一营只能守近岛，不能远剿百余里外。其时津队不能渡，必蹈皮子窝覆辙，可胜危虑。骞力战，昌力援，地太阔，兵太单，终无把握。脱有疏虞，惟以身殉之，奈要口不保，南北洋阻隔，师船纵存，亦无屯处，大局如何挽回？以大势论，鼎臣八营实应留顾威南。千乞两公速决大计，力请于中堂，止勿东渡，改驻扎石钓岛，另派他军援旅，尚可望两全。此外，如有善法亦乞早筹，迫切请裁定赐复。汝昌、宗骞。

11月15日(十月十八日)，丁汝昌令诸将协同互助，及时将"镇远"舰夹底之上的积水抽干，尽早查出舰底受伤之详情。

是日，丁汝昌在刘公岛收到李鸿章来电：

南洋张(即张之洞)电，北洋洋弁素多，如有熟于水师尚可任用者，望遣来南洋用之，切盼复示云等。希酌派，咨令赴宁差遣。

是日下午，丁汝昌在刘公岛收到李鸿章来电：

顷札派马格禄帮办北洋海军提督帮同认真办事，若遇海战，务奋勇御敌。月薪三百两，战时加倍，受伤阵亡，照各洋员一律。明日乘"北河"赴威，即传谕各管驾以下员弁，谨受指挥。

是日下午，丁汝昌在刘公岛为南洋借调洋员事致电李鸿章：

奉旨调南洋师船来北洋会剿，据称须向北洋借才。查南洋舰船所缺何项人才，未能悬揣，且往返亦需时日。该船历年操练已久，亦非不能驾驶出洋，应请致电香帅（即张之洞），速饬行速快炮快四船，迅将领配一切赶紧备齐，并子药军火，多储速配，径驶来威，昌即与酌添得力员弁，再筹会剿。又广东有四大雷艇，两艘已练齐弁勇，两艘尚未配人，并祈电请筱帅（即李翰章），迅饬雷局配齐弁兵，赶驶上海，与南洋船整队北来，庶于军务裨益。倘船艇来时，尚虞半路要截，则订期约会何处，昌可率队途中迎护。

是日，军机处电寄谕旨，令丁汝昌其统带各舰前往旅顺游弋。

11月16日（十月十九日）上午，丁汝昌在刘公岛收到李鸿章来电：

总署啸电，本日奉旨："丁汝昌十六日曾到旅顺晤诸统将，'镇东'局轮运送粮械亦到，可见旅顺口外，并非时有倭船梭巡，仍著丁汝昌统率各舰，不时游弋。牵制贼势。钦此。"马格禄不日到威，应速妥商往旅口游巡，敌欲水陆合力攻旅，借稍牵制。姜（桂题）、程（之伟）十六来禀，敌来犯时只能战守一二日，不知伊等将溃退何处。宋（庆）帅已进复界。

是日，丁汝昌在威海为张之洞欲借洋弁之事复电李鸿章：

军中洋弁，各专一技，驾驶、管轮、枪炮、帆缆、鱼雷，系须何等教习，派在船抑在堂，请电询示悉，再酌办。

是日上午，丁汝昌因林泰曾服毒自杀，须派杨用霖暂行护理之事致电李鸿章报告：

"镇远"前因进口时为水雷浮标擦伤进水，昨已将夹底上之水抽干，并派人下查数次，未能觅出伤处。现用帆布兜底赶抽夹底之水，冀速觅伤处，设法堵塞。左翼总兵林泰曾以时棘船损，痛不欲生，卯刻服毒，辰刻身故。现派副管驾杨用霖暂行护理，赶速抽水补塞，以便出海。

是日傍晚6时许，丁汝昌在威海将倭船队来威巡游事致电李鸿章报告：

日船前后来十数只，两鱼雷猎艇在口外二十海里内游巡竟日，刻尚未去。据美教习马吉芬禀报，该国水师官函告，倭前数日派雷艇在烟台、宁海州之间量水，有拟于此处进兵之说。现在威防亦甚吃紧，待船主马格禄到威，妥商进止。

是日光绪帝谕旨，因近日旅顺告警，丁汝昌统带师船不能得力，著革去尚书衔，摘去顶戴，戴罪立功，以观后效。

11月19日（十月廿二日），丁汝昌在威海收到李鸿章来电：

总署个电,本日奉旨:“本日据李鸿章电奏,‘镇远’为水雷浮标擦伤进水,总兵林泰曾服毒身死等语。览奏不胜诧异。丁汝昌电称,‘镇远’前因进口时为水雷擦伤,似此电之前,已有电将此事原委报明李鸿章,而李鸿章并无电奏。此船原泊何处?进何口被水雷浮标(擦伤)?既是水雷浮标,应碰伤船帮,何以擦伤船底?又何至于派查数次,未能觅出伤处?林泰曾纵因船损内疚,何至遽尔轻生?来电叙述,既属含糊,情节更多疑窦,殊堪愤闷,难保该船无奸细勾通,用计损坏。著李鸿章严切查明,据实详晰复奏,不得一字疏漏。京津耳目甚近,此事实情,无难即日发觉,谅该大臣亦不敢代为掩饰也。钦此。”现已查出伤处否?如何修补?俟马格禄到后,令速查明原因,据实转报,以凭核办。

11月20日(十月廿三日),丁汝昌在威海就旅顺各军将领函请救援事致电李鸿章报告:

刻接旅顺龚道、各统领函云:十九、廿一两获胜仗,并托求帅速催外援。关内马步队请速令出关,马队尤宜先发。如能旅顺酌添数营最好,而接济洋枪子为尤要云。

是日下午,丁汝昌在威海收到李鸿章复电:

漾电悉。马格禄到后,细查“镇远”伤漏,如何修补?何日竣工?林镇因何服毒?实在情由,详确电复,勿得一字捏饰。旅获胜可当暂守。宋帅及铭军已抵金界,兵力殊单。唐元圃、李光久六营,章高元八营,尚未全抵营口。岫岩已失,势将并归金州。闻旅口外现无日船,拟速解粮弹。兵船何时始能赴旅游巡?大小雷艇应派往旅帮同守口,即筹度。

是日,丁汝昌在威海为洋员炮弁合同及借用上海海关潜水员事复信德璀琳:

顷北河来威,马帮办交到来书。聆悉种切,具征关切,感不释怀。马君既为足下素佩,谅必能矢忠竭力,终始不渝,以济大事。鄙人既倚为左右,岂有不格外优待之理?请释尊怀。所带炮弁一名,查前次两名俱由贵税司会同罗营务(即罗丰禄)拟定合同,此弁应请费神仍会同罗公与前次两名一律办理为托。借沪关下水人,已承电嘱携邀来威防,但至今日尚未见到。盼待甚切,料既经谆托,谅能如约而至也。此复。

11月21日(十月廿四日),丁汝昌在威海就北洋舰队“镇远”舰伤情及林泰曾自杀事复信旅顺龚照玙：

旅防别后，无日不忧心如焚。当入威口时，“镇远”随“定远”之后，竟因溜风移动浮鼓方位，行微近山，致将左舨以下擦伤。当驶浅处，连日设法堵塞。刻但夹底之水尚未抽干，伤处叠派下水人循帮周验，已觅得四处。江海关有下水补漏之人，已电携具前来，今日当可到威，当赶设法补楚。但期目前可以行海放炮，便即整队东下去旅，薄资牵制外攘，巡护本军根本之地也。林镇于十八夜情急吞烟自尽，指臂不良，一至于此，可复奈何！心情恶劣，至斯已极。而回思旅防杂沓，尤至竟夕不寐。方遣民船去旅一探声情，函方书就，适北河来，忽奉赐言，差强人意，于此益见我弟重镇严疆，联络竭筹，始足擋退敌氛，保全要辖。

闻宋帅已履金境，林臣军已抵营，计在月杪当收夹击之效。闻倭将湾防可移粮械悉搬赴船，台炮悉赴轰炬。果尔，信其力单无守志也。确否？有闻希赐告。

霍良顺于昨带各匠百余到威，已饬其赶趱“镇”“来”两船工程。惟需料甚繁，电请购运，断来不及。兹将前函单请各匠抽出呈阅核给外，其余所需并饬霍良顺开单寄李祥光赴旅面请饬发，遇船均祈严促捡要速运来威。为叩！

再，重赏之下，必有勇夫。此番之捷，维持洵合斯旨。惟此种赏号，贵在言出必行，方足振兴群力。设旅防现银无多，可电帅配发印票若干，功至可以立奖，免周转延时，或失机要也。见农、翰卿、平斋、松亭、仲明、小川、芷秋诸兄，不及专函道记，务求合(和)衷协力以集大勋。是为至祷！昨代弟电帅底稿缮阅。

是日，丁汝昌在威海收到李鸿章来电：

总署电，奉旨：“李鸿章奏‘镇远’擦伤情形已悉。‘镇远’为海军上等船只，一有损坏，即应赶紧详细具奏，不应俟续查，始以大概情形电闻。此电所叙，由旅顺回威海进口，皆前电所未及，殊属疏忽。且海舰管带，自应用奋勇之人，既称林泰曾胆小，何以派令当此重任，则该大臣平日用人不当，已可概见。杨用霖系丁汝昌所派，果否可靠，仍著悉心察看。闻‘平远’管驾李和，练达出色，且赋性忠勇，如果属实，即可调充‘镇远’管带，以期得力。著李鸿章即查明复奏等因。”鸿章电复以奉旨敬悉。林泰曾本闽厂学生出色之人，沈葆桢迭经保奏有案。北洋创立海军，依照西洋各国水师定章，必须由学堂出身者，乃可荐充管驾。林泰曾出洋肄业有年，资深学优，委充“镇远”管带，驾驶合法，但未经战阵。今夏派赴朝鲜巡防，有人议其胆小，鸿章曾加训斥记过。迨大鹿岛之战，询其同船洋弁，云该镇临敌，并未退缩，方冀其历练有成，不料竟因船被擦漏轻生，尚为有耻之将。至“镇远”大副杨用霖，汉纳根于鹿岛战后禀保，其尤为出力，自属公论，以该船副管驾代理管带，亦系照章，并无偏私。“平远”管驾李和，闻尚奋勇，容俟悉心察看，审酌具奏云。李和是否能胜“镇远”管带之任，较杨用霖孰优，务悉心审酌，据实具复。总兵重任，勿稍偏徇干咎。

是日，丁汝昌在威海为借潜水人员帮忙修船事，复信江海关税司贺壁理先生：

顷接本月二十日来书，聆悉一是。承借下水英人韦立森、彭荫俱已接见，甚感关爱。该两人既来帮忙，自应安置周妥。至每人每日另给五金以资津贴，当如嘱办理。并请致函贵总税司，先代道谢。一俟工竣，即令两人回沪。

11月22日（十月廿五日），丁汝昌在威海为军用资金事致信樊时勋：

前嘱由合顺兑银一千二百五十金一节，刻下另有他用，已告其暂缓拨付矣。所存庐江试院庆军之六百金，及弟之下剩一千金，该院董事屡函催询，应请知照曹肯堂军门提取速兑该处应用是幸。再，弟从事海军十余年，历年积亏公款万余金。现时局如此，誓与倭奴不能两立。而亏累一时未克补填，惟有暂且变通，由尊处帐（账）内作收规平银陆千金，借资展转。事局稍定，当由弟设法赶归。万一有意外之变，即与小儿葆翼结付，已告彼牢记矣。想交际多年，可为我转圜也，前米价所零九百余金，望仍拨归耕云帐（账）中综算是要。

11月23日（十月廿六日），丁汝昌在威海因新来锅匠薪酬差异较大事复信盛宣怀（即盛杏荪）：

“北平”来，奉手示，并随来锅匠。当照附单所开，逐明验悉，计十九人。惟所索薪工（例以威、旅两处厂匠相较）太优，若照此章留用，则敝厂旧人及旅坞新至各匠，势必援此以启妄希之心，致虞心志之涣。查派来该匠，已照加薪。临起身时，均支至一月有半，故不再别给赏号。兹仍令其乘“北平”回津，希更费神，仍归原处差遣。渎聪屡屡，殊抱不安耳。“镇远”擦伤，林镇服毒，当船单事紧之时，生此枝节，令人急煞愧煞也。

原寄名单奉缴。

是日上午，丁汝昌将“镇远”舰受伤及林泰曾自杀事详细致电李鸿章报告：

十六晚由旅开，十七早进威口，“定远”在前，“镇远”次之。“定远”过水雷浮鼓后，忽“镇远”旗报，该船受伤，随询问有无漏水，据答漏水。“定远”抛锚后，昌赶赴“镇远”，亲见船已攲侧，即令驶到浅处，饬各船派人帮同抽水。当询林镇，因何船伤，据云，靠东浮鼓行驶时，船身忽然震动两次，想是擦伤左帮，验有进水，故即赶报等语。昌速派人到水雷处所验看，东边已无浮鼓。前无事时，兵船出入，皆向威口中道而行，现战时布雷，下有两浮鼓，西靠水雷，东靠刘公岛，两鼓之中六百码，为船道，东近刘公岛。嗣查知岛嘴撑出礁石至二百五十尺之遥，东鼓下处，只距山嘴三百尺，适连日风大水溜，浮鼓想向东移。又以“定远”先行，分水力大，西北风盛，浮鼓被推东南，“镇远”驶靠东浮鼓擦石即过。惟汛潮极枯时，礁上有水二丈一尺，“镇远”进口，正值枯潮，又以平时装足煤水，吃水二十尺八寸，现在备战，因多装药弹，用泥袋保护，机器各舱口又多吃水八寸，至适受伤。旋派本军下水人及水雷营下水人寻觅左帮伤处，连日未得。因该船本有夹底，赶饬抽水，至十九日始将夹底以上抽干，设法用木撑百余根，分撑夹底各门，二十一日方竣，当驶深处抛锚。在弹子舱下觅出伤三处：一宽八寸，长六尺半；一宽十寸，长三尺半；一宽一尺八寸，长九尺。二十三日，觅出帆舱下伤一处，首宽十寸，尾渐尖小，长十七尺。二十四日在煤舱锅舱下，觅出伤三处：一宽二尺四寸，长十一尺，近伤前后左右，有数小孔；一宽二尺四寸，长五寸；一宽四寸，长一尺八寸。又在水力机舱下，觅出伤一处，宽二尺六寸，长三尺九寸。二十四日，由沪雇来入水洋匠二人，乘“北平”由烟到此，商令赶行下水补塞，并派人再行细觅，第有无别伤，及何时工竣，未能悬揣，俟事有头绪，再续电闻。至林镇泰曾何故遽尔轻生，严询该船员弁，据称该镇素日谨慎，今因海军首重铁舰，时局方棘，巨船受伤，辜负国恩，难对上宪。又恐外人不察，动谓畏葸故伤，退缩规避，罪重名恶，故痛不欲生，服毒自尽，救护不及，并无他故及奸细勾通各事，委系实情。马格禄所查，亦属相符。

是日晚，丁汝昌为“镇远”舰管带人选事致电李鸿章报告：

敬电悉。军事方殷，“镇远”舰受损，林镇出缺，此时觅伤堵塞，全恃上下一心出力补救。若遽易新将，未谙船性，弁勇心涣，诸多不便。

前委杨用霖暂护，本循例行，查杨系补用副将，实缺左翼中营游击，虽非学堂学生出身，而自幼随船练习，于驾驶、测量尚能谙晓，平日操练钤束颇为得力，即东沟之战胆气尚好，为洋员所共知。至升用游击、后军前营都司李和，系闽厂学生出身，外观诚实，内具忠勇，自“镇南”调带“平远”，已历时五年。刻值有事，破格用人，此两员均属可用。若照海军章程，应以中军右营副将叶祖珪推升，拟事机稍定，出具三人考语，呈请择定。昌叩。宥。

11月24日（十月二十七日）傍晚，丁汝昌在威海收到李鸿章复电：

宥电悉。军务紧急，未便专循资格升转，自以才能、奋勇为上选。杨用霖暂护，业经具奏，仍俟事机稍定，再照章拣择出具切实考语转奏，请旨简放。李和系何省人？想有人保奏。杨既非学生出身，能否服众，均须妥酌。堵塞修补，何日能了？旅顺已失，又有攻扑威海之说，须会商陆军统将督饬各船主妥筹调度。

11月26日（十月廿九日）深夜，丁汝昌在威海收到译署来电得知：

本日奉旨：“前因旅顺告警，海军不能得力，降旨将丁汝昌革去尚书衔，摘去顶戴，以示薄惩。现在旅顺已失，该提督救援不力，厥咎尤重。丁汝昌著即革职，仍暂留本任。严防各海口，以观后效。……钦此。”

11月27日（十一月初一日），丁汝昌前往威海卫南岸与巩军统领刘超佩共议南岸诸炮台之防守问题。

是夜，丁汝昌及戴宗骞、刘超佩、张文宣在威海收到李鸿章来电：

旅失，威益吃紧。湾、旅敌船必来窥扑，诸将领等各有守台之责。若人逃台失，无论逃至何处，定即奏拿正法。若保台却敌，定请奏破格奖赏。闻日酋向西国船主言，甚畏“定”“镇”两舰及威台大炮利害。有警时，丁提督应率船出傍台炮线内合击，不得出大洋浪战，致有损失。戴道欲率行队前往岸远处迎剿，若不能截其半渡，必败逃，势将效湾、旅覆辙耶？汝等但各固守大小炮台，效死勿去。且新炮能击四面，敌虽满山谷，断不敢近，多储粮药，多埋地雷，多掘地沟为要。半载以来，淮将守台守营者，毫无布置，遇敌即败，败即逃走，实天下后世大耻辱事。汝等稍有天良，须争一口气，舍一条命，于死中求生，荣莫大焉！

是日，丁汝昌被福建道监察御史安维峻等60多名御史言官联衔弹劾，集体要求诛杀海军提督。这篇奏折，将旅顺失守的责任归结给丁汝昌，其言辞激烈荒诞，叙事失实夸张。其详细内容如下：

奏为罪帅一日不诛，军事一日不振，伏请宸断，立正典刑，恭折仰祈圣鉴事。

窃惟东事之兴，国家依海陆两军为指臂。陆军虽丧城失地，转战伤亡，然奉命必到防，遇敌必接仗。是兵犹不失其为兵，将犹不失其为将也。海军则敌未来而预避，敌将至而潜逃。敌之所利必曲成之，敌之所忌必暗让之。上不奉庙算之指挥，下不顾军情之缓急，独往独来于荒陬穷岛之间。忍耻偷生，迁延首鼠，被天下之恶名，万国之讪笑，而夷然有所不恤。此真古今未有之奇闻，不可谓非我国家异常之妖孽已。

顷闻旅顺失守，固由陆军不能力战，亦缘海军不肯救援，至敌水陆夹攻，得逞其志耳。丁汝昌一切罪状，屡经言官弹劾，早在圣明洞鉴之中。其尤可恨者，皮子窝未经失事以前，倭于大连湾北方小岛休兵牧马，经旬累月，而丁汝昌匿不以闻。迨至旅顺有警，倭船在大连湾与我军相遇，鼓轮北向，整队徐行。而丁汝昌避之竟去，既不肯送援旅之兵船，又不能运济旅之饷械。姜桂题等孤军捍垒，血肉横飞，而该提督方晏然坐于蓬莱阁重帷密室之中，姬妾满前，纵酒呼卢，而视如无事。在该提督诞妄性成，且自谓内有奥援，纵白简盈廷，绝不能损其毫发。而军中舆论，则谓其外通强敌，万一事机危急，不难借海外为逋逃薮。人心汹汹，虑生他变。盖自汉纳根离船以后，更无人能强之用命。“镇远”之伤，林泰曾之死，情节隐约难明，益无人能测其为鬼为蜮之所底止！

今旅顺既失，海面皆为敌有。彼若直扑威海，丁汝昌非逃即降，我之铁甲等船，窃恐尽为倭贼所得。事机至此，不堪设想！此薄海臣民所为拊膺仰首，以企望皇上一怒之神威。而臣等度势揆时，不能不极力言之，以蕲皇上一朝之宸断者也。合无仰恳天恩，明降谕旨，将丁汝昌暂行开缺，而援署理长江水师提督彭楚汉为海军提督，或即擢汉纳根为海军提督，令其速赴新任，既可保护铁舰，且可相机进剿。俟到任后，电谕新提臣将丁汝昌锁拿解京，交刑部治罪，以伸公愤而警效尤。事宜密速，以防该提督线索潜通，预谋逃叛。臣等不胜迫切待命之至！

谨合词恭折具陈，伏乞皇上圣鉴施行。谨奏。

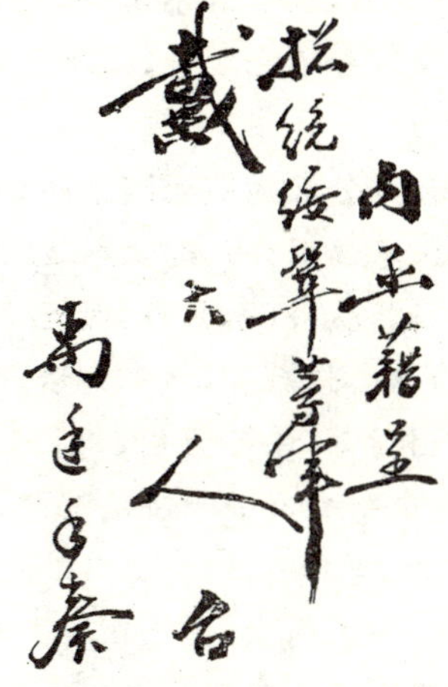

1894 年初冬，北洋海军提督丁汝昌写给威海卫陆军统领戴宗骞的信函。

11 月 28 日（十一月初二日），丁汝昌在刘公岛为炮台需用测敌距数镜事致信戴宗骞：

顷奉联鲤。敬承壹是。饷车今晨动身，且荷见允如前饬护，感戢无似。清帅电读悉，盖系炮台所用量远近之镜。敝军未备此物，兹饬将镜名另纸确开，又捡量天尺一架，此亦能量远近，但不如前项之便捷耳。下附单开名称：

测敌距数镜

英文 Range Jinder

德文 Kues ten Entferungsmecser

查此镜据瑞乃尔称，山海关、天津武备学堂各有一架，威之赵北嘴（即皂埠嘴——编者注）炮台亦有一架。其山海关一架，归现在该处安炮德人夏教习管。

是日，因旅顺海军基地失守，丁汝昌等海陆军将领再次被山东巡抚李秉衡弹劾，他在密陈奏折中称：

乃以臣所闻，则海军主将率兵舰望风先逃，以回顾威海为名，去之惟恐不速；陆路仅数营迎战失利，余营统领营官皆未交绥，多即全行退散。主将如此恇怯，无怪各营相率效尤，以致哗溃之卒莫敢谁何，失律之将不闻参劾，损国威而长寇焰，臣实耻之！臣维刑赏者，朝廷所以驭天下之权，玩法者不加惩，则忠勇者无所劝，非立诛一二退缩主将统领，使人知不死于敌，必死于法，不足以摄将弁畏葸之心，作士卒敢死之气。

是日，丁汝昌在刘公岛为威海陆地防御布置之事复信戴宗骞：

顷奉明教，茎画周详。赴机电迈，足卜敏则有功。益信吾道之不孤矣，可为心折。俊卿(刘超佩)处已承指示，谅可笃行。健甫(即吴敬荣)安炮至，承惠饬后营，助筑大墙，既有余力可分，当即遵嘱照行，感尤无量，吾围通筹，差足为固。则游击之师不得不仰仗抚军，征调添募之营。现未知实有若干将次滨烟，极以为盼！倭赴榆关，料不易逞志，铤而走险，是其惯习，宜更防其回扑我境也。俊卿中前营昨议，设值紧要之时，一例内撤，业经商有大致。用质尊意，如较稳妥，并望转知为幸，承赐生鱼。附谢。

11月29日(十一月初三日)，丁汝昌为威海陆地前后固守之事致信威海陆军统领戴宗骞：

承允各台以余勇赴操，健甫展谒，复蒙指导，感真无量，并述尊意，倭逆万一登岸，吾仲已选锐卒，以备亲率迎剿，前路抵御，固为得机得势。惟兵力过单，恐后路不足为固，诚以为虑。委以鄙人照料，临事在海上分调船艇，犹惧未能悉当，岂有余力指挥在岸事宜？伏念威海陆路全局，系于吾仲，幸宜持重，总期合防，同心壹力固守，匪惟一隅之幸也。逊抑鸣谦非其时耳。余事健甫面陈。

11月30日(十一月初四日)，丁汝昌在刘公岛为威海海陆联防事宜致电李鸿章报告：

连日会商，各防统将坚约与军舰相辅。戴道意，敌无论何处登岸，都以抽绥、巩军队驰往剿捕为重。惟地阔兵单，万一不支，后路台垒设有一失，为贼所用，则各军舰势难支。该军各营原驻扎太散，已亲同勘度酌移，使可联络。并择紧要处筑行炮土台，多掘深沟，以备设伏。临时不可抽队远行，虽均面诺，仍未敢断其果行。应请电饬叮嘱，用坚至计。再北口三台，原备防海，后面悉露，而该三台后高山，利居险要，议于最高三顶拨置陆炮，抽水师弁勇专守，并派马复恒酌带弁兵驻守祭祀台，兼以调度后山三顶，以资严护。昌叩。

是日夜，丁汝昌在威海收到李鸿章来电得知：“左一”号鱼雷艇于当日下午3点钟出海。

12月1日(十一月初五日)下午,丁汝昌、戴宗骞在威海收到李鸿章来电:

戴前请抽行队赴远处迎剿,我极不谓然,曾经电斥。彼于营台附近处毫无布置,又知敌利抄后,平日不讲求多掘地营地沟之法,屡经电饬札行,置若罔闻,一味张皇求援,真不知兵,不知大局也。今丁议以酌移营垒,使可联络,择要筑行炮土台,多掘沟道,以备设伏,避敌枪炮。漏应夜赶办,即使地冻石坚,多制锹镢,犹可设法补救。若再师心自用,以浪战取巧侥幸,即令战殁,亦不请恤,为不遵军令者戒。丁提督老于兵事,粗知战守方略,务竭诚商办。刘镇(超佩)亦系糊涂懒惰之人,并令于后路多掘沟道制敌。昨聂士成、吕本元等在大高岭却敌,亦借地沟得手。日兵亦多挖深沟,以御我军。人皆能用此法,戴、刘独不办,岂非昏庸!

是日下午,丁汝昌等又收到李鸿章来电称:

伦敦电:日本提督大山岩一军已由旅顺动身,其意拟往山海关进攻北京。前日拟往威海一节,顷作罢论云。

12月2日(十一月初六日),丁汝昌及威海陆军各统将又收到李鸿章电令,加强戒备,严密防守。

是日白天,丁汝昌又赶到威海湾南岸巩军防区,查看防务筹备情况。对南岸后路缺少防务措施的状况,提出了补救意见。

是日晚,丁汝昌在刘公岛将威海南岸防务情况致电李鸿章报告:

本日昌到南帮,晤刘镇及各营官,谈次察知,尚有坚守之意。前边陆路炮台及长墙地沟,均有布置,现尚多掘梅花坑以期御守。惟龙庙嘴炮台,隔在墙外,上有高冈,敌若抄后,实难守住。已约临时水陆,共护此台,倘万不得已,拆卸炮栓钢圈底送归鹿角嘴炮台,免致为敌所用,既慑军心,又累大局。而后路空虚,布置未及,中前两营,相隔高冈数道,约五里之遥,不能联络关顾,已商定,事急归入长墙内固守,尚无大碍。第后路添筑土台并地窟,兵勇星夜不遑,议即暂雇民夫,帮同办理,可否酌给津贴?乞电示。昌叩。鱼。

12月3日(十一月初七日),丁汝昌在刘公岛为抢抓时间及时筹措防务诸事致信戴宗骞:

昨至俊卿(即刘超佩)处,查近处筹备甚固,惟后路未曾设措,已商同相度,允以扼要赶办。再,昨据各洋人报称,德璀琳前带数人至马关办理议和事,美公使曾允主盟,惟该国意,和事须到北京方议。

刻闻山海关倭兵船在彼已游弋数日，威海目前当不暇及，我正可及时纾力增备也。

是日下午，丁汝昌在刘公岛收到李鸿章复电：

鱼电悉。梅花坑无甚用，不若多掘地沟。所拟刘镇各营布置尚妥。土台地沟，必须添雇民夫帮助，津贴若干，准核实开报。

12月6日（十一月初十日），丁汝昌收到大沽炮台统将罗镇荣光来电告知：

"左一"雷艇于下午一点钟进口，据王平来营面禀，九点钟出界开往庙岛水线，行至二十余咪，见有大雷艇六艘，分两边来包抄，后面跟随大船，鱼贯而来，赶紧回沽禀报云。

12月8日（十一月十二日），北洋海军提督丁汝昌就威海湾北岸的防守事宜致信驻威海卫陆军统领戴宗骞：

敝军"威远"练船所设之炮均非巨制，故士卒所习，盖不免囿于褊浅。会顷措用，难似驾轻就熟者得心应手也。蒙已挑悍健者数十辈，拟令逐日登岸求借北山嘴台上混同操练，并祈惠饬守台炮弁指导一切，以期易臻熟悉，以备遣用。为蒙允行，即望就近饬书遵照是幸。开花弹一项，较之他弹实有事半功倍之效，敢祈所辖各台通传，多备若干，至要至要！北山顶行炮各台敝军选派之卒核计轮流施炮，未见为绌。若不另筹游击之兵以为抵护，不免疏漏之弊。已商德三，允以一哨为助，不日即移扎北山顶，与敝军守台士卒同住一起，庶为骖靳之益也。特此告达，即颂荩安。

是日，丁汝昌得知光绪皇帝任命的特使徐建寅当日抵达威海。是日夜，徐建寅住威海陆岸。

12月9日（十一月十三日），丁汝昌在刘公岛北洋海军提督署拜见了徐建寅特使，并陪同勘察了北洋舰队各船情形。

是日，丁汝昌派驻在刘公岛山顶上的瞭望哨，于下午5时30分许，见有来侦探之日船被南岸炮台开炮击中烟筒，船遂滞行。

是日晚，丁汝昌将皇上特使徐建寅来岛情况及日船来威侦探等事致电李鸿章报告：

徐道建寅昨到威，今日过岛历勘水师各船情形后，据云明日回烟。本日五点半钟，倭有一船由西来，抵东口巡探，赵北嘴（即皂埠嘴）炮台共开六炮，内有一炮中其烟筒，一炮中其船后，行驶遂滞。天黑不获派船出口，拟明早派雷艇查勘。如果倭船因伤重沉没，再续电闻。

12月10日(十一月十四日),丁汝昌送走清廷特使徐建寅后,立即将“镇远”觅伤、弥缝补塞工程之进度致电李鸿章报告:

“镇远”觅伤补塞工程截至十三日止,计已补塞:帆舱下宽十寸、尾渐小、长十七尺,伤一处;机舱下宽二尺四寸、长十一尺零左右,尚有数小孔伤一处;帆舱下宽一寸、长三尺伤一处;又宽三寸、长二尺五寸伤一处;水力机舱下宽四寸、长三尺伤一处。尚有弹舱,下宽八寸、长六尺半,又宽十寸、长三尺半,又宽一尺八寸、长十二尺伤三处。机舱下宽二尺四寸、长五尺,又宽四寸、长一尺八寸;水力机舱下宽二尺六寸、长三尺九寸伤三处,现正补塞。惟风浪颇大,水底不能施工,甚为焦急,已雇下水机匠两人及本军下水人,设法赶修,并悬赏格以为觅伤补塞者劝。何时工竣,当续电禀报。

是日,丁汝昌为加强北洋海军之战守能力致信李鸿章报告:

“定”“镇”两舰,原系徐道建寅监造,昨来威勘验,所论皆悉中机窍,战守机宜,颇知要领,忠勇之发,溢于言表。可否奏派留船,或为提督帮办,或作监战大员,良多裨益矣!

是日上午,李鸿章立即将此电内容请译署代奏。

12月11日(十一月十五日)下午,丁汝昌在刘公岛收到李鸿章来电:

修至今日,伤漏尚有如此之多。其下水机匠等,务饬克期努力修好,悬定赏格电复。如延迟,即不给赏。

是日,丁汝昌在刘公岛为护军扩招及军工开支事致电盛宣怀:

刘公岛周环廿余里,护军三营二哨守台,并派边巡哨,冀抽游击,临时实觉不敷分布。前禀帅请添三哨以足四营之数,以期同防。帅意恐无军装,空手无益。兹询张镇(即张文宣)据称现余军装足充三哨之用。似此一时赶募赶操,信可得力。应恳婉陈帅座,倘蒙允行,乞速复转知赶办。再,该军前招工队三百名,本为安炮而设,俟炮安好,即行禀拨。

12月12日(十一月十六日),丁汝昌再次被山东巡抚李秉衡弹劾,奏请立即将贻误军机之将领明正典刑。其奏折内容为:

奏为军情紧要,请将临敌逃窜贻误军机之将领,明正典刑,以伸国法而励军心,恭折具陈,仰陈圣鉴事:

窃臣前因旅顺失守,请诛一二退缩将领,以维军政。于十一月初二日附片具陈,自应恭候批旨,何敢再渎?然臣追维旅顺失事之由,实见文武诸臣,如丁汝昌、龚照玙、卫汝成等,皆丧心误国,罪不容诛。

谨撮其罪状，再为我皇上陈之。

提督丁汝昌为海军统帅，牙山之败，以“致远”船冲锋独进，不为救援，督率无方，已难辞咎。朝廷不加谴责，冀其自知愧奋，以赎前愆。乃丁汝昌骄玩性成，不知儆惧，闻皮子窝、大连湾一带为敌锋所指，将兵舰带至威海，以为藏身之固。倭船四处游弋，不闻以一轮相追逐。嗣李鸿章令其仍赴旅顺，始勉强以往。至事急，又复率兵舰逃回威海，仓皇夜遁，致将“镇远”船触礁沉坏。以经营十余年，糜帑数千万之海军，处旅顺形胜之地，乃竟望风先遁，将台炮、船坞拱手以与敌人，丁汝昌之罪尚可逭乎？

……

方今辽沈戒严，威海、山海关各路亦处处吃紧，利钝之机，转移之用，决自朝廷。若使畏死者得以幸生，人谁肯以血肉之躯甘冒锋镝，恐相率退避，军事难望转机。现在卫汝贵已逮刑部治罪，伏乞皇上立赐睿断，降旨将丁汝昌、龚照玙、卫汝成、卫汝贵各照贻误军机律，明正典刑，使人知法令之可畏，自当踊跃奋迅，不敢临阵退缩，以犯王章，战事必较有把握。

臣为挽回大局起见，冒昧渎陈，不胜惶悚待命之至！谨专折具奏。是否有当，伏乞皇上圣鉴训示。谨奏。

12月14日（十一月十八日），丁汝昌与刘道含芳收到李鸿章来电：

顷毕德格（W. N. Pethiek）自美来荐，有美国人威理得（Wilde，中文也译为宴汝德或专威路）、好为（Howie，也译为郝威）两名，能造新式水雷秘法，驾雷艇出口，包在洋面轰毁敌船二三只。现到烟台，望芗林即派妥人伴送至威，由禹廷与伊妥商办法，如做成水雷能轰敌船，允给赏号若干，另月给薪费若干，商定具复。

12月16日（十一月廿日），丁汝昌在刘公岛收到盛宣怀来电：

子梅电复，麻袋万个，计规银八百廿五两，今晚装“公义”至烟，提单寄烟，交合顺云。

12月17日（十一月廿一日），丁汝昌在威海刘鸽继续抓紧抢修“镇远”舰，部署应战方案。同日，光绪帝降旨：

革职留任海军提督丁汝昌，统领海军多年，自倭人启衅以来，叠经谕令统带师船出海援剿，该革员畏葸迁延，节节贻误，旅顺船坞是其专责，复不能率师援救，实属恇怯无能，罪无可逭：叶志超、丁汝昌，均著拿交刑部，分别治罪。

是日，丁汝昌收到刘含芳发来函电告知：前番挟奇技来投效北洋水师的两个美国人将随同“左一”鱼雷艇前往威海卫，希望组织留美学生吴金厚、吴应科、曹嘉良、蔡廷干、王登良、王登云等，先与两个美国人讨论其灭敌奇技，再与水师各军官料理，待考察论证其灭敌之技能于海面胜算后，再令其察看威防各炮台，以稳固全局。

12 月 18 日(十一月廿二日)晚，丁汝昌在威海就修船备战等事致电李鸿章报告：

马电悉。美两人及“左一”在烟，尚未到威，到日必与讨论，果能制胜，断不掣肘。“镇远”天寒风大，水底施工糜费，难以速成，前已商马格禄，拟再加木撑，先就夹底用三五日办竣，出口试炮，如震力不动木撑，则临时尚可济急。试后如何情形再报，仍留机匠，一面修补，以竣全功。“来远”要工略完，惟舱面铁板上楢木板及各舱房间乏料修造，拟先尽机厂存料用。已调“威远”十生半炮二尊，安其耳台舱后两处，勿需南下，不误战事。马格禄云，香港英商坞守局外例，定不肯修，“镇远”赴闽，船漏单，诸多未妥，且恐奸细甚多，出口远行，难保无事云。谨复。

12 月 19 日(十一月廿三日)，丁汝昌收到李鸿章来电：

总署电：前据杨使函，美员专威路研精化学三十余年，来署上书，有新法破敌，未敢深信。询诸化学家，谓确有是理，复嘱科士达密加访问，据云：其人诚笃不苟，非诡谋欺人者，金山华商集美银六千元，公聘此人，随同莫翻译来华，径赴北洋效力等语。现该美员已抵北洋，所陈十事，究有济否？望严密试验演云。该美员到威后，如何议商，随时详电。

12 月 20 日(十一月廿四日)，丁汝昌被免职著交刑部治罪的上谕传下后，东海关刘含芳为挽留北洋海军提督丁汝昌特致电李鸿章转译署督办军务处：

顷阅邸抄，丁提督逮问进京。在朝廷驭将之法，操纵自有权衡。然水师统将，去丁仅实缺总兵刘步蟾一人，更难驾驭得宜。明知此时事在为难，而外间实情亦不可不密达枢邸，以尽此心。愚昧之见，伏乞宪裁。

是日，为了使丁汝昌暂缓交卸海军提督职务，李鸿章致电译署督办军务处：

李和甫带“平远”小船，才具稍短。杨用霖甫以大副代理“镇远”

管驾，虽尚得力，未便超升。徐建寅系文员，未经战阵。丁汝昌前请帮办监战，似系借此卸责之意，未可遽为定论。前派汉纳根总查海军，英水师提督犹讥之谓非水师出身也。而汉纳根从此遂不上船。今丁既逮问，自无久留之理。惟威海正当前敌，防剿万紧，经手要务过多，一时难易生手。可否吁恩，暂缓交卸，俟遴选得人，再行具奏。

是日，"著拿交刑部治罪"的丁汝昌与两位美国人认真交谈之后，立即将两位美国人来威海之后的活动及双方交谈的内容致电李鸿章报告：

两美员来，据称，所有住房家具、食用一切、电书各件，均由公中供应，已将现有者移用，无则购买，均无不洽。如举事，需商轮，越多越好，至少亦须数只。接一仗，应备材料在万元之谱，已商马格禄电询各洋行有无，再订购。该两人合同赶办，大率不外刘道电禀左右，订后再呈送备案。

12月21日（十一月廿五日）晨，忙乱不堪的丁汝昌将美国人所谈合作条件致电李鸿章转报译署督办军务处：

美员宴汝德信函云：一、伊所呈水战防口各款，如试验有效，我国用伊，即给美金洋一万元，不得食言。一、试验应需各料件，均由我国备办。一、试验后如不用伊，在场亲见之人，须秘密其事，不得将所陈各法告人，并私自用于国家及私用于自己。一、此约必须遵守办理，不得作为废纸，嘱即签字画押等语。查试验有效，即须付金洋，应如何兑付，且伊须在签押后，方肯绘图并开单购料。昌未敢擅便，谨请电商督办军务处，准否签押？候批示遵行。

是日深夜，丁汝昌得知译署来电的内容：

本日奉旨："李鸿章电奏，威海防务万紧，一时难易生手等语。丁汝昌既经拿问，海军提督缺，即著刘步蟾暂行署理。仍著李鸿章遴员保奏，候旨擢用。丁汝昌俟经手事件交替清楚后，速即起解。钦此。"有。

12月22日（十一月廿六日）晨，为挽留丁汝昌在威海协调筹办海防基地防务，威海陆军统将戴宗骞、张文宣、刘超佩等，北洋海军右翼总兵刘步蟾暨各舰管带等人，诚恳致电李鸿章暂留丁提督在威协筹务防，并请转报译署督办军务处。

是日上午10时许，为留下丁汝昌布置威海水陆防务，李鸿章再次致电译署督办军务处：

威海炮台统将戴宗骞、张文宣、刘超佩等公电，恭读上谕，逮治丁提督，九重严命，何敢渎陈。惟是威防现甚吃紧，倭船常来窥伺，地阔兵单，时虞陨越。丁提督自旅回防后，日夜训练师船，联络各军，讲求战守，布置一切，正仗筹划，若遽进京，军民不免失望。骞等惟有吁恳宪恩，设法挽回天意，暂留丁提督在威海协筹要防，大局幸甚。临禀不胜迫切待命之至。又海军右翼总兵刘步蟾暨各舰管带等公电：丁提督表率水军，联络旱营，布置威海水陆一切，众心推服。今奉逮治严旨，不独水师失所秉承，即陆营亦乏人联络，且军中各洋将，亦均解体。当此威防吃紧之际，大局攸关，会恳宪恩，设法挽转，收回成命，暂留本任，竭力自赎，以固海军根本之地，而免洋将涣散人心，实为深幸，迫切吁祷，伏乞格外成全各等语。事关要防大局，不敢壅于上闻，候裁夺。

是日，奉旨即将被逮京问罪的丁汝昌将美国人宴汝德催促签字画押事致电李鸿章报告：

两美员来催签押，云如用伊，即请签押，否则回信，伊另作别图等语。乞示遵办。

12 月 23 日（十一月廿七日）上午，丁汝昌在刘公岛收到李鸿章来电：

总署宥电，奉旨："李鸿章电悉。美员宴汝德所陈水战防口各款，如试验有效，即须付给定银等语。此事总以效验为凭，究竟以何船试验？若以敌船为验，则必须出海攻战，若用华船，则断无自行击沉之理。其余各法，如何取效，并著详晰询明，逐条复奏。钦此。"应仍详细询明，逐条具复。彼谓不画押，即将他图，岂欲投效日人，则来意不诚可知，须再审酌。

是日夜，丁汝昌在刘公岛收到李鸿章来电："总署沁电奉旨：'李鸿章电悉。两美员著即与签押，以便试验。钦此。'"

是日夜，丁汝昌为美国人宴汝德所述之方法致电李鸿章报告：

奉署详询宴汝德，据云：前陈十事：一、用药水装管，埋于口门，似沉雷法，价省功倍；二、用药水装管，镶配船后，用机喷出发烟，使敌人闻烟气闷即退，我得登岸，惟后路有重兵，则药力不及远；三、亦用船后药水；四、法同，如不能捉，即专毁沉；五、用药水发烟；六、用药水外，进港船头，均配铁钯分开水雷；七、用药水于雷艇；八、将商轮配药水管；九、同一；十、能毁近水炮台，亦用药水。前译水师无响声，系属误会。并云，此系独得之秘，只能略言大概，其深奥处，必用他后方陈等语。查伊签押后方肯试验，如有效用他，即付定银，否则不付。试验之法，或废兵船、废商船、废木船均可，此节尚易商办。惟试验材料，电询烟、沪均无，第香港尚未复电，并需快商船数只，均难即时齐备。尤有虑者，试验有效，及临敌时不效，责成太重，把握尚无，应请宪酌。至伊他图之说，原谓伊系有业之人，能作机器，但用水力，不用煤炭，现功未竟，恐我不用耽搁光阴等言。然，亦不能不防其为敌用。是否，乞训示。

是日深夜，为使丁汝昌照常尽心布置战守事宜，李鸿章给驻威海的戴道（宗骞）、张镇（文宣）、刘镇（超佩）等来电：

昨将公电转奏，顷总署来电，奉旨："李鸿章电，据戴宗骞等禀请，暂留丁汝昌办理防务等语。丁汝昌著仍遵前旨，俟经手事件完竣，即行起解，不得再行渎请。钦此。"查经手事件，所包甚广，防务亦在其内，应令丁提督照常尽心办理，勿急交卸。

12月24日（十一月廿八日），丁汝昌在威海就雇用洋员炮首事致电李鸿章报告：

烟台税司送来英员一、美员一充理炮首，已由马格禄电致罗道（稷臣）、德（璀琳）税司，订立合同后分别在岸上、船上差遣。惟投效炮首，知老炮者多，知新炮者少，人浮于事，以后请勿收录。

是日，丁汝昌和马格禄与两位美国人共同签字画押，订立试验合同。事毕，丁汝昌致电李鸿章报告：

遵旨本日与马格禄会同签押两美员试验合同，专候询购材料货到方能开办。以后如何情形，随时电报。洋文合同另文送云。候送到即转咨。

12月25日（十一月廿九日）午后，丁汝昌在刘公岛收到李鸿章来电：

昨早成山报，日兵轮一在龙须岛，有小火轮欲渡兵上岸。午后烟台至成山电不通，由威局呼，应非华人，似为日据。亥刻又报，日船南去，成局未动，应速统现有师船赴龙须岛、成山一带巡探，如日本船少，即设法驱逐，否则，听其由后路包抄，则威危，而兵船无驻足之地，弟获罪更重矣。

是日，丁汝昌、张文宣、李楹、孙金彪、刘观察等在刘公岛收到盛宣怀来电：

成山电报，有日人在龙须岛上岸，探测水深，并随地掷钱与饼饵诱当地人之后而回。前月曾有倭船在石岛、俚岛测量水深。现在奉、隶海口封冻，恐日乘暇攻取威海，使我船无泊处。攻取威海，敌必从背攻，将以各口为皮子窝。一俟大队上岸，便难抵御。若在海边防守，数千人可退敌。乞速钧裁。

是日傍晚，丁汝昌在威海刘公岛复电李鸿章：

艳电悉。昌遵即饬船艇备便出海，惟据马格禄云，军船威海相依为命。与其全队出海滋疑，且遇一二敌船，亦宜暗袭，若明攻，彼必远飏，不能接战。又恐趁我全出，彼以大队封我海口，不如伊带三艇出探，若实有倭兵登岸，即速回报，再与昌率全队前往拼战等语。刻已定：马带三艇，今夜开行，昌令六船余艇备便汤汽，候报即发。探复情形，再续电闻。

12月26日（十一月三十日），丁汝昌在刘公岛收到李鸿章来电：

艳电所虑亦是。成山续报，日船在龙须港登岸，仅数人，旋即退去。马格禄前往探察情况如何？"镇远"舰用木撑做好炮不震否？美员材料，催速备办。

是日，丁汝昌在刘公岛为加强威海后路防御事复电盛宣怀：

艳电敬悉。石、俚岛添防，前在津与公等商，帅已坚请留鼎臣。实见威防兵力抽队远去，守益不足，现惟求鉴帅（即李秉衡）策应方妥。师舰现情不再锁陈，惟审定因应，临时悉数一拼而已。

12月27日（十二月初一日），丁汝昌及威海陆军各统领收到李鸿章转总署昨日来电：

闻二十八有日船送兵在龙须岛探水散钱之事。又闻，前月即有日船在石、俚岛量水，恐因辽海将冻，欲由荣成各海口上岸，以攻威海之背，又袭皮子窝故智。若大股一令登岸，便难收拾，望速筹严防。

李中堂严令"威防水陆将领，俟贼近岸，即相机雕剿"。

是日，丁汝昌收到来电得知，戴宗骞拟分两营前往南路方向驻扎。戴统领还向盛宣怀等人保证，如有警，其军队仍拨队前往相助。

12月28日（十二月初二日），丁汝昌在刘公岛为戴宗骞抽调守军开赴荣成之决定致信戴宗骞：

昨奉电示，贵两军各抽一旅为抚帅接应。有骁将率之，设伏抄剿，必足有济。麾下持重根本之地，军民之心胥足以固。庆幸如何，汝昌以负罪至重之身，提战余单疲之舰，责备丛集，计非浪战轻生，不足以赎罪，自顾衰朽，岂惜此躯？惟以一方气谊，罔弗同袍骖靳之依，或堪为济。然区区之抱，不过为知者道，但期共谅于将来，于愿足矣。惟目前军情有顷刻之变，言官逞论，列曲直如一，身际艰危，尤多莫测，迨事吃紧，不出要击固罪；即出而防或有危，不足回顾尤罪。若自为图，使非要击，依旧蒙羞，利钝成败之机，彼时亦不暇过计也。曲抱之隐，用质有道，尚希有以见教为叩。祗达。

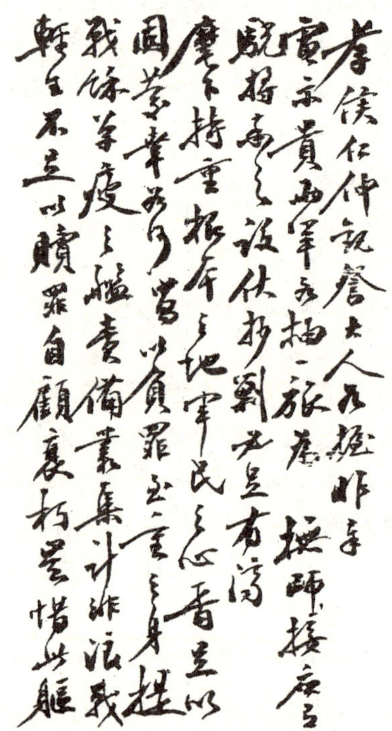

北洋海军提督丁汝昌的亲笔手稿。

1895年（清光绪二十一年）　六十岁

1月1日（十二月初六日），丁汝昌向李鸿章呈报请示，将北洋海军右翼右营守备、“扬威”舰帮带大副郑文超革职留营效力，以观后效。

1月2日（十二月初七日），丁汝昌、张文宣在刘公岛收到刘超佩来函称，俚岛海域有日本船两艘，距海岸一华里，居民多有拾得日军造木牌，上刻：近尔居民不要惊慌，靠近者藏闭藏闭，我们初八九日准下岸到威海去交战。相帅下令海陆驻军要一体严防。

是日，丁汝昌在刘公岛收到盛宣怀来电：

营电倭贼在感王寨为宋帅（即宋庆）击死千余名，颇有怯意，是亦半在雪地冻伤，若得劲旅进剿，可期得手云。岘帅（即刘坤一）放钦差，关内外已有三百四十营，张、邵使倭已定。孝翁（指戴宗骞）同览。

1月4日（十二月初九日）晚，丁汝昌在刘公岛为“镇远”舰抢修堵漏之事，致电李鸿章：

“镇远”伤痕已补，其余伤处满拟速完，试车试炮较妥，乃沪雇洋匠二名今日面禀，天寒风雪，水底万难施工，拟请假回沪，稍暖再修。只可照准。现伤尚有三处未修，共长三十英尺，宽自二尺至六尺不等。昌与马格禄议，暂缓修补，拟先就夹底木撑而用，俟天气稍暖，勉强出口。试车试炮情形如何，再续禀报。

1月5日（十二月初十日）上午，丁汝昌在刘公岛收到李鸿章来电：

“镇远”伤处，因严寒未能修完，沪雇洋匠准回。夹底木撑，必须试车试炮，察看能否得力，详细具复，勿迟。

1月6日（十二月十一日），丁汝昌、马格禄指挥杨用霖管驾“镇远”舰试航，测验某航速与开炮射击时舰船的状况。试验结果为航速可达7海里，在齐发两炮后，所有木撑没有出现摇动。

是日晚间，丁汝昌因“镇远”舰试验结果事，致电报告李鸿章：

昨试车因机舱安有木撑，只能升火五锅炉，仅行七海里，叠经两炮齐发，木撑尚无摇动。据此勘验，倘值急迫，尚可行船放炮，约在八海里以内，惟远地不宜行驶。若风浪过大，与敌炮击坏木撑，并击船震力太大，有无险急，未能悬揣。“定远”左台左炮，前被敌炮击伤，现经洋弁哈卜们督率试放四炮，尚无窒碍。连日叠据倭探，有尽力猛扑威海之说，昌惟与各统领商议，水陆合力严防。又两美员所需材料，马格禄电香港怡和代办五十箱，起运未到。俟试验再电闻。

1月7日（十二月十二日）晚，丁汝昌在刘公岛收到李鸿章来电：

岘帅（即刘坤一）电，督办军务处公论，均以马复恒能胜海军提督之任，嘱即奏保。闻徐建寅力赞马道。其才具魅力，是否尚堪造就？鹿岛之战，是否在船驾驭？中外各员，能否妥协？望即日筹度，据实密复。

1月8日（十二月十三日）凌晨1时许，丁汝昌在刘公岛为推荐海军提督人选事，致电李鸿章：

马道复恒，前曾管带“操江”“康济”“海镜”各船，嗣经会办旅顺鱼雷局，鹿岛之战，尚未到船。因昌海战后回旅，受伤卧病，不能照料全军，素知马道心地明爽，故邀请会办海军营务处，借资臂助。顷接电后，面与马道熟商，据称才力不及，万难胜任，中外各员，亦未能妥协，恳切力辞。谈及徐道建寅，才力胜其百倍，于海军情形大局，实能胜任。若奉简来统水师，必有成效等语。亦是实情，不能不据实电复，请宪裁酌夺。

是日深夜，丁汝昌及威海水陆各将领收到李鸿章来电：

总署电，奉旨："李鸿章电奏，连日迭据探报，倭有猛扑威海之说，又成山有倭船数只，来往游弋。著李鸿章严饬威海水陆将弁，加意扼守，昼夜严防，并知照李秉衡合力备御，不可稍涉大意。嗣后成山、威海等处，如有倭船窥伺，著李秉衡随时电奏。钦此。"转东抚(即李秉衡)。

1月11日(十二月十六日)，丁汝昌在威海为海军应领军饷之事，致电李鸿章：

水师有案，应领之款计六万余两，除由冬饷垫付外，各行尚有未清，应请电沪关拨库平七万两，发交义昌。除找还行欠外，并发腊月饷，余款归昌春正饷扣销。

是日，丁汝昌在威海收到李鸿章来电：

电请沪关拨七万两，姑照转电。惟找义昌行欠外，何以在沪发腊正饷，殊不解。

1月11日(十二月十六日)，丁汝昌及驻威海水陆各统领收到李鸿章来电：

顷德璀琳报：总税司电称，现接要电，东洋第三军，已于华十二月十四日，在广岛开行，大约赴威海卫上岸。英国水师提督因此来烟台查看情形云，饬务督各营，严加防备。

1月13日(十二月十八日)，为丁汝昌暂缓交卸提督职事，海军帮办英国人马格禄致电李鸿章：

丁提督才能出众，忠勇性成，素为海军各将领所服。格禄与之共事，相知甚深。现值倭寇窥窜，时局艰难，恳请中堂奏保暂缓交卸，以系中外之望。所有参劾各节，均与丁提督无涉。如果必行拿问，诚恐海军中外各员，均以赏罚未能出于至公，海军局势，必至万分艰难矣。

是日傍晚，丁汝昌及威海水陆各统领收到李鸿章来电：

总署洽电，奉旨："前闻倭寇有图扰威海之说，业经谕令，加意严防。兹复据李鸿章电称，探闻倭兵第三军，已于十四日在广岛开行，欲赴威海上岸等语。旅顺既为倭踞，现又图犯威海，意在毁我战舰，占我船坞，彼之水师乃可往来无忌，其谋甚狡。敌兵扑犯，必乘空隙之处，威海附近数十里内，尤为吃重，著李鸿章、李秉衡飞饬各防军，昼夜梭巡，实力严防，不得稍有疏懈。钦此。”转东抚(即李秉衡)。

1月14日(十二月十九日)晨，丁汝昌、刘步蟾等收到李鸿章昨晚10时许发来的急电：

总署电，本日奉旨：“昨因倭寇欲犯威海，已谕李鸿章等飞饬严防，第念海军战舰数已无多，岂可稍有疏失，若遇敌船逼近，株守口内，转致进退不得自由，应如何设法调度，相机迎击，以免坐困。著李鸿章悉心筹酌，饬令海军诸将，妥慎办理，并先行复奏。钦此。”查倭如犯威，必以陆队由后路上岸抄截，而以兵船游弋口外，牵制我师。彼时兵轮应当如何布置迎击，水陆相依，庶无疏失，望与洋弁等悉心妥筹，详细电复，以凭核奏。

1月15日(十二月廿日)，丁汝昌及威海水陆各将领收到李鸿章来电：

总署效电，本日奉旨：“李鸿章电奏已悉。前据总税务司探闻，倭第三军万二千人欲往威海，今成山西南有倭轮抛锚，似系先来试探，其大队恐将踵至。著李鸿章、李秉衡饬令各军，加意严防敌船动静，并著随时确探电闻。钦此。”

是日，北洋海军提督丁汝昌与北洋海军帮办、英国人马格禄将北洋海军战守策略及威防后路兵少地阔的隐患，致电报告李鸿章：

倭若渡兵上岸来犯威海防，必有大队兵船雷艇牵掣口外，汝昌、格禄早与刘镇及诸将等再三筹画，若远出接战，我力太单，彼船艇快而多，顾此失彼，即伤敌数船，倘彼以大队急驶，封阻威口，则我船在外，进退无路，不免全失，威口亦危。若在口内株守，如两岸炮台有失，我船亦束手待毙，均未妥慎。窃谓水师力强，无难远近迎剿，今则战船无多，惟有依辅炮台，以收夹击之效。查威、旅海口情形迥异，旅顺口窄澳狭，船必候满潮出口，非时不能转动，临阵不能放炮，既难依辅炮台，又实无益陆路。威海则口宽澳广，随时可旋转，临敌可以攻击，事势不同。倘倭只令数船犯威，则我军船艇可出口迎击，如彼船大队全来，则我军船艇均令起锚出港，分布东西两口，在炮台炮线水雷之界，与炮台合力抵御，相机雕剿，俾免敌舰闯进口内。即使陆路包抄，南北两岸师船，尚可支撑攻击彼船。若两岸全失，台上之炮为敌用，则我军师船与刘公岛陆军，惟有誓死拼战，船沉人尽而已。惟北岸北山嘴守沿海及长墙，约三十余里，虽与戴道商派马道复恒协守祭祀台及各高山，又由张镇文宣酌拨两哨驻守祭祀台切近山沟，其余山沟尚多，戴道兵力不敷分布，实为可虑。南岸自龙庙嘴守至赵北嘴（即皂埠嘴），亦十余里，后路更宽，均甚吃紧。前商挖沟做墙布旱雷各事，现又商以麻袋装土堆积避弹，以辅各台未筑后墙之缺。要之地阔兵单，全恃后路游击有兵，以防抄袭，方能巩固。东抚想已遵旨布置，水师断难舍舟而陆。所有遵拟筹画情形，乞采择核奏。

是日夜10时许，李中堂将丁汝昌、马格禄所拟战守方案的电报寄发译署，并强调"威海两岸，地阔兵单，鸿严饬戴宗骞、刘超佩各守炮台长墙，实无大支击后路"。肯定"海军所拟水陆相依办法、筹虑似尚周到"。

是日，丁汝昌为成山电报局涉及军情如何译报之事，致电盛宣怀：

成山洋人报何国商兵船明白。伊请准归官报。请告成山局，准该洋人凡军情报威、刘公岛，列一等。

是日，丁汝昌在济公岛收到盛宣怀来电：

已电成山洋报列一等。盖平失守，杨寿山阵亡，宋军吃不住。张、邵在在沪过年，讲事必不能成，春融敌舰继进，更吃紧。公与孝翁有妙策否。

1月16日（十二月廿一日），丁汝昌在刘公岛为北方战局扭转形势以及赴日和谈筹事给盛宣怀去电：

敌势北趋，惟有速加劲旅策应。宋军外，再借蒙古各王马队，不必前敌，专事绕后包抄以破敌阵，如鲍爵帅、多将军敌陈玉成之法，当能有济。和事必有头绪，张（荫桓）、邵（友濂）方出会议，何以必不能成，乞密示。

1月20日（十二月廿五日）凌晨4时许，丁汝昌在刘公岛紧急致电李鸿章：

顷接成山电，两船在荣成下锚，两船向龙须岛驶。廿二船在灯塔外，或二英里或八英里游弋，必是倭船有登岸之举。因昨有三倭船在登州开炮，牵我兵势。

是日晨6时许，丁汝昌在刘公岛紧急致电李鸿章：顷成山电，倭船四十只在荣成湾开炮，后容再报。李鸿章于午刻将此电寄译署。

是日上午10时许，丁汝昌再次致电李鸿章：成山电辰刻已不通。

是日中午12时许，丁汝昌为美国人试验料事致电李鸿章：

美员试验用药料，前由马格禄电怡和洋行代购到烟。又在烟购油两种，约一千余元，下在民船上，候风来威。乃刻报，昨日焚去。未知船户失慎，抑有奸细故毁。谨电闻。昌。有午。

是日下午，丁汝昌、戴宗骞等统领收到李鸿章来电：

倭船大队在荣成湾开炮，势必分投登岸。龙须、倭、里各岛防队单薄，恐难抵御。电线将断，马探驰报若何。荣距威尚百里，山谷丛杂，东兵能否设法埋伏邀截，以牵制之。威防只能守炮台长墙，曷任焦系！

是日傍晚，丁汝昌在刘公岛收到李鸿章来电：

有午电悉。美员试验药料，在民船焚去，何不派兵船往带。成山一带，虽有日船，自威至烟，何至一步不能行。所称焚去，是否药料未焚，仅焚添购之油？

是日晚，丁汝昌在刘公岛为美员去向之事，致电报告李鸿章：

两美员，宴汝德要赴烟，已给护照川资，并函致刘道照料；郝威愿告奋勇上船，尚未订合同。昌叩。

是日，丁汝昌又被都察院左副都御史杨颐在请简派知兵大员统领海军奏折中弹劾：

乃李鸿章始终袒庇一败坏海军之丁汝昌，托以经手事件未完，逗留不遣；又谓作雾洋人，非丁汝昌不能驾驭，无非欲掩饰其误用丁汝昌之失，而于整顿海军事宜，仍无布置。

是日夜，丁汝昌收到李鸿章于当晚6时许来电：

总署有电，奉旨："李鸿章、李秉衡电均悉。倭船在登州（现蓬莱）开炮一时之久，旋即驶去，并闻大连湾泊有倭船近五十艘，似即广岛开来之船。诡谋叵测，威海之防不可一日稍松。仍著李鸿章、李秉衡分饬水陆各军，严密防守，力与相持，勿令乘隙登岸，是为至重。钦此。"转山东巡抚云。

是日深夜，丁汝昌收到李鸿章于当晚8时许来电：

美员宴汝德求去，听之。郝威愿告奋勇上船，有用与否，酌办呈明。

1月21日（十二月廿六日），丁汝昌与戴宗骞、刘超佩、张文宣等收到李鸿章于上午10时许来电：

昨刘超佩禀，带千二百人赴荣成一带迎击。闻日兵甚众，均陆续登岸，我军太少，势不能敌，若有伤损，徒挫锐气，应令刘镇相机退守，勿为无益有损之战。现倭势趋重南路，则北岸稍松，戴应酌拨两三营速赴南岸，帮同扼要截击。并严守大小炮台，储足粮弹，敌来尽力死打。其北岸各处，或有空虚，应由戴电商孙镇金彪派队前往协守。文登来路，海军应分布东、西两口，预备夹击。务即遵办电复。

是日夜，丁汝昌及威陆海军戴宗骞、张文宣、刘超佩各统领收到李鸿章于当晚6时许来电：

闻日兵虽众，皆由广岛调出，内有四十内外人，非尽精锐。彼欲趁和议未定，于除日元旦，攻我懈怠，夺我炮台，毁我战舰。水陆将士当昼夜严备，切勿循常例过年。如能齐心血战破敌，旨必重赏。临时宜悬赏格，激励死士。彼既由南路抄来，戴、张所部，除各守炮台外，当分队助南岸战守。若南岸守住，彼或分兵抄北岸后路，刘张再分队助北岸。全在调度灵动，无分畛域，勉之望之。

1月22日（十二月廿七日）凌晨2时许，丁汝昌、戴宗骞等收到李鸿章昨晚10时来电：

总署宥电，本日奉旨："李鸿章、李秉衡二十五日各电均悉。倭寇蓄意谋攻威海，大队兵船已在荣成开炮，并有倭兵上岸，电线不通，情形极为危急。其洋划登岸之兵究有若干，著李鸿章、李秉衡各饬防军飞速驰击，勿任深入蔓延。海军战舰，必须设法保全。前据李鸿章电奏，预筹水陆相依之法，尚属详悉。现当临敌之时，应如何相机合力之处，即饬该将领等迅速筹办，毋得束手坐待，致为所困。钦此。"转东抚云。

是日上午10时许，丁汝昌提出的陆军部队要多挖探沟或麻袋装土堆避敌炮的主张，再次被肯定。李鸿章在给戴宗骞的复电中指出："丁（提督）前拟令炮台后用麻袋装土，堆积后墙避敌炮，此为救急之法，应速饬赶备。"同时也明确指示:"丁提督俟口外有日船,当催令开至口门,相机夹击。"

是日凌晨,张文宣因与丁汝昌之战守意见不合,致电李鸿章:

丁军门已调护军两哨守祭祀。刘公岛大小炮台六座,周围三十余里,与丁议定,水师靠刘公岛。若分兵南岸,丁军门要出浪战,岛船皆不保,请电南北帮坚守炮台并水雷,勿与轻用。宣叩。

是日上午10时许,丁汝昌要率带舰船开出威海海湾口门参战的意见得到支持。李鸿章复电张文宣:

口外如有敌舰窥窜,丁军门自应开出口门,与炮台夹击。汝未经战阵,胆怯恐无长进。

是日上午,丁汝昌在刘公岛为军力调度及重点驻守诸事,致电李鸿章:

已商牛道(即牛昶昞)以日过戴道晤商,如遵帅电带三营协守南岸,余营移驻祭祀台长墙内营,留孙镇(即孙金彪)来驻两岸,稍可支撑。若不如此,仍照前散涣,敌来必走,两岸有失,炮资敌用,则海军舰艇并护军,万难保全。张镇勇已拨二百名在北岸,万难再调拨他处。

是日,丁汝昌在刘公岛收到盛宣怀来电:

十月,招商局蔚霞代雇炮手洋人一名,沈子梅垫付资洋一百元。又"爱仁"船驳煤费二千四百廿三两六钱,,是否由支应局应近咨领归垫?乞复。

是日近午,丁汝昌在刘公岛收到威海统领戴宗骞来电称,因山东巡抚所派七营未到,他要去威海南路与孙万林会合,共扼虎口、凤林等地。威海湾北岸的防守任务委托丁汝昌兼顾。

是日中午,丁汝昌立即将这一情况致电报告李鸿章:

顷接戴电云:今往南路,与孙万林约会,扼虎口、凤林集一带,杜北窜。抚七营未到,文宣军能来接应最好。北路托丁相机兼顾等语。昌自顾不暇,何能兼顾北岸。沁午。

是日夜,丁汝昌在刘公岛收到李鸿章来电:

戴分队扼虎口,恐扼不住,若败回,须嘱戴、刘设法严守。口外有无敌船?若敌船少,应出击,多则开往口门,与炮台夹击,即是兼顾北岸,何谓自顾不暇耶?闻马格禄电税司云,可保守。有何把握?与商筹。

是日深夜,丁汝昌及威海各将领收到李鸿章来电:

总署沁电,本日奉旨:"李鸿章、李秉衡各电奏,倭兵登岸,荣成失守。览奏殊深愤懑。东省兵力较单,疏有疏失,李秉衡自请议处,著加恩宽免。丁槐一军准其留于山东调遣。该营须用枪械,著李秉衡电商李鸿章,于南省解来枪内,经过东省时,酌拨应用。刻下贼已登岸,必将猛扑威海,著李秉衡厚集援军,迅往遏截,并激励将士,如有能奋勇破敌者,立予重赏。威防戴宗骞等军,守御尚能出力,现在贼踪逼近,仍著李鸿章饬令在防各军,固结兵心,并力截击,不得临敌畏却,致误大局。闻敌人载兵,皆系商船,而以兵船护之,若将"定远"等船齐出冲击,必可毁其多船,断其退路。此亦为救急之策,著李鸿章速筹调度为要。本日据吴大澂电奏,魏光焘营内枪械甚少,请于天津新到德枪内借拨一千枝,该抚所购洋枪,正月中旬亦可到津,如数拨还等语。现在魏光焘出关,需用甚急,著李鸿章即行拨给勿误。钦此。"转东抚云。查丁槐所统二千五百人,未知行抵东境何处?奉准留东,应请查明饬遵。所需枪械应令派员来津请领,中途箱件乱杂,核拨不便。海军船少,恐难远出冲击,只能在口门与炮台夹击。

1月23日(十二月廿八日)下午,丁汝昌在刘公岛收到李鸿章来电:

日兵扑南岸,计尚须二三日。届时察看刘镇如能死守,如何设法帮助,若彼不支,密令台上各炮拔去横闩,弃入海旁。若水师至力不能支时,不如出海拼战,即战不胜,或能留铁舰等退往烟台。希与中外将弁,相机酌办为要。

是日,丁汝昌致函刘含芳称:送美国人宴汝德去烟台,因料件被焚,一时无法。消息已露,其人洋寓所不肯留住,将附便船回上海。或去或留,请电商总署酌示。刘含芳于当日即电禀李鸿章。

1月24日(十二月廿九日),丁汝昌、戴宗骞、刘超佩及烟台刘道含芳分别收到李鸿章来电:

刘岘帅寄督办军务处王大臣电:坤于二十八午刻抵津,见直督李,湘抚吴亦到,座中询悉长军获胜,海城已复,东路较松。倭尽锐趋山东沿海,威海甚危,海军告急。倭计欲得我铁甲兵轮,并欲窜扰山东，以断南北运道，殊于大局有关。坤商之李鸿章，电饬丁汝昌相机办理，务须保全铁甲兵轮各船。一面由坤电饬所调江南马步诸军，由山东境迅赴烟台或赴威海，探悉倭人所向，并力截击。现在情形不同，似可暂时留牛师韩、马必胜等营守护近畿，而令程文炳、董福祥即日统率老营启行，由德州、济南一路前进，以期迎头堵剿。坤暂驻天津，察酌事宜。令宋朝儒、杨金龙等整顿队伍，听候调遣，为夹攻计。至海军吃紧，督率需人，可否仰邀天恩，姑宽丁汝昌拿办之罪，责令立功自赎，出自逾格鸿施。请代奏并候电复云。

是日，丁汝昌在威海就南岸炮台防守诸事，致电李鸿章：

南岸龙庙嘴炮台，刘镇（即刘超佩）照前禀不守，炮闩钢底闩圈已起去。其水雷营电线，昌拟移在"康济"船，抛日岛后，戴道不允，乞速电饬。

李中堂即时复电戴、刘两人：

龙庙嘴炮台，刘何以不守？敌兵在何处？水雷营电线，原防敌船由口内登岸，今敌船未能进口，移去免为敌用，亦是稳著。即与丁妥商办理。

是日中午，丁汝昌在威海就如何防守的有关事项，致电报告李鸿章：

奉勘午电，昌即同张镇到南岸会晤刘镇等，据云，除死守外，无有别策。炮台事，数日前已挑选奋勇，安插其中，暗备急时毁炮。现拟将各台备用钢圈钢底取存岛上。至海军如败，万无退烟之理，惟有船没人尽而已。旨屡催出口决战，惟出则陆军将士心寒，大局更难设想。威防如能支，尚须曹军门及吴宏洛来援，他军恐难靠。重出赏格一节，现无银，已出票每张百两，列号后，先盖海提印。如赏与某人，则由该本管官过印，方准支付，如仅昌印不算，乞饬立案。艳午。

是日，丁汝昌在刘公岛接待了英国皇家海军远东舰队司令斐利曼特尔（E. Freemantle），收到其转交的日本联合舰队司令长官伊东佑亨的劝降信。

是日晚10时许，诱劝丁汝昌投降的英文劝降书，由英国军舰"塞文"（Severn）船带到烟台新关，再由英国领事差送至刘含芳处。诱降书内容如下：

大日本国海军总司令官中将伊东佑亨致书与大清国北洋水师提

督丁军门汝昌麾下：

时局之变，仆与阁下从事于疆场，抑何不幸之甚耶？然今日之事，国事也，非私仇也，则仆与阁下友谊之温，今犹如昨。仆之此书，岂徒为劝降清国提督而作者哉？大凡天下事，当局者迷，旁观者审。今有人焉，于其进退之间，虽有国计身家两全之策，而为目前公私诸务所蔽，惑于所见，则其友人安得不忠言直告，以发其三思乎？仆之渎告阁下者，亦惟出于友谊，一片至诚，冀阁下垂谅焉。

清国海陆二军，连战连北之因，苟使虚心平气以察之，不难立睹其致败之由，以阁下之英明，固已知之审矣。至清国而有今日之败者，固非君相一己之罪，盖其墨守常经，不谙通变之所由致也。夫取士必以考试，考试必由文艺，于是乎执政之大臣、当道之达宪，必由文艺以相升擢。文艺乃为显荣之梯阶耳，岂足济夫实效？当今之时，犹如古昔，虽亦非不美，然使清国果能独立孤往，无复能行于今日乎？

前三十载，我日本之国事，遭若何之辛酸，厥能免于垂危者，度阁下之所深悉也。当此之时，我国实以急去旧治，因时制宜，更张新政，以为国可存立之一大要图。今贵国亦不可不以去旧谋新为当务之急，亟从更张，苟其遵之，则国可相安，不然岂能免于败亡之数乎？

与我日本相战，其必至于败之局，殆不待龟卜而已定之久矣。既际此国运穷迫之时，臣子之为邦家致诚者，岂可徒向滔滔颓波委以一身，而即足云报国也耶？以上下数千年，纵横几万里，史册疆域，炳然宠然，宇内最旧之国，使其中兴隆治，皇图永安，抑亦何难？

夫大厦之将倾，固非一木所能支。苟见势不可为，时不云利，即以全军船舰权降与敌，而以国家兴废之端观之，诚以些些小节，何足挂怀？仆于是乎指誓天日，敢请阁下暂游日本。切愿阁下蓄余力，以待他日贵国中兴之候，宣劳政绩，以报国恩。阁下幸垂听纳焉。

贵国史册所载，雪会稽之耻以成大志之例甚多，固不待言。法前总统末古末哑恒曾降敌国，以待时机；厥后归助本国政府，更革前政，而法国未尝加以丑辱，且仍推为总统。土耳其之哑司末恒拔香，夫利加那一败，城陷而身为囚虏。一朝归国，即跻大司马之高位，以成改革军制之伟勋，迄未闻有挠其大谋者也。阁下苟来日本，仆能保我天皇陛下大度优容。盖我陛下于其臣民之谋逆者，岂仅赦免其罪而已哉？如木榎本海军中将、大鸟枢密顾问等，量其才艺，授职封官，类例殊众。今者，非其本国之臣民，而显有威名赫赫之人，其优待之隆，自必更胜数倍耳。第今日阁下之所宜决者，厥有二端：任夫贵国依然不悟，墨守常经，以跻于至否之极，而同归于尽乎？抑或蓄留余力，以为他日之计乎？

从来贵国军人与敌军往返书翰，大都以壮语豪言，互相酬答，或炫其强，或蔽其弱，以为能事。仆之斯书，洵发于友谊之至诚，决非草草，请阁下垂察焉。倘幸容纳鄙衷，则待复书贲临。于实行方法，再为详陈。

谨布上闻。

是日夜，丁汝昌在威海收到李鸿章复电：

汝既定见，只有相机妥办。廷旨及岘帅均望保全铁舰，能设法保全尤妙。南岸电线事，已电饬戴道，再与酌办。备银票作赏号，应照拟办理，已行台局立案。

是日夜10时许，倭酋托英舰带给丁汝昌的信函，由英领事信差交给刘含芳转递。刘含芳即时电报李鸿章称："惟丁在危疑之时，甚有关系，拟由芳先行翻译，以解人惑。是否，乞电示。"

1月25日（十二月三十日）凌晨，丁汝昌与刘超佩收到李鸿章于晚间8时许来电：

戴道电，顷据南雷营管带李荣光禀称：龙庙嘴台，丁、张、刘议不守。威并未见敌而怯，若此半年来，淮军所至披靡，亦何足怪。宪谕特言台炮能回打，龙庙嘴台亦能回打，因甚轻弃，若非事机紧迫，何至如此。现据陈万清探回，孙万林、刘树德等已获胜仗，杀贼百余，生擒三名，倭已败回，李楹三营亦即赶上。我初战即利，士气倍增，探回报倭众不过三五千人。丁系戴罪图功之员，乃胆小张皇如是，无能已极，著严行申饬。仍令刘镇克日回守龙庙嘴，如不战轻弃台，即军法从事，已严电戴道饬遵。

是日上午，丁汝昌为威海南北岸炮台防守事，致电李鸿章报告：

南北两岸守台兵，只有一班，尚觉不足，倘有受伤，从何添起。赵北嘴、北山嘴两台，各有营官，余台仅哨官、哨长而已。日岛则无官，各台均无后墙，又无小炮洋枪，如何保护，昌实不解。

是日中午，为了解倭首寄给丁汝昌信函具体内容，李鸿章复电刘含芳指出："倭首寄丁函，不妨译出转递大意电知。"

是日晚，丁汝昌在刘公岛收到李鸿章于下午4时寄给戴宗骞之来电：

刘超佩电：威海南口各炮台，均在海边，后面依山，较炮台过高，东西长墙十五里，靠山所筑，敌人拉快炮上山，各台受敌，万不能守。佩坚守长墙，联络炮台，联络一气，果如守住，万无一失。所虑后路空虚，望速调三营紧防，否则，此台难保。又，丁军门云，龙庙嘴炮台打长墙之时，本在事外，曾电称在案。现倭贼在近，不守为妙，请示云。究竟龙庙嘴应守与否，应令戴道迅速亲往察酌形势，与丁面商定夺，勿得固执己见，聚讼误事。至速调三营，戴道原调之营，可移扎后路，此外无可调矣。此电并送丁阅，谕刘知之。

1月26日（请光绪二十一年正月初一日），丁汝昌对戴宗骞三十日上午致电李鸿章所称"昨刘树德、孙万林进桥头南十五里河西庄，败贼马见面队前锋，小有斩获"的说法持有疑义。是日，他在刘公岛致电李鸿章指出：

孙、刘获胜，不知从何而来？与探马见面则有之。昨晚南岸枪炮、花筒、火箭连放两点钟之久，今早查询，实未见敌。惑乱人心一也，废去子药二也。戴、刘皆称子弹不足，未见敌人，空放枪炮，此军中大忌，何胆怯张皇至此。

是日晚间，丁汝昌、戴宗骞等收到李鸿章下午6时许来电：

刘道三十电：今早抚帅（即李秉衡）闻威防张、刘撤龙庙嘴炮台之守，令芳确查，去电牛道（指牛昶昞）未复，想避嫌。午正，接戴电：昨丁、张议定，不商于弟硬做，已禀相申斥，责成刘超佩不战弃台，即行军法，相照行。禹如此胆识，焉得不弹，通津电时，乞并论及，以坚相意等语。芳即电丁、张问故，顷张电称：丁言台后山长，又无枪护，四十人守台万难，与文宣无关。芳思不商而撤，乃丁之过。同在患难，岂可各存意见，务祈宪电饬弃嫌，同心保全危局，以待援兵，大局之幸。又，丁电称：南北岸守台兵，止有一班，各台均无后墙，又无小炮，今倭在近，以不守龙庙嘴为宜等语。似丁不为无见。芳查前因，丁劝戴发压饷，并挪款垫刘饷，彼此均有意见，遇事多不面商。该台若失，舰岛自必受敌，应请饬戴，务保全此台勿失，并添拨各台轮替之人要紧等语。顷接戴寅电：各台均用沙袋围护后面，可御行炮，而于各台只一班，未甚措意，徒以营哨官分班巡哨为词。陆路防务，责成应在该道。然如丁言，若临警龙庙嘴不守，则岛舰受毁，亦不可不虑。吾令戴与丁面商妥办，乃来电负气争胜，毫无和衷筹商万全之意，殊失厚望。吾为汝等忧之，恐复蹈旅顺覆辙，只有与汝等拼老命而已。

1月27日（正月初二日）深夜，丁汝昌在刘公岛收到李鸿章于当日晚8时许来电：

总署冬电，奉旨："李鸿章电奏已悉。威海援兵太单，李秉衡已分电迎催浦、徐各军，威海各将领，应就现有兵力，悬赏鼓励奋勇御敌，迅奏肤功。闻荣成陆路至威海，沿途颇有崇山叠岭，在防诸军，应进据山险，以遏凶锋，毋仅分扼营座，致彼得越险来攻，又成落后之势。南北岸炮台军火，现已否整备充足，并著李鸿章确查复奏，以慰廑系。钦此。"即转东抚云。昨已添拨枪炮、子弹，由陆路解往接济。

是日深夜，丁汝昌在刘公岛又收到李鸿章于当晚8时许来电：

张香帅（即张之洞）电奏云：威海戴、孙两军，以少击众，力挫凶锋，洵为难得。惟孤军恐难持久，援军缓不济急，不得已或有两策：一由东抚李电饬该军晓谕荣成、登州一带居民，各集团练、义勇协助官军击倭，虽不能击其大队，只须尽力，多方扰之，伺便截其粮饷、军火，亦可稍杀贼势，以待援兵。如民团击倭出力，奏免钱粮三年，假如贼久踞登州一带，钱粮岂复为我有哉？一请北洋大臣李电饬海军，就现有铁舰快船四五号，疾驶至成山头一带，顷刻可到，袭其运兵运械接济船及游弋之船，得利则进。如彼大队来追，则收至威海船台相依，倭必受伤。威海得力在炮台，故倭避水而袭陆，使我炮台无用。若使海军数船扰之，则正可引之，使来台下受我炮耳。彼若用水师攻台，贼船虽多，大半皆系运船，不能破我台也。半年来，贼船终不敢近威海，其情可见。或虑战败船毁，不知威海若失，海军已无老营，寥寥数舰，然后贼从容图攻，终归不支。趁此时威海炮台未失，赶紧用之，犹有万一之望，不然台亦不能久存矣。若彼来攻台，我辅以数舰，则是一台变为数台，一船变为数船也。惟恳朝廷以重赏严罚，激励各船哨弁，方能出奇制胜。此举似乎孤注，然事机危急，断无束手受攻之理。此乃审敌情，尽人事，实非孤注。用此两法，或可缓敌势，以待援兵耳。戴、孙两军胜仗，如东抚查确，似可即请朝廷优奖，以作士气。大局至此，忧心如焚，谨抒愚昧之见，以备采择，是否有当，恭候朝廷裁度，曷胜惶悚。请代奏云。海军出击一节，与历次电旨同，汝应设法筹办，免干咎责。

1月29日(正月初四日)上午,丁汝昌在刘公岛收到李鸿章于上午8时许来电:

总署江电,奉旨:"本日据张之洞电奏,威海援军,缓不济急,请饬李秉衡晓谕荣成、登州一带居民,集团助剿,并谕令李鸿章饬海军现有铁快各舰,驶至成山,袭其运船等语。集团一策,著李秉衡即饬地方文武,赶紧举办。至令海舰出击敌船,年前廿七、八迭降谕旨,未据李鸿章复奏。张之洞此奏所陈,思议颇为周匝,此时救急制胜,舍断其接济、助台夹击,更无别法,决无株守待攻之理,著李鸿章迅速妥筹复奏。张之洞原奏,著总理衙门照录,电寄李鸿章、李秉衡阅看。钦此。"即转东抚李云。希即妥筹速复。

是日上午,丁汝昌在刘公岛致电李鸿章:

今早戴道出队南虎口,敌分队逼近,距南岸十余里。刘超佩即出队,见敌前队只百余人,我军亦出小队百名,将敌打退,枭首七,得枪十,追十余里,见敌大队到,恐寡不敌众,即归队扎住,至晚未撤。我军阵亡哨长一,受伤勇二。

1月30日(正月初五日)上午7时30分许,丁汝昌率北洋舰队"定远""靖远""平远""济远""来远""广丙"以及蚊船等,驶到威海湾南帮离岸不远处,对进攻南岸炮台的日军展开猛烈轰击,支援正在激战的炮台守军。上午8时30分许,北洋海军发炮轰击占领摩天岭炮台的日军,将日军第六师团第十一旅团旅团长大寺安纯少将击毙。之后,丁汝昌继续率领海军舰船与前来进攻的日本联合舰队展开激战。

是日下午2时许,丁汝昌在刘公岛致电李鸿章:

倭今早由南岸后路先得龙庙嘴台,鹿角嘴守兵即逃,赵北嘴台炮,经水师于午间自毁。戴道要守龙庙嘴,昌亲到戴、刘处晤商,此台万难守,均不允。昌又告云:倭若由后路抄来,此台即为前敌,该台毫无布置,敌由长墙抄来,亦必失,终不听,以致如此,今无及也。昌带各船在沿海岸边,击死倭兵不少,今晚不知如何情形,明日如电通再报。

是日夜,丁汝昌在刘公岛收到李鸿章于傍晚6时许来电:

歌未电惊悉。刘超佩避往何处?应遵旨就地正法。水师缘岸击贼,只要日岛守住,水雷拦坝得力,倭船必不敢深入。汝应竭力督饬妥办,勿避嫌怨。万一刘岛不保,能挟带数舰冲出,或烟台,或吴淞,勿被倭全灭,稍赎重愆。否则,事急时,将船凿沉,亦不贻后患,必相机办理。

1月31日(正月初六日)上午,丁汝昌乘船由刘公岛前往北帮炮台,与戴宗骞协商威海湾北岸炮台的战守之策,并派人前往南岸探听日军情况。

是日,丁汝昌在威海就战局形势致电李鸿章报告:

> 刻下倭队由南岸陆路全向西行,明早必由田村、孙家滩来攻北岸。金线顶电生已逃,明早恐电不通。

是日上午11时之后,因天气突变,风雪大作,海浪高起,寒威亦甚,丁汝昌回到刘公岛海军提督衙门。

2月1日(正月初七日)晨,丁汝昌再次顶着狂风恶浪,乘坐小火轮前往威海湾北岸炮台与戴宗骞议商战守之法。因炮台所散逃的兵勇招集不回,丁汝昌认为"孤台不支,恐资敌用,我船及岛将立见灰烬"。他即劝戴道移驻刘公岛,并挈之行。

丁汝昌在刘公岛收到李鸿章于上午8时许来电:

> 总署鱼电,奉旨:"迭据李鸿章、李秉衡电奏,倭攻威海南岸,龙庙嘴等处炮台俱失,虽经击沉敌船一只、雷艇一只,而南岸既为贼踞,情势实为危急。该处布置防守为日已久,何以贼至不能固守?刘超佩先行走入刘公岛,显系临敌退缩,并此外弃营逃走各员,著李鸿章、李秉衡即行查明,拿获正法。现在水师各舰在刘公岛与陆路依护堵击,著即饬令奋力冲击,如能多毁敌船,尚可力支危局,切勿再失事机,致以战舰资敌。刻下东省急待援兵,所有丁槐、李占椿、万本华、张国林等,著张之洞、李秉衡分别催令前进,勿得延缓。钦此。"即转山东抚云。

丁汝昌在刘公岛收到李鸿章于下午4时来电:

> 总署阳电,奉旨:"李鸿章、李秉衡本日电奏均悉。倭队全向西行,戴宗骞往守北岸三台,兵少势孤,危在呼吸。现惟有严饬孙万林、李楹赶紧驰赴北岸,协同戴宗骞等尽力防守。水陆各舰,著丁汝昌督率在刘公岛及北岸各台,与陆军依护堵击。孙万林等倘再有退避,即按军法从事。至'雷艇'管带王登云攻毁赵北嘴台炮药,丁汝昌遽为请奖,殊属非是。南岸全台俱失,水陆各营皆有应得之咎,现在力保北台,王登云傥能奋勇立功,再行核实保奖。此次所请,著无庸议。昨据奏称,高场营炮台打沉倭船一只,又刘公岛打沉一只,出力将弁,著查明奖励。钦此。"转东抚云。

2月2日(正月初八日)晨,丁汝昌令"宝筏"船载运30名"镇远"舰水兵，到达威海北岸诸炮台，将北帮炮台的大炮全部毁坏，以免为敌所用。

上午9时许，日军第二师团进占威海卫城。当日下午，已成废墟的北岸炮台也被占领，威海卫陆路全部失陷，北洋海军孤悬刘公岛，其对外的电报、补给全部中断。

丁汝昌、马格禄、浩威、张文宣、牛昶昞、刘步蟾等在北洋海军提督署共同商讨如何抵抗日本海军与陆军的海陆夹击，以尽力守卫刘公岛。

是日夜，丁汝昌在刘公岛收到李鸿章于本日晚8时的来电：

> 总署齐电，奉旨："李鸿章、李秉衡电奏均悉。威海南台既失，刘公岛及北岸三台，势当万紧，丁汝昌统带海军各舰，务当会合张文宣、戴宗骞等，水陆同心，尽力拒战。设北台不守，丁汝昌当照前誓死拼战，船沉人尽之议，不可稍有退诿。或带船出口，尽力轰击，却回敌船，则我船之进退自裕。总之，无论如何危急，必不使我船为彼所得，是为至要。……钦此。"

2月3日（正月初九日），丁汝昌率北洋舰队及刘公岛、日岛炮台守军奋力抵抗日本海军舰队的海上进攻及南岸日本陆军的炮击。对此，日本海军军令部编《廿七八年海战史》下卷第199页中记述："北洋舰队实已陷入重围之中，而丁汝昌以下毫无屈色，努力防战。"中日双方炮战激烈，日舰始终无法靠近威海湾口。

是日，率军勇战的丁汝昌又被给事中余联沅在奏陈北洋应办事宜奏折中弹劾：

> 丁汝昌恇怯无能，跧伏威海，此次兵事之坏，总由于海军不能御敌，以致倭寇猖獗，夺我天险，入我内地，其罪实浮于卫汝贵诸人，乃为李鸿章所袒庇，至今未能正法，人心莫不痛愤。若不将丁汝昌立行褫除，则海军亦断无起色。今欲整顿，必须另易海军提督，认真操练，就现有铁甲并各舰先行游弋海上，遇贼即击，并赶紧设法添购铁舰、快船等项，以期制胜。

因刘公岛与北洋海军情势危急，军机处电寄谕旨李鸿章、李秉衡：

> "李秉衡奏，倭人登岸，应以兵船奋力攻击，毁其运船，于保全威海有裨等语。昨因刘公岛及北岸三台情形危急，特饬丁汝昌统带水舰会合拒战，或带船出口，尽力轰击，毋使船为贼有。原因南台既失，势须力保北岸，倘并北岸不守，海军各舰即无归宿之所，若被贼掳去，贻害尤巨。前两降谕旨，令海军乘间出击。年内丁汝昌等电所筹，大股来扑，起锚出港，东西分布，合力抵御等语，皆以尽力迎战为保船之

计，若株守口内，待水陆合攻，必致全船赍敌而后已，后患何堪设想！著李鸿章督饬海军将士，力筹保全海舰之法。如威海不守，各舰何处收泊？一并迅筹复奏。……钦此。”转东抚云。因威海电线阻断，电旨无由转达，祈尊处就近探明日内战状电复。

2月4日（正月初十日），丁汝昌在威海湾港内会见了进入威海湾口内的英国远东舰队司令裴利曼特尔。

下午2时许，丁汝昌下令各船依辅炮台，炮击向北口进攻的日本舰队，日军无功而返。

晚6时许，译署奉旨电谕：

李鸿章电奏威海失守情形，阅之殊深愤懑。戴宗骞誓死守台，今又与丁汝昌同驻“定远”，究竟海军各舰能否力战冲出？现泊何处？刘公岛孤悬滨海，势亦不保，日内情形，著即探明速报。……钦此。

2月5日（正月十一日）凌晨近4时，丁汝昌与众将领及洋员在“定远”舰上彻夜议事时，得知敌鱼雷艇闯入港内的报告，急忙登上甲板，观察敌艇行动。发现敌艇后，丁汝昌急令开炮。而敌军第2艇队的9号艇与第3艇队的10号艇盯住“定远”舰靠近至300米时，敌10号艇放出鱼雷击中“定远”舰尾部，敌9号艇在距“定远”舰50米处又发鱼雷命中“定远”舰左舷后面的机械工程师室。“定远”舰剧烈震动，丁汝昌立即下令关闭防水门筏，但无济于事。又急忙下令砍断锚链，驶向刘公岛东南浅海处搁浅，作水上炮台继续抵抗敌舰进攻。

是日，丁汝昌因“定远”船受伤，锅炉熄灭，只好移驻“镇远”舰。他还托人带信给驻守在烟台的刘含芳说：

初十夜，月落后倭雷艇数只沿南岸偷入，拼死专攻“定远”，旋退旋进。我因快炮无多，受雷一尾，机舱进水。急将“定远”驶搁浅沙，冀能补救，作水炮台用，后以受伤过重，意不能用。

丁汝昌、牛昶昞、张文宣紧急请求援兵的信函送至烟台刘含芳处，刘含芳急忙于十一日（2月5日）致电李鸿章报告：

顷丁军门、牛道昶昞、张镇文宣函称：南岸失后，巩军败向西去，倭以马步追之，我师船分队沿岸开炮，击杀倭兵多人，贼始折回。绥军出队亦败，刘镇超佩带伤先至威海，嗣送入医院养伤。戴道带随从十余人退入北岸祭祀台，宿子药库，次早昌等复往商战守之策。戴云：绥、巩军均向西散去，派人四处招集，所剩只绥军一营守炮台及保护长墙等语。初七卯刻，复往与商。据云：所散兵招集不回，并台、墙守兵亦溃西去，两台只剩十九人，吴敬荣、温朝仪并所带协守之水手，亦随绥军西去，祭祀台虽有马道及所部死守，然孤台不支，恐资敌用，我船及岛将立见灰烬。昌不得已，劝戴道移住岛中，将水师人撤回岛内，并挑选奋勇赴毁各台及药库、水雷营。戴道到岛吞金自尽，昌等现在惟力筹死守，粮食虽可敷衍一月，但子药未充，断难持久。求速将以上情形飞电各帅，切恳速饬各路援兵，星夜前来解此危困，以救水陆百姓千万人生命，匪特昌等感大德云！

2月6日(正月十二日)凌晨3时许，丁汝昌下令各舰船搜寻并炮击进港偷袭的日军鱼雷艇。北洋海军利用探照灯急速在海面上搜寻日军鱼雷艇的做法，反而被敌军利用，日军发射的鱼雷将北洋舰队的“来远”“威远”“宝筏”三船击沉。

上午，丁汝昌面对日军发起的猛烈进攻，下令“靖远”“济远”“平远”“广丙”四船与黄岛炮台配合，向北岸炮台日军，以及向西口进攻的日军舰队还击。与此同时，又令其余各船与刘公岛、日岛各炮台配合，向南岸敌军及向东口进攻的日本海军船舰开炮猛轰，击退日本联合舰队对刘公岛发动的第4次进攻。

午后，因敌人轰击刘公岛炮台及船艇，岛上居民男女老少数千人，聚集码头，哀求生路，丁汝昌、张文宣等抚慰方散。

2月7日(正月十三日)，丁汝昌下令水手教习李赞元搭乘“利顺”号小轮艇从北口木栅门冲出前往烟台送信求救。与此同时，他督率北洋舰队及刘公岛炮台守军，极为艰难地抵抗着日本海军及威海南北两岸的日本陆军发起的总攻击。多次打退敌人的轮番攻击，由于日岛炮台弹药库被炸毁，一门地阱大炮被毁，另外一门大炮也因伤损不能正常使用，无奈之下，丁汝昌下令驻守此台的萨镇冰率兵撤回刘公岛。

上午10时许，为能及时联系丁汝昌及马格禄，李鸿章给烟台刘含芳去电：

水师苦战无援，昼夜焦系，前拟觅人往探，有回报否？如能通密信，令丁同马格禄等带船乘黑夜冲出，向南往吴淞，但可保铁舰，余船或损或沉，不至赍盗，正合上意，必不至干咎，望速图之。

是夜，光绪帝下旨：

现兵船仍在刘公岛守御，诚恐子粮不继，贼若并力来攻，难以久支，如能相机力战，冲击敌船，乘势连樯结队，出险就夷，则水师尚不至尽为所毁。著李鸿章电知刘含芳，设法送信丁汝昌等，速为筹划，毋误事机。

是夜，丁汝昌没有收到李鸿章和刘含芳让其乘夜带船冲出前往南方至吴淞的指令。因上午鱼雷艇队出口而逃，动摇军心，刘公岛护军各营兵勇亦云集码头，哀求提督放其生路，被丁汝昌、张文宣安抚劝散。

2月8日（正月十四日），丁汝昌在刘公岛仍艰难组织北洋海军和北洋护军奋勇抵抗日军的海陆夹击。南岸日军利用修复好的大炮猛烈轰击岛上炮台及海中作战之军舰，"靖远"舰伤亡40多人。刘公岛上的水师学堂、机器厂、煤厂、民房等均有毁损，岛上居民也多有伤亡。至此，又有海陆兵勇及岛民哀求生路，丁汝昌再次晓以大义，勉励固守。

是日，丁汝昌还拒绝了洋员泰莱、瑞乃尔等人的投降建议。然而，就在丁汝昌冒死统率刘公岛海、陆两军顽强抵抗敌人海、陆两面夹击的危难时刻，他又被吏科给事中褚成博弹劾，奏请将丁汝昌立即军前正法，以伸国法。其奏折主要内容为：

> 海军提督丁汝昌，当各处被寇攻陷之时，袖手旁观，虽迭奉严旨催令出援，而始终抗违，避敌惟恐不速，已属罪不容诛。迨贼至成山窥伺，其地距威海仅百余里，近岸处礁岛甚多，贼用土人引导，用小船驳运，迟延多日，始能登岸。丁汝昌岂有不早得消息？苟稍有人心，预派数千人扼岸轰击，贼虽狡悍，断难飞渡，何竟任其所为，绝不过问！嗣复奉谕责令驱除荣成踞贼，保全威海……以海军之全力，不能保一口岸，纵非有心召寇，而其畏缩迁延，坐失要隘，较诸卫汝贵之临阵奔溃，罪尤过之，此次威海南岸炮台被夺，守将刘超佩等业经奉旨在军前正法。丁汝昌以专阃大员，违命辜恩，纵贼失地，罪状昭著，更无所用其讯鞫。相应请旨，电饬李秉衡将丁汝昌密速在军前正法，庶可抒万众积愤之心，而作三军同仇之气。

是日夜晚，丁汝昌在刘公岛接待了刘含芳派来送信的营弁夏景春，收到刘含芳转来的李中堂令其带船突围的电报，他立即修书禀复战况并再次紧急求援。

2月9日（正月十五日）凌晨，趁夜暗之时，丁汝昌又派营弁夏景春从刘公岛偷渡至威海卫，让他从旱路赶往烟台，送信给驻守烟台的刘含芳，请求支援，并告诉刘道曰："十六、七日援军不到，则船、岛万难保全。"

与此同时，丁汝昌还给奉命前来增援的陈凤楼写了一封简短的求救信：

> 此间被围困，盼望贵军极切。如能赶于十七日（即2月11日）到

威海，则舰船、海岛尚可保全。日来水陆军心大乱，迟到恐难相见。乞速救援。

丁汝昌恳请刘含芳将此信迅速转交给陈凤楼。

上午8时许，丁汝昌亲登“靖远”舰，率“平远”舰及诸炮艇驶至日岛附近，与敌寇舰队拼战。战至中午时分，敌人从鹿角嘴炮台发射的两枚炮弹击中“靖远”舰左舷，炮弹穿过甲板，又穿透中舷舰首，致使“靖远”舰船头下沉。丁汝昌与管带叶祖珪见舰头下沉，“意与船俱沉，乃被在船水手拥上小轮”，才得以生还。“靖远”舰中弹沉没搁浅，使北洋海军的力量更为削弱，但丁汝昌仍坚持统带北洋舰队与岛上护军抵抗日军的猛烈进攻。

下午2时许，丁汝昌派往烟台送信求救的水手教习李赞元到达烟台面见刘含芳。并报称：十三日早7点钟，带“利顺”小轮开北口木筏门。时南口倭舰已开炮打仗，后北口来日舰4只，开炮将“利顺”锅炉打破，该船沉，逃出5人，下午2点钟，被英提督船救起。提督船于晚3点钟开来烟台，行至半路，折回威海，见“镇远”各船尚在口内，刘公岛炮台皆尚在。

刘含芳立即将此情况致电报告李鸿章称丁汝昌、张文宣等海陆将士及岛民，“惟望援眼穿，水陆数千人徒增血泪。现派李赞元由水路送信，未知援兵能到否？该弁称丁提督等受困，一言难尽，声泪俱下”。

下午3时许，丁汝昌派“广丙”舰用鱼雷炸毁了先已翻沉搁浅的“靖远”舰，接着，又令“广丙”舰用350磅炸药将“定远”舰炸毁，以免这两艘军舰落入敌人之手。

是日，恪尽职守的丁汝昌又被人弹劾，左庶子戴鸿慈奏请严谴李鸿章，并拿解丁汝昌问罪。其奏折内容为：

> 李鸿章节节偾事，以奉旨拿问败坏海军之丁汝昌，始终袒护，称为得力；又谓作雾洋人，非丁汝昌不能驾驭。现闻倭陷威海，丁汝昌不发一炮，任其游行；所谓得力者何在？复闻丁汝昌驾“定远”战舰潜逃，作雾戏术并未施演；所称驾驭洋人者又何在？李鸿章极力为丁汝昌迴护，不恤抗违诏旨，以遂其私，而丁汝昌全置李鸿章于不顾，李鸿章尚有何颜面以自立乎？……伏愿明发谕旨，特予严谴，并责成遵将丁汝昌速行拿解，以肃军令，而儆效尤。……

2月10日（正月十六日），丁汝昌率海、陆两军。趁日本舰队添煤装弹之际，抓紧时间进行必要的补及和修理。

在威海卫刘公岛保卫战中，“定远”舰不幸被日军鱼雷艇偷袭重伤搁浅，只能充当浮动炮台御敌。2月10日，为免资敌，丁汝昌下令将“定远”舰炸毁，该照片即为毁坏后的“定远”舰。

是日，丁汝昌得知刘步蟾自杀殉国的消息，悲痛万分。面对舰毁人亡、军心杂乱的局面，他再次拒绝部分洋员、海军弁勇、北洋护军官兵请求投降的要求。

傍晚，丁汝昌于昨日凌晨遣往烟台送信的夏景春将信函交给刘含芳：

倭连日以水陆夹攻，多以雷艇来袭。初十夜月落后，倭雷艇数只，沿南岸偷入，拼死专攻“定远”，旋退旋进，我因快炮无多，受雷一，尾机舱进水，急驶搁浅沙，冀能补救作水炮台，后以受伤过重，竟不能用。是夕，倭雷艇被我击沉一只，又被获一只，内有四尸，余逸出口。十一夜月落后，倭又以雷艇多艘，分路拼死来袭，毁沉我“来远”“威远”“宝筏”三船。十二日晨起，倭以水师二十余艘，加以南岸三台之炮，内外夹攻，炮弹如雨，我军各舰及刘公岛各炮台，受敌船炮弹击伤者尚少，被南岸各台炮击伤者甚重，官弁兵勇且多伤亡。是日，日岛之炮及药库，均被南岸各台炮击毁，兵勇伤亡亦多，无法再守，只得将余勇撤回。当南岸各台未失以前，昌与张文宣等曾挑奋勇，备事急时即往毁炮，不料守台官既不能守，又不许奋勇入台行事，竟以资敌，贻害不浅，此船岛所以不能久支也。南北岸极其寥阔，现均为敌踞，且沿岸添设快炮，故敌艇得以偷入，我军所有举动，敌于对岸均能见及，实防不胜防。十三晨，敌全力攻扑东口，炮声一响，我小雷艇十只畏葸，擅由西口逃出西去，倭分队尾追，被其获去九只，馀被击沉。以我艇资敌用，其害与南台同。自雷艇逃后，水陆兵心散乱，如十六、七日援军不到，则船岛万难保全。各雷艇既不得力，且复擅逃，其官弁人等，必由浅沙登岸，务请各帅严拿正法。以上情形求转禀。

2月11日(正月十七日)晨7时多的时候,丁汝昌、张文宣等组织海陆两军炮轰前来进攻的日本联合舰队第三游击队,日军“葛城”舰受伤,其170mm主炮手毙命,另有6人受伤;上午9时1分许,日本第三游击队见势不妙,只好整队撤离。上午10时40分许,复来进攻的日舰“天龙”号船又被击伤,击毙日军数名,伤10余人。令敌人没有想到的是,“天龙”舰受伤后,后续来攻的“大和”舰也被击中。至11时15分许,损失严重的日本第三游击队在第二游击队的掩护下撤往威海湾口之外的海域停泊。趁此时机,丁汝昌令北洋海军的“广丙”“镇远”“平远”等舰驶往威海湾近南岸的海面上,炮轰南帮炮台日军。最终因日本陆海两军从威海湾南北两岸及海军舰队在海上的轮番炮轰,北洋舰队的舰船只得收兵,悉集港湾西避弹。

傍晚,丁汝昌数次下令将“镇远”舰炸沉,以免资敌,但已无人执行他的命令。“水陆兵勇又以到期相求,进退维谷”,“众水手只顾哭求,无人动手”。

丁汝昌见刘公岛上“水陆兵民万余人哀求活命”,再次派人将“镇远”舰炸沉,仍无人动手;又因海上敌人舰船雷艇布满,而北洋海军各舰毁伤严重,子药将尽,又无法突围冲出,遂决定实践自己“予决不弃报国大义,今惟一死以尽臣职”的诺言,吞鸦片自杀殉国。

2月12日(正月十八日)晨,丁汝昌因鸦片毒性发作而停止呼吸。享年60岁。

这是北洋海军提督丁汝昌自杀殉国的地方,系提督署二进院东厢房,时为丁汝昌之书房。

附录

丁汝昌殉难后相关情况之辑录

1895年2月12日(正月十八日)下午4时许,刘含芳在烟台致电直隶总督兼北洋大臣李鸿章称:昨日(即2月11日)英国船回到烟台讲,"靖远"舰又被击沉,"各船打得甚好,各国都佩服,可叹无援。亲见丁提督望援,两眼急得似铜铃一样"[①]。

北洋海军提督丁汝昌海军公所内的座椅(残)。该座椅征集于20世纪50年代末,毁于20世纪60年代"文革"期间。

2月13日(正月十九日)12时许,李鸿章将昨天刘含芳之来电寄报译署。并将驻守烟台炮台之孙金彪的弃守烟台两座炮台,"先顾福山,以遏西趋,与东、福各军联络截剿,较于军事有益"[②]的建议报上。

2月14日(正月廿日),得知北洋海军提督丁汝昌自杀殉国的消息后,刘含芳马上致电李鸿章:

> 顷,德兵船自威来,传言丁提督、刘步蟾、张文宣皆尽难。余容续探禀。[③]

① 顾廷龙、叶亚廉主编:《李鸿章全集》(三),上海人民出版社1986年版,第436页。

② 顾廷龙、叶亚廉主编:《李鸿章全集》(三),第436页。

③ 顾廷龙、叶亚廉主编:《李鸿章全集》(三),第439页。

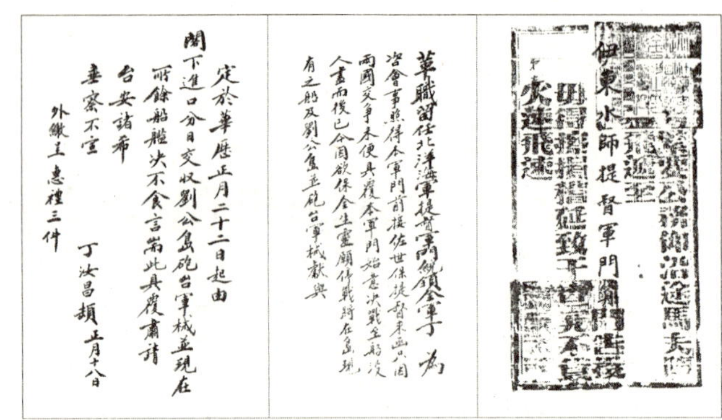
伊東水師提督軍門
火速飛遞

革職留任北洋海軍提督軍門統領全軍丁 為
咨會事照得本軍門前接佐世保提督來函只因
兩國交爭未便具覆本軍門始意決戰至船沒
人盡而後已今因欲保全生靈願停戰將在島現
有之船及劉公島並砲台軍械獻與
閣下 定於華歷正月二十二日起由
閣下進口分日交收劉公島砲台軍械並現在
所餘船艦決不食言耑此具覆肅請
台安諸希
垂察不宣 丁汝昌頓 正月十八日
外繳呈惠禮三件

丁汝昌殉难后，牛昶昞等人假借丁汝昌的名义，给日本海军联合舰队司令伊东佑亨写的投降书。

2月15日（正月廿一日）12时许，李鸿章致电译署，将刘含芳二十日来电报关于丁汝昌等皆尽难的内容向朝廷报告。

2月16日（正月廿二日）12时许，李鸿章致电译署：

> 刘含芳个电：顷，德兵舰称，闻前日威岛小船挂白旗出口，往倭督船，因告倭为丁提督及刘、张两镇已死，请缓三日，勿战，料理丁提督等丧事，故倭舰至今尚未进口。岛台白旗亦系丧事，非降旗也。舰未全沉，商有三大三小等语。鸿查舰虽未沉，而陷在贼中，无由保护，势必被掳。[①]

是日晚，译署给李鸿章来电称：

> 奉旨：李鸿章电奏，据德国兵船传言，丁汝昌、刘步蟾、张文宣等皆尽难，是否确实，著查明电复。……钦此。[②]

此时距丁汝昌提督自杀殉国已过去近110个小时之久。但朝廷不明情况，仍然要求李鸿章查明后再报。

2月17日（正月廿三日）12时许，李鸿章复电译署：

> 养电（即二十二日）谕旨敬悉，暂留。海军提督丁汝昌、海军右翼总兵刘步蟾、统带淮军护卫营记名总兵张文宣死事情形，迭据刘含芳转据德兵舰在威海目击属实，已屡电请奏。兹复据刘含芳电，丁提督于未被围困之先，已派员将水师文卷送烟（台），誓以必死，孤忠惨烈，极可悯伤。应请旨将该三员先行敕部从优赐恤，并恳请将丁汝昌所得处分开复，以示大公。[③]

---

① 顾廷龙、叶亚廉主编：《李鸿章全集》（三），第442页。

② 顾廷龙、叶亚廉主编：《李鸿章全集》（三），第443页。

③ 顾廷龙、叶亚廉主编：《李鸿章全集》（三），第444页。

丁汝昌殉难后的第五天，日本海军联合舰队开进威海湾，登上刘公岛，占领北洋海军提督署。

是日下午3时许，威海卫阴冷的天空竟然下起凄凄雪雨。被卸下大炮的北洋海军练舰“康济”号，载着丁汝昌、刘步蟾、林泰曾、杨用霖、沈寿昌、黄祖莲等人的灵柩，在低沉揪心的汽笛声中，缓缓地驶离刘公岛铁码头，前往烟台(即芝罘)港。

日本海军联合舰队“对丁提督和以下各军官尸体施以适当之礼节，鸣放礼炮送回芝罘”①。

载运丁汝昌、刘步蟾、林泰曾、杨用霖、沈寿昌、黄祖莲等人灵柩的北洋海军“康济”号练习舰。

① 戚其章主编:《中国近代史资料丛刊续编·中日战争》(七),中华书局1996年版,第371页。

是日，日本明治时代的政界名流，历任日本外务大丞、兵部大丞、海军大辅、海军卿、元老院议官、枢密院议官等职，并被封为伯爵的胜海舟得知自己的“海外一知己”在无法挽救北洋海军命运之情况下自杀殉国的消息，大为震惊和悲伤。

2月18日（正月二十四日），旨饬取代李鸿章署理直隶总督兼北洋大臣王文韶下令驻烟台东海关道刘含芳“查丁汝昌等死事情形”，并要求“确切查覆，核明陈奏”。①

同一天，山东巡抚李秉衡报告丁汝昌等人及北洋舰队情况的电报到达北京：

刘含芳称：“据‘定远’船水手李德冰由岛来烟，禀称刘公岛于二十日失陷，丁汝昌及总兵刘步蟾、张文宣、杨用霖均阵亡，‘镇远’‘平远’‘济远’‘广丙’及小铁甲五艘共九船九艘，为倭所得。倭于二十一日进岛，将戴宗骞及丁汝昌等五柩，由我军官弁用民船送烟，其岛内水陆弁兵四五千名由陆路派马队送烟”等语。衡以倭马队断不可令入烟台，已电饬刘含芳并饬孙金彪率所部各营，兼调李楹、曹正榜各抽拨队伍数成，严阵以待。俟岛内兵勇到烟，分别资遣。如有倭马队希图进烟，即行决战，万勿堕其诡计。除俟刘含芳等将办理情形报到再行续陈外，请先代奏。秉衡肃。漾。②

2月19日（正月廿五日），上海的《申报》发表了名为《扶榇南旋》的文章，内容如下：

昨闻本埠官场接有电信，知丁禹廷军门、戴孝侯观察及武弁某某等灵榇将由陆路南旋，丹旐飘扬，常有见而堕泪者。当丁军门等守刘公岛时，援兵不至，药弹告罄，饷糈又匮，知事已危急，遂为捐躯报国之计。迨军门既殉节，而守岛之洋弁遂投降倭虏。呜呼，无事时坐享厚禄，自诩高名，泰然受之而不疑，一旦事急则束手无策，率众以降他人，以视丁军门等之誓死不屈、甘以身殉者，岂可同日而语耶！又接芜湖访事人函云，统领威海卫绥巩二军戴孝侯宗骞，其亲属向驻鸠江，威海失守后，其家接到北洋电信云观察已力竭捐躯，兹者灵辅就

① （清）王文韶撰，袁英光、胡逢祥整理：《王文韶日记》，中华书局1989年版，第872页。转引自孙建军：《北洋海军研究探微》，苏州大学出版社2010年版，第328页。

② 中国史学会主编：《中国近代史资料丛刊·中日战争》（三），上海人民出版社、上海书店出版社1957年版，第454～455页。

道，得正首邱。义魄忠魂千秋不泯，生当封彻侯死当庙食无穷。彼甘心降虏及临难奔逃挈身远避，或且仗阿堵之力希图买命者，听此能无愧死？[①]

应当指出的是，《申报》的这次报道是不准确的。因为丁汝昌等人的灵柩是从海上由“康济”舰运输到达上海的，而且是有当时的历史资料可以证明的。孙建军先生在其所著《北洋海军研究探微》一书中指出：“其实，丁汝昌的灵柩是海路返乡的。据《日清战争实纪》，3 月 23 日（二月二十七日），曾经被日军缴获并被卸除武备而放还的‘康济’号，经过维修后，在新任管带程璧光（原管带萨镇冰因病去职）的管驾下，载运着丁汝昌及其他 12 具灵柩，和 84 位下级军官、96 名士卒，自烟台出发，往上海。……在鸡鸣岛附近海面，‘康济’被日舰‘天龙’号拦截，带往刘公岛。经程璧光说明情况，次日被放行。[②]

然而，令人十分遗憾的是，《申报》“丁禹廷军门、戴孝侯观察及武弁某某等灵榇将由陆路南旋”这个不属实的报道，给世人和后来的一些研究者提供了错误的依据。

同一天，署理北洋大臣王文韶向朝廷报告核查丁汝昌等人自杀的电报到达北京：

敬电谕旨祗悉。丁汝昌等死事情节，当饬登莱青道刘含芳确切查复，核明陈奏。[③]

2 月 21 日（正月二十七日），丁汝昌等六具遗体和受降之北洋海军官兵乘坐被卸下大炮的“康济”舰到达烟台。

丁汝昌的遗体被停放在烟台的广仁堂书院。停放期间，各国驻烟台领事及驻烟台各国海军将领们，纷纷前往吊唁，表达他们对这位宁死不降、自杀殉国的海军提督的同情和敬仰。

2 月 22 日（正月二十八日）晚，刘含芳、牛昶昞、马复恒三人在烟台致电李鸿章报告北洋海军官兵情况。具体内容为：

初九日戴道宗骞，十七日刘镇步蟾，十八日丁军门、张镇文宣，二十日护左翼总兵杨用霖，均先后殉难。水陆阵亡者二千余人，受伤能医者三百余人，生还者水师约三千余人、陆队约一千六七百人，百姓

① 《扶榇南旋》，《申报》1895 年 2 月 19 日（光绪二十一年正月二十五）。

② 孙建军：《北洋海军研究探微》，第 335 页。

③ 中国史学会主编：《中国近代史资料丛刊·中日战争》（三），第 457 页。

约三四千人，护军营官袁雨春、李春庭、余发恩，水师管驾官叶祖珪、邱宝仁、林国祥、李和、林颖启、萨镇冰、程璧光、蓝建枢、吕文经、黄鸣球、陈镇培、林文彬、潘兆培及大、二副，正、副管轮，精练后营营官刘学礼，学堂委员李继纲，机器厂委员张尔梅、杨作宾皆同来。陆路现未到齐，逃亡尚未查清。水陆民船来者，风浪击破淹冻而死者，一二百人。昨"康济"装烟兵、民一千有零，忠柩六具，内丁、戴、刘、历（实际是杨用霖——编者注）及已恤之"济远"大副沈寿昌，未恤之"广丙"大副、蓝翎尽先都司、广东大鹏协右营守备黄祖莲，于正月初五日奋勇御敌，中炮阵亡，应请附奏。惟张镇文宣忠柩，该营差弁，不听分说，强用民船，不上"康济"，至今未到。现派差分投迎探，风大尚未寻着。已到之柩，均安停书院，外国提督、领事均来吊慰。水师腊饷领而未发，正月未领，现会同严道道洪拟发至正月十八日止。巩军日岛官弁四十九人，已经刘超佩借领湘银一百九十二两七钱。护军四营饷另电禀。含芳、昶炳（应为昞——编者注）、复恒。宥。[①]

3月4日（二月初八日），已故北洋海军提督丁汝昌的小儿子丁代禧（葆翼）赶至烟台，做好棺材，装殓其父遗体（此前也有丁汝昌临死前曾命六位木匠打造棺材之说）。待舰船维修好后，搭乘"康济"舰扶榇还乡。

丁汝昌临死前曾命六位木匠打造棺材之说，是源自美国勒法吉教授所著的《中国幼童留美史》一书中的记载。1940年9月，他在上海采访容尚谦时留下了这样的谈话记录：

> 容良（即容尚谦——编者注）也在定远舰上服役，他目睹了中国海军艰苦战斗的经过。他回忆骑兵出身的北洋舰队司令丁汝昌，当在决定自杀后，特请来六个木匠做好一口棺材；做成以后，丁还特别躺进去试试大小，然后给每位木匠两块钱赏金，丁再从容向舰上官兵告别，然后回到官舱饮药自杀。[②]

容尚谦，是中国第一批留学美国的幼童，归国后在福建船政学堂学习，之后入广东海军、南洋海军，曾短暂地在三艘军舰上任过职。容尚谦在小传里自称是"作为环泰号巡洋舰舰长，率舰参加了1894年中日战争"[③]。

---

① 顾廷龙、叶亚廉主编：《李鸿章全集》(三)，第448～449页。

② [美]勒法吉著，高宗鲁译注：《中国幼童留美史》，珠海出版社2006年版，第77页。

③ 容尚谦著，王敏若译：《创办出洋局及官学生历史》，珠海出版社2006年版，第20页。

事实上，经学者考证，“环泰”号巡洋舰舰长容尚谦既没有“在‘定远’舰上服役”，更没有在“定远”舰上参加中日甲午海战，甚至类似后勤运输之类的边缘性的参与活动也未曾有过。所谓“目睹”海战、丁汝昌亲自试验棺材是否合适一说，当然就是空穴来风，十分荒谬。①

3月6日(二月初十日)，吏科掌印给事中余联沅认为丁汝昌等死情可疑，奏请饬山东巡抚李秉衡确实查明。该奏折内容为：

再，闻刘公岛失后，倭人将丁汝昌等五柩并兵民四千余人送至烟台，“镇远”铁甲以及鱼雷各舰共九只均为倭掳去。夫兵败死绥，苛求之似近于刻矣，然如此情节支离，而臣不能无疑焉。

对垒于惊涛骇浪之中，肉薄(搏)于枪林弹雨之下，或颠于水，或毙于炮，众人耳目所属，必确有所见。乃诸将之死，未奏其因何而阵亡，此其可疑者一也。

丁汝昌畏葸成性，虽不能奋勇杀贼，岂不知乘隙逃遁？况自坐镇远，并辅以鱼雷各艇，若溃围疾走，亦可以冒险而出。乃以狡诈无行之人，而株待马革裹尸之惨，此其可疑者二也。

古人败衄之余，至手无寸兵，并士卒伤亡殆尽，或陷阵而捐躯，或刎颈而报国，还尸归元，昭然共睹。未闻有船械完全而不毁，兵卒众多而不伤，主将拼死于舟中，盖棺从容于敌国，此其可疑者三也。

有此多疑，未敢深信。窃恐其势穷力屈，以船为赞，拱手降敌，而敌遂借送棺以愚我。赝鼎不得而知，水滨亦无从问。恐事平之后，阿附之徒，必有为该员等邀恩请恤者。此而不察其真伪，必致贻笑于四方。相应请旨饬下李秉衡，确切查明复奏，以昭核实。

尤可异者，同一海军也，大东沟之战有汉纳根之指麾，遂毁倭船多只，而敌人为之破胆；刘公岛之失，以丁汝昌之恇怯，遂致全军覆没，而水师毁于一旦。此其偾军误国，一死不足以蔽辜；而况其死犹在疑似之间，并不得谓其已死而恕之也。……②

于联沅，时任清朝政府吏科掌印给事中，是清流党的骨干。他在1894年清廷内部战和之争的过程中，曾数次弹劾北洋海军提督丁汝昌。

就在当天，军机大臣奉旨寄山东巡抚李秉衡：

① 参见孙建军：《北洋海军研究探微》，第334页；马幼垣：《容尚谦是谁?》，《九州学林》2008年第2期，第263～286页。

② 中国史学会主编：《中国近代史资料丛刊·中日战争》(三)，第503～504页。

光绪二十一年二月初十日奉上谕："有人奏，闻刘公岛失守后，倭人将丁汝昌等五柩并兵民四千余人送至烟台，铁甲鱼雷各舰均为倭掳，情节支离，未敢深信，请旨饬查等语。丁汝昌等死事情形，李秉衡相距较近，见闻必确。即著详细查明，据实具奏。原片著抄给阅看。将此由四百里谕令知之。钦此。"遵旨寄信前来。[1]

3月9日（二月十三日），署理北洋大臣王文韶复奏查明丁汝昌等死事情形折：

……窃臣于光绪二十一年正月二十四日钦奉本日电旨"丁汝昌、刘步蟾、张文宣死事情形，虽据德国兵舰传述，惟情节究未详悉，仍著王文韶确切查复，再候谕旨"等因，钦此。当经转饬山东登莱青道刘含芳，详细查明，据实具复去后。兹据刘含芳会同威海营务处候选道牛昶昞、北洋海军营务处候选道马复恒禀称：

"威海防务，南北两岸、刘公岛，水陆各军，自去秋七月初十日，倭舰来攻，时有战事，均经戴宗骞、丁汝昌等先后电报各在案。查正月初五日，倭以水师添载陆兵，于东口之东二十余里（威海湾口距日军登陆的荣成成山龙须岛的准确距离为28海里。1海里＝1.852公里——编者注）登岸，会合荣成东来大股，扑犯南岸炮台。绥巩两军倚长墙御战，伤亡甚多，势不能敌，两军稍却。倭以大股包抄合击，丁汝昌亲登'靖远'舰督率'镇南''镇西''镇北''镇边'五舰及各雷艇，齐向倭队轰击，约毙倭千数人，而南岸三炮台已为倭海上之兵攻入，戴宗骞率亲军退守北岸三台，南岸统带刘超佩因左腿受枪子伤，赴刘公岛医院医治。方南岸炮台未失之前，丁汝昌恐台有失，反资敌用，于初三日分派'左一'雷艇管驾王登云等伏地雷于炮下，苟至不守之时，即自轰毁。讵守台官弁不许埋伏，仓猝之间，虽将膛后钢圈抢出，急切轰击，并未大损，故是日失台之后，倭即以龙庙嘴之炮击我舰艇，'广丙'大副蓝翎尽先都司广东大鹏协标右营守备黄祖莲中炮阵亡，舰兵均有伤亡。初六日，又派'来远''济远'分击鹿角嘴、龙庙嘴炮台，亦未得轰尽。初七日，丁汝昌因北岸北山嘴守台勇丁渐有潜逃，恐北三台又为敌得，则岛舰无救，亲往商之戴宗骞，将北三台之炮预为轰毁，以除后患。是夜，戴宗骞吞金死。初九日，南岸三台之炮，倭已修好，与口外倭舰水陆夹攻，岛舰御敌，竟日伤亡已多。夜间倭以

[1] 中国史学会主编：《中国近代史资料丛刊·中日战争》（三），第505页。

雷艇来冲，南口各台以快炮御击而退。初十夜五鼓，倭雷艇乘月落后潜入南口，击伤‘定远’，各舰艇御敌，将倭艇两艘擒获，至十一日天明，‘定远’下沉。倭舰二十二艘猛攻两口，彼此互有伤亡。十二日寅刻，倭以雷艇六艘傍南岸山根偷进南口，击沉‘来远’‘威远’两舰，‘宝筏’小火轮，三船官弁伤亡二百余员名。至午后，倭于北三台山顶设快炮击我黄岛及舰艇，岛上居民男女老少数千人，麇集码头，哀求生路。抚慰方散。十三日寅刻，倭六艇两口齐冲，为台舰之小炮击退。天明，口外倭舰及两岸所失各台四面夹攻岛舰，东口三倭舰冲入鏖战，台炮击伤倭三舰，各舰方退。是日台舰弁兵伤亡三百余员名，伤心惨目，莫可言状。早间开战之后，大小十三雷艇，利顺、飞霆小轮皆逃，冲出西口而去。至夜，护军各营兵麇集码头，求放生路。丁汝昌、张文宣抚慰稍安。十四日寅正，倭六艇又冲入两口，放雷未中而逃。天明后，南三台倭炮又攻岛舰，‘靖远’伤亡四十余人，岛上学堂、机器厂、煤厂、民房均有毁伤，岛内民人亦多伤亡，与各船水手又复哀求生路；丁汝昌晓以大义，勉慰固守，若十七日救兵不至，届时自有生路。十五日天明，倭以四十余舰全至东口海外排列，以战船在前开炮，意将直冲进口，南北两岸又开炮夹击，至午初，靖远被赵北嘴大炮击沉，丁汝昌正在船督战，船沉之时，丁汝昌与副将叶祖珪坚意与船均沉，乃被在船水手拥上小轮船，护军以黄岛大炮回击鹿角嘴台，毁倒倭大炮一尊，东台炮伤其两船而退，是日，岛舰伤亡共一百余人。十六日寅正，大雪，倭雷艇四艘乘雪偷进西口，放雷未中，为小炮击退。至辰正，两岸倭炮又击岛舰，至午初而止，舰多受伤，兵民伤亡数十人。是夜，刘步蟾仰药死。十七日寅初，倭雷艇又乘风雪进口，放雷未中，仍被小炮击退。天明，口外倭舰，两岸倭炮又复水陆夹攻，倭舰仍前全列海外。巳刻，战舰十余又直向东口冲入，东炮台大炮击伤倭两舰，各舰方退，南岸大炮犹攻不息。至未初，岛上东台大炮两尊均被南岸排炮轰毁，台勇尸骸散落满地。至晚，丁汝昌接电，催令冲出，知援兵无期，奈口外倭舰雷艇布满，而各舰皆受重伤，子药将尽，无法冲出，水陆兵勇又以到期相求，进退维谷。丁汝昌几次派人将‘镇远’用雷轰沉，众水手只顾哭求，无人动手。夜间，舰艇又来攻击，‘康济’中炮受伤，水陆兵民万余人哀求活命。丁汝昌见事无转机，对昶晒等言，只得以身报国，未能拖累万人，乃与马格禄面商，不得已函告倭水师提督伊东佑亨云：本意决一死战，至船尽人没而后止。因不忍贻害军民万人之性命，倭军入岛后，中外官兵民人等不得伤害等语，派'广丙'管驾程璧光送往倭船。程璧光开船之时，丁汝昌已与张文宣先后仰药，至晚而死。杨用霖以手枪自击死。以上各节，昶昞、复恒亲见确实情形。半月以来，其阵亡官弁兵勇之在海者，尸骨不及捞获，在岸者，随时掩埋。今运来七柩，为丁汝昌、刘步蟾、张文宣、杨用霖、戴宗骞、黄祖莲及牙山阵亡已恤之'济远'大副沈寿昌之柩，合并声明。

等情前来。臣博采在津舆论，于张文宣、杨用霖均尚有恕词，其职分较小，各员事权不属，但能一死，便为全节。除饬刘含芳再将此外死事各员弁绩行详细查明汇案禀请奏恤外，所有遵旨确查具奏缘由理合据实复陈。……"①

3 月 12 日(二月十六日)，署理北洋大臣王文韶《复奏查明丁汝昌等死事情形》之奏折报送到朝廷。

王文韶(1830～1908)，字夔石，号耕娱、赓虞，又号退圃，浙江仁和(今杭州)人。1858 年(清咸丰二年)进士，铨户部主事。迁补陕西司郎中。1867 年(同治六年)，擢湖北按察使。同年初冬，调署湖南布政使。1871 年，署湖南巡抚。次年，补授湖南巡抚。1878 年(光绪四年)春，署兵部左侍郎，并在军机处上学习行走。四年后兼署户部尚书。1889 年，升署云贵总督。

1894 年，中日甲午战争爆发后，清廷以天津为京畿门户，召王文韶入觐。1895 年初，命充帮办北洋事务大臣。2 月，李鸿章被召入京，作为赴日谈判头等全权大臣，诏王文韶署理直隶总督、北洋大臣。《马关条约》签订后，清廷派王文韶与李鸿章为全权大臣，与日本使臣商办事项。不久，李鸿章提出裁撤遣散诸军之议，王文韶赞成。7 月 21 日，王文韶又"奏请裁撤北洋海军武职各实缺"。

1898 年戊戌变法时，王文韶奉命办理新政，却暗中阻挠。1900 年八国联军攻陷北京时，随慈禧太后逃至西安，主张对外妥协。12 月 26 日，授体仁阁大学士，管理户部事务。1901 年，又授外务部会办大臣。1905 年 6 月，值军机。1908 年(光绪三十四年)去世，谥文勤。

3 月 23 日(二月廿七日)，载运着丁汝昌及其他等人的 12 具灵柩，以及 84 位下级军官和 96 名兵勇的"康济"舰，在新任管带程璧光(光绪二十一年二月初一日上午 8 时许，李鸿章收到刘含芳、牛昶昞和马复恒的电报

① 中国史学会主编:《中国近代史资料丛刊·中日战争》(三)，第 519～522 页。

称，“康济”舰管带萨镇冰多病，请改派程璧光接带。同日，李鸿章答复，照拟更换——编者注）的管驾下，离开烟台，开赴上海。据日本东京博文馆明治二十八年五月出版的《日清战争实纪》第二十七编的记载：“康济”舰行至鸡鸣岛附近海面，被日本海军的“天龙”号军舰拦截，强行带往刘公岛。经程璧光说明情况，第二天方被放行。

在此期间，已故北洋海军提督丁汝昌的继配魏夫人及族人，已从家乡赶到上海等候运送灵柩的“康济”舰的到来。

3 月 28 日（三月初三日），山东巡抚李秉衡又奏遵旨详细查审丁汝昌等死事情形折：

> 窃臣于光绪二十一年二月十五日，在莱州营次承准军机大臣字寄，二月初十日奉上谕：有人奏，闻刘公岛失后，倭人将丁汝昌等五柩，并兵民四千余人，送至烟台，铁甲、鱼雷各舰，均为倭掳，情节支离，未敢深信，请旨饬查等语。丁汝昌等死事情形，李秉衡相距较近，见闻必确，即著详细查明，据实具奏。原片著抄给阅看。将此由四百里谕令知之。钦此。仰见朝廷鉴死事之忱，复寓核实之意，钦服莫名。
>
> 查威海失后，“镇远”等铁甲及鱼雷各艇均为倭掳。正月二十四日，倭遣先经掳去之“康济”船并一民船运送丁汝昌、戴宗骞、刘步蟾、张文宣、杨用霖等五柩，此外尚有沈寿昌、黄祖莲二柩，至烟台迤东之巍岱山。并先后遣放兵勇四千余人至烟。据东海关道刘含芳及北洋营务处候选道牛昶昞、马复恒禀称：正月初五日，威海南台失后，倭以龙庙嘴之炮击我舰艇，“广丙”大副守备黄祖莲中炮阵亡。初七日，北岸全台俱失，戴宗骞吞金死。自初八日以后，将我南岸三台之炮修好，复于北三台山顶添设快炮，与口外倭舰水陆夹攻岛、舰，迭被击沉。十六日，总兵刘步蟾将已沉之定远船用鱼雷轰散，于是夜仰药死。十七日，倭雷艇又从两口分进，并南岸台炮三面环攻。丁汝昌欲率各舰冲出，奈口外倭舰、雷艇布满，兼以各舰行钝，无法冲出；而居民及水陆兵勇万人又哀求活命，丁汝昌乃与马格禄面商，告倭水师提督伊东云：本意至船尽人没而后止，因不忍贻害军民万人之性命，属倭军入岛后，中外官兵民人等不得伤害，均应放回乡里等语。派广丙管驾程璧光送往倭提督船。程璧光开船之时，丁汝昌与张文宣先后仰药，至晚而死等情。
>
> 据此，臣查道员戴宗骞素敦气节，当倭势披猖，该员见绥、巩等军将弁人各一心，即虑无以制敌，慨然有以死勤事之志。正月初七日，

南台失后，戴宗骞率两营守北台，迨兵溃力竭即以身殉。忠义之忱，皎然共见。业经北洋大臣李鸿章具奏奏，仰荷天恩赐恤，可慰忠魂。总兵刘步蟾为定远管驾，十二日，定远被倭击沉，刘步蟾恐为敌所捞获，十六用水雷将船身轰散，即于是夜仰药死。船亡与亡，志节凛然，无愧舍生取义。总兵张文宣为护军统领，正月初七日臣在烟台接张文宣来电，谓刘公岛孤悬海中，文宣誓同队勇先用力、后用命等语。是其致死之心，蓄之有素，卒能舍命不渝，亦属忠烈可嘉。护总兵杨用霖为"镇远"副管驾，该道等原禀未述其死事时日。闻大东沟之战，"镇远"管驾林泰曾潜匿不出，杨用霖力任战事，腿足弹伤，犹坚立不退。其见危授命，亦当可信。此外，如"济远"大副沈寿昌，系在牙山阵亡，已经奏请恩恤。守备黄祖莲，于初五日在岛澳中炮，更为人所共知。惟丁汝昌以旅顺失事，奉旨革职，拿交刑部，其历次罪案已在圣明洞鉴之中。战败死绥，仅足相抵。倘日后有以请恤之说进者，朝廷必力斥其非，无俟臣下鳃鳃过虑。至降倭之说，臣愚以为事即不虚，而敌方构兵，既难责以归还，即无从加之以罪。若果死事属实，只可宽其既往之愆。此外固亦无庸深论，是否有当，伏候圣明采择。

所有遵旨详查丁汝昌等死事缘由，理合恭折具奏。伏乞皇上圣鉴训示。谨奏。[①]

4月9日(三月十五日)，内阁奉上谕：

李秉衡奏，查明威海失守死事各员情形一折，海军右翼总兵刘步蟾、记名总兵张文宣、护理海军左翼总兵杨用霖、尽先都司广东大鹏协右营守备黄祖莲，均能见危授命，忠烈可嘉，著照军营阵亡例从优议恤。至已革海军提督丁汝昌，总统海军始终偾事，前经降旨拿问，获咎甚重，虽此次战败死绥，仍著毋庸议恤。该部知道。钦此。[②]

李秉衡，字鉴堂，祖籍山东福山，乾隆年间，其曾祖由山东迁至奉天，入海城籍。后在岫岩厅南的石嘴子村(今属辽宁大连庄河市)定居。他少年即勤学好读，博览群书，且文武兼习，并随出任江苏知县的父亲在江南生活。长成后，先在扬州大营办理营务处，以军功保知县。1877年，在负责办理安州水灾过程中，凡事不假手胥吏，户口必亲查，名册必亲添。1881年，升任永平府知府。在其历任县和府长官时，为官清廉，兴利除

① 戚其章辑校:《李秉衡集》，齐鲁书社1993年版，第218～220页。

② 中国史学会主编:《中国近代史资料丛刊·中日战争》(三)，第584页。

弊，赈灾救恤，时被称为“北直廉吏第一”。

1884年，法军寻衅入侵，中法战争爆发。广西巡抚潘鼎新率军出关，清廷派李秉衡办理后路转运兼前敌营务处，驻龙州。期间，李秉衡节省一切不必要的开支，保证主军和客军粮草和军饷之供应，并积极赏功恤伤，创设医局，治疗伤兵，鼓舞士气。自潘鼎新军谅山败退后，法军进窥广西边境一带，各军皆无斗志，纷纷溃散入关。而李秉衡屹然不动，并收留溃兵，集收军械，急运粮草，稳定人心，重新集结部队成军。

1885年3月，清廷下旨55岁的李秉衡暂护广西巡抚。之后，他和协官民，安定人心，联络各军，统一思想，士气大振。3月23日，法军倾巢出动，分三路进攻，李秉衡与冯子材激励将士，奋勇抗敌。并找准机会，发起反击，敌兵死尸山积，余皆败溃。3月28日清晨，李秉衡亲督毅新军、镇南军、广武亲军等营，与冯子材所率各军分路出击，谅山法军震惧，相率惊溃。29日，李秉衡与冯子材进入谅山城。谅山大捷后，清廷下旨以李秉衡补授广西布政使，仍护桂抚。

1888年春，58岁的李秉衡卸任北归，赋闲达六年之久。对于这样一位清正廉明难得之好官、清官，竟然赋闲长达六年之久，虽然个中原因不详，但清廷腐败，用人方面之弊端，肯定会对清政府统治和社会精英产生一定的影响。

1894年5月，清廷起用李秉衡，任命为安徽巡抚，未到任。8月，中日甲午战争爆发，清廷以山东为畿辅屏障，调原任山东巡抚福润到安徽，改命64岁的李秉衡为山东巡抚。9月11日，他行抵省城济南，正式视事。30日，他即离开济南，前赴登州（即蓬莱）、烟台（即芝罘）、威海卫一带视察，历时一个多月时间。此后，他便坐镇烟台，居中调度。他也曾从战略格局上谋划，建议朝廷成立大支野战游击部队，以巩固威海卫基地空虚的后路防御，但此建议并没有被清廷采纳。

李秉衡出任山东巡抚以后，主战声调很高，参奏他人亦奋勇当先。但不知是年事已高、力不从心，还是因身体有病，或是赋闲生活的习惯还没有转过弯来，在实际指挥山东驻军抵抗日本侵略者的战争中，却看不到当年他在广西前线时那种无所畏惧、敢于牺牲的精神和勇敢奋进的作为。因为手中无兵，加之对敌情判断不准，兵力部署不合理；对北洋海军提督丁汝昌之合理布军设防之建议置之不理，耽误了宝贵的时间；继而在日军荣成成山龙须岛登陆后，他指挥的山东驻军行动迟缓，贻误战机；接着山东巡抚所管理的部队又是避敌先退，乃绕道行至远离威海卫25余公里之草庙子一带;至威海卫刘公岛保卫战最关键之际,他轻信率队西逃至烟台的鱼雷艇管带王平的供述,2月8日率军由烟台向西撤退90公里,驻扎在黄县(今龙口市),接着又西撤50公里退至莱州。也就是说,在丁汝昌他们舍生忘死、奋勇杀敌的关键时刻,在丁汝昌他们自杀的100多个小时之前,他就扔下激战的海陆军将士不管,而堂而皇之地由烟台撤至更加远离战火的莱州驻扎。这与他10年前在广西战场抵抗法军入侵之时的做法大相径庭。

山东巡抚李秉衡的调查报告和对自杀将士的处理意见,成为清廷最后下达圣旨的重要依据。

1896年1月14日(光绪二十一年十一月三十日),已故北洋海军提督丁汝昌的继配魏氏夫人亦以痛夫而亡(即殉夫)。[①]

1896年2月中旬和下旬,德国人瑞乃尔[②]致信《京津泰晤士报》编辑,讲述关于他所经历的威海卫投降的具体情况。

海军史研究爱好者、旅英学者张黎源先生翻译瑞乃尔所写文章时将其定名为《瑞乃尔关于威海卫投降的报告》。其具体内容如下:

威海卫之围[③]

致《京津泰晤士报》编辑:

尊敬的先生,在去年十一月的《布莱克伍德杂志》(*Blackwood's Magazine*)上,有一篇上述标题的文章,作者为"本杂志在中国的通讯员",我的名字在文章中被粗暴地对待了。

我能够并且希望,澄清我在威海卫这段历史中的所作所为,但我因为被痼疾所困,所以之前一直未能如愿。

---

① 《丁氏宗谱》中的记载,转引自孙建军:《北洋海军研究探微》,第335~336页。

② 该洋员系炮术教习,在山东登州与荣成水师训练兵勇,教授炮术已有数年。1880年10月7日李鸿章奏,新购英国碰快船所需水勇,著丁汝昌、葛雷森、许钤身等在山东登荣水师艇船经德弁瑞乃尔教练数年弁兵中挑选300名,前往英国接带两舰回国。1882年,袁保龄赴旅顺总办北洋旅顺营务处工程局后,瑞乃尔也奉命从山东调至旅顺服务。1883年初夏,已动工兴建了三年的旅顺黄金山炮台大体建成,10月间开始试炮,共有德国克虏伯厂制造24生的大炮2门,24生的25口径长炮1门,12生的边炮5门,护墙12磅前膛炮8门,合计大小炮16门,属旅顺港基地炮台中最大者。瑞乃尔被正式聘用为炮兵教习。甲午威海卫和刘公岛保卫战之关键时刻,瑞乃尔见证了北洋舰队的艰难苦战和全军覆没的全过程。

③ 译自《京津泰晤士报》(*Peking and Tientsin Times*),1896年2月15日。——译者注。

但我可以保证，如果能够得到您的同意的话，对于"O. C. C."[①]所说"丁提督的印信被一个自发组成的委员会所使用，但没有成员特别希望接受此举受到的赞誉"之言，下周我将献给读者们威海卫事件的另一面，并揭示此神秘的投降事件的真相。谨颂

台安。

T. H. 瑞乃尔

威海卫之围[②]

致《京津泰晤士报》编辑：

尊敬的先生，在去年十一月的《布莱克伍德杂志》上，有一篇上述标题的文章，作者为"本杂志在中国的通讯员"，他对于大多数贵报的读者来说都是非常熟悉的。这篇文章中我的名字多次在意思含糊的语句中出现，这些语句可能导致严重的误解。这是由于以下的情况：在我从威海卫回来之后我曾为我的政府写了两篇文章，即(1)《威海卫之战》(*Der Kampf um Wei-hai-wei*)，这是一篇按时间顺序的对军事事件的描述，后来在6月16日的《科隆公报》(*Cologne Gazette*)上发表；(2)《威海卫的投降》(*The Capitulation of Wei-hai-wei*)。后来在这里成立了一个调查法庭，德璀琳先生作为主席，罗道台(即罗丰禄，时任北洋海军营务处道员——译者注)和盛道台(即盛宣怀，时任津海关道——译者注)作为陪审员。作为我的证词，我向法庭呈送了这份文件的副本，其立场是完全客观的。现在《布莱克伍德杂志》提供的内容，主要是马格禄上校给中国政府的报告；而我的两篇文章显然并未透露给"O. C. C"，个中原因只有向其提供信息的人才知道。

因此，如果尊敬的编辑先生能够在贵报上刊登拙作，我将十分感激，至少登出我第二篇文章的概要，以使读者们能够得出自己的结论。

威海卫的投降

当我们丢失了大陆上的炮台后，部分炮台的火炮随即转向了我们，我们的兵力折损严重，且被困在几艘军舰和一个连一只老鼠都跑

① 即"*Our Correspondent in China*"(本杂志在中国的通讯员)的缩写——译者注。

② 译自《京津泰晤士报》，1896年2月29日。——译者注。

不出去的小岛上。我们被四面包围,严寒,夜晚对我方军舰的鱼雷袭击,最后,还有我方鱼雷艇队的临阵脱逃,使得我们舰上和岸上的守卫部队陷入绝望。高级军官自裁以得解脱,水兵们希望战斗,却失望地发现军舰仍停泊在刘公岛边,而所有与大陆的通讯都被切断了,敌人占据了大陆沿岸,并深入内陆数英里。炮台里的守军看到我们的鱼雷艇队于2月7日脱逃,并由此推测,我们的大舰不久也会步其后尘,抛弃他们这些士兵,任他们由入侵的敌人摆布;这意味着,根据他们从旅顺口的目击者那里听到的消息的推论,岛上的所有人,男人、女人和小孩都将被屠杀。因此,在当日的晚间,他们决定为了他们自己行动起来,于是他们集体在无军官带领的情况下走上街头游行,大喊大叫,并四处开枪,他们想占领一两艘军舰,这样就可以在紧急状况下有一个最后的避难所了。后来几个军官跑来寻求洋员的帮助,对付他们自己手下的士兵,情况对洋员和中国军官来说都变得非常严重。

洋员们,除了马格禄(即 John McClure,时任北洋海军副提督——译者注)与郝威(George Howie,又译作浩威、好为,中日甲午战争时志愿来华参战——译者注)留在舰上以外,因为无法为中国官兵做更多的工作,所以当时都住在岛上。于是他们当晚在附近的俱乐部开会,并一致认为在士兵中普遍缺乏勇气的情况只是因为他们不知道在文明国家中有光荣的有条件投降之举,而且我们相信,如果告诉他们在文明的战争中是不存在杀害那些在困境中尽力苦战到最后的降军的事情的话,他们或许仍然会坚持战斗。洋员们在深思熟虑后邀请了吴道台(原文为 Wu Taotai,因威海卫投降时并没有吴姓或伍姓道员在岛上,因此推测是报纸编辑误将瑞乃尔手稿中的 Niu 录成了 Wu,此处 Wu Taotai 应当就是下文中的“牛道台”,即牛昶昞,时任办理威海营务处、兼管东口水雷营、二品衔候选道——译者注)加入他们的会议,因为这是能采取的阻止守军暴乱的最好方法了。吴来了,与他一起来的还有马道台(即马复恒,时任办理北洋海军营务处、会办鱼雷营、三品衔候选道——译者注)和一些中国海军军官。他们都承认士兵们暴乱了,当前的形势极为严重。洋员们通过我的翻译,向这些中国先生们提出了他们先前的解决方案,并建议应向丁提督说明在欧洲国家中通行的有条件投降的形式,他应以公告的形式,告知陆上和舰上的士兵,如果他们能坚持战斗到最后一刻，则保证他们最后的生命安全；用这种方法来给予他们坚持战斗的力量。道台答应他将就此写一封信给丁提督，于是会议便结束了。戴乐尔（即 William Ferdinand Tyler，时任"定远"舰帮带洋员——译者注）先生随即在他的房中根据记忆写了一封信给马格禄上校，阐明了当前的情况。当他向我读这封信的时候，我认为它没有表达正确的意思，但我也不予理会了，因为现在已经没有时间来再写一封。当时是半夜 1 点。2 点钟时格卫龄（即 W. Kirk，时工作于刘公岛海军医院——译者注）医生和我再次被陈游击（原文为 Commander Chen-ta-fu，因 Chen-ta-fu 显然不是人名，或为"陈大副"的音译。此处或指陈恩焘，时任北洋海军提标游击，军械委员——译者注）和林颖启管带叫起来，他们以牛道台的名义让我们去旗舰上，向丁汝昌提督解释情况。他们说牛给丁的信已经送去了。格卫龄从隔壁房子里叫来了戴乐尔先生，这位先生说愿同我一起前往，而格卫龄和中国人却出乎我的意料并未前来。

在旗舰上我们发现两个都在睡觉，且给他们两人的信都未拆封。丁在读了他的信后说道："我当然会救兵勇们的性命，我也认为你们建议的是唯一可行之途，但在我实行这一步骤前我必须得先死。"我回答道，当前需要的只是让士兵们了解光荣的有条件投降的用处，以使军令得以恢复，并给他们战斗到最后的勇气；但如果提督坚持自尽，这在我们看来是十分可怕的，而且无积极作用，我们恳请他就当我们的来访并未发生过。丁然后决心等几天，因为他期盼陆上的解围。当丁提督与我在桌子一边用中文交谈时，马格禄和戴乐尔在另一边，用英语说着同样的话题，我听到马格禄不停地喊叫："如果他们不愿意战斗，那该怎么办呢？"但随后丁问起马格禄对此的看法，他却答不上来了。

当时所有出席的人都未想到，在这整个过程中，水兵们都在甲板上的天窗口听着。那么为什么单单只有我受到了指责呢，是因为我后来如此健忘？不然的话，我还不如干脆拒绝接受这次任务，因为我不能也不会对一个像丁提督这样的官员窃窃私语！但要么是丁没有想到水兵们在听着，要么是他并不考虑这样做的后果；否则的话，他在静静地读完牛道台的信后，就不会就此话题与我交谈了。自从我开始身不由己从事自己并不擅长之事以来（那时是在大陆上），这是我威海卫战役时唯一的一次作为任何团体的中间人、顾问或翻译，这是因为我认识到当前的问题对于我服务的国家而言至关重要，且是有益的。

这一悲剧的第二幕于2月10日早上在“镇远”号上上演。我觉得，舰上几乎聚集了舰队中所有的官兵。我被一些水兵召来，而且如我一开始所料，也是被提督所召。在会议厅里，我发现张将军（即张文宣，时任刘公岛护军统领、记名总兵——译者注）也与丁在一起，他后来告诉我，他是被强行带上船的，马道台与舰队的管带们也是如此。他们看上去都十分沮丧，有些还在痛苦地哭泣，毫无疑问，舰队已经发生了总哗变，所有人看上去都十分无助，丁一直静静地坐着，悲伤地望着那些在他身边的人们。突然他站立起身来，走近一群管带说道：“你们的兵士们如果想杀了我请便，但要让我像他们要求的那样将舰队开出去是做不到的。”我正要离开这悲苦的一幕，此时丁让我去甲板上对水兵们讲道理，试着让他们回到自己的军舰和岗位上去。我立即答应了，除了军官以外的所有人都跑到甲板上听我要说些什么。我开始解释战争是如何因两个君主统治的冲突而爆发的，它又是如何因成为各行各业的人的职责，尤其是陆海军军人的职责，打败敌人以保护自己君主的权利。我继续说道：“你们必须尽一切手段战斗到最后，你们还有军舰，大小火炮、步枪和刺刀，而且如果所有这些都被夺走了，你们还有两个拳头来保护你自己（我提高了嗓门）。如果最后你仍然被征服了，也并不是说你接下来就会被杀掉。你们的提督有拯救你们性命的办法，因为如果你们表现得英勇的话，敌人就会尊重你，敬佩你。”此时人群中有人喊道：“旅顺口的事又怎么说呢？”我答道：“旅顺的守军无耻怯懦而且残暴，激怒了敌人，决不手下留情。但我以性命担保，这不会在这里发生，这是因为”，我总结到，“如果你战斗到最后就会赢得嘉奖和荣誉。”他们立即都跪倒在地，做着乞求的姿势，一起嚷嚷起来。当然我坚持只听一个代表的发言，于是他们推出了一个人来到我面前。他说：“最后时刻已经到了，我们无法再继续战斗一小时；你说到军舰大炮和其他武器，但军舰都系泊着，所以武器也就没用了。每天晚上敌人都用鱼雷击沉几艘我们的军舰，我们随时处在被淹死的危险之中。我们乐意开船出去战斗，但我们拒绝在这束缚中被杀死，我们知道我们的家人也会因此脸上无光，还会被株连处死。”同时他们又再次聚拢，且一起异口同声大喊起来。显然这一哗变已难控制，于是我去找丁提督，向他建议，将他的军舰都炸沉，把炮台也炸掉，空着双手投降。丁也知道没有别的去路了，因为他不敢，或是他的上级不同意他尝试率领他的舰队残部突围，他立即同意了这一建议，并下令做好准备，一旦得到他的命令就炸沉所有军舰。我发现管带们显然都同意了这一命令，但说来也奇怪，这些准备一直未能进行，这似乎是因为水兵们不愿毁掉他们逃跑的最后工具——他们的军舰。我离开军舰后，丁提督决定，希望遵守命令并在需要的时候战斗的水兵应回到他们的舰上，其他的都登岸——去岛上。极少有人回船上，但他们也不准备服从其长官的命令。我不知道这一安排。我在那天下午又重返舰上，正在甲板上走着，一个洋员告诉我军令恢复了，所有人都希望继续抵抗。虽然这只是搪塞之词而已，我当时也相信了，并跑下楼到会议室里，为这一转机向可怜的丁表示祝贺。我立即发现自己是被骗了。丁坐在他会议室的一个阴暗角落里，极为孤独，他的表情是如此沮丧，令人同情，这对于所有认识他的旁观者而言都是令人心碎的。他依然是那么彬彬有礼，他直到最后仍极为礼貌且心地善良，他站起来，与我握了握手，随后长叹一声，我试图让他振作起来，让他忘掉关于自尽等颓丧念头，但他只是叹息着。我仍然无法相信，在这一见面的 36 小时之后他就离我们而去了。我一生中从未遇见过——即使是在基督教徒中——比丁提督更慷慨，更慈善，或更英勇的人。

第三幕是发生在丁提督与张将军服毒自尽的时候。2 月 12 日凌晨 4 点，牛道台前来我处，在告诉了我丁与张已于凌晨 2 点去世的可怕消息后，他问我关于时局的建议。他申辩道没有一个军事领导者我们别无他路唯有投降。我告诉他，他现在身担全部责任，为了荣誉他应当尽可能抵抗更久。他建议现在正统领舰队的马格禄应写一封降书并由他将其带给敌军。我向他解释道，日本人极有可能连他也不接受，因为他不是中国人，而如果我们一定要投降的话，他，这位道台，应亲自去见伊东司令并商议停战；但在所有其他事情之前，他需要照丁提督已经答应的那样，摧毁军舰和炮台。他刚同意了我的要求，四五个人就闯了进来，即郝威、马格禄和两三个中国海军军官，其中有吴提标（即吴应科，时任北洋海军提标都司——译者注）和陈游击。郝威完全没注意到道台，进来就说道："现在怎么样了？"我回答道丁提督与张将军都去世了。郝威听了像个恶棍般地叫道，在这个国家里什么秘密都守不住，然后转身对身后的人说道："我建议我们继续执行我们的计划。"我答道，我们想要知道这是什么计划，郝威说道："这就是，丁提督写一封降书给伊东司令等等。"我立即对此表示抗议，说道，一个死人怎么可能再写信呢。马格禄此时加入了谈话，他说丁提督留下了一封对于这种状况下事件处置的信。我要求看这封信，但却是徒劳的。在一段我与郝威之间的私人插曲之后（我之后就几乎没见过这个人了），郝威拿起一张宣纸，在上面用铅笔写下如下文字，他一边写一边大声读道："丁提督致伊东司令。为免不必要的流血我恳将我的舰队和军港降于阁下，并为此请求遣散所有中外官兵。"我抗议这些行为，并声明在投降前须毁掉所有的军舰和炮台。吴提标说道："现在做这些已经太晚了，明天一早敌人就将进港。"我答道："当然不会，敌人不知道丁提督已经死了，而且在当前的情况下，我请你不要急急忙忙的，而是仔细考虑一下这重要的一步。"他无言以对。这片写着郝威铅笔稿的小纸条被一位海军军官拿过去，翻译成了中文，盖上丁提督的印信，并由其中一艘挂着白旗的炮艇送去了日本旗舰。

郝威与马格禄等人的这一计划是有系统的，他们知道了丁与伊东是多么好的朋友，他们同样害怕毁掉军舰和炮台会大大激怒敌人，或许将对他们，这个团伙中的人更加严苛。而且他们中有一个主犯，他有充分的理由害怕在见第一面时就被枪毙或绞死。

于是洋员们心中最优秀的中国人，丁提督，不仅失去了他的官衔，他的舰队，他的命运和他的生命，而且因为一些恶棍冒险家的低劣把戏，他还失去了他死后的荣誉，而这对于这个国家中他这样地位的人来说是必不可少的。

以上是根据我一切所知和所信写成。谨颂

台安。

T. H. 瑞乃尔

附言——谨另附上一份《科隆公报》的副本，其中有我的文章《威海卫之战》，以供浏览。

T. S.

1898 年（清光绪二十四年），江苏丹徒县人姚锡光在所撰的《东方兵事纪略》卷四《海军篇第七》中写道：

自威海陆道陷，刘公岛居民惶怕，兵轮管带不欲战者复交煽其间，兵勇水手和之，益以倭人雷艇时袭入东口沉我舰队，是日我雷艇全队且逃，兵勇水手乃纠党噪出，鸣枪过市，声言向提督求生路，岛中大扰。在岛诸洋员请姑许乞降，以安众心。汝昌谓："我知事必出此。然我必先死，断不能坐观此事。"乃先出示抚众，略谓援兵将至，固守待援；众亦稍定。是时英水师兵官马格禄方充海军副统带官，与我兵轮管带数人并洋员浩威已密有成议，将仍以众劫汝昌。十五日，倭水陆复以炮攻我，击沉我靖远舰，管带叶祖珪亦先去船在陆。是日，右翼总兵刘步蟾以手枪自击死。时汝昌驻镇远。十六日，弁勇拥护军统领张文宣至丁汝昌所，合水手围之，营务处道员牛昶昞并各舰管带踵至，相对泣。乃召西员计事，以德员瑞乃尔能作华语，令出抚众，晓良久，众喧噪不可解。瑞乃尔入舱，密告汝昌曰："兵心已变，势不可为，不若沉船毁台，徒手降敌较得计。"汝昌沉思良久，乃令诸将候令，同时沉船。诸将不应，盖恐沉船徒降，取怒倭人也。十七日，倭水陆复以炮急攻我，岛中愈惶急。时岛中尚存镇远铁舰一，济远、广丙、平远兵轮三，镇中等蚊雷艇六，凡十艘，而弹药将罄。是日，得烟台密信，始知东抚李秉衡已走莱州，援兵绝。汝昌召海军诸将议鼓力碰敌船突围出，或幸存数艘，得抵烟台，愈于尽覆于敌。诸将不允，散去。旋勇丁、水手露刃慑汝昌，汝昌稍慰之，入舱仰药，张文宣继之，十八日晓夜四更许，相继死。

昶昞召诸将并洋员议降，瑞乃尔请如汝昌前令，沉船毁台乃议降事，诸将及英员皆不许。于是英员浩威作降书草稿，仍托诸汝昌语，管带闽人某译华文，牛昶昞署以海军提督印。黎明，"广丙"管带程壁光乘"镇边"艇，悬白旗，诣倭军乞降。于是舰队十一艘及刘公岛各炮台军资、器械尽纳于倭，我海军遂扫地尽矣。倭人乃以康济练船载汝昌并宗骞诸柩还烟台，纵水陆将士居民西渡，而兵踞刘公岛与威海相犄角，以扼我要害云。

姚锡光，1857 年出生，江苏丹徒县人，字石泉，又作石荃。早年师从丹徒的周伯义先生学习经、史，以及天文、地理和兵法，成绩优异。1878 年，21 岁的姚锡光任首任中国驻日本公使何如璋的随员（后任驻日本领事），随驻日本。归国后，得到李鸿章赏识，1886 年经李鸿章邀请，出任北洋武备学堂教习，并成为李鸿章的幕僚。1893 年（清光绪十九年）正月，为了表彰他在北洋效力有为，按例由北洋大臣李鸿章俟补直隶州后以知府任用。

1894 年 8 月，中日甲午战争爆发，新任山东巡抚李秉衡调他到山东地界，出任前敌行营文案兼帮办营务处。甲午战争后，姚锡光离开莱州前往江南，出任湖广总督张之洞的幕僚。1896 年（清光绪二十二年），湖广总督张之洞调他出任湖北武备学堂提调兼自强学堂总稽查。1898 年，他又被张之洞派去日本考察学制。这一年，他撰写的《东方兵事纪略》刊发。

进入 20 世纪之初，他调署安徽怀宁县主事，安徽巡抚王之春任命他兼任武备学堂提调。之后，又调和州直隶州知州、兼充下游皖军营务处总办。此后，又充任京师大学堂副总办；再后又被北洋大臣袁世凯任命为审公所监督，兼充北洋大学堂总办；不久，又被练兵处王大臣派署为军政司副使；1908 年，因陆军部左侍郎寿勋丁忧，姚锡光署陆军部左侍郎。期间，他写出了《筹海军别录》。1909 年 2 月，因荫昌升迁，他升任兵部右侍郎，至 11 月被免职。

辛亥革命后，他参加了国民党，并被推举为参议。袁世凯任总统期间，他被任命为蒙、藏事务局总裁、口北宣抚使、查抚津保被灾商民专使等职。1912 年 6 月至 12 月，他又出任中华民国中央政府遣藏劝慰使，因英属印度政府阻挠而滞留于印度。1914 年 5 月，袁世凯又任命他担任参政院参政。1923 年 1 月 31 日，他被将军府授予"锡威将军"。

姚锡光的主要著作有《东方兵事纪略》《东瀛学校举概》《筹藏刍议》《筹蒙刍议》《姚锡光日记》《姚锡光文稿》等。

有论者认为姚氏所写《东方兵事纪略》史料翔实，事实清楚，是因为："姚氏于甲午、乙未之际正在山东巡抚李秉衡署中，赏往来辽碣登莱，观察军情，因即所见、所闻，参以中外记载，撰为此书。本六卷，其图表一卷未刊，故今传之仅五卷。此书记载详细清晰，虽间有讹误，但远胜一时诸作。"

该书 1898 年（清光绪二十四年）刊发。中国史学会在编著《中日战争》的编者按中说："姚锡光曾当过驻日本领事，对于中日若干交涉比较清楚。他这部书写得相当全面，其中虽不免有些讹误，但很有参考价值。我们就所知在文中附加按语指明。至于一些无谓的词句，都酌量予以删节。"①

1906 年上半年（清光绪三十二年上半年），威海卫、荣成县、烟台、旅顺沿海全湾绅士商民，梁世焜、刘宗汉、于宗潼、潘庆澜等 300 多位官员，

---

① 中国史学会主编：《中国近代史资料丛刊·中日战争》（一），上海人民出版社 1957 年版，第 1 页。

淮军旧部姜桂题提督、王仁宝按察使等10余人，还有淮军旧部暨水师出身人员广东水师提督萨镇冰等部分海军旧属和威海卫当地绅民三百多人，联名上书直隶总督袁世凯，要求给甲午战争中自杀殉国的北洋海军提督丁汝昌以客观公正的评价和待遇。

1906年7月5日（清光绪三十二年五月十四日），时任直隶总督的袁世凯（他在中日甲午战争爆发时系清政府派驻朝鲜的公使）将广东水师提督萨镇冰等部分海军旧属和威海卫当地绅民300多人联名上书要求为丁汝昌开复原官的请求转奏清廷，即《已故提督丁汝昌战功素著请旨销去革职处分开复原官原衔折》：

奏为已故提督大员战功素著、捐躯殉难、志节可悯、遗爱在人，据情吁恳恩准开复原官原衔以顺舆情而彰荩烈，恭折会陈，仰祈圣鉴事。

窃据威海、荣成、烟台、旅顺沿海全湾绅士商民，刑部郎中梁世烺、鸿胪寺序班刘宗汉、工部主事于宗潼、候选同知潘庆澜等三百余名；又，淮军旧部文武甘肃提督姜桂题、开缺浙江按察使王仁宝等十员；又，海军旧部暨水师出身人员广东水师提督萨镇冰、二品衔前直隶候补道曾兆锟等十四员，先后联名呈称：已故头品顶戴尚书衔北洋海军提督西林巴图鲁丁汝昌，安徽庐江县人。同治元年，由行伍随原任台湾巡抚刘铭传攻克江苏常州府、安徽广德州，皆拔帜先登。嗣追贼宁国，阵毙贼目黄和锦，进剿徐州，援济宁，克长沟寨，解安徽雉河集、河南扶沟之围，克复湖北黄陂县城。五年，毙任逆于赣榆，大捷于寿光。六年，平西捻于徒骇河。大小百数十战，无役不从，摧坚陷阵，常为军锋，积功洊保至记名提督协勇巴图鲁。光绪三年，保送引见，奉旨发往甘肃差遣。旋经前直隶督臣李鸿章奏留北洋委充兵轮督操。六年，派赴英国接带“超勇扬威”两快船，并游历各厂，讨论水师窾要。次年回华，保换西林巴图鲁名号，委统北洋水师兵轮。八年，戡平朝鲜内乱，赏穿黄马褂，寻授天津镇总兵。十四年，协剿台湾卑南生番，事平，赏给头品顶戴。十二月，补授北洋海军提督，驻防威旅沿海一带，萑苻敛迹，市廛振兴，商贾居民胥受其福。十七年，操巡南洋、日本各岛。回防后，条陈中国海军规模粗具，原期逐渐扩充，从前所购船舰，经历数年，已成旧式，机器渐滞，运用不灵，比较外洋新式快船，速率悬异，且快炮未备，难资战守，一旦有事，恐贻后患而弃前功，请及时增购船炮，以备防御。格于部议，未允所请。二十年，恭蒙恩诏赏加尚书衔。是年五月，海军大阅甫毕，而东事突起。该故提督迭请率舰迎剿，为先发制人之计，皆不果成行。八月十七日，护送铭军至大东沟。十八日午初，遇敌舰十二艘，仓猝接战。一面分派炮艇，保护商轮辎重；一面亲率十舰，布阵迎击。自午至酉，相持数时之久，炮弹雨下，海水震沸。该故提督腿受弹伤，裹创督战，不少却顾，士气益奋。旋伤敌人数舰，余船收队北去。该故提督发令穷追，竟以船伤行钝莫及为恨。各国舆论，佥谓自有海军以来，如此剧战，实为环球所创见。而我陆军八营，因得陆续登岸，不至被敌截夺，保全实非浅鲜。钦奉八月二十九日电旨：东沟之战，各将士苦战出力，著酌保数员以作士气等因。钦此。正在赶修伤残，希图再举。适石岛有敌舰游弋，该故提督奉饬率队驱逐，并筹备威防。于时伤疾未愈，而船械之损坏者亦尚未修整竣工，徒以遵令出海巡徼，力疾登舟。船少师单，洋面辽阔，势不能以独力兼顾多处。未几，敌兵抄袭后路，金州失守，遂及旅顺。其咎固不专在海军。先是该故提督已奉十月十九日谕旨，革去尚书衔摘去顶戴，及是复于二十九日奉旨革职留任。该故提督愈益感激惭奋，回防威海，协同陆军部署一切。当以绥巩两军勇队无多，不敷分布。商请前山东巡抚李秉衡酌派兵队扼守成山，堵敌上岸。讵东队迁延，未能应时而至，而荣成又先失守，敌遂增兵会合荣成大股，逼攻南北两岸炮台。水陆夹击，我军亦水陆御之。究因陆队单弱，力莫能支，南台先陷，北台继之。敌复据台转击舰队。该故提督既恸且愤，激励将士拼命抵抗，昼夜鏖战，血肉横飞，所有药弹军械各库，被炮轰焚殆尽，伤亡日积。敌见我军势孤，以多数舰队排冲海口，更以雷艇奋勇进击。该故提督犹誓众死守，以待外援。无何，"定""靖""来""威"等船被伤沉溺，而烟台之抚标各营亦早撤退，炮弹告罄，援军望绝。该故提督知事不可为，乃拊膺叹曰：受国厚恩，值此力竭势穷，惟以死报。遂具衣冠望阙行礼毕，仰药以殉，时二十一年正月十八日也。绅等、职等，或向蒙保障，或旧隶部曲，或夙同乡里，或曾共戎行，于该故提督生平战绩及其死事原委，知之最详，不忍听其湮没。查海军失机将领，事后多蒙朝廷原情宥过，弃瑕录用，或至擢膺专阃，其同时殉难文武，如道员戴宗骞、总兵刘步蟾、张文宣、杨用霖等，均经奏奉恩旨优恤。该故提督临难授命与戴宗骞诸员等，而战功之坚(艰)苦卓绝，尤为过之。相应呈请据情奏恳恩准开复，并援案优恤等情前来。

臣等伏查该故提督丁汝昌，束发从戎，转战皖、鄂、江、浙、豫、东、直、陕各省，历著伟绩，名城巨憝克获尤多，实系淮部骁将，素为李鸿章、刘铭传所激赏。自统领海军以来，衽席风涛，操练巡防，精勤罔懈。考东西洋各国注重海防，岁縻亿兆金钱，扩张军备，而中国海军仅能成立，屡经部议停购船械。自光绪十四年后，未增一舰。该故提督尝以为言，卒以绌于经费而止。而李鸿章亦尝奏称，日本近十年来，倾其国帑购制船械，愈出愈精，中国限于财力，拘于部议，未能撒手举办，遂觉相形见绌等语，亦足见当日拮据之苦，措注之难。甲午事起，大东沟一役，以我笨滞之师船，御彼灵巧之舰队，且我仅十艘，敌船十二，敌用新式快炮，我系积年旧器，利钝既异，众寡复殊。该故提督裹创喋血苦战多时，卒能伤亡相当，敌锋为挫。外人之作壁上观者，莫不啧啧称叹，诧为得未曾有。及回防威海，犹复收合余烬，竭力抵御。无如势单力薄，敌来逾众，坚持伊久，卒以械尽援绝，慷慨捐躯。其败绩固不必讳，其忠勇要自可嘉，其始终艰难委屈之情形，亦为天下中外所能共谅。即如上年日俄对马之战，波尔的海舰队东来，转瞬之间，全军覆没，统将被掳。以视该故提督之力战死节，殆不可同日而语矣。在当时战局未解，国法诚无可宽，至今日即事原心，大节实无所愧。迭据该员绅等沥诚环请，臣等不敢壅于上闻。且原禀中所称戴宗骞、刘步蟾诸员，实与该故提督同时殉难，事出一辙。诸员既皆仰邀恩恤，该故提督未便独令向隅。合无吁恳逾格天恩，俯允将该故提督丁汝昌销去革职处分，开复原官原衔，以顺舆情而彰荩烈，出自高厚鸿施。

所有据情吁恳缘由，谨合词恭折具奏。伏乞皇太后、皇上圣鉴训示。谨奏。[①]

众所周知，其时清政府内忧外患严重，朝政混乱艰难，更因光绪皇帝不想更改此前的说法，因而袁世凯的奏折被“留中”不发，没有了下文。[②]

20 世纪 80 年代，有研究者认为“光绪三十二年（1906 年）奉旨，撤去革职处分，加恩开复原官原衔”。其实，这不是历史事实，因为史料证实这

① 《已故提督丁汝昌战功素著请旨销去革职处分开复原官原衔折》，中国第一历史档案馆、海峡两岸出版交流中心编纂：《清宫甲午战争档案汇编》第 50 册，线装书局 2016 年版，第 298～308 页。

② 孙建军：《北洋海军研究探微》，第 332 页。

一年光绪皇帝没有下旨给丁汝昌平反和恢复原官原衔。

1910年(宣统二年)春,筹办海军大臣载洵为给已故北洋海军提督丁汝昌开复原官原衔,再次向清廷呈上请将已故提督丁汝昌开复原官原衔的奏折。其内容为:

> 筹办海军大臣郡王衔多罗贝勒载洵跪奏,为已故提督力竭捐躯、情节可悯恳恩开复原官原衔以明是非而昭旷典,恭折具陈,仰祈圣鉴事。
>
> 窃自福建船厂兴,而中国海军始有萌芽,海军衙门立,而中国海军声威顿壮。盖是时,中国之定远、镇远两战斗舰皆最新式,环球各国战舰之有电灯,自该两舰始。上年臣等游历至德国承造该两舰之伏耳镗厂中人犹举以相告,则其款式之新,为当时所称道不置者,当可概见。故各国咸不敢轻视。乃不十数年,而有甲午之败,于是,中国海军名誉扫地殆尽,然则此成为中国海军兴废一大关键,亟应研究者也。臣自奉命筹办海军,即斤斤于此致意,以求得失之林。惟念胜败之机,虽不尽系于统领一人,然统领为军中领袖,论战者,宜先及之。当时北洋海军统领为已故提督丁汝昌,臣为研究甲午海军之败,而知丁汝昌其人,且知其因力竭无援乃以身殉,情节殊为可悯。谨将详细情由为我皇上缕析陈之。臣自入海军处以来,所有旧日海军人员无论在臣处供差或由外省因公晋谒者,论及当日海军,靡不称颂丁汝昌勇敢可钦。所见远到甲午一役,实由船械迟钝以致失机。上年臣奉命巡阅各省,所历通商口岸,绅宿商耆来见者,率以丁汝昌孤忠未白,为之太息,如烟、沪等埠,则更感念有加,叙述北洋舰队成军以后,其巡练之勤、保卫之笃,皆口碑载道,又所历外洋各国,多谓丁汝昌所率舰队速率不均,炮械尤为迟钝,而鏖战至半日之久,实属难能可贵。凡此皆誉丁汝昌者之所言也。其毁之者,则曰丁汝昌并非由海军出身,畏葸无能,并因此归咎李鸿章用人之不当。臣愚以为,巡练之勤,保卫之笃,乃海军统领分内应为之事,虽曰能之,亦无庸过为嘉许。然谓其畏葸无能,则未免太刻。盖丁汝昌未入海军以前,随铭军转战皖鄂江浙豫东直陕各省,其克复城镇也,则有黄陂县、奔牛镇等役,其阵斩巨憝也,则有毙伪鲁王于赣榆,灭张总禹全股于徒骇河,与歼黄景和任柱捻逆诸功。其摧坚陷阵也,则有常州府、广德州之先登,其解围破贼也,则有寿光县长沟寨之大捷,大小数百战,功绩卓然,当时推为淮军骁将,积功洊保至记名提督协勇巴图鲁。即就此而

论，已非畏葸无能者所能侥幸。况其后海军之战，其奋勇尤有足称者耶，至李鸿章委以统领北洋海军之任，亦自有故。当创练北洋海军时，所有海军官弁类皆微末，而破格用人之议不敢率行奏请，故不得不借用陆军骁将充补海军统领，盖非用提镇大员不足崇体制也。况丁汝昌于光绪三年奏禀留北洋，委充兵船督操，六年赴英接带“超勇”“扬威”两船回华，嗣是而后，率领各舰，梭巡口岸，北至高丽图们江，南至新嘉坡、槟榔屿，两莅日本长崎、神户、横滨各口岸，遍观吴镇、横须贺、佐世保各军港，见其经营船炮不遗余力，窃计一旦有事，以我军之旧轮笨械，万不能敌。故先事图维，建议宜及时增购新式船炮，免贻后患。叠经呈明当事，分别奏咨，而卒格于部议不行。由此观之，丁汝昌虽非由学堂出身，亦不得谓于海军绝无阅历，而李鸿章委以海军重任，亦未可厚非也。然则其所以失机之故何在？先是光绪二十年，高丽有东学党之乱，与日谈判无效，不能不取决于兵戎，边衅既开，丁汝昌率领舰队驶至大东沟，迎敌接战，敌以快船十二艘装配快炮分行来逼，丁汝昌亲率旧式船炮迎头痛击，自午至酉，炮弹雨下，虽腿骨受伤，犹裹创督战不少却，士气益奋，旋敌人以日暮伤多收队北去。观战各国啧啧称美，奉旨大东沟之战，各将士苦战出力，著酌保数员以作士气等因，钦此。嗣回军旅顺，赶修船械，催集军火，希图再举，未及竣事，适敌舰游弋石岛，奉饬率队驱逐，并即筹画威海防备事宜，丁汝昌遂力疾登舟，正到威布置间，敌兵抄袭后路，陆军败溃，金旅失守。十月十九日，奉旨革去尚书衔，摘去顶戴。二十九日，复奉旨革职留任，丁汝昌愈惭感愈奋激，誓以死战。十二月，荣城失陷，绥巩等陆军溃散，敌兵长驱占领威海南北炮台，即以炮台之炮，击我之舰，而丁汝昌犹激励将士效死抵拒，昼夜鏖战，历十余日，药弹军械各库焚毁殆尽，伤亡日积，无何，“定”“靖”“来”“威”等船被击沉没，而烟台抚标各营亦早撤退，弹火告罄，援军绝望，丁汝昌知事不可为，乃抚膺叹曰：受国厚恩，值此力竭势穷，惟以死报。遂具衣冠，望阙行礼毕，仰药以殉。此丁汝昌临难捐躯之实在情形也。伏维我皇上御极之初，首布恩纶，所有缘事罣遣诸臣，多荷圣慈曲予湔祓，丁汝昌曩随铭军转战各省，既有叠克名城之功，嗣统海军十余年，亦不无微劳足录。甲午一役，论成败无能辞咎，论情节尚有可原，当时战局未解，褫夺诚难宽假，然事后论定，似可上邀旷典，合无仰恳天恩，明降谕旨，准将已故提督丁汝昌开复原官原衔，俾死者得以释青而明心，生者益观感而知奋，似于鼓励戎行不无裨益，所有已故提督大员力竭捐躯恳恩开复原官原衔各缘由，谨恭折具陈，伏乞皇上圣鉴训示，谨奏。

宣统二年三月十六日(1910年4月25日)奉朱批：

丁汝昌加恩开复原官原衔。该部知道。钦此。

【旁批】载洵折"请将已故提督丁汝昌开复原官原衔由"，抄交陆军部。[①]

1918年，曾经历过北洋海军筹建、成军、失败和晚清海军再建的福建人池仲佑，出版了他的海军史系列著作。1880年12月，他曾奉旨随丁汝昌赴英国接带新购的"超勇""扬威"两艘军舰，在与北洋海防统领近距离相处近一年的时间里，对丁汝昌是看在眼里，记在心上。此后30多年的时间里，他对中国的海军建设与发展还是情有独钟。他在《丁禹廷军门事略》中这样写道：

清光绪初年，我国始讲海军。北洋大臣李文忠公(鸿章)经营伊始，即以属之提督丁公。公由督操而统领十余年，始终其事。至甲午中东之战，海军舰队熸焉。公亦身殉之。论者不察其详，咸以为公咎，至谓其献舰资敌。呜呼！世之无辜受谤，未有如公之甚者也。

公讳汝昌，字禹廷，安徽庐江县人。性亢爽，负豪气，状魁貌梧。同治元年，由行武随刘壮肃公(铭传)攻克苏江(应为江苏)常州府、安徽广德州，皆拔帜先登。嗣追贼宁国阵毙贼目黄和锦，进剿徐州，援济宁，克长沟寨，解安徽雉河集、河南扶沟之围，克复湖北黄陂县城。五年，毙捻逆任柱于赣榆，大捷于寿光。六年，平西捻于徒骇河。大小百数十战，摧坚陷阵，常为先锋。积功洊保至记名提督协勇巴图鲁。光绪三年，送部引见，奉旨发往甘肃差遣，旋经李文忠公奏留北洋，委充轮船督操。六年，派赴英国接带"超勇""扬威"两快船，次年回华，赏西林巴图鲁勇号，委充统领北洋兵轮。八年，戡平朝鲜内乱，赏穿黄马褂。寻简放天津镇总兵，兼水师统领如故。十四年，协剿台湾卑南生番，事平，赏给头品顶戴。海军衙门成立，补受北洋海军提督。驻防威旅沿海一带，萑苻敛迹，市廛振兴，商贾居民胥受其福。十七年，梭巡日本南洋各岛，回防后条陈：中国海军规模粗具，亟宜逐

① 载洵奏折及朱批，现藏于台北故宫博物院，档案号：186736。此处所引内容是孙建军先生委托威海市史志办公室副主任张军勇先生赴台湾访问时复印的。该奏折现收录于中国第一历史档案馆、海峡两岸出版交流中心编纂：《清宫甲午战争档案汇编》第50册，第357～365页。

渐扩充。从前所购船舰，经历多年，已成旧式，机器渐滞，运用不灵，比较外洋新式快船，速率悬异，且快炮未备，难资战守，一旦有事，恐难支拄，请及时增购船炮，以备防御。格于部议，未允所请。

二十年，诏加尚书衔。是年，海军大阅甫毕，而中日军事突起。公请率舰迎剿不果。六月，日舰在牙山截击“济远”“广乙”，掳“操江”，沉“高升”，而复急攻威海。公率队筹防，以威海南邦炮台最居形势，倘为敌所据，则海军必歼。商诸炮台统领总兵刘超佩，议收炮钥，以杜后患。刘超佩不肯，力争之，则为蛮语伤公。是月，廷旨有丁汝昌畏葸无能，巧滑避敌，难胜统领之任，严谕李鸿章另选统带。文忠奏陈海军情形，以近年部议停购船械，实为失计。丁汝昌统带水师，曾至西洋考察历练，目前海军将才，尚无出其右者。八月十六日，公护送铭军至大东沟。十八日，我军“定远”“镇远”“致远”“靖远”“经远”“来远”“济远”“广甲”“超勇”“扬威”十艘，与日本“吉野”等十二舰相遇，仓卒接战。我军船之速率、炮之射远，均逊于敌，渐觉失势。公在“定远”望台指挥督战，炮弹雨下，不少却顾。忽因炮震跌伤，眩晕垂绝。是役虽挫，敌亦受创。我军将士忠勇，各国舆论叹为难能。廷旨优予奖恤。于时公犹裹伤，率舰出海巡逻。未几，而敌兵抄袭后路，金州不守，遂及旅顺。公奉廷旨革职留任。旋又有逮问之命。东海关道刘含芳、炮台统将戴宗骞、张文宣、刘超佩、海军左(右)翼总兵刘步蟾及各管带等，先后合词电达李文忠公，请奏恳收回成命，暂留本任，竭力自赎，以固海军根本之地。英员马格禄等，亦以为请。文忠据以上闻，廷谕：著仍遵前旨，俟经手事件完竣，即行起解。而公益惭奋。在威协同陆军部署攻御时，以绥巩两军勇队无多不敷分布，商诸山东巡抚，酌派兵队扼守成山，堵敌上岸。乃东队迁延未至。十二月敌船二十艘在龙须岛渡兵登岸，荣城(成)旋即失守。敌率大股逼攻威海南北两岸，我军亦水陆御之。连日血战，究以力弱，渐莫能支。日将伊东佑亨致书谓：以友谊忠告，际此国运之穷，即委一身，岂足报国？不如以全军船舰权降，暂游日本，以待他日归国，宣绩报恩。并引法国前总统末古末哂恒、土耳其国哂司末恒拔香故事为劝。公不为动，缄其书上于李文忠。乙未正月，敌军由南岸袭出，夺据龙庙嘴炮台，内外夹攻，威海旋陷。公犹督率精勇由岛渡海，闯登炮台，击毙日兵十余人，并夺两日旗而旋。并派敢死队攻毁鹿角咀(即鹿角嘴)、赵北咀(即皂埠嘴)两台，毁其药库。洎日军以全力攻扑东口，雷艇闸炮而遁。各舰拼命抵拒，昼夜鏖战，血肉横飞。时或中雷沉没。适有绥巩军教习德员瑞乃尔晋谒，宣言事势至此，徒多杀士众无益也。曷不以船、台、军械让敌，军民尚可保全。公竣（峻）拒之谓：中国向无此例。虽计穷援绝，必以死守至船殁人尽而后已。瑞乃尔退而告人，于是水陆军中咸闻是说。人思自脱，号令稍稍不行矣。时有岛民环跪泣求生路，继则台兵哗噪日甚，军心动摇，公犹告众以援兵不日可到，当水陆夹击以解危。乃援终不至，公知事不可为，拊膺叹曰：受国厚恩，宜以死报。即仰药以殉。时正月十八日事也。公既殁，军民丛聚，胁迫水陆营务处总办道员牛昶昞，行瑞乃尔策。牛不可，众将相犯。乃用公名义致书于伊东佑亨，略谓：欲保全生灵，愿停战事，将现有船、台、军械让送，但求勿伤兵民生命，并许出港他适云云。

三十二年夏，威海、荣城（成）、烟台、旅顺沿海绅士商民，京外官梁世烺、刘宗汉、于宗潼、潘庆澜等三百余人，及甘肃提督姜桂题、开缺浙江按察使王仁宝等十人，广东水师提督萨镇冰、直隶候补道曾兆锟等十四人，先后呈请于北洋大臣袁公世凯，为公伸雪。袁公据以入奏，称：丁汝昌束发从戎，转战各省，实为淮部骁将。统领海军以来，衽席风涛，精勤罔懈。自部议停购船械，光绪十四年后未增一舰。丁汝昌尝以为言，卒以经费短绌，格于部议而止。大东沟一役，以我笨滞之师船，御彼灵巧之舰队；且我仅十艘敌船十二艘；敌用新式快炮，我系积年旧器。利钝既异，众寡复殊，丁汝昌裹创喋血，苦战多时，卒能伤亡相当。外人之作壁上观者，莫不啧啧称叹，诧为得未曾有。及回防威海，收拾余烬，竭力抵御。无如势力单薄，敌来愈众，坚持伊久，卒以械尽援绝，慷慨捐躯。败绩固不必讳，忠勇要自可嘉。其始终艰难委屈之情，亦为天下中外所共谅。请予销去革职处分，开复原官。筹办海军大臣贝勒载询亦为奏请。奉旨加恩开复原官原衔。嗣后，外人谈及中东战役，谓公不惜牺牲一身，以易在威军民之性命，正与古代魏咎为民约降而自杀之意同。实不知让送船械，实公死后事也。

公素勤敏，在军部勒调度有法。初时，海军军官皆青年，资望不足以统驭全军，文忠不得已而用公。公乃能虚己以听群策，联络上下，翕然一心。又于所聘洋员礼待而驾驭之，使其竭诚供我驱策。视僚属如家人，不拘形迹，而督励操防，则无少假借，故人咸乐为用。好文墨，历海军数年，下笔裕如，能草露布。待遇文士，优礼有加，急人之急，如恐不及。尽节以终，远迩闻之，咸为太息。死时年六十。子二：长代福，次代禧。孙五。继室魏氏在籍，闻公死难，亦吞金以殉云。[①]

池仲佑，字滋鉴，19 世纪 60 年代出生于福建省闽县，具体、准确的生卒年月日待考。1880 年 12 月，在他“逾冠”之时，奉命以文案随员之身份随北洋海防都操丁汝昌提督前往英国纽卡斯尔接带新购快船“超勇”“扬威”两舰。此次去英国接带军舰和顺路在欧洲考察学习，历时近一年时间。池仲佑勤奋好记，将整个旅程的所见所闻写成了内容丰富、史料价值极高的《西行日记》。

据敷文社编辑的《最近官绅履历汇编》中记载，1889 年（清光绪十五年），池仲佑考中了举人，历任广东合浦县知县、连州直隶州知州、吴川县知县、劝业道署科长、南海县知县、都城厘厂总办、福州船政局稽核员兼秘书、海军部科员等，至 55 岁时，出任海军部副官。

池仲佑自 1880 年开始接触北洋水师官弁兵勇以来，在长达 30 余年的时间里，他直接或间接亲历、参与和见证了中国近代化海军建设和发展的艰难历程。他赴英国接舰回来后写了《七省海军议》，在民国海军部任职时，撰写了《海军大事记》和《海军实记》（述战篇、购舰篇）这两部海军史著作。

由于他是中国近代化海军建设的亲历者、参与者和见证者，他的著作史实清楚、内容翔实，多为后来学者所引用。

再有：关于池仲佑的出生时间，吉辰先生在其译注的《龙的航程——北洋海军日记四种》中写道：“……当时任海军部副官，年五十五岁。若按虚岁推算，应生于 1866 年。但是，书中《自序》却写道：‘余年逾冠，于役欧西。’冠即二十弱冠。由此推算，他应该生于 1861 年左右。之所以有这样的误差，可能是因为他履历中的年龄是所谓的‘官年’，较实际年龄为少。”[②]特此注明。

外国人士对北洋海军提督丁汝昌的评价

一、1895 年 2 月 17 日，日本明治时代的政界名流，历任日本外务大丞、兵部大丞、海军大辅、海军卿、元老院议官、枢密院议官等职，并被封为

---

① 池仲佑：《丁军门禹廷事略》，张侠等合编：《清末海军史料》，海洋出版社 2001 年版，第 368 页。

② 陈悦主编，吉辰译注：《龙的航程——北洋海军日记四种》，山东画报出版社 2013 年版，第 2 页。

伯爵的胜海舟得知自己的“海外一知己”在无法挽救北洋海军命运之情况下自杀殉国的消息，大为震惊和悲伤。

胜海舟在极为伤悼的情况下写道：

二月十七日，闻旧知清国水师提督丁汝昌自杀之报，我深感君之心中果决无私，亦嘉从容不惧其死期，叹数时，作芜诗以慰其魂：

忆昨访吾庐，一剑表心里。
委命甚诚忠，懦者闻之起。
闻君识量洪，万卒皆遁死。
心血溅渤海，美名照青史。[①]

另外，胜海舟还在接受日本《国民新闻》记者采访时追忆了与中国的北洋海军提督丁汝昌的真诚交往：“思及此事，老夫胸中如同碎成千片。”这充分表达了胜海舟对“海外一知己”丁汝昌之死的深切悲痛。与此同时，胜海舟又赞颂了丁汝昌及北洋海军广大将士的英勇不屈，称1895年中、日两军威海卫及刘公岛之战“乃世界海战史上一朵奇葩”。因此，他又高兴地表示：“老夫胸中充满满足与欢喜。”[②]当时，日本有许多人对丁汝昌宁为玉碎，不为瓦全的自杀之事表示了敬仰。其中，也不乏有撰文纪念或演讲称赞者。

胜海舟，1823年出生于日本江户的一个旗本（幕府直属下级武士）家庭。1853年“黑船事件”之后，30岁的胜海舟提交的日本海防意见书得到幕府的赏识。日本创建的第一所海军学校长崎海军传习所1855年开办后，他是第一期进入该校学习的有志青年。1860年，日本幕府派遣使团赴美国交换《日美修好通商条约》，他指挥“咸临丸”军舰随行。“归国后，先后担任蕃书调所头取、讲武所炮术师范、军舰操练所头取、军舰奉行等职。倒幕战争爆发时任陆军总裁，促成了江户的‘无血开城’。明治维新后，历任外务大丞、兵部大丞、海军大辅、海军卿、元老院议官、枢密院议官等，封伯爵。”

胜海舟是日本近代史上的著名人物，与众多晚清中国人有过交往，但其中与北洋海军提督丁汝昌交谊最为深厚，并引以为知己而自豪。故在

① 大连近代史研究所、旅顺日俄监狱旧址博物馆编：《大连近代史研究》第9卷，辽宁人民出版社2012年版，第15页。按，吉辰先生在引用这首诗时特别注明：该诗曾有多个版本，本文在此采用胜海舟全集所收定本。

② 转引自吉辰：《略论胜海舟与晚清中国人的交往》，《大连近代史研究》第9卷，第15～16页。

得知丁汝昌殉难后立即撰写了悼念丁汝昌的诗词。[1]

二、美国海军少校马吉芬撰写了《鸭绿江战争》的报道。马吉芬在这篇海战报道的最后这样记述：

> 曾经威震东洋的清国舰队，如今已成过去一梦。他们忠勇的将士多数遭遇不济，为陆上官吏的腐败无能所误，与其可爱的舰队，同散殉国之花。其中如提督丁汝昌，我不能不向其深切沉痛追悼。他既是勇敢的武士，又是温和的绅士，他迫于滥命和强敌作战而一败涂地。及见大势已去，尽毕生最后的职责，为了麾下将士的生命而与敌签约。这是他自己的决定。他曾期望活着，但他知道祖国的不仁，对他的冷酷待遇要超过不共戴天的敌国。在夜半孤灯之下，左思右想，饮鸩而逝。老英雄当时的感情究竟如何？
>
> 他既是一名勇敢的军人又是一位真正的绅士。他被自己的同胞背弃，进行着万难取胜的战斗，他毕生所尽最后的职责仍旧是为了自己麾下官兵的生命。而他则不惜牺牲自己，因为他深知自己无情的祖国对他的怜悯甚至比敌军还要少。当这位身心承受着巨大创伤的老英雄在午夜时分饮鸩自尽，从而获得永久的安息时，他的内心中一定充满了痛苦。

马吉芬，美国宾夕法尼亚州人，1860 年 12 月 13 日出生。其父亲服务于美国陆军，在墨西哥战争中晋升为上校。因此，马吉芬从小就受到行武的熏陶。马吉芬弟兄四个，他排行第三，由于勤奋好学，在投考安娜波里斯(Annapolis, Maryland)的美国海军学院(United States Naval Acade-my)时，以其优异成绩，被顺利录取。1882 年 6 月，学习届满，又被分配到美国海军实习，经过两年的历练，以合格的成绩于 1884 年 6 月正式毕业。但其时因美国南北战争结束，现役海军大量裁员，海军毕业生就业困难，曾经在家闲置一段时间。嗣后从报纸上得知中国正在筹备建设海军，北洋大臣李鸿章急需招聘洋员作为教练人员。他马上前往三藩市(San Francesco)的中国领事馆查询证实。得到确实的消息后，马吉芬立即由此地搭船前往中国天津。在天津通过美国驻天津领事馆领事巴拉密(Bromley)等人的安排，得以被李鸿章接见并看中，遂决定将其留在北洋任用。

1885 年 4 月 13 日(清光绪十一年二月二十八日)北洋水师与马吉芬签订劳务合同，办好聘用手续，被聘为天津水师学堂“练船帮教习”。马吉

---

[1] 参见吉辰：《略论胜海舟与晚清中国人的交往》，《大连近代史研究》第 9 卷，第 11～16 页。

芬担任此一职务前后达5年时间。期间，他曾作为一名北洋水师的军官随同北洋水师总查琅威理和邓世昌等人，于1887年赴欧洲接带中国在英国和德国定造的“致远”“靖远”“经远”和“来远”四舰。在返航回国途中，他对接船官兵进行实地航海训练。此次接带舰船，历时长达半年之久。

1890年，北洋海军提督丁汝昌在刘公岛上创设威海卫水师学堂(亦称“刘公岛水师学堂”)，马吉芬被调来担任正式教习之职，教授航海学，并兼任练船职务。威海卫水师学堂自光绪十六年四月开课，至光绪二十年第一期学员学成结业，马吉芬在此工作长达5年。由于他尽心努力，教学认真，深受北洋大臣李鸿章和北洋海军提督丁汝昌的信任。中日甲午战争爆发前夕，马吉芬放弃已被批准的度假，选择留在中国参战。

1894年7月25日，日本海军在牙山附近的丰岛海面以海盗的方式突然袭击了北洋海军的舰船，挑起了蓄谋已久的对外扩张战争。中日甲午战争正式爆发后，马吉芬毫不犹豫地参加了北洋海军，成为北洋舰队中正式的洋员。是年9月17日，甲午黄海大战中，马吉芬不顾个人安危，作战勇敢，全身多处负伤，双目也几乎失明。黄海大战之后，由于作战有功，李鸿章奏请清廷授予马吉芬以北洋海军游击之官衔，赏戴花翎，并赠以三等第一宝星以示荣耀。

1895年，甲午战争刚刚结束，马吉芬即辞职返回美国，回到他的故乡宾夕法尼亚。日常求医疗伤之外，他还经常发表演讲，将其在亚洲国家所经历的海战等事情公之于世。经过媒体不断的报道和渲染，几乎使他成为人们眼中的海战英雄。但是，他身上的战伤却没有随着时间而有所好转，以致使他痛苦难熬。

1897年2月11日，马吉芬在医院举枪自杀，结束了自己年轻的生命，年仅36岁。

然而，难能可贵的是马吉芬将这次亲身作战的经历写成一篇报道，于1895年8月发表在美国纽约的《世纪绘图月刊》杂志50卷第4期(*The Century Illustrated Monthy Magazine*, *Vol*. 50. *No*. 4)。这篇文章的题目为《鸭绿江战争》(The Battle of the Yalu)，也有翻译为《鸭绿江海战》的。在这篇报道中，马吉芬对中日双方的兵力、战阵的形式、战况的激烈，都作了详细的描述。尤其是对日本海军五舰围攻北洋舰队“定远”和“镇远”两舰时，北洋舰队广大官兵，尤其是对“冀鲁一带的北方健儿，仍能打着赤膊、无视安危，与日军奋战到底”[①]倍加赞扬同时，他对于中国政府使用海军在战略上的错误以及弹药的不足，还有少数军舰于战争开始后即临阵脱逃等事，亦提出了批评。

马吉芬的海战报告，曾经引起欧美海军人士强烈的反响，各报纸杂志也发表了各种评论文章，“其中尤以对美国的著名战略专家马汉(Alfred. T. Mahan，1840～1914)之影响为最大”[②]。后被日本海军军令部收录于《廿七八年海战史》别卷。这篇文章由胡玉铮翻译、孙克复校对，题目为《鸭绿江外的海战》，收录由戚其章先生主编的《中国近代史资料丛刊续编·中日战争》中。

三、塔布留·雷阿德·库劳斯撰写了《日清战争》一文。他在文章中是这样写的：

……各次海战失败后，连骁勇的丁提督，其地位也相当危险难保。当时如果没有我等雇佣的外国军官威胁恭亲王，清国政府如若处罚提督则我等联袂辞职的话，恐怕提督将被处以斩首之刑。由于副提督刘(应为林泰曾)当镇远于威海卫坐礁后自杀，遂命令曾担任过“加金·马才松”商会所有船和曾担当过高升号等船船长的马格禄接其任。

关于以后发生的事件，除简单的电报外，没有详细的通信，因此报道难免互有抵触矛盾。

甲午惨败后，英国租借威海卫，曾经的北洋海军提督署变成了英国皇家海军酒吧。

……丁提督之勇敢行动为内外齐声称赞，旗舰定远被击毁后，将旗移至镇远。经五昼夜炮击后，伊东提督命令举行第四次攻击。给第二、三艇队增派数艘，警戒一口，令第一艇队从另一海口闯入。小

① 王家俭：《洋员与北洋海防建设》，天津古籍出版社 2004 年版，第 167 页。

② 王家俭：《洋员与北洋海防建设》，第 168 页。

鹰和第十一、第十二号艇三只参加此次攻击，艇队无一人死伤，发射鱼雷七枚，击沉来远和一千二百吨的练习舰威远，另一艘被破坏。清军防御逐渐失效。六日，组成陆战队准备登陆刘公岛。七日，炮弹击中该岛火药库爆炸。九日，已丧失运转自由的靖远被从陆上发射的炮火击沉。并将装置于西海岸的残余电缆切断，而且将所设的各种障碍物全部破坏。尽管如此，丁提督依然顽抗不屈，想要死守到底。但终于弹尽力竭，无奈决定乞降。二月十二日挂起停战旗，派一艘炮舰到伊东提督麾下，请予救助参加守卫的士兵生命。伊东提督应允，并向清国旗舰派遣使者进行查验。勇敢的丁提督不愿受缚于请降之辱，而且想到其所欲救助之本国人民，远不及敌国人民所有的容人之量，遂与陆军军官数人一起自杀。于是遂与副提督马格禄开始投降谈判，并适时结束。

……

如果丁提督直至投降后多偷生一日，显然和其同僚一样也许会受到更残酷的严刑。但提督反躬自省，不仅丝毫无愧，而且多年以来诚信诚意为舰队鞠躬尽瘁，其功决不落人之后。与可劳卑提督交战时，丁提督曾指挥过北方舰队。此次海洋岛和威海卫之战，作战出色。虽说战运不佳，但以其腐败政府供给之兵员武器，而能建树如此丰功伟绩者，除提督外，其他中国人士中实不可得。亲身接触过提督并受过其感化的众多欧美军官，无一不对提督深表敬爱之意。他们一旦获悉提督认(讣)告，必定衷心痛悼不已。

塔布留·雷阿德·库劳斯撰写的《日清战争》一文，原载于1895年出版的《普拉茨塞海军年鉴》，后被日本海军军令部收录在《廿七八年海战史》别卷中。这篇文章由胡玉铮翻译、孙克复校对，收录在中华书局1996年出版的，由戚其章先生主编的《中国近代史资料丛刊续编·中日战争》第7册，第368～370页。

四、日本海军大尉子爵小笠原长生曾经发表过《日清战争中的丁汝昌》的演说，在日本军队中引发了不小的反响。这次的演说稿被日本的川崎三郎收录在《日清战史》第4卷中。这篇文章也上由胡玉铮翻译、孙克复校对，收录在戚其章先生主编的《中国近代史资料丛刊续编·中日战争》一书中。小笠原长生演说的内容是：

……近来人们常提到丁汝昌，据我所知，他和其他中国将帅略有不同，我觉得他是一位具有古代豪杰风度的人物。但丁汝昌的事迹好像不大为人所知，因此，我想摘其大概谈一谈他的为人。日清和平破裂之后，在许多战斗中没有像威海卫那样的义战。为何称其为“义战”呢？因为敌人极尽忠义。其他无论旅顺还是平壤，皇军所到之处立即陷落。然而据守在威海卫内刘公岛的丁汝昌，对日本陆海军的进攻则进行了英勇的抵抗。竭尽全力之后，最终自杀以救部下，这实在是战则以义而战，降则以义而降。对此，日本则以义而攻之，以义而受其降。这样，于敌于我皆表现出日本固有的武士精神，我想这是绝无仅有的。另外，刘公岛上的士兵也和其他中国士兵不同，虽说善于防御，但主要还是由于丁汝昌平素重义爱兵所致。……但是战争开始时，不知丁汝昌在等待什么，他始终抱着不出战的主意，这其中是有原因的。日本舰队可以自由运动，既可以到朝鲜各港，又可以到台湾。就是说，不必等待上级的命令，司令官可以直接而且自由地开动舰队。然而丁汝昌则不然，一切都得等待上级的命令，提督是不能随意出动舰队的。在此次战争中，除了自山东半岛成山角、威海卫至鸭绿江口之间而外，其他地区皆不得自由运动，因此，考虑莫如不遇见日本舰队。另外决心不和日本舰队相遇的理由则是，虽然自己军舰数量多，而吨位也比日本大，但日本人除了其舰队的威力外，另外还具有一种威力，即临战无畏的义勇精神，因此还是不与之相遇有利。如果不与其相遇，无论日本人如何勇敢，如何鲁莽，只要中国舰队集中一起，无论怎样也不能把运输船护送到中国本土。如果一旦被打败，日本陆军就会不断地运进内地登陆。这样，由于中国陆军软弱，很快就会践踏本土。因此就制定一种计划，莫如拖长战争，越拖长日本士兵就越疲劳，经费就接不上，中国自然就可以制胜。另外众所周知，中国朝廷有一种行贿作风，如果说得漂亮，即使谎言也采纳。据说有一次巡抚出访，回朝后对向他行贿的军队，作了特别的表扬汇报。但无论怎样纪律严明，如果将官不予行贿，归后就会被说坏话。后来这个巡抚来到丁汝昌那里，照样要求行贿，但丁汝昌素来是一位正人君子，他宛如向舰队发出指挥的口令一样，对巡抚进行了大声申斥。因此巡抚大为愤怒，说了丁汝昌许多谗言，为此丁汝昌一度被捕，处以死罪。但由于丁汝昌平素爱护部下，对人亲切，受雇的外国人不允，并且提出如果清廷杀害丁汝昌，他们就一起离开。这样，好歹才免除死罪，再次就任提督。然而由于一度发生此事，丁汝昌的威望下降，这也许是他困守威海卫最后悲伤而死的一个原因。他于威海卫集中好兵力，把中国陆军成功地运到朝鲜之后，计划把在仁川等地的日本军舰击沉。但结果相反，丰岛一战，操江被俘，广乙破损，济远舵机被打断，副舰长正在电话筒传令，被炸得粉碎，舰长方庆（应为方伯谦）躲到船底不敢出来，此人以后被斩。以后中国舰队困守威海卫。其间，日本舰队则一直侦察中国舰队的情况，即使当护送陆军从仁川登陆时，依然轮流地今天派高千穗，明天派吉野，后天派秋津洲毫不疏忽地进行侦察。与此相反，中国方面从来没有一次搜索过日本军舰。这大概是因为害怕没有像吉野那样速度快的军舰，如果被发现有被击沉的危险。但如果机智地作好侦察，则可完全无此担心。为了获得日本军舰的消息，只好利用第三国军舰，即向俄国或英国的船只探询，但这只能知道日本舰队在何地而已。到九月十三、四日前后，中国陆军于鸭绿江口登陆成功，这是由北洋舰队从威海卫到大连湾，然后再从那里护送的。当陆军于鸭绿江登陆，完成护送目的后，正在返航途中，于海洋岛附近和日本舰队相遇，导致了战争。结果中国舰队大败，日本舰队获得了大捷。之后，中国舰队困守威海卫，从不再出。不久，旅顺口陷落。这期间，据说对方也有种种议论，如建议当日军于荣成湾登陆时，如果以鱼雷艇袭击，一定能成功。丁汝昌采纳了这个意见，但无人敢于承担这项任务，结果这个计划落空。从那以后，丁汝昌最费心血的就是中国陆军不可靠。因为平时既未进行充分彻底的操练，而且几乎二三个月也不发给士兵一次津贴，士兵不肯效力。甚至有的士兵对其长官说，我不能为你而打仗。这样，丁汝昌担心如果日军攻来，全部炮台将被日军夺取，因此莫如现在由海军掌握为好。但交涉结果，陆军坚决不同意，只按照丁汝昌的意见，让把自己的武器弹药搬走。但同时又向上级报告说，丁汝昌无理没收武器。因此，中国朝廷认为丁汝昌蛮横无理，并命令把武器返还。结果又把武器弹药从镇远运回炮台，为此浪费了宝贵的时间。这样，丁汝昌的计谋完全被陆军将军所阻挠。这期间，日军仅以半天左右的战斗，便把炮台全部占领，只有鹿角嘴炮台被丁汝昌部下的一个士兵爆破炸毁。该士兵五十余岁，他到丁汝昌前面说，请让我一个人去把它炸毁。丁汝昌大喜并约定说："你死后用你自己的功禄养育你的妻儿。"正当日军攻占炮台的瞬间，这位老年士兵手持线香，冲进火药库，和火药库一起粉身碎骨。这炮台则全部被日军占领，结果形成了自己的炮台从四面八方轰击自己军舰的局面。但敌军防守甚严，日军把二十余艘军舰编成五队,先派出游击队,接着是本队,依次交替地从海上以海军猛烈攻击。与此同时,陆军又从炮台不断炮击,敌军四面八方受敌,而且不能轮换。最后一边放炮,一边打瞌睡。有时三十人集体就义,有时五十人集体就义,士兵越来越少。有人报告说,舰队中有人想要造反,因为迟早难免一死,莫如造反夺取军舰逃走。丁汝昌闻后向大家说:"炮弹并不是挑人打,不会因为你是士兵就打你,是提督就不打你。"他首先以身示范,自己站在日本炮弹打来的地方,以此来激励士兵。但是人员越来越少,剩下的人也都精疲力竭,无能为力。于是丁汝昌向平素为他效力的外国人和周围的士兵说:"请给我点香烟和葡萄酒。"然后从容就义。据敌人报道,丁汝昌死后,他的投降书据说是别人写的。按照丁汝昌的想法,到最后不能再战时,先捣毁炮台,破坏军舰,然后投降。但丁汝昌死后有些西洋人说,如若那样,日本人脾气暴躁,不知会遭到什么样的虐待。因此,据说才写了丁汝昌的名字,送上投降书。有的西洋人对此非常愤慨,把这件事向报馆投稿,指出这实在是万不应该的做法,太可怜了。他既然是那样的铮铮勇士,到死后名字却受到如此玷污,丁汝昌决不会作那种投降。他是抱着炸毁全部军舰,破坏所有炮台,拼自己一死以挽救士兵生命的想法而进行殊死防御的。丁汝昌对敌人也非常重义的,如所周知,二月五日晚,我鱼雷艇击沉了敌军旗舰定远号,当时丁汝昌正坐乘该舰,我鱼雷艇在离八百米的距离,不断遭到炮击,鱼雷艇的蒸汽机被击中,舵手全部战死。由于炮火越来越激烈,于是其他船员便把尸体扔掉,自己逃走。以后打捞尸体时,丁汝昌说:"这虽是敌人,但系忠义之士,应该以礼相葬。"并说:"中国陆军残酷,也许对这些尸体加以污辱。"因此特派海军士兵随同守卫。如果若是其他中国人,不知会对这些击沉定远号的最可恨的敌军士兵如何残忍对待。我想这些事实正是重义的做法。对敌人竭尽防御之策,危急关头率先士卒,最后从容就义。如前所述,这实在是具有古代豪杰风度的人物,这一点是我所深信的。关于威海卫的故事虽然还有许多可讲,但因谈得太多了,先对丁汝昌的事迹暂且谈到这里,其他方面有机会再讲。①

① 转引自戚其章主编:《中国近代史资料丛刊续编·中日战争》第7册,中华书局1996年版,第266~270页。

丁汝昌画像。刊登于日本东京弘文馆明治三十五年至三十七年出版发行的《东洋历史地图》一书的“近代东洋各国主长及人杰肖像附北京城”栏目里。（该书系丁汝昌曾孙女丁亚华收藏）

五、美国《纽约时报》曾载文报道：

> 三名中国海军将领，北洋舰队司令丁汝昌将军、右翼总兵兼“定远”舰舰长刘步蟾将军和张将军，在目前的战争中表现出了比他们的同胞更加坚贞的爱国精神和更高尚的民族气节，他们值得中国的人民引为骄傲。他们是通过一种令人哀伤的、悲剧性的方式——自杀，来表现出这种可贵品质的。但是，看来他们也不能找到比这更好的方式来表达情操了。的确，他们被日本人打败了，但他们在战败时不苟且偷生，而是在给上司留下信件后自杀殉国。那些信件无疑非常引人注目，但我们很难指望它们能公之于众。不管这些军官在他们的实际生活中是否像他们离开时表现的那样，但至少他们在展现一个中国人的爱国精神方面做出了贡献，他们向世人展示：在四万万中国人中，至少有三个人认为世界上还有一些别的什么东西要比自己的生命更宝贵。①

六、服务于北洋海军的英国人戴乐尔（Captain W. F. Tayler，或译为泰乐尔、泰莱）回国后曾发表了一本有关北洋海军与甲午战争的回忆录（*Pulling Strings China*）。戴乐尔在他所发表的回忆录中曾经这样记述：

> 予深为不幸之老提督悲，予视其自杀，非逃避困难之怯弱行为，乃牺牲一己之生命以保全他人之生命，彼实为一勇夫，就此点论，其高出于此间任何其他中国人，不可以道里计。

---

① 上面这段文字是引用美国《纽约时报》报道的文章之内容。转引自陈悦：《碧血千秋——北洋海军甲午战史》，吉林大学出版社 2008 年版，第 348 页。

丁汝昌寓所前花园的凉亭。该照片拍摄于20世纪早期。

戴乐尔，1865年12月出生，系英国皇家海军少尉军官。后随英国远东舰队来到中国，之后辞去军职，在海关服务，充任海事部门的官员，直至升至一级尉官。1891年开始接触中国的北洋海军，并逐步产生兴趣与好感。1894年春夏之交，朝鲜发生东学道起义，中日两国出兵朝鲜，7月23日，日本突然出兵占领了朝鲜王宫，俘虏了朝鲜国王，授命大院君主持朝政，下令驱逐中国军队。日本海军并于7月25日在牙山附近向中国海军突袭，因而发生丰岛海战。之后，戴乐尔自己申请加入北洋海军获准。在海军大战一触即发之际，德国人汉纳根被任命为北洋舰队总查，戴乐尔被任命为"定远"舰的副管带。黄海大战中，他受伤昏迷，双眼也受到伤害，海战后即去天津治疗。11月19日，伤愈之后，他重新回到北洋舰队服役。

1895年初春，威海卫及刘公岛保卫战打响，戴乐尔拟与美国人郝威(Howe)及"定远"舰炮手英国人麦庐(Mellow)三人，各驾驶鱼雷艇袭击日本的运船，但在中途失散，无功而返。

威海卫陆地被日军占领后，以南岸赵北嘴(即皂埠嘴——编者注)炮台轰击刘公岛。戴乐尔认为情况紧急，曾计划以"靖远""平远""广丙"等舰及两艘鱼雷艇袭击赵北嘴炮台，后因与旗舰未曾联系上，中途而返。

2月8日，日军对刘公岛炮轰日急，形势更加险恶，岛民祈求生路，而由战争期间临时编入炮台守军者，因厌战随时可能哗变。戴乐尔见危局日甚，自己又无力挽救，于是联合洋员克而克(Kirk)、瑞乃尔(Schnell)等面谒北洋海军提督丁汝昌，劝其携军舰及武器弹药投降，而被丁汝昌严词拒绝。2月10日，北洋海军右翼总兵兼"定远"舰管带刘步蟾自杀殉国。之后，丁汝昌得知援军已撤往莱州和黄县(即今龙口)，岛上兵民再次集会祈求生路，丁汝昌命令将"镇远"炸沉，已无人执行，还有兵痞流氓持刀威逼丁汝昌投降。2月11日深夜，丁汝昌吞服鸦片自杀。

2月12日早晨，丁汝昌停止呼吸，戴乐尔与洋员集会于道员牛昶昞处，协商以丁汝昌名义由美国人郝威用英文起草投降书，向日本海军联合舰队司令伊东佑亨乞降。2月17日，日军登上刘公岛，北洋海军全军覆没。戴乐尔回到天津，仍然服务海关，担任巡缉的工作，其后渐升为海岸巡查长(Coast Inspector)之职。

1903年，奉赫德之命，戴乐尔赴山东调查黄河泛滥形势，并上交一份《治理黄河计划书》，作为治理黄河之参考。其后，又曾奉命调查鸦片贸易、国际商业等问题，曾受聘为中国政府的交通部以及海军部的顾问。直至1920年5月，戴乐尔才返回英国。

戴乐尔在北洋海军服务期间，他称林泰曾（“镇远”管带兼左翼总兵）、刘步蟾（“定远”管带兼右翼总兵）及方伯谦（“济远”管带）为“管带三巨奸”。其中他对刘步蟾的评价尤为不佳，显然是带有个人的成见。但对于邓世昌、萨镇冰及李鼎新等人却大加称赞，对丁汝昌之忠诚勇敢，也表示由衷的钦佩。[①]

（原载于《甲午战争研究》2016年第1期。有改动）

① 参见王家俭:《洋员与北洋海防建设》，第104～106页。

论北洋海军提督丁汝昌

丁汝昌戎马一生，而让他留名史册者，乃由其为创建北洋海军而操劳奔波，为御侮而宁死不降。然而，在对丁氏的研究评价中，论者多有微词，如说他外行、懦弱、个人生活有失检点等。对此，笔者实在不敢苟同。我们在编校《丁汝昌集》的过程中，仔细研读他的函稿，并参阅有关文献史料发现，作为北洋海军的统帅，由于主客观原因，丁汝昌确有某些不尽如人意之处，但就总体言之，应予以充分肯定。

一、创建海军，功不可没

丁汝昌，字先达，号禹廷。1836 年 11 月 7 日生于安徽省庐江县北乡丁家坎村一户贫苦农民家庭。少年丁汝昌，虽因父亲早亡，饱受贫困的煎熬，但却"负奇气"，"厥性敏慧"。1853 年投身太平军。1862 年(同治元年)，进入李鸿章所统淮军，并成为一名下级军官。

1874 年，同治帝有裁兵节饷之议，丁汝昌所领三营马队属裁撤之列。无奈，他解甲归田，过着闲居生活。1877 年(光绪三年)，丁汝昌被"送部引见，奉旨发往甘肃差遣"。在往北京途中，顺路赴津拜见同乡李鸿章。其时，李鸿章奉旨布置海防，筹办新式海军，正在物色海军将领。因他熟知丁汝昌"材略武勇"，完全可以作为"横海楼船之选"。于是当即对丁汝昌敲定："吾今欲立海军，乏人统率……当以此任相属。"[①]

1879 年 5 月，清政府在历经数年争论之后，决定"先于北洋创设水师一军，俟力渐充，由一化三"[②]，并派李鸿章督办北洋海防事宜。是年 11

① 陈诗：《丁汝昌传》，庐江文献会编：《庐江文献初编》，1946 年刊印。

② 中国史学会主编：《中国近代史资料丛刊·洋务运动》(二)，上海人民出版社 1961 年版，第 387 页。

月,43 岁的丁汝昌被奏请留在北洋海防差遣,具体派任北洋水师炮船督操。从此,便开始了他的海军生涯。面对新的兵种,新的防地,在新的岗位上,丁汝昌深感责任重大,他好学嗜读,尽职尽责,迈开了筹建北洋海军、坚守北洋海防的第一步。

1880 年,李鸿章奏派丁汝昌率管带林泰曾、副管带邓世昌、大副蓝建枢、李和、二副杨用霖等,去英国督带在那里订造的“超勇”“扬威”两艘“快碰船”。是年 12 月,丁汝昌偕葛雷森先期赴英,料理造船验收等有关事宜,并趁机在欧洲考察各国海军。这次欧洲之行,使他眼界大开,尤其是对于西方海军的近代化建设,有了直观的认识。1881 年 8 月 3 日(光绪七年六月初九),出使英国大臣曾纪泽会同丁汝昌在英国纽卡斯尔港举行“超勇”“扬威”两船升旗仪式。从而,中国的龙旗首次在国外迎风飘扬。8 月 17 日,丁汝昌率两船启程回国,开通了中国人驾驶中国新式军舰首次由北大西洋经地中海、苏伊士运河、印度洋到西太平洋的航线。在回国途中,丁汝昌等经历了许多艰难险阻。两舰先是在地中海因故失散,“扬威”后因缺煤而在海上漂流了两天两夜,在“超勇”闻讯多方寻找后才得以接济相助。他们历时 90 多天,于 11 月 17 日,安全到达天津大沽港。

这次带船航归的成功堪称一举三得:第一,大长了中国人志气,扩大了中国在世界的影响;第二,经过在英国和欧洲其他国家的学习与实践,使丁汝昌他们获得了丰富的具有当时最先进水平的海军与航海知识和技术;第三,实践证实丁汝昌有能力、有才干统领一支近代新式海军。

丁汝昌颇具持重老练、处事周全的良好素质,这在“长崎事件”的处理中得以充分体现。

1886 年 7 月 18 日,他奉命率“定远”“镇远”“济远”“威远”“超勇”“扬威”六舰赴朝鲜釜山、元山及俄罗斯的海参崴等地巡游训练。8 月 6 日,他率“定远”“镇远”“济远”“威远”四舰驶往日本长崎港进坞大修。8 月 15 日,四舰休假,数百名水兵上岸观光休息。当他们走到广马场外租界和华侨居住区一带时,数百名日本警察将各街道两头堵住,对中国水兵恣意挥刀砍杀。当地居民也在歹徒煽动下,从楼上向下浇热水、扔石块。还有的手执刀棍,参与混战殴打。中国水师官兵散游各处,毫无准备,吃了大亏,死者 5 名,伤 44 名,失踪 5 名。对此,时任北洋水师总教习的英人琅威理,极力主张对日宣战,舰队官兵也群情激愤,大有一触即发之势。丁汝昌临危不乱,果断处之。他反对轻率开战,主张依据国际法规妥善处理。他在写给长崎县县令的信中说:“所有 16 日晚我弁兵被贵治捕民砍击死伤一事，当经彼此互验，两无异词，均已存案。昨我政府钦差，特派参赞并律师前来，与我领事会同执事诘判此案，原为慎重起见。两者曲直已昭在耳目，若以理论自易完结，在执事亦当一本大公平情剖事，在下有过不可文，而有司立论尤不可偏。夫是则案可望速结，厉气于以消，邦交于以固。望(左)执事慎自图之耳。”为了能将此案早日办好，他还给周郁山写信说“此案据理质办当不能输。但望中堂、徐星使威照于上，彼气乃挺，结案乃易。尤愿密饬水陆军有暗中准备之状，阳为机密，阴可倭知。一气也我盛彼自馁，阴狡不敢施。事蔑不济”，案件审理很是艰难，“我所延担状师至与彼状师公同会审，问甫数人，倭供有当日我捕有刀，中国水手未曾带刀等语，彼状师气阻辞竭，遂称疾停讯。八月末旬，彼政府又换一状师来后，惟两相会讯要证，候将供录齐，再评辩定案”。日方“种种作梗，笔难殚述”[①]。次年2月，在经历了半年之后，“长崎事件”终于结案。结果是，对中方死伤者各给抚恤。日方共付恤金52500元，中方共付恤金15500元。此外，长崎医院的救护医疗费2700元，由日方支付。

“长崎事件”依据国际法的妥善解决，不但化干戈为玉帛，避免了一场大战，而且也体现了丁汝昌的领导指挥才干。他机动灵活地运用国际法处理“长崎事件”，坚持了原则，捍卫了北洋舰队与祖国的权益。

1888年(光绪十四年)，北洋海军正式成军，52岁的丁汝昌在经历了九年海军生涯之后，被正式任命为北洋海军提督。这时，北洋海军计有官兵4300多名，拥有大小舰船20多艘、约近4万吨位，成为远东与亚洲势力居第一位的著名海军舰队。丁汝昌深知自己责任之重大，虽年过半百，身体也欠佳，但只要舰队出洋巡海与操演，他都身先士卒，“率同出海操巡”。“演阵打靶”，一年之中，“居岸巡洋各居其半”，“虽在官守，不废操巡”，做到了“殚精竭虑，俱能灵捷有准”。

丁汝昌深知，一军之帅，千头万绪，人才是第一位的。他要求舰队将士都要“敏求无怠”，“力求深造”。为适应北洋海军发展的需要，不断设法提高官兵的身体素质和军事技术水平。他积极建议创立刘公岛水师学堂，并亲兼学堂总办。

北洋海军的创建，不仅从国外购置新式炮舰，引进新的技术，而且还聘用了为数不少的外国技术人员，这就存在一个如何正确对待洋员的问题。他对那些滥竽充数、敷衍塞责的洋员教习，或及时给予严肃批评，或

① 戚俊杰、王记华编校:《丁汝昌集》，第69～70页。

建议有关部门将其辞退；对于个别洋员存有谋求北洋海军指挥权的野心，他指出："洋人在华，一专信任，不少好大喜功，矜张无忌之弊，更望于与见之时，励之以勤，无过优遇，庶足以杜骄肆之渐"[①]；对于助纣为虐、妄图劝降于日本侵略者的洋员的罪恶行径，他断然拒之，维护了民族的尊严；对于那些主持正义、诚心帮助中国创军御侮的洋员朋友，他都给予充分肯定和应有的褒奖。如英人总教习琅威理，他认为："洋员之在水师，最得实益者，琅总查为第一，葛雷森次之。其人品亦以琅为最，平日认真训练，订定章程，与英国一例，曾无暇晷，即在吃饭之时，亦复心手互用，不肯稍懈。去秋退处烟台，已经禀辞薪水，尚手订舢板操章，阅两月成书寄旅。"因之，他建议"念琅之勤挚，予以虚荣，并咨英政府称其勤能，是亦英国家之体面"，之所以要如此，是为了"将来海外之人投效中国者，定有一班才艺出众，名实相符之人。"[②]总之，丁汝昌对于不同表现的各类洋员的不同态度，都是为了北洋海军的强大，为了国家的权益与民族的尊严。

俗云："养兵千日，用兵一时。"所谓养兵，固然少不了严格的训练，但搞好广大将士的生活，解决好他们的实际困难，也是养兵之道所不可或缺的。作为北洋海军统帅，丁汝昌深谙此理，他对下属十分关心。如"经远"管轮朱金标要改任新职，他主动为之介绍，说："兹有'经远'管轮朱金标者，操艺尚熟，容止较胜陆保。惟该弁在'经远'月支薪水五十两，倘蒙遴可，能照原支给领，免费筹画固好，倘实有未便，然照尊处原定之数，殊觉难敷用度。尚祈裁酌加惠，俾该弁无竭蹶之困，可期勉力供差，心无他虑也。"[③]又如，为了保证在外地修船水手的正常生活水平，他经常写信予以过问。他在写给支应局李勉林等人的信中说"水手人等食用如常，而操作之外逐日帮同作工，辛苦既增，若口粮再照扣支，已用者半归亏累，微特办多掣肘，亦且难洽舆情。……其水手人等口粮，仍恳设法详请，照原额支给，通归截旷划销，用示体恤，实为公便。"[④]丁汝昌对下属官兵在工作与生活方面的百般体贴、关爱，不仅是出于仁爱之心，也是为了军力的增强。

北洋海军正式成军，朝野上下欣喜若狂，有些人感到可以高枕无忧了。1891 年 5 月，李鸿章在校阅北洋海军之后，向皇上奏道："就渤海门

① 戚俊杰、王记华编校：《丁汝昌集》，第 170 页。

② 戚俊杰、王记华编校：《丁汝昌集》，第 34 页。

③ 戚俊杰、王记华编校：《丁汝昌集》，第 125 页。

④ 戚俊杰、王记华编校：《丁汝昌集》，第 131 页。

户而论,已有深固不摇之势。”盲目乐观的心态,由此可见。而丁汝昌则能冷静对待,居安思危,具有强烈的忧患意识。他在继续尽力于北洋海军建设的同时,还不断洞察世界发达国家海军建设的新动向。他在详细考察了日本海军的势力之后,当即电告李鸿章:“添船换炮,刻不容缓。”这一建议无疑是正确并且适时的。

人马未动,粮草先行。这充分表明后勤供应之对于军事的重要战略意义,如果忽略了此项,就失去了军事的主动权,在战争中也就不会有胜利的把握。丁汝昌对于这一最基本的军事常识也有足够的认识,他针对北洋海军后勤、财务混乱与煤炭等物资供应中存在的严重问题,做了大量的工作。如为了堵塞物资领取漏洞,他函告船坞总办文芝轩:“俟后各船除煤吨准由管带自行呈单请领外,所有船上应用各项,须经昌处核准,移照贵坞,再行发给是幸。”①资金保障,非同儿戏,必须一丝不苟。他在给总税务司德璀琳的复信中指出:“查怡和与水师素称谂好,似此区区之款原不必一味认真,然曲直既以公法为衡,担文及管轮两酬款自应仍归该行一例照给,公论使然,非故吝也。”②对于煤炭供应存在的量缺质差等问题,丁汝昌更是焦虑不安。如他在发给朱伯华的信中指出:“惟查‘利运’十月廿日,末批运来三百三十七吨内,过磅后计短十吨有零,已函知招商局来春便运照补。以符今岁收煤款目。”③对于供煤质量,他在致张燕谋函中说:“煤屑散碎,烟重灰多,难壮汽力,兼碍锅炉”,不仅如此,“包煤专备行军之需,若尽罗劣充数,实难为恃,关系之重,岂复堪思!”所以,“自此续运,再为散碎,一面仍遣运回,一面电请相帅核办”④。

综上所述可以看出,丁汝昌是一位为人正派、忠于职守、治军有方的称职的北洋海军统帅。他对于北洋海军的创建与治理是功不可没的。

二、忠臣良将,替罪羔羊

是列强侵华日甚一日、中华民族有识之士求索富国强兵之路并创建近代化海军的客观机遇将丁汝昌推上了北洋海军统帅的职位,并为创军

① 戚俊杰、王记华编校:《丁汝昌集》,第 47 页。

② 戚俊杰、王记华编校:《丁汝昌集》,第 114 页。

③ 戚俊杰、王记华编校:《丁汝昌集》,第 31 页。

④ 戚俊杰、王记华编校:《丁汝昌集》,第 211 页。

御侮做了应有的贡献；又是晚清的政治腐败，酿成积极献策兴国则不足，上下掣肘、以权谋私误国则有余的政风与世风，使丁汝昌等虽怀报国壮志，却难得充分施展。在这种矛盾交错历史背景下的丁汝昌，不仅壮志难酬，而且不断遭到非议和不公平的待遇。

列强侵华，尤其1874年日本侵台与1884年中法马江之战，中华民族危机空前加剧，中华民族的民族意识也得以空前的焕发。加强海防，创建新式海军，成为晚清朝野上下的共识。然而，反动腐朽的政治必然导致统治层——尤其高层统治者的思想与生活的腐败，以至殃及世风、军风，而李鸿章等以“中本西末”的思想兴办的北洋海军，又必然是先天不足。这些都决定了统治者中本来就属于顽固保守派好不容易生成的一点理智，很快就被昏庸取代了。

戚其章先生认为，北洋海军成军之日，就是它停滞不前之时，诚哉是言。事实正是如此，北洋海军成立后，日本正在大力发展海军、壮大舰队，而清朝统治者却在沾沾自喜、不思进取，他们极尽吃喝玩乐之能事，不惜挪用海军经费兴建“园海工程”。据戚其章先生考证，如果将建造“园海工程”所挪用的1300万两白银用于购置军舰的话，几乎可再增加两支原有的北洋舰队。[①] 上有好者，下必有甚。据当时《申报》载，“中国之为官者”，“平日高自位置，极声色狗马之娱”，“养尊处优，爱财如命，不知国计，罔知外情”，“惟知挟妓看花，征歌选舞，挥金如土，意气自豪”。

而丁汝昌所苦心经营的北洋海军又是怎样的呢？

（一）舰船老化，亟待维修

北洋海军的船舰购置时间早，舰龄长，急需维修。如“‘超’‘扬’两舰锅炉座多年未换，有朽烂处，行船殊恐未妥”；“定远”“舱面近多渗漏之处，应请饬匠前往一律錾舱”；“靖远”“此行在湾打靶，锅炉汽管本皆旧朽，经此震动，多有渗漏”。如此等等。连远行、打靶之力都成问题，打起仗来岂能胜任。船旧要修，不足为奇，问题在于，资金有限，捉襟见肘，加之进坞维修，相互扯皮，贻误战机。这些消极因素，都足够丁汝昌疲于奔命、穷于应付的。如“‘定’‘镇’急需筹备进坞”，为了节省资金、保证质量、缩短时间，丁汝昌详细考察、反复参商，然后才定夺厂家。[②] 又“镇东”“镇北”“镇西”“镇南”四船“虽在坞日久，却迟迟未修。丁汝昌不得不复函负责此项

① 参见戚其章：《晚清海军兴衰史》，人民出版社1998年版，第332页。

② 参见戚俊杰、王记华编校：《丁汝昌集》，第58～59页。

的顾廷一:"历请油修整理之处,若不及时兴作,诚恐届用之候,猝不及办。'西''南'行海日久,其应行修理等项,尤宜赶速动手。"[①]另外,为了在有限的条件下将事情办好,他明确分工,落实责任,想方设法,加强管理。如要求"所有船底应行修理之处,概由该管带自行觅工购料,妥为办理"[②]。

(二)弹药低劣,煞费苦心

兵家之事,武器弹药是断不可忽视的,丁汝昌为此做了大量工作,然而,却是煞费苦心。他对"只发来炮药,且无药袋,不能应用"的情况而焦灼万分。在给刘献夫的信中要求:"务望速装'超''扬'两船大炮轻装外国炮药共一百二十响……饬派妥匠携捆药袋之带子、药袋内木管并装药各样应用家具,速来旅顺装配……事关军需紧急,务乞鼎力设法速赐核办。"[③]对于已发下的弹药炮子,他都要及时查验,发现问题,立即敦促解决。如,在致刘芗林、龚鲁卿函中严肃指出:"前'超勇''扬威'两船在贵库所领装好三十七毫里哈乞开士开花子各一千颗,子膛内均未装药,应请饬知该管库补给前来为幸。"[④]大战在即,可是,所供弹药"尚缺至不可少之件计四十余宗,若不搜补齐全,则已领到者全为废物。曾于初七开折函达楚宝请补,事越旬余,未一见寄"[⑤]。又,"备领行军水雷应需尚缺三十余件","五十七密里快炮应需块大粒药除前到两千镑外,尚短四千磅应用。"[⑥]在千钧一发之际,丁汝昌上无依,下无靠,只能严令各方弥补亏缺,严阵以待。即使如此,也还是有令不行,有禁不止,使丁汝昌白费心思。这在黄海大战中明显得以暴露。其时,"克虏伯炮有药无弹,阿姆斯特朗炮有弹无药。……天津兵工厂于十日前就已收到……赶造子弹命令,但迄今一无举动。……最糟的是恐怕永远没有到手的希望了"[⑦]。对此,洋员美国人马吉芬战后回忆说:"弹药颇感不足,舰队迭请之而不发。……吾人遭受陆上腐败官吏之掣肘,以至于此。"[⑧]

---

① 戚俊杰、王记华编校:《丁汝昌集》,第146~147页。

② 戚俊杰、王记华编校:《丁汝昌集》,第144页。

③ 戚俊杰、王记华编校:《丁汝昌集》,第14页。

④ 戚俊杰、王记华编校:《丁汝昌集》,第155页。

⑤ 戚俊杰、王记华编校:《丁汝昌集》,第207页。

⑥ 戚俊杰、王记华编校:《丁汝昌集》,第208~209页。

⑦ 中国近代经济史资料丛刊编辑委员会主编:《中国海关与中日战争》,中华书局1983年版,第55页。

⑧ 中国史学会主编:《中国近代史资料丛刊·中日战争》(六),上海人民出版社1957年版,第319页。

（三）指挥多元，步调不一

晚清海防，有海军也有陆军，两军互补，协同御敌，应该是不成问题的。然而，当时两军之设，不仅未起到互补作用，而且相互牵制，内耗甚重，使来犯之敌反而有隙可乘。具体言之，威海卫港原本是北洋海军重要基地，为舰队停泊、供煤上水之要地。但此基地防御体系的指挥权却属于陆军。总兵张文宣所统的北洋护军二营1000人驻刘公岛；总兵刘超佩所统的巩字军四营2000人驻威海卫港南帮各炮台；道员戴宗骞所统绥字军四营十哨共2100人驻北帮各炮台；总兵孙金彪所统嵩武军三营、烟台练军一营计200人驻烟台；另有1500人由道员李荣光统领驻登州，山东半岛东部共驻军8600人。中日双方正式宣战后，山东巡抚李秉衡认为，日军可能从烟台以东的宁海、酒馆、荣成等方向来犯。因此，他在上庄、城关、龙门三地布置了6300人。在荣成沿海附近布置了2000人，由副将阎德用节制。戴宗骞也抽调300人驻扎荣成湾的龙须岛。于是，一万多清兵分布在荣成、威海、宁海（今牟平）至烟台的300余里海防线上。这种设防战线拉得过长，首尾难以相顾，易被敌人各个击破。又，这些军队的指挥调动权均归李秉衡。另外，海军基地内的局、坞负责人，皆由北洋大臣通过海军营务处管理，而不归海军提督所辖。这样，便形成战时指挥多元化的格局，其结果必然出现相互推诿扯皮的弊端。丁汝昌身为海军提督，既不能对海军基地内后勤供应实行统一调配，又无法统一指挥威海卫基地陆军的战守进退，而只能以海军提督的身份与前淮军将领的资历，同驻威海卫陆军统领戴宗骞协调事宜。此二人本系安徽同乡，又同为淮军宿将，深得李鸿章信任。两人驻防威海卫多年，相处倒也和谐。但因戴"压饷事件"，"彼此均有意见，遇事多不面商"[①]。丁汝昌能顾全大局，仍对威海卫陆路防务十分关切。他在给戴宗骞的信中写道："倭逆万一登岸，吾仲已选锐卒，以备亲率迎剿……惟兵力过单，恐后路不足为固，诚以为虑。……伏念威海陆路全局，系于吾仲，幸宜持重，总期合防，同心一力固守，匪惟一隅之幸也。"又"闻山海关倭兵船在彼已游弋数日，威海目前当不暇及"，希望戴宗骞能够与自己同心协力，趁机"纾力增备"[②]。对于丁汝昌的合理建议，戴宗骞并不放在心上。他提出："可进扼上庄口山，随通威烟

① 中国史学会主编：《中国近代史资料丛刊·中日战争》（四），上海人民出版社1957年版，第319页。

② 戚俊杰、王记华编校：《丁汝昌集》，第223页。

电信局，势尚不过于逼促。”同丁汝昌的意见正好相悖。戴宗骞向李鸿章汇报说：“宗骞来往察度情形较确，仍求中堂俯采愚者之一得，准其因地审势，自酌战守。”对戴的意见，李鸿章不置可否，只是说：“汝欲扼上庄口山，自问仓猝能扼住否?”[①]李的此种暧昧态度，给威海卫基地的防守失败埋下了隐患。

1895年1月23日，即日本侵略军在荣成龙须岛登陆的第三天，李鸿章电示丁汝昌，“日兵扑南岸，计尚须二三日，届时察看刘镇如能死守，如何设法帮助；若彼不支，密令台上各种炮拔去横闩，弃入海旁。”丁复称：“奉勘午电，昌即同张镇到南岸晤刘镇等，据云，除死守外，别无策。炮台事，数日前已挑奋勇安插其中，暗备急时毁炮。现拟将各台备用钢底、钢圈取存岛上。”而戴宗骞却别有用心地电告李鸿章：“顷据南雷营管带李荣光禀称，龙庙嘴炮台，丁、张、刘议不守。威并未见敌，而怯若此。半年来，淮军所至披靡，亦何足怪? 宪谕特言台炮能回打——龙庙嘴台亦能回打，因甚轻弃?”这是背后捅刀子，别有用心。果然，李鸿章大为恼火。严斥丁汝昌“乃胆小张皇如是，无能已极”，并“著严行申饬”。[②] 戴的谎报，李的严斥，不仅是抑善扬恶，更有甚者，使山东巡抚李秉衡对兵力的部署产生错觉，使陆上援军迟迟不能到达威海卫，贻误了战机。

（四）部将叛逃，雪上加霜

“济远”舰管带方伯谦临阵逃跑，学界已有公论，此不赘述。在威海卫刘公岛之战中，又有鱼雷艇队王平等的叛逃行为，这都无疑给丁汝昌及其所统北洋舰队的困境雪上加霜。鱼雷艇队管带兼“右一”管带王平，平时深得丁汝昌信任。当威海卫南帮皂埠嘴炮台将陷敌之际，丁汝昌派王平“将赵北嘴（即皂埠嘴——编者注）炮台各台并药库毁坏”[③]，而王平非但没完成任务，而且还向丁汝昌谎报战绩。2月7日，在日军向刘公岛发起总攻的危急时刻，丁汝昌命王平带各鱼雷艇出口，“尽可能击沉敌舰”[④]。不料，王平所带10余艘鱼雷艇竟然出北口沿海岸向西逃跑。与王平一起逃跑的还有蔡廷干等官弁。这一突发事件给北洋海军造成严重后果，战局变得越发被动了。在当天的战斗中，“弁兵伤亡三百余员名，伤心惨目，

① 中国史学会主编：《中国近代史资料丛刊·中日战争》(四)，第305页。

② 参见中国史学会主编：《中国近代史资料丛刊·中日战争》(四)，第316～317页。

③ 中国史学会主编：《中国近代史资料丛刊·中日战争》(三)，第360页。

④ 《日清战争实记》第20编，博文馆1894年版，第9页。

莫可言状”①。

(五)赏罚不明,替罪羔羊

一个王朝的统治者一旦走向政治腐败,那么,许多人与事的是非曲直都会被颠倒过来。丁汝昌的屡遭参奏与被罗织罪名便是一例。本来,不论是北洋海军的创建,还是甲午御侮,丁汝昌是鞠躬尽瘁、功不可没的,但清政府身居高位的人总将甲午战争中暴露出的问题归罪于丁汝昌。他们“有心杀贼,无策典兵”,出了问题,不知自省,只会把责任推给他人。甲午之战爆发不久,他们就频频参丁,果使上面以丁汝昌为非,言道:“近日,奏劾该提督怯懦规避,偷生纵寇者,几于异口同声。”②事实果真如此吗?回答是否定的。丁汝昌既不“怯懦规避”,又没“偷生纵敌”,他自1879年统领北洋海军至1895年2月自裁殉国的14年间,在抗敌御侮的每一次战斗中,都是披肝沥胆,身先士卒,把自己的身家性命置之度外。

1882年7月23日,朝鲜发生“壬午之变”。丁汝昌、马建忠奉命率领“威远”“超勇”“扬威”三舰迅速赴朝鲜仁川。此时,日本也有七艘军舰和一营陆军驻在仁川。丁汝昌具有高度的敌情观念,当即令马建忠与“超勇”管带林泰曾、“扬威”管带邓世昌坚守仁川,自己带“威远”舰回天津,向李鸿章汇报情况,并商议对策。随之,丁汝昌与广东水师提督吴长庆率庆军2000人分乘“威远”“日新”“泰安”“镇东”“拱北”五船赴朝。他们设计“扣留”了大院君,并将其护送到中国,旋幽于保定,“壬午之变”得以妥善处理。因之,丁汝昌获得“赏穿黄马褂”之誉。

在中法战争中,丁汝昌的爱国精神表现得也很出色。1884年,中法战争爆发之前,丁汝昌就命令驻旅顺港的叶祖珪、黄菊人:“现防务日形吃紧,一旦临事,持枪炮为战守之资。今在旅顺各船,每天上午操大小各炮,下午登岸操枪,逐日一船轮流打靶”,“旅防镇快等船,自水线以上皆油瓦灰色,舢板及舱面呈露各件,亦油与船身一色,使敌不易窥见,仰亦照办为要。倘有事,夜时灯光必须掩蔽。执事既明水师纪律,处常处变,均宜格外细心”③。战争爆发后,他做好了随时参战的准备。明确表示“以数十年国家豢养之身……励我兵士,整我炮械”,“一闻寇警,人人有同仇敌忾

① 中国史学会主编:《中国近代史资料丛刊·中日战争》(三),第521页。

② 顾廷龙、叶亚廉主编:《李鸿章全集》(二),上海人民出版社1986年版,第853~854页。

③ 戚俊杰、王记华编校:《丁汝昌集》,第10~11页。

之心，众志成城”，这样才能“战守可恃”[①]。在这次战争中，他虽未能亲自参加保卫海疆的战斗，但他的言论与来往信函，仍能充分体现他报效祖国、积极防卫、尽职尽责的可贵精神。

在甲午战争中，丁汝昌面对强敌，不屈不挠，始终站在战斗的第一线，他的卫护祖国权益、英勇抗击入侵之敌的爱国精神体现得更加充分。

1894 年春，日本以朝鲜东学党事件为借口，抢先派兵进驻汉城，蓄意挑起战争。李鸿章命令丁汝昌：“汝须统大队船往牙山一带海面巡护，如倭先开炮，我不得不应，祈相机酌办。”[②]丁汝昌接到命令，立刻通知舰队升火待发。同时向李鸿章报告说：“船少力单，彼先开炮，必致吃亏，昌惟有相机而行。倘倭员来势凶猛，即行痛击而已。”丁汝昌对敌情况的分析与抗敌决心本无可非议，而李鸿章却大为恼火，误认为丁汝昌胆小怯战，电斥道：“倭未必即开仗……彼未必即能暗算。……暂用不着汝大队去。将来俄拟派兵船，届时或令汝随同观战，稍壮胆气。”[③]这样，本来已备航待发的“定远”“镇远”“致远”“靖远”“经远”“来远”“超勇”“广甲”“广丙”九舰及两艘鱼雷艇只好熄火守港。三天之后，日本舰队即在牙山口外发动了突袭北洋海军舰船及运兵船的丰岛海战。可见，丁汝昌对敌情的判断和战略战术的考虑是完全正确的，并非胆小怯战。而李鸿章的寄希望于俄国派兵干预，倒是不切实际的幻想。

丰岛海战后的第 7 天，中日正式宣战。在不到 30 天的时间里，丁汝昌率领北洋海军主力舰船多次出巡渤海、黄海海面，又前往大同江、旅顺、鹿岛、秦皇岛、大沽等地，以加强防范。

我们再看一下黄海大战中的丁汝昌。1894 年 9 月 17 日上午 11 时许，丁汝昌登上舰桥，“遥见西南有烟东来，知是倭船”[④]。他立即命舰队做好战斗准备，“各舰皆发战斗喇叭，音响彻乎全队。瞬息之间，我队各舰烟筒皆吐出浓黑煤烟”[⑤]。双方舰队越来越接近，丁汝昌指挥北洋舰队保持每小时八海里的航速，一面将阵式按扁“人”字形展开，一面向敌舰冲击。丁汝昌所在的旗舰定远首先发炮，双方遂展开激烈炮战。其时，站在望桥督战的丁汝昌，因望桥被日军炮弹击坏而被“抛堕舱面”，“左脚夹于

---

① 戚俊杰、王记华编校：《丁汝昌集》，第 11～12 页。

② 顾廷龙、叶亚廉主编：《李鸿章全集》(二)，第 800 页。

③ 顾廷龙、叶亚廉主编：《李鸿章全集》(二)，第 804～805 页。

④ 故宫博物院文献馆编：《清光绪朝中日交涉史料》(1738)第 21 卷，第 22 页。

⑤ 海事编译局编：《海事》1936 年第 9 期，第 38 页。

铁木之中，身不能动，随被炮火将衣焚烧，虽为水手将衣撕去，而右边头面以及颈项皆被烧伤"[①]。"定远"舰官兵见丁汝昌身负重伤，不能站立，要扶他进舱，而他置个人生死于度外，断然拒绝进舱养息的规劝，裹伤后仍稳坐甲板上，激励将士英勇战斗。据日人川崎三郎的《日清战史》载，在丁汝昌的激励感召下，"定远、镇远二舰顽强不屈，奋力与我抗争，一步亦不稍退"。海战历时近 5 个小时，丁汝昌始终坐在甲板上亲自督战，给北洋舰队广大官兵以极大鼓舞，他们"迄未屈挠，奋斗到底"。[②]

黄海大战后的第三天，丁汝昌伤势恶化，头脚皆肿，两耳流血水，眼不能睁，日淌黄水，皮肉发黑，言语稍多，便感心悸，不能自持，于是由刘步蟾暂代其职。然而，丁汝昌在养伤期间仍以国事为重，"无日不忧心如焚"，"腿伤未能即就平复"[③]，便又复职工作。他带伤坚持日夜督修受损舰船，并定期出海。10 月 25 日晨，又有"倭船两只，来威口外游弋，丁军门带'定''镇''济''靖''平''丙'及两鱼雷船出口迎敌，倭船逃东北，我师迎击，该船快车北驶"[④]。10 月 28 日，丁汝昌又"率'定''镇''济''靖''平''丙'六船、两艇，今晚赴旅湾，再探剿大孤山一带"[⑤]。此时的丁汝昌，"腿肿未消，一足不能落地"[⑥]。当此军情吃紧之时，他仍身先士卒，亲率舰队出海巡剿敌军舰船，其精神难能可贵。

在威海卫之战的前前后后，已是被指为罪人的丁汝昌仍忍辱负重，忠于职守，积极联络各守岸陆军，布置威海卫及刘公岛的防卫力量，准备同日本侵略者进行最后决战。依据日军欲扑山海关的传闻，他告诫广大将士："倭赴榆关，料不易逞志，铤而走险是其惯习，宜更防其回扑我境也。"[⑦]不久日军对威海卫的进犯，证实了丁汝昌对敌情的判断分析、对广大官兵的告诫都是正确的。1895 年 1 月 20～25 日，日军一面在荣成龙须岛登陆，沿线北上包抄威海卫城后路；一面以海军舰队封锁威海卫港口。面对日军的海陆夹击，丁汝昌亲自率领舰队各舰船，依辅炮台，支援南岸守军抗击日军的进攻。"'定远''济远''来远'三舰与刘公岛东部二

① 顾廷龙、叶亚廉主编：《李鸿章全集》(二)，第 1013 页。

② [日]川崎三郎：《日清战史》卷七，博文馆 1897 年版，第 70～71 页。

③ 戚俊杰、王记华编校：《丁汝昌集》，第 218 页。

④ 顾廷龙、叶亚廉主编：《李鸿章全集》(三)，第 75 页。

⑤ 顾廷龙、叶亚廉主编：《李鸿章全集》(三)，第 91 页。

⑥ 顾廷龙、叶亚廉主编：《李鸿章全集》(三)，第 96 页。

⑦ 戚俊杰、王记华编校：《丁汝昌集》，第 222 页。

炮台猛烈应射，声震山岳，硝烟蔽空”，不多时，被日军占领的鹿角嘴炮台的第一号大炮即被击伤，第二号大炮炮筒也被炸成两截。其时，“炮丸雨下，猛火轰然，弹皆坠地，爆烈四散，摧石壁树木，势颇惨烈。左翼墙破坏，墙下交叉小铳皆尽损伤。日兵仅有大炮两门，众寡不敌遂停止”[①]。1月30日上午，日军集中兵力围歼包抄清军，双方战斗激烈。丁汝昌组织北洋舰队十多艘舰艇突然驶近南帮海岸，向日军猛轰。日军猝不及防，急忙向后逃奔，损失惨重。在日军进攻摩天岭炮台的战斗中，丁汝昌命“定远”等舰发射排炮，“大寺(安纯少将)被炮弹洞穿而亡，《二六新报》随军记者远藤飞云亦中弹毙命”。为防不测，早在日军进攻威海卫之前，丁汝昌就与南帮炮台守将刘超佩相约：“水陆共护此台，倘万不得已，拆卸炮栓、钢圈底……免致为敌所用。”[②]1月30日上午，南帮炮台相继失陷。丁汝昌为防皂埠嘴280毫米口径大炮被敌夺取，派勇士埋伏在炮台之下，当日军占领炮台、刚把日本旗竖起之时，“炮台突然坍塌，台上日兵飞入空中”[③]。同时，丁汝昌还派“广甲”管带吴敬荣带200多名水手助守北帮炮台。原来，在南帮炮台失守的第二天，丁汝昌就亲至北帮炮台与戴宗骞商议战守之策。2月1日，丁汝昌再次前往北帮炮台与戴论守台之计，强调：“孤台不资，恐资敌用，我船及岛将立见灰烬。”[④]当日军占领威海卫城后，为免北帮炮台资敌，丁汝昌派兵士将其炸毁。这些举措虽属不得已而为，但当时的情势下，无疑是唯一正确的选择，甚至具有战略意义。

港湾沿岸全陷，只剩刘公孤岛一座，敌人更加猖獗，困守岛上的北洋海军的处境更加艰难。丁汝昌矢志“侍台守岛”，以死报国。据日本海军军令部的《明治廿七八年海战史》载，在日海陆军合攻下，“北洋舰队实已陷入重围之中，而丁汝昌以下毫无屈色，努力防战”。丁汝昌指挥北洋海军各舰及岛上各炮台英勇搏敌，日海军“筑紫舰烟突根为巨弹所中，伤水兵四人”[⑤]。旋即又打死其士兵3名，伤官兵3名，舰体损坏。敌舰“葛城”亦中炮受伤。丁汝昌率北洋海军打退了日军水陆夹攻，重创敌舰，挫败了敌人的进攻计划。日军夹攻不成，又利用鱼雷艇在夜间偷袭。2月5日凌晨，日海军10艘鱼雷艇偷入港内。丁汝昌闻讯，立即命各舰“炮火齐

① [日]桥本海关：《清日战争实记》第11卷，第381页。
② 顾廷龙、叶亚廉主编：《李鸿章全集》(十九)，第7页。
③ 中国史学会主编：《中国近代史资料丛刊·中日战争》(一)，第189页。
④ 故宫博物院文献馆编：《清光绪朝中日交涉史料》(2482)第31卷，第16页。
⑤ [日]桥本海关：《清日战争实记》第12卷，第399～400页。

鸣”，重创敌军。然而，“定远”舰底部也被敌鱼雷击中。丁汝昌命令将其驶至刘公岛东南岸边搁浅，利用备炮以充实威海卫港南口的防御力量。“定远”舰受伤，日军趁机对北洋海军进行轮番进攻。丁汝昌一面命“靖远”“济远”“平远”“广丙”四舰与黄岛炮台配合，向北岸日军回击；一面命其余各舰与刘公岛、日岛各炮台配合，封锁南北两海口。日本联合舰队的多次进攻仍不能奏效。2月9日上午，丁汝昌亲登“靖远”舰，率“平远”及各炮舰至日岛附近，与敌拼战。“靖远”受伤开始下沉，丁汝昌见状，“意与船俱沉，乃被在船水手拥上小轮船”①。死里逃生的丁汝昌，面临的处境更加艰难。舰船连续伤损、鱼雷艇队逃跑、粮食短缺、弹药将罄等困难一个接着一个。更有甚者，丁汝昌多次向上求援而不得，致使军心难固。他只有向弁兵“晓以大义，勉慰固守”。丁汝昌虽然身处逆境，但仍能恪守“以身许国”的诺言，坚决忠于职守，率领北洋海军，积极联络岛上的北洋护军，坚持依台守岛的方针，先后打退日军八次进攻，击伤敌舰数艘，打死打伤敌军多人。尽管如此，但大势已去，丁汝昌无论如何也挽回不了整体战争失败的命运。

综观北洋海军提督丁汝昌，不论在处理1882年和1884年朝鲜的“壬午之变”和“甲申事变”，还是参加甲午中日黄海大战、威海卫与刘公岛保卫战之中，都充分体现了他疾恶如仇、忠于职守、不辱使命的崇高气节与知己知彼、主动灵活地抗击侵略者的指挥才干，是一位称职的海军统帅。然而，就是这样一位身在前线，苦心经营，奋勇抗敌的将领，却屡屡遭到不公平的处置。先是，在旅顺失守后，上面竟以丁汝昌援救不力为由，将他革职留任。之后不久，又有上谕“将丁汝昌交刑部治罪”②。只是由于威海卫守军将领及各舰管带纷纷致电总理衙门，恳求挽留，上面这才再次下旨：“丁汝昌著仍遵前旨，俟经手事件完竣，即行起解，不得再行渎请。”③这种良莠不分、罚赏不分之为，只不过表明决策者的昏庸罢了，抹杀不了丁汝昌的功绩。

---

① 故宫博物院文献馆编：《清光绪朝中日交涉史料》(2808)第35卷，第27页。

② 《清德宗实录》卷三五四，光绪二十年十一月癸巳条。

③ 顾廷龙、叶亚廉主编：《李鸿章全集》(三)，第299页。

三、以身许国，宁死不降

如果说丁汝昌在创建北洋海军和甲午战争抗击日本侵略者中尽到了责任、做出了贡献，尚不能盖棺定论的话，那么，在威海卫之战，他面对敌人的威逼利诱，宁折勿屈，自裁不降，倒是应该做出肯定的结论。

丁汝昌的宁死不降，绝非一时感情冲动，更不是一般的轻生行为，而是将自己的宝贵生命同国家的命运紧紧连在一起的。

威海战前，日本军方已料到威海港防守之严密，单纯武力攻取必付出重大代价。于是，他们一面做好登陆准备，一面策划诱降。丁汝昌接到劝降书后，说："余决不弃报国大义，今惟一死以尽臣职。"①随后将此书上交李鸿章，以示誓死抗敌决心。在北洋舰队遭到敌海陆军夹击的形势下，丁汝昌的抗敌决心也丝毫没有动摇。他曾用"敢夸砥柱作中流"②的诗句表达自己报效祖国的坚定信念。威海之战刚开始，他便告诉家人："吾身已许国。"③日军进攻愈益疯狂，北洋海军孤立无援，某些洋员伙同水陆营务处提调牛昶昞密谋降敌。面对劝降，丁汝昌断然表示："我知事必出此，然我必先死，断不能坐睹此事。"④在洋员与牛昶昞挑动下，又有一群北洋护军士兵向丁汝昌"乞生路"。洋员趁机劝丁："兵心已变，势不可为。"⑤牛昶昞也说："众心叛离，不可复用。"⑥丁汝昌矢志不移，怒斥道："汝等欲夺汝昌，即速杀之。吾岂吝惜一身。"⑦虽然宁死不降的决心早已下定，但丁汝昌不愧为一军之帅，他深知自己责任重大，决不可轻率一死了事。他在横眉冷对劝降分子的同时，还召集各舰管带与洋员会议，提出："鼓力碰敌船突围出，或幸存数舰，得抵烟台，愈于尽覆于敌。"⑧但洋员与牛昶昞均不从命。又"使人将'镇远'用水雷击沉，亦无应者"⑨。会议不遂人愿，更

---

① [日]海军军令部编：《廿七八年海战史》卷下，第202页。

② 丁汝昌：《赠宫岛粟香》。

③ 施从滨：《丁君旭山墓表》。

④ 中国史学会主编：《中国近代史资料丛刊·中日战争》(一)，第71页。

⑤ 中国史学会主编：《中国近代史资料丛刊·中日战争》(一)，第71页。

⑥ [日]海军军令部编：《廿七八年海战史》卷下，(东京)水交社明治三十八年版，第201页。

⑦ [日]海军军令部编：《廿七八年海战史》卷下，第201页。

⑧ 中国史学会主编：《中国近代史资料丛刊·中日战争》(一)，第71～72页。

⑨ 易顺鼎：《盾墨拾余·魂北魂东杂计》。

有兵痞露刃威逼，丁汝昌已感无力回天，遂自裁殉国。

在甲午抗击日本侵略者的战斗中，有的像邓世昌誓与舰船共存亡而没于大海狂涛；有的像阎世开在敌人的威逼利诱之下，仍保持中华民族的崇高气节而慷慨就义；有的像丁汝昌、刘步蟾等宁可自裁殉国，也决不向敌人屈服。不管哪一种情况，他们都集中体现了中华民族杀身成仁、舍生取义的无比高尚的精神境界。丁汝昌的自裁，保持了个人的气节，维护了民族的尊严，其精神同样惊天地、泣鬼神，其事迹同样可歌可泣。

通过以上探讨，我们认为：

第一，丁汝昌不是庸夫，他有理想、有抱负。他的理想抱负就是“以身许国”。一个人能以报效祖国作为自己的理想，那么，这种人当然就是高尚的人。

第二，丁汝昌不是懦夫，他有勇气，也有骨气。他为北洋海军的创建尽了最大努力，做出了应有的贡献。在甲午抗击侵略者的战斗中，他同广大将士同仇敌忾，总是身先士卒，甚至不顾伤痛，仍能坚守指挥岗位。在战斗的最后时刻，他宁死不降，保持了一名中国军人的崇高气节，用实践和生命实现了自己“以身许国”的诺言。

第三，丁汝昌忠于职守，具有高度的责任感。从对敌情的分析到北洋海军的军事布置；从关心下属到协调洋员关系；从远洋巡弋、操演到后勤供应，他都尽到了一名将帅的职责。即使在生命的最后时刻，也还是想方设法，尽量保全所余无几的实力。

第四，任辱负重，任劳任怨。特殊的历史背景，决定了丁汝昌的悲剧性人生，他几乎全是在逆境中履行自己的提督职责。虽然敌强我弱，又受上下诸多不利因素的制约，但他“决不弃报国大义”。若人人都能如此，足矣！

丁汝昌其人应予以重视。

丁汝昌其人应予以肯定。

（原载于戚俊杰、刘玉明主编：《北洋海军研究》，天津古籍出版社1999年版）

甲午开战前丁汝昌并非“日以冶游博戏为事”

——驳清流党弹劾丁汝昌之诸事

中日甲午战争爆发之前夕，疲劳不堪的北洋海军提督丁汝昌连续数次被清流党上奏弹劾，有的说他“赏罚不公，贤愚不辨”；有的说他“性情浮华，毫无韬略”；有的说他“日以冶游博戏为事”；更有甚者竟然说他“畏葸纵寇”。一时间，声讨、批判甚至谩骂和请求朝廷将北洋海军提督丁汝昌撤职查办、绳之以法的喊叫声铺天盖地，真可谓是“山雨欲来风满楼”。

那么，北洋海军提督丁汝昌在中日甲午战争爆发前，果真是这样做的吗？清流党所上奏的情况都属实情吗？为了还历史以本来的面目，笔者查阅了大量的历史资料，并得出了与之相反的答案。本文拟就中日甲午战争爆发前，北洋海军提督丁汝昌之所作所为加以简要的辨析。

一、辛苦奔忙风云变

甲午年(1894 年)的春节刚刚过了 12 天，率领北洋舰队在中国南方海域进行冬季训练的北洋海军提督丁汝昌，就因慈禧太后本年六十大寿之喜而被赏加尚书衔。与此同时，北洋海军左翼总兵林泰曾和右翼总兵刘步蟾也分别获得宝寿字壹方、大卷丝绸两匹的赏赐。消息传来，参加冬季训练的北洋海军广大官兵无不欢欣鼓舞，高兴异常。但是，丁汝昌并没有盲目地沉浸在喜庆和高兴之中。元宵节刚过，丁汝昌与北洋舰队广大官兵，顾不得登岸休整，便按照原定计划统带北洋海军铁甲六舰前往东南亚的新加坡、马六甲、槟榔屿等国家和地区进行友好访问和训练。正月二十六日(3 月 3 日)，抵达新加坡，并按预定行程时间开始了访问和训练。待到南海训练与友好访问圆满结束，舰队返回威海卫基地之时，已经到了“已滨樱熟”的季节。

接着，他又率领北洋海军投入三年一次的北洋海军大阅操的准备工作。经过短暂而紧张的准备，北洋海军与广东三船及南洋六船，在天津大沽口会齐成队准备参加海军大阅活动。遵照《北洋海军章程》的规定，这次大操校阅自5月9日开始，先后到达了旅顺口、大连湾、烟台、威海卫、胶州湾、秦皇岛等处勘验北洋海防，至5月27日结束，历时近20天。两次重大活动进行的时间长，参与的舰船和人员多，对外产生的影响也很大。"英、法、俄、日本各国，均以兵船来观，称为节制精严。"①

由于年近六旬的丁汝昌在上述重大活动中，坚持做到了事事须必亲躬，因而在这些活动圆满结束时，其身心已经是疲惫不堪。他盼望着一切事情都能按照原定的计划，按部就班地往下进行。

1894年的春天，与我国东北接壤的近邻朝鲜半岛，发生了东学党农民起义，其势力迅速壮大，在不长的时间里就以摧枯拉朽之势向全国蔓延。朝鲜政府陷入十分紧张的状态之中。

觊觎朝鲜已久的日本，密切注视着因农民战争而激烈动荡的朝鲜局势。他们亟盼清政府出兵朝鲜，因为只有这样，日本才可借机出兵，而且凭借多年的充分准备，力争将清国一举压倒击垮，使日本成为能够在朝鲜半岛呼风唤雨的主宰。

6月2日，日本政府决定借机派大岛义昌率一个混成旅团的兵力开赴朝鲜，同时，还下令海军组织联合舰队驶往朝鲜。6月3日，朝鲜政府正式致文，要求中国派兵赴朝鲜镇压东学党起义。6月5日，日本参谋本部设立大本营，制定消灭北洋舰队、夺取黄海制海权、控制海上运输线，进而与清军在直隶决战的计划。至6月16日，日本外务大臣陆奥宗光约见中国驻日本公使汪凤藻，提出中日两国共同"改革"朝鲜内政。6月17日，日本大本营下令海军控制朝鲜西海岸。6月22日，日本拒绝清政府关于中日同时撤兵的建议。7月19日，日本政府训令日本驻朝鲜公使大鸟圭介，不惜任何手段立即挑起中日军事冲突。趁机实施其侵略中国的"大陆政策"。7月23日，驻朝鲜的日本军队按照原定的作战计划，突然占领朝鲜王宫，俘获朝鲜国王，并立即组织了以大院君为首的傀儡政权。7月25日，日本海军在牙山附近的丰岛海面，以海盗的方式对中国的海军舰船和运兵船发动了突然袭击，中日甲午战争的序幕就这样拉开了。

局势的急速变化，是清政府始料未及的，更是清政府不愿意见到的。因为清政府自上而下，都在紧锣密鼓地筹办慈禧太后六十寿辰庆典。自

① 张侠等合编：《清末海军史料》，海洋出版社2001年版，第280页。

从日本派大军进入朝鲜后，清政府在吃惊的同时也极为重视，内外重臣及军队要员，也多有进言建议，积极的建议与消极等待争论不休。此时的清政府，既对日本的真实想法一无所知，又对西方列强之间错综复杂的关系不甚了解。因此，在近 2 个月的时间里，依靠西方列强干预和调停、保全面子及和平处理朝鲜事件就成为清政府的主调，使得中国失去了宝贵的时间，丧失了仅有的一点主动。等到日本一切准备就绪，突然占领朝鲜王宫，又向中国海军和陆军发动突然袭击时，清廷上下和军队只能仓促应对。

北洋海军提督丁汝昌既没有盲目跟风随势，也没有被动消极地等待，他千方百计地想尽各种办法为及时处理朝鲜问题而争取主动。

二、积极应对备战忙

丁汝昌对朝鲜的局势变化十分关注。早在 5 月 7 日，他就电令北洋海军驻防朝鲜仁川的“平远”舰，分载朝鲜军队赴格浦海口登岸，聊助声势。在清政府既怕“衅自我开”会给日本造成借口，又相信“两国交涉全论理之曲直，非恃强所能了事”的情况下，丁汝昌却以处理 1882 年朝鲜发生“壬午事变”和 1884 年朝鲜发生“甲申”事变的亲身经历及经验教训，采取主动积极的应对措施。6 月 4 日，丁汝昌遵令派“济远”“扬威”两舰开赴朝鲜仁川、汉城，保护商民，并指令“济远”舰管带方伯谦“有日舰赴牙山之沔口，于三舰中酌派一舰前往”探察后立即禀报。6 月 19 日，丁汝昌又根据局势的变化，增派北洋海军左翼总兵林泰曾率“镇远”“广丙”“超勇”开赴朝鲜仁川驻守，及时打探局势的变化。

在关注朝鲜政局变化的同时，丁汝昌又与旅顺船坞、招商局、支应局、天津营务处、军械局等处联系，协商舰船维修、燃煤供应、弹药补充等涉及舰队后勤保障等方面的事项，并督导北洋海军官弁兵勇各司其职，积极备战。

(一)抢修舰船

紧张、持续地忙碌了近半年的丁汝昌和北洋舰队，原来计划舰船的维修、保养等事项，均按常规操作进行。舰队海上训练也等过了端午节后“拟饬‘威远’再出海操练，历走东洋并海参崴各口”。但没想到“朝鲜多故，军事倥偬暂时尤不暇及”。面对复杂的局势和北洋舰队背负的重任，面对舰龄颇长亟须维修的舰船，早在 6 月 30 日，他就在致袁世凯的信中直言不讳地亮出自己的观点："韩事风波，半由未能慎始所致。然既势成骑虎，遏氛首重海军。能战之舰数本无多，若萃群力以待战命，临时齐伸伐挞，庶有以展效用之微长。若以有限之精英，各踞一隅，一经事起，彼族必图要截。彼时外军不足为战，内军不足为援，两力均单，岂能济时？现奉相帅电饬，将镇、济、丙暂调回防，齐作整缮，以备大举。"①

为了争取时间，采取主动，他于 6 月 30 日，就"定远""经远""来远"等船的刮底上油，每艘舰船最快多长时间能够完成坞修任务，以及鱼雷艇的维修及各方面的筹备等事写信给龚照玙："雷艇何时筹妥可以到威？并'定''经''来'船底太秽重行缓，若仅刮底饰悉敷快干油，约某船至速须若干日？统希酌定见示，以凭计画是托。"②为能节约宝贵的时间，快速、高效地完成军舰刮底上油的工程，7 月 3 日，他在收到龚照玙来信后就立即复信："顷致远到，奉答笺。……示及每舰仅油快干油，约五日为率。兹先令'来远'去旅入坞。能并力趱工，早得一二日工竣，尤所深盼。是在同袍，格外为助也。'来远'去四日后，当派'经远'续往。所有'致''靖'未曾分装之军火，可请饬交'来远'运威为荷。再'济远'昨由韩归，遇飓风，致将雷灯拍损，刻已在威厂修理。惟玻璃环该船未另储备用，敢祈贵局查有此项，亦交'来远'带下为幸。"③

在对舰船进行常规性刮底上油和补损修理、确保舰船正常行动的同时，丁汝昌还从实战出发，对军舰上不适用战斗的配备和部件，也大胆地予以更换。7 月 15 日，丁汝昌为"定远"舰揭去 280 毫米口径前主炮之安全防护罩之事，再次致信旅顺船坞龚照玙："所有'定远'工程并'福龙''左一'应速备便各节，曾电达，当荷转饬遵照。兹著洋弁哈卜门去旅照料，起揭'定远'炮盖应更置帆布罩以避潮锈。所需料件，谅与前次寄折'镇远'所请相同，均望逐饬照发。"④虽然在两天之前，丁汝昌已经接到李鸿章"日本以各国出劝，已定议撤兵协商"的来电，但丁汝昌仍坚持抢抓时间，全力准备。他在 7 月 15 日给龚照玙的信中祈求到："'定远'及两艇能早一日则早一日，得早半日则早半日到威。是下怀至为跂盼切恳者也。'平远'到旅即请饬速油底，其余工程概不必做。一经油竣，著即迅驶回防。

① 戚俊杰、王记华编校：《丁汝昌集》，第 197 页。
② 戚俊杰、王记华编校：《丁汝昌集》，第 198 页。
③ 戚俊杰、王记华编校：《丁汝昌集》，第 201 页。
④ 戚俊杰、王记华编校：《丁汝昌集》，第 205 页。

至托，至托！”[1]

在抓好各类作战舰船刮底油修之后，他还及时合理安排训练、运输类船艇的保养与维护，确保有警即可开航使用。7月23日，丁汝昌插空派“康济”船前往旅顺进坞，并请龚照玙“择要萃力趱修，能尽十日内工楚，早济军用”，因为“军中堪资运载仅恃此艘”[2]。透过字里行间，我们今天仍能感悟出丁汝昌当时心急火燎之焦虑，也能体察出海军舰队司令重视舰船保养维护，确保舰队处以随时应招参战状态的责任感。

北洋海域辽阔，海岸线绵长，北洋海军巡海剿敌任务繁重，威海、旅顺、烟台等地的沿海防御，都需要水陆依辅，协统保安。丁汝昌在抓好大型军舰维修保养的同时，还周密地计划，合理地调配长期驻泊在船坞的炮艇及小船，最大限度地发挥所有船艇的有效作用。

为确保久泊坞中之舰船的维修质量，保证修好的舰艇车能转动，炮可灵准，丁汝昌还特别细心地在“镇南”“镇西”两炮艇下坞回防之前，坚决要求大沽船坞总办要把两炮艇驶出海外，就近一试。他还特别就相关事情致信顾廷一：“兹派都司蓝建枢管带‘镇南’，带同各船拨配及招募各员弁勇役等齐搭‘图南’赴沽驾驶；其‘镇西’即委潘兆培管带，均于八月一日起，照全船额饷开支。已详请中堂并支应局立案。”安排好了船艇人员的分工及人员额饷开支，细心而熟悉舰船状况的丁汝昌又特别指出：“两船久泊坞中，车之转动、炮之机括，须就近一试，再驶海外，遇用始较有准。已饬蓝都司督同演试。倘经试后设有差累，仍请饬照赶修妥固，周日旋防，实纫公谊。”[3]

（二）筹措舰船燃煤

在以蒸汽为舰船动力的时代，船用燃煤就是舰船运行的根本保障。因此，确保舰船燃煤的数量和质量，已成为北洋海军提督丁汝昌十分重视的事情。

首先是保障“韩防兵轮煤吨”。1894年春，朝鲜政局动荡不安。5月7日，丁汝昌派驻防仁川的“平远”兵舰，分载韩兵驶赴格浦海口。至6月下旬，北洋舰队开赴朝鲜的军舰已有七艘，分别是“镇远”“广丙”“超勇”“济远”“扬威”“操江”和“平远”。这些军舰分布来往于仁川和牙山等地。

---

① 戚俊杰、王记华编校：《丁汝昌集》，第206页。

② 戚俊杰、王记华编校：《丁汝昌集》，第209页。

③ 戚俊杰、王记华编校：《丁汝昌集》，第215～216页。

众多数量的军舰远航驻防，加上不断地机动运行，使舰船燃煤的用量快速增加。驻"韩防兵轮煤吨"便成为北洋海军提督的一块心病。因此，每当驻朝鲜仁川、牙山等地舰船收到煤时，丁汝昌都及时给负责此项工作的招商局总办及煤矿总办等人去信，表示"心感之至"，希望以后能保质保量地将煤运到，以备军舰使用。

由于日本政府提出改革朝鲜内政，并拒绝中国提出两国同时撤兵的建议，朝鲜的局势变得更加紧张。开平矿务局总办张翼（燕谋）担心运煤船的航行安全，便首先提出"此后韩防需煤，不遑周转"。建议今后韩防用煤径直由矿局运到威海，再由北洋舰队自行转运至朝鲜。负责此项工作的黄建笎（花农）也给丁汝昌去电说，矿局下次实难送煤。得知这些情况，丁汝昌一方面立刻致电李鸿章报告，仁川、牙山军舰用煤告急，请求指示如何筹备。另一方面，他又耐心向天津招商局总办黄建笎介绍欧美等西方国家海军舰队军需供应的规则："西洋行军煤斤、军械，悉属所司随在筹运。师船则专谋御敌，此外无事旁扰心神，别分兵力。平时巡洋，一船舱储之煤亦仅资船之用，此外无复余地推广装存。有时度路远不敷，则用麻袋积舱面。为数亦甚有限，而操作一切便形阻碍矣。"为了求得黄建笎的支持，他用赞扬加祈求的方式表达自己的心声："台从眼界较广，师船体要当识。大凡若一如百忍所议，力所兼顾不遑者，盖不待智者决之耳。昨已电请相帅核夺，仍望台从赞画预筹，以顾大局。愿赋同袍，有以努力焉。"①

丁汝昌筹措舰船用煤，不但积极请"相帅定夺"，而且还主动求助于盛宣怀、黄建笎和张翼等人。其方法不但是坚持和谐相处，多说好话，多方鼓励，多次请求，而且还做到关键时刻晓之以理、动之以情，甚至据理力争，开展批评或坚持斗争。

针对张翼"前'北平'运仁、牙等处煤斤，'扬威''操江'两船仅装百十吨余，复载回威防，起卸不无吃亏等情"的想法，丁汝昌十分气愤，他于7月13日再次复信给黄建笎："姑无论官局，纵属商局交易，长久计，累年赢，岂偻指可胜数哉？值兵事偶一吃紧，必亦加意维持，力图接济。"②他还进一步指出："兹者，言济商用，则兼顾居先；言济边防，则动虞途远。而锱盈铢绌，毫短厘长，犹复沾沾在齿，介介于怀，不亦过于褊浅乎？"他还直

① 戚俊杰、王记华编校：《丁汝昌集》，第199页。

② 戚俊杰、王记华编校：《丁汝昌集》，第205页。

言相告:“顷奉相电,威防务存煤万吨,丰积满荷不虞缺乏。设战事一起,分防之舰,若恃威厂存煤以资接济,而转运前路之舰,有非海军所可自筹耳。先勒实布,希便转达为荷。”①

朝鲜局势的恶化,使丁汝昌加快了筹集舰用燃煤的力度。7 月 20 日,他在刘公岛致电盛宣怀:“相帅晓谕威防重地存煤须要万吨,现差甚远”。他请求盛宣怀能询问此事,给予支持,以保证威海基地储煤的数量。

8 月 1 日,中日两国同时宣战。北洋海军舰船经常出海远巡和寻找日本海军进行海上决战。舰船频频出行,大大增加了舰队的用煤数量,这使负责供应舰队用煤的张翼感到压力很大,他在 8 月 8 日和 8 月 16 日两次向丁汝昌致信,检讨寄运散碎煤屑不对。接着要求丁汝昌“代派司事收发煤斤,接逃走陈司事下手”,并答应该员矿局可另付薪水。同时还询问丁汝昌,北洋海军冬季储煤“三万吨是否敷用”。8 月 23 日,结束了第四次远航巡海的丁汝昌回到威海卫,便即速给张翼复信作答:“查敝军厂委杨作宾本可兼理,就近招呼。事属一体,无庸另开薪水,别增局费也。”“至询三万吨是否敷用,纵绝大智慧亦未敢横以论断。不常行、速行、齐行,则三万吨可以全数不动;若大队不时周巡,一次须添两千吨左右,则三万吨不过仅供十余次之用耳。”对于“每次运煤必须船护”的要求,丁汝昌明确答复:“若每次运煤必须船护,数少则非徒无益;若护以全队,则一次所运之煤仅足供一次护行之用,其与不运何殊耶?日后倘须煤船随队远行,必设法护持。若大队仅巡烟、威、旅一带,煤船去旅来威,海面当可无虞。”丁汝昌还希望“剖告各平船中外人等知之,当谅其非妄也。”②

为了确保舰用燃煤的存储量达到规定的数量,8 月 25 日,丁汝昌致电盛宣怀:“‘图南’明日回沽。现海上平静就好。大可知会矿局,赶调各‘平’亟运煤来威。至要。”③

为能提高码头卸运舰船燃煤之效率,缩短运船停靠、占用有限码头的时间,丁汝昌于 8 月 27 日再次致电盛宣怀:“威只一码头,‘致远’舱深口小,起卸甚艰,工费时久。请嗣后商轮运煤交旅靠搁,起卸较便留威码头,

① 戚俊杰、王记华编校:《丁汝昌集》,第 205 页。

② 戚俊杰、王记华编校:《丁汝昌集》,第 214～215 页。

③ 陈旭麓等主编,季平子、齐国华编:《盛宣怀档案资料选辑之三·甲午中日战争》上册,上海人民出版社 1980 年版,第 105 页。

俾矿局煤到速卸，免两延。”[①]

丁汝昌在保证舰用燃煤存储数量的同时，还为军舰用煤的质量问题不断向有关方面和人员进行协商与求援。7月15日，为能保证鱼雷艇的用煤质量，专门写信给旅顺的龚照玙：“尊处所储雷艇合用之煤，无论松白、斋堂，祈饬两艇添满外，再请尽量筹付若干，憖装麻袋交‘定远’运威，以备急需。”[②]然而，他的积极协商与求助并未取得实际成效。随着时局的紧张，舰船用煤的质量也越来越差。为解决煤的质量问题，他仍然坚持苦口婆心地与煤矿总办等人沟通、求情，欲以真诚来打动这些利欲熏心的掌权者能以国家和军队的利益为重。7月23日，丁汝昌因运来之煤“煤屑散碎，烟重灰多”等情况再次写信给开平煤矿总办张翼，明确告知这种散煤不但灰多烟浓，更为严重的是“难壮汽力，兼碍锅炉”[③]。丁汝昌语重心长地请求这位矿局总办，一定要把好军舰用煤的质量关，确保供给北洋舰队所需之煤的质量。

7月25日，日本海军在牙山附近的丰岛海面，以海盗的方式突然炮轰中国租借的运兵船“高升”号和护航的北洋海军军舰“济远”舰，点燃了甲午战争的导火索。丰岛海战爆发后，丁汝昌率舰队巡剿回到威海，看到“昨者所有运到包煤”，质量“尤多不及”。没有想到“既经谆托”，“转不如不托之良也”。身心疲惫的丁汝昌气愤异常。7月30日，他不得不再次致信张翼：“廿一曾交北平附陈一书，度邀鉴及。煤屑散碎，烟重灰多，难壮汽力，兼碍锅炉。虽在常时，以供兵轮且不堪用，况行军备战之时乎？曩次‘利运’装来散碎煤曾勉卸之，其半另供岸厂之用。其不肯骤为已甚者，无非从权顾交谊也。乃昨者所有运到包煤，方之利运所解者尤多不及。不料既经谆托，转不如不托之良也。系台从未及招呼，抑经管人专留此种塞责海军乎？包煤专备行军之需，若尽罗劣充数，实难为恃，关系之重，岂复堪思！”[④]

为能保证今后的包煤质量，丁汝昌指出，因新峒质既然难以凑齐，前时嘱托在威海筛捡，“何不可于出矿时，另将整块筛捡，单存一处？除先运老峒、五槽尽数外，再以新峒实经筛捡继运，未始不可备资接济。总之，不

① 陈旭麓等主编，季平子、齐国华编：《盛宣怀档案资料选辑之三·甲午中日战争》上册，第112页。

② 戚俊杰、王记华编校：《丁汝昌集》，第205～206页。

③ 戚俊杰、王记华编校：《丁汝昌集》，第211页。

④ 戚俊杰、王记华编校：《丁汝昌集》，第211页。

论新峒老峒,但求煤质整壮,能多运期必多运为妥耳"[1]。在信的最后处,丁汝昌再次请求:"威海机厂需焦炭甚迫,前于初九曾电花农转告随煤船便运三十吨应用。久未见到,而待用颇殷。敢祈再遇煤来威,饬照运寄为叩。"[2]

为了解决北洋舰队用煤质量低劣、以次充好的问题,丁汝昌不但坚持好话多说,苦苦相求,而且有时还采取请相帅定夺,或是将煤船退回,不准卸煤等强硬之法进行斗争,但实际效果仍不尽人意。中日甲午战争正式爆发后,军舰用煤的质量不但没有好转,而且存储数量也大大减少。在中日海军黄海大战爆发前夕的9月12日,丁汝昌因舰煤之质量和数量问题再次致信张翼:"迩来续运之煤仍多散碎,实非真正五槽。阁下虽经三令五申,而远在津门,因其私事相蒙混,发碎报块,恐足下亦未及周知。俟后若仍依旧塞责,定以原船装回,次始得分明,届时幸勿责置交谊于不问也。威厂存煤现仅六千吨之谱,军事一日不息,大队须不时出海,以图巡剿。秋将及半,计封河之期不过两月有余,必须加急多运。"为能感动张翼,丁提督还意味深长地告诫:"块煤一经告乏,则公患同深矣。"[3]

为能有效地堵住矿局以次充好、以碎充块的恶劣做法,丁汝昌公开写信告诫张翼:"自此续运,再为散碎,一面仍遣运回,一面电请相帅核办。幸勿怪言之不先也。"[4]

(三)艰难筹备药与弹

丁汝昌在抓紧军舰刮底油修、抢运舰用燃煤的同时,也在紧张地筹备火炮弹药。这些筹备活动是遵循火炮先大后小、先重后轻,以及舰船武器与守口设施相结合的原则来进行的。

7月3日,丁汝昌致信旅顺船坞总办龚照玙,"望饬将'定''镇'两舰二十零半生炮用铜箍开花子一百五十颗,十五生炮用四倍长铜箍开花子一百颗"[5],检出交"经远"舰带回威海以供使用。几天之后,他再次请求龚照玙:"查贵库所存'超''扬'两船十寸口径炮用轻装大粒药二十九出,又十七年春'平远'请制廿六生大炮用药桶,造成若干,均饬检交'经远'带

① 戚俊杰、王记华编校:《丁汝昌集》,第214页。
② 戚俊杰、王记华编校:《丁汝昌集》,第215页。
③ 戚俊杰、王记华编校:《丁汝昌集》,第216~217页。
④ 戚俊杰、王记华编校:《丁汝昌集》,第211页。
⑤ 戚俊杰、王记华编校:《丁汝昌集》,第200页。

来为幸。”为了争取时间，7 月 9 日，他又致信龚照玙：“炭精已荷电沪购办，能促其早日寄到应用，尤至盼切。此批军火已饬陈游击照单点收分给，其余待运各宗，均望转饬统数交经远带回。”①随着朝鲜局势的变化，丁汝昌对各船不足之药弹，除了未经购置的不计数外，就当前现有未经运到集中者，均选择各船急需的各类药弹，派“陈游击开具清折，并另函知照司械刘委，请饬其检照检齐”，交给“定远”由旅顺油修后带回威海。岛上暂时无处存放，且为战时需要已筹备者，则求龚照玙“请暂存旅，候用再取可耳”。7 月 16 日，丁汝昌接到盛宣怀要他派船开赴胶州湾，装运快炮和车轮炮的电报，7 月 17 日，便派“康济”船前往运载。同时，给章高元（鼎臣）发去信函：“恳饬先行拨候。该船到后，所有随炮应用各件以及药弹等项，务乞悉数点付，开一清单交该管带，以凭验收。”考虑到倭猖日甚，形势紧急，一旦开拔命令下达，舰队就要飞棹东征。因为船上人手太少，要搬运“格鲁森伍十三密里快炮十尊，又三十七密里车轮快炮八尊”，又因担心“康济”舰在胶州湾搬运装船时耽误时间，丁汝昌特致信章高元：“所有快炮洵为行军急需，惟虑该船前去拨运，人力太单，多恳雄部健卒协办相助，总期全数从速早运到船，遄归以资应用。至为厚托！”②

在筹备北洋舰队各类型号大炮药弹的同时，丁汝昌还积极筹备舰队驻守各处守口所需之弹药及物资。7 月 9 日，他开折函达张士珩（楚宝），请求补发大同江守口所需之水雷及军用物资。但“事越旬余，未一见寄。如此延缓，料必无存”。为能尽快筹齐所需料件，7 月 21 日，他又复信龚照玙：“前由津领取水雷，备随大队著‘利运’装赴大同江守口之用。查其中尚缺至不可少之件计四十宗，若不搜补齐全，则已领到者全为废物。”“顷闻贵处局储除用去外，充富仍多。兹开清折专船著王平前往走领。知我同袍，素敦公谊，必慨然以余波及晋也。”③为了争取龚照玙的帮助和理解，他进一步地强调：“战事一举，大同防具中无此首要，口门豁达，岂抽数十舰足资扼守乎？因缺微需，失此要键，他族中梗，且大意中微志所存，又落后着，岂非可惜！故不惮唇疲齿竭之烦，而呼吁他山为之助也。”“所有行营新募雷兵所需各件，另缮一折，统祈查照，分别饬发，尤为感勒。”④7

① 戚俊杰、王记华编校：《丁汝昌集》，第 202 页。

② 戚俊杰、王记华编校：《丁汝昌集》，第 205～206 页。

③ 戚俊杰、王记华编校：《丁汝昌集》，第 207 页。

④ 戚俊杰、王记华编校：《丁汝昌集》，第 207 页。

月 22 日，因筹备领取的行军水雷应需物品“尚缺三十余件”，丁汝昌急忙又致信盛宣怀、张士珩：“五十七密里快炮应需方块大粒药，除前到两千磅外，尚短四千磅，洵现时孔迫之需。津中既能自制，谅易照给，迅运来威。”在信中，他提出，“承平”每小时仅行 8 迈，随舰队同行，未尽相宜，请求两位是否有其他办法可施行。他还及时汇报了胶州炮已运回威海，并分给备战之船，承诺再有“三四日力以可安楚，尚称灵快，惜力稍薄耳”。7 月 23 日，为筹备防守威海湾的军需物资，他又致信龚照玙：“此间南口势敞雷少，拟练浮桩以防雷艇，惟需锚甚多，因念金州水师集船废锚颇堪适用，倘尚存置，许以挪用，计共若干，伏恳电示，以便派船往运。”[①]

为了确保北洋舰队急需的“方块大粒药”和“炭精”能及时运到，他请求龚照玙帮忙，“五十七密快炮仍急待方块大粒药四千磅应用，伏希电催楚宝遄寄。炭精尤望饬催，亦待之孔殷物也”[②]。两天之后，日本海军就以海盗的方式在牙山附近的丰岛海面袭击了北洋海军的“济远”舰及运兵船“高升”号，挑起了甲午中日丰岛海战，验证了丁汝昌的判断。7 月 31 日，丁汝昌因威海南口太敞，自刘公岛至日岛之间应布之水雷尚未备齐，担心日军鱼雷艇趁黑夜或雾天潜入威海卫湾口内偷袭北洋舰队大船，他再次致信龚照玙，目前“先设渔网并木栏各一层，候雷件到齐，施布停妥”，“应筹者代筹，宜禁者代禁，有请补领至不可少之件，酌给之”[③]。

丁汝昌筹办炮枪、药弹、水雷、铁链等军用物资，确实是动身早，力度大，多方打听，八方求助。但因当时北洋海军军需供应的体制不顺，北洋海军提督无权直接管理调拨枪炮弹药及军需物品，特别是清朝决策者决策失误，直到 8 月 26 日，威海湾“北口栏木、铁练（链），仍有不敷”。无奈之下，连续 4 次率队出海寻敌作战未果，刚刚回到威海卫基地的丁汝昌，只好请求威海卫陆军统领戴宗骞：“贵雷营有寸半铁练（链）存放，拟请转恳暂允移用，以济急需。”[④]但是，腐败的清政府，及其与之不配套的军事供应体制及低下的办事效率，丁汝昌早就想解决的炮、枪及其药、弹等问题，迟迟得不到解决。直至黄海大战开战的前夕，丁汝昌率大队开赴旅顺，其中一项重要事情就是“与龚道议配‘经远’‘来远’后炮等事”[⑤]。

---

① 戚俊杰、王记华编校：《丁汝昌集》，第 208～209 页。

② 戚俊杰、王记华编校：《丁汝昌集》，第 209 页。

③ 戚俊杰、王记华编校：《丁汝昌集》，第 211 页。

④ 戚俊杰、王记华编校：《丁汝昌集》，第 216 页。

⑤ 顾廷龙、叶亚廉主编：《李鸿章全集》（二），第 978 页。

(四)特别重视情报搜集与电报畅通

丁汝昌获取情报,主要靠来往电报,以及来往舰船传递的书信函件。朝鲜局势的变化,本来就牵动着丁汝昌的心,又因锦州至山海关等地的电线出现了故障,电音中断,使李鸿章及丁汝昌等要员均甚焦急。李鸿章只好下令抽调戴宗骞处的小轮艇接送要电。熟悉威海各部队装备的丁汝昌认为戴宗骞(孝侯)处的交通艇动力较弱,不免为风浪所滞。所以,他于6月30日及时致信龚照玙:"现商德三改用孝侯处轮艇卸炮,饬遇顺赴旅,加派'镇''边'驻烟,轮送旅烟要电。"为了保证重要电报能够安全及时传递,他还向刘含芳提出:"该船等在烟,凡关军情密紧之电,并望知照电局,万万两无停搁。是为至要!"同一天,为了保证留驻朝鲜牙山、仁川的"超勇""扬威""平远""操江"能够防守有备,确保安全,他致信中国驻朝鲜公使袁世凯:"至留仁、牙四,须令两处轮驶通音。倘西路电阻,该船等应报军情,已函饬该管带等送仁川领事转致,抑或径送尊处,代为设法转达。务祈格外费神,妥为照拂。至祷,至祷!"为能把政局变化的情况和李鸿章的命令及时传达给旅顺基地,他还于6月30日致信龚照玙:"迩日锦州至山海关电阻,尚未修通。""兹将帅电及敝处迩日所发各电抄折附阅。"[①]这些做法,使驻守旅顺船坞的龚照玙及各陆军守将都能及时了解局势的变化,受益匪浅。

丁汝昌重视电路畅通,重视军情电报准确及时地送达,不单单是关心电路及设备的正常运行,而且更重视电报局人员的管理与约束。

烟台电局,所处的位置极为重要,责任重大,电报繁多。但因人员心散,管理混乱,致使"烟台电局往往电有讹错,偶尔询问,间或一答,若诘究稍繁,则几如十叩柴门九不开矣"。"某处线断,电至搁置以待,报时绝少。使非好问,盖亦无由知耳。平时事非迫促,一一与较甚亦惮烦,其与孝侯隐予曲全者已非一日。"对此,丁汝昌十分气愤,将此事向有关方面进行举报批评,要求追查责任人。7月11日,他又复信刘含芳:"现军务吃紧,变在顷刻,依然不自警察,竟公然以'译者睡后未起'直言以复。局务之污糟,可以想见。若仍任意迨误事机,在杏荪亦难辞责备。""论交非泛,岂容以姑息之微,重友朋之咎耶?势迫使然,良非得已。承嘱为之缓颊,既知后悔,固无不可。在昌既吐复茹,自相矛盾,殊觉难以措词。台从果实见

① 戚俊杰、王记华编校:《丁汝昌集》,第197～198页。

该委为可靠，似不妨惠以鼎言于杏荪处，为之转圜。”[①]为了整顿、治理好事关战局重要情报的烟台电报局，丁汝昌不顾同乡情面，直言拒绝了好友的说情，其目的就是为了保障电路畅通，译报准确，情报快达。从而为正确决策，把握战机打下良好基础。

随着局势的不断恶化，7 月 22 日，他建议盛杏荪和张士珩：“则由平壤至铁岛一段电线，甚宜予筹添设。”[②]以保证在朝鲜之陆军与海军及关中军队的正常联系。

甲午战争爆发后，为了确保军事情报畅通准确，7 月 29 日，丁汝昌致电盛宣怀要求：“成山电通，务乞饬该局人员，凡遇由东而来兵商各船即时电告，切勿延误。至要。”[③]

（五）提前调配战事可用人才

丁汝昌在抢修舰船、抢运燃煤、筹备药弹、重视军事情报传送的同时，还十分重视海军可用人才的配备与储存。为了使有限的舰艇充分发挥好各自的作用，丁汝昌尽自己最大的努力，迅速而坚决地把有技术、有能力、有实战经历的人留下来、用起来，使他们在关键时刻能在保家卫国的战争中发挥作用。

原福建水师“伏波”船管驾吕文经，因在 1884 年马江海战中“中炮选退”被清廷批准，“革职不足蔽辜，著发军台效力赎罪”[④]。北洋海军成军后，吕文经多次托人想在北洋海军求一职位，始终没有得到批准。现在战局形势日趋紧张，北洋海军所有舰船都油修出坞，以备参战。在国难当头之际，吕文经报国之心不变，屡次托人求差，丁汝昌对此十分赞赏与高兴。7 月 2 日，他致信旅顺的龚照玙：“吕文经屡次托人求差。昨又来禀，报效意极殷切。兹新由沽坞调出东、北两船，尚有一管带未曾调派”，“该员乐从，可速前来。”[⑤]7 月 21 日，他再次致信龚照玙告知，天津学堂“管轮学生李金声，奉函后即驰电通知，一经到威，当饬赴旅以供策用”。还有“总查轮机之余贞顺，亦令乘此便前往”[⑥]。

---

① 戚俊杰、王记华编校：《丁汝昌集》，第 204 页。

② 戚俊杰、王记华编校：《丁汝昌集》，第 208 页。

③ 陈旭麓等主编，季平子、齐国华编：《盛宣怀档案资料选辑之三·甲午中日战争》上册，第 43 页。

④ 姜鸣编著：《中国近代海军史事日志(1860～1911)》，三联书店 1994 年版，第 117 页。

⑤ 戚俊杰、王记华编校：《丁汝昌集》，第 200 页。

⑥ 戚俊杰、王记华编校：《丁汝昌集》，第 207 页。

在抓好管带、管轮等专业人员调配的同时，对于舰船所需水勇、升火等人员的配备，丁汝昌也是及时整合，恰当调配。当“敏捷”船待改“海镜”船之时，他就立即致信龚照玙：“所有‘敏捷’原配弁勇、升火人等，万祈费神切商蓝管带察实。除在旅日有工作者，酌留其奉行做事，希均饬随‘康济’来威应用。”[①]因为他担心威海“此间增备之事甚繁，悉派生手未尽靠也”。甲午战争的历史事实证明，他的想法与做法是对的，其措施是积极有效的。因为丰岛海战之后，“济远”舰在海战中伤亡的人员必须马上补齐，丁汝昌马上从“敏捷”练船练勇中“拨付‘济远’二十余人”[②]，保证了“济远”舰作战人员的及时补充。

丁汝昌储备、调配可用人才，不单纯考虑舰船所需之人，而且还及时调配维修舰船的工匠等人。甲午丰岛之战刚结束，他就把旅顺船坞“工匠恐尚不敷”的事项摆到议事日程上。

7 月 29 日，率带舰队完成第一次巡海任务的丁汝昌，刚刚回到威海，就致电李鸿章：“战事方殷，赶制赶修之项甚多，旅坞工匠恐商不敷，请帅电龚道赶速酌添工匠，遇事迅办”[③]，以免耽误开赴战场的宝贵时间。

三、坦诚进言利于战

丁汝昌在抓好北洋舰队备战备航的同时，对中国军队如何备战，以及开赴朝鲜参战时应注意什么事项，以及开战后驻朝军队和国内军队应做到的事情，他都及时、坦诚、全面地向上级或有关方面及时提出，供李鸿章和幕僚以及其他人员参考。丁汝昌的这些建议，是具有前瞻性的，是非常必要的。在日后爆发的甲午战争的作战过程中，他的这些建议，经过战事的验证，方法是积极有效的，效果是非常明显的。

(一)反对“兵分力单”，建议“水陆添兵，必须大举”[④]。至 6 月 18 日，日本在朝鲜的军舰已达七艘之多，而且遵照日本大本营的命令，日本海军开始控制朝鲜西海岸。6 月 19 日，丁汝昌派林泰曾率带“镇远”“广丙”“超勇”开赴朝鲜的同时，又奏报李鸿章，饬“请马玉昆、张光前备调”，因为

---

① 戚俊杰、王记华编校：《丁汝昌集》，第 212 页。

② 戚俊杰、王记华编校：《丁汝昌集》，第 213 页。

③ 顾廷龙、叶亚廉主编：《李鸿章全集》(二)，第 821～882 页。

④ 顾廷龙、叶亚廉主编：《李鸿章全集》(二)，第 735 页。

"张曾驻韩,情形较熟"。6月25日,接到林泰曾从朝鲜发回了"风闻倭尚有五千将到,倭水陆共十队"的电报,丁汝昌立即致电建议李鸿章,水陆添兵,均须大举,并主动请战。没想到当天深夜丁汝昌即收到李鸿章复电:"日虽添军,谣言四起,并未与我开衅,何必请战。"[①]受到训斥的丁汝昌并没有因此而不敢进言。6月30日清晨,丁汝昌就将自己的意见报告了李鸿章:"'镇''济'等牢住牙山,纵备艇雷,万一失和,日必要截,音信、煤粮中阻,必被所困,兵分力单,两难济事。前请调'镇''济''丙'回防,奉谕恐示弱,故未敢渎请,只得照林议筹备。愚见,水陆添兵,必须大举,若零星调往,有损无益。现拟仍申前请,将三船调回,与在威各舰齐作整备,候陆兵大队调齐,电到即率直往,并力拼战,决一雌雄。"[②]

丁汝昌坦诚进言,主动参谋,不但直接向李鸿章提出建议,发表个人对时局、对战备、对运兵布阵的看法,而且还在"帅意日一变迁,殊令在下莫计所从"的情况下,仍通过李鸿章的重要谋僚及时反映自己的意见。1894年6月31日,他致电军械局总办张士珩:"前派兵去韩,为平匪起见,现乱已解,我兵驻牙,似不相宜。倭衅已露,汉江一路,彼已先踞。牙防水路接济较难,即由北路进去韩京,亦为倭阻,难以联络。现若阳(扬)言匪散,牙兵撤防,一面改扎大同江,赶备鱼、水雷船只,并接电至平壤,抢先布置,严守要地,免韩沿海尽被占先,继有大队由义州进剿,方无隔阂,水路军需亦易周转。此系大帅权衡,何敢参议。惟时局所系,难守缄默。倘帅与公商酌,便中代陈备采。如何定议,尤望速示。"[③]

丁汝昌不但把"水陆添兵,必须大举"的意见报告给李鸿章,而且还不失时机对入朝陆军真诚进言,当好参谋。早在7月上旬,丁汝昌就对水陆运兵及如何掌控局势等方面发表个人意见。他先将"倭寇军情,据前驻韩船先后辑录大略,汇开清折,并译绘高丽全图一张,派船送旅交贵差驰呈密察,以备绥筹之采"[④]。同时,他又根据自己十多年来对朝鲜的了解,向即将带兵入朝的刘盛休提出自己的建议。

他认为:"大军会剿,车马辎重若多,似由凤凰门进队,以义州为后路转运,平壤为中路转运,扼要分队堵守,前军长驱,庶为稳著。若悉由水路

① 顾廷龙、叶亚廉主编:《李鸿章全集》(二),第727页。

② 顾廷龙、叶亚廉主编:《李鸿章全集》(二),第735页。

③ 戚俊杰、王记华编校:《丁汝昌集》,第335页。

④ 戚俊杰、王记华编校:《丁汝昌集》,第201页。

载往，设不便由内口登岸，遇风驳运则克日难期，不无匆遽沓纷猝手不及之虑。未必果遽臻此，然不得不预事周计也。”他明确指出：“根基立定，日后转运，由鸭绿江续运，当可无虞。”①

关于陆军与海军大队行动的时机及战术问题，丁汝昌强调“必协力为助”，“纵彼器精利，我但于冲锋时运以巧计，断以果力，过此则不难所向披靡，并可以其人之道，还治其人之身也”②。

7 月 11 日晨，丁汝昌收到张士珩咨询如何往朝鲜运兵布阵的三件来电。在来电中，有人认为日本乃蕞尔小国，其势力不足，无法与西洋各国相比，因此提出沿着汉江日军进兵之要路，我军也派铭军、巩军共约 5500 人，长驱深入。对于上述说法，丁汝昌认为既“非晓畅戎机”，又不是“深察时局所出也”。丁汝昌致信张士珩指出，“倭力固不足以匹泰西，然汉江左近内入要路，彼族已竭匝月布置，不无暗伏”，由此可见日军“已悉占先着”，何况他们还武器精利。假如清国也由此路，“以铭、巩五千半济之师，未预图立之地，骤驱深入，匆遽之顷，稍疏防测，堕彼暗算。兵力已虑非完，进剿更为吃力”。因此，这种意见是不可取的。丁汝昌认为，如果进兵大队，似由凤凰门、大同江两路合剿，后路则容易固守接应，转运兵力及粮弹物资“不虞隔阂”，而前面先进长驱之部队亦“无后顾之虑”。还有水师抽数舰占踞大同江口，以大队舰船在朝鲜西北一带海面巡航，相机御剿，较为稳著。“若进兵以北路为妥，则调度悉归宋宫保，威望既足服人，谋虑鲜不周妥，无复可虞。或舒川、牙山如益陆兵，调度则悉归曙清。事权一，则心力易齐也。”③

7 月 16 日，李鸿章决定入朝陆军再增加 2000 人。7 月 22 日，丁汝昌将如何布兵摆阵的意见告诉了盛宣怀和张士珩：“东征陆师继增二千之众，粮饷军火随带，自必宽筹。叶军似宜在牙山左近，择扼要之区，深沟固垒，阳作久防之状，隐为牵制之师。迨西路大队进履京畿境止，两军足接声援，叶军再拥众而进，前抵后包，不惟临时撮为得势，即先时悉就西路接应，无复他虞。纵彼先扑叶军，设难骤战，守料足捨。”④

丁汝昌在考虑到陆军如何进兵布阵，采用何种战术，如何避敌人之

① 戚俊杰、王记华编校：《丁汝昌集》，第 201 页。

② 戚俊杰、王记华编校：《丁汝昌集》，第 202 页。

③ 戚俊杰、王记华编校：《丁汝昌集》，第 203 页。

④ 戚俊杰、王记华编校：《丁汝昌集》，第 208 页。

长,发挥我军优势,运用巧计有力地打击敌人等作战方案之后,还针对前敌与后路的畅通,前线与后方的安全及周转有效等方面,阐明了自己的看法。他认为大同江之口,既是北洋舰队东征之后路,又是清朝陆军大队出关之中枢要纽,因此海军与陆军必须要“及时水陆赶筹防守”,否则“良多未妥”。此议可行,“望便中达帅定计”。如果相帅允许快速举兵入朝,“则由平壤至铁岛一段电线,甚宜予筹添设”①。

丁汝昌数次坦诚进言,始终没有引起李鸿章等清朝决策者的重视。但战争是无情的,是残酷的。就在中日两国正式宣战的第二天,叶志超就因后路接济难通,致急电向李鸿章告急求助,而李鸿章也因“叶军接济难通,深为焦急”②。

8 月 17 日,丁汝昌在天津与李鸿章面商当前战局,针对朝鲜平壤的战守局势,他建议:“现宜稳守平壤,勿轻敌深入;再进,须取黄州谷山,免抄后。与倭对枪难取胜,须设伏出奇,大同江迤北海浅,平壤东北山高,但有人巡防,敌难来云云。”③8 月 27 日,盛宣怀请丁汝昌派船送人去猴矶岛,熟悉烟台、登州及长山列岛海况的丁汝昌致电盛宣怀:“由烟赴登至猴矶岛,均内海,民船最为稳。”④盛立即采纳了丁的意见。

(二)建议在朝鲜的中国军队要“通西文语”“览各国旗帜”,谨防倭兵奸诈。鉴于清朝陆军由于管理封闭,“不习见洋人”,近期又因日本军队之服装修改后酷似西方军人装束,骤然相见,很难辨识。丁汝昌致信张士珩建议:应转请照会该埠使臣、领事,当中国与日本接仗时,广大官兵,必须览识各国旗帜,要将各国旗帜的标式及各国人员之面目、服饰和装束等,详细晓谕在朝鲜作战的各个部队,切实做到“一律通知,尤为至要”⑤;另一方面,入朝作战之清朝陆军,“未能谙熟详情”,所以应该每支部队派一名“通西文语之洋务委员,设有他国交涉之事,两情不隔。在通商口岸,凡西国公使、领事公署,能抽华兵若干名驻同保护,尤觉得体”⑥。但是,如

① 戚俊杰、王记华编校:《丁汝昌集》,第 208 页。

② 顾廷龙、叶亚廉主编:《李鸿章全集》(二),第 844 页。

③ 陈旭麓等主编,季平子、齐国华编:《盛宣怀档案资料选辑之三 · 甲午中日战争》上册,第 91 页。

④ 陈旭麓等主编,季平子、齐国华编:《盛宣怀档案资料选辑之三 · 甲午中日战争》上册,第 111 页。

⑤ 戚俊杰、王记华编校:《丁汝昌集》,第 204 页。

⑥ 戚俊杰、王记华编校:《丁汝昌集》,第 208 页。

果这样做，出于友谊，防止猜忌，则必须“先与商洽为宜耳”。另外，他还特别提醒张士珩，在保护各国驻朝鲜之公使、领事公署及人员的同时，还要提醒“该埠使臣、领事，当中东接仗时”，“不得藏匿敌人，以防别有偾事”[①]。7月23日，丁汝昌致电李鸿章报告，德国商船昨天从朝鲜驶来，途中遇到倭船挂着英国国旗，船身有经漆黑者。丁汝昌建议应请总署知会各国公使，如有兵船巡行北洋海面，望行告知，以凭辨认，免误事机，免受欺骗。

（三）积极主张国内各地及时清除日本奸细。7月25日，日本海军首先开炮，轰击我运兵船及北洋舰队之“高升”“济远”“广乙”“操江”船，打了一场不宣而战的海战。与此同时，他们在朝鲜的汉城、仁川等地，对中国商人实行监视、禁行。7月26日，丁汝昌即在刘公岛致电盛宣怀：“倭先开炮击我兵船，且将汉城、仁川华商监禁，我亦当有以处之在。”他直言不讳地指出：“仍令在华倭人自如侦探，并不拦截倭商船，无此之法。”[②]他请求盛宣怀要抓紧时间向李鸿章及清政府汇报，而且希望议定后及时示知。发完电报，丁汝昌当日率北洋舰队出海远巡，寻敌报仇。

7月30日，丁汝昌致信烟台的刘含芳明确指出：近期屡次听说，驻在朝鲜的日本军队，其食用之物皆取之于中国烟台，故“恃无匮乏”。该领事虽经宵遁，倭商噍类，难保无逐利商民设计隐藏，暗中给予接济。如果不趁早严侦细查，及时扫除，将后患无穷。他请刘含芳“多派委卒，四处密查，遇出入交接稍有可疑者，立与究办”[③]。

8月9日，丁汝昌致电李鸿章报告，为防日舰假冒他国之船，中国军舰在朝鲜遇见各国轮船，拟开空炮一声示令停轮稽查。当时，李鸿章即向总署转呈丁汝昌之电文。

自1894年6月下旬开始，北洋海军提督丁汝昌为朝鲜动乱局势、中日出兵、如何布阵、作战、防奸除特、如何遵守国际法和维护国际友谊等方面，多次坦诚及时地向李鸿章及其重要幕僚进行了禀报和交流。甲午战争期间的战史已经证明了丁汝昌的这些建议是非常可取的，有些建议和方案确实还具有先见之明。

---

① 戚俊杰、王记华编校：《丁汝昌集》，第204页。

② 陈旭麓等主编，季平子、周国华编：《盛宣怀档案资料选辑之三·甲午中日战争》上册，第31页。

③ 戚俊杰、王记华编校：《丁汝昌集》，第210页。

综上所述，我们可以清楚地看出，丁汝昌在中日甲午战争爆发前的所作所为，并非如清流党们所写所说的那样。史料告诉我们，北洋海军提督丁汝昌在中日甲午战争爆发前，既不是“日以冶游博戏为事”，也不是“性情浮华，毫无韬略”；更不是“赏罚不公，贤愚不辨”。当然，金无足赤，人无完人。北洋海军提督丁汝昌在甲午战争爆发前的作为也并非是完美无缺。他也不可避免地存在失误和不足，但这些失误和不足绝不是清流党所说的那样。

在甲午战争爆发前的紧张时刻，身为清廷身边的高官重臣，为什么要对北洋海军提督丁汝昌进行那么多无中生有的弹劾呢？清流党的重要成员张謇在1894年7月24日写给帝师翁同龢的密信中，作出了非常清楚的解释。他直截了当地对北洋海军提督这一职位该由谁的人来担当提出了自己的看法：“丁须即拔，以武毅军江提督代之，似亦可免淮人复据海军。”[①]他的意思就是：丁汝昌必须立即罢免，使北洋海军提督这个职务不再由淮系集团(即李鸿章的淮军)的人员担任，而改用“武毅军江提督代之”。由此我们不难看出，清流党不讲事实真假，多人多次弹劾北洋海军提督丁汝昌的真实想法，就是要达到“去掉丁汝昌，扳倒李鸿章”。

(原载于大连市近代史研究所、旅顺日俄监狱旧址博物馆编：《大连近代史研究》第8卷，辽宁人民出版社2011年版。有改动)

① 戚其章主编：《中国近代史资料丛刊续编·中日战争》(六)，中华书局1993年版，第449页。

丁汝昌"竭此衰躯"拼战的最后时刻

2015年2月12日，是清朝北洋海军提督丁汝昌服毒自杀、悲愤殉国120周年纪念日。自北洋海军在刘公岛全军覆没，甲午战争惨败，120年来，许多研究者对于北洋海军提督丁汝昌的功过是非发表了诸多论述，可谓仁者见仁，智者见智。借此纪念丁汝昌自杀和北洋海军覆没120周年之际，本文利用近些年来新发现的诸多中外史料，还原丁汝昌生命最后四个月的艰难处境和所作所为，通过展现北洋海军提督丁汝昌"缮此烬余，竭此衰躯""忠贞"以及"效命以报"国家的史实，给参加威海卫及刘公岛保卫战的丁汝昌及广大爱国将领以客观公正的历史评价，以表后辈对前世先贤的思念与敬仰。

一

丁汝昌率北洋舰队从旅顺基地撤回威海卫基地时，因风大造成航标浮鼓移位，"镇远"舰触礁受伤，使北洋海军的处境更为不利。此时，丁汝昌顶着巨大压力，一方面想尽办法抢修"镇远"舰，另一方面，下狠心强化北洋舰队的管理，集中精力积极备战。他首先向各舰管带发布了以下训令：

一、现在新补炮员，技艺尚且未娴熟，各舰长务令急于练习，以至精巧而期临事必中。

二、各舰长公余之时，宜悉心讲求战术，通力划策，勿托空议。

三、各舰所需之弹药火器，务在威海领收存贮，以备缓急。

四、各舰所需之小修理及零星要具，务于威海机厂办之，并着该厂急制应用。

五、煤炭、淡水，各舰皆须满载其量，以为随时出航之准备。

六、凡有动作，皆须敏捷，勿得稍涉缓慢。[①]

同时，丁汝昌还遵照李鸿章“有警时，丁提督应率船出傍台炮线内合击，不得出大洋浪战，致有损失”[②]的电令，于11月23日在威海刘公岛再次发布命令：

目下军务紧急，刘公岛作为海军基地，严申军令，稽查逃勇，禁止滋事，密缉奸匪，以静谧地方。本提督驻威期间，此等事照章办理；因时常率军舰出海巡航，势难兼顾，特委托水陆营务处牛（昶昞）、护军统领张（文宣）发布告示，以期各员遵守：若海军营、舰、校、厂各所人员，不遵命令，且有酗酒、滋事、赌博、犯禁等事，由牛、张两员查拿，并酌情惩罚。本提督率军舰出征之际，各舰乘员畏怯而带舰退逃，或乘机逃脱者，亦由两员严缉审理。伤创疾病者准许入医院治疗。因公务上岸者务必准时归船，违者处死刑，以儆效尤。以上命令由牛、张两员书面发布，营、舰、校、厂各所应向所辖人员广为布告，遵照执行。特此训示。[③]

丁汝昌此次命令的重点是：“稽查逃勇，禁止滋事，密缉奸匪，以静谧地方。”根据北洋海军的现实情况，他对北洋舰队所有官弁水勇提出警告，如有“不遵命令，且有酗酒、滋事、赌博、犯禁等事”，或者有“畏怯而带舰退逃，或乘机逃脱者”，都必须“查拿、惩罚”。对于因公务上岸者，他强调务必准时归船，“违者处死刑”。上述命令规定由牛昶昞和张文宣发布张贴，有违令者，也“由牛、张两员查拿，并酌情惩罚”。上述命令的及时发布，以及公开由威海水陆营务处提调候选道牛昶昞和北洋护军统领、总兵张文宣来监督执行这个命令，这对于退守在威海刘公岛的北洋舰队搞好防守备战，既是及时的，也是必须的。由此，我们可以看出丁汝昌对舰队的管理是尽心努力的。

丁汝昌在加强军备防务、密缉奸细、严整舰队纪律、提振和凝聚军心、强化威海湾港及刘公岛驻地管理的同时，也积极主动联络驻威海的陆军统领，主动协商改进威海卫南、北两岸炮台及陆地后路的防守问题。

丁汝昌先后数次奔走于威海湾南、北两岸，主动与威海陆军统领驻守

---

① 归与：《中日威海战役纪略》（海事编译局编：《海事》1936年第9期，第30页），转引自戚其章：《甲午战争史》，上海人民出版社2005年版，第307页。

② 顾廷龙、叶亚廉主编：《李鸿章全集》（三），第219页。

③ ［日］海军军令部编：《廿七八年海战史》卷下，（东京）水交社明治三十八年版，第193～194页。

威海北岸、西岸绥军统领戴宗骞，绥军分统领刘树德，驻威海南岸的巩军统领刘超佩，驻刘公岛上的北洋护军统领张文宣，反复商谈防守布阵等诸多事宜。他认为，尽管北洋舰队力量大为削弱，但日军要从海上攻入威海湾港内，是不会轻易得逞的。威海卫海军基地防御的薄弱环节仍然是陆岸炮台，特别是南岸陆地后路的荣成方向和威海西部海岸一带。这些地方，海岸线长，港湾航道分布广，但驻军却特别少。由于荣成沿岸驻军的设防，统归山东巡抚李秉衡负责。而李秉衡又因为山东半岛兵少地阔，不敷分布，不切实际地希望从威海抽出部队前往荣成加强后路的防守力量。威海陆军的统领戴宗骞也赞成抽出威海炮台的主力队伍作为游击之师，前往荣成驻守，把威海沿岸炮台的防守任务交给丁汝昌负责。由此，在陆地炮台防守力量的部署上，丁汝昌与戴宗骞发生了尖锐的分歧，与山东巡抚李秉衡部署荣成沿岸守军的意见也不相同。他们之间的最大分歧在于：

一是如何防御日军从陆路进攻威海湾及刘公岛海军基地。戴宗骞提出了“御敌于境外”的主张。他认为：“御敌于境外，尚可以战为守，若纵敌深入腹地，彼则尽锐环攻，我则势成坐困，与其束手待毙，曷若先发制人？”[①]他还准备将威海陆地防务的任务交给丁汝昌监管。平心而论，戴宗骞“御敌于境外”之策是积极主动的防御主张。但丁汝昌也并非不支持“御敌于境外”之主张，因为早在11月13日早晨，他就向驻旅顺基地的陆军将领们提出：“须抽奋勇为迎击之师，或出墙迎剿，或策应吃紧之处。”[②]并大呼奖惩须分明，“贵在言出必行，方足振兴群力”[③]。但是现在威海与旅顺的具体情况大有不同。其一，因为我们还不了解日军是选择在东南方向的荣成登陆？还是选择在蓬莱或烟台登陆？或是选择在宁海（今牟平）以东的威海西海岸登陆？其二，日军登陆的人数到底有多少？装备情况如何？因此他担心抽调守炮台的守军去打游击战，既不是炮台守军的优势，还将使威海陆地炮台陷入空虚和危殆。11月29日，他写信给戴宗骞说：

倭逆万一登岸，吾仲已选锐卒，以备亲率迎剿，前路抵御，固为得机得势。惟兵力过单，恐后路不足为固，诚以为虑。委以鄙人照料，

① 戴续贤等：《讣闻》，《丛氏钞存》（抄本），转引自戚其章：《甲午战争史》，第302页。

② 顾廷龙、叶亚廉主编：《李鸿章全集》（三），第162页。

③ 戚俊杰、王记华编校：《丁汝昌集》，第223页。

临事在海分调船艇，犹惧未能悉当，岂有余力指挥在岸事宜？伏念威海陆路全局，系于吾仲，幸宜持重，总期合防，同心壹力固守，匪惟一隅之幸也。①

丁汝昌建议：组建机动速度快的“游击之师不得不仰仗抚军（指山东巡抚李秉衡的部队——编者注），征调添募之营”②。他还于12月3日再次致信戴宗骞说：

昨至俊卿（指驻守南岸炮台的巩军统领刘超佩，编者注）处，查近处筹备甚固，惟后路未曾设措，已商同相度，允以扼要赶办。再，昨据各洋人报称，德璀琳前带数人至马关办理议和事，美公使曾允主盟，惟该国意，和事须到北京方议。刻闻山海关倭兵船在彼已游弋数日，威海目前当不暇及，我正可及时纾力增备也。③

由此我们可以看出，正是担心“后路未曾设措”，丁汝昌希望戴宗骞抓紧时间“扼要赶办”，“趁日军目前当不暇及”之际，我军则可及时纾力增备，以固后路。

此时，直隶总督兼北洋通商大臣李鸿章也不同意戴宗骞率队远出，他严令：“戴道欲率行队往岸远处迎剿，若不能截其半渡，势必败逃，将效湾旅（指大连湾和旅顺口——编者注）覆辙耶？汝等但各守大小炮台，效死勿去！”④但是，戴宗骞仍不愿意改变自己的主张。对此，丁汝昌忧心忡忡地致信李鸿章称：“戴道意，敌无论何处登陆，以抽绥巩军队驰往剿捕为重。惟地阔兵单，万一不支，后路炮垒设有一失，为贼所用，则各军舰势难支。”⑤而戴宗骞则坚持“仍求中堂俯采愚者之一得，准备因地审势，自酌战守。虽布近局，仍扼外险，宁力战图存，勿坐以待困”。并表示：“一拼比较略有所济，以报中堂。”⑥看到戴宗骞信誓旦旦想力战图存，李鸿章也同意他派3个营的兵力开往前路抵御并认为：“东军、戴道三营均打游击，只要真打，可牵贼势。”他还希望丁汝昌与戴宗骞“师克在和，宜虚心和

---

① 戚俊杰、王记华编校：《丁汝昌集》，山东大学出版社1997年版，第223页。

② 戚俊杰、王记华编校：《丁汝昌集》，第222页。

③ 戚俊杰、王记华编校：《丁汝昌集》，第223页。

④ 《寄威海丁提督戴道刘镇张镇》，《李文忠公全集·电稿》第19卷，光绪三十一年五月金陵刻本，第1页。

⑤ 《丁提督来电》，《李文忠公全集·电稿》第19卷，第4页。

⑥ 《戴道来电》，《李文忠公全集·电稿》第19卷，第5～6页。

商”[①]。由于李鸿章的最后决定，海陆两军将领表面上的争论停止了，但真正的分歧没有解决，威海陆路加固防御的措施没有达到预期的目的。

二是涉及威海湾南岸龙庙嘴炮台的弃守问题。12月3日，丁汝昌电报李鸿章说：

> 本日昌到南帮，晤刘镇及各营官，谈次察知，尚有坚守之意。前边陆路炮台及长墙地沟，均有布置，现尚多掘梅花坑以期御守。惟龙庙嘴炮台，隔在墙外，上有高冈，敌若抄后，实难守住。[②]

为了预防万一，丁汝昌与刘超佩约定，日军进攻时，水、陆两军“共护此台，倘万不得已，拆卸炮栓钢圈底归鹿角嘴炮台，免致为敌所用，既慑军心，又累大局”。针对“后路空虚，布置未及”和“中前两营，相隔高冈数道，约五里之遥，不能联络关顾”的欠缺，他与刘超佩商定：“事急归入长墙内固守，尚无大碍。”但是，后路则必须要“添助土台并地窟，兵勇星夜不遑，议即暂雇民夫，帮同办理”[③]。李鸿章对此意见批示：“所拟刘镇各营台布置尚妥。土台地沟，须添雇民夫帮助，津贴若干，准核实开报。”[④]实事求是地说，丁汝昌对南帮陆岸兵力部署的分析判断是准确的，对存在的问题及提出解决的办法是积极可行的。既有正常情况下的防御措施，也有紧急情况下的应急预案和补救的办法。而身为威海陆军总指挥的戴宗骞，不知是因为缺乏战争经历，还是对敌情分析判断不足，或是不满事前丁汝昌没有与他协商而引起了他的强烈反对。戴宗骞接到丁汝昌的信件后，立即电报李鸿章：“威并未见敌，而怯若此！半年来，淮军所至披靡，亦何足怪！宪谕特言炮台能回打，龙庙嘴炮台亦能回打，因甚轻弃？”[⑤]丁汝昌与戴宗骞是威海卫刘公岛海防基地的水陆两军的主将，同属李鸿章的淮军集团。大敌当前，海陆两军主帅战守策略再次出现严重分歧，既影响御敌策略的实施，也使李鸿章大为恼火。他电令：“戴与丁面商妥办，乃来气争胜，毫无和衷筹商万全之意，殊失厚望！吾为汝等忧之，恐复蹈旅顺覆辙，只有与汝等拼老命而已！”但他最后的表态是：“陆路防务责成应在该

① 《寄戴道》，《李文忠公全集·电稿》第19卷，第42～43页。

② 戚俊杰、王记华编校：《丁汝昌集》，第302页。

③ 戚俊杰、王记华编校：《丁汝昌集》，第302～303页。

④ 戚俊杰、王记华编校：《丁汝昌集》，第303页；顾廷龙、叶亚廉主编：《李鸿章全集》(三)，第219页。

⑤ 《寄丁提督刘镇》，《李文忠公全集·电稿》第19卷，第45页；[日]海军军令部：《廿七八年日清海战史》卷下，第193～194页。

道。然如丁言,若临警,龙庙嘴不守,则岛、舰受毁,也不可不虑。"[①]这种表态,无助于解决丁与戴两人的意见分歧。后来的战事正如丁汝昌所料,龙庙嘴炮台首先被日军占领,其大炮遂为敌所用。驻刘公岛的北洋护军统领张文宣电报李鸿章说:"南帮炮台皆失,惟龙庙嘴炮台钢底、钢圈未下,现水师及岛内均受大敌。"至此,李鸿章才真正理解丁汝昌"倘万不得已,拆卸炮栓、钢圈底,归鹿角嘴炮台,免为敌所用"的措施是有道理的,并称丁汝昌"实有先见"[②]。甲午战争结束后,部分北洋海军将领在总结威海卫及刘公岛保卫战的教训时认为,威海与刘公岛海军基地及"沿海各带炮台、水雷营等处,须归海军提督节制,作为一气,不啻唇齿相依。威海之败,诚为此也"[③]。战争参与者的亲历所见,不但指出了当时清军体制滞后,海陆将领战守之策不同引发的严重后果,而且还从另一个侧面说明,丁汝昌当时处境的举步维艰。

尽管如此,丁汝昌仍尽个人与北洋海军之所能,积极协调转借陆军急需的军用设备,构筑安全防务设施,关心兵勇与民工的生活,制定奋勇杀敌之奖励方法。为加强威海海军基地及后路防御,他还做出了如下积极贡献:

第一,建议多掘沟道,以备设伏。丁汝昌虽被撤职,但"连日会商,各防统将坚约与军舰相辅"。他致信陆军统领戴宗骞:"倭赴榆关,料不易逞志,铤而走险,是其惯习,宜更防其回扑我境也。"[④]为使守军能有效躲避敌人武器弹药的强大优势,建议南北守军均应"酌移营垒,使可联络,择要筑行炮土台,多掘沟道,以备设伏,避敌枪炮"[⑤]。

第二,抽出北洋海军相关人员加强威海后路防守。威海湾北岸"地阔兵单,万一不支,后路台垒设一有失,为贼所用",则北洋海军在刘公岛上之舰船势将难支。威海北岸陆军兵少,而且分散,北岸后路空虚,丁汝昌主动调来水师官弁水勇,赴高山险要处加强后路防守。丁汝昌不但数次"亲同勘度酌移,使可联络",而且对于北岸 3 座海岸炮台的高峰处,"拨置陆炮,抽水师弁勇专守"。同时还"派马复恒酌带弁兵驻祭祀台守,兼以调

① 《寄威海丁提督戴道等》,《李文忠公全集·电稿》第 20 卷,第 1 页。

② 《寄译署》《复戴道》,《李文忠公全集·电稿》第 19 卷,第 5 页。

③ 《曹嘉祥、绕鸣衢呈文》,陈旭麓等主编,季平子、齐国华编:《盛宣怀档案资料选辑之三·甲午中日战争》下册,第 401 页;顾廷龙、叶亚廉主编:《李鸿章全集》(三),第 232 页。

④ 戚俊杰、王记华编校:《丁汝昌集》,第 222 页。

⑤ 顾廷龙、叶亚廉主编《李鸿章全集》(三),第 233 页。

度后山三顶，以资严护”[①]。

第三，积极帮助陆军筹措紧要的军用物资。如，对于绥军急需的“炮台所用量远近之镜”，他及时致信告诉戴宗骞“敞军未备此物”，“查此镜据瑞乃尔称，山海关，天津武备学堂各有一架，威之赵北嘴台亦有一架。其山海关一架，归现在该处安炮德人夏教习管”。现在派人“捡量天尺一架，此亦能量远近，但不如前项之便捷耳”[②]。请查收使用。

第四，帮助解决刘公岛北洋护军驻守炮台与巡逻刘公岛周边人力“不敷分布”的问题。对此，他不但及时请示李鸿章，而且还专门致电盛宣怀：

> 刘公岛周环廿余里，护军三营两哨守台，并派边巡哨，冀抽游击，临时实觉不敷分布。前禀帅请添三哨以足四营之数，以期周防。帅意恐无军装，空手无益。兹询张镇，据称现余军装足充三哨之用。似此一时赶募赶操，信可得力。应恳婉陈帅座，倘蒙允行，乞速复转知赶办。再，该军前招工队三百名，本为安炮而设，俟炮安好，即行禀拨。[③]

第五，关心兵勇和民夫，激励英勇杀敌。丁汝昌不但对上述布防事情做了周密的安排，而且还十分关心兵勇及民夫的生计。如，他诚心“劝戴（指戴宗骞——编者注）发压饷，并挪款垫刘饷”[④]，帮助他们解决陆军兵勇的生活困难。此外，丁汝昌还坚持“重赏之下，必有勇夫”的观念，强调“贵在言出必行，方足振兴群力”。如果现银不多，就可请示中堂配发银票若干，力争做到“功至可以立奖，免周转延时，或失机要也”[⑤]。

在日军海陆夹击北洋舰队及刘公岛北洋护军时，为了体现奖赏的公正、公平与公开，防止弄虚作假，丁汝昌还特别建议李鸿章：“重出赏格一节，现无银，已出票每张百两，列号后，先盖海提印，如赏与某人，须由该本管官过印，方准支付，如仅昌印不算，乞饬立案。”[⑥]当天夜里，李鸿章即复电丁汝昌：“备票作赏号，应照拟办理，已行台局立案。”[⑦]

---

① 顾廷龙、叶亚廉主编《李鸿章全集》(三)，第232页。

② 戚俊杰、王记华编校：《丁汝昌集》，第222页。

③ 陈旭麓等主编，季平子、齐国华编：《盛宣怀档案资料选辑之三·甲午中日战争》上册，第317页。

④ 顾廷龙、叶亚廉主编：《李鸿章全集》(三)，第384页。

⑤ 戚俊杰、王记华编校：《丁汝昌集》，第220页。

⑥ 顾廷龙、叶亚廉主编：《李鸿章全集》(三)，第374页。

⑦ 顾廷龙、叶亚廉主编：《李鸿章全集》(三)，第375页。

尽管如此，丁汝昌并不是慷国家之慨，乱发工资和奖金。他仍一如既往地不讲私情往来，对盛宣怀天津招来的锅匠等人“所索薪工（例以威、旅两处厂匠相较）太优，若照此章留用，则敝厂旧人及旅坞新至各匠，势必援此启妄希之心，致虞心志之涣”。因此他果断决定对“派来该匠，已照加薪。临起身时，均支至一月有半，故不再别给赏号。兹仍令其乘‘北平’船回津”，“仍归原处差遣”。[①]

第六，在绥军大批溃逃的关键时刻，再次抽调海军和北洋护军坚守北岸炮台。1895年1月20日至24日，日军从荣成成山龙须岛登陆34600人，战马3800匹，以及大量的武器辎重。拥有先进武器的日本军队，一方面利用海军舰队监视、封锁威海湾口，另一方面，日本陆军凭借人多势众，武器精良，战马突击速度快的优势，很快从荣成推进到威海湾南岸。1月30日，日本左翼队司令大寺安纯少将指挥部队轮番进攻南岸的制高点——摩天岭（当地人也称“冬青顶”）炮台。

当天凌晨，听到南帮炮声不绝，丁汝昌即下令舰队备航待战。天刚放亮，他即率带“定远、济远、平远以及另外四、五艘炮艇排成一列，来到刘公岛与日岛之间，一边巡航，一边向东岸（即南岸——编者注）炮台猛烈发炮”[②]，努力阻止日军的进攻。

当天上午，丁汝昌在望远镜里看到日军占领摩天岭炮台后，立即下令北洋舰队各舰发炮齐轰，将登上摩天岭炮台的日军左翼队司令大寺安纯少将和日本《二六新报》记者远藤击毙。大寺安纯是甲午战争开战以来日本军队被击毙的最高级别的将官。

当天，日军步兵第二十三联队第三大队在野战炮兵第六联队第三大队山炮的掩护下，开始向杨枫岭炮台发起攻击。与此同步，日军步兵第十三联队第二大队和工兵第十一大队也从摩天岭向杨枫岭炮台发起进攻。在此危急时刻，丁汝昌命“定远”等舰及鱼雷艇，快速驶近南岸，发炮猛轰进攻的日军。双方的炮战异常激烈，有日本随军记者记述当时的情况说：“我陆军虽称英勇，不惜生命，岂能抵挡住如斯之巨炮？我等只好袖手藏在炮垒里。”[③]

---

① 戚俊杰、王记华编校：《丁汝昌集》，第221页。

② 戚其章主编：《中国近代史资料丛刊续编·中日战争》（八），中华书局1994年版，第210页。

③ 《〈日本新闻〉特派员素川的战地通讯》，《日清战争实记》第20编，博文馆1894年版，第28页。

1月30日将近中午，又有日军大队人马沿海岸向杨家滩村推进，并对陆地清军实行射杀。见此情景，丁汝昌下令北洋舰队10余艘舰艇，突然驶近刘公岛南侧海边，向追击的大批日军发炮猛轰。行进中的日军猝不及防，急忙向后奔逃。北洋舰队的这次突袭炮击，造成日军死38人，伤51人，日军也因遭此惨重损失，不得不退向距离海岸较远的凤林村一带。①

皂埠嘴炮台是威海湾南岸最靠近深海的炮台，拥有280毫米口径巨炮2门，240毫米口径大炮3门。日军为了攻占这座炮台，想尽办法分别从陆上和海里由陆军和海军实行协同夹攻，步步紧逼，环环相扣。早在日军进攻南帮炮台之前，丁汝昌就与北洋护军统领张文宣商定，"挑选奋勇安插其中，暗备急时毁炮。"②1月30日中午，南岸炮台相继失陷，皂埠嘴炮台也危在瞬间，丁汝昌恐280毫米巨炮落入敌手，为敌所用，便派鱼雷艇队管带兼"左一"艇管带王平，率北洋护军前营帮带洪占魁、"定远"炮手李升及奋勇25名埋伏在炮台下海边，以便在危急时刻炸毁巨炮。下午1时许，日军登上炮台，刚刚把日本旗竖起，"炮台突时坍塌，台上日兵飞入空中。"③而25名敢死队员仅有8名撤回到鱼雷艇上，"余尚未知下落。"④"艇亟退，而巨石盘空下，当泊艇处坠水，激波入空际，退稍缓，人艇并碎矣。"⑤就连当时在威海湾口外观战的英国皇家海军官兵，目睹北洋海军这一惊心动魄的壮举，也无不为之惊叹。据英国政府派来观战的炮兵司司长蒲雷称："东人（指日本人）亦预思得炮以攻船，故先调舰内水师搀入陆军队中，以备一得炮台即用华炮以击华兵，又虑及华兵如不得守台，必须将要件拆去一二，炮即无用，故从旅顺带炮前来，以备装用。而丁之所料，则可谓不幸而中矣。"⑥

威海湾北岸有祭祀台、黄泥沟和北山嘴3座海岸炮台。最大的北山

① 参见《日清战争实记》第20编，第36页。

② 《丁提督来电》，《李文忠公全集·电稿》第19卷，第44页。

③ 上海广学会译著：《中东战纪本末》，光绪二十三年图书集成局本；中国史学会主编：《中国近代史资料丛刊·中日战争》（一），第189页。

④ 《北洋大臣来电》，故宫博物院文献馆编：《清光绪朝中日交涉史料》（2410）第30卷，第19页。

⑤ 罗惇：《威海卫师记》，阿英编：《甲午中日战争文学集》，中华书局1958年版，第356页；中国史学会主编：《中国近代史资料丛刊·中日战争》（三），上海人民出版社1957年版，第521页。

⑥ ［美］林乐知：《英兵部蒲雷东方观战纪实》，《中东战纪本末三编》第2卷，光绪二十二年刻本，第23页。

嘴炮台与刘公岛隔海相望，相距不足4000米，故其安全与否对刘公岛和海湾中锚泊的北洋舰队关系尤重。北岸的海岸炮台和西线的陆路炮台原先都由戴宗骞率绥军驻守。经过抽调游击之师和南岸虎山及虎口两次战斗，6营绥军已溃散5营。尽管此前丁汝昌与戴宗骞的陆路防守意见不同，也产生很大分歧和矛盾，但为了加强北帮炮台的防守，丁汝昌又急派原“广甲”舰管带吴敬荣率200多名水兵和2哨北洋护军，前往北岸炮台增援。

1月31日，丁汝昌前往北岸炮台察看，并与溃退而回的戴宗骞当面商议战守之策。戴称：“绥、巩军均向西散去，派人四处招集，所剩只绥军一营，守台及保长墙等处。”

2月1日天还没亮，丁汝昌再次亲往威海北岸炮台会晤戴宗骞，得知昨天夜里，“守台及保长墙等处”的1营绥军已溃散了。继而，吴敬荣“所带协守水手亦随绥军西去”，现在“所散兵勇招集不回，并台、墙守兵亦溃散西去，全台只剩十九人”。至此，丁汝昌认为：“孤台不支，恐资敌用，我船及岛将立见灰烬。”[①]于是，丁汝昌劝戴宗骞前往刘公岛，并派人将其带上船同行。丁汝昌进岛后，立即挑选奋勇官弁水勇前往北岸炮台，将大炮、火药库尽毁，以免于资敌。由此足可证明丁汝昌“以负罪至重之身”率带北洋海军英勇打击敌人的历史是真实可信的。

二

早在甲午战争爆发之前，清宫里以慈禧太后为首的“后党”与以光绪帝为首的“帝党”双方，围绕和与战展开了激烈争论。光绪帝和御史言官既不敢公开批评慈禧太后的主张，又无法搬掉李鸿章，因此，将矛头直指北洋海军提督丁汝昌。从7月12日至8月13日，有多位御史言官多次弹劾丁汝昌。他们有的说丁汝昌“性情浮华，毫无韬略”；有的则不顾客观事实，说他“一登兵轮，即患头晕”；还有人把丁汝昌率舰队五次巡海围剿未遇敌舰说成是通敌行为，“知其来而先避之，与之相遇而不击之”[②]，硬是把他说成是“避敌畏怯”，并强烈要求皇上对丁汝昌撤职查办，易官换人。

---

① 《北洋大臣来电》，故宫博物院文献馆编：《清光绪中日朝交涉史料》(2482)第31卷，第16页。

② 中国史学会主编：《中国近代史资料丛刊·中日战争》(三)，第39页。

中日甲午战争爆发后，清朝宫廷内部主战派与主和派的斗争更为激烈，主战的清流党人认为：要搬走李鸿章，必须先拿掉丁汝昌。黄海大战之后，丁汝昌与北洋海军的处境更为艰难。特别是旅顺失守，战伤未愈的丁汝昌更加成为反对派攻击的靶子。他们把辽东半岛旅顺基地丢失的责任也推到丁汝昌的头上。

随着战场形势的不断恶化，弹劾、诛杀北洋海军提督丁汝昌的呼声越来越高。10 月 7 日，左庶子戴鸿慈首先对战伤未愈的丁汝昌弹劾，奏请将其立即罢斥。由此开始，新一轮对丁汝昌的弹劾愈演愈烈，其弹劾的形式也由个人奏劾变成多人一起弹劾，其目的也由奏请撤职换人变成问罪诛杀。凡此种种，其言辞之激烈，内容之荒诞，着实令了解实际情况的人难以想象。

11 月 26 日，光绪帝下旨：

> 前因旅顺告警，海军不能得力，降旨将丁汝昌革去尚书衔，摘去顶戴，以示薄惩。现在旅顺已失，该提督救援不力，厥咎尤重。丁汝昌著即革职，仍暂留本任，严防各海口，以观后效。[①]

皇帝的谕旨使清流党劾奏丁汝昌的胆子更大，也更加不择手段。11 月 27 日，以福建道监察御史安维峻为首的 60 多位御史言官联衔弹劾，集体要求诛杀海军提督丁汝昌：

> 海军则敌未来而豫避，敌将至而潜逃。敌之所利必曲成之，敌之所忌必暗让之。上不奉庙算之指挥，下不顾军情之缓急，独往独来于荒陬穷岛之间，忍耻偷生，迁延首鼠，被天下之恶名、万国之讪笑，而夷然有所不恤。此真古今未有之奇闻！不可谓非我国家异常之妖孽也。倾闻旅顺失守，固由陆军不能力战，亦缘海军不肯救援，至敌水陆夹攻，得逞其志耳。丁汝昌一切罪状，屡经言官弹劾，早在圣明洞鉴之中。其尤可恨者，皮子窝未经失事以前，倭于大连湾北方小岛休兵牧马，经旬累月，而丁汝昌匿不以闻。迨至旅顺有警，倭船在大连湾与我军相遇，鼓轮北向整队徐行。而丁汝昌避之竟去，既不肯送援旅之兵船，又不能运济旅之饷械。姜桂题等孤军捍垒，血肉横飞，而该提督方安晏坐于蓬莱阁重帷密室之中，姬妾满前，纵酒呼卢，而视如无事。在该提督诞妄性成，且自谓内有奥援，纵白简盈廷，绝不能损其毫发。而军中舆论，则谓其外通强敌，万一事机危急，不难借海

① 顾廷龙、叶亚廉主编：《李鸿章全集》(三)，第 217 页。

外为逋逃薮。人心汹汹,虑生他变。盖自汉纳根离船以后,更无人能强之用命。"镇远"之伤,林泰曾之死,情节隐约难明,益无人能测其为鬼为蜮之所底止!今旅顺既失,海面皆为敌有。彼若直扑威海,丁汝昌非逃即降,我之铁甲等船,窃恐尽为倭贼所得。事机至此。不堪设想!此薄海臣民所为拊膺仰首,以企望皇上一怒之神威。而臣等度势揆时,不能不极力言之,以蕲皇上一朝之宸断者也。合无仰恳天恩,明降谕旨,将丁汝昌暂行开缺,而授署理长江水师提督彭楚汉为海军提督;或即擢汉纳根为海军提督,令其速赴新任,既可保护铁舰,且可相机进剿。俟到任后,电谕新提臣将丁汝昌锁拿,解京交刑部治罪,以伸公愤而儆效尤。事宜密速,以防该提督线索潜通,预谋逃叛。①

通览奏折可知,60多位御史言官将旅顺失守的责任归结给丁汝昌,所叙之事严重失实。其编造虚构故事之荒诞,言辞之激烈、夸张的程度,着实令人气愤而惊叹。

在60多位御史言官集体弹劾丁汝昌的第二天,山东巡抚李秉衡又密陈奏折:

海军主将率兵舰望风先逃……非立诛一二退缩主将、统领,使人知不死于敌必死于法,不足以摄将弁畏葸之心,作士卒敢死之气。②

至12月12日,山东巡抚李秉衡虽然没有采取有力措施完成往威海后路调兵布阵的计划,但却不顾客观事实对丁汝昌再次进行了更加严厉的弹劾:

提督丁汝昌为海军统帅,牙山之败,以致远船冲锋独进,不为救援,督率无方,已难辞咎。朝廷不加谴责,冀其自知愧奋,以赎前愆。乃丁汝昌骄玩性成,不知儆惧,闻皮子窝、大连湾一带为敌锋所指,将兵舰带至威海,以为藏身之固。倭船四处游弋,不闻以一轮相追逐。嗣李鸿章令其仍赴旅顺,始勉强以往。至事急,又复率兵舰逃回威海,仓皇夜遁,致将镇远船触礁沈坏。以经营十余年,糜帑数千万之海军,处旅顺形胜之地,乃竟望风先遁,将台炮、船坞拱手以与敌人,丁汝昌之罪尚可逭乎?

---

① 戚其章主编:《中国近代史资料丛刊续编·中日战争》(六),中华书局1993年版,第533～534页。

② 中国史学会主编:《中国近代史资料丛刊·中日战争》(三),第246页。

最后，李秉衡奏请皇上将丁汝昌“明正典刑”[①]。李秉衡因其特殊的身份，两次对丁汝昌有失公允的弹劾好似两颗重磅炸弹，为皇上降罪丁汝昌起了重要作用。

12月17日，光绪帝以丁汝昌“畏葸迁延，节节贻误，旅顺船坞是其专责，复不能率师救援，实属恇怯无能，罪无可逭”，“著拿交刑部，分别治罪”[②]。为了断掉威海海陆驻军将领及外聘洋员对丁汝昌挽留的念头，12月21日，清廷再次下旨：“丁汝昌著仍遵前旨，俟经手事件完竣，即行起解，不得再行渎请。”[③]

面对来势汹汹的奏劾与问罪，伤病未愈的丁汝昌，虽然已是“拿交刑部，分别治罪”之人，但他对复杂危急的战争局势仍是“无日不忧，心急如焚”。他抓紧组织威海战备防守。首先是想方设法抢修受伤的主力战舰。因怕“镇远”舰“船漏而单，诸多未妥，且恐奸细甚多，出口远行，难保无事”[④]，所以，他请调霍良顺“带各匠百余到威，已饬其赶趱‘镇’‘来’两船工程”[⑤]。并没有因为天寒风大，“镇远”舰“水底施工糜费，难以速成”就放松质量要求。而是“拟再加木撑”，并在抢修竣工后“出口试炮”。他在组织机匠修补“镇远”舰的同时，还抓紧“来远”舰紧要工程的抢修。组织得力人员“调‘威远’十生半炮二尊，安其耳台船后两处，勿需南下，不误战事”[⑥]。

丁汝昌虽被清廷谕为逮京问罪之人，但他对国家的忠诚却丝毫没变。办事认真，是非分明，选用敢拼能战之人的作风仍一如既往。

当北洋海军左翼总兵兼“镇远”舰管带林泰曾自杀出缺，需荐举能人替补之时，他马上提名杨用霖署理。并指出杨用霖其人“虽非学堂学生出身，而自幼随船练习，于驾驶、测量尚能谙晓，平时操练钤束颇为得力，即东沟之战胆气尚好，为洋员所共知”[⑦]。甲午威海卫之战中杨用霖的出色表现，充分证明丁汝昌推荐起用杨用霖是正确的。

为了使北洋舰队能够更好地发挥作用，有利于协调清廷、北洋大臣与山东巡抚等各方面关系，有利于威海保卫战的开展，丁汝昌还力主推荐徐

① 戚其章辑校：《李秉衡全集》，齐鲁书社1993年版，第176～177页。
② 中国史学会主编：《中国近代史资料丛刊·中日战争》(三)，第262页。
③ 顾廷龙、叶亚廉主编：《李鸿章全集》(三)，第299页。
④ 顾廷龙、叶亚廉主编：《李鸿章全集》(三)，第280页。
⑤ 戚俊杰、王记华编校：《丁汝昌集》，第220页。
⑥ 顾廷龙、叶亚廉主编：《李鸿章全集》(三)，第280页。
⑦ 顾廷龙、叶亚廉主编：《李鸿章全集》(三)，第209页。

建寅“为提督帮办，或作监战大员”。其理由是“昨来威勘验，所论悉中机窍，战守机宜，颇知要领，忠勇之发，溢于言表”①。

但是，对于没有真才实学，又不是北洋海军急需的专业人员，即便是自己的顶头上司，或是掌管北洋实权的外国要人推荐的人员，丁汝昌仍毫不客气地提出自己的不同看法。在光绪皇帝宣布将丁汝昌逮京问罪，“俟经手事件完竣，即行起解，不得再行渎请”的圣谕后，见到烟台税司送来的两名洋员炮首之后，他立即致电李鸿章报告：“惟投效炮首，知老炮者多，各新炮者少，人浮于事，以后请勿收录。”②

丁汝昌身处逆境，坚决拒绝敌人的利诱与劝降。这充分证明他忠诚于国家的情怀丝毫没有改变。1895 年 1 月 25 日下午，日本海军联合舰队司令伊东佑亨托人给丁汝昌送来了劝降信：

夫大厦之将顷，固非一木所能支，苟见势不可为，时不云利，即以全军船舰，权降于敌，而以国家兴废之大端观之，诚以些些小节，何足挂怀？仆于是乎指誓天日，敢请阁下暂游日本。切愿阁下蓄余力，以待他日贵国中兴之候，宣劳政绩，以报国恩。阁下幸垂听纳焉。

今日阁下之所宜决者，厥有二端：任夫贵国依然不悟，墨守常经，以跻于至否之极，而同归于尽乎？抑或蓄留余力，以为他日之计乎？③

面对敌人的利诱与威逼，丁汝昌不为所动。这不但使北洋舰队广大官兵钦佩服气，而且也赢得了外国军事顾问的广泛好评。北洋海军帮办、英国人马格绿致电李鸿章称：

丁汝昌才能出众，忠勇性成，素为海军各将领所服。格禄与之共事，相知甚深。现值倭寇窥窜，时局艰难，恳请中堂奏保暂缓交卸，以系中外之望。所有参劾各节，均与丁提督无涉。如果必行拿问，诚恐海军中外各员，均以赏罚未能出于至公，海军局势，必至万分艰难云。④

面对清流党的弹劾诛杀和光绪帝的降旨问罪，北洋海军提督丁汝昌奋勇抗敌的爱国之心没有改变。他继续联络驻威海的陆军，率带北洋舰

① 顾廷龙、叶亚廉主编：《李鸿章全集》（三），第 259 页。

② 顾廷龙、叶亚廉主编：《李鸿章全集》（三），第 302 页。

③ 中国史学会主编：《中国近代史资料丛刊·中日战争》（一），195～197 页。

④ 顾廷龙、叶亚廉主编：《李鸿章全集》（三），第 344 页。

队官兵，与刘公岛上的北洋护军同心协力，艰难共守，多次打退敌人的海陆进攻。

三

1895年1月9日，李鸿章接到情报称："风闻日本不肯停战。日本派兵已赴山东各口侦探，如有可以上岸之处，即将陆军渡上。"①得知这个消息后，光绪帝急忙对李鸿章和北洋海军颁布了"海军诸将妥慎办理"的圣谕。遵照皇上"悉心酌筹"的谕旨和李鸿章"查倭如犯威，必以陆队由后路上岸抄截，而以兵船游弋口外牵制我师，彼时兵轮当如何布置迎击，水陆相依，庶无疏失，望与洋弁等悉心妥筹，详细电复，以凭核奏"②的电令，丁汝昌立即与洋员及众将领制定了"水陆相依"的作战方案电报李鸿章。李中堂阅后认为："海军所拟水陆相依办法，似尚周到。"③光绪皇帝也批准了这个方案，但同时强调："海军战舰必须设法保全。"④

威海陆地失守后，北洋海军被日本海、陆两军围困在威海湾中的刘公岛和日岛上。面对数倍于己的敌人，丁汝昌召集马格禄、郝威、张文宣、牛昶昞、刘步蟾等洋员和将领共同商讨战守之策。大家认为：

> 若远出接战，我力太单，彼船艇快而多，顾此失彼，即伤敌数船，倘彼以大队急驶，封阻威口，则我船在外，进退无路，不免全失，威口亦危。若在口内株守，如两岸炮台有失，我船亦束手待毙，均未妥慎。……今则战舰无多，惟有依辅炮台，以收夹击之效。查威、旅海口情形迥异，旅顺口窄澳狭，船必候潮出口，非时不能转动，临阵不能放炮，既难依辅炮台，又实无益陆路。威海则口宽澳广，随时可以旋转，临敌可以攻击，事势不同。倘倭只令数船犯威，我军船艇可出口迎击，如彼船大队全来，则我军船艇均令起锚出港，分布东西两口，在炮台炮线水雷之界，与炮台合力抵御，相机雕剿，俾免敌舰闯进口内。即使陆路包抄，南北两岸师船，尚可支撑攻击彼船。若两岸全失，台上之炮为敌用，则我军师船与刘公岛陆

---

① 《北洋大臣来电》，故宫博物院文献馆编：《清光绪朝中日交涉史料》(2224)第27卷，第37页。

② 《寄刘公岛丁提督刘镇》，《李文忠公全集·电稿》第19卷，第37页。

③ 《北洋大臣来电》，故宫博物院文献馆编：《清光绪朝中日交涉史料》(2281)第28卷，第25页。

④ 《军机处电寄李鸿章李秉衡谕旨》，故宫博物院文献馆编：《清光绪朝中日交涉史料》(2330)第29卷，第30页。

军，惟有誓死拼战，船沉人尽而已。[①]

他们最后商定了“依辅炮台，以收夹击之效”的抗敌之策，决心力筹死守，至船没人尽而已。

此后，丁汝昌率领北洋舰队与北洋护军多次打退敌人的猛烈进攻。1月30日，在日本军队强行攻占威海南岸炮台的时候，丁汝昌即率北洋舰队与刘公岛炮台守军相互配合，持续轮番地与日本联合舰队本队的“松岛”“千代田”“桥立”“严岛”四舰，第一游击队“吉野”“高千穗”“秋津洲”“浪速”四舰，第三、第四游击队“筑紫”“赤城”“摩耶”“爱宕”“武藏”“葛城”“大和”“鸟海”八舰，以及第二游击队“扶桑”“金刚”“高雄”等舰展开激战。“刘公岛炮台放大炮、小炮，清舰亦发弹，势颇激烈。‘筑紫’舰烟突根为巨弹所中，伤水兵四人。”[②]战至下午3时许，日本舰队的第二游击队又齐轰日岛炮台，刘公岛及日岛皆发炮还击，一颗从刘公岛射来的巨弹几乎击中松岛。当天夜里，日军第三鱼雷艇队的四艘鱼雷艇由今井司令指挥，“试图伺机以快速突击港内，但港内对鱼雷艇防守严密，未能达到目的，无功而归”。[③]

2月3日，丁汝昌率北洋舰队及刘公岛、日岛炮台守军，奋力抵抗日本海军联合舰队的海上进攻及南岸日本陆军的猛烈炮击。当天早晨，日本第一、第二游击队与联合舰队本队会合。三队战舰皆排成单纵队阵，在威海湾口外海域炮击刘公岛。占领南岸炮台的日本陆军利用清军的7门大炮配合海军，猛轰刘公岛及港湾中的北洋舰队，中日双方展开激烈的炮战。据史料记述：“北洋舰队实已陷入重围之中，而丁汝昌以下毫无屈色，努力防战。”战至下午，日舰“筑紫”被击中，“左舷穿透中甲板，未爆炸，由右舷落入海中，打死士兵三名，伤官兵三名，舰体损坏”[④]。之后，日军“葛城”舰也中炮受伤。

然而，就在当天，率军勇战的丁汝昌又被给事中于联沅弹劾：“若不将丁汝昌立行褫除，则海军亦断无起色。”[⑤]这些纸上谈兵者的胡乱弹劾，既令人吃惊，也给前线将士带来压力和伤心。

2月5日凌晨近4时，丁汝昌与众将领及洋员在“定远”舰上彻夜议事，得知敌鱼雷艇闯入港内的消息，急忙登甲板察看敌艇行踪，发现敌艇即令开炮，就在敌艇中弹的同时，敌9号、10号鱼雷艇发射的鱼雷也击中“定远”舰。丁

---

① 顾廷龙、叶亚廉主编：《李鸿章全集》(三)，第347～348页。

② 转引自戚其章：《甲午战争史》，第355页。

③ 《日清战争实记》第19编，第34页。

④ [日]海军军令部编：《廿七八海战史》卷下，第85页。

⑤ 中国史学会主编：《中国近代史资料丛刊·中日战争》(三)，第370页。

汝昌急令“定远”舰驶向刘公岛东南浅海，作为水上炮台继续抵抗敌人进攻。5日上午太阳升高之后，日军看到北洋海军正在用汽艇搬运“定远”舰上的军用物品，证实日本鱼雷艇偷袭定远舰取得成功。伊东佑亨司令官特别高兴，认为进攻刘公岛的机会到来，立即下令对刘公岛发动新一轮进攻。他命令日本联合舰队本队及第一、第二、第三、第四游击队共 22 艘舰船，分布排列在刘公岛南、北两口之外，对刘公岛进行猛烈炮击。丁汝昌因“定远”舰受伤进水，锅炉熄灭，只好移驻“镇远”舰。他与张文宣指挥北洋海军与刘公岛各炮台密切配合，瞄准敌舰，积极防战。此日双方炮战甚久，中日两国军队也各有伤亡。但日本联合舰队始终难以接近威海湾口，敌人只好退回阴山口锚地。

2 月 6 日凌晨 3 时许，丁汝昌下令各舰船搜寻并炮击进港偷袭的日军鱼雷艇队。北洋海军利用探照灯急速在海面上搜寻日军鱼雷艇的做法，反而被敌艇利用。日军发射鱼雷将“来远”“平远”“宝筏”三艘舰船击沉后，使北洋舰队实力更弱。

当天上午，丁汝昌率“靖远”“济远”“平远”“广丙”四舰与黄岛炮台配合，对北岸日本陆军，以及向北口进攻的日军舰队进行还击。同时，他还令其余各船与刘公岛、日岛各炮台配合，向南岸敌军以及向南口进攻的日本舰船猛烈开炮，击退日军发动的轮番进攻。

当天下午，日军在威海北帮“三台山顶设快炮击我黄岛及舰艇，岛上居民男女老少数千人，麇集码头，哀求生路”，丁汝昌前往劝说，“抚慰方散”①。

2 月 7 日，丁汝昌率北洋舰队及刘公岛炮台守军，艰难地抵抗日本海军及威海南北两岸日本陆军发起的总攻与炮击，多次打退敌人 13 艘军舰的轮番进攻。敌“扶桑”舰被大炮击中，“刹那间一声巨响，舰身猛震，甲板被打烂一尺多的洞，三分厚的铁梁和梯子皆被击断，弹片纷飞，击毁左舷内侧，击到指挥塔的铁壁又弹回甲板，死伤达七人之多”②。另外，日本海军的“筑紫”舰亦中弹，炸死炸伤日军 8 人。

是日，由于日岛炮台弹药库和军官的住所被炸毁，一门地阱大炮被炸毁，另一门大炮也因故障难以正常发射炮弹。无奈之下，丁汝昌下令驻守日岛炮台的萨镇冰率水兵撤回刘公岛。

当天，北洋舰队及刘公岛炮台“台舰弁兵伤亡三百余名，伤心惨目，莫可言状。”又因“早间开战之后，大小十三雷艇，利顺、飞霆小轮皆逃”，岛上军心不

① 中国史学会主编：《中国近代史资料丛刊·中日战争》(三)，第 521 页。

② 戚其章：《甲午战争史》，第 362 页。

稳。“至夜，护军各营兵麇集码头，求放生路。丁汝昌、张文宣抚慰稍安。”[①]

2月8日，丁汝昌更为艰难地组织海、陆两军奋勇抵抗日军的海、陆夹击。南岸炮台日军轰击岛上炮台及海湾中作战的北洋舰队军舰，“靖远”舰伤亡40余人，岛上学堂、机器厂、煤厂、民房皆有毁伤。岛内民人亦多伤亡，他们与各船水手又复哀求生路，丁汝昌晓以大义，“勉为固守，若十七日救兵不至，届时自有生路”[②]。

然而，就在丁汝昌统率刘公岛海陆两军顽强抵抗敌人海陆夹击之时，他又被吏科给事中褚成博弹劾：“海军提督丁汝昌当各处被寇攻陷时，袖手旁观，虽迭奉严旨催令出援，而始终抗违，避敌惟恐不速，已属罪不容诛。”“以海军之全力，不能保一口岸，纵非有心召寇，而其畏缩迁延，坐失要隘，较诸卫汝贵之临阵奔溃，罪尤过之，此次威海南岸炮台被夺，守将刘超佩等业经奉旨在军前正法。丁汝昌以专阃大员，违命辜恩，纵贼失地，罪状昭著，更无所用其讯鞫。相应请旨，电饬李秉衡将丁汝昌密速在军前正法，庶可抒万众积愤之心，而作三军同仇之气。”[③]

2月9日上午8时许，丁汝昌再乘“靖远”舰，率“平远”舰及诸炮艇驶至日岛附近，与敌军舰队展开拼战。至中午时分，敌人从鹿角嘴炮台发射的两发炮弹击中“靖远”舰，“左舷破了，炮弹穿过了铁甲板，又穿过了右舷舰首，于是船头先沉了下去”[④]。“弁勇中弹者血肉横飞入海。”丁汝昌与“靖远”舰管带叶祖珪见船头下沉，“坚意与船均沉，乃被在船水手拥上小轮船”[⑤]，他们被官弁水勇抢救上岛后，才得以生还。丁汝昌叹曰：“天使我不获阵殁也！”[⑥]“靖远”舰中弹沉没，使北洋海军的力量更为削弱，军队的士气更加低落，但丁汝昌仍与张文宣坚持统带北洋舰队与岛上的护军抵抗日军的猛烈进攻。

2月10日，丁汝昌命令北洋海军，趁日本舰队添煤装弹、补充给养之际，也抢抓时间进行必要的补给和修理。

当日晚间，丁汝昌得知刘步蟾自杀殉国的消息，悲痛万分。面对舰毁人亡、军心杂乱的局面，他再次拒绝了洋员及部分官兵请求投降的要求。

2月11日，丁汝昌、张文宣等组织海陆两军炮轰前来进攻的日本联合舰

① 中国史学会主编：《中国近代史资料丛刊·中日战争》(三)，第521页。

② 中国史学会主编：《中国近代史资料丛刊·中日战争》(三)，第521页。

③ 中国史学会主编：《中国近代史资料丛刊·中日战争》(三)，第398～399页。

④ 转引自戚其章：《甲午战争史》，第363页。

⑤ 中国史学会主编：《中国近代史资料丛刊·中日战争》(三)，第521页。

⑥ 池仲佑：《甲午战事记》，张侠等合编：《清末海军史料》，第326页。

队第三游击队，日军“葛城”舰受伤，其 170 毫米主炮手毙命，另有 6 人受伤。上午 9 时 1 分许，日本第三游击队见势不妙，只好整队撤离。上午 10 时 40 分许，复来进攻的日舰“天龙”船被击伤，击毙日军数名，伤 10 余人。令敌人没有想到的是“天龙”舰受伤死人后，继续来攻的“大和”舰又被击中。至 11 时 15 分许，损失严重的日本海军第三游击队在第二游击队的掩护下，撤往威海湾口之外的海域停泊。趁此机会，丁汝昌令北洋海军的“广丙”“镇远”“平远”等舰驶往威海湾靠近南岸的海域，炮轰南岸炮台日军。最终因火力不支，只得收兵，“悉集港西”，以躲避日本舰队和南岸日军的猛烈炮火。

四

丁汝昌率北洋舰队和刘公岛北洋护军奋力御敌的同时，也数次派人前往烟台送信，寻求陆路的救援。

首先是 1895 年 2 月 5 日中午，驻烟台的东海关道刘含芳收到丁汝昌、牛昶昞、张文宣送来的信函：

> 南岸失后，巩军败向西去，倭以马队追之，我师船分队沿岸开炮，击杀倭兵多人，贼始折回。绥军出队亦败，刘镇超佩带伤先至威海，嗣送入医院(指刘公岛水师养病院——编者注)养伤。戴道带随从十余人退入北岸祭祀台，宿子药库，次早昌等复往商战守之策。戴云：绥、巩军均向西散去，派人四出招集，所剩只绥军一营守炮台及保长墙等语。初七卯刻，复往与商，据云：所散兵招集不回，并台、墙守兵亦溃西去，两台只剩十九人。吴敬荣、温朝仪并所带协守水手，亦随绥军西去，祭祀台虽有马道及所部死守，然孤台不支，恐资敌用，我船及岛将立见灰烬。昌不得已，劝戴道移住岛中，将水师人撤回岛内，并挑选奋勇赴毁各台及药库、水雷营。戴道到岛吞金自尽，昌等现惟力筹死守，粮食虽可敷衍一月，惟子药未充，断难持久。求速将以上情形飞电各帅，切恳速饬各路援兵，星夜前来解此危困，以救水陆百姓千万人生命。匪特昌等感大德。[①]

2 月 7 日晨，丁汝昌再次令水手教习李赞元搭乘“利顺”号小船从北口木栅门冲出，前往烟台送信求救。

当天上午，因“水师苦战无援，昼夜焦系”的李鸿章电令刘含芳：“如能通密信，令丁同马格禄等带船乘黑夜冲出，向南往吴淞，但可保铁舰，余船或损或

---

① 顾廷龙、叶亚廉主编:《李鸿章全集》(三)，第 415 页。

沉，不至赍盗，正合上意，必不至干咎，望速图之。”[1]刘含芳当即派三人分三路向困守刘公岛的丁汝昌发送信函。

但是，至8日晚，丁汝昌既没有收到刘含芳发出的信函，更没有收到皇上“设法送信丁汝昌等，速为筹画，毋误事机”的圣旨。

2月8日夜里，丁汝昌在刘公岛见到了刘含芳派来送信的营弁夏景春，收到刘含芳转来李鸿章令其带舰突围的电报，丁汝昌立即修书禀复战况并请求陆地支援：

倭连日以水陆夹攻，多以雷艇来袭。初十夜月落后，倭雷艇数只，沿南岸偷入，拼死专攻“定远”，旋退旋进，我因快炮无多，受雷一，尾机舱进水，急驶搁浅沙，冀能补救作水炮台，后以受伤过重，竟不能用。是夕，倭雷艇被我击沉一只，又被获一只，内有四尸，余逸出口。十一夜月落后，倭又以雷艇多艘，分路拼死来袭，毁沉我“来远”“威远”“宝筏”三船。十二晨起，倭以水师二十余艘，加以南岸三台之炮，内外夹攻，炮弹如雨，我军各舰及刘公岛各炮台，受敌船炮弹击伤者尚少，被南岸各台炮击伤者甚重，官弁兵勇且多伤亡。是日，日岛之炮及药库，均被南岸各台炮击毁，兵勇伤亡亦多，无法再守，只得将余勇撤回。当南岸各台未失以前，昌与张文宣等曾挑奋勇，备事急时即往毁炮，不料守台官既不能守，又不许奋勇入台行事，竟以资敌，贻害不浅，此船岛所以不能久支也。南北岸极其寥阔，现均为敌踞，且沿岸添设快炮，故敌艇得以偷入，我军所有举动，敌于对岸均能见及，实防不胜防。十三晨，敌全力攻扑东(即南——编者注)口，炮声一响，我小雷艇十只畏葸，擅由西(即北——编者注)口逃出西去，倭分队尾追，被其获去九只，余被击沉。以我艇资敌用，其害与南台同。自雷艇逃后，水陆兵心散乱，如十六七日援军不到，则船岛万难保全。各艇既不得力，且复擅逃，其官弁人等，必由浅沙登岸，务请各帅严拿正法。[2]

在给刘含芳写信的同时，丁汝昌还给统带三营马队的陈凤楼写了一封求救信：

此间被困，望贵军极切。如能赶于十七日(即2月11日)到威，则船、岛尚可保全。日来水陆军心大乱，迟到，弟恐难相见。乞速救援。”[3]

---

① 顾廷龙、叶亚廉主编:《李鸿章全集》(三)，第417页。

② 顾廷龙、叶亚廉主编:《李鸿章全集》(三)，第431～432页。

③ 顾廷龙、叶亚廉主编:《李秉衡致陈凤楼电》，《山东巡抚衙门档》，中国第一历史档案馆藏。

两信写好后，均交夏景春藏好带走。

2 月 9 日凌晨，趁夜暗之时，丁汝昌派营弁夏景春从刘公岛偷渡到威海卫，从旱路赶往烟台。

当天下午 1 时许，7 日晨乘“利顺”小轮前往烟台送信的水手教习李赞元赶到烟台向刘含芳报告，刘公岛军民“惟望援眼穿，水陆数千人徒增血泪”。刘含芳立即向李鸿章电报：“即刻水手教习李赞元来烟……该弁称丁提督等受困，一言难尽，声泪俱下云。”[①]

2 月 10 日傍晚，营弁夏景春将丁汝昌请求救援的信函交给刘含芳。此时，距离丁汝昌向岛上兵民承诺的最后时限仅有 20 多个小时的时间。

令人遗憾的是，因为山东省内可调兵力有限，山东巡抚李秉衡在 20 多天的时间里所派之兵很少，而且战不能胜，早已西撤。李秉衡本人也于 2 月 8 日撤出烟台西去黄县(今龙口市——编者注)，后又移驻莱州，放弃了对北洋海军的救援。

2 月 11 日，在威海湾观战的英国军船到烟台告诉刘含芳：“‘靖远’又击沉，各船打得甚好，各国都佩服，可叹无援。”“亲见丁提督望援，两眼急得似铜铃一样”。[②] 同样，光绪帝数次下旨调援的其他部队，至 2 月 11 日，“丁镇(指丁槐——编者注)已单骑到黄县”，另“有两营今日到济”，“陈镇率马队三营到莱州”[③]。陈镇即是丁汝昌特别致信求救的陈凤楼，因为丁汝昌深知陈凤楼的“马队三营”不但速度快，而且他与陈曾有交情。只可惜，2 月 12 日“陈镇马队已奉旨调直(指直隶——编者注)，望催其速行”。此时，李鸿章自己也无奈坦言：“刘公岛孤军危急，恐不能救，奈何?”[④]

丁汝昌寻求救援的计划彻底破灭，但他还是毫不犹豫地拒绝洋员及部分水陆官兵投降敌人的请求，决定自杀殉国。

其实，丁汝昌自甲午战争爆发后不久，就抱定了拼战到底的必死决心。他曾嘱咐家人说：“吾身已许国，汝辈善待吾孙可也。”[⑤]早在 11 月 5 日，他在致信张士珩时就直言不讳：“现惟缮此烬余，竭此衰躯，效命以报。”[⑥]在复信吴瑞生时也直言不讳：“第有缮此烬余，勉兹衰质，竭其肱

---

① 顾廷龙、叶亚廉主编：《李鸿章全集》(三)，第 427 页。

② 顾廷龙、叶亚廉主编：《李鸿章全集》(三)，第 436 页。

③ 顾廷龙、叶亚廉主编：《李鸿章全集》(三)，第 432 页。

④ 顾廷龙、叶亚廉主编：《李鸿章全集》(三)，第 433 页。

⑤ 施从滨：《丁君旭山墓表》，《丁氏宗谱》，民国十一年刻本。

⑥ 戚俊杰、王记华编校：《丁汝昌集》，第 218 页。

股，加之忠贞，或济或否，期亦未遑深计也。”并表示：“腿伤未能即就平复，殊为焦急。惟以敌氛飘纵，丛棘于心，尤甚于不良于体也。或搜或剿，非身亲督队，别无作气之术。时艰至此，痌痒敢复撄心？故于朔日力疾销假。”[①]在日军进攻威海卫之前，他就派人将北洋舰队的重要文件或信函送到烟台交刘含芳妥善保管。还在11月22日，为欠账及债务事项致信樊时勋说：“弟从事海军十余年，历年积亏公款万余金。现时局如此，誓与倭奴不能两立。而亏累一时未克补填，惟有暂且变通，由尊处账内作收规平银陆千金，借资展转。事局稍定，当由弟设法赶归。万一有意外之变，即与小儿葆翼结付，已告彼牢记矣。”[②]由此可见，丁汝昌已在为“意外之变”做了周密的安排。

至11月24日，丁汝昌致电李鸿章表示：“除死守外，无别策。”海军如果战败，万无退烟台之理，“惟有誓死拼战，船沉人尽而已”[③]。12月28日，已被清廷下旨“逮京问罪”的丁汝昌致信威海绥巩军总统领戴宗骞说：“汝昌以负罪至重之身，提战余单疲之舰，责备丛集，计非浪战轻生，不足以赎罪，自顾衰朽，岂惜此躯？”[④]

丁汝昌说到做到。至2月8日，丁汝昌已数次安抚乞求生路的岛民和兵勇。当天夜晚，英国人戴乐尔、克尔克和德国人瑞乃尔先后找到候选道牛昶昞和山东候补道严道洪，共同商量投降事宜。至深夜，他们决定由洋员出面，首先对坚持拼战的丁汝昌进行劝降。2月9日凌晨2时许，洋员戴乐尔和瑞乃尔面见了丁汝昌提督。瑞乃尔用华语劝丁汝昌说：“可战则战；否则，若士兵不愿战，则降不失为适当之步骤。”丁汝昌则明确答复：“投降为不可能之事。”又说：“余当自尽，以使此事得行，而全众人之命。”[⑤]

2月11日，是丁汝昌安抚岛民“届时自有生路”的最后时限。丁汝昌“知援兵无期”，“水陆兵勇又以到期相求”，他“几次派人将‘镇远’用雷轰沉，众水手只顾苦求，无人动手”。到了夜晚，“水陆兵民万余人哀求活

---

① 戚俊杰、王记华编校：《丁汝昌集》，第217～218页。

② 戚俊杰、王记华编校：《丁汝昌集》，第221页。

③ 顾廷龙、叶亚廉主编：《李鸿章全集》(三)，第348页。

④ 戚俊杰、王记华编校：《丁汝昌集》，第224页。

⑤ 瑞乃尔关于威海卫投降的报告：《威海卫之围》(The Siege of Wei-hai-wei)，由张黎源翻译，在《中国甲午战争博物馆馆刊》2012年第3期发表。原文登载于1896年2月15日和1896年2月29日的《京津泰晤士报》(*Peking and TientsinTimes*)。

命”。丁汝昌决定实践自己以一身报国的诺言,遂饮鸦片自杀,至2月12日晨停止呼吸,悲哀殉国。

通过以上事实的列举,我们可以清楚地看到:丁汝昌在自己生命最后的几个月中,虽然被弹劾撤职,即将被逮京问罪,但他对国家、对海军是忠诚的,并且在极为艰难的时刻,尽心尽力履行了自己的责任和义务。在反对和抵抗外国侵略者的斗争中,他做到了旗帜鲜明,积极主动,任劳任怨,忍辱负重,身先士卒,带伤督战。特别是在自己的防守意见被别人误解和谩骂时,仍能够平静地对待御史言官及有关将领不顾事实的弹劾和诛杀,化冤屈为动力,舍弃个人的名利恩怨,坚决拒绝敌人的劝降和利诱,率带北洋舰队广大将士,联络炮台守军,在敌我力量极为悬殊的情况下,积极防御,奋勇杀敌,勇敢打退敌人的多次进攻。在援军无望、兵心大变、无力挽救北洋海军命运和战局的最后时刻,拒绝投降,自杀殉国,兑现了以身许国的承诺,保持了中国军人的传统和名节观。

北洋海军提督丁汝昌“竭此衰躯”的最后拼战,史实清楚,毋庸置疑。甲午战争中宁死不降、自杀殉国的爱国将士理应得到国家和人民的尊重。

(本文为中国香港“第四届中国近代海防研讨会”提交论文,原载于《甲午战争研究》2015年第1期。有改动)

甲午战争期间丁汝昌作为之述略

1894 年，日本发动了蓄谋已久的武装侵略中国的甲午战争。日本政府按照原定的作战方案，倾其全国的海军力量，直指中国的北洋海军。战局的发展，大大出乎国人的想象。双方开战不到 8 个月，曾经号称亚洲第一的北洋舰队就全军覆没，使大清国朝野上下十分震惊。与此同时，许多人把失败的责任推给了北洋海军提督丁汝昌，说他无能怯懦，畏葸避敌，误国误民。当然还有很多人认为丁汝昌是尽心竭力，奋力抗敌，无力回天。笔者试图通过原有的和新发掘的中外史料，将丁汝昌在甲午战争期间的所作所为加以梳理罗列，简要地分析介绍。

一、关注局势，积极备战

1894 年春，朝鲜爆发了东学党农民起义。6 月 2 日，日本政府决定借机派大岛义昌率一旅团兵力开赴朝鲜；同时，令海军组织联合舰队驶往朝鲜。6 月 3 日，朝鲜政府正式致文，要求中国派兵赴朝鲜镇压东学党起义。6 月 5 日，日本参谋本部设立大本营，制定消灭北洋舰队，夺取黄海制海权，控制海上运输线，进而与清军在直隶决战的计划。6 月 16 日，日本外务大臣陆奥宗光约见中国驻日本公使汪凤藻，提出中日共同“改革”朝鲜内政。6 月 17 日，日本大本营下令海军控制朝鲜西海岸。6 月 22 日，日本拒绝清政府关于中日同时撤兵的建议。7 月 19 日，日本政府训令大鸟圭介，不惜任何手段立即挑起中日军事冲突。

局势的急速变化，是清政府始料未及的，更是清政府不愿意见到的。因为清政府自上而下，都在紧锣密鼓地筹办慈禧太后六十寿辰庆典。早在 2 月 18 日，清廷就以本年慈禧太后六旬庆辰，赏加丁汝昌尚书衔，各赏林泰曾、刘步蟾宝寿字一方、大卷丝绸二匹。

但是，北洋海军提督丁汝昌对朝鲜局势却十分关注。6 月 4 日，丁汝昌遵令派“济远”“扬威”两舰开赴朝鲜仁川、汉城，保护商民。在得知“有日舰赴牙山之泗口”的情况之后，指令“济远”舰管带方伯谦前往探察后禀报。6月19日，丁汝昌派林泰曾率“镇远”“广丙”“超勇”开赴朝鲜仁川。并要求林泰曾及时往探局势变化。

在关注朝鲜政局变化的同时，丁汝昌马上与旅顺船坞、招商局、支应局、天津营务处、军械局等处联系，协商舰船维修、燃煤供应、弹药补充等涉及舰队后勤保障等方面的事项，并督导北洋海军官弁兵勇，各司其职，积极备战。

（一）抢修舰船

1894年3月3日，丁汝昌率舰队铁甲六船前往新加坡、马六甲海峡、槟榔屿等海域访问及操巡，4月27日安全返回天津大沽，历时55天。接着，又率北洋舰队参加了北洋海军三年一次的会操大典，自5月9日至5月25日，历时17天，共计巡阅口岸6处。“英、法、俄、日本各国，均以兵船来观，称为节制精严。”[①]紧张、持续地忙碌了3个多月的丁汝昌，本打算“节后拟饬‘威远’，出海操练，历走东洋并海参崴各口”，舰船的维修保养均按常规操作进行。但没想到“朝鲜多故，军事倥偬暂时尤不暇及”，“‘威远’暂缓巡洋”。面对复杂局势和北洋舰队的重任，面对舰龄过长的北洋舰队，6月30日，他就在致袁世凯的信中直言不讳地亮出自己的观点：

韩事风波，半由未能慎始所致。然既势成骑虎，遏氛首重海军。能战之舰数本无多，若萃群力以待战命，临时齐伸伐挞，庶有以展效用之微长。若以有限之精英，各踞一隅，一经事起，彼族必图要截。彼时外军不足为战，内军不足为援，两力均单，岂能济时？现奉相帅电饬，将“镇”“济”“丙”暂调回防，齐作整缮，以备大举。[②]

为了争取时间，采取主动，同一天，他还就“定远”“经远”“来远”等船的刮底上油，每艘船最快需多长时间，以及鱼雷艇的筹备等事写信给龚照玙：

雷艇何时筹妥可以到威？并“定”“经”“来”船底太秽重行缓，若仅刮底饰悉敷快干油，约某船至速须若干日？统希酌定见示，以凭计画是托。[③]

① 张侠等合编：《清末海军史料》，海洋出版社2001年版，第280页。

② 戚俊杰、王记华编校：《丁汝昌集》，山东大学出版社1997年版，第197页。

③ 戚俊杰、王记华编校：《丁汝昌集》，第198页。

为了争取时间，快速高效地完成刮底上油的工程，7 月 3 日，他在收到龚照玙来信后就立即复信：

顷“致远”到，奉答笺。……示及每舰仅油快干油，约五日为率。兹先令来远去旅入坞。能并力趱工，早得一二日工竣，尤所深盼。是在同袍，格外为助也。来远去四日后，当派经远续往。所有“致”“靖”未曾分装之军火，可请饬交“来远”运威为荷。再，“济远”昨由韩归，遇飓风，致将雷灯拍损，刻已在威厂修理。惟玻璃环该船未另储备用，敢祈贵局查有此项，亦交“来远”带下为幸。①

在抓紧对舰船进行常规性刮底上油和补损修理，确保舰船正常行动的同时，丁汝昌还从实战出发，对军舰上不适用战斗的配备和部件，也大胆地予以更换。7 月 15 日，丁汝昌为“定远”舰揭去 280 毫米口径大炮之炮盖事，再次致信旅顺船坞龚照玙：

所有“定远”工程并“福龙”“左一”应速备便各节，曾电达，当荷转饬遵照。兹著洋弁哈卜门去旅顺照料，起揭“定远”炮盖应更置帆布罩以避潮锈。所需料件，谅与前次寄折“镇远”所请相同，均望逐饬照发。②

虽然在两天之前，丁汝昌接到李鸿章“日本以各国出劝，已定议撤兵协商”的来电，但丁汝昌仍坚持抢抓时间，全力准备。他在 7 月 15 日给龚照玙的信中祈求道：

“定远”及两艇能早一日则早一日，得早半日则早半日到威。是下怀至为跂盼切恳者也。“平远”到旅即请饬速油底，其余工程概不必做。一经油竣，著即迅回防。至托，至托！③

在抓好各类作战舰船刮底油修之后，他还及时合理安排训练、运输类船艇的保养与维护，确保有警即可开航使用。7 月 23 日，丁汝昌插空派“康济”船前往旅顺进坞，并请龚照玙“择要萃力趱修，能尽十日内工楚，早济军用”，因为“军中堪资运载仅恃此艘”④。透过字里行间，我们今天仍能感悟丁汝昌当时心急火燎之焦虑，也能体察出海军舰队司令重视舰船保养维护，确保舰队处以随时参战状态的责任感。

---

① 戚俊杰、王记华编校：《丁汝昌集》，第 201 页。
② 戚俊杰、王记华编校：《丁汝昌集》，第 205 页。
③ 戚俊杰、王记华编校：《丁汝昌集》，第 206 页。
④ 戚俊杰、王记华编校：《丁汝昌集》，第 209 页。

甲午战争爆发后，北洋海军巡海剿敌任务繁重，威海、旅顺、烟台等地的沿海防御，都需要水陆依辅，协统保安。丁汝昌周密地计划，合理地调配长期泊坞的炮船，最大限度地发挥所有船艇的有效作用。

8月25日，丁汝昌为“镇南”“镇西”两船修竣出坞驶回防地之前的相关问题致信顾廷一：

兹派都司蓝建枢管带“镇南”，带同各船拨配及招募各员弁勇役等齐搭“图南”赴沽驾驶；其“镇西”即委潘兆培管带，均于八月一日起，照全船额饷开支。已详请中堂并支应局立案。①

安排好了船艇人员的分工及人员额饷开支，细心而熟悉舰船状况的丁汝昌又特别指出：

两船久泊坞中，车之转动、炮之机括，须就近一试，再驶海外，遇用始较有准。已饬蓝都司督同演试。倘经试后设有差累，仍请饬照赶修妥固，周日旋防，实纫公谊。②

（二）艰难筹运船用燃煤

在以蒸汽为舰船动力的时候，船用燃煤就是舰船运行的根本保障。因此，确保舰船燃煤的数量和质量，已成为北洋海军提督丁汝昌十分重视的事情。

首先是保障“韩防兵轮煤吨”。1894年春，朝鲜政局动荡不安，5月7日丁汝昌派驻防仁川的“平远”兵舰，分载韩兵驶赴格浦海口起，至6月下旬，北洋舰队开赴朝鲜的军舰已有七艘，分别是：“镇远”“广丙”“超勇”“济远”“扬威”“操江”和“平远”。这些军舰分布来往于仁川和牙山等地。众多数量的军舰远航驻防，加上不断地机动运行，使舰船燃煤的用量快速增加。驻“韩防兵轮煤吨”便成为北洋海军提督的一块心病。因此，每当驻朝鲜仁川、牙山等地舰船收到煤时，丁汝昌都及时给负责此项工作的招商局总办及煤矿总办等人去信，表示“心感之至”的同时，更希望今后能保质保量地将煤运到，以备军舰使用。

但是，由于日本政府提出改革朝鲜内政，并拒绝中国提出两国同时撤兵的建议，朝鲜的局势变得更加紧张。开平矿务局总办张翼（燕谋）担心运煤船的航行安全，便首先提出“此后韩防需煤，不遑周转”。建议今后韩防用煤径直由矿局运到威海，再由北洋舰队自行转运至朝鲜。而负责此

① 戚俊杰、王纪华编校：《丁汝昌集》，第215页。

② 戚俊杰、王记华编校：《丁汝昌集》，第216页。

项工作的黄建笎(花农)也给丁汝昌去电,告以矿局下次实难送煤。得知这些情况,丁汝昌立刻致电李鸿章报告,仁川、牙山军舰用煤告急,请求指示如何筹备。另一方面,他又耐心向天津招商局总办黄建笎介绍欧美等西方国家海军舰队军需供应的规则:

西洋行军煤斤、军械,悉属所司随在筹运。师船则专谋御敌,此外无事旁扰心神,别分兵力。平时巡洋,一船舱储之煤亦仅资船之用,此外无复余地推广装存。有时度路远不敷,则用麻袋积舱面。为数亦甚有限,而操作一切便形阻碍矣。①

为了求得黄建笎的支持,他用赞扬加祈求的方式表达自己的心声:

台从眼界较广,师船体要当识。大凡若一如百忍所议,力所兼顾不逞者,盖不待智者决之耳。昨已电请相帅核夺,仍望台从赞画预筹,以顾大局。愿赋同袍,有以努力焉。②

丁汝昌筹措舰船用煤,不但积极请"相帅定夺",而且还主动求助于盛宣怀、黄建笎和张翼等。其方法也是既坚持和谐相处,多说好话,多方鼓励,多次请求,而且做到关键时刻也是晓之以理,动之以情,甚至据理力争,开展批评或坚持斗争。

针对张翼"前北平运仁、牙等处煤斤,'扬威''操江'两船仅装百十吨余,复载回威防,起卸不无吃亏等情"的想法,丁汝昌十分气愤,他于7月13日再次复信给黄建笎:"姑无论官局,纵属商局交易,长久计,累年赢,岂偻指可胜数哉?值兵事偶一吃紧,必亦加意维持,力图接济。"③他还进一步指出:"兹者,言济商用,则兼顾居先;言济边防,则动虞途远。而锱盈铢绌,毫短厘长,犹复沾沾在齿,介介于怀,不亦过于褊浅乎?"他还直言相告:"顷奉相电,威防务存煤万吨,丰积满荷不虞缺乏。设战事一起,分防之舰,若恃威厂存煤以资接济,而转运前路之舰,有非海军所可自筹耳。先勒实布,希便转达为荷。"④

朝鲜局势的恶化,使丁汝昌加快了筹集舰用燃煤的力度。7月20日,他在刘公岛致电盛宣怀:"相帅晓谕威防重地存煤须要万吨,现差甚远。"他请求盛宣怀能询问此事,给予支持,以保证威海刘公岛基地储煤的数量。

---

① 戚俊杰、王记华编校:《丁汝昌集》,第199页。

② 戚俊杰、王记华编校:《丁汝昌集》,第199页。

③ 戚俊杰、王记华编校:《丁汝昌集》,第205页。

④ 戚俊杰、王记华编校:《丁汝昌集》,第205页。

8月1日，中日两国同时宣战。北洋海军舰船经常出海远巡和寻找日本海军进行海上决战。舰船频频出行，大大增加了舰队的用煤数量，这使负责供应舰队用煤的张翼感到压力很大，他在8月8日和8月16日两次向丁汝昌致信，检讨寄运散碎煤屑不对。接着要求丁汝昌“代派司事收发煤斤，接逃走陈司事下手”，并答应该员矿局可另付薪水。同时还询问丁汝昌，北洋海军冬季储煤“三万吨是否敷用”。8月23日，结束了第四次远航巡海的丁汝昌回到威海卫，便即速给张翼复信作答：“查敝军厂委杨作宾本可兼理，就近招呼。事属一体，无庸另开薪水，别增局费也。”“至询三万吨是否敷用，纵绝大智慧亦未敢横以论断。不常行、速行、齐行，则三万吨可以全数不动；若大队不时周巡，一次须添两千吨左右，则三万吨不过仅供十余次之用耳。”对于“每次运煤必须船护”的要求，丁汝昌明确答复：“若每次运煤必须船护，数少则非徒无益；若护以全队，则一次所运之煤仅足供一次护行之用，其与不运何殊耶？日后倘须煤船随队远行，必设法护持。若大队仅巡烟、威、旅一带，煤船去旅来威，海面当可无虞。”丁汝昌还希望“剀告各平船中外人等知之，当谅其非妄也。”①

为了确保舰用燃煤的存储量达到规定的数量，8月25日，丁汝昌致电盛宣怀：“‘图南’明日回沽。现海上平静就好。大可知会矿局，赶调各‘平’亟运煤来威。至要。”②

为能加快码头卸运之效率，缩短运船停靠码头的时间，丁汝昌于8月27日再次致电盛宣怀：“威只一码头，‘致远’舱深口小，起卸甚艰，工贵时久。请嗣后商轮运煤交旅靠搁，起卸较便留威码头，俾矿局煤到速卸，免两延。”③

丁汝昌在保证舰用燃煤存储数量的同时，还为军舰用煤的质量问题不断向有关方面和人员进行协商与求援。7月15日，为能保证鱼雷艇的用煤质量，专门写信给旅顺的龚照玙：“尊处所储雷艇合用之煤，无论松白、斋堂，祈饬两艇添满外，再请尽量筹付若干，悉装麻袋交‘定远’运威，以备急需。”④

---

① 戚俊杰、王记华编校：《丁汝昌集》，第214～215页。

② 陈旭麓等主编，季平子、齐国华编：《盛宣怀档案资料选辑之三·甲午中日战争》上册，第105页。

③ 陈旭麓等主编，季平子、齐国华编：《盛宣怀档案资料选辑之三·甲午中日战争》上册，第112页。

④ 戚俊杰、王记华编校：《丁汝昌集》，第205～206页。

7月23日，丁汝昌因运来之煤“煤屑散碎，烟重灰多”等情况写信给开平煤矿总办张翼，明确告知这种散煤不但灰多烟浓，更为严重的是“难壮汽力，兼碍锅炉”[1]。丁汝昌语重心长地请求这位矿局总办，一定要把好军舰用煤的质量关，确保供给北洋舰队所需之煤符合质量要求。

丰岛海战爆发后，丁汝昌率舰队巡剿回到威海，看到“昨者所有运到包煤”，质量“尤多不及”，没有想到“既经谆托，转不如不托之良也”。身心疲惫的丁汝昌气愤异常。7月30日，他再次致信张翼：

> 廿一曾交“北平”附陈一书，度邀鉴及。煤屑散碎，烟重灰多，难壮汽力，兼碍锅炉。虽在常时，以供兵轮且不堪用，况行军备战之时乎？曩次“利运”装来散碎煤曾勉卸之，其半另供岸厂之用。其不肯骤为已甚者，无非从权顾交谊也。乃昨者所有运到包煤，方之“利运”所解者尤多不及。不料既经谆托，转不如不托之良也。系台从未及招呼，抑经管人专留此种塞责海军乎？包煤专备行军之需，若尽罗劣充数，实难为恃，关系之重，岂复堪思！[2]

为能保证今后的包煤质量，丁汝昌极为细心地指出，新峒质既然难以凑齐，前时嘱托在威海筛捡，“何不可于出矿时，另将整块筛捡，单存一处？除先运老峒、五槽尽数外，再以新峒实经筛捡继运，未始不可备资接济。总之，不论新峒老峒，但求煤质整壮，能多运期必多运为妥耳”。在信的最后处，丁汝昌再次请求：“威海机厂需焦炭甚迫，前于初九曾电花农转告随煤船便运三十吨应用。久未见到，而待用颇殷。敢祈再遇煤来威，饬照寄运为叩。”[3]

为了解决舰队用煤质量低劣、以次充好的问题，丁汝昌不但坚持好话多说，苦苦相求，而且有时还请相帅定夺，或是将煤船退回，不准卸煤等强硬之法进行斗争，但实际效果仍不尽人意。进入9月以后，军舰用煤的质量不但没有好转，而且存储数量也大大减少。9月12日，丁汝昌因舰煤之质量和数量问题再次致信张翼：

> 迩来续运之煤仍多散碎，实非真正五槽。阁下虽经三令五申，而远在津门，因其私事相蒙混，发碎报块，恐足下亦未及周知。俟后若仍依旧塞责，定以原船装回，次始得分明，届时幸勿责置交谊于不问

---

① 戚俊杰、王记华编校：《丁汝昌集》，第211页。

② 戚俊杰、王记华编校：《丁汝昌集》，第211页。

③ 戚俊杰、王记华编校：《丁汝昌集》，第214～215页。

也。威厂存煤现仅六千吨之谱，军事一日不息，大队须不时出海，以图巡剿。秋将及半，计封河之期不过两月有余，必须加急多运。[①]

为能感动张翼，丁提督还意味深长地告诫："块煤一经告乏，则公患同深矣。"[②]

为能有效地堵住矿局以次充好、以碎充块的恶劣做法，丁汝昌告诫张翼："自此续运，再为散碎，一面仍遣运回，一面电请相帅核办。幸勿怪言之不先也。"[③]

（三）筹备弹药

朝鲜局势紧张后，丁汝昌在抓紧军舰刮底油修、抢运舰用燃煤的同时，也在紧张地筹备火炮弹药。遵循火炮先大后小、先重后轻，以及舰船武器与守口设施相结合的筹措原则，千方百计筹备武器弹药。7 月 3 日，丁汝昌致信旅顺船坞总办龚照玙："望饬将'定''镇'两舰三十零半生炮用铜箍开花子一百五十颗，十五生炮用四倍长铜箍开花子一百颗"[④]，检出交"经远"舰回威海时携带来威海以供使用。几天之后，他再次请求龚照玙："查贵库所存超、扬两船十寸口径炮用轻装大粒药二十九出，又十七年春平远请制廿六生大炮用药桶，造成若干，均饬检交经远带来为幸。"为了争取时间，7 月 9 日，他又致信龚照玙："炭精已荷电沪购办，能促其早日寄到应用，尤至盼切。此批军火已饬陈游击照单点收分给，其余待运各宗，均望转饬统数交经远带回。"[⑤]随着朝鲜局势的变化，丁汝昌对各船不足之药弹，除了未经购置的不计数外，就当前现有未经运到集中者，均选择各船急需的各类药弹，派"陈游击开具清折，并另函知照司械刘委，请饬其检照检齐"，交给"定远"由旅顺油修后带回威海。对于岛上暂时无处存放，且为战时需要已筹备者，则求龚照玙"请暂存旅，候用再取可耳"。7 月 16 日，丁汝昌接到盛宣怀要他派船开赴胶州湾，装运快炮和车轮炮的电报，7 月 17 日，便派"康济"船前往运载。同时，给章高元（鼎臣）发去信函："恳饬先行拨候。该船到后，所有随炮应用各件以及药弹等项，务乞悉数点付，开一清单交该管带，以凭验收。"考虑到倭猖日甚，形势紧急，一旦

---

① 戚俊杰、王记华编校：《丁汝昌集》，第 216 页。

② 戚俊杰、王记华编校：《丁汝昌集》，第 217 页。

③ 戚俊杰、王记华编校：《丁汝昌集》，第 211 页。

④ 戚俊杰、王记华编校：《丁汝昌集》，第 200 页。

⑤ 戚俊杰、王记华编校：《丁汝昌集》，第 202 页。

开拔命令下达，舰队就要飞棹东征。因为船上人手太少，要搬运“格鲁森伍十三密里快炮十尊，又三十七密里车轮快炮八尊”，怕“康济”舰在胶州湾搬运装船时耽误时间，丁汝昌特致信章高元：“所有快炮洵为行军急需，惟虑该船前去拨运，人力太单，多恳雄部健卒协办相助，总期全数从速早运到船，遄归以资应用。至为厚托！”①

在筹备北洋舰队各类型号大炮药弹的同时，丁汝昌还积极筹备舰队驻守各处守口所需之弹药及物资。7 月 9 日，他开折函达张士珩（楚宝），请求补发大同江守口所需之水雷及军用物资。但“事越旬余，未一见寄。如此延缓，料必无存”②。为能尽快筹齐所需料件，7 月 21 日，他又复信龚照玙：“前由津领取水雷，备随大队著‘利运’装赴大同江守口之用。查其中尚缺至不可少之件计四十宗，若不搜补齐全，则已领到者全为废物。”“顷闻贵处局储除用去外，充富仍多。兹开清折专船著王平前往走领。知我同袍，素敦公谊，必慨然以余波及晋也。”为了争取龚照玙的帮助和理解，他进一步地强调：“战事一举，大同防具中无此首要，口门豁达，岂抽数十舰足资扼守乎？因缺微需，失此要键，他族中梗，且大意中微志所存，又落后着，岂非可惜！故不惮唇疲齿竭之烦，而呼吁他山亟为之助也。”“所有行营新募雷兵所需各件，另缮一折，统祈查照，分别饬发，尤为感勒。”7 月 27 日，因筹备领取的行军水雷应需物品“尚缺三十余件”，丁汝昌急忙又致信盛宣怀、张士珩：“五十七密里快炮应需方块大粒药，除前到两千磅外，尚短四千磅，洵现时孔迫之需。津中既能自制，谅易照给，迅运来威。”在信中，他提出，“承平”每小时仅行 8 迈，随舰队同行，未尽相宜，请求两位是否有其他办法可施行。他还及时汇报了胶州炮已运回威海，并分给备战之船，承诺再有“三四日力以可安楚，尚称灵快，惜力稍薄耳”③。

7 月 19 日，日本政府训令大鸟圭介，不惜任何手段立即挑起中日军事冲突；同日，日本海军成立联合舰队，以海军中将伊东佑亨为司令官。日本大本营令海军截击丰岛中国海军护航舰队，要求快速开战。对于日本的这些部署，清政府及李鸿章们只知己，不知彼，因而“帅意一日一变迁”。但北洋海军提督丁汝昌始终不敢掉以轻心。7 月 20 日，本来计划令“利运”船装水雷等械随守大同江口，因“动静未定，只好留下待命”。7

① 戚俊杰、王记华编校：《丁汝昌集》，第 205～206 页。

② 戚俊杰、王记华编校：《丁汝昌集》，第 207 页。

③ 戚俊杰、王记华编校：《丁汝昌集》，第 207～209 页。

月 23 日，为筹备防守威海湾的军需物资，他又致信龚照玙："此间南口势敞雷少，拟练浮桩以防雷艇，惟需锚甚多，因念金州水师集船废锚颇堪适用，倘尚存置，许以挪用，计共若干，伏恳电示，以便派船往运。"①

为了确保急需的"方块大粒药"和"炭精"能及时运到，他又求龚照玙帮忙，"五十七密快炮仍急待方块大粒药四千磅应用，伏希电催楚宝遄寄。炭精尤望饬催，亦待之孔殷物也"②。丁汝昌的判断没有失误，两天之后，日本海军就以海盗的方式在牙山附近的丰岛海面袭击了北洋海军的运兵船"高升"号，挑起了甲午战争。7 月 31 日，丁汝昌因威海南口太敞，自刘公岛至日岛之间应布之水雷尚未备齐，担心日军鱼雷艇趁黑夜或雾天潜入湾口内偷袭北洋舰队大船，他再次致信龚照玙，告以目前"先设渔网并木栏各一层，候雷件到齐，施布停妥"，"应筹者代筹，宜禁者代禁，有请补领至不可少之件，酌给之"③。

丁汝昌筹办炮枪、药弹、水雷、铁链等军用物资，是动身早，力度大，多方打听，八方求助。但因当时北洋海军军需供应的体制不顺，北洋海军提督无权直接管理调拨枪炮弹药及军需物品，特别是清朝决策者决策失误，直到 8 月 26 日，威海湾"北口栏木、铁练（链），仍有不敷"。无奈之下，他只好请求戴宗骞："贵雷营有寸半铁练（链）存放，拟请转恳暂允移用，以济急需。"④直至黄海大战开战的前夕，丁汝昌率大队赴旅，其中一项重要事情就是"与龚道议配'经远''来远'后炮等事"⑤。

（四）重视情报搜集与电报畅通

丁汝昌重视军事情报由来日久。而他获取情报，又主要靠来往电报，或是来往舰船传递的书信函件。朝鲜局势的变化，本来就牵动着丁汝昌的心，又因锦州至山海关等地的电线出现了故障，电音中断，使李鸿章及丁汝昌等要员均甚焦急。李鸿章只好下令抽调戴宗骞处的小轮艇接送要电。熟悉威海各部队装备的丁汝昌认为戴宗骞处的交通艇动力较弱，不免为风浪所滞。所以，他于 6 月 30 日及时致信龚照玙："现商德三改用孝侯处轮艇卸炮，饬遇顺赴旅，加派镇边驻烟，轮送旅烟要电。"为了保证要

① 戚俊杰、王记华编校：《丁汝昌集》，第 209 页。

② 戚俊杰、王记华编校：《丁汝昌集》，第 209 页。

③ 戚俊杰、王记华编校：《丁汝昌集》，第 211 页。

④ 戚俊杰、王记华编校：《丁汝昌集》，第 216 页。

⑤ 顾廷龙、叶亚廉主编：《李鸿章全集》（二），第 978 页。

电能够安全及时传递，他还向刘含芳提出："该船等在烟，凡关军情密紧之电，并望知照电局，万万两无停搁。是为至要！"同一天，为了保证留驻朝鲜牙山、仁川的"超勇""扬威""平远""操江"能够防守有备，确保安全，他还致信驻朝鲜公使袁世凯："至留仁、牙四，须令两处轮驶通音。倘西路电阻，该船等应报军情，已函饬该管带等送仁川领事转致，抑或径送尊处，代为设法转达。务祈格外费神，妥为照拂。至祷，至祷！"为能把政局变化的情况和李鸿章的命令及时传达给旅顺基地，他还于6月30日这一天致信龚照玙："迩日锦州至山海关电阻，尚未修通。""兹将帅电及敝处迩日所发各电抄折附阅。"①

丁汝昌重视电路畅通，重视军情电报准确及时地送达，不单单是关心电路及设备的正常运行，更关心重视电报局人员的管理与约束。

烟台电局，位置重要，责任重大，电报繁多。但因人员心散，管理混乱，致使"烟台电局往往电有讹错，偶尔询问，间或一答，若诘究稍繁，则几如十叩柴门九不开矣"。"某处线断，电至搁置以待，报时绝少。使非好问，盖亦无由知耳。平时事非迫促，一一与较甚亦惮烦，其与孝侯隐予曲全者已非一日。"对此，丁汝昌十分气愤，将此事向有关方面进行举报批评，要求追查责任人。7月11日，他又复信刘含芳：

> 现军务吃紧，变在顷刻，依然不自警察，竟公然以'译者睡后未起'直言以复。局务之污糟，可以想见。若仍任意迨误事机，在杏荪亦难辞责备。论交非泛，岂容以姑息之微，重友朋之咎耶？势迫使然，良非得已。承嘱为之缓颊，既知后悔，固无不可。在昌既吐复茹，自相矛盾，殊觉难以措词。台从果实见该委为可靠，似不妨惠以鼎言于杏荪处，为之转圜。②

为了治理好事关战局重要情报的烟台电报局，丁汝昌不顾同乡情面，直言拒绝了好友的说情，其目的就是为了保障电路畅通，译报准确，情报快达。从而为正确决策，把握战机打下良好基础。

随着局势的恶化，7月22日，他又建议盛杏荪和张士珩："则由平壤至铁岛一段电线，甚宜予筹添设。"③以保证在朝鲜之陆军与海军及关中军队的正常联系。

---

① 戚俊杰、王记华编校：《丁汝昌集》，第197～198页。

② 戚俊杰、王记华编校：《丁汝昌集》，第204页。

③ 戚俊杰、王记华编校：《丁汝昌集》，第208页。

甲午战争爆发后，为了确保军事情报畅通准确，7月29日，丁汝昌致电盛宣怀要求："成山电通，务乞饬该局人员，凡遇由东而来兵商各船即时电告，切勿延误。至要。"[①]

（五）积极储备、调配可用人才

丁汝昌在抢修舰船、抢运燃煤、筹备药弹、重视军事情报传送的同时，还十分重视海军可用人才的配备与储存。为了使有限的舰艇充分发挥好各自的作用，丁汝昌尽量把有技术、有能力、有实战经历的人留下来，用起来，使他们在关键时刻能在保家卫国的战争中发挥作用。

原福建水师"伏波"船管驾吕文经，因在1884年马江海战中"中炮选退"被清廷批准，"革职不足蔽辜，著发军台效力赎罪"[②]。北洋海军成军后，吕文经多次托人想在北洋海军求一职位，始终没有得到批准。现在战局形势日趋紧张，北洋海军所有舰船都油修出坞，以备参战。在国难当头之际，吕文经报国之心不变，屡次托人求差，丁汝昌对此十分赞赏与高兴。7月2日，他致信旅顺的龚照玙："吕文经屡次托人求差。昨又来禀，报效意极殷切。兹新由沽坞调出'东''北'两船，尚有一管带未曾调派"，"该员乐从，可速前来。"[③]7月21日，他再次致信龚照玙告知，天津学堂"管轮学生李金声，奉函后即驰电通知，一经到威，当饬赴旅以供策用"。还有"总查轮机之余贞顺，亦令乘此便前往"[④]。

在抓好管带、管轮等专业人员调配的同时，对于舰船所需水勇、升火等人员的配备，丁汝昌也是及时整合，恰当调配。当"敏捷"船待改"海镜"船之时，他就立即致信龚照玙："所有'敏捷'原配弁勇、升火人等，万祈费神切商蓝管带察实。除在旅日有工作者，酌留其奉行做事，希均饬随'康济'来威应用。"因为他担心威海"此间增备之事甚繁，悉派生手未尽靠也"。事实证明，他的想法与做法是对的，因为丰岛海战之后，马上从"敏捷练船练勇中拨付济远二十余人"[⑤]，保证了"济远"舰作战人员的及时补充。

丁汝昌储备、调配可用人才，不单纯考虑舰船所需之人，而且还不忘

---

① 陈旭麓等主编，季平子、齐国华编：《盛宣怀档案资料选辑之三·甲午中日战争》上册，第43页。

② 姜鸣编著：《中国近代海军史事日志（1860～1911）》，三联书店1994年版，第117页。

③ 戚俊杰、王记华编校：《丁汝昌集》，第200页。

④ 戚俊杰、王记华编校：《丁汝昌集》，第207页。

⑤ 戚俊杰、王记华编校：《丁汝昌集》，第212～213页。

及时调配维修舰船的工匠。甲午丰岛之战刚结束,他就把旅顺船坞“工匠恐尚不敷”的事项摆到议事日程上。

7月29日,率带舰队完成第一次巡海任务的丁汝昌刚刚回到威海就致电李鸿章:“战事方殷,赶制赶修之项甚多,旅坞工匠恐商不敷,请帅电龚道赶速酌添工匠,遇事迅办”[①],以免耽误开赴战场机遇。

二、坦诚进言,有利作战

北洋海军提督丁汝昌在抓好北洋舰队备战备航的同时,对中国军队如何备战,以及开赴朝鲜参战时应注意什么事情,或是开战后驻朝军队和国内军队应做到的事情,都及时、坦诚、全面地向上级或有关方面提出,供李鸿章和幕僚以及其他人员参考。

(一)反对“兵分力单”,建议“水陆添兵,必须大举”[②]

至6月18日,日本在朝鲜军舰已达七艘之多,而且遵照日本大本营的命令,日本海军开始控制朝鲜西海岸。6月19日,丁汝昌派林泰曾率带“镇远”“广丙”“超勇”开赴朝鲜的同时,又奏报李鸿章,饬“请马玉昆、张光前备调”,因为“张曾驻韩,情形较熟”。6月25日,接到林泰曾从朝鲜发回了“风闻倭尚有五千将到,倭水陆共十队”的电报,丁汝昌立即建议电李鸿章,水陆添兵,均须大举,并主动请战。没想到,当天深夜丁汝昌即收到李鸿章复电:“日虽添军,谣言四起,并未与我开衅,何必请战。”[③]受到训斥的丁汝昌并没有因此而不敢进言。6月30日清晨,丁汝昌就将自己的意见报告了李鸿章:“‘镇’‘济’等牢住牙山,纵备艇雷,万一失和,日必要截,音信、煤粮中阻,必被所困,兵分力单,两难济事。前请调‘镇’‘济’‘丙’回防,奉谕恐示弱,故未敢渎请,只得照林议筹备。愚见,水陆添兵,必须大举,若零星调往,有损无益。现拟仍申前请,将三船调回,与在威各舰齐作整备,候陆兵大队调齐,电到即率直往,并力拼战,决一雌雄。”[④]

丁汝昌坦诚进言,主动参谋,可谓是真诚坦率。他不但直接向李鸿章提出建议,发表个人对时局、对战备、对运兵布阵的看法。而且还在“帅意

① 顾廷龙、叶亚廉主编:《李鸿章全集》(二),第821~882页。

② 顾廷龙、叶亚廉主编:《李鸿章全集》(二),第735页。

③ 顾廷龙、叶亚廉主编:《李鸿章全集》(二),第727页。

④ 顾廷龙、叶亚廉主编:《李鸿章全集》(二),第735页。

日一变迁，殊令在下莫计所从”的情况下，仍通过李鸿章的重要谋臣及时反映自己的意见。1894 年 7 月 1 日，他致电军械局总办张士珩：

> 前派兵去韩，为平匪起见，现乱已解，我兵驻牙，似不相宜。倭衅已露，汉江一路，彼已先踞。牙防水路接济较难，即由北路进去韩京，亦为倭阻，难以联络。现若阳言匪散，牙兵撤防，一面改扎大同江，赶备鱼、水雷船只，并接电至平壤，抢先布置，严守要地，免韩沿海尽被占先，继有大队由义州进剿，方无隔阂，水路军需亦易周转。此系大帅权衡，何敢参议。惟时局所系，难守缄默。倘帅与公商酌，便中代陈备采。如何定议，尤望速示。[①]

丁汝昌不但把“水陆添兵，必须大举”的意见报告给李鸿章，而且还不失时机对入朝陆军真诚进言，当好参谋。早在 7 月上旬，丁汝昌就对水陆运兵及如何掌控局势等方面发表个人意见。他先将“倭寇军情，据前驻韩船先后辑录大略，汇开清折，并译绘高丽全图一张，派船送旅交贵差驰呈密察，以备妥筹之采”。同时，他又根据自己十多年来对朝鲜的了解，向即将带兵入朝的刘盛休提出自己的建议。他认为：“大军会剿，车马辎重若多，似由凤凰门进队，以义州为后路转运，平壤为中路转运，扼要分队堵守，前军长驱，庶为稳著。若悉由水路载往，设不便由内口登岸，遇风驳运则克日难期，不无匆遽沓纷猝手不及之虑。未必果遽臻此，然不得不预事周计也。”并明确指出：“根基立定，日后转运，由鸭绿江续运，当可无虞。”[②]

关于陆军与海军大队行动的时机及战术问题，丁汝昌强调“必协力为助”，“纵彼器精利，我但于冲锋时运以巧计，断以果力，过此则不难所向披靡，并可以其人之道，还治其人之身也”[③]。

7 月 11 日晨，丁汝昌收到张士珩咨询如何往朝鲜运兵布阵的三封来电。在来电中，有人认为日本乃蕞尔小国，其势力不足，无法与西洋各国相比，因此提出沿着汉江日军进兵之要路，我军也派铭军、巩军共约 5500 人，长驱深入。对于上述几种说法，丁汝昌认为既“非晓畅戎机”，又不是“深察时局所出也”。丁汝昌致信张士珩指出，“倭力固不足以匹泰西，然汉江左近内人要路，彼族已竭匝月布置，不无暗伏”，由此可见日军“已悉

---

① 戚俊杰、王记华编校：《丁汝昌集》，第 335 页。

② 戚俊杰、王记华编校：《丁汝昌集》，第 201 页。

③ 戚俊杰、王记华编校：《丁汝昌集》，第 201～202 页。

占先着”，何况他们还武器精利。假如清国也由此路，“以铭、巩五千半济之师，未预图立之地，骤驱深入，匆遽之顷，稍疏防测，堕彼暗算。兵力已虑非完，进剿更为吃力”。因此，这种意见是不可取的。丁提督认为，如果进兵大队，似由凤凰门、大同江两路合剿，后路则容易固守接应，转运兵力及粮弹物资“不虞隔阂”，而前面先进长驱之部队亦“无后顾之虑”。还有水师抽数舰占踞大同江口，以大队舰船在朝鲜西北一带海面巡航，相机御剿，较为稳著。“若进兵以北路为妥，则调度悉归宋宫保，威望既足服人，谋虑鲜不周妥，无复可虞。或舒川、牙山如益陆兵，调度则悉归属清。事权一，则心力易齐也。”[①]

7月16日，李鸿章决定入朝陆军再增加2000人。7月22日，丁汝昌将如何布兵摆阵的意见告诉了盛宣怀和张士珩：

> 东征陆师继增二千之众，粮饷军火随带，自必宽筹。叶军似宜在牙山左近，择扼要之区，深沟固垒，阳作久防之状，隐为牵制之师。迨西路大队进履京畿境止，两军足接声援，叶军再拥众而进，前抵后包，不惟临时撮为得势，即先时悉就西路接应，无复他虞。纵彼先扑叶军，设难骤战，守料足揞。[②]

丁汝昌在考虑到陆军如何进兵布阵，采用何种战术，如何避敌人之长，发挥我军优势，运用巧计有力地打击敌人等作战方案之后，还针对前敌与后路的畅通，前线与后方的安全及周转有效等方面，阐明了自己的看法。他认为大同江之口，既是北洋舰队东征之后路，又是清朝陆军大队出关之中枢要纽，因此海军与陆军必须要“及时水陆赶筹防守”，否则“良多未妥”。如果两位认为此议可行，“望便中达帅定计”。如果相帅允许快速举兵入朝，“则由平壤至铁岛一段电线，甚宜予筹添设”[③]

丁汝昌数次坦诚进言，始终没有引起李鸿章等清朝决策者的重视。但战争是无情的，是残酷的。就在中日两国正式宣战的第二天，叶志超就因后路接济难通，致急电向李鸿章告急求助，而李鸿章也因“叶军接济难通，深为焦急”[④]。

8月17日，丁汝昌在天津与李鸿章面商当前战局，针对朝鲜平壤的

---

① 戚俊杰、王记华编校：《丁汝昌集》，第203页。

② 戚俊杰、王记华编校：《丁汝昌集》，第208页。

③ 戚俊杰、王记华编校：《丁汝昌集》，第208页。

④ 顾廷龙、叶亚廉主编：《李鸿章全集》（二），第844页。

战守局势，他建议："现宜稳守平壤，勿轻敌深入；再进，须取黄州谷山，免抄后。与倭对枪难取胜，须设伏出奇，大同江迤北海浅，平壤东北山高，但有人巡防，敌难来云云。"[①]8月27日，盛宣怀请丁汝昌派船送人去猴矶岛，熟悉烟台、登州及长山列岛海况的丁汝昌致电盛宣怀："由烟赴登至猴矶岛，均内海，民船最为稳。"[②]盛立即采纳了丁的意见。

（二）要"通西文语""览各国旗帜"，谨防倭兵奸诈

丁汝昌在自己的建议中，还特别提到清朝陆军由于管理封闭，"不习见洋人"，近期又因日本军队之服装修改后酷似西方军人装束，骤然相见，很难辨识。丁汝昌致信张士珩：应转请照会该埠使臣、领事，当中国与日本接仗时，首先要教会广大官兵，必须览识各国旗帜，还要将各国旗帜的标式及各国人员之面目，详细晓谕在朝鲜作战的各个部队，"一律通知，尤为至要"！[③] 另一方面，入朝作战之清朝陆军，"未能谙熟详情"，应该每支部队派一名"通西文语之洋务委员，设有他国交涉之事，两情不隔。在通商口岸，凡西国公使、领事公署，能抽华兵若干名驻同保护，尤觉得体"[④]。但是，如果这样做，出于友谊，防止猜忌，则必须"先与商洽为宜耳"。另外，他还特别提醒张士珩，在保护各驻朝鲜之公使、领事公署及人员的同时，还要提醒"该埠使臣、领事，当中东接仗时"，"不得藏匿敌人，以防别有偾事"[⑤]。7月23日，丁汝昌致电李鸿章报告，德国商船昨天从朝鲜驶来，途中遇到倭船挂着英国国旗，船身有经漆黑者。丁汝昌建议应请总署知会各国公使，如有兵船巡行北洋海面，望先行告知，以凭辨认，免误事机。

（三）清除奸细

7月25日，日本海军首先开炮，轰击我运兵船及北洋舰队之"高升""济远""广乙""操江"船，打了一场不宣而战的海战。与此同时，他们在朝鲜的汉城、仁川等地，对中国商人实行监视、禁行。7月26日，丁汝昌即在刘公岛致电盛宣怀："倭先开炮击我兵船，且将汉城、仁川华商监禁，我亦当有以处之。"他直言不讳地指出："仍令在华倭人自如侦探，并不拦截

---

① 陈旭麓等主编，季平子、齐国华编：《盛宣怀档案资料选辑之三·甲午中日战争》上册，第91页。

② 陈旭麓等主编，季平子、齐国华编：《盛宣怀档案资料选辑之三·甲午中日战争》上册，第111页。

③ 戚俊杰、王记华编校：《丁汝昌集》，第204页。

④ 戚俊杰、王记华编校：《丁汝昌集》，第208页。

⑤ 戚俊杰、王记华编校：《丁汝昌集》，第204页。

倭商船，无此办法。”[①]他请求盛宣怀要抓紧时间汇报，议定后示知。发完电报，丁汝昌当日即率北洋舰队出海远巡，寻敌报仇。

7月30日，丁汝昌致信烟台的刘含芳明确指出，近期屡次听说，驻在朝鲜的日本军队，其食用之物皆取之于中国烟台，故‘恃无匮乏’。该领事虽经宵遁，倭商噍类，难保无逐利商民设计隐藏，暗中给予接济。如果不趁早严侦细查，及时扫除，将后患无穷。他请刘含芳“多派委卒，四处密查，遇出入交接稍有可疑者，立与究办”[②]。

8月9日，丁汝昌致电李鸿章报告，为防日舰假冒他国之船，中国军舰在朝鲜遇见各国轮船，拟开空炮一声示令停轮稽查。当时，李鸿章即向总署转呈丁汝昌之电文。

自1894年6月下旬开始，北洋海军提督丁汝昌为朝鲜动乱局势、中日出兵、如何布阵、作战、防奸除特、如何遵守国际法和维护国际友谊等方面，多次坦诚及时地向李鸿章及其重要幕僚进行了禀报和交流。甲午战争的历史已经证明了丁汝昌的这些建议是可取的，有些还具有先见之明。

三、身先士卒，积极参战

丁汝昌是北洋海军高级将领中年龄最长、官职最高、权力最大的人，但丁汝昌从来没因自己的特殊身份而偷闲。1894年春，他先率北洋舰队六船开赴新加坡进行友好访问和操训，自3月3日至4月27日，历时56天。期间还访问了马六甲、槟榔屿等地。5月9日至27日，又率北洋舰队与南洋的舰船会齐，参加了三年一次的海军大操，历时19天。海军大操刚刚结束，还没有得到休整，就因朝鲜政局动荡而开始了紧张的战备。特别是甲午战争期间，丁汝昌处处身先士卒，事必亲督，实践了自己“现惟缮此烬余，竭此衰躯，效命以报”的承诺。

（一）率北洋舰队五次巡海剿敌

1894年7月23日，日本陆军在汉城突然猛攻朝鲜王宫得逞，事隔2天，日本海军又在朝鲜牙山附近的丰岛海面对北洋舰队发动了突然袭击，打响了丰岛之战的第一炮，挑起了震惊中外的甲午战争。战争爆发以后，

---

① 陈旭麓等主编，季平子、齐国华编：《盛宣怀档案资料选辑之三·甲午中日战争》上册，第31页。

② 戚俊杰、王记华编校：《丁汝昌集》，第210页。

北洋海军便成为中国捍疆卫国、打击敌人的重要力量。

7月26日下午，丁汝昌接到李鸿章的电令："汝即带九船往汉江洋面游巡迎剿，惟相机进退，能保全坚船为妥。"[①]是日傍晚，丁汝昌便率北洋舰队九艘舰船离开威海，开赴朝鲜汉江附近洋面。27日，丁汝昌率带北洋舰队到达汉江口一带。28日，丁汝昌率带北洋舰队往返汉江口外搜索敌船，未遇日本舰队及商船。"后因风浪险恶，小舰、特别如鱼雷艇等航海十分困难，仅三日后便皆返航，待风浪平息后再立即出海。"[②]7月29日，丁汝昌率带舰队返回威海刘公岛，抓紧时间布置威海港湾的军事防务。

丁汝昌第一次率北洋舰队巡海剿敌，自7月26日起，至7月29日止，历时4天3夜。

8月1日，中日两国正式宣战。当天下午，丁汝昌在刘公岛接到李鸿章电令："叶军既获大胜，倭必添兵。总署催汝统铁快各船，往仁川附近，截击其运兵船，机不可失。南口可责令张文宣等布置。'定''镇'等不必赴旅，即督同起碇前去，相机截击，如倭船前击我船办法，甚可仿照，速去速回，保全坚船为要。"[③]丁汝昌立即下令各舰加紧准备，明日起行。

8月2日，丁汝昌率带"定远""镇远"等六舰，第二次开赴朝鲜洋面巡弋。

8月5日，丁汝昌率领北洋舰队结束海上游巡，回到威海卫。

丁汝昌第二次率北洋海军六舰巡海游弋，自8月2日起至8月5日止，历时4天3夜。期间，"六船赴汉江口外洋面梭巡，未遇倭船"，因舰队要"回威添煤水"而结束了第二次巡海。

结束本次巡海回威海之后，丁汝昌因为烟台至威海电线突断及"广乙"船水勇事致信刘含芳，并希望"有何闻见，祈详示为祷"。8月7日，丁汝昌为枪炮药弹、鱼雷料件及弁兵练勇等事复信旅顺的龚照玙："存煤及军械数本不丰，再冀筹添，立待断难应手。后顾无据，伊谁知之。"因此，"所有后路各事，吾弟有一分力所能到者，切望曲念伯仲同袍之旧，力措接济，则感纫万万矣"![④]

8月8日晨6时许，丁汝昌收到李鸿章来电："鄙意应统大队，由威径

① 顾廷龙、叶亚廉主编:《李鸿章全集》(二)，第812页。

② 转引自孙建军:《丁汝昌研究探徽》，华文出版社2006年版，第48页。

③ 顾廷龙、叶亚廉主编:《李鸿章全集》(二)，第836页。

④ 戚俊杰、王记华编校:《丁汝昌集》，第214页。

赴大同江口一带游巡，于口内外相机击逐倭轮及运兵船，并就近赴鸭绿江口巡查，俾倭船不敢肆行窜扰，再转回威。一月内必须往来两次，则我局势稍固矣。”[1]吃完早饭，丁汝昌在北洋海军提督署议事厅召开了北洋海军主要将领及新任海军总教习汉纳根参加的军事会议，研究出海远巡和近顾北洋门户的行动计划。是日下午，李鸿章又给丁汝昌来电：“总署传圣谕，催询汝在韩洋面何事，勿得以煤水将罄，多方推托，致干重咎。”就在当天晚上，丁汝昌又收到李鸿章当天发来的第三封来电：“兵船赴大同江，遇敌船势将接仗，无论胜负，不必再往鸭绿江口，恐日本大队船尾追入北洋，妥慎防之。”[2]

8 月 9 日晨，丁汝昌统率北洋舰队“定远”“镇远”“致远”“靖远”“经远”“来远”“平远”“广甲”“广丙”“扬威”十艘舰船驶离威海，开赴大同江巡击。仅把“超勇”舰及三艘蚊船留下驻守威海卫海军基地。

8 月 10 日，丁汝昌率带舰队抵达大同江口外之海域，但未搜寻到日舰踪影，“寄泊椎岛，即令两艇进口，探巡至许岛，因晚回队”[3]。是日，因“倭兵船廿一只，突于初十卯刻驶近威海南北口外纷扑”，李鸿章“已电平壤，令丁速带全队回防，迎头痛剿”[4]。但是，因北洋舰队船上没有电报机，所以丁汝昌当天没有收到整队速回迎剿的电令。

8 月 11 日清晨，丁汝昌又令“广甲”舰及两艘鱼雷艇进口探寻日舰踪迹，至铁岛，“大队随开往冰洋大小青岛游弋”。至下午 2 时许，大队又“到各岛巡视，均无倭船，仍回椎岛寄泊，两艇及‘广甲’戌末回队”。当天，“广甲”舰因港道生疏，不明水下礁石分布及航道水深，只好“在狼岛寄锚”，“两艇直探至铁岛，晤韩佥使安国良，云无倭船在港”[5]。

8 月 12 日晨，丁汝昌率带大队舰船向西巡查，“将至海洋岛寄泊，未刻‘金龙’洋轮到，奉传谕，即开”[6]。舰队直驶威海卫。非常奇怪并值得注意的是，就在丁汝昌接到“金龙”船送来李鸿章 8 月 10 日发出的电令的同时，李鸿章再次发电给丁汝昌：

成山头电，汝已带船回防。连日倭船廿余只并民船十余，乘虚往

---

① 顾廷龙、叶亚廉主编：《李鸿章全集》(二)，第 859 页。

② 顾廷龙、叶亚廉主编：《李鸿章全集》(二)，第 861～862 页。

③ 顾廷龙、叶亚廉主编：《李鸿章全集》(二)，第 879 页。

④ 顾廷龙、叶亚廉主编：《李鸿章全集》(二)，第 866 页。

⑤ 顾廷龙、叶亚廉主编：《李鸿章全集》(二)，第 879 页。

⑥ 顾廷龙、叶亚廉主编：《李鸿章全集》(二)，第 879 页。

来威海，旅顺肆扰，各处告警，并有赴山海关、秦王岛截夺铁路之谣。此正海军将士拼命出头之日，务即跟踪，尽力剿洗，肃清洋面为要，不可偷懒畏葸干咎。①

8月13日晨6时，丁汝昌率带北洋舰队返回威海港，看到李鸿章昨日来电，即"令各船连夜赶添煤、水，齐速开西行剿逐，以清洋面"②。

丁汝昌第三次率舰队巡海剿敌自8月9日起，至8月13日止，历时5天4夜。

当天上午，丁汝昌给李鸿章发了两封电报，第一封电报是详细汇报本次巡海情况，告知"铁岛在平壤西南一百卅里"，大同江口至铁岛沿途路险，"内港仄水"，据前往勘查的蔡廷干报告称，"以后铁岛，碍难深入"③。第二封电报是汇报与福来舍商谈鱼雷猎船的报价及优惠情况。

当天下午至夜间，丁汝昌在刘公岛连续收到李鸿章4次来电，主要涉及以下几个方面的内容：朝廷问丁汝昌带舰队"现在何处"；严令丁汝昌火速带舰队"赴山海一带，遇贼截击"；巡海舰队还"须赴山海关、秦王岛、洋河口一带，测探水势深浅"；"此后海军大队必不远出，有警则兵船应全口应剿"；总署来电告知，日船借挂英国旗，"英使允电水师提督严查"，"仍照章用旗传语为妥"；要探明"倭船究系何往"？防止"空走一遭，徒令各处疑惧"④。

8月14日清晨，丁汝昌第四次率带北洋舰队十舰二艇起锚开行，开始新一轮的海上巡剿。离开码头之前，丁汝昌向李鸿章报告了"各船连夜赶添煤炭"的情况：

到今早开时，查只"定""镇"各装一百吨，"致"四十，"靖"十二，"经""来"各五十，由商煤轮上；"平""丙"各八十，"甲"廿，"扬"十二，两艇卅二，由码头上。系因码头拥挤，小工难雇，故所上无几。请准煤厂常雇小工一百名，平日预储，临时有用，可否？乞示遵。⑤

与此同时，他还报告了此次巡海的计划：

今早仍率十舰两艇出巡庙岛、洋河口、秦王岛、山海关，绕金州澳，约四日可进旅口。因昨只择要添煤，必须在旅再储煤、水，并一、

① 顾廷龙、叶亚廉主编：《李鸿章全集》(二)，第876页。
② 顾廷龙、叶亚廉主编：《李鸿章全集》(二)，第879页。
③ 顾廷龙、叶亚廉主编：《李鸿章全集》(二)，第879页。
④ 顾廷龙、叶亚廉主编：《李鸿章全集》(二)，第881～882页。
⑤ 顾廷龙、叶亚廉主编：《李鸿章全集》(二)，第883页。

二船小修后再赴烟台，沿途巡缉，遇敌剿擒，冀清洋面。[1]

8月15日，丁汝昌率带十舰二艇继续在直奉洋面按预定计划巡查日本舰船，并于当天晚上抵达榆关。

当天夜里，丁汝昌派出将弁兵勇，连夜测量两处水势。在榆关他收到张士珩、张翼（燕谋）、盛宣怀3人发来的电报："'四平'装煤，船主不肯出口，或令来榆随行，或请派船来大沽护送。"[2]

8月16日，丁汝昌在榆关致电李鸿章报告："秦皇岛西边一带浅沙，岛东至南礁石离岛二迈余，水深二三托不等；洋河口宽约二丈余，枯潮约尺余，满潮七尺余，离口二迈余，深四五托不等。如备防，以洋河口为是。"[3]随后，率带舰队继续在海上游弋巡查，并于当天傍晚抵达天津大沽口。当天晚上，丁汝昌收到罗荣光将军转译盛宣怀之来电，通知丁汝昌："相谕新购快船欲与阁下面商，明到沽，请坐子轮至塘沽、火车至津上院，即晚回沽。"[4]

8月17日清晨，丁汝昌乘坐小轮艇到达塘沽，然后换乘火车至天津上院，拜见李鸿章等，共同商讨研究新购快船及中日开战之后的局势问题。

当天晚上，丁汝昌便从天津返回大沽口，率带舰队护送装运军火的"图南"船与装运燃煤的"四平"船，从大沽口开赴旅顺口。

8月18日，丁汝昌率带北洋舰队抵达旅顺基地。

8月19日，丁汝昌与龚照玙在旅顺收到盛宣怀来电："'新裕'十九申刻出沽口，二十早先到大连湾起卸军火，即到旅顺卸左贯翁炮十二尊，请鲁翁代收，民船运九连城。'新裕'卸空后，即请丁军门令其回津。"[5]

晚上，丁汝昌率带北洋舰队再往大沽，护送"图南"船装运军火。

8月20日，丁汝昌率带舰队抵达大沽口。是日白天，舰队仍坚持海上巡查。

---

① 顾廷龙、叶亚廉主编：《李鸿章全集》（二），第882页。

② 陈旭麓等主编，季平子、齐国华编：《盛宣怀档案资料选辑之三·甲午中日战争》上册，第84页。

③ 顾廷龙、叶亚廉主编：《李鸿章全集》（二），第889页。

④ 陈旭麓等主编，季平子、齐国华编：《盛宣怀档案资料选辑之三·甲午中日战争》上册，第87页。

⑤ 陈旭麓等主编，季平子、齐国华编：《盛宣怀档案资料选辑之三·甲午中日战争》上册，第93页。

8月21日，丁汝昌率队巡查至旅顺口，下令各舰连夜赶添燃煤，小修之船也须赶时竣工，以保证舰队明日继续出行。

8月22日，各船继续上煤，上齐之船陆续开出口外寄泊。

是日晚10时许，丁汝昌率舰队起锚开航，由旅顺驶往烟台。

8月23日上午8时许，丁汝昌率带北洋舰队航行至烟台与威海之间的海上寄泊。其实，丁汝昌先在早间即“令两雷艇探威东、成山一带”，是否有倭船。然后令“威远”“镇远”两船“进烟载威厂并守口要件”[①]。

下午3时许，两鱼雷艇驶来报称：“据成山灯塔并民船岸上民人均云，十余日未见倭船。”[②]遂下令“大队随起锚”开行，是日傍晚北洋舰队进入威海湾。

丁汝昌第四次率舰队巡海剿敌，自8月14日起至8月23日止，历时10天9夜。期间因舰队上煤和有船小修，在旅顺停留过。

8月24日至28日5天时间，丁汝昌为舰队船用燃煤的运输与质量，为威海机器厂的焦炭，威海湾口防务部署之事，新聘洋员之薪水，新修竣出坞之“镇南”“镇西”两船用人与试船等事，多次与张翼、盛宣怀、戴宗骞、德璀琳、顾廷一、李鸿章等通电通信，说明情况，争取支持。

8月28日上午，丁汝昌在刘公岛收到李鸿章来电：“东沟转运饷械只此一线，海路极关紧要，汝应酌带兵船速往梭巡，遇敌即击。威海仍留船协防，倘日船闻信西来，亦迎头痛剿。朝廷责备甚严，勿稍玩忽。”[③]

是日下午，丁汝昌为确保黄海海上运输安全致电李鸿章报告：“明早统‘定’‘镇’‘致’‘靖’‘经’‘来’‘济’‘平’等船往海洋岛，由大鹿、三山各岛巡查，遇敌即击。如见倭船西来，迎头痛剿。”[④]

8月29日晨，丁汝昌第五次率舰队驶离威海，前往三山、海洋、大鹿各岛一带，晚过海洋岛北寄泊，并派人询问岛民及船户是否见倭船，均答未见。

8月30日，丁汝昌率带北洋舰队“开赴大鹿岛泊巡”，途中分别看到陆军借用运送军火之民船五只，其中两船由大沽运米，三船由旅顺运军火。

8月31日，丁汝昌率带北洋舰队巡缉至光禄岛、三山岛海域。夜晚

① 顾廷龙、叶亚廉主编：《李鸿章全集》(二)，第917页。

② 顾廷龙、叶亚廉主编：《李鸿章全集》(二)，第917页。

③ 顾廷龙、叶亚廉主编：《李鸿章全集》(二)，第932～933页。

④ 顾廷龙、叶亚廉主编：《李鸿章全集》(二)，第934页。

到达大连湾后，他接到烟台探事西员来电称，旅顺北有两艘日本船，舰队当夜寄泊大连湾。

9 月 1 日晨，丁汝昌率带北洋舰队开赴旅顺口，与此同时，“已派‘致远’‘经远’并‘左一’雷艇前去探询”[①]。上午，舰队抵达旅顺口外锚泊。

当天下午，丁汝昌在旅顺等候“致远”“经远”两舰驶抵旅顺口汇报。之后即致电李鸿章报告：“顷据‘致’‘经’回称，由老铁山驶至长兴岛，沿路探寻，均无倭船。昌准明早六点钟率各舰开威。”[②]

9 月 2 日晨 6 时，丁汝昌率北洋舰队由旅顺开赴威海卫，并于当天到达。

丁汝昌第五次率舰队出海巡剿，自 8 月 29 日至 9 月 2 日历时 5 天 4 夜。

自 7 月 26 日至 9 月 2 日止，期间共计 39 天，年近六旬的丁汝昌率带北洋舰队在海上巡剿即达 5 次 28 天。虽然没有寻到目标，也未能对敌舰实施打击，但丁汝昌不顾御史言官不符事实的弹劾，仍身先士卒，不怕疲劳，连续出巡的事实是存在的，其精神是可嘉的。

（二）带伤督战

丁汝昌率带北洋舰队回到刘公岛基地，一是抓紧基地防务部署，二是忙于迎接陪同吴大澂查看威海防地之防务部署。9 月 11 日送走吴大澂，第二天即率带北洋舰队驶离威海湾，开赴旅顺。为了确保海运航道平安，他率带北洋舰队主力舰船先绕道成山头一带巡弋后，再前往旅顺口。为保证大小舰船准时会齐，他下令“超勇”“扬威”“平远”“广丙”“镇中”“镇边”“福龙”“左一”等舰艇直接前往旅顺口。9 月 13 日晨，丁汝昌率舰队抵达旅顺口。当天晚上，又接到日舰驶近威海北山嘴炮台的警报。9 月 14 日，丁汝昌率舰队抵达大连湾集合后，下令各船抓紧时间装煤，还与舰队高级将领妥议如何兼顾护送运兵船和保证北洋海域航道安全等事。9 月 15 日，丁汝昌再次接到盛宣怀的来电：“东沟过船不易，必须海军留护。”并要求“卸空后商轮四，连‘利运’五只，乞顺送旅顺，饬其自回天津”[③]。是日晚上，丁汝昌又接李鸿章电令：“大同江内外，尚无倭船，汝护

---

① 顾廷龙、叶亚廉主编：《李鸿章全集》（二），第 946 页。

② 顾廷龙、叶亚廉主编：《李鸿章全集》（二），第 948 页。

③ 陈旭麓等主编，季平子、齐国华编：《盛宣怀档案资料选辑之三 · 甲午中日战争》上册，第 148 页。

送运船前去,勿太疑虑,俟铭军起岸,仍回威、旅,再护送运船一二次。平壤被围,安州吃紧,后路仍必须再添兵,以顾大局,免深入东省为要。"①

9月16日凌晨1时许,丁汝昌带北洋舰队的"定远""镇远""致远""靖远""经远""来远""济远""平远""超勇""扬威""镇边""镇中",广东水师的"广甲""广丙"二舰,以及鱼雷艇"福龙""左一""右二""右三"四艘,护送装载4000余名陆军的"利运""新裕""楚南""镇东""海定"五船,由大连湾起锚开航,前往东北方向的大东沟驶去。

当天过午,丁汝昌率舰队及运兵船抵达大东沟后,立即派"镇中""镇边"及四艘鱼雷艇护送运船入口,又令"平远""广丙"两船在口外下碇,"定远""镇远""致远""靖远""经远""来远""广甲""超勇""扬威"十舰则在距口外12海里的海区下锚,严密监视附近海域情况,确保陆军平安登陆。

9月17日上午,丁汝昌率带北洋舰队于早饭后举行了例行的升旗仪式,9时15分又开始了一个小时的操练。

中午12时,丁汝昌接到发现敌舰的报告后,立即下令起锚、站炮位,并与12时10分,站在"定远"舰飞桥望台上,率带十舰迎敌而驶。

12时50分,两军相距5300米时,"定远"舰首先发炮,打响了黄海大战的第一炮。三分钟后,日军也发炮轰击。北洋舰队的炮火首先聚集在日本旗舰"松岛"舰上。"敌舰对'松岛'发弹最多,大大小小的炮弹像蝗虫一样飞来,势不可挡"②。与此同时,日本海军也集中炮轰中国的"定远"舰。双方对射不久,一颗120毫米炮弹竟然正中"定远"舰的桅盘,7名官兵不幸阵亡。不多久,"定远"舰的飞桥甲板被敌弹射中,正在督战的丁汝昌被抛起又摔倒,"左脚夹于铁木之中,身不能动,随被炮火将衣焚烧,虽为水手将衣撕去,而右边头面以及颈项皆被烧伤"③。

丁汝昌受伤包扎后,坚决拒绝进入位于主甲板下舰首部位的军舰医疗室,而是坚持坐在舰的重要部位督阵,继续观看官弁水勇们作战,直至海战结束。"这个位置连接着舰首和后方的主炮塔,而且还有两架木梯可以通到首楼甲板上,是一处重要的通道。""提督坐一道旁,彼伤于足,不能步立;惟坐处可见人往来,见辄望之微笑并作鼓振之语。"④

---

① 顾廷龙、叶亚廉主编:《李鸿章全集》(二),第993页。

② 《日清战争实记》"松岛舰之勇战",转引自戚其章主编:《中国近代史资料丛刊续编·中日战争》(八),中华书局1994年版,第76页。

③ 顾廷龙、叶亚廉主编:《李鸿章全集》(二),第1013页。

④ 陈悦:《碧血千秋——北洋海军甲午战史》,吉林大学出版社2008年版,第111～112页。

9 月 18 日晨 6 时，参加黄海大战的北洋舰队主力军舰到达旅顺港，丁汝昌被人抬下军舰。他及时布置各舰入坞修理，并于上午 10 时将昨天海战的情况致电李鸿章报告：

> 昨日在大东沟外，十二点与日船开仗，五时半停战。我军“致远”沉，“经远”火，或“超勇”或“扬威”一火一驶山边，烟雾中望不分明。刻督“定远”“镇远”“靖远”“来远”“平远”“广甲”“广丙”“镇中”“镇南”并两雷艇回旅，尚有两艇未回。“济远”舰亦回旅。当战时，我军先十船，因“平”“丙”“中”“南”四船在港护运，未赶上，后该船均到助战。日军十一船，各员均见击沉彼三船。日船快，炮亦快，且多，对阵时，彼或夹攻，或围绕，其失火被沉者，皆由敌炮轰毁。我军各船伤亡并各船受伤轻重速查再电禀云。①

当天上午，丁汝昌带伤会晤龚照玙，商议修船之事。因为按《北洋海军章程》规定，受伤的军舰应由旅顺船坞总办龚照玙负责主持修理，海军则是负责监工督修。龚见丁右臂半边被药烧烂，左臂被弹炸望台木板击伤，幸不甚重。

当天下午，丁汝昌收到李鸿章来电：“接电，此战甚恶，何以方伯谦先回？各船损伤处，赶紧入坞修理，防备日军舰队复扰。”②

9 月 19 日，丁汝昌派“济远”舰前往三山岛牵引“广甲”舰出险，未获成功。

当天，丁汝昌收到军机处传谕圣旨：“饬丁汝昌将各舰赶紧修复，以备再战。”③

9 月 20 日，丁汝昌因伤势严重恶化致电李鸿章报告：“现在头脚皆肿，两耳流血水，两眼不能睁开，日流黄水，脚日见肿，皮肉发黑，疼痛异常，言语稍多，心即摇摆不宁，无能自主。请于两镇中饬一人暂行代理，昌伤稍愈再行办事。”④

9 月 21 日，丁汝昌不顾伤痛折磨，仍坚持督修舰船，处理紧急要件及信函。

9 月 22 日上午，丁汝昌在旅顺收到李鸿章传来圣旨：“丁汝昌现患伤

---

① 顾廷龙、叶亚廉主编：《李鸿章全集》（二），第 1003 页。

② 顾廷龙、叶亚廉主编：《李鸿章全集》（二），第 1003 页。

③ 顾廷龙、叶亚廉主编：《李鸿章全集》（二），第 1008 页。

④ 顾廷龙、叶亚廉主编：《李鸿章全集》（二），第 1013 页。

病，海军提督著刘步蟾暂行代理。丁汝昌赶紧调治，一俟稍痊，仍行接统。”李鸿章还要求丁汝昌转告刘步蟾：“妥慎代理，催船坞速修‘定’‘镇’，余以次修理，勿得贻误军情。”[①]得到皇帝的批准，照理讲，丁汝昌可以安心养伤治疗了。但是，9月28日李鸿章就给丁汝昌和刘步蟾去电：“前虽据情奏令刘镇代理，不过代拆代行之式。”[②]其实，在此期间，丁汝昌仍在带病坚持处理重大急要之事。包括详细汇报海战情况，调查处理方伯谦、林国祥、吴敬荣等人海战之表现；起草拟定《海军惩劝章程》；请龚照玙奏报海战有功将弁；与刘步蟾督修战舰等等。

9月23日和24日两天，日本海军的“浪速”“秋津州”二舰，分别驶抵威海海域附近和大连湾、旅顺海域附近侦察。李鸿章闻报后，立即电令丁汝昌：“须设法预备支持，即不能远出，须傍口外游巡，使彼知我非束手也。”[③]9月25日，李鸿章再电旅顺的丁汝昌和龚照玙：“‘平远’‘广丙’‘济远’‘靖远’四船，务于十日内修好，在威、旅附近游巡。不然，日知我无船，随意派数船深入，到处窥伺，若再护运兵船长驱直入，大局遂不可问，切勿迟误。”[④]面对李鸿章的命令和受伤严重的海军舰船，伤口感染严重的丁汝昌马上致信负责后路供应的盛宣怀：“查此四舰，固在日夜赶修，但‘靖(远)’‘济(远)’两艘备炮钢底钢圈皆已破损，无能复用，‘平远’请领之炸弹迄未接到，‘广丙’速射炮弹只有六十发。钳制敌军，本为吾侪素责，倘遭遇敌队，速力难及，不惟夺我士气，抑且增彼声威，殊非计之得也。军器不完不备，岂可滥事交绥哉？我海军力原较敌方单薄，鹿岛(黄海)之役复失四舰、废一舰，现在勉强差堪战斗者，仅‘定(远)’‘镇(远)’‘济(远)’‘靖(远)’‘来(远)’‘平(远)’六艘而已。‘平远’速力迟缓，修理工程非至十月(西历11月)中旬不能完竣，各舰炮身多被破损，军器弹药何时可到尚不能预知，心中焦灼之至。苟以补充不足，再失一二舰，不其更损国威耶。再四思维，拟俟全舰修理完成之后，无论舰数多寡，强弱如何，一举力战，以身许国，至舰人俱亡，昌尽其责而后已。此昌之决心也。”[⑤]

9月27日，黄海大战已过去10天，督修战舰的命令接二连三，从全

---

① 顾廷龙、叶亚廉主编：《李鸿章全集》(二)，第1019页。

② 顾廷龙、叶亚廉主编：《李鸿章全集》(二)，第1051页。

③ 顾廷龙、叶亚廉主编：《李鸿章全集》(二)，第1026页。

④ 顾廷龙、叶亚廉主编：《李鸿章全集》(二)，第1033页。

⑤ [日]海军军令部编：《廿七八年海战史》卷下，(东京)水交社明治三十八年版，第264～266页。

国各地抽调的“锅匠、铜匠四十五名”“钳匠三十名”，还有“唐局可挑锅炉匠十五名，铜匠十名”[①]，却均未到达旅顺船坞。丁汝昌等心急如焚，却又无可奈何。9月28日，李鸿章催促丁汝昌“仍勉力视事，督催修理各船早竣”的命令就到了，丁汝昌只得带着伤病督修战舰。

至10月2日，皇上和李鸿章又数次来电，一是令将可用之舰派出口外，略张声势。另一方面是怀疑刘步蟾等人借机消极怠工。面对朝廷和李鸿章的严令，丁汝昌据实报告，海军各舰争取10月中旬出海；刘步蟾在舰日夜督催工程，既无专擅之权，也未托故迁延时日。另一方面，丁汝昌也坦言，实在是担心大炮钢底圈和开花弹皆不敷用，“似此出海遇敌，将如之何，不胜忧闷之至。”[②]

10月15日，伤病未愈的丁汝昌在旅顺致电李鸿章报告：“汝昌足伤稍愈，仍不能步履。各船伤重且多，星夜加工修理，都未完备。拟一二日先带六船出口，并过威海添配子药。清理各要事后，再巡大连湾到旅顺。安配‘定’‘镇’起锚机器，容另电报。”[③]

10月18日，不能步行的丁汝昌率带北洋舰队由旅顺口开赴威海。

10月19日，北洋舰队到达威海卫基地的当天，丁汝昌即向舰队官弁水勇下达训令，要求北洋海军官兵必须做到以下几条：“一、现在新补炮手，技艺尚未娴熟，各舰长务令正确练习，以至精巧，而期临事必中；二、各舰长公余之时，宜悉心讲求战术，同心策划，勿托空谈；三、各舰所需之弹药、火器，及时在威海卫库存中领取，以备缓急，不得迟缓；四、各舰所需之小修理及小零件，于威海机厂制造，并着该厂急制应用；五、各舰所需之煤炭、淡水及时补充，准备得令即出发；行动不得缓慢。”[④]

看到威海湾口筹办防务设施进展缓慢，丁汝昌心情更加沉重。无奈之下，他只好抓紧时间，求上抚下，想方设法处理舰队燃煤、威海后路布防等最急需之要务。

10月25日凌晨2时许，丁汝昌接到成山电报，南路遥见火光，有炮声，立即下令各船升火。凌晨3时，即率“定远”“镇远”“济远”“靖远”“平远”“广丙”及两艘鱼雷艇离港迎敌围剿，出威海湾口时，发现有日军舰船

---

① 陈旭麓等主编，季平子、齐国华编：《盛宣怀档案资料选辑之三·甲午中日战争》上册，第177～179页。

② [日]海军军令部编：《廿七八年海战史》卷下，第262～264页。

③ 顾廷龙、叶亚廉主编：《李鸿章全集》(三)，第49～50页。

④ [日]海军军令部编：《廿七八年海战史》卷下，第192页。

两艘在口外海面游弋。日军舰船见北洋舰队出口，立即开快车逃避。丁汝昌见追不上，便改赴成山一带海域巡查[①]。

10月27日，丁汝昌在刘公岛收到盛宣怀来电，得知日军已分别过江、登陆，大连、旅顺危急。10月28日下午，丁汝昌即遵照李鸿章"大孤山距威不远，希酌带数船驰往游巡，探明贼踪，以壮陆军声援"的电令，率带"定远""镇远""济远""靖远""平远""广丙"六舰及两艘鱼雷艇，前往旅顺、大连湾等海域，寻剿日军舰队[②]。

10月29日晨，丁汝昌率舰队抵达旅顺口。当天上午，他晤见有关人员，察考舰船修理情况。还给李鸿章发了电报："刻下腿肿未消，一足不能落地，然伤虽未愈，当此军情吃紧，惟求奏明昌力疾销假，率队出海巡剿。"[③]当天下午，丁汝昌即率领舰队由旅顺开赴大连湾。"北河"船在前，行至大连湾东，"北河"船折回。"同寄泊口内马船主过船云，我力过单，前去吃亏，无益。现回旅赶配'定''镇'起锚机。"[④]因为"'定''镇'起锚机器铸铁工太大，是以尚未修妥，勉强行驶，起锚须三点钟之久。"[⑤]

10月30日晚，回到旅顺的丁汝昌得知，旅顺船坞"各局员司及匠徒纷纷求去，激励、恫喝坚不为动。"[⑥]

10月31日，正在协商增加工匠加紧施工的丁汝昌又收到李鸿章复电："'定''镇'起锚机何时配好？卫汝成明晚带五营登商轮三只出海，殊不放心，汝须于初五日游巡老铁山前一带迎护。"[⑦]丁汝昌忧心如焚，却又无计可施，只能尽自己之所能督修舰船，筹备护航。

局势的变化，超出人们的想象。11月2日，清廷以丁汝昌统带战船不能得力，所有前次交部议叙之案，著即撤销。同一天，日本舰船又去窥探北洋海军威海基地的情况，而日本陆军也已在凤城之南布置好兵力，准备进军大连湾、旅顺。

丁汝昌在努力督促修装起锚机的同时，还会晤旅顺各陆军统领，争取海陆共同协守旅顺基地。11月5日，丁汝昌差人打探得知：日军部队不

---

① 顾廷龙、叶亚廉主编：《李鸿章全集》(三)，第73页。

② 顾廷龙、叶亚廉主编：《李鸿章全集》(三)，第88～91页。

③ 顾廷龙、叶亚廉主编：《李鸿章全集》(三)，第96页。

④ 顾廷龙、叶亚廉主编：《李鸿章全集》(三)，第102页。

⑤ 顾廷龙、叶亚廉主编：《李鸿章全集》(三)，第148页。

⑥ 顾廷龙、叶亚廉主编：《李鸿章全集》(三)，第98页。

⑦ 顾廷龙、叶亚廉主编：《李鸿章全集》(三)，第103页。

走大路，凭借马队优势漫山而来，形势危急。大连湾形势吃紧，电线不通。旅顺船坞员司工匠纷纷离去，食物也无买处。“定远”“镇远”装配起锚机的工程进展甚微，心急如焚的丁汝昌复信铭军统领吴宏洛(瑞生)：

腿伤未能即就平复，殊为焦急。惟以敌氛飘纵，丛棘于心，尤甚于不良于体也。或搜或剿，非身亲督队，别无作气之术。时艰至此，痌痒敢复撄心？故于朔日力疾销假。惟能战之舰已减其四，集议购增，值复苛计。第有缮此烬余，勉兹衰质，竭其肱股，加之忠贞，或济或否，期亦未遑深计也。[①]

是日，丁汝昌还复信张士珩：

寇锋日逼，军状绝少转机。海军东沟一战，船力本已单钝，猝减其四，致、经两船尤多干勇之士，悉就沦亡。虽倭船同有沉失，而折我“致”“经”两号上战之舰，殒我邓君万夫雄特之将。飘纵倭氛，未能一鼓歼绝，痛棘于心，伊谁为助？久议增舰，复苛计值，迄无成说。然目前转机莫急于此，而从事其间者抑若平淡置之。现惟缮此烬余，竭此衰躯，效命以报，或济或否，亦复不遑深计也。智者或有胜筹，希有见教为盼。贱躯腿伤未平，事非身先更有难测，刻已力疾销假。[②]

11月6日凌晨1时许，丁汝昌因旅顺局势严重致电李鸿章报告：“船坞工匠纷纷告去，不日恐有停工之势。水师在旅亦有三难：一、湾有失，敌必扑旅后路，我师船在口内，不能施展，无以为力；二、敌船来攻，口门窄小，不能整队而出，且‘定’‘镇’必须俟潮，若过急，冲出不易；三、口外寄泊敌艇过多，夜间来攻，我船又少快炮，实难防备。请示遵行。”[③]

李鸿章复电丁汝昌：“洋报，湾防用炮攻打，彼此伤亡甚多，殊可忧急。敌踪距旅若干里，旅本水师口岸，若船坞有失，船断不可全毁。口外有无敌船，须探明再定进止，汝自妥酌，勿得张皇胆怯，致干大戾，仍随时电知。”[④]李鸿章既要丁汝昌保船，又不认可丁汝昌报告的情况，确实让丁汝昌坐立不安，左右不是。

11月7日上午，金州失守，日军攻占大连湾。日军还通过英国船传信说“专要打沉‘定’‘镇’两舰”。丁汝昌、刘步蟾“因旅顺受敌”，研究后决

① 戚俊杰、王记华编校：《丁汝昌集》，第217～218页。

② 戚俊杰、王记华编校：《丁汝昌集》，第218页。

③ 顾廷龙、叶亚廉主编：《李鸿章全集》(三)，第129页。

④ 顾廷龙、叶亚廉主编：《李鸿章全集》(三)，第129页。

定趁“今夜暗渡威海，拟明早六点钟到威归队”①。

11月8日，丁汝昌率北洋舰队回到威海刘公岛。立即致电李鸿章报告：“昨上午在旅，连都统、徐、赵统领先后来晤，徐军守十三里台卡，日兵连攻两日，初八夜包过卡后，因接应兵单，不能抵御，卡退城失，各营台被困，路见怀字营在双塔沟驻宿。”“屡出向西军程提督告急，未见进兵。连、徐、赵旋即回前敌。下午有湾兵至旅，据云：和尚岛三台均失等语。”“旅坞已停工，‘定’‘镇’起锚机未配妥，‘来远’工程只修一半，惟旅口陆路有急，各船不能展动为力，有损无益，前电已陈。又因湾、旅各统领恳速告急，故回威电禀，‘丙’赶将紧要工程，在威厂设法修理。”②

当天下午，丁汝昌又收到李鸿章复电，因他不知“来远”舰已被带回威海，故责问“虽未修好，可勉强行走，何以未禀明带出”？还把丁汝昌、刘步蟾将北洋舰队及时安全地转移至威海看成是“如此仓皇出走，恐干重咎”。当然，面对兵败如山倒的战局，他也无奈地问丁汝昌：“欲渡兵运粮弹至旅接济，汝看有何法想？即复。”③

当天下午，丁汝昌即将有效战法报告李鸿章：“屡闻日兵接仗情形，前阵以利器攻击，又用包抄埋伏，所以获胜，且各兵身带干粮，日夜轮替接战。”而“我兵过单，既不能作包抄埋伏之举，又饥疲困乏，无暇休息，稍有转动，即行失措”。他一针见血地指出：“请派久统马队者，统带马队数千，专司包抄敌人后路，而步队则宜裹粮分层，更番接战，庶不至误。”④

11月9日凌晨，遵照李鸿章“速带六船来沽，面商往旅拼战，渡兵运粮械接济”和“刻即启碇”的电令⑤，丁汝昌令各船赶添煤水，快速补给后，即起锚开航，开赴天津大沽。

11月10日，丁汝昌率舰队抵达大沽口外锚泊，传令“各船主早夜防备，勿为所算”⑥。便立即前往天津。当天晚上，丁汝昌面谒李鸿章，并与汉纳根等面商救旅之策。汉纳根认为军舰为运船护航，徒多牵制，又不能保运船，建议待马格禄回旅顺打探消息回来后再商议办法。丁汝昌认为“定远”“镇远”起锚机尚未修妥，起锚时须3点钟之久，勉强行驶无把握，

① 顾廷龙、叶亚廉主编：《李鸿章全集》(三)，第136页。

② 顾廷龙、叶亚廉主编：《李鸿章全集》(三)，第137～138页。

③ 顾廷龙、叶亚廉主编：《李鸿章全集》(三)，第138页。

④ 顾廷龙、叶亚廉主编：《李鸿章全集》(三)，第138页。

⑤ 顾廷龙、叶亚廉主编：《李鸿章全集》(三)，第140页。

⑥ 顾廷龙、叶亚廉主编：《李鸿章全集》(三)，第145页。

故同意汉纳根的意见。

11月11日，李鸿章仍“与汉纳根、丁汝昌等面议”战守之策。汉纳根认为“即冒险添兵往助，似无大益”。“旅顺日船游弋，运兵船断不可往”，而且“语甚激切”。“丁汝昌拟即率六船由沽赴旅口外巡徼，遇敌即击，相机进退”[①]。是日夜丁汝昌仍在天津等候马格禄打探情况。

11月12日，因马格禄仍然未回，丁汝昌由天津返回大沽口。下午3时，率北洋舰队由大沽口驶赴旅顺。

11月13日晨6时，丁汝昌率舰队抵达旅顺口外老铁山附近海域，“望见口外老铁山西北有船发烟，九点六船到旅外抛锚”。查知“金龙”“镇东”下午到旅顺，丁汝昌“随即登岸晤各统领”。得知“芋头洼、小平岛倭均驻雷艇，旅口外每日有兵船三两只游弋。今早芋头洼驻一兵船、五雷艇，见我船到始开去”。丁汝昌建议旅顺守军“抽勇为迎击之师”[②]，主动出击，但未被采纳。

当天中午，丁汝昌得知崂嵂嘴炮台外又有日本雷艇数艘游弋。下午他回到舰上与众将领商议，为免夜间失事，于是日晚6时率舰队由旅顺开赴威海。

11月14日凌晨3时，丁汝昌率舰队抵达威海湾口。“定远”在前，“镇远”随后，“昨因风大水溜，浮鼓稍有移动”，“‘镇远’擦伤，左帮进水”[③]。丁汝昌急令驶近浅处抽水验伤。

当天上午丁汝昌即将昨日在旅顺情况及今早舰队进海湾口门外“镇远”受伤情况致电李鸿章报告。下午，丁汝昌、戴宗骞为加强威海南路成山、石岛等处防务事致电盛宣怀，“千乞两公速决大计，力请于中堂”，“如有善法亦乞早筹，迫切请裁定赐复”[④]。

自10月18日到11月14日，28天的时间里，丁汝昌有15天是带舰出海。虽然没有与敌对战，也没有拦住敌人的进攻，但对于腿伤未愈的丁老提督，能与年富力强的海军官兵驰骋海上，也的确不是一件容易的事情。

① 顾廷龙、叶亚廉主编:《李鸿章全集》(三)，第152～153页。

② 顾廷龙、叶亚廉主编:《李鸿章全集》(三)，第162页。

③ 顾廷龙、叶亚廉主编:《李鸿章全集》(三)，第163页。

④ 顾廷龙、叶亚廉主编:《李鸿章全集》(三)，第272页。

四、忧心如焚，竭力拼战

战局的急转直下，使北洋海军的处境更为艰难。特别是旅顺失守，丁汝昌更加成为攻击的靶子和战败责任的承担者。

面对清流党的弹劾诛杀和光绪帝的降旨问罪，北洋海军提督丁汝昌奋勇抗敌的爱国之心没变。他主动联络威海陆军，率带北洋舰队，协力共守，多次打退敌人的进攻，在无力挽救海军命运的最后时刻，拒绝降敌，自杀殉国。

（一）身处逆境，忠心不变

在甲午战争开战之前，清宫里以慈禧太后为首的"后党"与以光绪帝为首的"帝党"双方，围绕"和与战"展开了激烈争论。光绪帝为首的御使言官既不敢说慈禧太后，又无法搬掉李鸿章，因此，矛头直指北洋海军提督丁汝昌。从7月12日至8月13日，有多位御使言官多次弹劾丁汝昌。他们有人说丁汝昌"性情浮华，毫无韬略"，有人则不顾客观事实说他"一登兵轮，即患头晕"，还有人把丁汝昌率舰队五次巡海围剿未遇敌舰说成是"知其来而先避之，与之相遇而不击之"[①]，是"避敌畏怯"。强烈要求皇帝对丁汝昌撤职查办，易官换人。

黄海大战之后，随着形势的不断恶化，弹劾诛杀海军提督丁汝昌的呼声越来越高。10月7日，左庶子戴鸿慈首先对伤病未愈的丁汝昌弹劾，奏请将其立即罢斥。由此开始，新一轮对丁汝昌的弹劾愈演愈烈，其形式由个人奏劾变成多人一起弹劾，其目的也由奏请撤职换人变成诛杀问罪。其言辞之激烈、内容之荒诞，着实令人难以想象。

11月26日，光绪帝下旨：

> 前因旅顺告警，海军不能得力，降旨将丁汝昌革去尚书衔，摘去顶戴，以示薄惩。现在旅顺已失，该提督救援不力，厥咎尤重。丁汝昌著即革职，仍暂留本任，严防各海口，以观后效。[②]

皇帝的谕旨使清流党劾奏丁汝昌的胆子更大，也更加不择手段。11月27日，福建道监察御使安维峻等60多位御使言官联衔弹劾，集体要求诛杀丁汝昌：

---

① 中国史学会主编：《中国近代史资料丛刊·中日战争》（三），第39页。

② 顾廷龙、叶亚廉主编：《李鸿章全集》（三），第217页。

海军则敌未来而豫避，敌将至而潜逃。敌之所利必曲成之，敌之所忌必暗让之。上不奉庙算之指挥，下不顾军情之缓急，独往独来于荒陬穷岛之间，忍耻偷生，迁延首鼠，被天下之恶名、万国之讪笑，而夷然有所不恤。此真古今未有之奇闻！不可谓非我国家异常之妖孽也。倾闻旅顺失守，固由陆军不能力战，亦缘海军不肯救援，至敌水陆夹攻，得逞其志耳。丁汝昌一切罪状，屡经言官弹劾，早在圣明洞鉴之中。其尤可恨者，皮子窝未经失事以前，倭于大连湾北方小岛休兵牧马，经旬累月，而丁汝昌匿不以闻。迨至旅顺有警，倭船在大连湾与我军相遇，鼓轮北向整队徐行。而丁汝昌避之竟去，既不肯送援旅之兵船，又不能运济旅之饷械。姜桂题等孤军捍垒，血肉横飞，而该提督方安晏坐于蓬莱阁重帷密室之中，姬妾满前，纵酒呼卢，而视如无事。在该提督诞妄性成，且自谓内有奥援，纵白简盈廷，绝不能损其毫发。而军中舆论，则谓其外通强敌，万一事机危急，不难借海外为逋逃薮。人心汹汹，虑生他变。盖自汉纳根离船以后，更无人能强之用命。镇远之伤，林泰曾之死，情节隐约难明，益无人能测其为鬼为蜮之所底止！今旅顺既失，海面皆为敌有。彼若直扑威海，丁汝昌非逃即降，我之铁甲等船，窃恐尽为倭贼所得。事机至此，不堪设想！此薄海臣民所为拊膺仰首，以企望皇上一怒之神威。而臣等度势揆时，不能不极力言之，以蕲皇上一朝之宸断者也。合无仰恳天恩，明降谕旨，将丁汝昌暂行开缺，而授署理长江水师提督彭楚汉为海军提督；或即擢汉纳根为海军提督，令其速赴新任，既可保护铁舰，且可相机进剿。俟到任后，电谕新提臣将丁汝昌锁拿，解京交刑部治罪，以伸公愤而儆效尤。事宜密速，以防该提督线索潜通，预谋逃叛。[①]

通览奏折可知，60多位御使言官不但将旅顺失守的责任归结给丁汝昌，而且所叙之事严重失实。其编造虚构之荒诞，言辞激烈而夸张，着实令人气愤而惊叹。

在60多位御使言官集体弹劾丁汝昌的第二天，山东巡抚李秉衡又密陈奏折："海军主将率兵舰望风先逃……非立诛一二退缩主将、统领，使人

① 戚其章主编：《中国近代史资料丛刊续编·中日战争》(六)，中华书局1996年版，第533～534页。

知不死于敌必死于法，不足以摄将弁畏葸之心，作士卒敢死之气。”[①]

至12月12日，山东巡抚李秉衡虽然没有采取有力措施完成往威海后路调兵布阵的计划，但却不顾客观事实对丁汝昌再次进行更加严厉的弹劾：

> 提督丁汝昌为海军统帅，牙山之败，以致远船冲锋独进，不为救援，督率无方，已难辞咎。朝廷不加谴责，冀其自知愧奋，以赎前愆。乃丁汝昌骄玩性成，不知儆惧，闻皮子窝、大连湾一带为敌锋所指，将兵舰带至威海，以为藏身之固。倭船四处游弋，不闻以一轮相追逐。嗣李鸿章令其仍赴旅顺，始勉强以往。至事急，又复率兵舰逃回威海，仓皇夜遁，致将镇远船触礁沉坏。以经营十余年，糜帑数造成之海军，处旅顺形胜之地，乃竟望风先遁，将台炮、船坞拱手以与敌人，丁汝昌之罪尚可逭乎？

最后，李秉衡奏请皇上将丁汝昌“明正典刑”[②]。李秉衡因其特殊的身份，两次对丁汝昌有失公允的弹劾好似两颗重磅炸弹，为皇上降罪丁汝昌起了重要作用。

12月17日，光绪帝以丁汝昌“畏葸迁延，节节贻误，旅顺船坞是其专责，复不能率师救援，实属恇怯无能，罪无可逭”，“著拿交刑部，分别治罪”[③]。为了断掉威海海陆驻军将领及军民对丁汝昌挽留的念头，12月21日，清廷再次下旨：“丁汝昌著仍遵前旨，俟经手事件完竣，即行起解，不得再行渎请。”[④]

面对来势汹汹的奏劾与问罪，伤病未愈的丁汝昌虽然“无日不忧，心急如焚”，但仍抓紧组织威海海陆驻军的战备防守。首先是想方设法抢修受伤的主力战舰。因怕“镇远”舰“船漏而单，诸多未妥，且恐奸细甚多，出口远行，难保无事”[⑤]，所以，他请调霍良顺“带各匠百余到威，已饬其赶趱‘镇’‘来’两船工程”[⑥]。他没有因为天寒风大，“镇远”舰“水底施工糜费，难以速成”就放松质量要求，而是“拟再加木撑”，并在竣工后“出口试炮”。他在组织机匠修补“镇远”的同时，还抓紧“来远”舰紧要工程的抢修。组

① 中国史学会主编：《中国近代史资料丛刊·中日战争》(三)，第246页。
② 戚其章辑校：《李秉衡全集》，齐鲁书社1993年版，第176～177页。
③ 中国史学会主编：《中国近代史资料丛刊·中日战争》(三)，第262页。
④ 顾廷龙、叶亚廉主编：《李鸿章全集》(三)，第299页。
⑤ 顾廷龙、叶亚廉主编：《李鸿章全集》(三)，第280页。
⑥ 戚俊杰、王记华编校：《丁汝昌集》，第220页。

织得力人员“调‘威远’十生半炮二尊，安其耳台船后两处，勿需南下，不误战事”①。

丁汝昌虽被清廷谕为逮京问罪之人，但他对国家的忠诚丝毫没变，办事认真，是非分明，选用能人的作风仍一如既往。

当林泰曾自杀出缺，需荐举能人替补之时，他马上提名杨用霖署理。并指出杨用霖其人“虽非学堂学生出身，而自幼随船练习，于驾驶、测量尚能谙晓，平时操练钤束颇为得力，即东沟之战胆气尚好，为洋员所共知”②。甲午威海卫之战中杨用霖的出色表现，充分证明丁汝昌推荐起用杨用霖是正确的选择。

为了使北洋舰队能够更好地发挥作用，有利于协调各方面关系，有利于威海保卫战的开展，丁汝昌还力主推荐徐建寅“为提督帮办，或作监战大员”。其理由是“昨来威勘验，所论悉中机窍，战守机宜，颇知要领，忠勇之发，溢于言表”③。

但是，对于没有真才实学，又不是北洋海军急需的专业人员，即便是自己的上司，或是掌管北洋实权的外国要人推荐的人员，丁汝昌仍毫不客气地提出自己的不同看法。在光绪帝宣布将丁汝昌逮京问罪，“俟经手事件完竣，即行起解，不得再行渎请”的圣谕后，丁汝昌见到烟台税司送来的两名洋员炮首，他立即致电李鸿章报告：“惟投效炮首，知老炮者多，知新炮者少，人浮于事，以后请勿收录。”④

丁汝昌身处逆境，忠诚不变，还表现在坚决拒绝敌人的利诱与劝降。1895 年 1 月 25 日下午，日本海军联合舰队司令伊东佑亨托人给丁汝昌送来了劝降信：

> 夫大厦之将顷，固非一木所能支，苟见势不可为，时机不利，即以全军船舰，权降于敌，而以国家兴废之大端观之，诚以微微小节，不足拘泥。仆于是乎以声震宇内日本武士的名誉，请客下暂游日本，以待他日贵国中兴之际，切愿真正需要阁下报国时节到来，请阁下听纳友人诚实之一言。……今日阁下之所宜决者，厥有二端：任夫贵国依然不悟，墨守常经，以跻于至否之极，而同归于尽乎？抑或蓄留余力，以

① 顾廷龙、叶亚廉主编：《李鸿章全集》(三)，第 280 页。

② 顾廷龙、叶亚廉主编：《李鸿章全集》(三)，第 209 页。

③ 顾廷龙、叶亚廉主编：《李鸿章全集》(三)，第 259 页。

④ 顾廷龙、叶亚廉主编：《李鸿章全集》(三)，第 302 页。

为他日之计乎?[①]

面对敌人的利诱与威逼,丁汝昌毫无所动。这不但使北洋舰队广大官兵钦佩服气,而且也赢得外国军事顾问的广泛好评。北洋海军帮办英国人马格禄致电李鸿章称:

丁汝昌才能出众,忠勇性成,素为海军各将领所服。格禄与之共事,相知甚深。现值倭寇窥窜,时局艰难,恳请中堂奏保暂缓交卸,以系中外之望。所有参劾各节,均与丁提督无涉。如果必行拿问,诚恐海军中外各员,均以赏罚未能出于至公,海军局势,必至万分艰难云。[②]

(二)联络陆军,加强防守

北洋舰队退守威海卫后,李鸿章来电指示:"有警时,丁提督应率船出傍台炮线内合击,不得出大洋浪战,致有损失。"[③]遵照此令,丁汝昌又于11月23日在威海刘公岛再次发布命令:

目下军务紧急,刘公岛作为海军基地,严申军令,稽查逃勇,禁止滋事,密缉奸匪,以静谧地方。本提督驻威期间,此等事照章办理;因时常率军舰出海巡航,势难兼顾,特委托水陆营务处牛(昶昞)、护军统领张(文宣)发布告示,以期各员遵守:若海军营、舰、校、厂各所人员,不遵命令,且有酗酒、滋事、赌博、犯禁等事,由牛、张两员查拿,并酌情惩罚。本提督率军舰出征之际,各舰乘员畏怯而带舰退逃,或乘机逃脱者,亦由两员严缉审理。伤创疾病者准许入医院治疗。因公务上岸者务必准时归船,违者处死刑,以儆效尤。以上命令由牛、张两员书面发布,营、舰、校、厂各所应向所辖人员广为布告,遵照执行。特此训示。[④]

由于战局的变化,丁汝昌此次命令的重点是:"稽查逃勇,禁止滋事,密缉奸匪,以静谧地方。"而且根据旅顺基地的情况,他对北洋舰队所有官弁水勇提出警告,如有"不遵命令,且有酗酒、滋事、赌博、犯禁等事",或者有"畏怯而带舰退逃,或乘机逃脱者",都必须"查拿、惩罚"。对于因公务上岸者,他强调务必准时归船,"违者处死刑"。上述命令的发布,对于退守

① 戚其章:《甲午战争史》,上海人民出版社2005年版,第320页。

② 顾廷龙、叶亚廉主编:《李鸿章全集》(三),第344页。

③ 顾廷龙、叶亚廉主编:《李鸿章全集》(三),第219页。

④ [日]海军军令部编:《廿七八年海战史》卷下,第193～194页。

在威海刘公岛的北洋舰队，既是及时的，也是必需的，由此，我们也可以看出丁汝昌对舰队的管理是尽心的。

在管好北洋舰队和刘公岛海军基地的同时，他先后多次奔走于威海湾南北两岸，与陆军统领戴宗骞、刘超佩、刘树德以及刘公岛上的护军统领张文宣商谈布防事宜。在此期间，他尽个人与海军之所能，协调急需设备，构筑安全防务设施，关心兵勇与民工，制定奋勇杀敌之奖励方法，建议加强威海后路防御，做出了积极的贡献。

首先，建议多掘沟道，以备设伏。丁汝昌虽被撤职，但“连日会商，各防统将坚约与军舰相辅”。他致信陆军统领戴宗骞：“倭赴榆关，料不易逞志，铤而走险，是其惯习，宜更防其回扑我境也。”[①]为使守军能有效躲避敌人武器弹药的强大优势，建议南北岸守军均应“酌移营垒，使可联络，择要筑行炮土台，多掘沟道，以备设伏，避敌枪炮”[②]。

反复强调抓好后路防守。因驻威海北岸陆军兵少，而且分散，北岸后路空虚，丁汝昌主动调来水师官弁水勇，赴高山险要处加强后路防守。威海湾北岸“地阔兵单，万一不支，后路台垒设一有失，为贼所用”，则北洋海军在刘公岛上之船势将难支。丁汝昌不但数次“亲同勘度酌移，使可联络”。而且对于北岸3座海岸炮台的高峰处，“拨置陆炮，抽水师弁勇专守”。同时还“派马复恒酌带弁兵驻祭祀台守，兼以调度后山三顶，以资严护”[③]。

丁汝昌还积极帮助驻威陆军筹措紧要军用物资。对于“炮台所用量远近之镜”，他及时致信告诉戴宗骞：“敝军未备此物”，“查此镜据瑞乃尔称，山海关、天津武备学堂各有一架，威之赵北嘴台亦有一架。其山海关一架，归现在该处安炮德人夏教司管”。现在派人送去“捡量天尺一架，此亦能量远近，但不如前项之便捷耳”[④]，请查收使用。

帮助解决刘公岛护军守台巡逻周边人力“不敷分布”的问题。他不但及时请示李鸿章，而且还专门致电盛宣怀：

> 刘公岛周环廿余里，护军三营两哨守台，并派边巡哨，冀抽游击，临时实觉不敷分布。前禀帅请添三哨以足四营之数，以期周防。帅意恐无军装，空手无益。兹询张镇，据称现余军装足充三哨之用。似

① 戚俊杰、王记华编校：《丁汝昌集》，第222页。

② 顾廷龙、叶亚廉主编：《李鸿章全集》(三)，第233页。

③ 顾廷龙、叶亚廉主编：《李鸿章全集》(三)，第232页。

④ 戚俊杰、王记华编校：《丁汝昌集》，第222页。

此一时赶募赶操，信可得力。应恳婉陈帅座，倘蒙允行，乞速复转知赶办。再，该军前招工队三百名，本为安炮而设，俟炮安好，即行禀拨。[①]

关心兵勇民夫，激励英勇杀敌。丁汝昌不但对上述布防事情做了周密的安排，而且还十分关心兵勇及民夫的生计。他好心“劝戴发压饷，并挪款垫刘饷”[②]，帮助他们解决陆军兵勇的生活困难。此外，丁汝昌还坚持“重赏之下，必有勇夫”的观念，强调“贵在言出必行，方足振兴群力”；如果现银不多，就可请示中堂配发银票若干，“功至可以立奖，免周转延时，或失机要也”[③]。

在日军重兵围困北洋舰队时，丁汝昌还积极建议李鸿章：“重出赏格一节，现无银，已出票，每张百两，列号后，先盖海军提督印，如果赏与某人，须由该本管官过印，方准支付，如仅有昌印不算，乞饬立案。”[④]

当天夜里，李鸿章即复电丁汝昌：“备票作赏号，应照拟办理，已行台局立案。”[⑤]

积极配合陆军坚守陆路和岛上炮台。日军进攻威海湾南岸炮台时，丁汝昌亲率北洋舰队开赴威海湾南口海面靠岸处，击毙日本少将大寺安纯。自1895年1月20日至24日，日军从荣成成山龙须岛登陆了34600人，战马3800匹，以及大量的武器辎重。拥有先进武器的日本军队，一方面利用海军舰队监视、封锁威海湾口，另一方面，日本陆军凭借人多势重，武器精良，战马速快等优势，很快从荣成推进到威海湾南岸。1月30日，日本左翼队司令大寺安纯少将指挥部队轮番进攻南岸的制高点——冬青顶炮台（日军称“摩天岭炮台”）。

当天凌晨，听到南帮炮声不绝，丁汝昌即下令舰队备航待战。天刚放亮，他即率带“‘定远’‘济远’‘平远’以及另外四五艘炮舰排成一列，来到刘公岛与日岛之间，一边巡航，一边向东岸（即南岸——编者注）炮台猛烈发炮”[⑥]，努力阻止日军的进攻。

---

① 陈旭麓等主编，季平子、齐国华编：《盛宣怀档案资料选辑之三·甲午中日战争》上册，第317页。

② 顾廷龙、叶亚廉主编：《李鸿章全集》（三），第384页。

③ 戚俊杰、王记华编校：《丁汝昌集》，第220页。

④ 顾廷龙、叶亚廉主编：《李鸿章全集》（三），第374页。

⑤ 顾廷龙、叶亚廉主编：《李鸿章全集》（三），第375页。

⑥ 戚其章主编：《中国近代史资料丛刊续编·中日战争》（八），中华书局1994年版，第210页。

上午8时30分许，丁汝昌在望远镜里看到日军登上摩天岭炮台，立即下令北洋舰队各舰发炮齐轰，将攻上摩天岭炮台的日军左翼队司令大寺安纯少将和日本《二六新报》记者远藤击毙。大寺安纯是甲午战争开战以来日本军队阵亡的最高级别的将官。由此可以证明丁汝昌"以负罪至重之身"率北洋舰队英勇打击敌人的历史是真实的，可信的。

（三）坚守孤岛，不屈不降

威海卫失守后，北洋海军被日本海、陆两军围困在威海湾中的刘公岛上。面对数倍于己的敌人，丁汝昌召集马格禄、浩威、张文宣、牛昶昞、刘步蟾等洋员和将领共同商讨战守之策。大家认为：

> 若远出接战，我力太单，彼船艇快而多，顾此失彼，即伤敌数船，倘彼以大队急驶，封阻威口，则我船在外，进退无路，不免全失，威口亦危。若在口内株守，如两岸炮台有失，我船亦束手待毙，均未妥慎。……今则战舰无多，惟有依辅炮台，以收夹击之效。查威、旅海口情形迥异，旅顺口窄澳狭，船必候潮出口，非时不能转动，临阵不能放炮，既难依辅炮台，又实无益陆路。威海则口宽澳广，随时可以旋转，临敌可以攻击，事势不同。倘倭只令数船犯威，我军船艇可出口迎击，如彼船大队全来，则我军船艇均令起锚出港，分布东西两口，在炮台炮线水雷之界，与炮台合力抵御，相机雕剿，俾免敌舰闯进口内。即使陆路包抄南北两岸，师船尚可支撑攻击彼船。若两岸全失，台上之炮为敌用，则我军师船与刘公岛陆军，惟有誓死拼战，船沉人尽而已。①

他们最后商定了"依辅炮台，以收夹击之效"的抗敌之策，决心力筹死守，至船没人尽而已。

率带北洋舰队与北洋护军多次打退敌人的猛烈进攻。1月30日，在日本军队强行攻占威海南岸炮台的时候，丁汝昌即率北洋舰队与刘公岛炮台守军相互配合，持续轮番地与日本联合舰队本队的"松岛""千代田""桥立""严岛"四舰，第一游击队"吉野""高千穗""秋津洲""浪速"四舰，第三、第四游击队"筑紫""赤城""摩耶""爱宕""武藏""葛城""大和""鸟海"八舰，以及第二游击队"扶桑""金刚""高雄"等舰展开激战。"刘公岛炮台放大炮、小炮，清舰亦发弹，势颇激烈。'筑紫'舰烟突根为巨弹所中，伤水

---

① 顾廷龙、叶亚廉主编:《李鸿章全集》(三)，第347～348页。

兵四人。”[1]战至下午3时许，日本舰队的第二游击队又齐轰日岛炮台，刘公岛及日岛皆发炮还击，一颗从刘公岛射来的巨弹几乎击中“松岛”。当天夜里，日军第三鱼雷艇队的四艘鱼雷艇由今井司令指挥，试图“伺机以快速突击港内，但港内对鱼雷艇防守严密，未能达到目的，无功而归。”[2]

2月3日，丁汝昌率北洋舰队及刘公岛、日岛炮台守军，奋力抵抗日本海军联合舰队的海上进攻及南岸日本陆军的猛烈炮击。当天早晨，日本第一、第二游击队与联合舰队本队会合，三队战舰皆排成单纵队阵，在威海湾口外海域炮击刘公岛。占领南岸炮台的日本陆军与将修好的7门大炮配合海军猛轰刘公岛及港湾中的北洋舰队，中日双方展开激烈的炮战。据史料记述：“北洋舰队实已陷入重围之中，而丁汝昌以下毫无屈色，努力防战。”战至下午，日舰“筑紫”被击中，“左舷穿透中甲板，未爆炸，由右舷落入海中，打死士兵三名，伤官兵三名，舰体损坏”[3]。之后，日军“葛城”舰也中炮受伤。

然而，就在当天，率军勇战的丁汝昌又被给事中于联沅弹劾：“若不将丁汝昌立行褫除，则海军亦断无起色。”[4]这些纸上谈兵者的胡乱弹劾，既令人吃惊，也给前线将士带来压力和伤心。

2月5日凌晨近4时，丁汝昌与众将领、洋员在“定远”舰上彻夜议事，得知敌鱼雷艇闯入港内的消息，急忙登甲板察看敌艇行踪，发现敌艇即令开炮，就在敌艇中弹的同时，敌9号、10号鱼雷艇发射的鱼雷也击中“定远”舰。丁汝昌急令将“定远”舰驶向刘公岛东南浅海，作为水上炮台继续抵抗敌人进攻。当天，因“定远”舰受伤进水，锅炉熄灭，丁汝昌移驻“镇远”舰，并及时组织北洋舰队抵抗日本联合舰队本队及第一、第二、第三、第四游击队共22艘战舰的猛烈炮击。是日，双方炮战良久，皆有伤亡，但日舰仍难接近威海湾口。

2月6日凌晨3时许，丁汝昌下令各舰船搜寻并炮击进港偷袭的日军鱼雷艇。北洋海军利用探照灯急速在海面上搜寻日军鱼雷艇的做法，反而被敌艇利用，日军发射的鱼雷将“来远”“平远”“宝筏”三艘舰船击沉。北洋舰队实力更弱。

---

① 戚其章：《甲午战争史》，第355页。

② 顾廷龙、叶亚廉主编：《李鸿章全集》(三)，第212页。

③ 转引自戚其章：《甲午战争史》，第356页。

④ 中国史学会主编：《中国近代史资料丛刊·中日战争》(三)，第370页。

当天上午，丁汝昌率带“靖远”“济远”“平远”“广丙”四舰与黄岛炮台配合，对北岸陆军，以及向北口进攻的日军舰队进行还击。同时，还令其余各船与刘公岛、日岛各炮台配合，向南岸敌军以及向南口进攻的日本舰船猛烈开炮，击退日军发动的轮番进攻。

当天下午，日军在威海北帮：“三台山顶设快炮击我黄岛及舰艇，岛上居民男女老少数千人，麇集码头，哀求生路”，丁汝昌前往劝说，“抚慰方散”。[①]

2月7日，丁汝昌率北洋舰队及刘公岛炮台守军，艰难地抵抗日本海军及威海南北两岸陆军发起的总攻与炮击，多次打退敌人舰队13艘军舰的轮番进攻。敌“扶桑舰”被大炮击中：“刹那间一声巨响，舰身猛震，甲板被打烂一尺多的洞，三分厚的铁梁和梯子皆被击断，弹片纷飞，击毁左舷内侧，击到指挥塔的铁壁又弹回甲板，死伤达七人之多。”[②]另外，筑紫舰中弹，也死伤8人。

是日，由于日岛炮台弹药库被炸毁，一门地阱大炮被炸毁，另一门大炮也无法正常使用。无奈之下，丁汝昌下令驻守日岛炮台的萨镇冰率兵撤回刘公岛。

当天，北洋舰队及刘公岛炮台“台舰弁兵伤亡三百余名，伤心惨目，莫可言状。”又因“早间开战之后，大小十三雷艇，利顺、飞霆小轮皆逃”，岛上军心不稳。“至夜，护军各营兵麇集码头，求放生路。丁汝昌、张文宣抚慰稍安。”[③]

2月8日，丁汝昌更为艰难地组织海、陆两军奋勇抵抗日军的海、陆夹击。南岸炮台轰击岛上炮台及海湾中作战的北洋舰队军舰，“靖远”舰伤亡40余人，岛上学堂、机器厂、煤厂、民房皆有毁伤，岛内民人亦多伤亡，与各船水手又复哀求生路，丁汝昌晓以大义，“勉为固守，若十七日救兵不至，届时自有生路”。[④]

然而，就在丁汝昌统率刘公岛海陆两军顽强抵抗敌人海陆夹击之时，他又被吏科给事中褚成博弹劾：

> 海军提督丁汝昌，当各处被寇攻陷时，袖手旁观，虽迭奉严旨催令出援，而始终抗违，避敌惟恐不速，已属罪不容诛。……以海军之

---

① 中国史学会主编：《中国近代史资料丛刊·中日战争》（三），第521页。

② 戚其章：《甲午战争史》，第362页。

③ 中国史学会主编：《中国近代史资料丛刊·中日战争》（三），第521页。

④ 中国史学会主编：《中国近代史资料丛刊·中日战争》（三），第521页。

全力，不能保一口岸，纵非有心召寇，而其畏缩迁延，坐失要隘，较诸卫汝贵之临阵奔溃，罪尤过之，此次威海南岸炮台被夺，守将刘超佩等业经奉旨在军前正法。丁汝昌以专阃大员，违命辜恩，纵贼失地，罪状昭著，更无所用其讯鞫。相应请旨，电饬李秉衡将丁汝昌密速在军前正法，庶可抒万众积愤之心，而作三军同仇之气。[1]

2月9日上午8时许，丁汝昌再乘"靖远"舰，率"平远"舰及诸炮艇驶至日岛附近，与敌军舰队拼战。至中午时分，敌人从鹿角嘴炮台发射的两发炮弹击中"靖远"舰，"左舷破了，炮弹穿过了铁甲板，又穿过了右舷舰首，于是船头先沉了下去"[2]。丁汝昌与副将叶祖珪见船头下沉，"意与船均沉，乃被在船水手拥上小轮船"[3]，才得以生还。"靖远"舰中弹沉没，使北洋海军的力量更为削弱，但丁汝昌仍坚持统带北洋舰队与岛上护军抵抗日军的猛烈进攻。

2月10日，丁汝昌率带海、陆两军，趁日本舰队添煤装弹之际，也抓紧时间进行了必要的补给和修理。

当日，丁汝昌得知刘步蟾自杀殉国的消息，悲痛万分。面对舰毁人亡、军心杂乱的局面，他再次拒绝了洋员及部分官兵请求投降的要求。

2月11日，丁汝昌、张文宣等组织海陆两军炮轰前来进攻的日本联合舰队第三游击队，日军"葛城"舰受伤，其170毫米主炮手毙命，另有6人受伤，上午9时1分许，日本第三游击队见势不妙，只好整队撤离。上午10时40分许，复来进攻的日舰"天龙"船又被击伤，还击毙日军数名，伤10余人。令敌人没有想到的是"天龙"舰受伤死人后，继续来攻的"大和"舰又被击中，至11时15分许，损失严重的日本海军第三游击队在第二游击队的掩护下，撤往威海湾口之外的海域停泊。趁此机会，丁汝昌令北洋海军的"广丙""镇远""平远"等舰驶往威海湾靠近南岸的海域，炮轰南岸炮台日军。最终因火力不支，只得收兵。

（四）援军无望，自杀殉国

丁汝昌率北洋舰队和刘公岛护军奋力御敌的同时，也数次派人送信，寻求陆路救援。

---

① 中国史学会主编：《中国近代史资料丛刊·中日战争》（三），第398～399页。

② 戚其章：《甲午战争史》，第363页。

③ 中国史学会主编：《中国近代史资料丛刊·中日战争》（三），第521页。

首先，丁汝昌、牛昶昞、张文宣致烟台刘含芳的信函于2月5日中午送到：

南岸失后，巩军败向西去，倭以马队追之，我师船分队沿岸开炮，击杀倭兵多人，贼始折回。绥军出队亦败，刘镇超佩带伤先至威海，嗣送入医院养伤。戴道带随从十余人退入北岸祭祀台，宿子药库，次早昌等复往商战守之策。戴云：绥、巩军均向西散去，派人四出招集，所剩只绥军一营守炮台及保长墙等语。初七卯刻，复往与商，据云：所散兵招集不回，并台、墙守兵亦溃西去，两台只剩十九人。吴敬荣、温朝仪并所带协守水手，亦随绥军西去，祭祀台虽有马道及所部死守，然孤台不支，恐资敌用，我船及岛将立见灰烬。昌不得已，劝戴道移住岛中，将水师人撤回岛内，并挑选奋勇赴毁各台及药库、水雷营。戴道到岛吞金自尽，昌等现惟力筹死守，粮食虽可敷衍一月，惟子药未充，断难持久。求速将以上情形飞电各帅，切恳速饬各路援兵，星夜前来解此危困，以救水陆百姓千万人生命。匪特昌等感大德。[①]

2月7日晨，丁汝昌再次令水手教习李赞元搭乘“利顺”号小船从北口木栅门冲出，前往烟台送信求救。

当天上午，因“水师苦战无援，昼夜焦系”的李鸿章电令刘含芳：

如能通密信，令丁同马格禄等带船乘黑夜冲出，向南往吴淞，但可保铁舰，余船或损或沉，不至赍盗，正合上意，必不至干咎，望速图之。[②]

但是，至8日晚，丁汝昌既没有收到刘含芳派三人分三路发出的信函，更没有收到皇上“设法送信丁汝昌等，速为筹画，毋误事机”的圣旨。

2月8日夜里，丁汝昌在刘公岛见到了刘含芳派来送信的营弁夏景春，收到刘含芳转来李鸿章令其带舰突围的电报，立即修书禀复战况并求援：

倭连日以水陆夹攻，多以雷艇来袭。初十夜月落后，倭雷艇数只，沿南岸偷入，拼死专攻“定远”，旋退旋进，我因快炮无多，受雷一，尾机舱进水，急驶搁浅沙，冀能补救作水炮台，后以受伤过重，竟不能用。是夕，倭雷艇被我击沉一只，又被获一只，内有四尸，余逸出口。十一夜月落后，倭又以雷艇多艘，分路拼死来袭，毁沉我“来远”“威

---

① 顾廷龙、叶亚廉主编：《李鸿章全集》(三)，第415页。

② 顾廷龙、叶亚廉主编：《李鸿章全集》(三)，第417页。

远""宝筏"三船。十二晨起,倭以水师二十余艘,加以南岸三台之炮,内外夹攻,炮弹如雨,我军各舰及刘公岛各炮台,受敌船炮弹击伤者尚少,被南岸各台炮击伤者甚重,官弁兵勇且多伤亡。是日,日岛之炮及药库,均被南岸各台炮击毁,兵勇伤亡亦多,无法再守,只得将余勇撤回。当南岸各台未失以前,昌与张文宣等曾挑奋勇,备事急时即往毁炮,不料守台官既不能守,又不许奋勇入台行事,竟以资敌,贻害不浅,此船岛所以不能久支也。南北岸极其寥阔,现均为敌踞,且沿岸添设快炮,故敌艇得以偷入,我军所有举动,敌于对岸均能见及,实防不胜防。十三晨,敌全力攻扑东口,炮声一响,我小雷艇十只畏葸,擅由西口逃出西去,倭分队尾追,被其获去九只,余被击沉。以我艇资敌用,其害与南台同。自雷艇逃台,水陆兵心散乱,如十六七日援军不到,则船岛万难保全。各艇既不得力,且复擅逃,其官弁人等,必由浅沙登岸,务请各帅严拿正法。①

在给刘含芳写信的同时,丁汝昌还给陈凤楼写了一封求救信:"此间被困,望贵军极切。如能赶于十七日(即2月11日)到威,则船、岛尚可保全。日来水陆军心大乱,迟到,弟恐难相见。乞速救援。"②两信写好后,均交夏景春藏好带走。

2月9日凌晨,趁夜暗之时,丁汝昌派营弁夏景春从刘公岛偷渡到威海卫,从旱路赶往烟台。

当天下午1时许,乘"利顺"小轮前往烟台送信的水手教习李赞元赶到烟台向刘含芳报告,刘公岛军民"惟望援眼穿,水陆数千人徒增血泪。"刘含芳立即向李鸿章电报:"即刻水手教习李赞元来烟……该弁称丁提督等受困,一言难尽,声泪俱下云。"③

2月10日傍晚,营弁夏景春将丁汝昌请求救援的信函交给刘含芳。此时,距离丁汝昌向岛上兵民承诺的最后时限仅有20多个小时的时间。

令人遗憾的是,因为山东省可调兵力有限,山东巡抚李秉衡在20多天的时间里所派之兵很少,而且战不能胜,早已西撤。李秉衡本人也于2月8日撤出烟台西奔,移驻莱州,放弃了对北洋海军的救援。

---

① 顾廷龙、叶亚廉主编:《李鸿章全集》(三),第431~432页。

② 《李秉衡致陈凤楼电》,《山东巡抚衙门档》,中国第一历史档案馆藏,转引自戚其章著:《甲午战争史》,第432页。

③ 顾廷龙、叶亚廉主编:《李鸿章全集》(三),第427页。

2月11日，在威海湾观战的英国军船到烟台告诉刘含芳："'靖远'又击沉，各船打得甚好，各国都佩服，可叹无援。亲见丁提督望援，两眼急得似铜铃一样。"[①]同样，光绪帝数次下旨调援的其他部队，至2月11日，"丁镇（指丁槐）已单骑到黄县（今龙口市）"，另"有两营今日到济"，"陈镇率马队三营到莱州"[②]。陈镇即是丁汝昌特别致信求救的陈凤楼，因为丁汝昌深知陈凤楼的"马队三营"不但速度快，而且他与陈曾有交情。只可惜，2月12日"陈镇马队已奉旨调直，望催其速行"。李鸿章自己也无奈坦言："刘公岛孤军危急，恐不能救，奈何？"[③]

丁汝昌寻求救援的计划彻底破灭，但他还是毫不犹豫地拒绝日军的劝降和部分洋员、兵勇投降敌人的建议，决定自杀殉国。

早在11月5日，丁汝昌在致信张士珩时就直言不讳："现惟缮此烬余，竭此衰躯，效命以报。"[④]在日军进攻威海卫之前，他就派人将北洋舰队的重要文件或信函送到烟台交刘含芳妥善运管。还在11月22日，为债务事项致信樊时勋：

> 弟从事海军十余年，历年积亏公款万余金。现时局如此，誓与倭奴不能两立。而亏累一时未克补填，惟有暂且变通，由尊处账内作收规平银陆千金，借资展转。事局稍定，当由弟设法赶归。万一有意外之变，即与小儿葆翼结付，已告彼牢记矣。[⑤]

由此可见，丁汝昌已在为"意外之变"做了周密的安排。

至11月24日，丁汝昌致电李鸿章表示："除死守外，无别策。"海军如果战败，万无退烟台之理，"惟有誓死拚战，船沉人尽而已"[⑥]。

丁汝昌说到做到。至2月8日，丁汝昌已数次安抚乞求生路的岛民和兵勇，而且严词拒绝洋员戴乐尔、瑞乃尔等人的投降建议。

2月11日，是丁汝昌安抚岛民"届时自有生路"的最后时限。丁汝昌"知援兵无期"，"水陆兵勇又以到期相求"，他"几次派人将镇远用雷轰沉，众水手只顾苦求，无人动手"。夜间，"水陆兵民万余人哀求活命"。丁汝昌决定实践自己以一身报国的诺言，遂饮鸦片自杀殉国。

---

① 顾廷龙、叶亚廉主编：《李鸿章全集》（三），第436页。

② 顾廷龙、叶亚廉主编：《李鸿章全集》（三），第432页。

③ 顾廷龙、叶亚廉主编：《李鸿章全集》（三），第433页。

④ 戚俊杰、王记华编校：《丁汝昌集》，第218页。

⑤ 戚俊杰、王记华编校：《丁汝昌集》，第221页。

⑥ 顾廷龙、叶亚廉主编：《李鸿章全集》（三），第344页。

通过以上事迹的列举，我们可以清楚地看到：甲午战争期间的丁汝昌，对国家、对民族是忠诚的，是尽心尽力履行了北洋海军提督职务的。在反对和抵抗外国侵略者的斗争中，做到了旗帜鲜明、积极主动，任劳任怨，忍辱负重，身先士卒，带伤督战。特别是在甲午威海卫保卫战中，能够正确对待御使言官不顾事实的弹劾和诛杀，化冤屈为动力，丢弃个人名利恩怨，坚决拒绝敌人的劝降和利诱，率北洋舰队广大将士，联络炮台守军，在敌我力量极为悬殊的情况下，积极防御，奋勇杀敌，勇敢打退敌人的多次进攻。在援军无望、兵心大变、无力挽救北洋海军命运和战局的最后时刻，拒绝投降，自杀殉国，兑现了以身许国的承诺，保持了中国军人传统的战争观和气节观。

（原载于戚俊杰、郭阳主编：《北洋海军新探——北洋海军成军120周年国际学术研讨会论文集》，中华书局2012年版。有改动）

略述丁汝昌后裔抗日杀敌的爱国真情

——写在抗日战争胜利70周年和刘公岛开放30周年之际

2015年，是中国人民抗日战争暨世界反法西斯战争胜利70周年，也是北洋海军提督丁汝昌等爱国将领拒绝投降自杀殉国、甲午惨败、《马关条约》签订120周年，也是闻名海内外的刘公岛对外开放30周年。在这个特殊的历史节点上，略述北洋海军提督丁汝昌的子孙后代，继承先辈的遗志，热爱祖国，不怕牺牲，积极参加抗击日本侵略者的艰苦斗争，以及他们为争取中华民族的独立解放和民族复兴而勇往直前、默默奉献的感人事迹，对于世人了解爱国将士后裔们的爱国行为和民族精神，是十分必要的；对于铭记近代以来中华民族遭受侵略和战胜侵略的历史，对于缅怀无数奋勇抗击外敌侵略而战死的祖辈先贤，开创更加和平美好的未来，也是大有裨益的。

一

2000年由西安超人制作的硅胶人物塑像。右一为北洋海军提督丁汝昌、右二为威海卫驻军水陆营务处提调牛昶昞、右三为北洋海军右翼总兵兼“定远”舰管带刘步蟾。

自20世纪70年代后期开始，怀有深深甲午情结的威海人就多次奔赴安徽、江苏、上海、湖北、福建、天津、北京、辽宁等省市，访问丁汝昌的曾孙女丁爱华、丁爱琴、丁荣淑(丁发俊之女)、丁亚华与其爱人张铚秀将军、丁亚芳及其儿子赵益民和赵怀民、丁亚苏与爱人李文峰先生、曾孙丁荣涛等兄弟姐妹以及丁汝昌的第五代孙丁爱萍、丁昌明、丁昌仁、丁小龙、丁小明、丁平、丁杰等。通过采访了解到，北洋海军提督丁汝昌的后裔们继承了丁老提督的遗志，在国家生死存亡的关键时刻，有着为了争取国家的独立和民族的解放，毅然奋起，前仆后继，积极抗战，英勇牺牲的感人事迹。

中国甲午战争博物馆馆长戚俊杰在湖北武汉向丁汝昌曾孙女丁爱华(右一)赠送图书资料。

在120年前的1895年1月30日凌晨，威海卫与刘公岛保卫战打响了。面对数倍于己、海陆两面进行夹攻的日军，北洋海军广大爱国将士浴血奋战，屡挫强敌。在十多天的时间里，先后多次打退敌人对海上和陆地的进攻。最后，在弹药将尽、援军无望的情况下，丁汝昌、刘步蟾、张文宣、戴宗骞、杨用霖等宁死不降，自杀殉国。北洋海军在刘公岛全军覆没，甲午战争惨败。面对这样的结局，清政府既没有认真思考日本侵略中国的根本原因和历史背景，更没有检讨平时麻痹松懈、缺乏国家安全防御机制、被动仓促应战的教训，而是把甲午战争失败的原因统统推给北洋海军广大官兵。因而，有的人误以为北洋海军提督丁汝昌及其主要将领，胆小怕死，无所作为；还有的人甚至盲目地认为他们庸碌无能，误国误民。这些违背客观事实的不公正评价，百余年来使广大北洋海军将士的后裔，一直背负着沉重的思想包袱。当中华民族再次面临被分割和灭亡的危险时刻，爱国将士的后裔们却义无反顾地继承了先辈的遗志，积极投身到保卫国家的伟大斗争中去，充分体现了他们的爱国情怀。

1931年，日本利用贼喊捉贼的方式挑起了蓄谋已久的“九一八”事变，武装侵略中国东北。六年之后，日本侵略者又挑起了全面侵华战争，致使中华民族到了亡国灭种的最危险境地。面对穷凶极恶的日本侵略者，丁汝昌的后裔们自觉投身到伟大的民族自救运动之中，展现出爱国将领后裔的惓惓报国之心。

丁汝昌的嫡孙丁智仁，又名丁睿，丁汝昌小儿子丁代禧(丁幼廷)的第四子，早年曾经在山东省盐务局供职，也曾在爱国名将、家乡人冯玉祥将军的部队供职。丁智仁因武功高强，为人正直，仗义疏财，深得冯玉祥将军的器重和信任。后来他秘密加入了中国共产党，全身心地投入到民族自救的伟大事业中。西安事变爆发后，在中国共产党的积极推动下，国共两党达成一致，建立了反对日本侵略的统一战线，丁智仁奉命调到陕甘宁革命根据地工作。期间，通过书信往来，对子女晚辈进行爱国抗日的思想教育，这也为他的家人积极参加抗日战争夯实了牢固的思想基础。令人万分遗憾的是，1941年夫人张德媛收到丁智仁寄来的最后一封家信后，再也没有了任何丁智仁的音信。

20世纪50年代，丁汝昌孙媳妇(即丁代禧之子丁智仁的妻子)张德媛(前中)与女儿丁亚华(后排左三)、女婿张铚秀(后排左二)、女儿丁亚芳(后排左四)、女儿丁亚苏(后排左一)、外孙张政民(前排左三)、外孙女张益群(前排左一)在南京合影。(该照片由丁汝昌第五代外孙赵怀民提供)

丁智仁的夫人张德媛女士，生于1897年。她勤劳善良，知书达理，热爱国家，支持抗战，是一位典型的默默奉献、不求回报的传统中国女性。丁智仁和张德媛的5个子女(其实，他们共生了10个孩子，长成者有1子4女)，也都积极投身于拯救中华民族的伟大抗日运动之中。抗战时期，坐落在安徽省巢县高林乡汪郎中村的丁汝昌故居——丁家大宅院，成为中共地下党组织活动和联络的中心地点。

丁智仁的大女儿丁荣淑(1914～1946)，在家里帮助母亲管理家务，主动为新四军搜集、传递有关情报。在生死攸关的关键时刻，张德媛和丁荣淑毫不犹豫地卖掉家里的稻谷，为共产党和新四军筹措急需的军需经费。在解放战争时期，她又不顾自己的安危，以六甲之身为掩护，侦察并画出国民党军队的驻防布阵图，及时交给中共地下党组织，为及时消灭国民党军队的八挺队立下首功。丁荣淑的丈夫夏敬三出身名门望族。其父夏仁澍，系京师大学堂毕业的优等生，曾任同盟会支部干事，著有《伦理学》等书籍。夏敬三北京大学毕业后回到安徽，在皖江中学教书，为新四军培养了许多优秀的人才。新中国建立后，由于其渊博的知识和卓越的贡献，他被聘为安徽省文史馆馆员。丁荣淑与夏敬三的儿子夏柏林出生于1931年，少年时代一直都生活在汪郎中村丁汝昌故居，深受长辈们影响，小小年纪就帮着长辈做有利于抗击日本侵略者的事情。在解放战争时期，参加了中国人民解放军，并随大军南下作战。在炮击金门的战斗中，由于其出色的表现，受到华东野战军的表彰，在授勋仪式上，时任华东军区暨第三野战军参谋长的张爱萍亲自给他佩戴军功章。如今，已是耄耋之年的他，仍然身体健康、精神愉快。

丁智仁和张德媛夫妇的二女儿丁亚华(也叫丁荣铚)，出生于1921年，因受父亲丁智仁的影响，1939年1月就参加了抗日队伍。那时候，还不到20岁的她常常以给学生讲课为名，掩护设在他们家的地下党秘密联络站和党组织。多次出色完成中共地下党交给的各项工作任务。1942年1月，精明强干的丁亚华光荣地加入了中国共产党。她的入党宣誓仪式是在自家门前老槐树下举行的。同年10月，她高兴地穿上了新军装，正式加入了新四军，担任五十六团的文化教员。期间，她结识了年轻的老红军、江西永新人张铚秀。共同的奋斗目标和忘我的工作精神使这对年轻人迸发出爱情的火花。同年12月，丁亚华与新四军七师五十六团团长张铚秀结为伉俪。

北洋海军提督丁汝昌曾孙女丁亚华在刘公岛北洋海军提督署参观考察结束前，应邀为博物馆题词。

1943年3月，张铚秀奉命担任含和支队参谋长，除了抓军事工作，还具体负责后勤保障工作。丁亚华则担任含和支队后勤部的指导员。当时的含和地区地理位置特别重要，东临长江，与南京、芜湖的日伪统治中心近在咫尺。日伪军在这里部署有数千人的兵力，建有大大小小100多个据点。国民党顽军也十分重视对这一地区的争夺和封锁，企图把新四军挤走。面对十分恶劣的工作环境，为了尽快解决支队的供给问题，他们夫妻二人相互支持，相互鼓励，很短时间内，就在含和地区建起被服、织布和生产日用品的小工厂。他们将工厂生产出来的被褥、服装等军需品，分片储藏在一些村子里，使抗日队伍不管走到哪里，都可以及时得到补给。特别能干的张铚秀还直接领导办起了兵器修理所，并逐步发展成为翻修子弹、制造手榴弹、地雷和维修各种兵器的兵工厂。最后，又由一个厂扩充为三个兵工厂，共有员工四五百人，基本满足了部队的战斗需要。

在抗日战争最后的两年半中，张铚秀和支队其他领导一起，带领含和支队同日伪军和顽军进行大小战斗四五百次，共消灭敌人4000多人。在此期间，已为人母的丁亚华巾帼不让须眉，在自己的工作岗位上出色地完成了各项工作任务。

中国甲午战争博物馆馆长戚俊杰在北京向捐赠文物的丁汝昌曾孙女丁亚华（左一）及其爱人张铚秀将军（左二）颁发收藏证书。

张铚秀和丁亚华夫妻两人为了国家的独立和民族的复兴，不顾个人安危，出生入死，转战南北，成为打败日本侵略者和新中国建立的功臣。新中国建立后，他们为了国家的安宁和人民的幸福仍然不辞辛苦，无私奉献。他们的8个儿女也都积极应征入伍，成为新一代自愿卫国戍边的优秀军人。在20世纪70年代后期至80年代中期的对越自卫反击战中，时任昆明军区司令员的张铚秀与夫人丁亚华，毫不犹豫地把大儿子张政民、二儿子张卫民、三儿子张学民、三女儿张丽俐送上战斗前线。二女儿张新星因生孩子未能上前线，但她的爱人邓南岗却在空军参加了作战任务。他们的大儿媳妇张和英虽然是在后方总医院，“每天只能睡2～3个小时，因为伤员常常夜间到达，我们就要马上看伤情、写病历、每天早上5点就要给伤病员换药”。功勋卓著、位高权重的大军区司令员张铚秀将军和夫人丁亚华，在社会追求名利、贪图享受的背景下，仍一如既往地继续发扬八路军、新四军“冲锋陷阵，一往无前，前赴后继，英勇战斗，生生不息，冲锋不止”的伟大抗战精神，充分体现了老一辈革命家的宽广胸怀和无私奉献的伟大精神。

丁亚芳(1923～1998)，也叫丁荣玺，是丁智仁的三女儿。受家庭的影响，刚刚20岁的丁亚芳于1943年5月就加入了中国共产党，并积极投身到轰轰烈烈的抗日运动中。她曾从事过教育工作，也担任过合作社的妇女主任。不幸的是，“文革”爆发以后，进入不惑之年的她受到冲击，也长期失去工作，病休于家中。即便如此，她的爱国真情也没有受到丝毫影响。1986年5月29日，她曾致信巢县银屏区委，请求查明丁汝昌七星雌雄佩身宝剑的下落。她在信中真诚地写道：

> 曾祖父为国捐躯后，留给我们后辈七星雌雄佩身宝剑一对。此剑一支由我母亲张德媛妥为保存。另一支由我堂兄丁浩然、张世英夫妇(两人原系教师，后均被划为“右派”，并开除回家)保存，他们住在高林乡汪郎中村丁汝昌故居中。
>
> 1955年我母亲随姐姐丁亚华去部队生活，将此剑重托我们夫妇保管。……这对佩剑，我们视为家宝文物，小心翼翼地予以保藏，准备将来献给国家。
>
> 1958年，我爱人赵介成同志，为响应国家号召，将宝剑的其中一支献给国家，交给当时大队负责人赵世英、赵开举(此两人均居大赵家村)，并重托再三，阐述宝剑的价值和意义，定要转交给国家，但至今国家未曾见到，下落不明。保存在堂兄丁浩然夫妇处那一支，1961年底，我们再次取回准备献给国家。但在大讲阶级斗争的形势下，丁浩然夫妇被视为私藏兵器、企图变天的不法阶级敌人，限期不交出宝剑，绝不给予好下场。在形势所逼下，丁浩然夫妇来我家哭泣哀求，将此剑取回，交给当时高林公社中心大队干部汪国清，他们二人方才解脱。该剑交汪后，汪至今未上交国家，现在何处不明。
>
> 丁汝昌身为爱国将领，他的遗物若能留给后人瞻仰，定能激励后辈的爱国精神、民族气节。如今上述文物落入私人之手，引为憾事。特呈文仰求领导，根据提供情况查找宝剑下落，不胜感激！

透过丁亚芳信件的字里行间，我们深深感受到她对国家的热爱和对党组织的信任与期盼。

丁亚芳的爱人赵介成(1923～1984),是巢县散兵镇大赵家村人。早年与丁亚芳就读于中共皖中区党委创办的“皖中无为中学”(即“皖江联立中学”的前身)读书。受进步思想的影响,赵介成很早就走上了抗日道路,并于1941年加入了中国共产党。他们夫妇在家乡大赵家以教私塾为掩护,坚持开展地下抗日斗争。新中国成立后,他们仍然在家乡从事教育工作。在巢湖市居巢区方圆数十平方公里范围内,老百姓都一直尊称丁亚芳与赵介成两位为“大先生”。他们的大儿子赵益民子承父业,也是一位深受乡人尊敬的人民教师。

丁亚苏,曾用名丁荣美,1933年(一说为1931年)6月出生,是丁智仁最小的女儿。受姐姐和哥哥的影响,小小年纪的她爱国上进,学习勤奋,而且还积极参加儿童团的相关活动,为抗击日本侵略者的伟大斗争添砖加瓦。1949年6月,刚满16岁的丁亚苏就正式参加了革命队伍,1950年,她又参加了中国人民志愿军,积极投身于抗美援朝的伟大事业中。由于其工作努力,表现突出,1951年7月加入中国共产党。她勤奋努力,不怕牺牲,表现突出,曾荣立三等功8次,并荣获朝鲜人民民主共和国军功章和中国人民解放军胜利功勋荣誉章。先后出席了军区后勤部、南京军区和中国人民解放军总后勤部积极分子代表大会。抗美援朝胜利后归国,她作为青年积极分子的优秀代表,被保送进入上海第二军医大学学习深造。在新中国建设过程中,丁亚苏依然保持旺盛的革命精神,学习更加勤奋努力,工作更加忘我投入,多次转换工作岗位,始终坚持干一行爱一行干好一行,出色完成了党和军队赋予的各项任务,成为和平建设时期的优秀代表。1958年出席了第二次全国社会主义建设青年积极分子代表大会,受到周恩来总理等党和国家领导人的亲切接见。同年11月,被南京军区荣记一等功。1959年,被中华全国妇女联合会表彰为“全国三八红旗手”。大学进修毕业后,丁亚苏被分配到南京军区的卫生医疗机构工作,历任解放军第八一医院内科医生、主治军医、副主任医师。1988年3月离职休养。近30年间,她始终保持老党员、老军人的高尚情操,热心公益,奉献余热。25年前,由于爱国将领丁汝昌的渊源,我们在江苏省南京市寻访到了丁亚苏前辈。她和爱人李文峰先生不仅将珍藏的先祖遗物无偿捐赠给我馆,还积极动员其他亲属无偿捐献文物。

为纪念北洋海军提督丁汝昌悲壮殉国105周年，中国人民解放军著名画家钟开天为北洋海军提督丁汝昌作画。该画表现了60岁的北洋海军提督丁汝昌，率北洋舰队与刘公岛上的北洋护军，多次打退日军的海上和陆上进攻，最后在弹尽援绝的情况下，宁死不降，服毒自杀前的悲壮场景。

坐落在刘公岛丁汝昌寓所前花园的北洋海军提督丁汝昌坐式铜雕像，1997年落成。

2000年夏季，北洋海军提督丁汝昌后裔在刘公岛北洋海军将士名录墙前合影留念。

在纪念北洋海军提督丁汝昌殉国105周年之际，丁汝昌第五代外孙张为民向中国甲午战争博物馆捐赠了丁汝昌家用物品。

2000年，在丁汝昌等爱国将领自杀殉国105周年之际，丁亚苏与李文峰夫妇自费征集了100多件纪念书画作品，其中有许多老将军的宝贵墨宝，全部无偿捐献给了中国甲午战争博物馆，并与丁汝昌的其他后裔一起参加了我馆举办的纪念丁汝昌殉国105周年书画作品展览。这种纯真无私的爱国真情，千金难买，高尚无价。2014年是中日甲午战争爆发120周年，丁亚苏多次打电话给我，表示要为刘公岛甲午战争纪念地这处爱国主义教育示范基地做点新贡献。鉴于他们已是耄耋老人，且离休收入不是太多，每次我都真诚地予以谢辞。丁亚苏前辈也非常真诚地表示，下次再来刘公岛时一并将钱款捐出。但令人想不到的是，2015年3月7日，令人尊敬的革命老前辈丁亚苏突发脑出血症，经紧急抢救无效，不幸病逝，享年82岁。

丁智仁的儿子丁荣纬(1922～1947)，也叫丁星武。在姊妹5人中他排行第三，与二姐丁亚华同是属鸡的，只不过丁亚华是年头的大鸡，而他是年尾出生的小鸡。丁荣纬刚刚步入16岁那一年，风华正茂，还在无为中学读书的他，就光荣地加入了中国共产党。后来在新四军所管辖的游击队中担任指导员。有一次在巢湖边执行作战任务时，陷入大批日伪军的包围之中，因寡不敌众，丁荣纬只好潜水游到芦苇丛中躲避。丧心病狂的日伪军进行了拉网式的反复搜寻，胆大心细的丁荣纬硬是在巢湖里苦苦藏了七天七夜，等敌人撤走获救时，他已经是生命垂危，奄奄一息，全身出现了严重的水肿。从此之后，他原本健康的身体就落下了难以治愈的病根。1945 年 8 月 15 日，日本宣布无条件投降，中国人民取得抗日战争伟大胜利，年轻的老革命丁荣纬因身体适应不了部队行动，愉快地服从党组织的细心安排，由军队转入地方从事教育工作。但终因那次落下的病根愈来愈重，1947 年，年纪轻轻的丁荣纬就离开了人世。其夫人魏柏珍与儿子丁昌明一直在汪郎中村，20 世纪 50 年代后期才离开丁汝昌的故居。

1997 年夏季，丁汝昌第五代孙丁昌明在刘公岛丁汝昌寓所向中国甲午战争博物馆无偿捐赠丁汝昌用过的砚台。图为丁昌明先生（前左一）接受馆长戚俊杰颁发的收藏证书。

另外，丁汝昌的曾孙、丁智仁的亲侄子丁荣伦，紧随叔叔的步伐，很早就献身于抗击日本侵略的伟大斗争中。在对日寇的作战中，他机智勇敢，敢打敢拼，冲锋在前，不幸牺牲在抗日战争的战场上，成为英名永垂的抗日烈士。

丁荣伦的胞兄丁荣经，也叫丁文中，是中国共产党的一位优秀的地下工作者。在杨克鹏同志领首编印的皖江联立中学师生通讯录中，清楚地列有丁荣经的名字。早在 20 世纪 40 年代初，丁荣经即在皖江联立中学负责学校的总务工作，并兼职给附小的学生讲课。1945 年，抗日战争胜利后，新四军奉命北撤，中共党组织根据需要，把丁荣经留下，任无为县城郊游击区新民区区长。随着形势的不断恶化，为了掩护组织上交给自己的地下工作，他想方设法打入敌人内部，进入无为县县政府做秘书。1948

年春节，丁荣经在无为县城堂妹丁荣霞家中吃除夕饭刚刚离开，敌人即来搜捕。第二天，丁荣经便将一包材料交给堂妹保管，临行前说明，他去县政府，若不出来讨取，就及时将其销毁，以免堂妹家遭到连累。新中国成立前夕，丁荣经同志与许多忠贞的地下工作者一起，被反动派杀害。据无为县城幸存的老人讲，在押解这些共产党人去往刑场的路上，丁荣经始终坚贞不屈，昂首挺胸，高呼革命口号，直到英勇就义。但令人遗憾的是，由于地下党组织遭到破坏，丁荣经牺牲后，没有享受到一个革命者应该得到的尊严和待遇。其胞妹、年过古稀之年的丁亚芝在1990年和1997年数次致信安徽省无为县县委书记和民政局，真诚希望无为县委和县政府能“坚持实事求是的原则，对为革命不畏艰险、不惜献身的所有同志，当要查明情况，做出确切结论，以慰死者精神，以安亲属悲愤，以励革命后代奋发上进”。

历史告诉我们，北洋海军提督丁汝昌的后裔们，继承了爱国将领的遗志，在反对外国侵略者的残酷斗争中，不怕流血牺牲，敢于冲锋陷阵，甚至不惜牺牲自己宝贵的生命，充分展现出他们对国家的无限忠诚。

二

1985年，是北洋海军提督丁汝昌等爱国将领殉国90周年。是年春季，中共中央、国务院、中央军委批准刘公岛正式对外开放。清朝北洋海军提督署及其附属建筑也陆续由军队移交地方管理，中国甲午战争博物院（原名威海市北洋海军提督署文物管理所，1992年更名为中国甲午战争博物馆，2009年更为现名）由此诞生。刘公岛甲午战争纪念地于1988年1月13日，被国务院公布为全国重点文物保护单位。这里既是开展爱国主义教育的重要场所，也是发展旅游事业的重要资源，也是研究近代海防的重要实物例证。然而，经过90年的沧桑巨变，几经战乱的北洋海军提督署内的陈设物品和文献资料早已荡然无存。刚刚建立的中国甲午战争博物院除了这些古建筑，馆藏文物一片空白。为了填补我馆文物收藏的空白，我们通过不同的途径，主动寻找各种线索，拟定多种方案，千方百计与广大北洋海军将士后裔建立通信联系，详细介绍甲午海战与爱国官兵英勇杀敌，以身殉国的感人事迹，交流我们开展爱国主义教育的信息，激发他们的爱国真情，增加相互之间的信任，以此打好寻访见面的基础。

众所周知，发生于20世纪60年代的无产阶级文化大革命，极“左”路线的影响既深且广，致使许多北洋海军爱国将士的后裔遭受冲击，并受到不公正的待遇。他们原来珍藏家中的甲午战争遗物，有许多是在文化大革命“破四旧”时被抄走、毁坏。能够保存至今的少数物品，已成为他们寄托情思、教育后代的秘密珍品。出于自我保护意识，他们不会轻易地告诉外人，更不会把冒着生命危险保存的文物史料轻而易举地捐赠给博物馆或纪念馆。

功夫不负有心人。我们用真诚赢得了北洋海军将士后裔的真情回报。1990 年夏天，北洋海军提督丁汝昌第四代孙女丁亚华前辈和爱人张铚秀将军带着儿女来北洋海军提督署参观考察时告诉我们：“老家汪郎中村可能还有点东西，你们可以去汪郎中村找丁昌仁、丁小龙、丁小明几个弟兄问问。”于是，我们即开始筹备去寻访北洋海军将士后裔的相关事项。1992 年秋，我们首先选择去丁汝昌的老家——安徽省巢湖地区巢县高林公社汪郎中村。

经过事前调查得知，在巢湖地区巢县汪郎中村居住的丁汝昌的第五代孙有丁昌仁、丁小龙和丁晓明（其长兄丁昌志在合肥工作，而排行第五的丁小伢那时已经去上海从事水产品的经营活动）。他们的父亲是丁荣澍（也叫丁浩然），是丁汝昌长子丁代龄（丁继廷、丁少廷，1862～1884）的二孙子，与丁杰的父亲丁荣涛是亲兄弟。

中国甲午战争博物馆工作人员在安徽省巢县城内采访北洋海军提督丁汝昌后裔。左一为丁汝昌第五代孙丁爱平、左二为丁汝昌第五代孙丁杰、左三为丁汝昌曾孙丁荣涛（丁杰的爸爸，丁荣澍的弟弟）。

他们的父亲丁发聪（也叫丁弼臣，是丁代龄的遗腹子）。丁荣澍出生于 1919 年，完成学业后即从事教育事业。因其家庭影响力大、有文化，曾担任过国民党县政府的参议员。20 世纪 40 年代初，丁荣澍与小自己两岁的安徽省肥东县的知识女性、同为教育工作者的张世英结合为夫妻。

新中国建立后，丁荣澍与妻子张世英双双成为人民教师，继续在巢县老家乡村从事教学工作。那时候，他们两人及其子女均为农村人十分羡慕的、吃国家供给粮食的城市户口。丁荣澍老师因为家庭成分是破落地主，本人又有国民党县参议员短暂的经历，所以他只是巢县高林乡官泉行政村小学一名很会教学的普通老师。而其妻子张世英则担任高林乡大江小学的校长。那个时期，他们的大儿子丁昌志（1945 年出生）、二儿子丁昌仁（1947 年出生）、大女儿丁玉琴（1950 年出生）、三儿子丁小龙（1952 年出生）、四儿子丁小伢（1955 年出生）、小女儿丁梦琴（1957 年出生），均跟随母亲张世英居住在大江小学。

丁汝昌第五代孙丁昌仁（左三）、第五代外孙赵益民（左二）在巢县汪郎中村接受本书作者的采访。

20 世纪 90 年代，重访巢县丁汝昌家乡的戚俊杰向丁汝昌第五代孙丁小龙（左三）、第六代孙丁后权（左二）赠送图书资料。

那时候，丁荣澍他们家虽然人口多，但因夫妻两人都是工资相对较高且是定期定时就可以拿到薪金的人民教师，所以生活方面比一般乡村农民还是好了许多。但随着极“左”思潮的不断膨胀和持续肆虐，又赶上 20

世纪50年代末全国特别严重的自然灾害，进入60年代初期，国家开始实行精减城市人口、大力支援农村建设的新政策。因丁荣澍是地主家庭出身，又有曾经担任国民党县参议员的历史，加之反右运动时又被扣上“右倾分子”的帽子，故被首先下放到农村，参加劳动改造。就这样，全家人由城市户口立即转为农业户口。

其实，丁荣澍的国民党县参议员经历是事出有因的。1936年西安事变后，国共两党联手合作，建立了抗日民族统一战线。丁汝昌的后裔也都积极参加抗日运动。抗日战争胜利后，中国国民党与中国共产党经过谈判，达成著名的《双十协定》，得到广大人民群众的热烈拥护。为了贯彻“双十协定”的精神，中国共产党领导的新四军奉命从安徽一带向北撤退至黄河以北地区驻防。包括巢县在内的江南地区遂成为国民党的管辖区域。遵照国民政府的管理规定，各县必须选举地方上有影响的人物作为国民党县政府的参议员。那个时候，丁氏家族在巢县是名门望族，家大业大，声名显赫，颇有影响。又因为丁荣澍老师身材高大，英俊潇洒，气质特佳，教学优秀，桃李芬芳，因而理所当然地被推选为巢县国民党政府县参议员，其职业仍然是教书育人的教育工作。虽然他这个国民党县参议员的任职时间不长，任职期间也没有做出不利于人民革命的事情，但这短暂的经历却给他后来的人生带来了意想不到的麻烦和影响。

新中国建立后，继续担任人民教师的丁荣澍和张世英，因为学校距离老家很近，丁汝昌的老宅子里还有他们的房产，他们夫妻俩的学生多，人缘也好，深受父老乡亲及其学生们的尊敬，所以他与妻子愿意继续留在家乡附近的学校教书。年富力强的夫妻二人，因其兢兢业业的出色工作，深受学校师生和家长以及广大群众的欢迎和好评。

丁汝昌第五代孙丁昌明曾经告诉笔者，他是1946年出生在汪郎中村的丁家老宅里。新中国成立以后，他的少年时期很幸运地跟随伯母张世英老师读书。至今记忆尤深的是抗美援朝的时候，张世英老师安排他们两男两女四位同学，饰演中国人民志愿军战士和美国大兵。当时节目的台词至今他还能张嘴就说：“美国佬，真可笑，穿皮靴，带钢帽，遇到咱们的志愿军，连忙跪下把枪缴。”而且每逢重要的节庆假日，张世英校长还专门组织排演《白蛇传》等传统剧目，为丰富和活跃农村的文化生活做出了贡献，受到广大农民的欢迎和赞扬。

丁荣澍老师被调离教师队伍后，首先被送到庐江白湖农场进行劳动改造。在农场劳动改造期间，不惑之年的他，身高力大，干劲十足，经常是挑着担子快步如飞，受到好评。

1962年，丁荣澍和张世英带着6个孩子，回到了汪郎中村丁汝昌的老宅子里居住，全家大小8口人从此变成了地地道道的农村人了。令他们全家欣慰的是，一家8口仍然可以住在丁汝昌老宅子里的一栋二层的木地板小楼里(上下各3间，地面是木板铺成的)。那一年，丁小龙刚满10周岁。从享受农村人羡慕的城市户口待遇，突然降低到还不如一般农民待遇的农村人口，这让原本性格开朗、幼稚纯真的丁小龙及其兄弟姊妹，在生活、学习、思想等各方面有了从未有过的压力和负担。

1992年10月，中国甲午战争博物馆在安徽省巢县丁汝昌家乡征集文物。该照片是时任馆长戚俊杰向捐赠文物的丁汝昌第五代孙丁晓明(左一)颁发收藏证书。

1963年，丁荣澍与张世英最小的儿子丁小明出生了，这是他们家的第七个孩子。在那个多子多福观念十分盛行的时代，丁家人自然也心情愉悦。但很快，平静的农村生活被打破了，农村开展的社会主义教育运动(简称“四清”运动)还没有结束，清理阶级队伍的运动就接上了，丁荣澍老师因为家庭出身和个人历史问题成为批判改造的对象。1966年“文革”开始以后，丁荣澍及其家人的生产和生活秩序就更难平静。丁荣澍白天从事繁重的体力劳动，晚上则要在煤油灯下接受贫下中农的批判斗争和再教育。为了取得广大贫下中农的谅解和认可，年近五旬的丁荣澍都抢着干那些重活、累活、脏活。突然有一天，他的脚在水田里干活时被铁钉子扎伤了。因为没有时间，也没有条件，更没有打预防针防止得破伤风的意识。几天之后，丁荣澍的伤脚被感染化脓进而转变成了要命的破伤风，49岁的丁荣澍撇下了妻子儿女，于1968年撒手人寰。他的去世使这个大家庭就像天塌下来一样，张老师及其儿女沉浸在极度悲痛之中。

1969年，丁小龙一家人被强逼着离开了自家的二层木楼，搬进了10年前去世的残疾人金向太住过的破屋子。而他们全家住过的好端端的两层木楼,被作为地主阶级剥削压迫贫下中农的罪证被无端拆毁。

重度残疾人金向太没有走路的双脚,他是依靠坐下的胶皮垫子的挪动而代替双腿走路。年龄不大的他是从外地讨饭来到汪郎中村的。因为老实可怜,被丁小龙的爷爷丁发聪收留下来,让他住在门庭的配屋里,作为值更看门之人,这样不但有饭吃,还避免了到处流浪的艰难挪动。新中国成立以后,没有成家的金向太分到了土地和 3 间旧房子,也名副其实地成为汪郎中村的正式村民。1959 年,孤独重残的金向太去世,他住过的旧房子没有人住,任凭风吹雨打,南方地区的阴冷潮湿,对房屋的自然损伤可想而知。丁小龙一家就是被撵到了空闲十多年且透风漏雨的三间破房子里,其感受简直就是从天堂掉进了冰窟窿。那时候,他们家 8 口人,老大和老二都是 20 多岁的男子汉了,两个女儿年龄也都 10 多岁了。原来上下两层的楼房,既不愁地方窄,也不用为没有床而发愁,因为木地板本来就能防潮隔寒。现在这一切都改变了,8 个人挤在阴冷潮湿的三间破屋里,房子小,人还多,既没有那么多的床,也没有木板搭床,身为母亲的张世英虽然着急上火,但却无可奈何,丁小龙一家的生活境况更加艰难了。

随着"文革"的深入进行,遵照当地所谓的土政策,张世英老师又被当作新的批判教育对象,经常要接受村里组织的批判和教育,而且所批判斗争的内容都是莫须有的罪名。在 1970 年的一次批斗会上,汪郎中村的领导命令张世英这个 7 个儿女的家庭妇女必须下田耕作,进行劳动改造。已近不惑之年的张世英以孩子多、年龄差距大、几个小孩子需要她看管,而且还要为下田干活的几个大孩子做饭为理由,说自己无法去田里参加劳动改造。见她这样的态度,民兵连长不容分说,在会场上当着村民们的面狠狠地掮了她一巴掌。曾经受人尊敬的张老师万万没有想到民兵连长这么不通情理,他这一巴掌彻底把张世英老师的心打碎了、掮死了。满眼含泪的她回到家里就要寻短见,多亏被孩子们发现并及时拦住了,他们一起看着妈妈不让她出门。到了晚上,为了防止母亲发生意外,大儿子丁昌志和二儿子丁昌仁两个人同时守在家门口,防止母亲外出寻短见。到了夜深人静的时候,累了一天的兄弟俩人忍耐不住困顿和疲乏,不知不觉就在门口睡着了。心灰意冷的张世英趁着儿子打盹的机会,悄悄地开门溜出家门之外,一头扎进丁汝昌故居门前的池塘里溺水而亡。其遗体是天亮后被人发现俯身漂在水面上……

丁荣澍和张世英夫妇的先后离世,使丁小龙兄弟姊妹的生活更为艰难。直到打倒“四人帮”的第三年的深秋季节，他们的命运才又开始发生了改变。

1978 年 11 月 22 日，时任威海市委宣传部副部长的邹本穆与戚其章、刘德煜两位先生，一起来到安徽省巢湖地区的巢县，准备采访在县药材公司工作的丁汝昌第四代孙丁荣涛和在巢县饮食服务公司工作的第四代孙女丁亚芝。他们很快找到了丁荣涛，47 岁的丁荣涛曾参加过抗美援朝战争，但因他年纪很小就离家外出，“对其曾祖父丁汝昌的情况也很模糊，或者可能不愿多谈”①。于是，他们又前往巢县饮食服务公司访问丁亚芝。令人遗憾的是，饮食服务公司的经理和书记都不同意访问丁亚芝，他们的理由很简单：她是戴着“破落地主”帽子的“五类分子”，她的曾祖父还是国民党的海军司令。这个回答令威海人十分震惊。再问才知道，她父亲丁发泽土改时被定为“破落地主”，根据当地的土政策“父帽死后传子戴”的规定，这个帽子应该由丁亚芝的两个哥哥接着戴。但由于丁发泽的大儿子丁荣经（中共地下党员）被国民党杀害，二儿子丁荣纶在抗日战争中牺牲，因此这顶帽子就改由其女儿丁亚芝戴着。威海的来访者十分动情地告诉该公司的领导，丁亚芝的曾祖父丁汝昌不是国民党的海军司令，而是清朝时期的北洋海军提督。他在中日甲午战争中，带领广大官兵英勇奋战，屡挫强敌，多次打退敌人海上和陆地的进攻。最后，在弹药将尽、援军无望的情况下，拒敌诱降，服毒自杀，悲壮殉国，是一位高级的爱国将领。饮食服务公司的领导听后大为吃惊，也深受感动，表示马上开会研究如何处理好这件事情。

第二天上午，饮食服务公司的领导告知威海的三位来访者，今天可以采访丁亚芝了。理由是：昨天公司领导开会研究决定，摘去丁亚芝“破落地主”的帽子，因此今天可以接受采访。丁亚芝女士十分感谢威海的同志，但因为那时候党的十一届三中全会还没有召开，人们对全军覆没的北洋海军还有偏见，所以，“丁亚芝告诉我们有关丁家的事，她自始至终不听、不问，更不愿说，几乎什么也不知道”②。有鉴于此，威海的同志请丁汝昌曾孙丁荣涛带路，乘汽车前往距离县城 60 里地的高林公社汪郎中村采访。

邹本穆、戚其章、刘德煜三人的到来，在汪郎中村引起了巨大震动。

---

① 戚其章：《走近甲午》，天津古籍出版社 2006 年版，第 314 页。

② 刘德煜编著：《威海往事》，中国戏剧出版社 2010 年版，第 136 页。

村里人很快知道了“山东来的人说丁家祖上的大官是好人，是打日本侵略军的爱国者”[1]，听到这些话，丁家弟兄“人人脸上都露出笑容，好像从来没有这样荣光过”[2]。包括丁小龙、丁小明兄弟姊妹在内的所有丁汝昌的后裔们终于有了盼头，压在他们心里沉重的寒冰开始融化了。20世纪80年代末，丁昌志、丁昌仁、丁玉琴、丁小龙、丁小伢、丁梦琴和丁晓明兄弟姊妹达成一致意见，主动把家里珍藏的丁汝昌的玉石印盒交给回乡省亲的丁亚华和张铚秀两位长辈，请他们代为捐给中国甲午战争博物馆收藏。

1990年夏天，丁亚华和张铚秀带儿女来刘公岛参观考察时把丁汝昌的玉石印匣送给我们单位，还告诉我：“汪郎中村可能还有点东西，你们可以去汪郎中村找丁昌仁、丁小龙、丁小明弟兄们问问。”

10月13日，中国甲午战争博物院一行6人前往安徽省寻访丁汝昌的后裔。第二天中午，我们遵照国家的有关规定，联系巢湖地区文物管理所的负责同志，请他们支持我们寻访将士后裔。巢湖地区文物管理所的钱玉春同志与我馆的刘新芳同志是国家文物局培训班的同学，表示愿意为我们带路。我们先顺路去巢县散兵镇大赵家村访问了丁汝昌曾孙女丁亚芳及其儿子赵益民和赵会民。丁亚芳前辈的二儿子赵会民非常热情，为能使我们快速顺利地到达目的地，主动开车为我们带路前往高林公社汪郎中村，使我们顺利找到并采访了居住在此的丁汝昌第五代孙丁昌仁、丁小龙、丁小明三兄弟及其家人。那时候，他们的居住条件很差，房子既小又破旧，家里的生活设施也特别简陋，但他们听说甲午战争博物院需要丁汝昌家用过的物品对观众进行爱国主义教育时，40岁的丁小龙和29岁的丁小明兄弟俩及其家人，不顾自己家里一贫如洗，毫不犹豫地把珍藏多年且正在使用的红木桌子、养鱼缸（装着猪饲料）和镶嵌贝壳雕花的大木床捐给了中国甲午战争博物院。他们这种舍小家为大家、不计得失的豪爽之举令人感动。陪同我们前去的巢县地区文物管理所的钱玉春同志大为震惊地说：“我从来没有见过生活这样困难的巢县农民，能这样大方，既不讲钱，也不论价，还这么豪爽自愿。”虽然这件事情已经过去23年，但丁小龙和丁小明他们那种朴实真诚支持我们的感人情景至今仍历历在目，记忆深刻。眼见丁汝昌提督的物品要被我们拉走，钱玉春同志出于职业的本能责任，建议我们随他回到地区文管所汇报，经当地文物部门批准

[1] 刘德煜编著：《威海往事》，第136页。

[2] 刘德煜编著：《威海往事》，第136页。

后再离开巢县。鉴于此，我们当即终止了在当地的文物征集活动，立即从汪郎中村前往无为县和南京市。

1999 年秋季，中国甲午战争博物馆工作人员第四次赴南京采访北洋海军提督丁汝昌后裔时的合影。前排从左至右为：戚俊杰、丁亚苏（丁汝昌曾孙女）及其爱人李文峰；后排从左至右为：王记华、赵怀民（丁汝昌第五代外孙）、郭阳、孟宪玑（丁汝昌第五代外孙）、刘军伍（威海市电视台记者）。

10 月 15 日，我们在南京市访问了丁汝昌的曾孙女、南京军区总医院离休干部丁亚苏及其爱人李文峰。通过他们夫妇的引荐，我们又幸运地访问了丁亚芳的三儿子、时任中国人民解放军某部通讯连指导员的赵怀民和他的姐姐赵孟群，还意外地找到了丁汝昌曾孙女丁荣淑（其父是丁发俊，也叫丁旭山，是丁代禧的长子的女儿）及其儿子孟宪玑等。短暂的访问使我们获得了许多丁汝昌后裔工作和生活的更多信息及细节，这种意外收获令我们一行六人兴奋不已。同志们非常感谢丁亚苏和李文峰两位老革命的热情与支持。时隔数年之后我们才从赵怀民处得知，那一年，丁亚苏与李文峰夫妇的小儿子突然患病去世，老两口还没有走出精神的低谷，李文峰先生又做了胃癌切除手术。我们去南京访问时，他的刀口才刚刚痊愈。就是在这样一种极为特殊的情况下，丁亚苏和李文峰两位前辈还能耐心而真诚地接受采访，给了我们巨大的支持和帮助，确实让中国甲午战争博物馆的全体职工感动不已。

30 年来，我们多次南下北上寻访丁汝昌及北洋海军将士后裔。丁亚华前辈与爱人张铚秀将军及其子女张政民、张益群、张新心、张丽俐、张颖俐、张卫民、张学民和张立民等，丁亚芳与儿子赵益民、赵会民、赵怀民、赵孟群等，丁亚苏与爱人李文峰及其子女李沪军、李幼军等；丁荣淑及其儿子孟宪玑，丁荣涛及子女丁杰、丁昌明和丁萍等，丁荣纬的儿子丁昌明与爱人王琦岚及其女儿汤晓嵋和丁楚凡，丁荣澍（浩然）与张世英夫妇的儿子丁昌志、丁昌仁、丁玉琴、丁小龙、丁梦琴、丁小伢、丁小明等，都给予中国甲午战争博物院以真诚的关怀和无私帮助。他们把先辈珍藏的丁汝昌收藏或使用过的红木方桌、鱼缸、贝壳雕花大床、"龙凤呈祥"纹织锦桌围、岫玉雕制的印匣、短剑、砚台、英制瓷盘和镀银西餐用具等物品，全都无偿捐赠给了中国甲午战争博物院。不仅如此，丁亚华前辈和张铚秀将军还亲自出面找开国元勋叶飞上将和张爱萍上将、原山东省委书记苏毅然、著名军旅画家钟开天以及社会名流为我馆题词作画，为丰富我们的馆藏品类和数量做出了贡献。

2002 年 5 月 19 日，丁汝昌后裔前往安徽省无为县丁汝昌墓地祭拜先祖时合影。前排左起：王琦岚（丁汝昌第五代孙丁昌明之夫人）、赵艺芸（丁汝昌第六代外孙女）、张铚秀（丁亚华爱人）、丁亚华（丁汝昌曾孙女）、李文峰（丁亚苏爱人）、丁昌明（丁汝昌第五代孙）；中排左起：赵孟琼（丁汝昌第五代外孙女）、丁亚苏（丁汝昌曾孙女）；后排左起：丁荣涛（丁汝昌曾孙）、张政民（丁汝昌第五代外孙）、张新星（丁汝昌第五代外孙女）、赵益民（丁汝昌第五代外孙）、赵怀民（丁汝昌第五代外孙）。此照片由丁汝昌第五代外孙赵怀民提供。

2000 年夏季，北洋海军提督丁汝昌后裔在丁汝昌铜雕像前合影。

在丁汝昌第五代后裔中，丁荣纬的儿子丁昌明，是一位优秀的物理专业教师，先后担任过蚌埠市好几所中学的校长，曾任过安徽省政协委员。自 20 世纪 90 年代初我们访问相识至今，他不但捐献文物，还多次来威海参加北洋海军与甲午战争的学术研讨会，是爱国将士后裔中积极开展甲午学术研究的代表之一。

本书编著者在丁汝昌第五代外孙赵怀民家里查找相关资料。

丁亚芳的三儿子赵怀民，1964 年出生，1981 年高中毕业后就参军入伍，在南京军区后勤部机关当过公务员、驾驶员、炊事员、保管员、采购员、油料员、指导员，直至军队干休所的领导。早在 20 世纪 90 年代，我们赴江苏和安徽寻访北洋海军将士后裔时就多次与他见过面，有过深入的交流。他在中国人民解放军这所大学校里学习、服务了 20 多年，是人民军队的一位副团职军官。因受其父母的影响，上进心强，学习刻苦，古诗词的功底很深。他曾经告诉我，上小学时他喜欢背诗，上初中时他喜欢练习作诗，读高中时他经常写诗，参军入伍后眼界大开，曾在各种刊物和媒体上发表诗词楹联作品。早在 2005 年，刚入不惑之年的赵怀民就出版了第一本诗集专著《虎帐龙吟》。2014 年的 1 月，他就打来电话说，江苏省诗词和楹联学会会员，准备在纪念甲午战争爆发 120 周年之际，为甲午战争博物院做些事情，并请我帮着出出主意。我建议他们在广泛征集、评选诗词和楹联作品的基础上，把获奖的诗词和楹联结集出版，捐赠给中国甲午战争博物院收藏。为了解决经费不足的问题，他想方设法寻找有担当责任的企业家捐资帮忙。坦率地说，赵怀民筹集所需资金数额挺大，且时间又十分紧急，我暗暗担心他们延误了特定的纪念时间节点。令我没有想到的是，赵怀民和他的同仁们凝心聚力，克服了各种困难，非常准时地于 2014 年 7 月 25 日，即甲午丰岛海战爆发 120 周年那一天，冒着狂风暴雨，偕夫人一起从南京飞来威海，向中国甲午战争博物院赠送了诗集和获奖书法作品，表达了全国诗词作者和北洋海军将士后裔勿忘甲午国耻、努力振兴中华的真情。

丁汝昌第五代外孙赵怀民，特将儿子赵晟带到刘公岛丁汝昌寓所考察学习，接受爱国主义教育。

三

北洋海军提督丁汝昌的后裔们积极参加抗击外国侵略者战争的史实和无私支持中国甲午战争博物院的感人事迹，是北洋海军及驻威海卫陆军广大爱国将士后裔们，积极投身抗击外国侵略者的战争和全力支持中国甲午战争博物院建设爱国主义教育基地的一个缩影。作为中国甲午战争博物院的建设者、经历者、见证者，我们永远感谢无私帮助和大力支持的社会各界，包括海内外专家学者、众多爱国将士后裔、各级领导、驻岛部队官兵和数千万海内外广大参观者；永远牢记历史的重托和神圣的使命，坚定不移地贯彻落实习近平主席关于让历史说话、用史实发言的指示精神，坚守信念，面向世界，面向未来，充分发挥博物馆的功能，以史为鉴，反对战争，维护和平，加快发展，为实现中华民族的伟大复兴做出应有的贡献。

（原载于《甲午战争研究》2015 年第 4 期。收入本书时内容略有增加）

近30年来专家学者评价丁汝昌的主要论著

敬知本:《评丁汝昌》,《历史教学》1984年第10期。

张凤祥:《丁汝昌之死考析》,《内蒙古大学学报》(哲学社会科学版)1986年第3期。

张凤祥:《再析丁汝昌之死考析》,《内蒙古大学学报》(哲学社会科学版)1994年第1期。

李富轩:《甲午海战中水师提督丁汝昌功过再考析》,《华中理工大学学报》(社会科学版)1994年第1期。

张凤祥:《丁汝昌不是宁死不降的抗敌将领》,《内蒙古电大学刊》(哲学社会科学版)1995年第5期。

苏小东:《丁汝昌与北洋海军》,《安徽史学》1999年第4期。

孔祥吉:《甲午战争中北洋水师上层人物的心态——营务处总办罗丰禄家书解读》,《近代史研究》2000年第6期。

戚其章:《揭开丁汝昌自杀谜团》,《广东社会科学》2005年第2期。

夏冬波:《丁汝昌十考》,《巢湖学院学报》2005年第6期。

王绪洲:《论甲午战争后丁汝昌谎报军情的原因》,《西南交通大学学报》(社会科学版)2007年第2期。

戚俊杰:《丁汝昌"竭此衰躯"拼战的最后时刻》,《甲午战争研究》2015年第1期。

戚俊杰、王记华编校:《丁汝昌集》,山东大学出版社1997年版。

戚俊杰:《论北洋海军提督丁汝昌》,戚俊杰、刘玉明主编:《北洋海军研究》,天津古籍出版社1999年版。

王家俭:《李鸿章与北洋舰队——近代中国创建海军的失败与教训》,(台北)"国立"编译馆2000年版。

姜鸣:《龙旗飘扬的舰队——中国近代海军兴衰史》(增订本),三联书店2002年版。

刘玉明、戚俊杰:《辩证看甲午》,海洋出版社 2005 年版。

孙建军:《丁汝昌研究探微》,华文出版社 2006 年版。

戚其章:《走近甲午》,天津古籍出版社 2006 年版。

陈悦:《碧血千秋——北洋海军甲午战史》,吉林大学出版社 2008 年版。

戚俊杰:《甲午开战前丁汝昌并非“日以冶游博戏为事”》,《大连近代史研究》第 8 卷,辽宁人民出版社 2011 年版。

戚俊杰:《甲午战争期间丁汝昌作为之论述》,戚俊杰、郭阳主编:《北洋海军新探》,中华书局 2012 年版。

苏小东:《北洋海军提督丁汝昌的身世及早年经历》,戚俊杰、郭阳主编:《北洋海军新探》,中华书局 2012 年版。

许华:《再见甲午——蓝色视角下的中日战争》,人民出版社 2014 年版。

苏小东:《大洋沉思——甲午海战全景透视》,海风出版社 2014 年版。

主要参考书目

一、史料部分

丁昌柏收藏:《丁氏宗谱》,民国十一年木刻本。

《清德宗实录》卷344～359,中华书局1981年影印本。

《筹办夷务始末》(同治朝),民国十九年故宫博物院印本。

(清)赵尔巽:《清史稿》,中华书局1977年版。

(清)朱寿朋编:《光绪朝东华录》,中华书局1958年版。

(清)王彦威辑撰:《清季外交史料》,外交史料编撰处1935年铅印本。

(清)曾纪泽:《出使英法俄国日记》,钟叔河主编:《走向世界丛书》,岳麓书社1985年版。

(清)刘铭传撰,马昌华、翁飞点校:《刘铭传文集》,黄山书社1997年版。

(清)吴赞诚:《吴光禄奏稿》,光绪十二年刻本

(清)朱一新撰:《佩弦斋文存》,清光绪二十二年葆真堂刻本。

(清)郑观应:《郑观应集》上册,上海人民出版社1982年版。

(清)王文韶撰,袁英光、胡逢祥整理:《王文韶日记》,中华书局1989年版。

(清)池仲佑:《西行日记》,上海商务印书馆1908年版。

(清)姚锡光:《东方兵事纪略》,清光绪二十三年刻本。

(清)卢毓英:《卢氏甲午前后杂记》,手稿影印件。

上海广学会译著:《中东战纪本末》,光绪二十三年图书集成局本。

《海防档》(甲、购买船炮;乙、福建船厂;丙、机器局),(台北)"中史研究院"近代史研究所1959年影印本。

《清季中日韩关系史料》,台湾"中央研究院"近代史研究所1972年影

印本。

故宫博物院文献馆编:《清光绪朝中日交涉史料》,故宫博物院 1932 年铅印本。

中国第一历史档案馆编:《清代军机处电报档案汇编》,中国人民大学出版社 2005 年版。

故宫博物院明清档案部编:《清代档案资料丛编》第 1 辑,中华书局 1978 年版。

中国史学会主编:《中国近代史资料丛刊·洋务运动》,上海人民出版社 1961 年版。

中国史学会主编:《中国近代史资料丛刊·中日战争》,上海人民出版社 1957 年版。

戚其章主编:《中国近代史资料丛刊续编·中日战争》,中华书局 1989～1997 年版。

姜鸣编著:《中国近代海军史事日志(1860～1911)》,三联书店 1994 年版。

张侠等合编:《清末海军史料》,海洋出版社 1982 年版。

陈旭麓等主编,季平子、齐国华编:《盛宣怀档案资料选辑之三·甲午中日战争》上、下册,上海人民出版社 1980、1982 年版。

中国近代经济史资料丛刊编辑委员会主编:《中国海关与中日战争》,中华书局 1983 年版。

陈霞飞主编:《中国海关密档》1～4 卷,中华书局 1990、1992 年版。

顾廷龙、叶亚廉主编:《李鸿章全集》(一)、(二)、(三),上海人民出版社 1986 年版。

顾廷龙、戴逸主编:《李鸿章全集》,安徽教育出版社 2008 年版。

谢忠岳编:《北洋海军资料汇编》,全国公共图书馆古籍文献缩微复制中心 1994 年版。

马昌华主编:《淮系人物列传——文职、北洋海军、洋员》,黄山书社 1995 年版。

陈义杰整理:《翁同龢日记》,中华书局 1997 年版。

程必定主编:《刘铭传与台湾建省》,黄山书社 2007 年版。

戚俊杰、王记华编校:《丁汝昌集》,山东大学出版社 1997 年版。

苑书义等主编:《张之洞全集》,河北人民出版社 1998 年版。

戚其章辑校:《李秉衡集》,齐鲁书社 1993 年版。

中国第一历史档案馆、海峡两岸出版交流中心编纂:《清宫甲午战争档案汇编》,线装书局 2016 年版。

二、论著部分

王芸生辑:《六十年来中国与日本》(8 卷本),天津大公报社 1932 年印行。

程慎修堂编:《程璧光殉国记》,(台北)文海出版社 1970 年版。

窦宗仪编著:《李鸿章年(日)谱》,台湾文海出版社 1980 年版。

孙克复、关捷:《甲午中日海战史》,黑龙江人民出版社 1981 年版。

戚其章:《北洋舰队》,山东教育出版社 1983 年版。

王家俭:《中国近代海军史论集》台湾文史哲出版社 1984 年版。

孙克复、关捷主编:《甲午中日战争人物传稿》,黑龙江人民出版社 1984 年版。

卢汉超:《赫德传》,上海人民出版社 1986 年版。

张炜编:《甲午海战与中国近代海军》,中国社会科学出版社 1990 年版。

林伟功、黄国胜主编:《方伯谦问题研讨集》,知识出版社 1993 年版。

戚其章、王如绘主编:《甲午战争与近代中国和世界——甲午战争 100 周年国际学术讨论会文集》,人民出版社 1995 年版。

王家俭:《李鸿章与北洋舰队——近代中国创建海军的失败与教训》,(台北)“国立编译馆”2000 年版。

姜鸣:《龙旗飘扬的舰队——中国近代海军兴衰史》(增订本),三联书店 2002 年版。

戚俊杰、刘玉明主编:“勿忘甲午”丛书,天津古籍出版社 2004 年版。

戚俊杰、刘玉明主编:《北洋海军研究》第 1～3 辑,天津古籍出版社 1999～2006 年版。

戚其章:《甲午战争史》,上海人民出版社 2005 年版。

关捷、唐功春、郭富纯、刘恩格总主编:《中日甲午战争全史》,吉林人民出版社 2005 年版。

孙建军:《丁汝昌研究探微》,华文出版社 2006 年版。

戚俊杰:郭阳主编:《甲午纵横》第 1～4 辑,华文出版社 2006 年、2013 年版。

马幼垣:《靖海澄疆:中国近代海军史事新诠》,(台北)联经出版股份有限公司 2009 年版。

陈悦:《沉没的甲午》,凤凰出版社 2010 年版。

孙建军:《北洋海军研究探微》,苏州大学出版社 2010 年版。

戚俊杰、郭阳主编:《北洋海军新探——北洋海军成军 120 周年国际学术研讨会论文集》,中华书局 2012 年版。

陈悦主编,吉辰译注:《龙的航程——北洋海军航海日记四种》,山东画报出版社 2013 年版。

许华:《再见甲午——蓝色视角下的中日甲午战争》,人民出版社 2014 年版。

苏小东:《大洋沉思——甲午海战全景透视》,海风出版社 2014 年版。

[日]海军军令部编:《廿七八年海战史》卷下,(东京)水交社明治三十八年版。

[日]川崎三郎:《日清战史》,东京博文馆 1897 年版。

[美]费正清、刘广京编,中国社会科学院历史研究所编译室译:《剑桥中国晚清史 1880~1911 年》(上、下卷),中国社会科学出版社 2007 年版。

[英]戴乐尔著,张黎源、吉辰译:《我在中国海军三十年》,文汇出版社 2011 年版。

方裕谨:《清醇亲王信函选》,《历史档案》1982 年第 4 期。

跋

百余年来，清朝北洋海军提督丁汝昌、“致远”舰邓世昌等爱国将领的名字在威海地区家喻户晓、深入人心。我在童年时代就亲耳听北洋海军的老兵苗宝玉老爷子多次给我们讲北洋海军提督丁汝昌奋勇杀敌，拒敌诱降，宁折不弯，悲壮殉国的故事；还讲他曾经随丁提督统帅的舰队去海参崴，在那里与俄国海军进行训练和友好访问的所见所闻。从那个时候开始，我就经常坐在戚家庄村东海边高大雄伟的大石崖上，眺望着隔海相邻的刘公岛与日岛。那里是北洋海军的重要基地，是丁汝昌等一大批爱国将士曾经勇挫强敌、自杀殉国的地方。那时候，我非常盼望有机会能登上闻名天下的北洋海军的诞生地、甲午战争的古战场——刘公岛，去实地瞻仰凭吊那些为国捐躯的爱国将士和前辈先贤。但是，因为刘公岛自20世纪50年代初就成为人民海军的重要海防基地，是安全保卫级别最高的军事要塞，致使许许多多的威海人无法走进近在咫尺的刘公岛。人们只能隔着宽阔的形如半月的威海湾，远眺着那长满林木，郁郁葱葱，充满神秘的刘公岛。登上刘公岛，已经成为许多威海人的一种奢望。

随着改革开放的大力推进，走进刘公岛的机会终于来了。1984年，中共中央、国务院、中央军委决定，14个沿海城市对外开放，威海港与刘公岛也位列其中。1985年初春，我奉命与高维新、刘新芳、王永波进驻刘公岛，接管由人民海军移交给地方政府的清朝北洋海军提督署及其附属建筑，组建威海市北洋海军提督署文物管理所（即现在的中国甲午战争博物院。1992年，国家文物主管部门批准更名为“中国甲午战争博物馆”，时任中共中央总书记、国家主席江泽民于1994年题写了馆名。2009年经批准改为现名）。30多年的祈盼，终于变成了现实，而且还能在刘公岛上长久生活和工作，这令我心潮澎湃，兴奋不已。

刘公岛位于黄海之滨、威海湾前，面积为3.15平方公里，岛上的码头距离威海市区码头有10公里的航程。1888年，因舰队实力雄冠亚洲的北洋海军在这里正式成军而扬名天下；也因甲午威海卫与刘公岛保卫战中，守卫刘公岛的北洋舰队与北洋护军在此同数倍于己的日本海陆军，展开了殊死拼战而深入人心。北洋海军广大参战官兵不怕流血牺牲，多次打退日本海陆军的三面夹击，在弹尽援绝的危难时刻，丁汝昌等数位高级将领宁死不降，自杀殉国。五天之后，即 1895 年 2 月 17 日，盛极一时的北洋海军又在刘公岛全军覆没，令全世界为之震惊。

1985 年是甲午战争及威海卫和刘公岛保卫战 90 周年。3 月 21 日一大早，我就将自己的被褥行李搬到威海港通往刘公岛的班船码头。上午 8 点 30 多分，海军威海水警区的北交 41 号值日班船靠上码头，我与刘新芳随着威海市文化局的领导高兴地登上炮艇。站在甲板上，迎着还带有寒意的春风，我憧憬着新单位的未来。不大一会儿，炮艇靠在当年北洋海军修建的刘公岛石码头旁，我们高兴地登上了向往已久的刘公岛。那时候的刘公岛，生活条件极其艰苦，工作环境也非常恶劣。如：刘公岛与威海市区的交通极为不便，岛上既没有陆地上的自来水，也没有连接威海市内的方便电话，更没有城市人使用很久、光线明亮的照明电灯。毫不夸张地说，这里的生活条件和工作环境，比当时的威海市区起码落后 20 年。面对那座空旷无物、塌漏严重的北洋海军提督署，我们没有后悔，也没有退缩，而是迎难而上：马上与驻刘公岛海军 37475 部队办理了交接北洋海军提督署的相关手续，并从驻军那里借来了单人床和办公桌椅，之后又从自己家里拿来煤油炉子、小饭锅和暖水瓶，因陋就简地迈开了极为艰难的创业第一步。

在历经百年沧桑、记录民族耻辱、饱含爱国将士遗恨的刘公岛上驻守时间不长，甲午战争惨败、割地赔款的奇耻大辱就深深地刺痛了我们。“落后就要挨打，腐败必定导致灭亡”的惨痛教训，使我们这些平凡的创业者真正感受到“位卑未敢忘忧国”和“国家兴亡，匹夫有责”的真正含义。北洋海军广大将士的爱国精神每时每刻都在感染和教育着我们。大家以岛为家，以事业为重，以苦为乐，以难为荣；无论是碰到挫折，还是遭人误解，都能冷静思考，理智面对。大家的共同心愿是，千方百计加快刘公岛文博事业的发展。经过半个月的仓促准备，4 月 6 日，清扫干净、略作布置的北洋海军提督署就正式对外开放，开始接待慕名而来的旅游参观者。

刘公岛对外开放之后，每天吸引着大量的海内外参观者来此参观考察。当他们看到甲午战争中国惨败，腐败无能的清政府被迫割宝地、赔巨款，许多人心情压抑，非常气愤。其中有些人简单地认为，甲午战争失败的主要原因是北洋海军广大参战官兵的无能和怯懦造成的;也有人认为是北洋海军不敢主动出击,守株待兔,消极等待,贻误了战机造成的;还有人把失败的主要责任归为北洋海军提督丁汝昌不是海军科班出身造成的。更有许多人因为文物史料少,参观内容不丰富直白:"高兴而来,扫兴而归。"每当听到这些议论,身为文博单位法定代表人的我与同事们都感到特别难受和十分着急,想方设法改变这种状况迫在眉睫。

征集甲午战争和北洋海军的文物和史料是有效解决"高兴而来,扫兴而归"的最直接、最有效的方法。只有通过征集文物,挖掘新史料,把真实的历史告诉人们,才能及时改变参观者的想法,还爱国将士们一个公道。这是文博工作者义不容辞的责任和义务。就是在这样的背景之下,30 年来,我坚持寻找访问北洋海军将士的后裔,征集相关的文物与史料,潜心研究爱国将士丁汝昌、邓世昌、刘步蟾、林泰曾、张文宣、戴宗骞、叶祖珪、方伯谦、林永升、邱宝仁、萨镇冰、黄乃模、黄建勋、杨用霖、陈兆锵、沈葆桢、罗丰禄、林国祥、吴应科、刘冠雄、叶显光、王国成、陶元太、吴纫礼等一大批海陆军将士的生平,并多次对将士后裔展开寻访交流,总行程达数万公里。

在担任中国甲午战争博物馆法人代表的 20 年时间里,我始终坚持科研兴馆这个建馆理念。尽管可移动文物的征集典藏、不可移动文物的维修保护、观众的接待服务、爱国主义的宣传教育、博物馆事业持续发展等各项工作占用了我的大量时间,但我从来没有因为工作繁忙而放弃学术研究,特别是对北洋海军中那些具体人物的研究。在 2005 年卸任馆长职务之后,在履行《甲午战争研究》(即原《中国甲午战争博物馆馆刊》)主编责任和义务的前提下,我把主要精力和时间都用在开展学术研究、召开学术会议和举办学术讲座,全力持续地对新问世的甲午战争学术研究成果展开宣传与普及,陆续完成了一些研究课题,其中包括《丁汝昌年谱》。

清朝北洋海军提督丁汝昌,是一位职务级别很高的爱国将领,也是一位悲剧式的历史人物。他一生勤奋好学,忠于职守,为建立北洋海军做出了重要贡献。

他率领北洋海军官兵,克服种种困难,漂洋过海,劈波斩浪,边安全航行,边强化海上科目的训练,圆满完成了远航万里将新军舰接回中国,使旅居海外的炎黄子孙振奋不已。

在中日甲午战争中,他率领北洋海军广大爱国将士英勇奋战,屡挫强敌。黄海大战伊始,他即负伤,但他仍坚持坐在甲板上督战,鼓舞士气。

在威海卫和刘公岛保卫战中，率军多次打退日本海陆军从海上和南北两岸的夹击。在舰队腹背受敌、援军无望的危急时刻，他坚决拒绝日军的诱降，更不畏民族败类的威逼，宁死不降，自裁殉国，保持了中国军人的气节和尊严。

丁汝昌，字先达，号禹廷，1836年11月18日出生在安徽省庐江县北乡丁家坎村一户贫苦的农民家庭。1895年2月12日服毒自杀于刘公岛北洋海军提督署二进院东厢房里。他出身贫贱，父母早逝，在饥寒交迫中，吃尽苦头。靠自己的刻苦努力，不断学习，奋力拼战，屡建战功，从底层士兵晋升为高级将领。靠着虚心好学，与人为善，坦诚待人，秉公处事，他赢得了服务于中国海防事业的外国顾问和专业技师心悦诚服的交口称赞。他凭着过人的细心，超人的协调能力，把不同国籍的外国专家和年轻气盛、学有专长的中国海军将领的思想和行动统一起来，从而保证了北洋海军在筹建的过程中，听从指挥，快速出航，果断行事。不但及时平息了1882年和1884年朝鲜发生的“壬午兵变”和“甲申事变”，而且还妥善处理了1886年北洋海军去日本长崎维修舰船时发生的“长崎事件”。十多年间，他率带北洋海军在开展常规训练和海上巡阅的同时，还对英国、德国、俄国、日本、朝鲜、越南、新加坡、菲律宾、锡兰等国家和港口进行了友好访问。在与相关国家展开军事交流的过程中，广泛传播古老中国的传统文化，将中华民族自古以来奉行的与邻为善、以邻为伴的理念，传播到相关国家及地区。他的这些做法，不但开阔了北洋海军的眼界，熟悉了各国海洋环境、港口分布和沙滩潮汐的详情，而且还及时展示了中国近代海军的风采与实力，为维护东亚地区的海上和平与安全做出了积极的贡献。在与各国进行友好交往的过程中，丁汝昌高大魁梧的军人风采，处事的机敏果断，不俗言行和端庄举止，皆受到被访问国家元首及军政要员的广泛好评。

但是，由于大清帝国上至皇帝、下至文武官员不懂海权，不明白建设新式海军的战略意义，也不明白如何发挥海军的巨大作用，居然采用停拨新购舰船经费三年的方式，节省财政开支。因而使北洋海军刚刚正式成军就停止了发展。北洋海军就是在愚昧无知和漫不经心的短暂时间里，而被雄心勃勃、奋起直追的日本海军赶超。当日本借机挑起侵略中国的甲午战争打响时，愚昧无知、贪图安逸的清政府先是被动迎战受挫，继而丧失抵抗意志，妄图谈判求和，避战保船。当海战失利，舰船折损，弹尽援绝，将领自杀，海军覆没，丁汝昌及其统率的北洋海军就首当其冲成为清政府的替罪羊，这就是丁汝昌悲剧人生的大环境，也是他悲剧人生的根本原因所在。正如海军史研究专家杨志本先生1991年为姜鸣编著的《中国近代海军史事编年》作序时所言："濒临海洋的国家，没有一支与其安全利益相适应的、足够强大的海军，就无力抵御侵略者的海上进攻，而被人奴役；有了足够强大的海军，而缺乏先进的政治制度，缺乏先进的社会思想和先进的军事思想，也将因失去正确的统帅和指挥，使海上战争或作战招致失败。"

用文献史料还原丁汝昌的人生，是我在编校《丁汝昌集》之后就有的想法。目的是使人们通过阅读详细真实的史料，为丁汝昌做出客观公正的评价，还爱国将领一个公道。正是在这种思想的指导下，我开始为丁汝昌整理年谱。通过对他详细具体的人生经历细节的介绍，把丁汝昌真实具体的行为和内涵丰富的思想呈现给世人。经过查找海内外大量的历史资料，客观反映北洋海军提督丁汝昌的年谱已经编撰完毕。《丁汝昌年谱》陆续在《甲午战争研究》(原《中国甲午战争博物馆馆刊》)上分期刊载，引起了研究者和北洋海军将士后裔的关注。

《丁汝昌年谱》在《中国甲午战争博物馆馆刊》连续发表之后，随着近几年新资料的挖掘面世，我又作了一些补充和修订，以求得尽量完整真实。本书在整理出版过程中，得到戚其章、关捷、姜鸣、刘申宁、许华、苏爱荣、李惠刚、倪国圣、苏小东、翁飞、丁亚华、丁亚芳、丁亚苏、丁荣涛、丁昌明、张卫民、赵益民、赵怀民、丁昌仁、丁小龙、丁小明、丁萍、丁杰、刘德煜、刘玉明、于敬民、董进一、孙建军、陈悦、丛俭滋、苏昭晰、郭阳、王记华、刘军伍、邹兰等人的大力支持和帮助；毕礼霞和李学莲两位同事多次帮我打印和校对稿子；特别是年过九旬、旅居在加拿大的著名学者王家俭教授，不顾年事已高，亲自为本书作序，其贤夫人李伟虹老师则帮着联系邮寄，让远在万里之外、极其珍贵的丁氏年谱序言安全地送到我的手中。他们的真情厚意令人感动，催我努力。当然，我之所以能安心工作，全身心地投入博物馆事业，并向国家和人民交上一份满意的答卷，这与我的家人、特别是我的妻子李娜老师数十年的全力支持和持续鼓励是分不开的。自我走进刘公岛创建甲午战争博物馆开始，她不但承担了全部家务，而且在建馆前些年的春节休假期间，主动带着儿子与我的好搭档刘新乔副馆长的夫人刘新凤嫂子，来到寒冷异常的刘公岛上，替换单位唯一的炊事员回家休假团聚。她们心甘情愿毫无索取地承担起为馆里值班同志们烧水做饭的工作，保证了所有值班人员(包括刘公岛派出所值班人员)能吃上可口的饭菜。从而使他们安心踏实地搞好节日值班，保证了北洋海军提督署春节期间天天都能正常开门营业，为参观者提供优质的服务。借此，我向所有支持和帮助过我的各级领导、海内外学者、北洋海军将士后裔、单位的同事及亲朋好友表示深深的谢意。

另外，《丁汝昌年谱》书稿交到山东大学出版社后，承蒙马新总编大力支持，刘森文编辑多次沟通，细心编校，牛钧老师不厌其烦遵嘱修改封面设计方案，陈海伟老师则积极协调相关单位，保证了《丁汝昌年谱》的出版质量和时间，在此一并表示感谢。

在纪念北洋海军提督丁汝昌诞辰 180 周年之际，将《丁汝昌年谱》正式出版，是对甲午战争中带伤督战，屡挫强敌，身处逆境，忍辱负重，精心布防，坚守海岛，拒敌诱降，履行承诺，自杀殉国的丁汝昌等爱国将领最好的纪念与缅怀。当然，因为史料的挖掘还不全面，《丁汝昌年谱》存在遗漏和不足之处在所难免，敬请广大读者见谅。

戚俊杰

2016 年春于山东威海